森正夫明清史論集

第一巻

税糧制度
土地所有

汲古書院刊

序文

（一）

本論集には、一九六〇年から二〇〇一年に至るまでのおよそ四〇年間に私が発表した主として中国明清史に関する大半の文章を収録している。拙著『明代江南土地制度の研究』（同朋舎出版、一九八八年）、科学研究費成果報告書、『中国　下』（朝日新聞社、一九九二年）などの共著に収められた作品のいくつか及び近現代史に関わる拙著『李大釗』（人物往来社、一九六七年）は、紙幅を考慮して省いた。これらの作品は、それぞれがきわめて自由な立場で書かれている。自由なという意味は、自分自身のその時々の関心に沿い、またその時々に可能であった方法を用いてという意味であり、極端に言えば大変わがままな仕方によると言ってもよい。一九九七年、長年勤務した名古屋大学を退職する際の講演で、私は自分の学問の道程を「半路転折」という言葉で表現し、取り組んでいる課題を十分に解決しないまま先へ進むことの繰り返しであったと述べた（名古屋大学文学部東洋史学研究室編『東山師以記』一九九九年、収録）が、それはここで言う自由に重なる。このことは、反面から言えば、私が、その折々に数多くの課題を設定し、事の成否を顧みず、すなわち、結果に伴う責任を確実に負いきれないにもかかわらず、ひたすら貪欲に執筆してきたことを意味する。

このたび書肆のお勧めを受け、学問的課題の系統的な追究の上で様々な問題点を抱えている私のこうした作品群を論集としてあえて出版していただくことになった。自分が書いたもののうち、幾篇かを一冊の著書にまとめておきたいという願いから出発したことであるとはいえ、二七歳から書き残してきた五七篇の文章を前にしておののきを感じている。ただ、これら一篇一篇の文章は多くの場合長編であり、その全体としての特質を「半路転折」と一括しただけでは、どこからどこへ進んだのかも不分明である。そこで以下の（二）にこれまで私がどのような課題と取り組んできたのかを、ほぼ時間の順序に沿い、八つの部分に分けて説明することとした。説明は、あくまでも各時期にどのような意図でそのような課題を選択してきたかにとどめる。課題に対応する方法が適切であったか、及び各篇の文章が事実の裏付けをともなって論証されているかどうかには触れず、関連した言及もしていない。ここで作者のなすべきことではないと考えたからである。

本論集では、これらの作品を、課題の共通性を基準に三つの巻に分け、各巻はいずれも二部編成として関連のより強いものをまとめた。各部の名称にはそれぞれ次の四字句を用いた。

第一巻　第一部　税糧制度　第二部　土地所有
第二巻　第一部　民衆反乱　第二部　学術交流
第三巻　第一部　地域社会　第二部　研究方法

各巻にはまた一乃至二篇の既発表の短文をコラムと名付けて配置した。

（二）

Ⅰ　出発――国家の土地制度

筆者が中国明清史を研究の対象とした直接の契機は、一九五七年、京都大学文学部四回生の際、宮崎市定先生の史料演習のテキストであり、国史館本伝に忠実に依拠した『清史列伝』李鴻章伝の一節の理解をめぐる先生の問いかけである。清末江南の蘇松地方における税糧の重さは明代江南官田において国家の徴収していた小作料額がそのまま継承されたことに由来すると述べるこの一節の認識への疑問が、そのまま私の卒業論文「明代江南官田雑攷」及び修士論文「明代江南官田小史」の主題へと展開した。官田とは語義をそのまま述べれば、国家所有の農地である。明代では、官田は人民が所有する農地である民田と同一の税糧徴収制度の中に組み入れられており、そこから徴収される公課も、国家への小作料を意味する「官租」ではなく、租税を意味する「官田税糧」と呼ばれていた。先述した私の疑問は、官田に由来する江南デルタの過重な税糧が民間地主の小作料額をも重くし、その結果直接生産者農民の負担を苛酷なものとし、彼らの担う農業経営を零細化・貧窮化した、という戦後日本の中国明清時代史研究における有力な見解への疑義として増幅されていった。一九六〇・六一年に公表した私の最初の論文「明初江南の官田について――蘇州・松江二府におけるその具体像――」(上)・(下)では、この疑義を執筆の契機とし、主として一四世紀後半、明王朝創設期の江南デルタの官田を対象としてその解明を期していた。私の明清史研究の出発点は、このように、江南デルタをフィールドとし、税糧徴収制度として体現された国家の土地制度に置かれていた。

一九六三年には、官田が民田と統合されて消滅する一六世紀の制度改革を対象とした「十六世紀太湖周辺地帯における官田制度の改革」(上)・(下)を、一九六五年には、明初の制度が変容する一五世紀の改革を対象とした「十五世紀前半太湖周辺地帯における国家と農民」をそれぞれ発表した。税糧と同じく土地を所有する直接生産者農民や地主の負担によって支えられ、その意味では税糧徴収制度とともに国家の土地制度の一翼を担っていた徭役賦課制度については、その税糧徴収制度との関連に焦点をしぼって検討を試みた。すなわち、一四世紀後半については一九六〇・六一年の、一六世紀については一九六三年の右記論文においてである。また、一五世紀については、一九六六年、

「十五世紀前半蘇州府における徭役労働制の改革」を発表している。

この間、国家の土地制度を表現するキーワードとしては、アジア的生産様式論に由来する「国家的土地所有」の語を直接的に用いることはせず、一六世紀を取り上げた一九六三年には「国家的土地支配」、一五世紀を対象とした一九六五年には「国家による農民支配」という語を用いたが、系統性ある概念規定を行なって分析に資するには至らなかった。

他方、学部三回生の時に、島田虔次先生が「中国近世における主観的唯心論について——万物一体の仁の思想——」をテーマにはじめて学内非常勤講師として京都大学文学部の教壇に立たれ、四回生の時には北村敬直先生が非常勤講師として大塚久雄の『株式会社発生史論』を援用しながら中国近代経済史を教えてくださった。北村先生には『経済学研究の栞』（一橋大学新聞部編、一九五三年）の執筆者の一人として村松祐次の存在を教えていただいた。一九五六年、三回生の年、『世界歴史事典』の別巻「史料集・東洋」が『東洋史料集成』（平凡社）として単独で刊行され、私たち初学者に戦後日本中国史研究の歩みをその息吹とともに教えてくれた。その「9．明代」は藤井宏の執筆になり、私に大きな影響を与えた。一九五四年、学部一回生の時点で発表されていた宮崎先生の論文「明代蘇松地方における士大夫と民衆」（『史林』三七—三。のち『アジア史研究』四、東洋史研究会、一九六四年、『宮崎市定全集』第一三巻、岩波書店、一九九二年に収録）を読んだのもその頃である。一九五八年、学部四回生の秋には、東洋文庫訪問に際し、宮崎先生のご紹介で同文庫の研究員をつとめておられた山根幸夫・田中正俊両氏にはじめてお目にかかった。中国明清史を学ぶ環境は自ずと醸成されつつあった。

この時期の作品は、第一巻第一部税糧制度に属する第一章「明代江南土地制度の研究」序章及び終章（抄録）」に集約された研究の主要な源流の一つとなっている。

II　近現代への関心と地主的土地所有

私が大学へ入学した一九五四年は、中国革命によって成立した中華人民共和国――新中国が満五年を迎えた年であった。翌一九五五年には郭沫若氏を団長とする中国学術代表団が来日し、その時点での中国史をめぐる学術交流の記録が一九五七年に『中国史の時代区分』と題して東京大学出版会から刊行された。刊行の年、京都大学文学部東洋史研究室では同書をめぐる大学院生・学生の懇談会が開かれ、のち私の熟読の対象となった。「資本主義の起点としての小商品生産」という戦後日本の明清時代史研究の一方のキーフレーズは同書所収佐伯有一論文の記すところであった。

一九六〇年、日米安全保障条約改定をめぐり、国民的な反対運動が起こり、この運動への中国各地からの連帯表明が報道された頃から、東洋史研究室大学院生有志による何幹之主編『中国現代革命史』の読書会が開始された。私もそれに参加してはじめて中国現代史を学ぶことになった。同書は、すでに一九五七年、いわば中国公定の標準的な現代史概説書として北京の高等教育出版社から上下二冊本で刊行されていたが、私たちの使用したのは、香港三聯書店出版の一冊本であった。

北京三聯書店から一九六一年に出版され、中国明清史に関心をもつ日本の研究者に大きな刺激を与えたのが、厦門大学歴史系教授傅衣凌の新著『明清農村社会経済』であった。第一論文を発表した後、大学院博士課程二年に在学中であり、この本を一気に読んだ私は、東洋史研究室に置かれていた雑誌『東洋史研究』編集委員会に僭越にも書評を執筆したいとお願いし、長い文章を同誌の「批評・紹介」欄に発表させていただいた。同書所収の「明清之際的〝奴変〟和佃農解放運動」、「明清時代福建佃農風潮考証」及び「後記」は、同書と同年に出版された筑摩書房『世界の歴史』第一一巻「ゆらぐ中華帝国」、田中正俊執筆の「民変・抗租奴変」とともに深い印象を私に刻んだ。一九六三年、名古屋大学文学部東洋史学研究室で働くことになった私は、一九六七年、地主的土地所有を主題とする論文を一四世紀後半の江南デルタを対象としてはじめて執筆した。その背景の一つには、地主的土地所有と闘う農民を描いた傅・

田中による右記の二作品があった。また一つには、江蘇国学図書館本『明実録』と『四部叢刊』に収められた元人及び明人の文集を研究室に置き、元末明初における江南デルタの社会を自分なりに辿ることが可能となったという事情があった。名古屋大学文学部は大学院充実のための特別図書費を運用して江南を中心とする明版地方志の大部の複製本を作成・備置してくださった。ただ、国家の土地制度と取り組んでいた私は、王朝国家それ自体への関心を脇に置くことはできなかった。こうした関心は、一四世紀後半の江南デルタにおける「生産関係と国家権力との関係」、地主として土地を所有する「土豪・富民層と集権的権力機構との矛盾」及び「国家的規模に集中された封建的土地所有」などの語を通じて表明された。

これに先立ち、一九五八年には、五・四運動の指導者であり、中国共産党創設者の一人である北京大学図書館主任兼文科史学系教授、のちに法科政治経済系教授となった李大釗の作品がはじめて選集という形で人民出版社から刊行された。一九六三年、私は、谷川道雄先生のお勧めで、先生の研究室で持たれていたこの選集の読書会に参加し、伝統的な士大夫としての側面を併せ持つこの知識人の思想と行動のあり方に強く惹きつけられていた。たまたま、一九六六年、宮崎市定先生監修の中国人物叢書第二期が刊行されることになり、私は編集委員会から清代の帝王将相の一人を担当することのお勧めを受けていたが、あえて李大釗の伝記の執筆を編集委員会にお願いし、許しを得て準備に集中した。『李大釗』は高知大学へ赴任した一九六七年の一二月に公刊された。

この一九六七年、岩波講座『世界歴史』第一二巻・中世六「東アジア世界の展開Ⅱ」の刊行が企画され、私に「明清時代の土地制度」という巨大なテーマが与えられた。私は、明清時代における国家の土地制度を研究している先達が当時たまたま少なかったという事情によるものだと受け止めた。私が悩んだのは、明清時代の国家の土地制度に関する自身の蓄積が江南官田以外にはなく、税糧徴収制度を通じて国家の土地制度を把握するという方法に即した系統性ある概念をまだ確立し得ていないことであった。広大な領域と四〇〇年余にも及ぶ時間のスケールを包括する明清中国の土地制度を若輩が描ききるのは至難であると思われた。私は、結論として以下の執筆方針を採ることとした。国家の土地制度を対象の枠外に置いて地主的土地所有を取り上げる。地代としての「租」の納入に抵抗する直接生産者農民としての佃戸の側から地主的土地所有を把握することとする。一四世紀半ばから一九世紀前半までを通観する。フィールドは華中・華南とし、資料としては前掲傅衣凌著『明清農村社会経済』所収の「明清之際的〝奴変〟和佃農解放運動」・「明清時代福建佃農風潮考証」両篇で華中・華南の幅広い地域について紹介されていた抗租運動に関する地方志等の記事を手がかりにする。

私はこのような方法を念頭に置いて作業を進め、「明清時代の土地制度」は、再び名古屋大学で働くようになった翌年の一九七一年に公表された。しかしながら、選択した華中・華南の地主的土地所有についても、奴僕・傭工を使用する地主経営には及び得ず、また直接生産者農民の中でも自作農の存在や佃戸の自作部分には及び得ず、華北の地主や農民は射程圏外に置かれることになった。直接生産者農民の農家経営の再生産についても、明後半期から清代にかけての江南デルタの荒政に即し、個別の地主佃戸関係に対する地主及び国家の関与を糧食補給の側面から検討したにとどまっていた。私は、その後、一九七一年及び一九七五年の二度にわたり、一七世紀江南デルタの奴僕に関する小山正明の研究を再検討し、一八―二〇世紀江西省の社倉・義倉の存在形態を研究し、さらに一三・四世紀元代に遡り、江南官田の直接の経営に当たっていた農民としての「貧難佃戸」の再生産の条件を分析したが、こうした欠落をその後も埋めるには至っていない。

この時期の研究は第一巻第二部土地所有の大宗を構成しているが、傅衣凌『明清農村社会経済』書評は第二巻第二部第一〇章に、『李大釗選集』を読み始めた頃の習作の一つは第二巻第一部第九章にそれぞれ収めた。

一方で自らの内側で近現代への関心の高まるままに李大釗の伝記の執筆に力を傾け、他方で地主的土地所有研究を開始した頃、日本の明清史学界ではすでに一六・七世紀、明末清初における地主的土地所有の変化を総括する概念として、この時期の資料に頻出する郷紳という存在に目が注がれるようになった。小山正明は一九六八年、税糧徴収・徭役賦課制度改革の背景として「郷紳的土地所有の確立」を提言し、重田徳は一九七一年、前掲の岩波講座『世界歴史』第一二巻・中世六で「郷紳支配の成立と構造」を発表した。田中正俊は一九七二年の歴史科学協議会の大会報告で、中国近代における変革の対象としての封建制度の特徴を土地所有の側面で体現しているのが「郷紳的大土地所有」であると述べた。地主的土地所有を労働主体の側から捉えようとし始めた私とは異なり、所有主体の側からの接近が新たな角度から行なわれようとしていたのである。たまたま、その四年後の一九七六年、同じ歴史科学協議会の大会の報告を依頼された私は、「郷紳的土地所有」とは何かを問わねばならないと考え、大会予備報告論文「いわゆる『郷紳的土地所有』論をめぐって」においてそのことを俎上にのぼせた。しかしながら、すでに「郷紳的土地所有」の概念と同時に「郷紳支配」の構想も提起されており、「郷紳」そのものの存在にも目を向けねばならなかった。大会の報告テーマは、結局「日本の明清時代史研究における郷紳論について」となった。大会終了後発表した報告テーマと同名の論文で、私は、「郷紳支配論」に対しては王朝国家と関わりながら地域社会を支配してきた歴代の中間層との共通性を踏まえて明清時代の郷紳を位置づける必要を述べ、「郷紳的土地所有」に対してはその下で自立したとされる佃戸経営のあり方を各時代の小経営農民の中で位置づける必要性を提起し、さらに中国社会固有の民族的特質を問うことになった。いずれも先秦時代にまで遡る長期の展望を不可欠とする難題が横たわっていることを自ら認識させられたのである。

学界が直面している問題の所在と性格を明らかにするために行なった郷紳をめぐる研究史の整理は、初発は地主的土地所有の歴史に「郷紳的土地所有」という段階を画することの当否の検討を目的としていた。右記二つの論文を第一巻第二部土地所有の末尾に近い第一四・一五章に配置したのは、そのためである。しかしながら、大会報告をまとめた論文「日本の明清時代史研究における郷紳論について」は、土地所有のあり方をめぐる議論に止まらず、固有の特質をもつ中国社会という対象を社会科学における従来型の方法によって把握することの当否を自らに問いかける契機となっていた。

Ⅲ 民衆反乱・社会秩序・士大夫と民衆

私が郷紳論に取り組んでいた頃、東京大学出版会は『講座中国近現代史』の出版を企画し、私は編集委員会から、その第一巻「中国革命の起点」に「反乱の展開（前近代）」という題目でアヘン戦争以前の民衆反乱がそれ以降の近代の諸反乱に及ぼした直接的影響を明らかにするという任務を与えられていた。たまたま、私は、上記の大会報告を終えた直後の一九七六年一〇月から翌一九七七年三月まで、日本学術振興会の長期派遣研究員として東洋文庫で研究する機会に恵まれた。私は、この半年の間、中国全土の地方志のかなりの部分を集中的に閲読し、明末清初を中心とする民衆反乱の多様な存在形態についても豊富な知見を得たが、この閲読の成果をすぐに活用し、実証的作業を通じて右の大きな任務を果たすことはもとより不可能であった。東洋文庫滞在を終えて名古屋に帰ると、小林一美が一九七三年に論文「抗租・抗糧闘争の彼方――下層生活者の想いと政治的・宗教的自立の途――」（『思想』五八四）によって行なった戦後日本の抗租抗糧闘争研究への鋭利な批判を手がかりにしながら、明清期民衆反乱史研究の現状と課題について、研究史的考察を行ない、「民衆反乱史研究の現状と課題――小林一美の所論によせて――」をまとめて講座の責めを果たすこととし、一九七八年に完成した。

これより先、小林論文を読んだ直後、改めて痛感したのは、一九七一年の私の論文「明清時代の土地制度」が、先述のように、土地所有関係研究として一面性をもっていただけではなく、抗租を経済闘争の側面のみから取り上げているという点においても偏りをもっていたことであった。そのことを念頭に置き、私は、一九七三年から七四年にかけて「十七世紀の福建寧化県における黄通の抗租反乱」（一）・（二）を執筆し、福建・江西・広東省境地区福建側の寧化県に即して抗租と政治権力、地域の支配層、同族集団との関連及び省境を越えた反乱集団相互の関係などを検討した。一九七四年には名古屋大学の演習で、明朝が倒壊し、清朝の権力が確立するまでの過渡期における江南デルタで、奴変と併行して起こった無頼層の結社烏龍会による反乱を記録する『研堂見聞雑記』を学生・大学院生とともに分析した。一九七七年になると、この反乱の全体像がより鮮明に浮かび上がり、「一六四五年太倉州沙渓鎮における烏龍会の反乱について」を発表した。一九七八年には「十七世紀の福建寧化県における黄通の抗租反乱」(三)をまとめ、ようやく福建・江西・広東省境地区江西側の抗租反乱の具体像に触れることができた。

明末清初の民衆反乱と取り組むことを通じ、地域的な場で反乱と直面する郷紳の姿を把握することも可能になってきた。「一六四五年太倉沙渓鎮における烏龍会の反乱について」において「郷紳・士大夫を頂点とする社会秩序」という設定を試みたのもその一つの表れである。一九八一年の論文「十七世紀初頭の『織傭の変』をめぐる二、三の資料について」には、文献資料を紹介することに加えて二つの焦点があった。一つはこの民変を担った「織傭」を含む民衆の「市人」としての側面やそのリーダーとしての「老人」の存在を指摘することであり、いま一つは「薦紳先生」――郷紳が地域において果たすべき責任を民衆が鋭く認識していたのではないかという予測を提示することであった。

東洋文庫で閲読した地方志は他にも明清史の新たな領域を垣間見せてくれた。江南デルタの府・州・県から着手し、福建へ下り、広東に注目し、北に転じて江西に進み、湖南・湖北を瞥見し、河北、河南、山東、山西、そして陝西へと読み進む中で、私は、明末中国の南北にわたる地方志・風俗の項の記述の中に共通して社会関係の既存のあり方の変容に対する慨嘆の声が満ちていることを知り、深い印象を受けた。変容しているのは、抗租によって動揺している地主佃戸関係だけでなく、また奴変にさらされている主人奴僕関係だけでもなかった。一九七九年三月、私は、この印象を論文「明末の社会関係における秩序の変動について」にまとめ、その冒頭で、次のように書いた。経済的範疇とも、政治的範疇とも異なる「あるなにものかがこわれていく、と地方志の著者たちは感じている。このなにものかとは、今のところ、多様な社会諸関係をつらぬく秩序、乃至秩序原理としか表現しえないものである。ちなみに、秩序と表現したこのなにものかは、人と人との関係の意識における側面にすぐれてかかわっているものの如く思われる。さらに、秩序と表現したこのなにものかは、一つの場において発現するものであるが、この場が人々の生産と生活の基礎単位としての地域社会に置かれていることも予測される」。また、当該論文の本文及び終章では、地方志の認識を整理し、明末には、尊―卑、貴―賤、長―少、前輩―後輩、上等―下等、富―貧、強―弱、主―僕、主―佃、爾―我、宦室―編氓、郷紳―小民等の社会諸関係における秩序乃至秩序原理の変動あるいは崩壊が自覚されていたと述べた。しかしながら、社会関係における秩序は、学問的範疇としては「階級間の秩序、身分間の秩序にのみ限定できない」とした冒頭の提起を越える総括には至らなかった。

この時期の研究は第二巻第一部民衆反乱の第一章、第四－九章を構成しているが、「明末の社会関係における秩序の変動について」だけは、のち一九九五年にこれを再論した論文とともに第三巻第一部地域社会の第二・三章を構成している。それらが「地域社会」と題したこの三巻第一部の諸篇と緊密な関係をもっているからである。

ほどなく私は、一九七九・八〇両年度にわたって科学研究費補助金（一般研究C）の交付を受け、「抗租運動の長期的比較的綜合的研究」を行なった。視角は、抗租を（1）その初発の時期である宋代から近代の序幕に至るまでの長期にわたり、（2）華中・華南を中心とする各地域について比較し、（3）課題と担い手を異にするその他の民衆闘争と相互関連的・総合的に把握するところにあった。ちなみにここで言う「その他の民衆闘争」の中心をなすのは奴変であった。同じ時期、私は谷川道雄先生のお勧めを受け、先生とともに若い人々に働きかけて、基本資料の訳注・解説からなる『中国民衆叛乱史』全四巻を、両人の共同編集で平凡社から刊行することになった。私は、あわせて第四巻の明末～清Ⅱで、奴変及び抗租の訳注・解説を行なった。一九八一年三月に作成した『奴変と抗租――明末清初を中心とする、華中・華南の地域社会における民衆の抵抗運動――』は、右の科研費の成果報告書である。その第二章

「抵抗運動の特質をめぐって」、第三章「抵抗運動の展開」、終章「奴変と抗租」は、右に述べた奴変及び抗租の訳注・解説の準備作業としての意味をも持っていた。この報告書は内容上の重複を避けるため本論集に収録していないが、第二章には、当時抱いていた民衆反乱、社会秩序及び士大夫と民衆の関わりに関する当時の考え方が率直に表明されている。私は「多様な形態をとる十七世紀の先の六十年間（一六二一―一六八一年を指す）における民衆の抵抗運動は、中国全土において、地域社会の既存の社会諸関係における秩序、それらの総体としての地域社会秩序に対する抵抗としての性格をもつのではないか」としている。と同時に、「社会諸関係の一要素としての士大夫と民衆との関係、この両者間の秩序が、主人と奴僕、田主と佃戸、貴と賤、尊と卑、長と幼など、（中略）他の諸関係における秩序の中でどのような位置を占めるか、換言すれば、士大夫と民衆との関連の特徴とは何か」、「地域社会における両者の関係は、そこで生起する民衆の抵抗運動と非常に深いかかわりをもっている」などの問題を提起している。その上で、民衆反乱に関するその時点での自己の研究及び『明史』巻五六・礼志一〇「庶人相見礼」を根拠に、「士大夫と民衆との関係は、同じく郷里、すなわち地域社会における社会関係でありながら、（中略）私的な関係と対比される公的な性質をもつ関係である」とも述べている。社会関係における秩序そのものの概念は深められていないが、明末の地方志・風俗における編著者たちの認識及び民衆反乱に対する検討を通じて、地域社会という場、そこでの社会関係における秩序、郷紳―小民などと表現されている士大夫と民衆の関係のあり方への関心を私が高めていたことがわかる。

『中国民衆叛乱史』第四巻・明末～清Ⅱにおける奴変及び抗租の訳注・解説のうち、解説とその関連部分は、本論集第二巻第一部民衆反乱の第二・三章を構成する。それに先立って一九八一年に公表した前掲『奴変と抗租――明末清初を中心とする、華中・華南の地域社会における民衆の抵抗運動――』第二章「抵抗運動の特質をめぐって」は、前述のように筆者の研究の軌跡を総括する上で必要な内容が包含されている。

一九七九年には、翌八〇年東方学会が刊行する英文雑誌の *ACTA ASIATICA* 三八・明代史特集号のため、編集部から「明代の郷紳」という題目で論文執筆の依頼を受けた。私は、「日本の明清時代史研究における郷紳論について」発表の後、右に述べたように、民衆反乱及び社会関係における秩序の検討を通じて獲得しつつあった認識をもふまえ、「士大夫と地域社会との関連についての覚書」を副題として付し、和文原稿を完成した。ここでは重田徳の郷紳支配論や小山正明の糧長に関する個別研究に学びながら、いわゆる郷紳論以前に発表され、ともに地域社会の世論と郷紳・士人の関係に注目していた宮崎市定・酒井忠夫の見解からも示唆を得ていた。文中、地域社会との関係における郷紳・士大夫層の志向性の分岐の存在を表現するため、経世済民型と陞官発財型という二類型の設定を試みている。

その三年後、一九八二年、谷川道雄先生を代表者とする科学研究費補助金（総合研究A）「中国士大夫階級と地域社会との関係についての総合的研究」に参加した私は、「宋代以後の士大夫と地域社会」というテーマを分担し、一九八三年の報告書では、これに「問題点の模索」なる副題を付し、宋代から清代までを通論した。その「はじめに」では、明代後半期以降、清代を通じて郷紳と呼ばれてきた存在が、宋代以降、清末までを一貫する士大夫としての側面をもっていたことをまず確認した。その上で支配階級としての彼らが「知的道徳的指導性を保持し、たえず被支配階級の同意を得るための働きかけを行なっていること」及び支配階級の「社会秩序による統合を実現するための地域的な場の役割」に注目することを表明している。なお、これら二つの論文ともに、島田虔次先生がヴェトナムの哲学者グエン・カック・ヴィエンの論文「ヴェトナムにおける儒教とマルクス主義」を紹介し、これに高い評価を与えたことに触れている。第三巻第一部の第一二章「グエン・カック・ヴィエンに関する若干の資料――論文『ヴェトナムにおける儒教とマルクス主義』に寄せて――」はこのグエン論文の理解に資するため、のち一九八九年に執筆したものである。

これら二つの論文を発表した中間の時期に当たる一九八〇年三月三〇日から四月九日まで、私は山根幸夫を団長、濱島敦俊を秘書長とし、小島淑男と森とを加え、合計四人からなる明清社会経済史研究者訪中団に参加して中国をはじめて訪問し、北京・南京・上海で学術交流を行なった。一九七六年一〇月六日、私が流動研究員として東洋文庫で活動し始めた直後に「四人組」が逮捕され、文化大革命開始以後続いていた中国の情勢が変わる中で、私以外の三名の方々はすでに訪中経験をお持ちではあった。とはいえ、一九八〇年三月末・四月初という時期は、一九七八年一二月中国が開放政策を実施してから僅か一年四カ月後、一九七九年、中国が奨学金留学生採用を開始した直後に当たる。日本側の研究報告と日中双方の質疑応答という形でのこうした実質的な交流は明清史の領域でははじめてのことであり、中国側も部厚い進行表を準備するなど緊張の面持ちが見えた。私は日本における抗租研究の現状について報告を行なった。また、上海では、中国で長らく途絶えていた江南官田研究に改めて着手していた伍丹戈の風貌に接し、親交を結ぶことができた。

帰国も近づいた頃、濱島は私たち他の団員に日本における研究者の相互交流・活性化を期してかねてから抱いていたその構想を語った。濱島は帰国後その構想を具体化し、一九八〇年八月、自ら属する北海道大学文学部東洋史研究室の主催で「抗租闘争の諸問題」をテーマとするシンポジウムが開かれた。このシンポジウムには、さまざまな地域と大学から、大学院生・外国人を含む多くの研究者が参加し、日本の中国史研究、とくに明清史の学界に新鮮な刺激を与えた。翌一九八一年、名古屋大学文学部東洋史学研究史室では、この北大シンポジウムの影響の下に、中国史シンポジウム「地域社会の視点——地域社会とリーダー」を開催し、国内外一二二名の人々が参加した。名古屋大学では大学院生が中心となって準備を進め、テーマの選択、報告者の依頼及び当日の進行を担った。準備の会合には東海地区の他大学の教員も参加した。私は「中国前近代史研究における地域社会の視点」というテーマで基調報告を行なうよう要請を受けた。この基調報告では「階級的矛盾・差異を孕みながらも、広い意味での再生産のための共通の現実的課題に直面している諸個人が、共通の社会秩序の下におかれ、共通のリーダー（指導者、指導集団）のリーダーシップ（指導）の下に統合されている地域的な場を、私たちは、地域社会と規定いたします」と述べている。地域社会とは、「広い意味での再生産の場としての、人間が生きる基本的な場を総括的に把握するための方法概念」であった。「人間が生きる基本的な場」は、「究極的には生命の生産と再生産とが営まれる場、広い意味での再生産の場」であり、「秩序乃至秩序原理――社会秩序とは、この場を構成する人びとの意識の統合にとって不可欠な存在、ニガリともいうべき存在として位置づけることができ」るとした。

「地域社会の視点」は、シンポジウム準備の当初から設定されていた唯一のテーマではなく、いくつかの候補の一つに過ぎず、また、サブテーマとして掲げた「地域社会とリーダー」は当時名古屋大学東洋史学研究室の同僚であった南アジア・東南アジア史研究者重松伸司氏を含む議論の中で提起されたものであった。その意味でこのテーマは集団が創出したものである。ただ、すでに述べて来たように、一九七六年「郷紳論」に関する学会報告を行なった後、明末清初を中心とする民衆反乱とその前提となった社会秩序あるいは社会関係における秩序の変動に対する研究の中で、地域社会という場と郷紳・士大夫という存在に関心を寄せてきた私は、「地域社会の視点」についての大きな責任を負っている。そして、基調報告の冒頭に述べた以下の事どもは、まぎれもなく私自身の言葉による当時の私自身の所感であった。「自分はなぜ中国史を、アジア史を研究するのか。自分は研究の対象である中国史・アジア史とどこでかかわっているのか」。「私たちは、自分自身と中国史・アジア史研究との間の緊張関係を日頃ともすれば見失いがちなのではないでしょうか」。こうした「疑問を、ともに研究に従事されている方がたの前に改めて提示し、率直に語りあい、そのことによって自分自身の問題意識を明確にしたい、という私たちの願いは、非常に強いものとなってきました」。

前近代史全般に及んだ私の基調報告及び魏晋南北朝と明清時代を主体とした個別報告をめぐる討論では、方法概念としての「地域社会」の実体概念との乖離、士大夫をリーダーシップの担い手とすること及び「地域社会の視点」の歴史的規定性の所在などへの疑問を含む率直な批判が寄せられた。

一九八一年の中国史シンポジウムの基調報告、及びこれに前後する二つの論文は、第三巻第一部第一章、第四・五章を構成する。一九八〇年の中国訪問についての所感は、第一巻第二部第一五章として収録した。

Ⅴ　中国における共同研究と国家の土地制度への再挑戦

一九八一年、濱島敦俊は日本学術振興会からはじめて長期派遣研究員として中国に派遣され、中国社会科学院で研究に従事した。その経験に学びながら、私は一九八三年四月から八四年一月にかけ、同じ長期派遣研究員として中国教育部の系統に属する復旦大学、厦門大学、武漢大学、南京大学及び北京大学で共同研究をすることになった。復旦大学では、六カ月間に一四回の研究会をもった。テーマは、私の明代江南官田研究に関心をもって招いていただいた伍丹戈及び同人と協力する樊樹志との協議により、官田、郷紳地主及び地主佃戸関係の三分野とし、とくに江南官田に時間を割いた。傅衣凌・楊国楨を中心に研究上の求心性が最も高かった厦門大学では、「明清時代の地主的土地所有と農民の土地に関する諸権利の特徴」を総括的課題とし、傅衣凌氏創出の「郷族」概念に注目しつつ、一カ月間に六回の研究会を開いていただいた。他大学では、先方の研究者の既発表論文及びドラフトペーパーへの所見を述べるとともに、私も持参した私家版の論文集『明清社会経済史旧稿選』及び『中国民衆叛乱史』第四巻などをふまえて報告と交流を行なった。私家版の論文集は、Ⅰ江南官田と税役制度、Ⅱ地主佃戸関係・地主奴僕関係、Ⅲ郷紳論の検討、Ⅳ明末清初の社会変動と民衆、の四章から構成されていた。中国の学者の私の研究への関心は江南官田について最も高かったが、講演・報告で常に取り上げた日本における郷紳論にも興味を抱いていただいたと感じた。一〇カ月の長期にわたり、中国の明清史研究者たちと日々交流し、その発想に直接触れ得たことは最大の収穫であった。中国では郷鎮志を中心にさまざまな未見の文献・文書を閲読したほか、当時、点ではなく面として唯一外国人に開放されていた上海平原の景観をつぶさに観察するなど、地域性を異にする南北各地の文物・風土からもそれぞれに強い印象を受けた。この間の活動については、第二巻第二部学術交流の第一一―一三章に詳述した。

一九七〇年代後半から八一年の中国史シンポジウムまで追究してきた秩序、地域社会及び郷紳・士大夫をめぐる課題は、中国滞在中の一〇カ月中にも脳裡を離れることはなかったが、これらの課題をめぐる具体的な作業は中国の研究者たちとの共通の関心に基づいて活動をする中で、後景に退くこととなった。その一方で、中国の研究者たちと持続的に行なった江南官田を中心とする土地制度及び地主や農民による土地所有をめぐる議論は、一九七〇年代前半まで取り組んできたこれらの研究が体系的に整序されないままであることを想起させた。幸いなことに、一九七〇年代後半から八〇年代初頭にかけ、私の土地制度研究の中断と停滞を克服する手がかりを与えてくれるいくつかの新たな条件が生まれていた。

第一は、一九七七年、台湾の広文書局から、久しく書名のみ知られていた顧炎武の『官田始末考』が影印刊行され、江南官田研究の基本文献である同じ顧炎武の『日知録』巻一〇「蘇松二府田賦之重」の内容理解を容易にするとともに、その佃戸及び自作農に関する認識を明確にする手がかりを与えてくれたことである。第二は、中国学界との交流それ自体である。一九七九年、先述の伍丹戈の最初の論文が公表され、一九八二年同人の『明代土地制度和賦役制度的発展』（福建人民出版社）が刊行されたため、中国長期滞在に先駆けて同人との意見交換が進み、その中でこれまで私の江南官田研究の欠落点の一つであった一五世紀後半から一六世紀前半までの経緯を解明する示唆が得られ、かつ研究への意欲が振起された。一〇カ月の中国における共同研究、とりわけ復旦大学における伍丹戈・樊樹志両氏とのそれは江南官田及び関連する課題の研究を促した。第三は、一九七八年、檀上寛の論文「明王朝成立期の軌跡――洪武朝の疑獄事件と京師問題をめぐって――」（『東洋史研究』三七―三。のち『明朝専制支配の史的構造』汲古書院、一九九五年に収録）が発表されたことである。明初洪武年間の政治史に関するそれまでの私の理解はこれを機に大きく増進し、明代江南官田の設置の背景を辿ることが可能となった。第四は、自身が地主的土地所有のいくつかの側面について一九六〇年代後半から七〇年代にかけて行なった検討、また土地所有の実現に大きな影響を与える地域的な場であり、社会諸関係の統合体である地域社会について進めてきた一九七〇年代後半以来の研究が、土地制度研究の視野を拡げ、考え方を柔軟にしてくれたことである。私は、アジア的生産様式論における「国家的土地所有」という概念の潜在的迫力、それに抗いながら自ら設定してきた一九六三年の「国家的土地支配」及び一九六五年の「国家による農民支配」という用語から自分を解き放ち、同じく明代江南官田というフィールドを通してではあるが、「国家の土地制度」を税糧徴収制度の視角から見た明代中国社会の土地制度として把握しなおそうとしていた。

一九八〇年、最初の訪中直後、北海道大学主催のシンポジウムでの報告をもとに発表した「『官田始末考』から「蘇松二府田賦之重」へ——清初蘇松地方の土地問題と顧炎武——」では、江南官田研究と地主佃戸関係及び抗租研究とを結合し、また清代についての具体的分析に着手することができた。中国出発前の一九八三年三月には、税糧徴収制度の用語をはじめて題名として使い、「明中葉江南デルタにおける税糧徴収制度の改革——蘇州・松江二府の場合——」を発表し、一五世紀後半から一六世紀前半までの江南官田の推移を辿った。帰国後の一九八六年には、「明初の籍没田について——江南官田形成過程の一側面——」及び「明初江南における籍没田の形成」を発表し、一四世紀後半、明初の政治過程を改めて視野に入れつつ明代江南官田形成の持つ意味を検討した。

一九八八年一〇月に上梓した『明代江南土地制度の研究』は、一九六〇年代から七〇年代初頭にかけてのいわば第一次江南官田研究と一九八〇年代における第二次江南官田研究を総括したものである。一九八八年三月に発表した「顧炎武の官田論における土地所有思想とその背景」の内容の一部は右の拙著に内包されている。その後、一九八九年三月には「清初の『蘇松浮糧』に関する諸動向」を、一九九〇年三月には「周夢顔と『蘇松浮糧』」をそれぞれ発表し、雍正三年（一七二五）及び乾隆二年（一七三七）の二度にわたり、清朝が江南地方を支配下に置いて以来の懸案であった蘇州・松江両府の「浮糧」――本来の妥当な徴収水準を越えて設定された税糧額――の一定部分を削減するに至る過程を論じた。

ただ、明代江南官田を研究する契機となった同治二年（一八六三）の両江総督曾国藩・江蘇巡撫李鴻章による「蘇松浮糧」問題再提起の意義にはまだ及んでいない。

この時期の論文は、関連する「宣徳―成化期の蘇州府における徭役賦課について――史鑑の記述に寄せて」及び「一五世紀江南デルタの済農倉をめぐる資料について」を含め、第一巻第一部の全七章を構成する。ただし、「明中葉江南デルタにおける税糧徴収制度の改革――蘇州・松江二府の場合――」、「明初の籍没田について――江南官田形成過程の一側面――」及び「明初江南における籍没田の形成」などの前掲論文が、すでに『明代江南土地制度の研究』に収録されており、その内容は第一巻第一部第一章の右拙著序章及び終章（抄録）に含まれていることを付言する。

Ⅵ　江南デルタ市鎮の調査

『明代江南土地制度の研究』を出版する前年、一九八七年頃から、日本の中国史研究をめぐる研究環境には新たな変化が生まれていた。日本の大学と外国の大学との間に学術交流協定が締結されている場合、双方の共同研究に対して渡航費・調査費を含む補助金を交付する種目としての「大学間協力研究」が科学研究費・国際学術研究の中に設けられ、それとは別に日本の研究者のイニシアティヴによる国際学術研究の他の領域の科研費も拡充されるようになっていた。たまたま名古屋大学と南京大学との交流協定締結業務に従事していた私は、大阪大学と復旦大学との共同事業を企画していた濱島敦俊と情報を交換しながら、名古屋・南京両大学に共通する条件を活かし、双方の歴史学（中国史）・地理学研究者による江南デルタの市鎮の共同の実地調査とそれに基づく研究を発起した。名古屋・南京両大学関係研究者の文字通りの快諾の下で、一九八八・八九両年度の科研費「大学間協力研究」の経費が交付されることになった。両大学の歴史学・地理学研究者は、一九八八年春の名古屋大学側の私費による渡航と南京での準備作業を皮切りに作業を進めた。第二巻第二部の第一四章「一九八八年夏江南デルタ小城鎮紀行」は、必ずしも順調には進行しなかった共同研究実施経緯のメモを含む同年夏の調査の記録である。翌一九八九年夏に予定していた本格的な実地調査が天安門事件の影響の下で延期され、その年一一月に期間を縮小してこれを実施するなど、さまざまな曲折はあったが、名古屋大学側の研究は一九九二年刊行の編著『江南デルタ市鎮研究』(名古屋大学出版会)に結実した。二年有余にわたる共同研究の過程を通じて、とくに日本側の中国史研究者と地理学研究者相互間の交流はさまざまの学問的刺激を生んだ。いわば江南デルタに関わってきた研究者としての本能に突き動かされて発起・実施し、最後には一定の学問的報告をなし得たこの調査であったが、調査とそれをめぐる客観的状況との関わりについては記しておかねばならないことがある。

一九八九年五月下旬、私がその夏の日程を固めるため上海の復旦大学を訪ね、また調査の重点を上海地区に置くという方針変更を協議すべく南京大学を訪問した時、両大学キャンパスの掲示板は学生の政治的要求を訴えるおびただしい貼り紙で満たされており、上海ではまた市中心の広場での大規模な集会と外灘へのデモをつぶさに目にした。六月四日の事件が起こったのは私の帰国の数日後であり、一一月の調査はそのまた五カ月後であった。調査地を移動するために借用したある日のバスの車中で日本側メンバー相互間にこの時期での調査実施の妥当性をめぐる議論が起こり、ひとしきり持続した。その時、調査の支援に当たっていた中国の一教員は今の時期だからこそあなた方が訪中したことに意味があると発言した。この日の議論とその発言を想起する機会はいまなお少なくない。

第三巻第一部第一〇章「朱家角鎮略史」は右記編著所収の作品であり、第一一章「現代中国の鎮における居民委員会と住民の生活意識——上海市青浦県朱家角鎮の場合——」、及び第一巻第二部第一六章「一九三〇・四〇年代の上海平原農村における宅地所有について」は、一九八九年の調査と一九九一年に単独で行なった朱家角鎮の補充調査の結果をあわせ含んだものである。

Ⅶ　地域社会研究

一九八一年の中国史シンポジウムから約七年の間、私は先述のように中国での長期滞在を経て、ふたたび土地制度の研究に集中していた。「地域社会の視点」はこの研究にも少なくない影響を与えていたが、シンポジウム当日から一九八三・八四年にかけて寄せられた批判に直接的に応える仕事はこの間行なっていなかった。一九九〇年、岸本美緒は論文「モラル・エコノミー論と中国社会研究」(『思想』七九二)の一節で「地域社会の視点」に言及し、その頃からこの視点は次第に「地域社会論」と称されるようになっていった。私は改めて一九八一年の問題提起の意味を自覚した。ただ、「地域社会」を「広い意味での再生産の場としての、人間が生きる基本的な場を総括的に把握するための方法概念」であるとする一九八一年の考え方の枠組みをさらに深めることは容易なことではなかった。岸本は言及の中で「人間が生きる基本的な場」を「具体的イメージを欠いた、甚だ漠然とした」規定であるが、秩序の成り立つ枠組を明確な範囲をもつ実体に求める立場への批判を内包していると評した。それに先立ち、一九八三年、上田信は、秩序意識を地域社会という枠組と結びつけることへの疑義を呈していた(「一九八二年の歴史学界——回顧と展望——明・清」『史学雑誌』九二―五)。これらの指摘に対し、いわば理論的に応えることはできていなかったのである。ただ、私は、「地域社会」が方法概念である以上、それと実体としての地域社会との関連にはさまざまな形があり得ると考えていた。一九八九年以降、私は、この意味での地域社会に関する研究を進めた。朱家角鎮に関する上述の二篇もこれに含まれる。

一九八〇年代になって中国社会科学院歴史研究所清史研究室から『清史資料』が刊行され、その第一輯にこれまで傅衣淩の引用によってのみ知られていた明末清初、福建寧化県の士人李世熊の『寇変紀』が収録された。一九九一年の論文「『寇変紀』の世界――李世熊と明末清初福建寧化県の地域社会」は『寇変紀』中の「吾郷」「吾族」という語に留意しながら「李世熊にとっての地域社会とは何であったか」を論じている。一九九二年には、中華民国時代までに編纂された市鎮の地方志――いわゆる郷鎮志のうち、現存する大部分がリプリント版の『中国地方志集成』「郷鎮志専輯」として中国の上海書店・江蘇古籍出版社から刊行され、市鎮を中心とする地域の状況を質量とも飛躍的に把握し得るようになった。一九九六年における明代の郷鎮志及び一九九九年における清代の郷鎮志に関する私の論文は、郷鎮志編著者たちの発想に即して市鎮を中心とする地域社会のあり方を検討したものである。一九九五年には、「『錫金識小録』の性格について」を発表した。清代江南常州府の無錫・金匱両県の地方的文献である『錫金識小録』は重田徳をはじめ、戦後多くの明清史研究者が注目して用いてきた。私はこの『錫金識小録』を用い、一九八三年の「宋代以後の士大夫と地域社会――問題点の模索――」及び一九九五年の「明末における社会変動再考」において、郷紳及びその他の読書人層の地域社会における存在形態が明末から清中期にかけてどのように変容したかに言及してきた。「『錫金識小録』の性格について」では、任官者を郷紳とし、それ以外の生員を中心とする読書人層を士人としつつこうした変容を指摘している同書の強い個性と限界を、同書が抄本としてのみ伝えられてきたいわば〝裏の地方志〟であることを踏まえて検討した。これらの研究は、第三巻第一部地域社会の第六―九章を構成する。

Ⅷ　一九八〇年代以降の明清史研究に関する総括・批評と学術交流

一九八〇年代以降、日本の明清史研究の領域では、一九八〇年八月に北海道大学が抗租をテーマとする先述のシンポジウムを主催して以来、それ以前の戦後の学会が行なってきた行事とは異なる一種自由な空気が現出した。翌一九八一年に名古屋大学が前出の地域社会をテーマに、その二年後の一九八三年に九州大学が国家支配と民衆像をテーマとして掲げたシンポジウムを開催した。一九八七年には、濱島敦俊が発案し、同人、岸本美緒及び私のよびかけで明清史夏合宿がもたれ、以後今日まで大学院生をはじめとする多くの参加者を得て開催されている。一九九二年、名古屋大学所属の研究者を中心に交付された科学研究費一般研究（A）「旧中国における地域社会の特質」拡大研究会は、他大学から時代と分野を異にする鶴間和幸、中村圭爾、佐竹靖彦、小島毅、岸本美緒、鈴木智夫六名の参加を得、研究代表者である私自身が多くを学んだ。ただ、この研究会は八〇年代以降全国各地で数多くもたれるようになった多様な共同研究の一つに過ぎない。

これらに参加してきた私は、たまたま二つの要請を契機にこれらの新たな動向とも関わる明清史研究の潮流を総括することになった。一九九二年、南京大学一〇〇周年記念行事に名古屋大学を代表して参加した私は、終了後南京大学歴史系明清史研究室を訪問した折、日本の明清史研究の現状紹介を突然求められ、渡部忠世・櫻井由躬雄編『中国江南の稲作文化――その学際的研究』（日本放送出版協会、一九八四年）の開発史に関する諸見解を含む報告を行なった。一九九三年八月西安で開かれた第五回中国明史国際学術討論会では、その内容に基づき、「八〇年代以降の日本における明清史研究の新しい潮流」を発表し、翌年名古屋大学国際開発研究科の報告書に掲載した。その後まもなく、佐竹靖彦が中国史の基本問題シリーズの刊行を創唱し、その一冊として『明清時代史の基本問題』を野口鐵郎・濱島敦俊・岸本美緒・佐竹靖彦の諸氏と私が共同編集し、研究者二一名の協力を得て、一九九七年汲古書院から出版した。編集者間の協議により私はその「総説」を執筆することになった。第三巻第二部第一六章では前者を、第一八章では後者を収録している。

第三巻第二部第一七章の寺田浩明論文評及び第一八章の岸本美緒著書への書評は、私が七〇年代後半から八〇年代はじめを中心に追究し、なお総括に及んでいない秩序の問題を主題とする両作品を対象としたものである。同第二〇章の講演記録、第二一章の濱島敦俊の著書への序文はともにフィールドワークに関わる。これらは、いずれも一九九

○年代以降の文章である。同第一四章は、『史学雑誌』一九七二年第五編の「一九七二年の歴史学界──回顧と展望──中国・明清」である。同第一五章は私もテーマとした江南デルタの荒政を対象とする川勝守論文を取り上げている。これらはそれぞれ一九七〇年代、一九八〇年代の批評文である。

周知のように、一九八〇年代以降、中国史研究における国際間の学術交流は、大学院生の相互留学や相互の学会参加を含め質量ともに年々拡大し、今日では日本の拠点大学が科学研究費などの経費を活用し、研究上の課題に即して中国をはじめとする東アジア地域の学者を自由に招請するなど、充実した活動が見られる。一九九〇・九一両年度にわたって名古屋大学文学部東洋史学研究室は、大阪大学文学部東洋史学研究室の要請を受け、同研究室が招請した中国の学者の参加を得て「江南デルタにおける市鎮の形成と発展」をテーマとする国際シンポジウムを共同で開催したが、このように特に大きく構えずに日常のこととして交流が実施されているのが最近の特徴であり、隔世の感がある。既に言及した第二巻第二部第一〇──一五章の諸篇は、こうした状況が到来する前の一九八〇年代の日中学術交流の姿を反映している。第二巻第二部第一六章の小文は、一九六六年九月、中国における文化大革命の導火線の一つとしての「史学革命」を同時代の私の受け止め方に基づいて紹介したものである。

現在、中国明清史をめぐっては、日本と台湾及び韓国との学術交流も着実に展開されている。私は一九九二年、韓国東洋史学会国際東洋史研究討論会で明末の社会変動について報告し、また、同年、台湾の中央研究院中山人文社会科学研究所に招かれ、江南デルタの市鎮について報告した。一九九九年に台北で開かれた中華民国史専題第五届討論会では、「地域社会の視点」の中心部分を前文とし、既に触れた明清代時代の江南デルタの郷鎮志に関する研究を主要部分として「明清時代江南三角洲的郷鎮志与地域社会──以清代為中心的考察」を報告した。これら三回の報告では、いずれも忌憚のない質問や意見が寄せられて深い印象を受けたが、一九九二年の二つは日本で公表の機会をもたなかった。

ここでは私がこれまで取り組んで来た課題について述べてきた。そこには多くの問題点が残されている。また、私の明清史研究自体においてももとより取り組むべくしてなし得てこなかった幾多の領域がある。それらについては本論集の後書等で若干の言及をさせていただく所存である。

(三)

本論集に収録した作品は基本的に原載のままとした。「基本的に」というのは、実際上は、いずれの文章についても厚薄濃淡はあるが、技術的な補正を加えているからである。すなわち、気がついた限りでも数多く見出された誤植、及び資料の誤読、誤引は訂正した。資料はできるだけ原典と対校することに努めた。引用した研究論文が同一著者の著書に収載された場合にはそのことを記すことにした。また、原載の時点以降、学界における関連の研究は大幅に進捗しているが、必要であると判断され、かつ私の力で可能な場合には、章の末尾に補記を置いた。しかしながら、どの作品の場合も原型は不変であり、論旨を改めることは一切していない。

以上、(二) に記した研究の道程に関する説明は、全三巻の内容すべてにわたるものであり、第一巻に限定されるものではない。それを一括してあえてここ第一巻の冒頭に置いたのは、すでに触れているように、筆者が研究課題を次々に転換し、中断や再開も存在しており、その巻の収録作品だけに関わる各巻別序文を書くことは全体の流れを分断し、理解の支障となる恐れがあるからである。

索引は最終第三巻の紙幅が過大になることを避けるため、各巻別とした。索引項目は事項・地名・研究者の三種類に分けている。このうち事項索引には、史料名・歴史人物名を含む。

目次は、各巻ごとに章・節名を記すほか、他の二つの巻についても章名を記すこととした。英文及び中文の目次は、当該の巻に限定される。

校正及び索引の作成は、お申し出いただいた七人の方々のご厚意に甘えることとなった。第一巻については、伊藤正彦・大田由紀夫・山田賢の三氏、第二巻については、荒武達朗・吉尾寛の両氏、第三巻については稲田清一・戸田裕司の両氏にそれぞれ受け持っていただいた。原載の作品には誤りが多く、引用した研究文献の書誌事項の調査・点検を含め、七人の方々には膨大な作業をこなしていただく結果となった。全巻の通読、原典との対校及び補記の執筆は森が担当した。ただ、本論集の一切の作業の責任は私にある。

英文目次については David Robinson 氏に多大なご負担をかけ、中文目次については黄素英氏の手を煩わせた。

引用資料や参考文献の閲覧については、名古屋大学文学部東洋史学研究室の仲山茂・岡崎清宜両氏に大きなご支援を得たほか、九州大学人文科学研究院の中島楽章氏と京都大学人文科学研究所の岩井茂樹氏のお世話になった。今回閲覧の便宜を供与していただいた機関は数多いが、とりわけ名古屋大学文学部東洋史学研究室、名古屋大学附属図書館、愛知県立大学図書館、東京大学東洋文化研究所図書室、東洋文庫閲覧室及び国立公文書館内閣文庫には大変お世話になった。

汲古書院の坂本健彦氏は本論集を企画し、編集実務をすべてご担当いただいた。同氏のご厚意と汲古書院の皆様のご尽力がなければ、本論集は陽の目をみなかったであろう。

これらの方々に心からの感謝を捧げるものである。

最初の論文発表から起算すると、四十数年にわたり国内外のおびただしい方々の学恩を受けてきた。本論集の準備から出版に至る過程でも多くの方々のご支援を得た。そのことを改めてここに記し、心からの感謝の念を捧げたい。

第一巻　税糧制度・土地所有　目　次

第二部　土地所有

第二巻　民衆反乱・学術交流　内容目次

第一部　民衆反乱

第二部　学術交流

第三巻　地域社会・研究方法　内容目次

第一部　地域社会

第二部　研究方法

森正夫明清史論集　第一巻　税糧制度・土地所有

明代の江南デルタ概念図

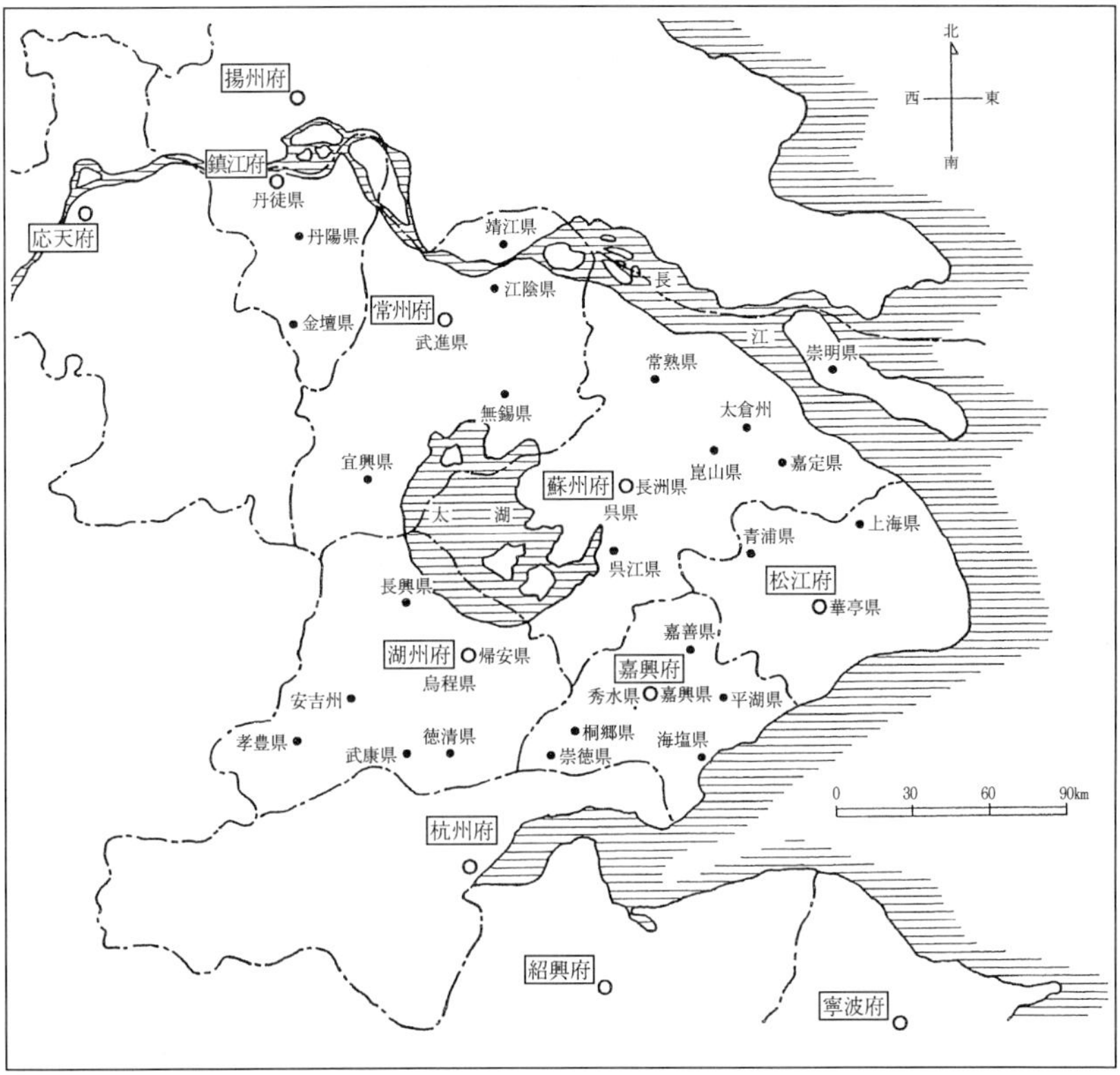

拙著『明代江南土地制度の研究』原載

○譚其驤主編『中国歴史地図集』第７冊「元・明時期」を参照して作成した。

○地形は現在の状況によった。

○蘇州府に太倉州が置かれたのは弘治10年（1497）である。

○松江府に青浦県が最初に置かれたのは嘉靖21年（1542）で、一時廃止され、万暦元年（1573）に再び置かれた。

○嘉興府に秀水・嘉善・桐郷・平湖の四県が置かれたのは宣徳５年（1430）である。

○湖州府に孝豊県が置かれたのは成化23年（1487）である。

第一部　税糧制度

1　『明代江南土地制度の研究』序章及び終章（抄録）

本章は、本巻第一部「税糧制度」所収各章の理解に資するため、拙著『明代江南土地制度の研究』（東洋史研究叢刊四二、同朋舎出版、一九八八年）の序章の全文及び終章の一部分を採録したものである。

序　章

一

顧炎武の主著『日知録』巻一〇に、蘇州・松江地方の田賦の重さを主題とする「蘇松二府田賦之重」という一篇が収められていることは、よく知られている。顧炎武は蘇州府崑山県の人、同県千墩鎮南大街には最近まで生家が残されていた。その生年は明の万暦四一年（一六一三）であり、天啓六年（一六二六）に生員の資格を得ているが、明朝の滅亡後、清朝支配の確立期を、出仕せぬままに過ごし、康熙二一年（一六八二）、七〇歳で没した。『日知録』の三二巻本がはじめて刊行され、多くの読者の手に渡ったのは、その没後一三年を経た康熙三四年（一六九五）であり、右の一篇もこの時広く知られるようになったものであろう。顧炎武は、また、これとは別に、清朝の皇帝としてはじめて中国全土を統治した順治帝の末年、順治一八年（一六六一）頃、すでに『官田始末考』を著わし、蘇州、松江、常州、嘉興、湖州の税糧がひとり重い理由——「五府の税糧、偏《かた》よりて重き所以《ゆえん》の故」について専論し、それを明代に至るまでこれらの地方に官田が広く設置されたことに求めた(1)。

田賦とは、明代、王朝国家の財政を所管する戸部系統の制度の中では税糧と呼ばれている(2)。顧炎武があるいは田賦といい、あるいは税糧とするのも、同じ実体を念頭に置いている。現代中国の歴史家たちの慣用では、それは賦税と呼ばれる。日本で明清時代の歴史を研究する私たちは、概してこれを田賦と称し、また明代に即して税糧、清代に即して銭糧などといいならわしてきた。一六－一八世紀の間に、明朝から清朝への交替をその間に挟みながら積み重ねられていった一条鞭法から地丁併徴に至る改革を通じて、周知のように、田賦の徴収方式は簡明化され、田賦と徭役とが合一化され、かつ基本的に銀納化された。しかしながら、私たちは一条鞭法から地丁併徴にいたる一連の改革の実施以前についても、以後についても、田賦なるものの具体的内容と性格をとくに検討することのないままに、事実上、それを王朝国家が土地所有者から徴収する土地税とみなし、あるいはまた、土地所有が農業生産を通じて実現されることに即して農業税とみてきた。

官田とは、その包含しているさまざまな側面や問題点を捨象して、「蘇松二府田賦之重」における顧炎武の定義に忠実に従えば、「民自有《たみじゆう》」の土地——人民の個別的に所有する民田とははっきりと区別されるところの「国家所有」の土地、すなわち王朝国家の直接的に所有する土地である。右の諸府においては、その一昔前、一六世紀までは官田が多く設置されており、この世紀の制度改革を通じて、すべての土地が、従来官田に対して課せられていた重い負担を転化された。それ故に、彼が生を享けた時代、一七世紀においては田賦が重くなってしまった。顧炎武はこのように判断したのである。

顧炎武の言及した五つの府のうち、蘇州、常州の両府は、ほぼ今日の江蘇省南部の東半分に当たる蘇州市、常州市を中心とした地域に当たり、松江府は上海直轄市におよそのところ重なりあい、嘉興、湖州の二府は、嘉興市、湖州市を中心とした浙江省の北部地域にみあっている。この五府に常州府西鄰の鎮江府を加えた合計六府は、一三世紀半ばすぎ、南宋末に公田という名の国家所有の土地が急遽大量に設置された浙西の六郡の領域にほぼ重なり合う。このことをふまえ、拙著では、明代のこれら六府に属する地域をも一括してとり扱い、これを江南デルタと呼ぶ。長江下流南岸の三角洲地帯という意味である。巻頭の地図は、明代におけるこの六府の位置を示す。

戦後日本の明清社会経済史研究の暁鐘となった鼈宮谷英夫の論文「近世中国における賦役改革(3)」においては、旧中国の「中央集権的な官僚国家」における「国家権力の集中と統一」は「農業生産性と運輸の利便がより多くの農業〔生産〕物を提供し得るような経済地域を先づしっかりと確保することによって達成された」とされ、「右のような意味の基本経済地帯は、宋代以降、華北大平野から米作中心の揚子江口デルタ地区へと決定的に移行した」とみなされている。拙著が江南デルタと呼ぶ地域に関する鼈宮谷の右の見解は、その後の研究史においても、基本的経済地帯、先進地帯などとも表現されながら、実質的に継承されている。そして、中国におけるこの地域の経済的先進性、重要性は、周知のように、アヘン戦争以後の近代史の過程を経た今日もなお変わっていない。

顧炎武は、一七世紀、文字どおり、明の末、清の初めの江南デルタで生を送りながら、この地域の田賦の負担が他の地域のそれに比べて不均衡に重いことを強く主張し、その削減の必要性を訴えたのであった。

顧炎武に代表される江南デルタの田賦の重さへの認識は、文献史料を媒介として、戦後日本の明清時代史研究の草創期にその担い手たちによって重視されるところとなった。

一九六六年刊の西嶋定生の著書『中国経済史研究』第三部「商品生産の展開とその構造——中国初期棉業史の研究——」[4]の各章をなす諸論稿は、一九四八・四九年にあいついで発表され、戦後日本の明清時代史研究の原点を形成した作品群である。そのうち、第一章に配置された「十六・十七世紀を中心とする中国農村工業の考察」は、一九四九年一月、『歴史学研究』一三七号に発表された。その直後、同年五月、同誌の一三九号に、波多野善大が「中国史把握の前進——西嶋定生氏の研究成果について——」を発表し、この研究の画期的意義を評価するとともに、その一層の発展を期待する立場から二、三の批判的見解を述べたことは、一九六〇年代まではよく知られていた。波多野は、その際、戦前以来の「中国史における研究方法の貧困」を打破しうる「真にあるべき中国史研究の基本的方向とは何であるか」と問題を提起し、「中国史の発展を世界史的連関において把握し、これによって中国史発展の個性を構造的にとらえることであると思う」と述べている。波多野は、ヨーロッパにおける中世末期以降の「工業の農村化」とその帰結としての「近代産業資本の形成」と対比しつつ、同じ時期に「商品生産として成立した中国農村工業の性格を分析」するという西嶋の方法を、この意味でまず賞揚したのである。

西嶋の棉業研究が先鞭をつけた手工業における商品生産は、一九六〇年代までの明清時代史研究の中心的主題の一つとなったが、これと相い並んで追求された主題が、一六世紀半ばから一七世紀、明末清初以降の地主的土地所有であり、両者は一九五五年の北村敬直の学界展望「農村工業と佃戸制の展開」[5]を嚆矢とし、以後、「商品生産と地主制」と連称されて、くりかえされる研究史整理の常套的枠組を構成していた。波多野の右の批評は、地主的土地所有研究の必要性についてなされた戦後最初の言及でもあった。

西嶋は前掲論文の中で、「農村工業」としての棉紡織業が「農家経済の零細化を救済する家計補足手段」として出発した契機について、およそ次のように述べている。

松江府をはじめとする長江下流デルタ地帯にあっては、水稲栽培の過程で、「労働力のきわめて大なる部分を灌漑作業に消費することを余儀なく」せしめられることによって、「農家の経営面積が極度に零細化され」た。他方、南宋末以来、「官有田」としての性格をもつ官田が大量に設置されたため、これらの地方が「小作料」に相当する「比類のない重税を課せられ」、「しかも官田の実態は失われ、生産者と政府との間にさらに地主層が胚胎され」たこととあいまって、「直接生産者の負担はさらに苛酷化され、いきおいこの地方の農業経営は非常に貧窮化せざるをえなくなった」。

西嶋は、一九六六年の前掲の著書に特に附した「補記」の中で、かつて自己の述べたこの見解を、「過重田賦にもとづく佃租負担の重圧、およびその結果としての零細過小農の派生という図式」と整理しているが、波多野の批判の一つは、まさにこの図式をめぐるものであった。波多野は、西嶋が、国家が土地所有者に課す租税としての税糧（田賦）と、土地所有者中の地主が直接生産者たる佃戸に課する地代としての佃租とを、ともに「直接生産者の貧窮化」の契機としつつも、最大の契機が前者の過重、すなわち「過重田賦」にあるとしていることを疑問とし、西嶋自身のとりあげた史料（『崇禎松江府志』巻一〇、田賦三所載の「徐文貞公与撫按均糧書」）を引いて、田賦よりも、「むしろ佃戸の賃金部分までも収取する田主の田租を強調すべきではないか」と述べた。

波多野の右の批判点は、一九五七年の佐伯有一による学説史的検討[6]でも肯定的に継承された。

佐伯の批判は、佐伯自身の理論的要請にもとづいていた。資本制の起点としての小商品生産成立の条件を中国社会の中に求める佐伯は、そのためには農民層分解の中から賃労働が形成されることを検証しなければならず、またそれ故に、資本制に先立つ封建制期の土地所有、すなわち封建的土地所有と彼のみなすところの地主制の問題、すなわち佃戸や佃租の問題こそが明らかにされねばならぬ、と考えた。佐伯は、西嶋が結局は「田賦負担者＝小土地所有者」としての「過小農」を問題にしており、その場合、階級対立は専制国家と小農民ということになり、封建的土地所有としての地主制の問題は捨象されてしまうため、単にアジア的構成のみが問題となるにすぎなくなる、とした。

こうした批判にもかかわらず、鼈宮谷英夫以来、江南デルタをこの時代の経済的先進地帯とみなし、ここを主たる対象として進められてきた戦後日本の明清社会経済史研究は、その後も行論の中で、「過重田賦」の源である江南官田に言及した。一六・七世紀、明中葉から清初にかけて展開した商品生産の前提をさぐる研究の中では、一九五五年、田中正俊・佐伯有一が、その三年後の先述の佐伯の西嶋批判とは別に、江南官田を集権的統一国家たる明王朝の重要な財政的基礎として評価し、官田の毎畝税糧徴収額は、私租と等しく、この高率の徴収額を通じて、明王朝による苛酷な政治的収奪が行なわれたとし、ここに、農民層の分解を促進する主要な契機を見出している(7)。一九五六年、寺田隆信も、ほぼ同様の見解を示した(8)。

商品生産の展開と緊密な関係をもつという想定の下で行なわれた地主的土地所有の研究においては、この領域を開拓した北村敬直が、やはり明朝の官田政策に注目した。西嶋の前掲論文及び波多野の批判が発表された一九四九年、北村は、商品経済の発達を指標に、明末清初を過渡的時代としてとらえることを主張し、時代のこの過渡期としての性格は、郷居地主から城居地主への転化の進展の中にも認められるとした。北村は、過渡期の出発点をなす明初の中国社会は、「商品経済を前提としつつも、一応自然経済の方向にむかって再編成されたものであった」とし、また、明初には、宋元時代の豪族地主制が、朱元璋の官田政策によって、一段高い層次における地主制＝国家地主制として再編成された、と述べた(9)。

北村は、しかし、翌一九五〇年、唐末宋初に専制国家のもとでの土地私有制の上に成立した地主制が、専制国家的政治機構とともに、明初においても量的、質的に断絶をみることなく、宋から清まで連続していったと述べ、自己の明初地主制再編成説を否定した(10)。北村説の変化を導いたのは、一つには、朱元璋の官田政策が江南デルタにとりわけ集中的に実施され、必ずしも全国的拡がりをもたなかったという認識にもとづく。が、より主要には、同じ一九五〇年の古島和雄の見解(11)の影響が大きい。古島は、元末に至る大土地所有の形成を前提として、元末の農民反乱が必ずしも在地の地主権力を対象としてはおらず、この反乱の中から生みだされた朱元璋の統一は、農民の階級的立場に対する地主的反動の上に成立した、と考える。古島は、この観点に立ち、在地の地主層のその権力が明初においても牢固として存在し、これを基盤にしてかの里甲制が成立している、と主張した。なお、古島は、「官田・賜田」などを、明中期以降の商人地主による土地所有とひとしなみに、在地の具体的な土地用益を含まないところの、「不在地主的な大土地所有」とする。古島はこの「不在地主的な大土地所有」の下での小作農民層の再生産の維持、従ってその収租権の基礎が、実に在地の地主層の水利維持を中心とする徭役にあったという。古島にとっては、明初の官田政策も、元末に至る大土地所有の形成に改変を加えるものでないとされ、官田は不在地主的な大土地所有の一つとして、農村の土地所有関係の中にすぐれて構造的に位置づけられたのである。北村は、以後、朱元璋の官田政策に対して自らの与えた先述の高い歴史的評価に立ち戻ることをしていない。

戦後の明清社会経済史を切り拓いた上記の作品群とは別の系列に立つ研究にあっても、明代江南官田への注視がなされている。

一九五二年、宮崎市定は、「宋代以後の土地所有形体」を発表した(12)。その中で宮崎は「資本と経営」（所有と管理…森）の分離によって、宋代以後、土地所有権の移動の速度が早まり、集中の規模が飛躍的に拡大したと指摘し、これを規制しようとしたのが南宋末の公田法であると述べた。宮崎は、総括的に、「有力者の兼併が行きつく所まで行けば、いかなる政府でもこれに干渉を加えざるを得なくなるであろう。殊に新王朝が成立して強固な中央集権政府を形造ろうとする時、国都の近くに政府所有の官田を持って、軍隊の糧食に不安なきを期しようとするのは自然の成行きである。明の官田、清の旗地はかかる必然性から生じた結果に過ぎない」と述べた。

他方、愛宕松男は、一九五三年、朱元璋政権の性格を、集権的専制国家を構成する完成された諸制度の特質から論理的に演繹することによってではなく、政権の成立の過程そのものを通じて明らかにしようとする方法を示した(13)。愛宕は、この過程において、その組織者朱元璋の出身地である淮西地方の経済的後進性から逆に規定され、それを克服するため、統治権の単一集中化を追求した朱呉国――朱元璋創設の呉国――の政策の一環として江南官田の拡大を挙げ、在来の大土地所有者の土地を没収し、私租と等しい高率の私租を徴収したと判断して、この点に注目した。

以上のように、西嶋の作品が発表されて以後、一九五〇年代の研究においては、一方では、一六・七世紀の商品生産の発展を検証し、そのあり方を明らかにしようとする田中・佐伯、寺田らによって、農業に従事する直接生産者のうち、小経営農民の手もとにおける剰余蓄積の条件が問われた。そして江南デルタに設置された官田における一畝当たりの重い税糧、すなわちいうところの政治的収奪によって、剰余の蓄積が非常に困難であったという見解が示された。ちなみに、佐伯は、先述のように、一九五五年、田中とともに、官田税糧の重さの影響を重視する説を唱えたが、一九五七年には、すでに紹介したように、地主の佃租収取にこそ留意すべきことを説いた。これを佐伯後説としておく。

そこでは波多野及び佐伯後説による批判を通じて提出されたところの、過重なのは田賦なのか、佃租なのか、両者の複合なのか、という問題が、実証の上でも、理論の上でも必ずしも十分に解明されないまま、西嶋のいわゆる「過重田賦」にもとづく小農民経営の貧窮化という見解が事実上継承されていったように思われる。

一方で北村の前説・後説と、この両説の中間にあった古島の見解においては、小農民経営の下における剰余蓄積の可能性よりも、明初の朱元璋による官田創設が、元末までに形成された大土地所有規制の役割をもつ土地改革としての性格をもっていたかどうかが問われた。宋代以後の土地私有の高度な発展の集権国家による規制として官田をとらえる宮崎の見解や、朱元璋のめざす政治権力の集中化の証左として江南デルタの官田設置を挙げた愛宕の見解は、官田形成の歴史的意義を問うているという点では、北村・古島らと共通の関心にもとづく。この点の検討は、官田における田賦の性格や意義とも密接にかかわっており、実は波多野の提起した課題の解決とも無縁ではない。北村、古島、宮崎、愛宕の作品は、いずれもそれ自体としては、なお今日的価値をもつすぐれたものであるが、残念なことに、明初の官田の形成にかかわる部分については、実証をともなったモノグラフとして展開されるには至らなかった。

筆者は、たまたま、このような研究状況の中で、一九六〇年、六一年、論文「明初江南の官田について――蘇州・松江二府におけるその具体像――(上)・(下)」を発表した。(14) 筆者は、いわゆる「過重田賦」、すなわち明代江南官田の一畝当たりの税糧の非常な重さを強調する西嶋定生、田中正俊、佐伯有一、寺田隆信などの見解の当否を検証するため、主として明初以降、一四世紀後半－一五世紀前半の洪武－宣徳期における江南官田の存在形態を、とくに蘇州・松江両府について検討した。筆者は、その中で、この時期の江南官田の一畝当たりの税糧徴収額の平均値は、民田に対して課せられた税糧よりもはるかに高いが、当時の私租（佃租）の一畝当たりの一般的徴収額に比べるとかなり低く、私租とは明らかに一線を画していることを示した。また、西嶋が前掲の資料とともに用いている何良俊『四友斎叢説』巻一四、史一〇の一節を改めて分析し、そこに示された松江府下の私租率は、収穫の五三・三％－五六・七％（西郷）、五三・三％（東郷）であり、明清時代の私租率の標準たる収穫の二分の一にほぼ接近しており、とくに他処との差はない、とした。また、明初のこれらの地方においては、官田税糧を国家に納入する官田の承佃者――納糧戸――は、小経営の直接生産者農民から地主に及ぶ幅広い階層にわたっており、明初の段階の江南官田においては、税糧の徴収をめぐって、国家－直接生産者としての農民家族、国家－地主－直接生産者としての農民家族という二つの関係が併存していることを示した。なお、税糧と徭役を合算した収取量についての官田と民田との均衡を図るために、徭役中の雑役の減免などの慣行が存在しており、地主から直接生産者農民にいたる官田の承佃者の経営と納糧維持に寄与していたとした。

明初の蘇州・松江両府を中心とする官田の存在形態を、定量的分析を媒介としながら実証的に明らかにしようとする筆者のこの研究は、官田における田賦（この場合官田税糧を指す）を一律に過重であるとみなすことができないこと、また、それは、一般的には私租（佃租）とは性格を異にすることを示し、田賦と佃租とがそれぞれにもつ独自性を結果として指摘した。しかしながら、両者の関連をどのように把握するかは、今後の課題として残されたのである。

なお、明代江南官田に関する基礎的な認識をはじめて学界に提示したものとして、一九五七年に東洋文庫から刊行された『明史食貨志訳註』上巻の田制の部分における藤井宏の、また賦役の部分における山根幸夫の注解がある。いずれも当時の学界の到達点を示す仕事であり、筆者のような初学者がここから吸収したものは少なくない。藤井宏は、のち、一九六一年に『アジア歴史事典』（平凡社）の「明」・社会経済の項を執筆し、その(1)土地制度の項において、明代江南官田における国家・地主・富農・自作農・零細自家経営農民等の関係に言及している。

一九六一年には、村松祐次が、一九世紀中葉、清末に主たる関心を注ぎながら、「清代のいわゆる『蘇松の重賦』について」を発表した[15]。村松は、一七世紀後半、清初康熙年間以来、一八世紀の乾隆年間の空白期を除き、一九世紀半ばすぎ、同治年間まで、清代を通じて論じられた蘇州・松江・太倉（太倉直隷州は、明代は蘇州府に属していた）地方の「重賦」について、清朝の官文書を整理して克明な定量的分析を行なっている。村松は、江蘇省、なかでも蘇州地方は、「その課税面積に比べて不均合に重い負担を担っていたこと」が「数字の上にはっきり反映」されたとしている。

二

一九六六年、西嶋は、「中国初期棉業」に関する諸論稿を、原形のままで前掲の『中国経済史研究』に収録するに際し、特に詳しい「補記」を附し、その中で、これらの論稿に言及したところの波多野から筆者に至る見解を一つ一つ紹介しながら、およそ次のように述べた。

自分は決して地主佃戸関係を捨象したのではなく、「零細過小農を生む地主佃戸関係の基底に存在する国家権力の問題」、「その具体的表現としての過重田賦の問題」をとりあげたのである。「中国における封建的社会構成の特徴は、その階級構成の性格が単純に地主佃戸関係に一元化されがたいということ、すなわちそれはつねに専制的国家権力の支配関係と複合しているという点にあるのであって、その形成過程の分析においても、あるいはその解体過程の分析においても、これをその一面においてのみ問題とするのは正しくない」。従って、「国家的支配の表現としての過重田賦と地主佃戸関係との関聯」という視角から「過重田賦と零細過小農」との問題を追究するという課題設定自体は依然として正しい。

西嶋は、この「補記」で、同時に、かつての自己の研究においては、「国家的支配の表現としての過重田賦と地主佃戸関係との関聯」が「説得的に把握されていなかった」ことを率直に認めている。しかし、西嶋は、過重田賦と佃租との関連を問うという課題設定自体の正しさ、換言すれば、過重田賦が佃租負担の重さをもたらし、その結果、零細過小農が派生するという自己の在来のシェーマ設定の正当性を、「中国における封建的社会構成の特徴」としての「専制国家権力の支配関係」の存在を根拠として改めて主張したのである。

今日の時点から戦後日本の明清時代史研究の歩みをふりかえると、一九六六年の時点における西嶋によるこうした課題の再提起は、きわめて自然であった。かつて、一九七五年、拙稿「日本の明清時代史研究における郷紳論について」[16]（一）で述べたように、一九六〇年代から七〇年代にかけての明清時代史研究にあっては、一九五〇年代までの共通の主題であったところの、アヘン戦争以前の中国社会における資本主義形成の可能性の探究に代わって、賦役（田賦と徭役）制度史研究が活発となった。その中で、王朝国家が徭役中の雑役を免除する特権を与えているところの官僚や科挙制度の有資格者からなる社会層による土地集積の進行と彼らの社会的影響力の増大に関心が集まった。そのことから、この社会層をしばしば郷紳と概称するところの一連の研究――郷紳論が展開されていく。あえて比喩的にいうならば、そこには、中国の社会とその歴史の〝特殊〟と〝構造〟の認識をめざす方向が顕著に表われ、この中で国家への関心が高まり、国家権力を総体としての社会構造の中でどのように位置づけるかという問題意識が生まれるようになっていたからである。筆者は、右の拙稿において、中国社会の民族的特質、民族的固有性への認識を深める必要性に言及すると同時に、その意味で六〇年代以降の明清時代史研究の新しい方向の中に肯定的意義を見出していることを述べた。右の拙稿では、改めて「専制的国家権力」やその田賦収取のありかたに注目した西嶋の姿勢については直接に言及しなかったが、今ふりかえると、郷紳論と共通する関心が反映されている。

もとより、一九六六年の「補記」における西嶋の発言の右引の部分は、批判への自己批判をともなう反論としての発言全体の中でも、きわめて論理的抽象的なレベルで展開されており、従ってここからさらに議論を起こすための十分な手がかりが孕まれているとはいえない。ただ、そこには、私たちが今日改めて検討しなければならないいくつかの問題が率直に提示されているといえよう。

たとえば「中国における封建的社会構成」という一句における封建的とは何か。またこの社会構成の始期とは何時か。これらの点からして、私たち日本で明清時代史を学ぶ者の共通理解はいまだにない。筆者は、先に言及したように、中国社会とその歴史は、きわめて長期的な視野でとらえられねばならぬと考えており、明清時代の社会構成についても、戦国・秦漢に溯る側面と唐宋変革に溯る側面との二つの枠組が必要であると予測している。また、近代以前の中国の社会構成には、従来わが国の歴史学で用いられてきた意味での封建的性格は見いだしがたいと判断している。(17)残念ながら、筆者もまだこの点についてのつきつめた考察をなしえていない。

専制国家という国家の規定そのものについても、それが田賦・徭役を賦課する主体である以上、さらなる検討が必要となろう。西嶋の発言においては、専制国家とは、いわゆる東洋的専制主義という一般的通念と結びつく規定として使われているとみなされる。しかし、かりに、一〇世紀、宋代以後の王朝国家に即してこの規定を受けとめるとすると、これら一連の王朝国家における皇帝への権力集中が、唐代以前よりもはるかに強まっていることとの関連が問われることになろう。わが国では、しばしば貴族制に代わる君主独裁制として語られるこの権力集中の性格については、少なくとも、社会的生産力の発展や広大な国土の上のさまざまな地域のあいだの連関の密接化、これらをふまえた中国社会の公共的課題の解決のための国家機能の集中の要請という視角からも考察されねばならない。専制や独裁という規定が、皇帝権力の無制約的な、恣意的な行使と混同されることは、王朝国家による田賦や徭役の賦課のあり方を考える場合にも避けねばならないであろう。

西嶋の論考や右の発言で使われ、私たちもあたかも自明であるかのごとく受けとめていた史料用語についても、必ずしも共通理解があるわけではない。冒頭でも触れたように、田賦という鍵鑰的用語自体がそうである。

明清時代史研究の領域についていえば、戦後まもなく、鼇宮谷英夫の前記の見解が示され、一九七一年には小山正明の概括的業績が出され(18)、それぞれに今なお有用である。しかし、田賦の内容や性格については、いぜんとしてそれらが深く問われることのないまま今日に至っている。後述するように、たしかに、田賦の理解についてそれへの貴重な手がかりを提供する実証研究は、すでにいく人かの研究者によって着手されつつあるが、徭役制度における部厚い実証研究の蓄積(19)に比べれば、なお大きな隔たりがある。とりわけ重要なのは、田賦においては土地を、徭役においては土地と労働力とをそれぞれ媒介とする国家収取の本質的性格について、田賦研究・徭役研究いずれの場合にもなお考察が及んでいないことである。それでも、徭役の分野では、明らかにされた一つ一つの具体的な役務の内容が、国家の地方行政機構や国家の全国的な交通・通信・公課の輸送体系と密接にかかわり、国家の公共的業務との関連性が顕著であるため、考察を進める手がかりがなお与えられている(20)。これに対して、田賦の分野においては、米をはじめとする穀類・棉布・絹糸などの生産物、あるいは銀・銅・鈔などの貨幣という徴収手段の形態自身は、その使途を示さないという事情がある。たしかに、各県で集められた生産物や貨幣がその所属の府を経て上納され（起運）、あるいは地方に留め置かれる（存留）に際しては、必ず特定の官倉が指定されているから、その一つ一つを洗いだして整理することによって、宮廷の維持費、官僚の俸給、軍人の給与など、その予測される使途を明らかにし、あるいは推定することは不可能ではない。しかし、その場合にも、関連する国家の機構や国家の事業の内容を明らかにし、さらにそれらと社会全体の再生産活動との関わりを把握しなければならない。このこと自体、一つの困難な体系的作業を必要とする。そして、田賦の性格に関するこうした一連の研究が進んだとしても、徭役の場合ともども、これらを賦課する王朝国家の性格そのものの考察へと進んでいかなければ、田賦・徭役という二大公課とは何か、という本質的問題は解決しないであろう(21)。

一六・七世紀とは、限定していえば、明の後半期であるが、この時代の江南デルタについて、過重田賦による佃租負担の過重化が見られた、という自らの見解を再提示するに際して、西嶋が行なった前記の発言は、以上述べてきたように、わが国の中国史研究がいまだに解決しえていない、さまざまの容易ならざる問題を想起せしめる。私たちは、一六・七世紀の江南デルタにおける田賦と佃租との関係を、これらの問題とともに把握するという課題を西嶋から与えられているといえよう。明末清初の江南デルタを中心に進められてきた戦後の明清時代史研究における田賦及び佃租の研究は、いずれの場合とも、まだたちおくれているのである。

もとより、明末清初の地主制に関しては、北村敬直、古島和雄、小山正明の三者によるすぐれた論考が、先述のように、一九五〇年代までに出され、いまなお私たちに、地主佃戸関係をはじめとするその基本的内容を考察するための貴重な手がかりが示されている。後に触れる一九七〇年代の西村元照の丈量研究や一九八〇年代に出版された川勝守、濱島敦俊のそれぞれの著作にも地主佃戸関係についての有用な史料と論点が提示されている。筆者も佃戸の抗租を通じて七〇年代以来いくつかの作業を行ない、三木聰も七〇年代末から八〇年代にかけて福建の抗租についての論考を発表した(22)。これらの研究を通じて、地主が佃戸から収取する佃租——私租については、不十分ながらも共通の史実認識があり、何よりも共通の強い関心が見出される。残念ながら、田賦については、状況は異なっている。明代とかかわるものについていえば、前掲の鼈宮谷論文、基礎的な史料用語理解について論じた清水泰次の業績(23)、明代の税糧徴収と戸等との関係を論じた小山正明の論文(24)、明清時代の賦役制度を通観した小山正明の概論(25)があり、それぞれに今日もなお示唆的な作品であるが、ほかに田賦それ自体に触れた仕事は乏しい。一八世紀、清代中期までについても、本格的な実証をともなった作業は宮崎一市の田賦減免についての労作(26)を数えるのみである。しかしながら、田賦の研究が必要とされるのは、このように研究が量的に乏しいということのみによるのではない。田賦が当時のもっとも基本的生産手段としての土地の所有にもとづく労働生産物の獲得、すなわち土地所有の実現と深くかかわっているからである。

国家によって収取された田賦が中国社会の再生産構造の中にどのように還流していくか。この意味での位置づけと論点については、先に徭役のそれとともに言及した。田賦とは何かという問題が未解決であると述べたのは主にこの面に関してであった。しかしながら、田賦には、国家によるその収取が土地所有の実現に対してどのような影響を及ぼしたか、といういま一つの欠かせない問題が内包されている。

私見では、明代の江南デルタにおける土地の所有にもとづく労働生産物の獲得としての土地所有の実現については、一般的に次の四つの側面が存在すると考えられる。

第一は農業経営の形態である。第二は土地所有とそれにもとづく生産関係である。第三は、これらを基盤とする税糧徴収制度である。税糧徴収制度は実質的に国家の土地制度としての側面をもつ。すなわち、いわば税制上の土地制度というべきものが見出されるのである。第四は土地所有権についての国家の法的制度である。これは、いわば法制上の土地制度と呼ぶことができる。官田と民田との区別は、もっとも直接的には法制上の制度にもとづいている。

長江以南、とりわけ江南デルタを、また明初から明末清初に至る時期について主として進められてきたところの、六〇年代半ば頃までのわが国における明清社会経済史研究において、これら四つの側面はどのように認識されていたであろうか。

第一の農業経営については、家族労働に依拠する直接生産者農民の小経営と、他人労働にも依拠する在地手作地主の経営とが想定されてきた。第二の土地所有とそれにもとづく生産関係については、地主と小経営農民としての佃戸との関係、地主中の在地地主と傭工・奴僕との関係、自ら土地を所有し自らの家族労働でその経営に当たるところのいわゆる自作農の存在が想定されてきた。しかしながら、第三の税糧徴収制度、第四の法制上の土地制度については、私たちは、第一、第二の側面におけるような共通の一般的認識、それをテーゼとして批判を加えることができるような通説的到達点をもっていない。このことは、しかし、研究が何らなされなかったということではない。

一九六六年から今日に至るまですでに二〇年の歳月が流れ、その間、田賦――税糧をめぐるいくつかの労作が世に問われた。筆者も、一九六〇・六一年以後、江南官田の研究を持続した。

このうち、一九七五年までの研究動向については、前掲の拙稿「日本の明清時代史研究における郷紳論について」(二)Ⅰ「六〇年代以降における問題意識の特質」、Ⅱ「賦役制度史研究における『郷紳的土地所有論』」で詳述した。その後の状況をも含めていえば、濱島敦俊が前掲の『明代江南農村社会の研究』に収録した、明前半期の里甲制による水利機能の維持についての一連の研究を除くと、とりわけ明後半期及び清末に研究が集中している。

一九七一年以来、川勝守、西村元照によって行なわれた一連の丈量研究(27)は、西村が克明に紹介した一六世紀の二〇年―六〇年代、嘉靖・隆慶年間の地方的丈量と、川勝・西村がともにとりあげた万暦八年（一五八〇）に始まる、内閣首輔張居正の強力な指導による丈量とを経て、西村の考察した清初の丈量に至るまでの膨大な実証的作業として展開された。国家の田賦徴収対象としての土地の再測量と登録の更新という事業それ自体が、戦前の清水泰次の蘇州府についての仕事(28)を除いては、はじめてとりあつかわれた。この際、両人は、いずれもこの時代の地主佃戸関係の発展を予測してこれに強い関心を寄せた。このため、国家による土地登録を通じてその徴収の強化が目ざされている田賦――税糧と、地主によって徴収される私租との関連という問題が改めて提示されることになったのである。一六世紀を迎えると、張居正の丈量に先立って、右に触れたように、江南デルタをはじめ、全国各地で丈量が実施される。この丈量をめぐって、西村は地主がその利害を実現するためにイニシアティヴを発揮したことを強調し、他方、川勝はこの西村の把えかたを厳しく批判しており、一致を見ていないが、彼ら両人によるこの問題の提出は、両人がそれぞれ独立に、国家による佃戸からの直接的な税糧徴収実施という新事実を発掘したこととあいまって、大きい意義をもつ。

一方、鶴見尚弘は、一九六七年以来、八一年に至るまで、蘇州府長洲県内の一地区における清初康熙一五年（一六七六）の丈量の結果を示す魚鱗図冊についての研究を着実に積み重ねてきたが、この間、一九六九年には、この国家の土地登録の帳簿を通して、田賦の納入者たる地主・自作農・自作農兼佃戸及び佃戸という農村社会の階層的構成をはじめて復元するという成果をあげた(29)。一九八二年には、足立啓二も魚鱗図冊の分析にもとづく論文「清代蘇州府下における地主的土地所有の展開」を発表している(30)。

一九七六年に発表された西村元照の清初の包攬に関する研究も、この時代の田賦納入に際しての生員・監生層の包攬に正面からとりくみ、その納入の実質的メカニズムをはじめて明るみに出したものである(31)。

清末に関しては、一九世紀中葉、太平天国前後の江蘇・浙江両省における賦税（田賦）負担やその徴収制度の改革について、小林幸夫、夏井春喜、臼井佐知子らの研究が出され、状況が少しずつ明らかにされつつある(32)。しかしながら、前掲の村松祐次の作品も含め、これら清末の成果と筆者のように明代からアプローチしている側の作業との交流はまったくなされていない。

筆者は、一九六〇・六一年の前掲論文の後も、引続き明代江南官田の研究に従事し、一九六六年までに、西嶋がこの年の『中国経済史研究』の「補記」で言及した当該論文を含む計四篇の作品を発表し、以下の対象について考察した[33]。

一四世紀後半―一五世紀前半における江南官田の存在形態（①）。

一五世紀前半における官田税糧徴収体制の危機と一連の綜合的な税糧徴収制度の改革（③）。

一五世紀前半に右の改革と併行して行なわれた徭役労働制の改革（④）。

一六世紀に官田と民田との区別を廃止し、官田を消滅させた各府の税糧徴収制度の改革及び関連する徭役労働制の改革（②）。

以上である。さらに、一九七二年には、一三世紀後半―一四世紀前半、元代江南官田の税糧を納入していた貧難佃戸及び他の諸階層の存在形態を検討し（⑤）、明代以前の状況を認識する手がかりとした。

一九八〇年には、明末清初の蘇州府を生きた顧炎武が、田賦の重さと私租の高額という二つの問題の解決の必要性を痛切に自覚し、これらの問題の淵源を宋代から明代に至る江南官田の拡大と一六世紀の右の改革に求めて二つの著作をしたためたことについて考察し、あわせて直接生産者の生計に対する顧炎武の問題関心を、地主擁護の立場にある黄中堅の見解と対比させながら論じた（⑥）。

続いて一九八三年には、前記一五世紀前半の改革と一六世紀の改革との中間の時期の蘇松二府における税糧徴収制度の変容を、主として税糧の附加部分としての加耗の徴収方式に即して検討した（⑦）。

一九八六年には、従来から自身の懸案としていた一四世紀後半における明代江南官田の形成過程について考察した（⑧⑨）。

右の一連の作業については章末に論文名等の所要事項を記す。

筆者の右に列記した作業の中で、一九六三年、六五年の二つの論文は、六六年の西嶋の「補記」以前の作品であるが、それぞれの時点で自分の切実に抱いていた問題意識をもって、江南官田に関する史実の検討を試みたものである。問題意識自体はきわめて稚拙なものであった。しかし、これらの作業は、戦後の日本の研究史において、先述のような曲折はありながらも、土地所有の問題が、主として私的な土地所有を媒介とする生産関係の側から、とくに地主佃戸関係の側から考察されてきたことに対する当時の私なりの批判にもとづいていた。私は税糧徴収という形で行なわれる私的土地所有への国家の関与の意義を明らかにしようと企図したのであった。

そのうち、一九六三年、官田・民田の区別を消滅させた一六世紀の改革を論ずるに際しては、この改革の前にも後にも厳然として存在する税糧徴収制度そのものを、国家的土地支配の体現であると述べた。ここでいう支配の概念の内容規定はきわめて曖昧であったが、国家的土地所有とは一線を画しつつ、なおかつ国家がすべての土地に対して、一定の物的規制を行なっているとみたものであった。しかし、ここでいうところの国家的土地支配の概念は、改革の過程に関する当該論文の実証的作業と緊密な関連をもって提出されたものではなかった。

一九六五年、一五世紀前半の官田税糧毎畝徴収額の削減をはじめとする綜合的改革について研究を行なった際には、一方で、論文の前提として、民田のみならず、官田も、個別的な農民家族の私的所有の対象であるという見解を提示し、他方で次のような見解を述べた。官田も民田も、究極的には、国家がその支配下に有する土地に農民を定着させ、その労働を直接的に収取しようと企画して設置されたものである。国家と農民とのあいだには、単に専制国家と人民という政治的な関係のみならず、明らかにそれと密着して経済的な関係が存在している。それは一つの封建的な生産関係を形成している、等々である。

この見解は、当該の改革の中に、国家による農民家族掌握の意図があることに着目し、それを税糧の収取関係と結びつけたものであったが、官田と民田との差異を実質的に捨象し、また地主による佃戸からの佃租の収取については、その一定の普及が予測されるにもかかわらず、それと税糧の収取との関連を考察することができなかった。

以上のように、一九六三年、六五年に、土地所有に対する国家の関与の意義を明らかにしようとして行なった筆者の試みは、相ともなって同時に行なった実証的作業が量的には少なくなかったにもかかわらず、事物の一つの側面のみをとりだして急造の概念を適用しようとしたものであり、主観主義に傾き、説得力を欠くものであった。しかしながらこうした試みは、客観的には、江南デルタのすべての耕作可能の土地が国家の税糧徴収制度の体系の下に置かれ、税糧という形態で国家から農業の分野における労働生産物を収取されているという事態が存在していたこと、しかも官田が広汎に設置されており、民田の場合よりもはるかに高額の税糧が徴収されていることと無縁ではなかった。

明代の江南デルタにおける土地所有の実現にとって、税糧徴収制度が緊密にかかわっており、実質的に国家の土地制度として機能していたという事態を実証的に示しながら、他方で、この土地制度に対して直接的に生硬な概念を適用しようとしていた筆者とは対照的に、明代の土地所有をめぐる難問を、地主佃戸関係からすぐれて理論的に解決しようとする試みが、一九七〇年代に入って、田中正俊・鶴見尚弘両人によって行なわれた。たとえば、鶴見は、一九七一年、明初の江南における官田の設置の事実に触れ、国家と官田との関係について論じ、それは「地主と佃戸との間における生産関係が、すでに社会的な通念として定着していた」ことを示すものであり、その擬制に他ならないとした(34)。また、一九七二年、田中正俊は、地主佃戸関係を基本とする立場から、従来、その性格を規定することが困難であった自作農を過渡的存在として理論的に位置づける見解を発表した(35)。

その後、一九七五年、高橋孝助は独自に国家と土地所有との関連の問題を検討した。高橋は、一七・一八世紀の交代期、康熙末年に、蘇州府崑山県の人周夢顔が著わした『蘇松財賦考図説』の内容に触れながら、「清初の江南における『重賦』の問題」に言及し、「清朝専制支配」を成立させる不可欠の要素として、自作農及び「在地手作地主・中小地主」などからなる「小土地所有者」の存在を考慮しなければならない、という提言を行なった(36)。提言は新たな視角を打ちだそうとしているが、なおすぐれて概念的な性格を帯びたものであった。

以上のように、一九六六年の西嶋の発言の前後以降、わが国では、明清時代の田賦——税糧に関連した新たな実証研究や理論的な提言が行なわれ、筆者自身も江南官田を対象とする実証的作業を進め、あわせて田賦の収取に対する概念の設定を試みた。しかしながら、明代の中国社会における土地所有のありかたにかかわるものとして田賦を考察するという作業は、中国的規模におけるのみならず、江南デルタについても必ずしも進捗しているとはいえない。その背景としては、田賦が土地所有者に課せられるということが、中国史においては、とくに一〇世紀、宋代以降については、あまりにも自明だとみなされているということもあろう。さらに、根底には、西嶋の所論に対する諸批判につとに示されていたように、土地所有の実現という領域においては、つねに地主佃戸関係に焦点がしぼられてきたという事情が横たわっている。筆者自身、これもすでに触れたように、一九六七年以降は、地主佃戸関係への関心にもとづく研究を進め、とくに七一年までは、この関係に限定した作業のみを行なっている。また、田賦とは何か、とその本質を問いかけるや否や、たちまち集権的統一権力を戴く国家そのものの究明という困難な問題につながるという事情にも影響されるところ少なくなかったと思われる。

一九六六年の西嶋の発言の前後からのわが国における明清時代の田賦にかかわる研究状況は以上のようである。そこでは、主として明末清初の田賦に関連した実証的な個別研究、明清時代の官田や自作農をめぐる理論上の提言が行なわれていた。これらの仕事は、一九五〇年代までになされたところの、明末清初の田賦と佃租との関係をめぐる西嶋及び批判者の意見、明初の官田をめぐる意見など一連の理論上の見解とは必ずしも交差せずに行なわれてきた。一九六〇年代に開始された筆者の明代江南官田に関するいくつかの個別研究も、一九五〇年代の研究への疑問を一つの契機として開始されたにもかかわらず、必ずしもその疑問を解決しえなかった。また一九五〇年代の先行研究と筆者のそれを含む一九六〇年代以降の個別研究や提言とがどのように関連するかという点も課題として残されている。明代の中国社会における土地所有の実現にかかわるものとしての田賦——税糧との関連という課題を考察するためには、本来、筆者の個別に発表した論文を含む従来の研究について、理論上のものについてはそれを史実によって検証し、実証的なものについては改めてその意義を明らかにしていかねばならないであろう。

しかしながら、こうした検証や意義づけが可能になるためには、明代の田賦——税糧徴収制度の存在形態それ自体についての認識が人びとの間に共有されている必要がある。換言すれば、こうした共通認識に乏しいことが、個別的には有用な従来の研究の成果が十分に集約されえず、それぞれ独自に散在している状況を導きだしているように考える。拙著は、明代、一四世紀から一七世紀前半にいたる江南デルタの税糧徴収制度の存在形態を、実証的に明らかにすることを最も直接的な目標としているが、それは、筆者自身の在来の論文をも含む以上のような研究状況にもとづく。

三

拙著は、右に述べてきたようなわが国における研究の状況をふまえながら、広汎な官田を包摂した明代江南における税糧徴収制度の展開過程を明らかにし、そこに税糧徴収制度として立ち現われている国家の土地制度の展開過程をたどり、そのことを通じて同時代の土地所有のありかたを考察することを目的とする。

拙著のもっとも直接的な作業内容は、江南デルタにおいて、一四世紀後半、明朝の創始期に、宋・元両代からの継承部分と新たな設置部分とからなる大量の官田を内包しながら税糧徴収制度が形成され、一五世紀三〇年代以来、しだいに変容を遂げ、一六世紀の三〇年代から七〇年代に、官田と民田との区別の廃止によってこの制度がようやく維持されるに至るまでの過程を、通時的に明らかにすることにある。

一〇世紀、宋代以後の江南デルタの歩みに即してみると、明代は、この地域で官田が最も大規模に設置され、かつ完全に消滅した時代であった。しかも、くりかえし述べるように、明代の江南デルタでは、この官田がすべて、初発から一般的な税糧徴収制度の中にくみ入れられていた時代であった。このため、明代江南デルタの税糧徴収制度は、官田の消長とともにきわめて鮮明な変化を見せる。従って、私たちは税糧徴収制度の展開を、一つの限定された地域的な場に即して、時間の軸に沿いつつ継起的に把握することができるのである。すなわち、明代江南デルタの税糧徴収制度は、それが当代のこの制度の中でも、きわめて特色ある一部分であるが故に、歴史的に形成され、変化していくものとして、認識することが可能となるのである。

明代江南デルタの官田は、以上に見たように、江南デルタという先進地域に広汎に設置され、税糧の徴収や土地所有に大きな影響をもたらしている。このため、明代江南デルタの官田、税糧、土地所有などをめぐる議論が、明朝中央や地方官、あるいは在野の読書人のあいだでしばしば展開されている。冒頭にあげた顧炎武の「蘇松二府田賦之重」は、それ自体、明朝に帰属意識をもつ読書人顧炎武の終世の論であり、一つの資料としての性格をもっているが、同時に、そこに多くの文献が引用されているのは、右の事情の所産である。このように資料が相対的に豊富であるということも、拙著の作業のような試みが可能になる所以である。もとより、これらの資料は、ほとんどすべてが、他者に読ませることを目的として書かれた文章であって、そのことに留意して用いなければならない。また絶対量も決して多くはなく、言及されている事物の側面も税糧を中心としたものに限られている。しかしながら、そこには、資料を系統的に関連させるならば、多くの手がかりがある。なお、わずかながら、地主の土地所有の中で佃戸の労働により、私租として実現される部分と税糧の徴収との関連を示す資料も見出される。

拙著はまた地域史の試みでもある。

一九八二年、濱島敦俊は、前掲のその著作『明代江南農村社会の研究』において、明前半期から清初にかけての江南デルタの自然的条件をふまえて、里甲制とそれを統率する在地地主とによって支えられた共同体的な水利慣行が、国家権力の介入によってようやく維持されるに至るまでの変化の過程を研究した。濱島はその成果を、明後半期から清初にかけて行なわれた、まだ銀納化されていない部分の徭役賦課の改革としての均田均役法の実施に接続させ、そこに徭役免除特権をもつ郷紳を担い手とする地主佃戸制的土地所有の展開とその国家権力による規制という流れを見出した。それは一つの江南デルタ史の試みでもあった(37)。

他方、すでに、一九五四年、宮崎市定は、中国という広大な対象をとらえるためには、その時代の特徴をもっとも集約的に示す地域を選択し、その時代に固有の資料に依拠することが必要であるとし、明代においては蘇州・松江両府を中心とする江南デルタ研究が重要であり、地方志や小説・随筆などが注目されるべきであるとした(38)。

筆者は先述のように、一九六〇年、明代の江南官田とそれを包摂する税糧徴収制度という特定の対象の追求を開始して以来、歴史学の基本である時間の軸の尊重への義務感と、事物の相互連関を一つの地域的な場に即して緊密にとらえたいという志向とからなるきわめて素朴な発想から、一四世紀後半、明初から、一七世紀後半、清初に至るまで、右の対象をめぐる江南デルタの歴史を追求してきた。拙著に整理したこの一連の過程についての作業は、濱島の研究に内包されている地域史の試みであり、また宮崎が指摘したように、江南という特殊な一角から全中国の動向をさぐることを希求している。

拙著の作業の中心的内容は、右に述べてきたように、明代の税糧徴収制度という対象を江南デルタという地域に即して実証的に明らかにしていくことにあるが、こうした作業に従事しながら筆者は、また次のような問題関心を育んできた。この関心が拙著の執筆目的につながり、一連の作業を根底において支えてきたといえよう。

筆者の問題関心は、戦後日本の明清時代史研究、とりわけ社会経済史の研究、なかでも西嶋をはじめとする一九五〇年代までの諸先学の業績に大きく触発されながらも、その時点での中心的課題に必ずしもかかわっていない。過重田賦の評価をめぐる西嶋と波多野・佐伯（有一）らとの論争の最終目的は、一六・七世紀の江南デルタにおいて商品生産としての農家副業に従事する小経営農民の剰余蓄積の条件を摸索し、中国前近代社会における資本主義形成の可能性やその道程を解明することであった。他方、明清時代における地主的土地所有の下での生産関係を対象とする戦後日本の研究の中で、丹念な史料とこれにもとづく分析をともなっている作品としては、ほとんど唯一の、しかもすぐれた専論である小山正明の論文「明末清初の大土地所有――とくに江南デルタ地帯を中心にして（一）・（二）」[39]の核心も、この時期の商品生産を担う小経営農民としての佃戸の剰余蓄積のありかたを問うたものであった。そこで明らかにされた再生産構造における佃戸の自立化という見解は、いまなお定説的位置を占めている。小山の研究の究極の目的は、商品生産の発展に歴史の深部の展開の反映を認めながら、中国における封建的生産関係の、おくれた確立を論証することにあった。

筆者も、一〇世紀、宋代以後、一九世紀前半、アヘン戦争期にいたる中国史の歩みの中でも、商品生産と貨幣経済が画期的に発展し、激しく社会が変動した一六・七世紀、明後半期から清初にかけての時代への強い関心をもつ点においては諸先学と変わるものではない。ただ、筆者は、唐宋の変革を経た一〇世紀、宋代以後の中国社会で、生産から国家権力に至るまで、各領域での人間の諸活動を共通して規定している原理とその原理に貫かれた社会の構造ともいうべきものを問いたいという志向を強くもつ。そうした原理なり構造、いわば歴史的に形成されてきた中国社会の民族的特質が、一九世紀前半のアヘン戦争期、あるいは二〇世紀後半の今日にいたる中国社会の展開にどうかかわるのかを問う。こうした志向である。また、右の原理、構造に規定された人間の諸活動が営まれる基本的な場とは何か、それこそ地域社会と呼ばれるものではないか。このことを問いたいという志向をもつ。

拙著においては、このような志向を抱きながら、明代江南デルタにおける土地所有の実現にかかわる国家の土地制度の固有のありかたを、税糧徴収制度の展開という視角から明らかにしてみたいと思う。このことを果たした上で、いま一度、一七世紀後半、清初において「蘇松二府田賦之重」を論じた顧炎武の見解に立ちかえりたい。

四

拙著の課題と作業内容などについて以上に述べてきたところは、いずれも日本における研究状況に沿うものであった。明代江南官田について、少なからぬ示唆的な指摘がありながら、それを対象とした専論が少なく、明代の税糧徴収制度についても共通の基礎的認識をもたらすような仕事に乏しいことが、日本における状況の特徴の一つであった。これに対して、中国では、解放後についてみても、一九五〇年代末から六〇年代の初めにかけて、及び一九八〇年前後から今日にいたる間にいくつかの専論が出されており、筆者は一九六〇年代以来の自身の江南官田研究の歩みの中で、あるいはこれらの作品から教示を得、あるいはその内容に疑義を呈しながら思考を鍛えてきた。拙著の方法上の立場、観点というべきものも、これらの研究について述べる中でより明確にしうるであろう。拙著の行論の展開にもあえて立ち入りながら、以下の文を草する所以である。

周良霄「明代蘇松地区的官田与重賦問題」（『歴史研究』一九五七年一〇期）は、日中両国を通じて一九四〇年代中葉以降の明代江南官田に関する最初の専論である。周良霄論文は、蘇州・松江両府をはじめとする江南官田について、その形成から民田との合一に至る過程の主要な諸問題を適確に指摘するとともに、拙著でもしばしば引用する宣徳期の蘇州府知府況鍾の文集『況太守集』、顧炎武輯『天下郡国利病書』所収の地方志の記事、顧炎武『日知録』巻一〇「蘇松二府田賦之重」など、拙著でも依拠した基本資料を紹介・使用している。一九五七年春以来、卒業論文準備に当たって『日知録』の右の条から大きな啓発を受けていた筆者は、草稿の執筆中に当論文に接し、問題についての認識を深めることができた。また、官田の毎畝平均徴収額と民田のそれとを算出し、毎畝の私租負担と比較する方法は、算出の結果は異なるものの、当論文から学んだものである。周良霄論文の観点の特色は、官田として設定された土地の所有権をめぐる王朝と地方の地主階級との闘争史として、明代江南官田の歴史を把握する視点を打ちだしていることである。

一九六〇年頃日本に将来された陳恆力編著『補農書研究』（中華書局、一九五八年）の附件四として収録された論文「明代蘇松嘉湖地区農業経済的若干変化」は、『補農書』の舞台としての嘉興府をはじめとする江南デルタの農業生産における富豪の経営と官田との関係を主題としている。富豪とは、ここでは官僚身分をもたない庶民地主のことを指す。陳恆力は、官田が広く設置され、そのため「賦役不均」という事態が見られた時代こそ、富豪が、官田から逃亡した大量の労働力、逃亡後の広大な〝もと官田〟であった土地や自ら税糧納入を拒否して蓄積した資金を運用して農業経営を拡大しえたとし、官田と民田の税糧徴収額の均一化から一条鞭法に至る改革が、かえって富豪の擡頭を抑えた、とする。

この二篇のあと、約二〇年の長い空白期間を経た一九七九年、伍丹戈は論文「明代的官田和民田」（『中華文史論叢』一九七九年第一期）を発表した。伍は、その後、一九八二年、「一　明代的官田和民田。二　明代的均田・均糧運動的由来及周忱的賦税改革。三　明代的均田・均糧運動的発展。四　明代均田・均糧運動的歴史意義」からなる『明代土地制度和賦役制度的発展』（福建人民出版社）を刊行したが、これは、日本、中国を通じての明代江南官田とこれにかかわる税糧徴収制度を対象とするはじめての専著である。すなわち、伍のこの書は、明代の全国の官田及び江南官田の存在形態と一五世紀前半における周忱の税糧徴収制度をはじめとする綜合的改革、一五世紀中葉以降の附加税糧——加耗徴収制度の改革、一六世紀の均糧と総称しうる改革とそこにおける官田と民田の区別の解消を実質的内容としており、筆者がかつて一九六〇年代以来、当時までに発表してきた四編の論文と相重なる内容をもち、従ってまた拙著の作業と共通する点が多い。伍のこの書が、筆者の在来からの作業とこのような共通点をもつのは、左のことによる。すなわち国家の土地制度が税糧徴収制度として存在していることに留意し、また同じことの反面であるが、税糧徴収制度を通して国家の土地制度を把握することにつとめ、また、他方で税糧徴収制度と徭役賦課制度の連関に注目するという筆者の問題関心のありかたと伍丹戈のそれとのあいだに照応する部分があるからである。伍のこの書には、たとえば、

「中国封建社会の賦役制度は土地制度と一体となって密接に連関している。一般的にいえば、土地制度の性格が賦役制度の性格を決定する。従って賦役制度の変革もつねに土地制度の変革を反映した。」

という指摘がある。ちなみに伍は、ここで賦役制度と土地制度と表現している関係を、別の箇所では賦税制度と土地制度としており、伍の税糧徴収制度へのより強い関心をうかがわせる。

伍丹戈のこの書の骨格をなす固有の方法は、明代江南官田を、「封建国家土地所有制」、すなわち、封建的国家土地所有を体現したものと規定している点である。この観点は、

「明代の洪武、永楽両朝は、封建朝廷が封建的国家土地所有制（この所有制はすでに部分的になっていたけれども）及び地代と租税とが分ちがたく結びついている田賦制度の維持を目論んだ最後の、またもっともしたたかな時代である。」

という一節に典型的に示されている。伍丹戈は、封建的国家的土地所有についてのこの理論上の規定と現実の明代江南官田との乖離にも留意しながら、三国・六朝期を経て、隋唐期にもっとも整備され充実したこの国家的土地所有制の最後の存在形態として明代江南官田を巨視的に位置づけている。伍丹戈のこの書は、とくに一五世紀前半の周忱の改革から一六世紀の官田の消滅に至る過程を、官田についての右の理論的位置づけをもとに叙述し、この間封建的国家的土地所有制が崩壊し、「これに代わって完全な地主的土地所有制と完全な統治権にもとづいて徴収される租税制度が成立した」と結論づけている。

拙著に集約した筆者の研究では、明代江南デルタの府（乃至直隷州）・県（乃至散州）など地方官の置かれた行政区

としての地域の動向、王朝国家における中央と地方とのかかわりに留意しながら、いわば微視的に分析を行ない、それに基づいて論を進めていく。社会諸関係がそこで統合され、意識されているところの、いくつかのレヴェルの地域的な場としての地域社会にも関心が払われる。これに対し、伍のこの著作においては、もとより府ごとの特徴に注目しつつ、個別に分析・叙述された部分もあり、また実質的には江南デルタの状況に対する言及が少なくないが、主要には、明代の中国全体としての制度の展開が、右に紹介した理論的枠組に支えられながら、いわば巨視的に分析され、大きなうねりとして叙述される。

さらに、拙著の場合には、税糧徴収制度における土地の位置づけと、所有権に関する制度における土地の位置づけとについて、前者を税制上の土地制度、後者を法制上の土地制度とし、その相関を念頭に置きながらも、両者の差異やずれに注目し、かつ前者に力点を置いている。これに対し、伍のこの書は、前者を賦役制度乃至賦税制度とし、後者を土地制度とし、その相関に注目しながらも、そのいわゆる土地制度の規定性を重視している。この分岐は次のような事情にもとづく。

拙著において、筆者は、一〇世紀、宋代以後の中国社会においては、前近代の中国社会固有の土地の私的・個別的所有が在来に比べていっそう確立し、その基盤の上に税糧徴収制度が存立していると予測する。一方で、この私的・個別的所有の大規模な展開に対する国家による規制の所産として、その意味で、いわば二次的、派生的なものとして明代江南官田を位置づける。そしてこの明代江南官田が緊張を孕みながらも、私的・個別的所有を基盤とする税糧徴収制度の中に包摂されているとみなす。

伍のこの書においても、民間の「私人」（個人）の所有と「封建朝廷」（国家）の所有との併存はもちろん前提とされている。また明代の官田は、理論上は国家の所有であっても、実際上はそれが不完全にしか実現されていなかったことも確認されている。しかしながら、伍のこの書においては、明代の江南官田は、先述のように、宋代以前から長期にわたって存続してきた封建的国家的土地所有制の最後の光芒であると把握されており、その意味でいわば本源的なものとしてそれを位置づけている。このように、伍丹戈のこの書は、拙著とは理論上の立場を異にしているが、経済史家にふさわしい骨太な理論に貫かれ、財政学への造詣にもとづく定量分析の鋭さをもっており、拙著の主題については、まず顧みられるべき基本的な研究である。

ちなみに、拙著第四章における加耗——税糧の附加部分——の徴収方式に関する表を作成するについては、不幸にして先年急逝された伍氏が、一九八二年四月、上海市で、右の専著の校正刷を素材とする筆者との討論の席上で行なわれた発言に示唆を得ている。

伍丹戈の著作が刊行された翌年、一九八三年の一一月、江蘇省の無錫市で開かれた明代経済史学術討論会には、江南官田に関連する一〇編の論文が提出された。そのうち七編は明初についてのものであり、三編がそれ以後の時期についてのものであった。これより一カ月前の同年一〇月に成都で開かれた中国社会経済史学術討論会でも一編の論文が提出された。そのほとんどが未公刊のこれらの論文の概要については、先年拙稿「中国歴史学界との十ヶ月」の中で一つ一つ紹介を行なっている(40)。このうち、無錫市での学会に提出された樊樹志「明代江南官田与重賦之面貌(41)」は、伍丹戈と対極に立つ見解の存在を示している。樊樹志は、江南官田の一畝当たりの税糧徴収額は、他地方の土地の大部分を占める民田の一畝当たりの税糧徴収額に比べてすこぶる高い水準に達することを認める。しかし、樊は、江南官田のこの一般的な一畝当たりの税糧徴収額が、第一に、当地域における在来からの典型的な官田としての学田の一畝当たりの租=地代徴収額に比べると低い水準にあるとする。また、第二に、江南官田の一般的な一畝当たりの税糧徴収額が、農業・手工業の生産力が非常に高く、商品交換関係もとりわけ発達している当地域の税糧納入者にとっては、決して高負担ではなく、それなりの「合理性と必然性」をもつ、とする。樊は、官田が国有の土地であり、その一畝当たりの負担が租税ではなく、地代であるとするのは、官田の所有制度上の形式に拘泥しすぎるものである、と論断する。拙著第二章に示す江南官田の一畝当たりの税糧徴収額についての定量分析と樊の第一の指摘との間には共通する部分があるが、官田のこの一畝当たりの税糧徴収額にもとづく実質負担自体に変動があり、この変動が土地所有の実現に大きな影響をもつことは考慮されねばならない。また、第二の指摘についていえば、官田が法制上国有の土地という形式をとっていることの意義は、元末の反乱を経た直後の明初に江南官田が拡大されたという経緯のもつそれとともに、みすごされてはならないであろう。事は江南官田が歴史の所産として把えられねばならないという点にある。(42)

成都の学会に提出された韋慶遠の論文「明初〝江南賦税畸重〟原因辨析」も在来の中国の研究にはない視点を出しているものとして注目される。当論文では、洪武元年（一三六八）より宣徳一〇年（一四三五）までを明初とし、この間の政治過程が詳細に分析され、(1)朱元璋が江南の租税を重くしたのは当地の兵士・人民に対する報復からだとする説は当時の史実に合致しない、(2)江南地域の官田の比重の高さ、租税の重さには長期にわたる歴史的背景がある、(3)明初の〝江南の租税の特異な重さ〟は全国的政治情勢に対応する国家財政上の必要と緊密な関係がある、との結論に達している。明朝成立時点までの朱元璋政権に対して抵抗した富民層からの土地の籍没など、(1)については修正を要する点もあるが、政治過程にも十分な分析を行ない、明代江南官田を歴史的に形成されたものとして把える志向は尊重されねばならない。

なお、官田、また官田と民田との関係に注目しながら、明代江南デルタの土地所有を対象とした研究を最も精力的に展開しているのは林金樹である。一九八三年の前記無錫の学会提出論文である「明初蘇松自耕農的数量及其作用」、一九八五年の「論明代江南官田的性質及私有化」（『晋陽学刊』一九八五年第五期）、一九八七年の「明代中后期江南的土地兼併」（『中国史研究』一九八七年第二期）、「明代江南民田的数量和科則」（『中国社会経済史研究』一九八七年第三期）など、一連の作品を通じて、大づかみに言えば、伍丹戈の観点が、より具体的に肉づけされつつあるように思われる。

以上、中国の明代江南官田にかかわる研究は、くりかえすように、すべてが史実の分析を通して叙述された専論・専著であり、従ってその所論の当否を判定する手がかりが与えられている点に大きな特徴がある。筆者は改めてこれらの仕事との対話を行なう必要を痛感している。なお、一九三五年に出された、梁方仲「近代田賦史中的一種奇異制度及其原因」(『史地週刊』第二三期)は、年来、未見である。

附　発表論文との関係

最後に拙著『明代江南土地制度の研究』の基礎となった筆者の既発表論文と対応する『明代江南土地制度の研究』の章を左に記す。附篇を除いては、その論旨の基本線は動かしていないものの、いずれも、『明代江南土地制度の研究』に収録し、整序するに当たってすべて新たに書きかえており、とくに、①、②、③、⑥、⑦は改変が大きい。ただ、その箇所をすべて表示することは技術的に困難であり、読者の御海容を乞いたい。

①「明初江南の官田について――蘇州・松江二府におけるその具体像――(上)・(下)」『東洋史研究』一九―三・四、一九六〇年・六一年(第二章)

②「十六世紀太湖周辺地帯における官田制度の改革(上)・(下)」『東洋史研究』二一―四・二二―一、一九六三年(第四章第三節、第五章)

③「十五世紀前半太湖周辺地帯における国家と農民」『名古屋大学文学部研究論集』三八、一九六五年(第三章)

④「十五世紀前半蘇州府における徭役労働制の改革」『名古屋大学文学部研究論集』四一、一九六六年(附篇二)

⑤「元代浙西地方の官田の貧難佃戸に関する一検討」『名古屋大学文学部研究論集』五六、一九七二年(附篇一)

⑥「『官田始末考』から「蘇松二府田賦之重」へ――清初蘇松地方の土地問題と顧炎武――」『名古屋大学東洋史研究報告』六、一九八〇年(序章、終章)

⑦「明中葉江南デルタにおける税糧徴収制度の改革――蘇州・松江二府の場合――」小野和子編『明清時代の政治と社会』京都大学人文科学研究所、一九八三年（第四章）
⑧「明初江南における籍没田の形成」『名古屋大学文学部研究論集』一〇五、一九八六年（第一章）
⑨「明初の籍没田について――江南官田形成過程の一側面――」『東方学報』京都・五八、一九八六年（第一章）

終　章（抄録）

一　顧炎武による明代江南官田論の提起

一県の中では、水稲の標準収穫量をあげうる土地ならば、平米という名の税糧を一畝あたり均一の額で徴収する、という均糧。

一県の中では、平米一石につき、均一の額の米と均一の額の銀とを統一的に徴収する、という徴一。

一県の中では、土地一畝につき均一の額の、人丁一丁につき均一の額の徭役代納銀を徴収する、という役銀の新徴収方式。


均糧と徴一の両側面をもち、役銀徴収の均一化をともなうところの税糧徴収制度の一大改革は、明代江南デルタの諸府において、一六世紀の三〇年代から七〇年代にかけて、すなわち、嘉靖一七年（一五三八）から万暦二年（一五七五）の間に実施された。その中で、この諸府に官田地帯とでもいうべき相貌を付与してきた明代の官田制度も、官田と民田の区別も、ともに実質的には消滅していった。

この改革のより立ち入った内容と江南デルタの諸府における展開過程の詳細については、拙著『明代江南土地制度の研究』第五章において明らかにするところがあった。

一六世紀の七〇年代、万暦初年に均糧が完成した後、江南デルタにおける税糧の負担には、どのような展開が見られたであろうか。顧炎武が『官田始末考』を著わし、さらに『日知録』巻一〇「蘇松二府田賦之重」を記したのは、一七世紀後半、明朝滅亡の直後、清の初めであり、まさに均糧後であった(43)。明代江南官田をめぐる今日の私たちの認識になお影響をもつ顧炎武の見解をその根底において理解するためには、まず、この均糧後の時期に目を注がねばならない。

明朝の命脈もあと二十数年で尽きようとする頃、天啓元年（一六二一）七月のことであった。南直隷巡撫王象恆は、「東南賦役独り重しの疏」を皇帝に上《のぼ》せた。今日顧炎武編輯の『天下郡国利病書』にのみ残されている文章である（同書手稿本、原編第六冊、蘇松）。東南とは、蘇州、松江、常州、鎮江の四府を指す。ここでの賦役とは、文字どおり、田賦＝税糧及び徭役の全般にわたるものであるが、数値を挙げて指摘されているのは、土地を対象とする一切の公課を指している。それには、一六世紀の均糧改革にともなって、その一畝当たりの米・銀徴収額が均一化されたところの税糧と、このとき、その一畝当たりの賦課額が一律化されたところの徭役銀の土地割り当て部分が含まれているとみなされる。

この上疏の中では、明初以来、一六世紀の半ばすぎ、万暦初年まで、約二〇〇年の間、江南デルタにおいて、たえず問題とされ、その解決が追求されてきたところの、官田・民田の差異をはじめとする同一県内における毎畝税糧徴収額の不均等性、多様性は、もはやとりあげられていない。上疏では、まず、四府を一括し、ここから北京及び南京に納入されている現物米穀の項目・定額、銀の項目・定額が記されたあと、左のように、一畝当たりの負担の概況が説明される。

以地畝言之、蘇松四府田地山蕩共止二十三万三千五百八頃六十八畝零。以畝計之、上等之田、毎畝該納本色米一斗八升二合、仍納折色銀一銭二分七厘五毫。中等田、毎畝本色米一斗三升六合、仍折色銀一銭四厘零。下等田、毎畝本色米六升三合七勺、仍折色銀六七分。而一切使費起剥之苦、又難計算。此四府毎畝田租之槩也。夫宇内之賦、多者、毎畝八九分、少者四五分、甚有止二三分者。有如四府之重者乎。人止知江南銭糧之多欠、而不知江南止完及七八分、已而与宇内之重者相等矣。江南止完及五六分、已与他処之軽者相等也。況夫織造之伝奉、衛運之更番、水陸之衝沓、江海之防禦、種種煩費、不勝駅騒。乃遼餉之供、猶一例派徴、加而又加、故重而又重。自今不為斟酌、将何底止。臣所以為民請命者、不敢詘見年惟正之数、但就中量為減省、有三焉。

地畝を以て之を言えば、蘇・松〔・常・鎮〕四府の田地山蕩は共《あわ》せて止《た》だ二十三万三千五百八頃六十八畝零なり。畝を以て之を計れば、上等の田は、毎畝該《まさ》に本色米一斗八升二合を納め、仍《な》お折色銀一銭二分七厘五毫を納むべし。中等の田は、毎畝本色米一斗三升六合にして、仍《な》お折色銀一銭四厘零なり。下等の田は、毎畝本色米六升三合七勺にして、仍お折色銀六七分なり。而うして一切の使費・起剥（漕運に際してのつけとどけやはしけやといの費用）の苦しみ、又、計算に難し。此れ四府毎畝の田租の槩《あらまし》なり。

夫れ宇内《てんか》の賦、多き者《は》、毎畝〔銀〕八、九分、少なき者、〔銀〕四、五分なり。甚だしきは止だ〔銀〕二、三分なる者有り。四府の重きに如《し》く者有らんか。人、止だ江南銭糧の欠くこと多きを知りて、江南止だ完すること七、八分（七割、八割）ならば、已にして宇内の重き者と相い等し。江南止だ完すること五、六分（五割、六割）ならば、已にして他処の軽き者と相い等しきを知らず。況んや夫《か》の織造《きぬおりもの》の伝奉《ちょうたつ》、衛運《そうりょうゆそう》の更番《とうばん》、水陸《ステーション》の衝沓《こんざつ》、江海の防禦、種々の煩費、駅騒《さわがしさ》に勝《た》えざるをや。乃《しか》るに遼餉の供、猶一例に派徴すれば、加えて又加え、故に重くして又重きなり。今自《よ》り斟酌を為《な》さずんば、将《は》た何底《いずこ》にて止まらん。臣、民の為めに命を請う所以の者は、敢えて見年《まいねん》の惟正《せいき》の数《そぜい》を詘《か》かず、但だ中に就きて量りて減省を為さんとすること、三有るなり。

もとよりこれは四つの府の概況であり、それぞれの府ごとに、あるいは県ごとに、また県の中でも一畝当たりの徴収額にまったく相異がなかったわけではない。しかしながら、均糧と徴一を経《へ》、役銀の一律化をすませたこの時点では、もはや一畝当たりの正規の徴収額の格差を問う姿勢は見られない。上等田、中等田、下等田の格差が示されているとはいえ、それは官田・民田などの人為的条件の差異を示すものではなく、いわば地味《ちみ》ともいうべきすぐれて自然的条件に規制された差異を示すものである。そこでは、まさに広く江南の四府に共通する一畝当たりの負担の絶対額の水準のみが問題となっている。

いま、ここにいうところの上等田の一畝当たりの負担、米一斗八升二合、銀一銭二分七厘五毫を、第五章で見た嘉靖一七年（一五三八）、均糧直後における蘇州府呉江県の一畝当たりの負担額と対比して見よう。当時の呉江県の場合は、一畝当たり、米一斗九升九合二勺、銀八分八厘、及び徭役銀の田地へのくりこみ部分が一分二厘、従って、合計では米が一斗九升九合二勺、銀が一銭となる。すなわち、天啓元年の蘇州・松江・常州・鎮江四府の上等田の負担額は、嘉靖一七年の呉江県に比べて、米では一升七合減、銀で二分七厘五毫の増となる。いま、嘉靖一七年に江南デルタ全域で改訂・設定された銀一両＝米二石の公定換算レートを適用し、嘉靖一七年の呉江県の一畝当たりのこの負担額と天啓元年の四府の上等田の一畝当たりの負担額とをすべて銀に換算して比較すると、前者は一銭九分九厘六毫となり、後者は二銭一分八厘五毫となり、銀にして一分八厘九毫の増加となっている。一畝当たりの基本的水準には大きな変化はないこと、及び、銀の増加分が米の減少分を上まわっていることがわかる。

王象恆は、天啓元年当時のこの負担額が重い、ということを二つの点から強調している。一つは、米の漕運による納入に際して不可避的にともなってくる附加負担の存在である。いま一つは、江南デルタの負担を他地域と比較したときの相対的な重さである。王象恆は全国の他地域の一畝当たりの銀負担が、八分・九分から四分・五分乃至二分・三分であると指摘して、江南デルタが上等、中等の田では銀のみで一銭を越えていること、米とあわせれば、より高額になることを言外に示唆している。あわせて、江南デルタにおける特産品の提供、なお残る漕運の実労働・交通通信・防衛など、旧来の徭役系統の負担の多さにも言及する。三つ目は、満州族の侵攻への防衛のために特別に徴収されている遼餉の負担である。

　これらの点をふまえ、王象恆は、滞納分の免除や穀類をはじめとする残存現物納部分の銀納化を要求し、とくに正規の税額とは別途に課せられる遼餉というこの加派の削減を強く要求する。

一則加派之当漸減也。自遼事起、加派三次、共毎畝銀九厘。海内皆然。江南豈敢独少。独是他処賦軽、即稍加、猶不覚。若江南、即不加而額已数倍他省矣。乃又従而増益之。蘇州則八万三千六百六十余両矣。松江則三万八千二百二十余両矣。常州則五万七千八百三十余両矣。鎮江則三万四百余両矣。其加与他省同也。而原額之重、則与他省異。所謂不揣其本而斉其末者也。故加派当亟減也。

一は則ち加派の当に漸減すべきなり。遼事起りて自り、加派すること三次、共《あ》わせて畝毎《ごと》に銀九厘なり。海内皆然り。江南、豈に敢えて独り少なからんや。独《た》だ是れ他処は賦軽ければ、即《た》とい稍加うるも、猶《な》お覚《おぼ》えず。江南の若きは、即《た》とい加えざるも、而れども額已に他省に数倍するなり。乃《しか》るに又従いて之を増益せり。

蘇州は則ち八万三千六百六十余両なり。

松江は則ち三万八千二百二十余両なり。

常州は則ち五万七千八百三十余両なり。

鎮江は則ち三万四百余両なり。

其の加うること他省と同じなり。而うして原額の重きは則ち他省と異なれり。所謂其の本を揣《はか》らずして其の末を斉しくする者なり。故に加派は当に亟《すみ》やかに減ずべきなり。」

崇禎元年（一六二八）、李自成の反乱が起こると、明朝は、その鎮圧のため、勦餉、練餉をさらに銀で増徴していく。『明史』食貨志二（巻七八）によれば、崇禎一〇年（一六三七）からは、勦餉が一畝ごとに一分四厘九毫、同一二年（一六三九）からは、練餉が一畝ごとに一分、全国的に徴収されるようになった。江南デルタにおける公課の銀納部分の一畝当たり負担は、王象恆の上疏後十数年にして更に増加することになったのである。ただ、この場合にも、一畝当たりの負担の不均等という問題は、同一県内では、もはやないことを改めて注意しておきたい。また王象恆の論法を以てするならば、加派が行なわれれば行なわれるほど、加派以前の負担の他地域と比較しての重さが問題だということになろう。

王象恆の上疏には、右に見たように、一畝当たりの負担の重さを、農業経営や土地所有の収支と対比しながら定量的に問うという視点があるわけではない。しかしながら、顧炎武は、一七世紀の二一年目に当たる天啓元年のこの上疏をあえて抄写し、『天下郡国利病書』に収録した。その理由は、この上疏が、一六世紀の七〇年代に始まる万暦年間に確定した均糧後の江南デルタの税糧・徭役負担の特徴を集約的に示していると見たからであろう。

順治元年（一六四四）、清軍は、李自成の率いる華北民衆の隊伍が明朝中央を打倒した直後に山海関を越え、李自成を北京から追ってここを占領した。翌順治二年、江南デルタも清朝の支配下に入った。康熙三二年（一六九三）刊の『蘇州府志』巻二五、田賦三、国朝の項は、冒頭に、

順治二年、平定江南。其土田科則、悉因前朝之旧、賦額以万暦中為準。仍詔蠲本年税糧十分之七、兵餉十分之四、其明末無芸之征、尽永除之。

順治二年（一六四五）、江南を平定す。其の土田の科則は悉く前朝の旧に因り、賦額は万暦中を以て準と為す。仍りて詔して本年の税糧十分の七、兵餉十分の四を蠲き、其の明末の芸《はて》し無きの征（徴）は尽く永《とこし》えに之を除か

しむ。

という。また、同志同項所載、康熙五年（一六六六）の巡撫韓世琦による「浮糧を減ぜんことを請うの疏」にも、

今我皇清肇造、万化聿新、凡故明敝政、莫不犁然革除。而田賦則一照万暦年間之例、以為準、其末季冒濫浮加之項、固已一切刪去。

今、我が皇清肇《はじ》めて造られ、万化聿《ここ》に新たなり。凡そ故明の敝政、犁然として革除せざるはなし。而うして田賦は則ち一に万暦年間の例に照らして以て準と為し、其の末季冒濫浮加の項は固より已に一切刪去す。

という。従って、清朝統治の初年、遼餉、勦餉、練餉を中心とする明末の附加徴収部分は一切削除されたことになる。もっとも『康熙蘇州府志』の同項、順治四年（一六四七）の項には、

復徴九厘地畝銀三万三千六百六十三両六銭五分三厘九毫四糸八忽。〈原注。即万暦四十六年以後逓増辺餉。〉

復《ま》た九厘の地畝銀三万三千六百六十三両六銭五分三厘九毫四糸八忽を徴す。〈原注。即ち万暦四十六年（一六一八）以後の逓増せる辺餉なり。〉

とある。かつての遼餉に見合うものが「九厘地畝銀」の名目で徴収されている。さかのぼって『康熙蘇州府志』同項・順治二年の前掲の一節からも、この年、税糧の外に、兵餉という名の軍費が、なおその規定額の六〇％だけ徴収されていることが読み取れる。明末の加派の余波がまだ見られたのである。これら順治初年になお残っていた増徴部分が基本的に除去されたのち、前記康熙五年の巡撫韓世琦の上疏がなされたのであった。浮糧――あるべき水準を越えて賦課されている多額の税糧を減ぜよということの上疏では、明末の加派についての言及はもはや一切ない。この時点で、一畝当たりの正規の税糧徴収額は、天啓元年（一六二一）に巡撫王象恆が、蘇州、松江、鎮江、常州の四府について、加派とは区別して概観している水準に戻っていたものとみなされる。

ここで改めて、一六世紀の均糧の先駆であった嘉靖一七年（一五三八）の蘇州府の改革結果を示すところの、同年

の呉江県の数値と、天啓元年の数値とが基本的に照応していたことを想起するならば、均糧は、それが江南デルタのすべての府で実施されるようになった直後、万暦八－一〇年（一五八〇－八二）、内閣の首輔張居正の主導の下に行なわれた全国規模の丈量によって定着し、それが、「万暦中」乃至「万暦年間」の額として清初に伝えられたものとみなされる。(44)

顧炎武が、蘇州、松江両府における田賦の重さ、として指摘したのは実はこの額であった。

一七世紀前半の万暦末年から、この世紀後半の康熙中年まで、文字通りの明末清初を生きた顧炎武は、『官田始末考』においても、「蘇松二府田賦之重」においても、その冒頭で、「韓愈謂《い》えらく、賦は天下に出づるも、而れども江南は十の九に居る、と」という句に始まる丘濬の見解を引く。すなわち、一五世紀の人、明初に属する永楽年間に生まれ、明の中葉にさしかかろうとする弘治年間に没した丘濬（一四一八－一四九五）がその礼部侍郎の時代に著わした『大学衍義補』の一節である（巻二四、治国平天下之要、制国用、経制之義上）。この一節は、蘇州、松江、常州、嘉興、湖州の五府の糧額（秋糧額）、なかでも、洪武年間で二八〇万九〇〇〇余石に達した蘇州府のそれの莫大さを論じており、「其の科徴の重、民力の竭、知る可《べ》きなり」という句で結ばれている。顧炎武の論旨の展開は、丘濬のこの一節をはじめとする多くの文献の引用による裏付けをもとに着実に進められているが、「蘇松二府田賦之重」においては、「田賦の重」をもたらした契機としては次の二つが重視されている。一つは、南宋、とくに景定年間（一二六〇－一二六四）から、明初洪武年間（一三六八－一三九八）に至る大量の官田の設置により、税糧の徴収額が南宋紹熙年間（一一九〇－一一九四）の一〇倍にも達したことである。いま一つは、一五世紀の四〇年代、嘉靖二六年（一五四七）、嘉興知府趙瀛の提案によって、同府下の田土が、官田・民田の別なく、すべて一畝三斗を徴収されることになり、以来、蘇州、松江、常州もこれにならい、これらの府の各州県ごとに、官田の多少軽重にもとづく新しい一畝当たりの税糧徴収額が設定されたことである。一六世紀の均糧についての拙著第五章の検討からすれば、実際には嘉靖一七年（一五三八）に蘇州府で知府王儀によってなされた均糧の創始を、顧炎武が嘉靖二六年の嘉興府に掛けているのは事実に反するが、それは、いまは置く。注目されるのは、前者、南宋－明初における大量の官田設置と、後者、明の嘉靖年間における均糧という二つの史実に対する顧炎武の態度のきわだった相異である。前者については、

此固其積重難返之勢、始於景定、訖於洪武、而徴科之額、十倍於紹熙以前者也。

此れ固《もと》より其の積重返《もど》り難きの勢、景定に始まりて洪武に訖《いた》り、而うして徴科の額紹熙以前に十倍する者なり。

とする。慨嘆しながらも、不可逆的な趨勢として諦観している。別の箇所でも、南宋末の公田の設置に対し、

四百余年之後、推本重賦之繇、則猶其遺禍也。

四百余年の後、重賦の繇《ゆらい》を推本《おしはか》るに、則ち猶お其の遺《のこ》せる禍のごときなり。

とする。強い否定的評価を加えながらも、やはり事態を改変可能なものとはしていない。これに対して、嘉靖年間に、各州県ごとに、その税糧徴収総額は変えぬまま、一畝当たりの徴収額を均一化したこと、すなわち均糧が行なわれたことに対しては、きわだって厳しい批判が加えられている。この批判は、それに先立って示されているところの、官田と民田の性格に対する顧炎武の次のような見解にもとづく。

然而官田官之田也。国家之所有而耕者猶人家之佃戸也。民田民自有之田也。各為一冊而徴之也。猶夫宋史所謂、一曰官田之賦、二曰民田之賦、金史所謂官田曰租、私田曰税者、而未嘗併也。

然うして官田は官の田なり。国家の所有にして耕す者は猶お人家の佃戸のごとくなり。民田は民の自有の田なり。各おの一冊を為《つく》りて之を徴す。猶《な》お夫《か》の宋史の所謂《いわゆる》一に官田の賦と曰《い》い、二に民田の賦と曰い、金史の所謂《いわゆる》官田は租と曰い、私田は税と曰う者にして、未だ嘗て併《あわ》せざるなり。

顧炎武は、官田を国家の所有する土地として明確に規定すると同時に、民田を民の自有の田、すなわち、人民が私的、個別的に所有する土地であるとし、両者を峻別している。この見解には、顧炎武の中に土地所有の性格をその所

有主体によって区分しようとする強い要請があることをうかがわしめる。

顧炎武はこの見解にもとづいて、一七世紀における江南デルタの各おのの県乃至州の税糧を一律に重くした直接の契機として、趙瀛の創始と彼のみなすところの均糧を挙げ、批判を加える。

嘉靖二十六年、嘉興知府趙瀛剏議、田不分官民、税不分等則、一切以三斗起徴。蘇松常三府、従而效之。自官田之七斗六斗、下至民田之五升、通為一則。而州県之額、各視其所有官田之多少軽重為準。多者長洲至畝科三斗七升、少者太倉畝科二斗九升矣。

国家失累代之公田、而小民乃代官佃、納無涯之租賦。事之不平、莫甚於此。然而為此説者、亦窮於勢之無可奈何。而当日之士大夫、亦皆帖然而無異論、亦以治如乱糸、不得守二三百年紙上之虚科。而使斯人之害、如水益深、而不可救也。〈原注〉惟唐太常鶴徴、作武進志、極為惋歎。

嘉靖二十六年、嘉興知府趙瀛剏《はじ》めて議し、田、官民を分たず、税、等則を分たず、一切三斗を以て起徴せり。蘇、松、常三府、従いて之に效《なら》う。官田の七斗・六斗より、下《くだ》りて、民田の五升に至るまで、通じて一則と為す。而うして州県の額は、各おの其の有する所の官田の多少・軽重を視て準と為す。多きは長洲〔県〕にして畝ごとに三斗七升を科すに至り、少なきは太倉〔州〕にして畝ごとに二斗九升を科するなり。

国家、累代の公田を失い、而うして小民乃《すなわ》ち官佃に代りて涯《はて》し無きの租賦を納む。事の不平、此より甚だしきは無し。然れども此の説を為す者、亦た勢の奈何《いかん》ともす可《べ》き無きに窮《くる》しむ。而うして当日の士大夫、亦た皆帖《チヨウ》然《ゼン》として異論無く、亦た治《せいじ》、乱れし糸の如きなるを以て、二、三百年の紙上の虚科を守るを得ず。而うして斯人の害をして水の如く益《ま》すます深くして救う可からざらしむるなり。〈原注〉惟だ唐太常鶴徴、武進志を作り、極めて惋歎を為す。

顧炎武は一畝当たり七斗・六斗の官田と一畝当たり五升の民田を均《なら》し、たとえば蘇州府長洲県では三斗七升、太倉州では二斗九升という均一の徴収額が設定されたため、国家は歴代設置・継承されてきた公田（官田）を喪失し、民田の所有者であった小民は、これまで官田から徴収されていた莫大な負担を転嫁されるようになったとする。すなわち、顧炎武は、官田と民田の二つの土地所有の本来的な性格の相異を否定しさったものとして均糧をとらえ、均糧に対し、「事の不平、此より甚だしきは莫し」という最大級の批判を浴びせる。顧炎武は、さらに、均糧への反対論は、当時の客観的情勢に抗すべくもなく、同時代の士大夫たちは大人しくそれを受けいれたが、ただ万暦三三年（一六〇五）刊の常州府『武進県志』を編纂したところの、同県の人、もと太常少卿の唐鶴徴だけは均糧の実施を慨嘆したとする。顧炎武は、同時に、当時の政治の乱れの中では、二、三〇〇年ものあいだ徴収の実をともなってこなかった官田税糧の負担が民田に肩代わりさせられるのを防止できなかったのだ、と激しい均糧批判を重ねる。

すでに、一六世紀の八〇年代の半ば、万暦一四年（一五八六）頃、蘇州府常熟県出身の少壮官僚であった趙用賢は、江南デルタの税糧・徭役の現状の改革を包括的に論じた「江南の粮役を平ぐることを議するの疏」の中で、この改革の創始を論じている(45)。趙用賢は、創始を嘉興知府趙瀛に帰し、この改革が「是れ槩《おおよ》そ一府皆官田矣《なり》」とするものであった、と述べている。

顧炎武の均糧批判の事実認識は、あるいは、この趙用賢の見解に依拠しているかもしれない。しかしながら、均糧批判の観点そのものは、明らかに右の一節の原注に引かれた唐鶴徴の見解をふまえている。

その唐鶴徴は、自らが編纂した『万暦武進県志』巻三、銭穀一、額賦の条、同巻四、銭穀二、徴輸の条の二カ所で、常州府武進県における均糧の記事を載せ、いずれにもほぼ同じ趣旨の自らの評語を記している。ちなみに、顧炎武は、これらを含む『万暦武進県志』の税糧・徭役に関する主要な部分を『天下郡国利病書』の中に詳細に転写している。手稿本では、第七冊・常鎮・武進県志の項の多くの部分がそれに割かれている。

均糧による官田民田一則化以来、郷里の蘇州府では、一畝当たりの税糧徴収額がどの県でも、国初の民田の水準をはるかに越えて、三斗以上の重額になり、しかもそれが定着化している。この現状を改革し、一定額の軽減を行なわねばならない。そのためにこそ、均糧に至るまでの歴史的経緯を明らかにしておく。これが顧炎武の意図である。顧炎武が唐鶴徵の評語を『万暦武進県志』の割注の中から発掘し、鶴徵の見解を発展させて、国家所有の土地としての官田と民自有の土地としての民田との対比を鮮明にしたのは、均糧による官田・民田一則化、これにもとづく旧民田部分の税糧の急増こそ、蘇州府下の各県で一畝三斗台の税糧徵収額が定着する直接の契機であったことへの認識を人びとに促すためであった。ここにおいて、顧炎武が唐鶴徵の評語を重視し、官田は国家所有の土地であると力説する狙いも、きわめて明らかとなる。顧炎武にとって、いったん設置された官田は、国家のために、国家の土地所有それ自体の確保を期して維持されなければならないのではなかった。官田は、実は江南デルタの民田の所有者のために、民の自ら有する土地にふさわしい税糧徵収額を保障する防波堤として維持されるべきものであった。官田の設置や拡大に対しても批判的であった顧炎武であるが、官田と併行して存在していた民田のためにこそ、官田が国家所有の土地であるという側面をあえて強調したのであった。

唐鶴徵の評語をふまえて行なわれた顧炎武の均糧批判と明代江南官田をめぐる見解については、本論集本巻第三章「顧炎武の官田論における土地所有思想とその背景」において改めて詳論する。顧炎武のこのような見解を通じて、私たちは、顧炎武がその在世時の江南デルタにおける一畝当たりの税糧負担額、すなわち田賦負担額削減への実践的関心がなみなみならぬものであったことを知る。この関心の根底には、後述するように、一畝当たりの私租負担額を削減しなければならないという強烈な課題意識があった。清一代におけるこの地域の読書人層の減賦論―田賦削減論のよりどころとなり、現代の日本・中国における研究にも影響を与えてきた顧炎武の明代江南官田に対する見解(46)は、一六世紀の均糧と一七世紀前半の明朝の倒壊を経た時点で、この地域の読書人としての立場からもうちだされたものであることを確認しておきたい。

二　明代江南デルタにおける税糧徴収制度の展開過程

顧炎武は、以上のように、一七世紀後半、清初の時点において、江南デルタの一畝当たりの税糧負担額削減という問題関心から、余人の及び得ない緻密な史料収集をふまえながら、明代に至る江南官田が本質的に国家所有の土地であったことを強調した。

しかしながら、拙著の第一－第五章を通じて明らかにしてきた明代江南官田の現実の姿は、顧炎武があえて設定した国家所有の土地であるという純粋な理念型とは必ずしも一致しない。

明代の江南デルタには、たしかに大量の官田が設置されていた。しかしながら、この官田は、一四世紀後半、明初洪武年間から、すでに民自有の土地としての民田とまったく同一の税糧徴収制度の下に包摂されていた。

顧炎武の厳しく批判する一六世紀の江南デルタにおける均糧改革も、一五世紀三〇年代の大改革以来、一五世紀中葉から一六世紀初めに至るいくつかの改革を経、一六世紀三〇年代から七〇年代にかけ、曲折に満ちた過程をともない、地方と地域社会の要請をふまえてはじめて実施されたものであった。

ここで、顧炎武が一七世紀の時点で抱いていた問題関心とこれにもとづくその明代江南官田論を念頭に置きながら、広汎な官田を包摂した明代江南デルタにおける税糧徴収制度の展開過程とその到達点を、拙著の第一－第五章の作業の主要な内容に依拠しながら改めて明らかにしたい(47)。そのことによって、一畝当たりの税糧負担額削減へ、そして一畝当たりの私租負担額削減へという顧炎武の実践的関心の背景が浮かび上がって来るからである。

1

一五世紀の三〇年代における税糧徴収制度の綜合的改革の始期、松江府の一読書人杜宗桓は、宣徳五年（一四三〇）の詔敕による官田税糧の一畝当たり二〇－三〇％減額実施の後にも、なお約一〇二万石の税糧が納入されねばならぬという同府の事情の中で、税糧の莫大な未納額の堆積に集約される地方の窮状の打開を、南直隷巡撫周忱に訴えた。この際、杜宗桓は、官田税糧の一畝当たり徴収額のさらなる削減をあえて要求せず、約一〇二万石の枠組は変えないままで、むしろその一畝当たりの徴収額の均一化を要請した。彼はその理由として「方今《いま》俸糧浩大にして国用敷《た》らざれば」云々と述べている（拙著第五章・小結参照）。官田税糧が、官僚・軍人の給与を中心とする財政支出をまかなうための重要な財源であることは、当時の一般的認識として定着していたのである。一四世紀後半、宋元官田の継承と新たな籍没の実施によって、江南デルタ一帯に大規模な官田が設置され、そこから民田税糧に比べてその一畝当たりの徴収額がはるかに重い官田税糧の徴収の行なわれたことが、集権的統一国家としての明朝の設立当初における財政需要にもとづくものであったことは、このことからも確認されるであろう。

しかしながら、広大な明代江南官田は、与えられた歴史的条件の下で形成されたものであり、従ってその存在形態はこの条件の制約を受けていた。

第一に認識すべき歴史的条件は、明代江南官田が、固有の私的個別的な土地所有権がすでに一般的に定着していた宋代以後の中国社会のただなかに設定されたことである。明初には、宋、元両朝の官田のそのままの継承や私的個別的に所有されていた土地を対象とする大量の籍没が行なわれたのに、なおこのようにいうのは、あるいは逆説として理解されるかもしれない。だが、それは必ずしも逆説ではない。

たしかに所有権に関する国家の法的規定の上では、すなわち法制上では、官田は明らかに国有の土地であった。そして税糧徴収制度、すなわち税制の上でも、これを受けて、官田と民田の区別を明確にすることが要請されていた。

たとえば、洪武年間に太祖朱元璋が、赴任していく地方官のために定めた任官心得ともいうべき「到任須知」にも次のような指示がある。

版籍・田糧、政事之大。故於祀神理獄之次、即須報知。此件中間、須要分豁軍民匠竈僧道医儒等戸各若干、官田地若干、民田地若干、毎歳民間夏秋二税該糧若干、官田租糧若干、各分款項開報、以備度量支用（『万暦大明会典』巻九、吏部八、関給須知、授職到任須知）。

版籍・田糧は政事の大なり。故に神を祀《まつ》り獄を理《おさ》むるの次に、即ち須からく報知すべし。此の件中間《については》、須要《かなら》ず軍・民・匠・竈・僧・道・医・儒等の戸各《おの》おの若干、官田地若干、民田地若干、毎歳民間の夏秋二税の該糧若干、官田の租糧若干を分豁《くべつ》し、各おの款項《こうもく》を分ちて開報し、以て度量して支用するに備えよ。

ここでは、たしかに民田地から徴収されるものが、「民間夏秋二税該糧若干」とされ、官田地から徴収されるものは「官田租糧若干」とされる。すなわち民田からは税を、官田からは租をという範疇の区別がなされている。しかし、この同じ「到任須知」にあっても、新任の地方官に対して、各部局を担当する胥吏から「田糧」について報告するときには、官田についても、民田と同じく、夏税と秋糧の額を報告することが義務づけられているほか、官田・民田を通計した田の面積、官田・民田を通計した夏税・秋糧の額の報告も指示されている。『諸司職掌』や正徳・万暦の二つの『大明会典』の戸部の項を全体として通観する限り、法制上では、国家所有の土地である官田と、人民が私的個別的に所有する土地である民田とは、国家の税糧徴収制度においては実質的に共通の取扱いを受けている。

官田と民田とは錯綜して存在し、いずれも糧長・里長の総括する里甲組織の下で管理され、里甲組織で作成されるところの賦役黄冊上の各戸の戸下に登録され、それぞれの地片の起科等則——秋糧で表示された一畝当たりの公定徴収額に従って、税糧と総称される公課を国家から徴収されていた。官田は、民田と同様、中央の戸部―布政使司―府（直隷州）―県（散州）―里甲という行政系統と結びついて存在している税糧徴収制度の下に置かれていたのである。

税糧徴収制度の上からいえば、官田税糧を納入している戸も、民田税糧を納入している戸も、ともに国家の納糧人戸と呼ばれている。拙著では第三章以下で、これを納糧戸と呼んできた。一方、徭役賦課制度においては、その納入する税糧がすべて官田税糧であるところの「全種官田戸」――全《すべ》て官田を種《たがや》す（経営する）戸も、その戸下に何ほどかの民田を所有して民田の税糧を納入している戸とともに、里甲組織に組み入れられ、里甲正役に従事することを義務づけられていた。「全種官田戸」は、法制上国家の所有する土地としての官田のみを経営しているのであるから、その意味では純粋に官田の承佃戸、すなわち国家の佃戸というべき存在であった。にもかかわらず、この「全種官田戸」が、自己の私的に所有する土地としての民田を、あるいは自ら経営し、あるいは他人にその経営を委ねる戸とまったく同様に、国家に対して税糧・徭役の納入義務を負う甲首戸として、いわば国家の公民として位置づけられていたのである。

夏税・秋糧の両者のうち、秋糧の額で表示される官田の起科等則、官田税糧の一畝当たり公定徴収額にも、いくつかの特徴があった。

その一つは、官田税糧の一畝当たりの公定徴収額にはたとえば一四世紀後半から一五世紀三〇年代の洪武―宣徳前期の蘇州府の場合についていえば、六斗台、あるいはさらにそれを上回る高額のものが存在する反面、一斗台乃至それ以下のものも見られ、自然条件の差異以上にきわめて多岐にわたっていたことである。

また、一つは、官田税糧の一畝当たり徴収額は、民田のそれよりはるかに高いが、反面でその平均額をとると、民間の佃戸が田主に納入する一畝当たりの私租の額の二分の一に達していないことである。たとえば、やはり同じ時期の蘇州府の場合についていえば、官田に課せられる税糧の一畝当たり平均徴収額四斗三升六合九勺は、民田の四升三合三勺の約一〇倍に相当する。しかし、この額は、一畝当たりの米穀標準収穫量を毎畝二石とした場合、その二一・五％を占めるにすぎない。民間の佃戸が田主に納入する私租の額が一般に収穫量の五〇％前後を占めるのと対比するとき、そこには大きな開きがある。ちなみに、松江府の場合、同じ時期の官田に課せられる税糧の推定一畝当たり平均徴収額は、二斗九升七合三勺である。

なお、官田と民田の一畝当たり平均の税糧徴収額に格差があるという状況について、徭役賦課制度の側から調整がなされていたことにも注意がはらわれねばならない。先述のように、里甲正役は、「全種官田戸」に対しても無条件で割り当てられていたが、雑役については、官田を基準乃至対象として割り当てることを免除したり、減少させたりする慣行が存在していた。土地が徭役賦課の基準乃至対象として重視される華中・南の情況の下では、一畝当たりの土地に対して国家から課せられる税糧と徭役の総負担の均衡をはかるという慣行が形成されていたのである。

これらの点によれば、明代の江南官田には、顧炎武や唐鶴徵の見解において強調されているところの、国家が所有し、国家の佃戸によって私租に見合う官租が徴収されていた土地であるという概念規定に該当しない特徴が見出される。

関連して、次の二つの点も注目される。一つは、洪武三年（一三七〇）の松江府下の一庶民の戸帖に、官田がその戸の事産《ざいさん》として登録されていたことである。いま一つは、国家の税糧・徭役徴収台帳としての賦役黄冊に関する『諸司職掌』の規定の中に、民田と官田とを区別することなく、売買後の登記変更について記した部分があり、官田の承佃権が民田の所有権と同様に自由な売買の対象となっていたことを示唆していることである。

このように、税糧徴収制度、及び関連する徭役賦課制度中の里甲正役の上からいえば、官田をその戸下に保持して官田税糧を納入することは、一畝当たりの税糧徴収額に大きな格差がたしかに存在することを別とすれば、民田をその戸下に所有することと実質的にはさほどの径庭はなかったのである。一畝当たりの税糧徴収額も私租の水準とは一線を画しており、かつ官田に対する雑役の減免措置が、法規には明文のない慣行として定着していたことを考慮するならば、官田と民田との格差は、この面でも必ずしも絶対的なものではなかったといえよう。

明代江南官田のこれらの特徴は、一〇世紀、宋代以後の中国社会にあっては、土地の私的個別的所有権が一般的に定着していたという歴史的条件の所産であると考えられる。

明代江南官田のこれらの特徴は、明代における第二回目の賦役黄冊編造が行なわれた洪武二四年（一三九一）から、『諸司職掌』の制定された洪武二六年（一三九三）にかけての頃には、ほぼ具備されていたものとみなされる。洪武元年前後から開始された宋元両代の官田の継受、明朝の籍没による新官田の造成及び元末反乱期以来の荒廃田に対する開墾の進行によって、この頃までに、江南デルタ各府の登録田土面積は、ほぼ明一代の標準額に達していた。主としてこの地域を特定した太祖朱元璋による官田の毎畝税糧徴収額の切下げも、すでに三次にわたって実施されていた。他地域ならば、民田を基本的に対象として設定されている税糧徴収制度が、江南デルタでは、民田にほぼ匹敵する官田を対象としているという情況が、ここにおいて出現することになった。江南デルタを構成する蘇州、松江、嘉興、湖州、常州及び鎮江の六府においては、その全田土の実に四割五分強の官田が設置されていた。とりわけ、官田がその田土の六割を超える蘇州府、八割を超える松江府では、税糧徴収制度は、官田を主たる対象として運用されることになったのである。換言すれば、明代の江南デルタにおいては、官田は特別な土地ではなく、税糧の徴収対象としての一般的な土地、その意味で普通の土地としての側面を明らかにもっていたのである。

だが、明代江南官田と税糧徴収制度が負っていた歴史的条件は、右のそれにとどまるものではなかった。第二に確認しておかねばならぬ歴史的条件は、すでに触れてきたように、その一定部分が、宋・元両代にわたる王朝国家によって、いくつかの異なった時期に、私的個別的な土地所有のうちの大規模な土地所有に対する籍没、強制買上げ及び国家の関与する開墾などを通じて拡充されてきた官田を継承し、それを包含することによって形成されたことである。

顧炎武は『官田始末考』の下巻のすべてを費やして、漢代以来の官田に関する資料の箚記に充てているが、なかでも宋代には多くの紙幅が割かれている。『官田始末考』は『日知録』巻一〇のかの「蘇松二府田賦之重」という一文に集約され、あわせて増訂されるが、この増訂に際しては、官田の沿革が、「官田、漢自《よ》り以来之れ有り」の起句を「宋史、建炎元年、蔡京・王黼《フ》等の荘を籍して以て官田と為す」という第二句で受ける形で説かれていき、宋、元、明初の事例の叙述がその実質的内容をなす。とりわけ、『官田始末考』においては収録されていなかった正徳七年（一五一二）刊の『松江府志』巻六、田賦上が用いられ、元代の籍没に関する部分がすこぶる充実させられている。顧炎武は、官田が本来「国家所有」の土地であったことを明らかにするために、宋・元両代における官田設置の過程に関する史実を、このように読者に提示したのである。

一五世紀前半、宣徳期になされた蘇州府知府况鍾の諸上奏において、一四世紀後半の「洪武年間の抄没官田」と対比しつつ、「古額官田」という呼称が用いられていることは、宋・元両代の官田設置の過程の生きた証左であった。况鍾は、この際、「古額官田」の一畝当たりの徴収額が、「洪武年間の抄没官田」の三斗乃至四斗に比べて重く、納糧戸の負担が困難である旨にも言及していた。これに先立って一四世紀後半中に刊行されていた洪武一二年（一三七九）序の『蘇州府志』起科等則表においても、宋・元両代以来継承された官田について、同様の傾向が看取される。江南デルタにおける宋・元両代の官田は、このように一畝当たりの徴収額が、明代の官田に比べて重かったが、加えて設置の時点では、官田を専管する機構がしばしば特設されていることもあわせ考えると、名実兼備した国家所有の土地としての側面を色濃くもっていたといえよう。この側面も、明代江南デルタの官田とこの地域の税糧徴収制度を規定していたのである。

第三に認識しておかねばならない歴史的条件は、これも先に触れたように、一四世紀後半、明初洪武年間に官田を新たに増置するに際して、大量の籍没（抄没）が実施されたことである。同時代、あるいは続く一五世紀の史料によれば、元代から明初にかけての江南デルタでは、大家富民、豪民巨室、兼併之家、土豪、巨姓などという一連の呼称をもつ社会層、すなわち、富民層と概称しうる地域社会の経済的社会的支配層が大規模な土地集積を行なっていた。

洪武元年前後から明朝が江南デルタで行なった籍没は、元朝の官僚、張士誠政権の属僚、朱元璋軍への抵抗者、皇帝朱元璋への権力集中の障害と目されたもの、経済活動における不正行為者など、政治的契機や社会秩序維持の契機にもとづいて、個別的に行なわれたとみなされる。従って右のような大土地所有の一律的廃止や規制という点では、不徹底なものであった。

しかしながら、洪武三年（一三七〇）二月庚午の『明実録』の記事の語るように、富民の資産を把握するための税糧納入額の調査は、すでにこの時点までにいち早く実施されており、地域社会における富民の動向についての太祖朱元璋の関心は非常に高かった。方孝孺、史鑑、呉寛など、一五世紀の士人たちは、一様に、籍没が朱元璋のこの関心と無縁ではなかったことを指摘している。果たして、明初洪武年間には、宋・元両代の既設官田に匹敵する広大な籍没田が造成された。在来の富民層の大規模な土地集積は、実質的に大きな打撃を蒙ったのである。籍没の対象となった富民層と小経営農民とのあいだでとり結ばれていた生産関係は断ち切られた。従来、当該の富民層の佃戸として私租を納入していた多くの小経営農民は、籍没田——新しい官田の税糧の納糧戸として里甲制にくみこまれ、国家と直接に関係をとり結ぶようになった。自ら農業経営に従事し、自ら実質的に土地を所有し、自ら国家に対して特別に高い税糧を納入するところの一種の変則的な自作農が形成された。官田の税糧を納入していたのは、後述するようにこうした固有の性質をもつ自作農のみではないが、にもかかわらず、彼らを税糧納入の担い手として登場せしめた在来の大土地所有の一定の変革こそ、明代江南官田と税糧徴収制度が担っていた第三の歴史的条件であった。

2

一四世紀後半、明初の江南デルタでは、以上の歴史的諸条件の下で、新たに広大な規模の官田が形成され、この官田を不可分の構成要素として内包しながら、明代江南における税糧徴収制度が新しく出発したのである。しかしながら、この制度には、初発からそれ自身が維持されていく上での構造的ともいい得る問題点が存在していた。

その一つは、同一県内における水稲の標準収穫量を見込み得る地片相互間において、起科等則、すなわち秋期に秋糧として徴収されるべき一畝当たりの公定税糧徴収額のありかたに、さまざまの格差――不均等が存在することであった。第一は、官田税糧の一般的な一畝当たりの徴収額が、収穫の五〇％前後とされる私租を大きく下回り、私租の五〇％以下という水準でありながら、他方では民田の場合の一〇倍近くに達しており、その意味で当時の社会通念からすれば高額であったこと、しかもこの官田が各府下に最低で四分の一以上も設置されていたことであった。このため、官田税糧と民田税糧の一畝当たりの徴収額とのあいだには大きな不均等が存在していた。第二に、官田相互にも、その成立の経緯の差異により、不均等が甚だしいことであった。第三にこうした一畝当たり徴収額の不均等性とからみながら、一畝当たりの徴収額がすこぶる多様性を帯びていることであった。これらは、それぞれ面積を異にする各地片の一畝当たりの税糧納入条件のさまざまな格差を、従って土地所有実現の条件の格差を生んでいった。

いま一つは、同一の税糧徴収制度の下で税糧の納入に従事する納糧戸が、単一の階層ではなく、大別して小経営農民と地主との二つの階層からなっていることであった。

小経営農民には、元代に官田の官租（＝官糧）の納入者として多数を占め、貧難佃戸と称されていたものに加え、籍没を受けた元代の大土地所有者の旧佃戸の多数が、同一の土地の経営に当たりながら、新しく官田税糧を自ら納入する主体に転化していた。彼らは税制上からいえば、一種の自作農であり、官田税糧の納糧戸の部厚い底辺を形成していた。

他方、洪武年間の籍没を通じて、富民と呼称されていた元代以来の大土地所有者のかなりの部分が土地を喪失したものの、なお少数の大土地所有者が残っていたほか、それを頂点に、中小規模の土地所有者に至る地主層が存在していたとみなされる。

彼らの中には、佃戸の経営に依拠して、収租により、その十地所有を実現する者があった。そのほか、自らも奴僕・雇工などの他人労働を使用して経営に従事することにより、その土地所有を実現する者、佃戸への出租と自家経営とを併用する者が存在していたと思われる。一五世紀前半の蘇州府知府況鍾の上奏に引用された同府下の知県たちの発言によれば、五〇〇石以上の民田税糧を納入していたような、一四世紀の七〇年（一三七〇）当時の富民層は大幅に減少している。同じく況鍾の上奏中の一四世紀後半＝洪武年間に関する言及にもとづく試算では、一一〇畝ほどの官田をその戸下に置く自家経営の地主がいたとみなされる。大量の民田税糧を納入していた大土地所有者としての在来の富民型地主層よりも、官田税糧を納入するこうした自家経営の手作地主の比重が高まっていたものと推定される。

もとより、この推定が妥当であるとしても、自家経営に従事するこうした地主の所有・経営規模の一般的状況を定量的に確定することは史料的に困難であり、その事情は、官田税糧の納入を主体とするに至った納糧戸の中における小経営農民層と地主層との分化の一般的状況についても同様である。しかしながら、少数の零細な史料からではあるが、一四世紀後半から一五世紀前半、洪武－宣徳期の江南デルタにおける、官田税糧を主体とする税糧の納入戸を、一種の自作農としての小経営農民層のみに限定すること、あるいは自家経営者が比重を高めたとみなされる地主層のみに限定することは、いずれも正鵠を射ていないと思われる。

くりかえすように、明代の官田は、法制上においては国家の所有する土地であり、人民の私的個別的に所有する土地としての民田と区別されながらも、それと同一の税糧徴収制度の下に組みいれられ、とりわけ江南デルタでは税糧徴収制度の主要な対象となっていた。しかしながら、江南デルタにおいては、まさにそれ故に、一畝当たり税糧徴収額の不均衡、納糧戸相互間の格差という矛盾が孕まれていたのである。

3

一五世紀前半、江南デルタの税糧徴収制度に最初の大きな危機が訪れたのは、江南デルタの都市における奢侈化の兆しや運河沿いの都市の商工業に見られる活気にうかがわれるような社会的生産力の回復・発展のみに、その契機を還元できない。そこには一つの大きな外在的契機が作用していた。この契機とは、一五世紀初頭における国都の南京から北京への移転及び北辺防衛上の必要から、官田税糧が圧倒的な比重を占めるところの税糧の輸送距離が飛躍的に長大化し、そのための運輸労働と関連諸経費の額が激増したことであった。しかし、税糧の本質的性格を、集権的統一国家としての明朝の財政支出維持のための公課という点に求めるとするならば、その輸送距離の飛躍的増大は、税糧徴収制度の危機のきわめて内在的、本質的契機であるといえる。この契機は、江南デルタの税糧徴収制度に内包されていた問題点を激発させた。一五世紀三〇年代後半を中心に行なわれた南直隷巡撫周忱指導下の税糧徴収制度の綜合的改革は、この危機に対処するためのものであった。そして、この危機はいったん克服された。

だが、江南デルタの税糧徴収制度は、周忱の改革によって編みだされた方式のままでは維持することができなかった。一五世紀の中葉以降、蘇州、松江、湖州の三府を中心として、この改革の柱の一つである加耗——附加税糧の徴収方式の改革が積み重ねられた。さらに一六世紀の三〇年代から七〇年代にかけて、各府の知府の働きかけの下に、官田と民田との区別を廃止し、一畝当たりの税糧徴収額を均一化するところの均糧を基軸とする改革が実施され、これによって、江南デルタにおける明朝の税糧徴収制度の維持がようやく可能になったのである。唐鶴徴、顧炎武が激しく批判を加えた均糧＝官田民田の一則化とは、制度の最初の大きな危機が訪れた一五世紀前半以来積み重ねられてきたところの改革の歴史を負っており、この間に残されていた最後の方式を実施した改革であった。

一五世紀前半の周忱の改革は、一四世紀後半、籍没による官田の拡大がなお続いていた洪武年間における官田税糧毎畝徴収額の三次にわたる削減から、一六世紀の均糧改革に至る流れの中でそれを位置づけると、その中に二つの側面が重なりあって認められる。

第一の側面は、小経営農民層を中心とする納糧戸の生計・経営を維持し、そのことによって彼らに持続的に税糧を納入させるという目標が見出されることである。官田の重額部分及び下戸に対して銀・布により税糧を代納させる折徴例、また、里甲組織内に設けた田甲を通じての逃亡納糧戸の土地の可耕状態維持とかかる逃亡納糧戸の復業促進、済農倉を通じての端境期の糧食貸与による債務関係からの保護。これらの政策は納糧戸としての小経営農民層の生計維持に目標を置いている。また、宣徳五年二月の詔敕の線に沿ったところの官田の一畝当たり税糧徴収額の削減は、手作りの自家経営地主や佃戸に経営を委ねる出租地主を含むすべての納糧戸の納糧条件を緩和するものであるが、重額部分の多い小経営農民層の救済に中心目標があったとみなされる。

第二の側面は、一五世紀前半の洪熙・宣徳年間の頃から、社会的地位の格差にもとづく地域社会における階層間の差異が、すなわち一方で大戸、一方で小民乃至小戸と呼ばれる二つの階層間の差異が顕著になりつつあったこととも密接に関連している。税糧徴収・徭役賦課の権限をもつ糧長戸・里長戸、及び科挙制・官僚制上の身分をもつ縉紳・紳士と呼ばれる家とその他の人びとの差異・矛盾がしだいに露わになりつつあったのである。従って、この階層分化は、他人労働の使用の有無にもとづく地主と小経営農民との階層分化と重なりあいながらも、必ずしも一致はしない。地主層の中には、大戸層に属するものと小民層に属するものとが存在していた。

一五世紀前半の時点における大戸層には、農村部の糧長、里長、なかでも糧長の占める比重が大きかった。都市部においても、附郭豪右兼併之家、縉紳郷官、縉紳大族、紳士之家など、社会的勢力のある大土地所有者や官僚層の擡頭してきたことが当時の特徴であったが、蘇州府呉江県の処士史鑑の書簡によれば、この世紀の後半に比べれば、彼らの戸数、土地所有面積、税糧納入額ともなお少なかったとされる。小民層には、この時点にあっては、主として官田の税糧を納入していた小経営農民が比定される。しかし、「椎髻秉耒良善小民」という史料用語には、在地で自らも経営に従事していた手作地主の中に、小民層に位置づけられるべき部分のあったことが示唆される。江南デルタでは、この一五世紀前半の時点から、税糧納入における大戸層の不正とその負担の小民層への転化が際立って地域社会の問題となりはじめる。

一六世紀の前半における大土地所有者がその主要な構成要素となっていた。一五世紀前半期には大戸層の一員として史料に登場する糧長・里長は、一六世紀には、むしろ小民層の利害の体現者として史料上に記されるようになる。当時、官僚の家を中心とする大土地所有者は豪宗巨蠹、豪右、郷大夫、縉紳之士、宦室富豪、官戸、大戸などと呼ばれており、糧長の担い手としては、在来より資産の少ない地主層が多くを占めるようになってきたとされることとかかわるものであろう。一五世紀の後半から一六世紀にかけては、一四世紀後半、一五世紀前半にはまったく見られなかったところの、税糧の徴収と土地売買や私租収入とのかかわりを示す記載が顕著となる。土地所有権の移転が加速され、地主佃戸関係が量的に拡大したことは明らかである。その中で大戸層による大規模な土地集積が進行していた。これと併行して、税糧納入に際しての大戸層の不正が一般化し、納糧戸中における大戸・小民の矛盾が激化していったのである。

さて、一五世紀前半の改革の第二の側面は、具体的には、一五世紀初頭の国都北遷以来急増した附加税糧としての加耗の負担において、大戸と小民という社会的地位の格差にもとづく不均等が拡大している事態の克服を目的としていた。このため、税糧一石あたりα斗という定率徴収が開始されることになる。一律論糧加耗方式である。これは大戸と小民との矛盾に対応した最初の大きな改革であった。ただ、一五世紀前半の改革の場合には、この第二の側面においても、それを必要とする小戸層が、官田税糧の納糧戸の部厚い底辺を形成していた小経営農民とほぼ重なっていたことは留意されねばならない。

一五世紀中葉以降、蘇州府、松江府では、加耗例の本来の方式であった一律論糧加耗から段階的論糧加耗へ、さらに論田加耗へと、新しい加耗方式が次々に編み出され、湖州府では一畝当たりの税糧徴収額の実質的均等化への方策がくりかえし、粘り強く模索されていく。

一六世紀に入ると、江南デルタの各府では、府下の各県ごとに、一畝当たりの税糧徴収額における官田と民田との間の、あるいは官田相互の間の不均等性と多様性を解消するために、均糧という改革が、主として知府によって企画・発議された。一方には、予備改革的性格をもつ官田一則・民田一則化方式があり、他方では、もっとも徹底した方式である官田・民田一則化がそれぞれの府・県の地域社会の実情に応じて曲折を経ながら実施された。

また、均糧とからみあいながら、徴一と徭役銀の土地への割り当て部分の一律化が実施された。

徴一は、一五世紀前半の周忱の折徴例実施以来、秋糧の正糧と加耗とを通算して税糧の徴収単位とされていた平米の徴収方式にかかわるものであった。すなわち、同じ平米ではあっても、それぞれの地片の担う一畝当たりの正糧額の相異によって、一石当たりの徴収物品の種類が多様化し、これにともなってその対米穀換算率にも不均等が目立っていた。また、こうしたさまざまの徴収物品が銀に統一されていく際にも、その対米穀換算率はまちまちなものになっていた。徴一は、こうした状況を克服するために行なわれたところの、平米一石あたりの徴収物品の米と銀とへの限定と、この米・銀それぞれの額の定量化であった。

徭役銀の土地割り当て部分の一律化は、一畝当たりの税糧徴収額の不均等を徭役賦課の減免によって調整するという在来の慣行の維持が困難になりつつあり、一畝当たりの税糧徴収額自体の均等化が目指されていく趨勢の下で行なわれた。徭役銀についても一畝当たりの徴収額を均一化することが目指されたのであった。

総括的にいえば、均糧と徴一は、一県の中の土地一畝当たりの税糧負担における一切の不均等を基本的に解消した。明初に制定されて以来の起科等則自体の不均等の克服に加え、こうした不均等を調整するためにも繁雑化し、かえって税糧納入に際しての不正行為の媒体となっていた徴収方式の不統一の完全な是正が企画されたのである。土地一畝当たりの徭役銀の一律賦課は、一畝当たりの税糧負担の不均等が解消されたことの必然的な結果であった。

一六世紀の均糧及び一連の改革を緊要なものとしたのは、地域社会において縉紳、郷紳、宦室富豪、官戸大戸などと呼ばれ、大戸層の基幹部分を構成するようになった官僚の家の税糧納入における不正行為が、とりわけ県衙門の胥吏との結託という形態で広く展開され、官僚の家以外の地主、自作層、自作農兼佃戸など、自らの土地を所有する小民層の納糧条件を困難なものとしたからであった。

一六世紀の改革は、一五世紀前半の改革の第二の側面の系譜を引くものであった。すなわち、大戸・小戸間の社会的格差にもとづく税糧負担の実質的不均等の克服を目指す点において、一六世紀の改革は、一五世紀前半の改革と共通する点をもっていた。しかしながら、一六世紀においては、大戸層の基幹部分が、一五世紀前半の糧長・里長ではなく、官僚の家によって占められるようになって、地域社会における大戸と小戸の格差を一層大きくしており、この事態に対処するべく改革が行なわれた点に相異がある。

さらに、いま一つの注目すべき相異がある。先述した一五世紀前半の改革の第一の側面、すなわち小経営農民をはじめとする農家の生計・経営の維持を目的とする側面は、一六世紀の税糧徴収制度の改革においては、直接的にはともなわれていない、という点である。もとより、一五世紀前半の改革を綜合的性格をもつものとして把握する拙著の立場とこうした側面の摘出とは無縁ではないかもしれない。しかし、一五世紀前半の場合、税糧徴収に直接かかわる制度の改革についてみても、たとえば、折徴例の創始がある。この規定は官田の中でとくに一畝当たりの税糧額の重い部分や納糧戸の中でも下戸と指定された貧窮層にのみ、銀・棉布による代納を認可してその実質負担を軽減し、一方で一畝当たりの税糧額の軽い民田に白糧を割り当ててその実質負担を加重するものであり、個々の納糧戸の所有・経営のあり方に即応する内容をもっている。このような税制の内側の改革の特色と、たとえば「中下二等の戸」に対し、その「種田」——経営面積の多寡に応じて端境期の糧食を無利子で供与する済農倉の設置などの税制の外側の施策とのあいだには明確な照応関係が認められる。また、一五世紀前半の改革の第二の側面を示すものとして先に位置づけた加耗例においても、右の目的を見出すことができる。

ちなみに、加耗例では、一県の中で、それぞれ面積を異にする各地片ごとに、一畝当たりの税糧の公定徴収額がまったく異なるという状況に対応して、当該の県ごとに改めて定められた正糧一石当たりの加耗額を基準に、各納糧戸の税糧徴収総額が計算されねばならない。各納糧戸の土地所有の内容のきめこまかい把握が前提とされているのである。

一五世紀前半の改革は、法制上ではなく税制上の実際に即した、しかも端的な表現をするならば、江南デルタに広汎に設置された官田の相当量が、なおも小経営農民及び自家経営の手作地主によって所有かつ経営されている状況に対応して行なわれ、それ故に改革は個々の納糧戸の経営の次元にまで及んだのであった。

明朝国家による江南デルタ農村社会を特定した調査、全国の他の要地と併行しての南直隷巡撫職の創設、有能な官僚の巡撫・知府のポストへの他例を見ない長年月の配置など、国家の側の集中的、積極的な働きかけの下に、一五世紀前半の税糧徴収制度の改革が、綜合的に実施されたのは、もとよりこの時点での制度の危機が深刻に認識されていたからであった。しかし、他面、右に述べたように、納糧戸と経営主体とが多くの場合一致しており、国家が個々の納糧戸の経営の次元にまで関与することを通じて、はじめて税糧納入が保障されたという当時の現実をも反映している。

これに対して、一六世紀の改革においては、国家が、経営の次元には関与せず、ひたすら土地一畝当たりの税糧徴収の均等化・簡明化を追求した。これは、一五世紀の後半から一六世紀に至る地主佃戸関係の展開とともに、一五世紀前半に比べて、土地を所有する納糧戸とその土地で実際に生産に当たる経営主体とが分離を強めてきたことと無縁ではあるまい。もとより江南デルタにおいても、二〇世紀中葉の土地改革の時期に至るまで、所有と経営との完全な分離はなく、一九五二年の一統計によれば、このデルタをほぼ覆う江蘇省南部では、中農・貧農の土地所有面積がすべての土地の五〇・五一％に達している。(48) 小経営農民の土地所有や自作部分はたえず再生産されていったのである。

そのことこそ、納糧戸の中の大戸・小戸間の矛盾が絶えず続いていく基盤である。しかしながら、一六世紀に至る納糧戸と経営主体との分離の強まりの中で、国家の権力中枢の関心は、納糧戸からの税糧徴収にとどまり、個々に差異を含む農業経営の次元にまでは及ばなくなっていった。それだけに、地方と地域社会の問題は、地方と地域社会の手で解決しなければならない、という事態も生じたのである。

一六世紀の改革は、また、南直隷巡撫の支持やそれを媒介とする情報交換を不可欠の条件としながらも、基本的には、各府の知府の主導によって推進されていった。このことは、一五世紀前半に比べて納糧戸の中で比重を高めた大戸層、とくに官僚の家の間での見解の分岐とその克服のありかたが、知府の統括する地域的な場としての府ごとに相異なっていたという状況を反映している。見解の分岐とは、小民層を含む納糧戸全体の利害を体現する税糧徴収方式を採用するか、大戸層の、しかも個別的な利害体現の手段となるに至っていた旧来の方式を尊重するかという点にあった。こうした分岐の存在を切実な課題として認識し、より広汎な納糧戸にとって適合的な新たな方式を実施して税糧徴収を安定的に行なっていくためには、基本的には府を単位として運用されてきたところのそれぞれに特色をもつ税糧徴収方式の伝統や、同じく府を単位として形成されていく世論の動向が的確に把握されていなければならない。その役割は、国家の権力中枢はもとより、かつて一五世紀中には有効な介入をしていた南直隷巡撫にとっても不可能なことであった。それを担いうるのは、地方官であり、かつ制度上中央戸部に直接責任を負う各府の知府たらざるを得なかったと思われる。知府は、管下の各県の間の共通利害の体現者であった。

ちなみに、一六世紀の二〇年代頃から、個別的な小経営農民の再生産維持の重要な条件である水利が、地域の里甲組織によってではなく、むしろ国家権力によって維持されるようになることが、濱島敦俊により明らかにされている(49)。一六世紀の明朝国家は、このように、個別の農業経営ではなく、地域に共通する農業経営基盤への関与を持続していくのであるが、濱島が一六世紀後半には、水利事業が中央特派の官僚ではなく、「府州県官など下級地方官によるものが増え」、またこの世紀を通じて次第に「小規模の河川にまで官による浚治が及」ぶようになった、としているのは興味深い。水利事業が里甲組織とは異なった意味での地方・地域社会の関心によってはじめて支えられるようになったことが読みとられるからであり、また、税糧徴収制度改革の中央主導から地方主導への変化と照応するからである。

4

広汎な官田を初発から包摂していた明代江南デルタにおける税糧徴収制度の展開過程を、一四世紀後半から一六世紀後半にわたって、以上のように概括してきた。この過程に即して、顧炎武が一七世紀の時点から厳しく批判したところの、一六世紀の均糧による官田・民田の区別の解消を位置づけるならば、それは、一四世紀後半、一五世紀前半、一五世紀後半から一六世紀初頭に至る時期、さらに一六世紀三〇年代から七〇年代に至る時期という各段階ごとに、当面する課題を解決して、この地域からの莫大な税糧の徴収を維持するべく実施されてきた制度改革の必然的な到達点であった。一五世紀前半までの主要な課題は、小経営農民を中心とする納糧戸の生計・経営の維持であり、そのために税糧一石当たりの実質負担を均等化することが目指された。この時期に始まり一六世紀に至る時期の主要な課題は、その内部で地主の比重が非常に増してきたところの納糧戸中の小民層の納糧条件を安定させることであり、そのために土地一畝当たりの税糧徴収額そのものを均等化することが目指された。その結果、一六世紀の七〇年代までには、ついに江南デルタのすべての府において、管下の各県を単位として、標準的な水稲の収穫があるとみなされた土地については、その一畝当たりの税糧徴収額が基本的に均一化された。納糧戸、すなわち、税糧徴収制度上、国家への税糧の納入義務をもつ土地所有者のあいだで、土地所有実現の条件が均等化されたのである。

それから一世代が経過したあと、一七世紀の一〇年代になって、顧炎武がこの世に生を享ける。一六世紀の三〇年代に彼の出身地蘇州府崑山県で均糧が行なわれてからはすでに約八〇年が経過していた。顧炎武は、一つの県における土地一畝当たりの税糧徴収額の不均等が基本的に解消したという条件の上に立って、一畝当たりの税糧額の重さを改めて問うたのである。『官田始末考』や「蘇松二府田賦之重」に表明された顧炎武の一畝当たりの税糧額、すなわち田賦額削減という問題関心は、一畝当たりの土地の負担の不均等が解消され、それが均等に担っている重さを専一に問いなおすことのできる時点で、はじめてきわめて明快に形象化されたのである。まさに、問題はそれを解決することのできる条件の成立した時を迎えて、はじめて提出されたのであった。

換言すれば、このようなことがいえよう。拙著の序章でも述べたように、一〇世紀、宋代以後の中国社会においては、前近代の中国社会固有の私的・個別的所有が在来に比べて一層確立され、その基盤の上に王朝国家の税糧徴収制度が存立していたと予測される。江南デルタにおける明代の税糧徴収制度も初発から、その内部に、広汎な官田を民田とともに包摂するなど、もとよりこうした条件の下にあったが、そこにはなお官田のもつ法制上の国有の土地としての側面に基づくところの不整合な性格が内包されていた。このようになお矛盾を孕んでいた明朝国家の税糧徴収制度が、一六世紀三〇年代から七〇年代に至る改革を通じて「民自有の田」としての私的土地所有の実現に関わる国家の土地制度としての本質的性格を、これまでになく鮮明な、純粋な姿で表わし、それが清朝によってそのまま継承されたとき、はじめて顧炎武による税糧――田賦のあり方への批判が表明されたのである。顧炎武の批判そのものが明代江南デルタにおける税糧徴収制度の展開過程とその帰結の所産であり、それなくしては成り立ちえなかった。

しかし、顧炎武は、この時、いま一つのより大きい課題を抱いていた。顧炎武はこの課題の解決を志向しながら、税糧――田賦の重さの問題を提示したのであった。

三　税糧徴収制度と地主佃戸関係を通じて見た土地所有の特質

顧炎武による江南官田論の提起の根底にある課題とは、すでに繰り返し言及してきた地主佃戸関係を通じての私租削減であった。言うまでもなく、地主佃戸関係は宋代以後の代表的な土地所有関係である。顧炎武の江南官田論が地主佃戸関係を通じて収取される私租削減を狙いとしていたことについては、本論集本巻第二章「『官田始末考』から「蘇松二府田賦之重」へ――清初蘇松地方の土地問題と顧炎武――」において立ち入って論じた。そこでは、『日知録』「蘇松二府田賦之重」の主旨が、『官田始末考』の対応する部分である「減科議」との対比を通じて明白にされた。「蘇松二府田賦之重」の官田論の部分では税糧＝田賦の一畝当たり徴収額の削減が、そしてその末尾の一節ではこのことを前提として、一畝当たりの私租額の削減がそれぞれ主張されているのである。「蘇松二府田賦之重」は、「減科議」と同様、それ自体、緊密な、一貫した論理的連関をもつ改革案であることが確認された。とすれば、「蘇松二府田賦之重」においては、最終的には、一七世紀の江南デルタの直接生産者としての小経営農民の中で高い比重を占めるようになっていた佃戸の経営の困難をどのように打開するかという課題が追求されているといえよう。この課題を解決するためには、まず国家が一畝当たりの税糧額を削減し、そのことによって田主が高額の私租を収取する基盤を除去しておかねばならない、というのが顧炎武の構想であった。「蘇松二府田賦之重」で展開されている江南官田論と江南地主佃戸制論とは、いずれも他ならぬ一七世紀の、厳密にいえば、明朝が倒壊し、清朝がこれに代わって以後約四〇年足らずの清初に当たる期間、江南デルタに郷里をもつ一読書人としての顧炎武によってものされた作品であり、地域社会にとって緊要であると彼が判断した課題の解決を志す強い実践的関心によって支えられていたのである。『日知録』「蘇松二府田賦之重」とその習作ともいうべき『官田始末考』をこのように分析することを通して、私たちは、かつて一六・七世紀江南デルタにおける農村手工業としての棉業成立の前提として、西嶋定生によって強調されたところの田賦と佃租との不可分の関連、及び波多野善大らが重視した佃租収取額の重さの両者がこれら二つの作品とそこでの提言の中で、統一した形で示されていることに気づく。しかし、ここで私たちが改めて留意しておかねばならぬ点が二つある。

第一は、田賦と佃租との関連や収租額のありかたは、あくまでも一七世紀の中葉以降、清初という歴史的時点において提起されており、こうした課題の設定そのものが歴史的に規定されていることである。拙著の作業に即しても、この課題を生みだす事情を一五世紀、あるいは一四世紀後半、すなわち明前半期まで溯らせることはできない。

第二は、すでに本章第一節において言及したことであるが、顧炎武が佃租の重さを増幅したのは税糧――田賦の重さであるとし、その直接の起源を一六世紀の官田・民田一則化――均糧に求めてこの改革を厳しく批判し、またその遠因を一三世紀後半の南宋末から一四世紀後半に至る江南官田の大量設置に求めて、これにもおだやかながら批判的言及を行なっていることである。

顧炎武は、直面する課題としての佃租の重さも、それをもたらしていると彼の見た税糧――田賦の重さも、決して本源的なものではなく、始末――始めと終わりをともなったものであるととらえていた。すなわち、それらは人為的に形成されたものであり、従って改変することが可能な、可変的なものであると顧炎武は考えていた。もとより、江南官田をめぐる数々の基本的史実を発掘した顧炎武であるが、先に述べたように、拙著で明らかにしてきたことどもと対比するとき、一六世紀の均糧をめぐる事実認識やその評価は必ずしもすべて正確ではなく、かつ一四世紀後半の、その創設期の明代江南官田についてのその解釈も万全なものではない。だが、ここには、現実を切り開こうとする実践者のもつところの観点、いわば、歴史を変革することのできるものとしてとらえる立場が見出される。

ところで筆者は、一九八〇年に、戦後日本の江南官田問題への関心の契機となった先述の西嶋・波多野論争に改めて言及し、過重田賦をより強く問題にした西嶋と、過重佃租をこそ問われるべきだとする波多野とがいずれも中国前近代社会の民族的固有性を追求していた点に注目し、これを肯定的に評価した[50]。筆者は、この評価をいまも変えていない。また、これよりさき、一九七〇年代の半ばに、日本の明清史研究における郷紳論を検討したときも、民族のもつ固有性、固有の上部構造としての中央集権的国家、小農経営のもつ長期性などへの関心を表明した[51]。この考えかたも変わっていない。

だが、たとえば、個性を追求する一環として、しばしば専制国家と称される集権的統一国家に注目することは、この形態の国家がア・プリオリに存在し、ひたすら持続して土地所有の実現を苛酷に圧迫し続けたと理解することでは必ずしもない。

たしかに、宋代以後の中国社会においても、私的個別的な土地所有の展開は必ずしも無条件に許容されたのではなかった。所有権の絶対性・排他性・観念性という現代の基準をもってすれば、この間、国家によって実施された籍没は所有権そのものの未確立を端的に示すものに他ならない。官田における一畝当たりの税糧負担も、これを民田と比べるときはるかに重く、官田・民田を通じて課せられる正役の負担や本来は民田に課せられるべきものであった雑役の負担も、土地所有者に多額の支出を義務づけていた。

しかしながら、一四世紀の後半、明朝が江南で行なった籍没には、いま一つの側面がある。すなわち、籍没によって、元末までに展開していた大規模な土地所有が削減され、国有の土地としての官田が設置されたが、これを通じて、実質的に多数の小規模な勤労的所有が創出されたのである。また、この官田は私的個別的土地所有を前提として存立している税糧徴収制度の中に吸収された。官田一畝当たりの税糧負担も佃租＝小作料に比べると、低い水準にとどめられ、他方では、税重役軽・税軽役重の慣行が官田・民田間の一畝当たりの負担を均衡させていた。その後半からしばしば郷紳と呼ばれるようになった官僚の家による土地集積と税役負担の忌避の進んだ一六世紀には、これを克服すべくすべての土地の一畝当たりの公課負担の完全な均一化が実現された。一四世紀の六〇年代に創設されて、高度な権力集中を遂げた明朝国家が、江南デルタでこうした政策を進めてきたことはくりかえし述べてきたところである。

ここで想起されるのが、他人労働の収取に依拠するいわゆる地主層の土地所有のみでなく、自己労働に依拠する小経営農民の土地所有の根強さである。彼らの土地所有は、いましがた言及したように、一四世紀後半、明初の籍没によって拡充された官田を事実上私有するという形で、一定の構成的比重を占めていた。地主層の土地所有が再び顕著に拡大する一六世紀以降の時期についても、佃戸は、少量ではあるが自己の土地をもつことによって、納糧戸中の小民層の一翼を担っていた。顧炎武の生きた一七世紀においては、彼によれば、先述のように、「自ら佃《たがや》す者少なく、召かれて佃《たがや》す者多く」（『官田始末考』）、「田を有する者什の一、人の為に佃作する者十の九」（「蘇松二府田賦之重」）という状況が現出していたが(52)、そこでも小経営農民の自身のものとしての土地所有の存在は、原理的には否定されていない。というよりも、むしろ、小経営農民とその自身のものとしての土地所有との結合を基準にして右の状況が認識され、かつ批判されているのである。二〇世紀の中国革命の時代、一九五〇年ごろの江蘇省南部地域では、全体の土地の五〇・五一％が中農・貧農によって所有されていたことはすでに見た。一七世紀以後の江南デルタにあっても、自小作型の小経営農民は少なからぬ構成的比重を占めていたといえよう。

以上のように、明代を中心とする江南デルタの税糧徴収制度の展開に即していえば、集権的な王朝国家は、私的個別的土地所有に対して必ずしも抑圧的ではなく、これをむしろ前提としながら、この土地所有の提起する折々の歴史的課題に対応してきた、といえよう。小経営農民の存立基盤の維持もこの課題の重要な一部分であった。一七世紀の時点で顧炎武が行なった右の実践的な課題の提出も、王朝国家の示すこうしたダイナミズムと無縁ではあるまい。近代以前の中国社会の個性、あるいはその民族的固有性の一つのあらわれもまたここにあるといえよう。

とはいえ、このような個性、固有性の十全な把握は容易ではない。事柄はもとより中国社会の歩みに即して考察されねばならないが、その営みは現代における人間の問題への関心及びはたらきかけとも結合されねばならないであろう。筆者の今後の課題である。

註

（1）顧炎武の生涯及び『日知録』については、張穆『顧亭林先生年譜』（四巻本）、謝国楨『顧亭林先生学譜』（上海商務印書館、一九五七年）、『日知録』三二巻本巻首の門人潘耒の序などによる。『官田始末考』については、謝国楨前掲書の二・著述考に「官田始末考」の名が見えるが、一九七七年、台湾の広文書局から、上巻八葉、下巻二一葉からなるその抄本の影印本が刊行された。序跋は付されていない。なお、『日知録』中の「蘇松二府田賦之重」及びこれに先立って著わされていた『官田始末考』のそれぞれの内容と成立の経緯については、拙著の終章で改めて言及するが、詳しくは「『官田始末考』から「蘇松二府田賦之重」へ―清初蘇松地方の土地問題と顧炎武―」（『名古屋大学東洋史研究報告』六、一九八〇年。本論集本巻第二章）を参照されたい。顧炎武の生家の写真は現江蘇省崑山県玉山鎮亭林公園内の顧炎武祠堂の中に展示されている。一九八八年四月六日、筆者が千墩鎮を訪問した際、顧炎武の子孫に当たる千墩中学校長顧雨時氏は、校門の南辺にあった生家の建物は一九八四年に撤去され、その木材の一部が同校に建設中の紀念堂に移された、と言われた。

（2）たとえば、洪武二六年所定の『諸司職掌』（『玄覧堂叢書』本）戸部、倉科、徴収の項の最初の見出しは、「税粮」となっている。また、同書、戸部、民科、州県の項の第二番目の見出しは「田土」であるが、拙著『明代江南土地制度の研究』第一章第二節でこの箇所にもとづいて述べるように、官田・民田から徴収される公課はいずれも「税粮」と呼ばれている。ただし、税粮は一方で、このように二つの文字が合体・融合して一つの意味で用いられながら、他方で、両税法的徴収方式にもとづく夏税と秋粮の併行呼称、すなわち「税・粮」の意味でも用いられている。なお、拙著『明代江南土地制度の研究』では、税粮及び税糧の二様の表記を用いているが、粮も糧も完全に同義であり、原資料の表記をあえてそのまま転載した結果に過ぎない。

（3）鼈宮谷英夫「近世中国における賦役改革」（『歴史評論』一―二・三、一九四六年）。
（4）東京大学出版会。
（5）北村敬直「農村工業と佃戸制の展開―明清社会経済史の諸問題―」（社会経済史学会編『戦後における社会経済史学の発達』有斐閣）。
（6）佐伯有一「日本の明清時代史研究における商品生産評価をめぐって―その学説史的展望」（鈴木俊・西嶋定生編『中国史の時代区分』東京大学出版会）。
（7）田中正俊・佐伯有一「十六・七世紀の中国農村製糸・絹織物業」（『世界史講座』一「明清帝国時代の東アジア」東洋経済新報社）。
（8）寺田隆信「明代蘇州平野の農家経済について」（『東洋史研究』一六―一）。
（9）北村敬直「明末・清初における地主について」（『歴史学研究』一四二。のち『清代社会経済史研究』増補版、朋友書店、一九七八年に収録）及び註（10）論文における本論文の回顧。
（10）北村敬直「中国の地主と日本の地主」（『歴史評論』四―二。のち前掲北村著書に収録）。
（11）古島和雄「明末長江デルタ地帯における地主経営―沈氏農書の一考察―」（『歴史学研究』一四八。のち『中国近代社会史研究』研文出版、一九八二年に収録）。
（12）宮崎市定「宋代以後の土地所有形体」（『東洋史研究』一二―二。のち『アジア史研究』四、東洋史研究会、一九六四年、『宮崎市定全集』第一一巻、岩波書店、一九九二年に収録）。
（13）愛宕松男「朱呉国と張呉国」（『文化』一七―六。のち『愛宕松男　東洋史学論集』第四巻、三一書房、一九八八年に収録）。
（14）『東洋史研究』一九―三・四。拙著『明代江南土地制度の研究』第二章はこれにもとづいている。
（15）『一橋論叢』四五―六。
（16）森正夫「日本の明清時代史研究における郷紳論について」（一）（二）（三）（『歴史評論』三〇八・三一二・三一四、一九七五年一二月、一九七六年四月、一九七六年六月。本論集本巻第一五章）。このうち（一）は、「はじめに」、「Ⅰ　六〇年代以降における問題意識の特徴」、「Ⅱ　賦役制度史研究における〈郷紳的土地所有〉論」からなっている。
（17）ここで言及した筆者の中国史に対する考え方は、もとより未熟なものであるが、公刊されたものの中では前掲

註（16）の森論文の中でも触れた。

（18）小山正明「賦・役制度の変革」（『岩波講座世界歴史』一二・中世六、岩波書店、一九七一年。のち『明清社会経済史研究』東京大学出版会、一九九二年に収録）。

（19）代表的な業績としては、藤井宏「一条鞭法の一側面」（『和田博士還暦記念東洋史論叢』講談社、一九五一年）、山根幸夫『明代徭役制度の展開』（東京女子大学学会、一九六六年）、小山正明の前掲註（18）論文、川勝守『中国封建国家の支配構造—明清賦役制度史の研究—』（東京大学出版会、一九八〇年）、濱島敦俊『明代江南農村社会の研究』（東京大学出版会、一九八二年）、岩見宏『明代徭役制度の研究』（同朋舎出版、一九八六年）がある。

（20）こうした点に示唆を与える研究としては、宮崎市定「宋代州県制度の由来とその特色—特に衙前の変遷について—」（『史林』三六—二、一九五三年。のち『アジア史研究』四、東洋史研究会、一九六四年、『宮崎市定全集』第一〇巻、岩波書店、一九九二年に収録）、前掲註（19）山根著書がある。

（21）田賦について、中国では、中華民国の時代に、陳登原『中国田賦史』（一九三六年）、呉兆莘『中国税制史』（上）（下）（一九三七年）などの作品がある。概略的ではあるが、すぐれて通時的であるこれらの作品の内容は、陳登原の著作の第一篇「前編」での田賦への同時代的な問題関心の提示とともに学ぶべき点をもつ。今後学習しなおすつもりである。

（22）西村の研究については註（27）を、川勝・濱島の著作については前掲註（19）を参照。筆者の抗租にかかわる論稿としては、たとえば左のものがある。
「明末の江南における『救荒論』と地主佃戸関係」（『高知大学学術研究報告』一七、人文科学、一九六九年）。

「明清時代の土地制度」（『岩波講座世界歴史』一二・中世六、岩波書店、一九七一年。本論集本巻第一〇章）。

谷川道雄・森正夫編『中国民衆叛乱史』四、明末〜清二の抗租の項（平凡社・東洋文庫、一九八三年。本論集第二巻第三章）。三木聰には関連する次の二論考がある。

「明末の福建における保甲制」（『東洋学報』六一—一・二、一九七九年。のち『明清福建農村社会の研究』北海道大学図書刊行会、二〇〇二年に収録）。「清代前期福建の抗租と国家権力」（『史学雑誌』九一—八、一九八二年。のち前掲書に収録）。

(23) 清水泰次『中国近世社会経済史』（西野書店、一九五〇年）。
(24) 小山正明「明代における税糧の科徴と戸則との関係」（『千葉大学文化科学紀要』七、一九六五年。のち前掲小山著書に収録）。
(25) 小山正明の前掲註（18）論文。
(26) 宮崎一市「清代初期の租税減免について―清代財政の一齣（2）」（『釧路論集』九、一九七七年）。
(27) 川勝守「張居正丈量策の展開―特に、明末江南における地主制の発展について―」（『史学雑誌』八〇―三・四、一九七一年。のち前掲川勝著書の第四章として収録）。西村の丈量研究には左のものがある。
「明後期の丈量について」（『史林』五四―五、一九七一年）。

「張居正の土地丈量」（『東洋史研究』三〇―一・二、一九七一年）。

「清初の土地丈量について―土地台帳と隠田をめぐる国家と郷紳の対抗関係を基軸として―」（『東洋史研究』三三―九、一九七四年）。
(28) 清水泰次「明の世宗朝に於ける蘇州地方の丈量」（『東亜経済研究』二六―一、一九四一年）。
(29) 鶴見尚弘「国立国会図書館所蔵康熙十五年丈量の長洲県魚鱗図冊一本について」（『山崎宏先生退官記念東洋史論集』同記念事業会、一九六七年）。「清初、蘇州府の魚鱗冊に関する一考察―長洲県、下二十五都正扇十九図魚鱗図冊を中心として」（『社会経済史学』三四―五、一九六九年）。「康熙十五年丈量、蘇州府魚鱗図冊の田土統計的考察」（『木村正雄博士退官記念東洋史論叢』同編集委員会、一九七六年）。「再び康熙十五年丈量の蘇州府長洲県魚鱗図冊に関する田土統計的考察」（『中島敏先生古稀記念論集』下、汲古書院、一九八一年）。
(30) 『文学部論叢（熊本大学）』九。
(31) 「清代の包攬―私徴体制の確立、解禁から請負徴税制へ―」（『東洋史研究』三五―三）。山本英史「清初における包攬の展開」（『東洋学報』五九―一・二、一九七七年）。
(32) 小林幸夫「清初の浙江における賦税改革と折銭納税について」（『東洋学報』五八―一・二、一九七六年）。夏井春喜「『大戸』、『小戸』問題と均賦・減賦政策」（『中国近代史研究会通信』八・一一、一九七八年）。臼井佐知子「太平天国前、蘇州府・松江府における賦税問題」（『社会経済史学』四七―二、一九八一年）、同「同治四年（一八六五）、江蘇省における賦税改革」（『東洋史研究』四五―二、一九八六年）。

（33）筆者の従来の明代江南官田及び関連する問題についての研究は、章末に記すとおりであるが、ここで付した①、②等のナンバーは、この章末のナンバーと対応している。

（34）鶴見尚弘「明代における郷村支配」（『岩波講座世界歴史』一二・中世六、岩波書店）。

（35）田中正俊「中国の変革と封建制研究の課題（一）」（『歴史評論』二七一。のち『田中正俊歴史論集』汲古書院、二〇〇四年に収録）。

（36）「清朝専制支配の成立と『小土地所有者』―清初の江南における『重賦』問題を素材にした場合」（『歴史学研究』四二一）。

（37）前掲濱島著書。

（38）宮崎市定「明代蘇松地方の士大夫と民衆」（『史林』三七―二。のち『アジア史研究』四、東洋史研究会、一九六四年、『宮崎市定全集』第一三巻、岩波書店、一九九二年に収録）。

（39）『史学雑誌』六六―一二・六七―一、一九五七年・五八年。のち前掲小山著書に収録。

（40）森正夫「中国歴史学界との十ヶ月」（『名古屋大学文学部研究論集』九八、一九八五年。本論集第二巻第一一章）、三四―三六頁。なお、無錫市での学術討論会に提出された論文のうち、洪沼「明初的遷徙富戸与粮長制」は、『中国社会経済史研究』一九八四年第一期に掲載され、樊樹志の論文も次註の形で出版されている。

（41）本論文は、中国社会科学院歴史研究所明史研究室編『明史研究論叢』第四輯（一九八五年）に収められている。

（42）伍丹戈、樊樹志両氏と森との明代江南官田に対するそれぞれの見解と相互批判とは、前掲註（40）の森「中国歴史学界との十ヶ月」第Ⅱ部「復旦大学における共同研究会に関する覚書」、資料編・資料1「関於森正夫与伍丹戈・樊樹志合作研究的計画」、資料2「中日学者共同探討明清史」（『復旦学報』社会科学版一九八四年第二期）を参照。三名は一九八三年四月―八月、一九八四年一月の計六カ月間、復旦大学で「中国明代土地制度の研究」を主題とする共同研究会を開き、忌憚のない意見交換を行なった。

（43）『官田始末考』及び『日知録』所収の「蘇松二府田賦之重」については、本論集本巻第二章「『官田始末考』から「蘇松二府田賦之重」へ」を参照。

（44）前掲註（27）及び（28）参照。

（45）趙用賢『松石斎集』巻二、奏疏二「議平江南糧役疏」。

（46）康熙年間（一六六二―一七二二）・蘇州府崑山県の周夢顔の撰になり、道光九年（一八二九）・同県周蕙田が重刻した『蘇松財賦考図説』、道光一〇年（一八三〇）・邵吉甫撰の『蘇松田賦攷』、同治五年（一八六六）・劉郇膏撰の『江蘇省減賦全案』などが清代の江南デルタの読書人の関連作品を収載している。日本では、一九四九年、西嶋定生が「中国初期棉業の形成と構造」（『オリエンタリカ』二。前掲『中国経済史研究』第三部に収録）でまず注目した。中国では、一九五七年、前掲周良霄「明代蘇松地区的官田与重賦問題」で引用され、近くは一九八二年、伍丹戈が前掲『明代土地制度和賦役制度的発展』においてこの作品を重視している。

（47）以下、本節では、とくに断らない限り、拙著の第一章から第五章までの行論に依拠するが、新たな資料・文献をも若干援用した。

（48）復旦大学図書館蔵『江蘇省農村調査』（一九五二年一二月刊）「蘇南農村各階層所有土地情況」による。

（49）濱島敦俊「明代江南の水利の一考察」（『東洋文化研究所紀要』四七、一九六九年。のち前掲濱島著書に収録）。

（50）本論集本巻第二章「『官田始末考』から「蘇松二府田賦之重」へ」。

（51）本論集本巻第一五章前掲森「日本の明清時代史研究における郷紳論について」。

（52）前掲註（43）に同じ。

『明代江南土地制度の研究』一九八八年　同朋舎出版

【補記】

本章は拙著『明代江南土地制度の研究』序章の全部と終章の一部分からなる。以下には、主として一九八八年一〇月の拙著刊行後発表された拙著それ自体に関連する文献を記す。これらは、2―①を除き、序章・終章を特定して取り扱ったものではない。

1　拙著全体あるいはその論点に対する批評

①伊藤正彦「〔書評〕森正夫著『明代江南土地制度の研究』」（『歴史の理論と教育』七四、一九八九年）
②呉金成「〔批評・紹介〕森正夫著『明代江南土地制度の研究』」（『東洋史研究』四八－四、一九八九年）
③范金民「森正夫《明代江南土地制度の研究》述要」（『中国史研究動態』一九八九年第一〇期）
④檀上寛『明代専制支配の史的構造』「序説」（汲古書院、一九九五年）

これらの批評ではいずれもそれぞれの立場から鋭利な批判が行なわれているが、筆者自身は今日までそれらに直接回答する見解を公表し得ていない。

2　拙著の部分あるいは全体の紹介

①森正夫著・于志嘉訳「明代江南土地制度研究史回顧」（『大陸雑誌』第八〇巻第三期、一九九〇年）
②羅崙主編　范金民・夏維中著『蘇州地区社会経済史（明清巻）』（南京大学出版社、一九九三年）
③黄水《明代江南土地制度研究》（劉徳有・馬興国主編『中日文化交流事典』遼寧教育出版社、一九九二年）

3　拙著の内容と関連する研究

①頼恵敏『明代南直隷賦役制度的研究』（国立台湾大学文史叢刊六三、国立台湾大学出版委員会、一九八三年）
②陳支平『清代賦役制度演変新探』（厦門大学出版社、一九八八年）
③唐文基『明代賦役制度史』（中国社会科学出版社、一九九一年）
④島居一康「中国における国家的土地所有と農民的土地所有——両税法時代を中心に——」（中村哲編『東アジア専制国家と社会・経済』青木書店、一九九三年）
⑤伊藤正彦「中国前近代史把握の方法に関する断章——中村哲編『東アジア専制国家と社会・経済』をめぐって——」（『新しい歴史学のために』二一四、一九九四年）
⑥植松正『元代江南政治社会史研究』（汲古書院、一九九七年）

⑦陳明光・鄭学檬「二十世紀中国歴史学回顧・中国古代賦役制度史研究的回顧与展望」（『歴史研究』二〇〇一年第一期）
⑧岩井茂樹『中国近世財政史の研究』（京都大学学術出版会、二〇〇四年）
①は拙著刊行以前に出版され、②は拙著と同年に出版されている。
②及び③は、いずれも拙著に言及するものではないが、内容上密接に関連する。
④は、拙著の認識を踏まえながら、宋代以降の官田の成立から消滅に至る過程を通時的に整理している。
⑤は、④を批判的に検討して、宋代以降の官田と民田の区分基準のあり方を論じている。
⑥の第一部第一章「元初江南における徴税体制について」はその原載時点（一九七四年）において、拙著附編一「元代浙西地方の官田の貧難佃戸に関する一検討」の原載論文（一九七二年）の二資料の理解について適切な批判を行ない、拙著ではそれを受け止めて補訂を行なったが、その他にも拙著自体の前提になる元代江南の官田制度や土地所有関係について有用な研究である。
⑦の「3　重大賦役制度改革与社会経済変遷、社会変革的関連」「4　賦役制度与等級制度、階級関係、社会集団」、「5　賦役制度区域性研究」とくに「5」は拙著と主題を共有する中国の主要な研究の論点を的確に紹介する。

4

拙著の背景をなす筆者の方法・問題関心について検討した研究
①井上徹「明朝の『里』制について——森正夫『明代江南土地制度の研究』に寄せて——」（『名古屋大学東洋史研究報告』一五、一九九〇年）
②吉尾寛「戦後日本の明清史研究における土地所有より地域社会への道程——森史学によせて——」（『名古屋大学東洋史研究報告』二五、二〇〇一年）

5　本巻第一部所収の二―七の各章は、一九八〇年代以降、明代江南の税糧徴収制度とその清代の税糧徴収制度に及ぼした影響について筆者自身の行なった研究である。

①「『官田始末考』から「蘇松二府田賦之重」へ――清初蘇松地方の土地問題と顧炎武――」（二章。一九八〇年）

②「顧炎武の官田論における土地所有思想とその背景」（三章。一九八八年）

③「清初の『蘇松浮糧』に関する諸動向」（四章。一九八九年）

④「周夢顔と『蘇松浮糧』」（五章。一九九二年）

⑤「宣徳―成化期の蘇州府における徭役賦課について――史鑑の記述に寄せて」（六章。一九八八年）

⑥「十五世紀江南デルタの済農倉をめぐる資料について」（七章。一九九四年）

2　『官田始末考』から「蘇松二府田賦之重」へ
――清初蘇松地方の土地問題と顧炎武――

はじめに

一九六六年刊の西嶋定生の著書『中国経済史研究』第三部「商品生産の展開とその構造――中国初期棉業史の研究――[1]」の各章をなす諸論稿は、一九四八・四九年にあいついで発表され、戦後日本の明清時代史研究の原点を形成した作品群である。そのうち、第一章に配置された「十六・十七世紀を中心とする中国農村工業の考察」が、一九四九年一月、『歴史学研究』一三七号に発表された直後、同年五月、同誌の一三九号に、波多野善大が「中国史把握の前進――西嶋定生氏の研究成果について――」を発表し、この研究の画期的意義を評価するとともに、その一層の発展を期待する立場から二、三の批判的見解を述べたことは、一九六〇年代まではよく知られていた。波多野は、その際、戦前以来の「中国史における研究方法の貧困」を打破しうる「真にあるべき中国史研究の基本的方向とは何であるか」と問題を提起し、「中国史の発展を世界史的連関において把握し、これによって中国史発展の個性を構造的にとらえることであると思う」と述べている。波多野は、ヨーロッパにおける中世末期以降の「工業の農村化」とその帰結としての「近代産業資本の形成」と対比しつつ、同じ時期に「商品生産として成立した中国農村工業の性格を分析」するという西嶋の方法を、この意味で賞揚したのである。

西嶋の棉業研究が先鞭をつけた手工業における商品生産は、一九六〇年代までの明清時代史研究の中心的主題の一つとなったが、これと相い並んで追求された主題が、一六世紀半ばから一七世紀、明末清初以降の地主的土地所有であり、両者は一九五五年の北村敬直の学界展望「農村工業と佃戸制の展開」(2)を嚆矢とし、以後、「商品生産と地主制」と連称されて、くりかえされる研究史整理の常套的枠組を構成して今日に至っている。波多野の右の批評は、地主的土地所有研究の必要性についてなされた戦後最初の言及でもあった。

西嶋は前掲論文の中で、「農村工業」としての棉紡織業が「農家経済の零細化を救済する家計補足手段」として出発した契機について、次のように述べている。

松江府をはじめとする長江下流デルタ地帯にあっては、水稲栽培の過程で、「労働力のきわめて大なる部分を灌漑作業に消費することを余儀なく」せしめられることによって、「農家の経営面積が極度に零細化され」た。他方、南宋末以来、官有の小作地としての性格をもつ官田が大量に設置されたため、これらの地方が「比類のない重税を課せられ」、「しかも官田の実態は失われ生産者と政府との間にさらに地主層が胚胎され」たこととあいまって、「直接生産者の負担はさらに苛酷化され、いきおいこの地方の農業経営は非常に貧窮化せざるを得なくなった」。

西嶋は、一九六六年の前掲の著書に特に附した「補記」の中で、かつて自己の述べたこの見解を、「過重田賦にもとづく佃租負担の重圧、およびその結果としての零細過小農の派生という図式」と整理しているが、波多野の批判の一つは、まさにこの図式をめぐるものであった。波多野は、西嶋が、国家が土地所有者に課す租税としての税糧（田賦）と、土地所有者中の地主が直接生産者たる佃戸に課する地代としての佃租とを、ともに「直接生産者の貧窮化」の契機としつつも、最大の契機が前者の過重、すなわち「過重田賦」にあるとしていることを疑問とし、西嶋自身のとりあげた史料（『崇禎松江府志』巻一〇、田賦三所載の「徐文貞公与撫按均糧書」）を引いて、田賦よりも、「むしろ佃戸の賃金部分までも収取する田主の田租を強調すべきではないか」と述べた。

波多野の右の批判点は、一九五七年の佐伯有一による学説史的検討[3]でも肯定的に継承された。筆者も、一九六〇・六一年、明初以来中期に至る江南官田の毎畝当たりの税糧徴収率を既存の文献資料に依拠して検討し、その徴収率自体の平均値は、民田に対して課せられた税糧よりも高いが、当時の私租（佃租）の一般的徴収率自体に比べて低いことを明らかにした。さらに筆者は、西嶋が用いた上記資料の全文をもあわせて分析し、そこに示された松江府下の私租率は、収穫の五三・三％――五六・六七％（西郷）、五三・三三％（東郷）であり、明清時代の私租率の標準たる収穫の二分の一にほぼ接近しており、とくに他処との差異はないことをも指摘した。[4]

しかしながら、西嶋は、一九六六年の「補記」における佐伯への反批判の中で、波多野の佃租重視論にも触れつつ、次のように述べている。

自分は、決して地主佃戸関係を捨象したのではなく、「零細過小農を生む地主佃戸関係の基底に存在する国家権力の問題」、「その具体的表現としての過重田賦の問題」をとりあげたのである。「中国における封建的社会構成の特徴は、その階級構成の性格が単純に地主佃戸関係に一元化されがたいということ、すなわちそれはつねに専制的国家権力の支配関係と複合しているという点にあるのであって、その形成過程の分析においても、あるいはその解体過程の分析においても、これをその一面においてのみ問題とするのは正しくない」。従って、「国家的支配の表現としての過重田賦と地主佃戸関係との関聯」という視角から「過重田賦と零細過小農」との関連を追究するという課題設定自体は依然として正しい。

西嶋自身も右の反批判の中で認めているように、西嶋の棉業研究において、「過重田賦」と「佃租」との関係が「説得的に把握されていなかった」ことは否定できない。しかし、西嶋が右の反批判の中で再提出した課題は、その後の商品生産と地主制を基軸とする六〇年代初めまでの研究、ともに国家権力の存在を念頭において行なわれた六〇年代以降の賦役制度史研究や郷紳をめぐる諸研究の中でも、いぜんとして解決されていない。

こうした状況の中で、改めて想起されるのは、一九四九年の波多野が、先述のごとく、「中国史の発展を世界史的関連によって把握する方法」を理想としてかかげながらも、それによって「中国史発展の個性を構造的にとらえること」をあわせ主張していた点である。波多野は、同じ西嶋への批評の中で、「アヘン戦争以前の旧中国社会がいかなる構造をもったものであったか」の解明は、「その近代化過程の特異性を究明する上に是非とも遂行せねばならぬ課題」だとも述べている。過重佃租をこそ問題にすべきだという波多野が、過重田賦をより強く問題にした西嶋とともに、中国前近代社会の個性を追究しようとしていたことは忘れてはなるまい。

資本主義自体が一国史的には形成されえなかったことが、いわば共通の認識となった今日、かつての西嶋や波多野が行なったように、西欧の任意の一国の資本主義化と並列的に対比しつつ中国の資本主義化の程度を測定しようとすることは、それ自体、史実への背離を含み、典型に対する特殊として中国前近代社会を位置づける危険を孕む(5)。しかし、近代――世界資本主義の形成以降も、人類は国家を単位に生産と生活を営んでおり、それぞれの国家が直面している現代的課題は、その選択した社会制度の矛盾や体制間の矛盾に主として規定されながらも、その国家の基盤をなす社会が前近代から受けついでいた民族的固有性と分かち難く結びついている。このことに想到するとき、西嶋や波多野の志向した中国前近代社会の「個性」の追究自体は、それが真に徹底的に行ないうるならば、いぜんとして意義ある課題だと言えよう。

問題はそれをいかなる方法によって行なうかである。筆者は先年この課題について改めて言及し(6)、その前後から、民衆反乱や地方志風俗の項に見られる社会秩序、社会関係、士大夫と地域社会との関連のありかたなどを通じ、いわば下部構造と上部構造の接点に着目しながら、この課題を解くための若干の努力を試みたが(7)、これらは、まだその中から一つの方法を提示しうるほどの熟した作業ではない。

本稿では、明末清初の蘇州府に生まれた在野の士大夫の一人としての顧炎武が、自己の出身地における土地所有をめぐる一連の問題を打開するために提示した見解を、同じく蘇州府出身の在野の一士大夫である黄中堅の見解と対比しつつ検討し、彼のこの問題についての発想の特徴について考える。この作業は、中国前近代社会、とくに宋代以後の土地所有関係における民族的特質把握の方法を獲得したいという希求に基づいており、筆者自身の上述した試行錯誤の一つである。ちなみに、顧炎武の直面した土地所有をめぐる問題とは、西嶋・波多野論争の主題となったいわゆる過重田賦・過重佃租の問題にほかならない。

一　「蘇松二府田賦之重」末尾一四行の理解をめぐって

呉中之民、有田者什一、為人佃作者十九。

一七世紀後半に刊行された顧炎武の著作『日知録』巻一〇「蘇松二府田賦之重」におけるこの一句は、北村敬直、古島和雄によって開拓され[8]、長江下流南岸デルタ地帯に関心を注ぎつつ行なわれてきた明末清初中国の土地所有関係についての研究の中で、自らは生産に従事しない地主による大土地所有が圧倒的に優勢を占めていたことを示すものとして引用されてきた。

たとえば、一九五七年、小山正明はこれを「明末清初の江南デルタ地帯においては、その耕地の大部分は少数の大土地所有者の手に集中せられ、佃戸によって耕作されていた」証左とするとともに、一八世紀後半、一九世紀前半に属する清代の二資料をも援用しつつ、この大土地所有者が「多くは県城・市鎮に住む城居の地主であった」と述べた[9]。一九七一年、重田徳も、「明中期以降における大土地所有の極限的な展開」を示す「江南デルタ地帯についての証言」として、この句を引用している[10]。同じ一九七一年には、私自身も、この句によって、顧炎武が一七世紀の当地方における「地主＝佃戸関係の普遍化を指摘」したと記したことがある[11]。

一九七〇年代を通じて、明清時代の土地所有関係については、新たな実証的労作が、続々と発表され、理論的概括の試みもなされた。(12) しかしながら、『日知録』の右の一句に託して示された明末清初長江下流南岸デルタ地帯の土地所有関係についての右の概括的認識と異なる見解は、いまだに示されてはいない。『日知録』の一句が、かかる認識を導いた所以は、それが、「呉中の民」を主題とし、「田を有する者什の一」と「人の為に佃作する者十の九」というように、土地を所有する者と、他人の土地を借りて小作する者とを、一対九の率で対比させたことに基づく。すなわち、この一句の対比的構成は、筆者顧炎武が、長江下流南岸デルタ地帯の住民中の一割にあたる「田を有する者」は地主であって直接生産者ではない、と理解していたという印象を、おのずとわれわれに与えるのである。

そうした印象は右の一句の一六文字のみによるものではない。この句を冒頭に置く一四行（国学基本叢書本『日知録集釈』による。一行四〇字）は、「蘇松二府田賦之重」の末尾に位置しているが、後にも触れるように、この一四行全体が、「十の九」を占める「人の為に佃作する者」の苦境についての指摘、その苦境をもたらす高率の「私租」（小作料）削減の提案、及びかかる高率の「私租」の収取を平然と行なっているところのいわゆる地主のありかたに対する批判からなっている。

宋已下、則公然号為田主矣。

この結びの句は、漢代では董仲舒によって「豪民」と、唐代には陸贄によって「兼併之徒」と、それぞれに否定的価値をもつ語で呼ばれていた地主が、宋代以降、公然と「田主」という肯定的価値をもつ語によって称されるようになった事態に対する顧炎武の痛切な嘆きを表わすものに他ならない。

すなわち、「蘇松二府田賦之重」末尾一四行全体の文脈に照らしてみても、なお、「呉中之民、有田者什一、為人佃作者十九」という句から、われわれが得てきた印象とそれに基づく認識は、きわめて自然なものであったということができる。

それでは、この一句、及びそれに始まる末尾一四行は、「蘇松二府田賦之重」という文章全体の中で、どのような位置を占め、どのような意味をもっているであろうか。この文章で言及されている地域は、長江下流南岸のデルタ全体にわたるが、なかんずく、明代の行政区画では蘇州・松江の二府に焦点があてられている。顧炎武は、末尾一四行に先立つ約一三〇行（王応奎・沈彤の附した割注計一四行を含む）で、およそ次のような主張を行なっている。

この地域では、「田賦」、すなわち土地所有者に対して国家が賦課する租税がすこぶる高率である。その原因は、南宋末以降、そして、とくに明初において、この地域に、国家の所有地としての官田が大量に設置されたことによる。本来、国家は、官田の耕作者からは「租」＝小作料を、民田の「自有」者からは「税」＝租税を徴収しており、官田と民田との間には明確な区別があった。ところが、長い年月のうちに、官田・民田別に帳簿を作成して管理に当たる本来の体制はくずれ、帳簿の記載内容も不正確になり、加えて、官田〔の耕作権〕・民田〔の所有権〕の売買に際して、畝当たり徴収率の高い官田が、徴収率の低い民田という名目で販売されたり、帳簿事務に当たる者たち（「里胥」）の恣意的な名目変更によって、官田・民田の二元からなる国家の徴収体系にはなはだしい混乱が起こり、徴収に困難が生じた。この事態を打開するため、官田と民田の徴収率の一元化（官・民の「一則」化）が、まず嘉靖二六年（一五四七）に嘉興府下で、続いて、蘇州・松江・常州の三府下で行なわれた。[13]この一元化は、州・県ごとに、当該州・県における旧来の官田の面積や徴収率を基準にして実施された。しかし、この一元化の結果、一方で、国家（「国家」）は歴代集積してきた官田を喪失し、他方で、旧来の官田の重い負担が、民田を所有する人民（「小民」）に転嫁されることになった。これほど妥当性を欠いた措置はない。とはいえ、すべての土地の毎畝当たりの徴収率を、一挙に、旧来の民田並みの五升（平均収穫高の四〇分の一）とすることも、人びとを驚かせ、国家に損失を与えるだけだ。もし、しかるべき君主（「王者」）が位に即かれるならば、使者に長江下流南岸デルタ地帯（「呉中」）を巡行させ、〔州・〕県ごとに土地を検分・測量し、肥沃度によって、上田二斗、中田一斗五升、下田一斗という徴収率を定め、学田（国立学校経費支弁用地）、屯田（常駐軍経費支弁用地）のみを官田とし、他のすべての土地は民田と概称するようにしていただきたい。

以上が「蘇松二府田賦之重」の末尾に先立つ部分、あえて言えば官田論に示された顧炎武の中心主張である。問題は、この中心主張と、先引の一句に始まる末尾一四行との関連にある。筆者は、かつて、顧炎武は、すでに一六世紀中に官田制度が崩壊していたため、彼の在世時、一七世紀においては、直接生産者農民の困難は官田の「租」の負担に起因するものではなくなったと見ている、と想定していた。筆者は、この想定を暗黙のうちにふまえ、先述したように、顧炎武は、この時代の直接生産者農民の大半が民間の地主の佃戸となり、地主に提供すべき高率の「私租」の負担に苦しむようになった事態を指摘し、かつ批判したのだ、と述べた(14)。顧炎武がこうした指摘・批判を行なったこと自体は、先にも触れたように、まちがいない。しかしながら、筆者は、実は、約一三〇行からなる「蘇松二府田賦之重」の基幹部分としての官田論に示された彼の中心主張と、末尾一四行の部分との論理的関連については曖昧にしたままで放置してきた。末尾一四行の中の「田を有する者」の意味についても、さしたる考慮を払うことなく、無条件に地主を指すものだとみなしてきた。

たまたま、最近、台湾の広文書局から、顧炎武の著作『官田始末考』上下二巻の抄本が影印刊行された(15)。従来、その存在のみはつとに知られていたが、内容については全く不明であったこの著作の閲読を機会に、「蘇松二府田賦之重」の末尾一四行に関して筆者自身が抱えているこうした問題点を改めて検討しておきたいと思う。この検討が、土地所有をめぐる顧炎武の見解や発想の特徴を明らかにする手がかりを提供してくれるように予測されるからである。

二　『官田始末考』から「蘇松二府田賦之重」へ

『官田始末考』上下二巻は、基本的には、『日知録』巻一〇「蘇松二府田賦之重」の創作ノートとでも称すべきものであり、下巻の末尾に附された後述の一文を除いては、大半が、顧炎武が収集した官田についての資料の提示に費やされている。「蘇松二府田賦之重」は、『官田始末考』に集成されたこれらの資料に取捨を加え、その後、新たに閲覧した資料、たとえば、『正徳松江府志』巻七、田賦中所収の「杜宗桓上巡撫侍郎周忱書」などを加えて再構成したものである。ただ、注目されるのは、『官田始末考』上巻においては、官田問題をとりあげる意図が、「蘇松二府田賦之重」の場合に比べて、より率直に表明されていることである。

たとえば、第一葉裏には、〝蘇州・松江・常州・嘉興・湖州の「五府の税糧」がなぜひとり重いのかを知らない「今の五府の人びと」のためにその由来を論じておきたい〟（意訳）と記されている。さらに第三葉の表から裏にかけては、次のような発言がある。〝官田・民田の徴収率一元化以来、数十年が経過し、人びとは「〔毎畝〕三斗以上を以て蘇州の常額と為し」ているが、明初（「国初」）の民田は宋、元時代の旧額を踏襲したに過ぎず、決してこうした額ではなかった。今、毎畝八升乃至七升という低率に戻すことはできないし、官田を復活〔して、その分だけ民田の負担を軽く〕するわけにもいかないが、いつの日か「王者」が興起されることになれば、必ずやこの地方（「此の邦」）のために恒久的な方針を作成されるであろうから、官田についての全経緯（「始末」）を明らかにした上、「後の人びと」の判断の拠りどころとしたい〟（意訳）というものである。これらの発言によれば、顧炎武は、蘇州府をはじめとする長江下流南岸デルタ地帯数府の土地の租税負担は一律に重くなっており、軽減しなければならない、と強く考えていたのである。

ところで、『官田始末考』下巻の最後の部分には、附載を示す「附」という一字を冠した「減科議」という表題の下に、全文二二行（抄本の行数。一行二二字）からなる独立した一篇の文章が収録されている。「減科」の「減」は削減のことであり、「科」は税糧、すなわち租税の徴収率を意味するから、「減科」とは租税の徴収率削減のことである。

顧炎武は、上巻で表明した執筆意図に沿い、上・下二巻で詳細に提示した官田についての資料にもとづき、この「議」において租税徴収率削減のための具体的方策を打ち出したのであった。『官田始末考』から「蘇松二府田賦之重」への改訂に際しては、「減科議」という表題が取り去られ、新たな補足がなされた上で、その内容のかなりの部分が、後者の末尾に組みこまれている。すなわち、本稿で言及してきた「蘇松二府田賦之重」の末尾一四行は、実に『官田始末考』に附載されたこの「減科議」を母体としていたのである。〝末尾一四行〟を検討するためには、従って、その前身である「減科議」の内容に立ち入らねばならない。

さて、「減科議」の全文は次のように書き下すことができる（以下、Ⅰ、Ⅱ、Ⅲの分節は筆者による）(16)。

Ⅰ　呉中の田、弓口甚だ窄《せま》し。歳ごとに収むること、畝ごとに率ね米二石なり。其の上農、或いは三石に至るも、下なる者、亦た或いは二石に満たず。其の自ら佃《たがや》す者少なく、召かれて佃《たがや》す者多くして私租は往々一石一、二斗に至り、或いは一石四、五斗に至る。夫れ農人一歳の力を竭《つく》せば、糞壅・耕作の費、畝ごとに銀一両を以て率と為す。而うして収成の日、得る所数斗に過ぎず。日者《ちかごろ》、官糧愈よ急にして私租転《うた》た（ますます）苛《きび》し。壟《ろう》穀の日に至る毎《ごと》に、其の家を罄《つく》して之を取る。今日租を完《おさ》めて明日人に貸るを乞う。又何ぞ農為《た》るを楽しまんか。夫れ人、農為るを楽しまざるに至りては、天下の事、遂に言う可からざるなり。八十年前失陥せし官田を求めんと欲すれども、既に復た得可からず。而うして民長をして官佃の為に無窮の租を代らしめん（代りに納めさせよう）とするも、又必ず時にして詘《きわま》る有らん。

Ⅱ　王者の作《おこ》る有らば、咸《みな》三壌（『書経』禹貢に伝えられるところの土地の実状に応じた上中下三等の課税ランク）の謂《いわれ》（趣旨）に則り、宜しく使いを遣わして呉中を案行し、県を逐《お》いて清丈せしめん。其の肥瘠・高下を定めて三等と為し、上田は二斗、中田は一斗五升、下田は一斗を科し、山・塘・塗・蕩の升を以て計る者は冊の後に附せしめん。私租に至りては、一切、減に従って（三等級の新徴収率に沿って税糧が軽減されたのに応じて）之が禁限を為し

（減額命令を出し）、一石以上を過ぐるを得ざらしめん。此《か》くの如くすれば、則ち民は業を楽しみて賦は完《おさ》め易く、上下均しく利するの道ならん。

Ⅲ　元史にいう。至正十四年、詔すらく、民間の私租甚だ重ければ、十分を以て率と為し、普ねく二分を減じ、永く定例と為さんと。是れ前代已に之を行なう者有るなり。

元史成宗紀にいう。至元三十一年十月辛巳、江浙行省の臣言う。陛下即位の初めに詔して今歳の田租（租税）の十分の三を蠲《のぞ》かる。然れども江南は江北と異なり、貧者は富人の田を佃して歳ごとに其の租を輸せり。今、蠲く所、特《ただ》に田主に及び、其の佃民の租を輸すること故《もと》の如くんば、則ち是の恩は富室に及ぶも、而かも貧民を被《おお》わざるなり。宜しく佃民の当に田主に輸すべき者も亦た蠲く所の数の如くすべし、と。之に従う。

元人尚お能く此を言う者有り。今は則ち官糧既に重ければ、私租の輸、富人遂に当然と為して復た詰せざるなり。

「呉中之民」から起筆される「蘇松二府田賦之重」末尾一四行に対して、「呉中の田」から始まる「減科議」一篇は、一個の完結した論理をもつ。

Ⅰの部分では、長江下流南岸デルタ地帯における農家経営の現状が語られる。

①一戸当たりの経営規模の零細さとそれに比しての投下労働量の大きさとを象徴する一筆の地片の狭隘さ（弓口甚だ窄し）。

②毎畝当たり平均二石、上限三石、下限二石以下というその収穫高。

③経営農家中の「自作農」（「自佃者」）の比率の低さと佃戸（「召佃者」）の比率の高さ。

④毎畝当たり一・二石乃至一・三石から、一・四石乃至一・五石というその私租額。

⑤一年間の労働力投下を当然の前提として、その他に必要とされる毎畝当たり平均銀一両という生産費。

⑥毎畝の収穫高から毎畝の私租及び生産費を差引くとわずか数斗という実質収入。

⑦土地所有者に対する国家の租税督促の激化に比例して行なわれるところの、土地所有者中の田主による私租追求の苛酷さ。私租納入と同時に到来する再生産費の枯渇。

⑧直接生産者農民の農家経営への意欲の喪失。

⑨農業生産を基盤とする社会の危機。

Ⅱの部分では、農家経営再興の対策としての租税削減とそれにともなう私租削減とが提案される。

①『官田始末考』執筆時から八〇年前に廃止された官田制度復活は不可能との認識。

顧炎武は『官田始末考』の上巻で、「万暦九年、大いに天下の田を均しくし、遂に官田と民田とを挙げて一則と為す。是に於いて八升・七升の田は、三斗以上の田に非ざるは無し。朝廷、坐して累代相伝の公田を失い、平民、乃ち官佃に代りて無窮の租賦を納む。事の不平、此より甚だしきは無し」と述べ、張居正丈量が全国的に実施された万暦九年（一五八一）を、官田・民田の徴収率一元化が全国的規模で確定した年であると考えていたようである[17]。ちなみに、この年を基準にすれば、『官田始末考』の執筆は、順治一八年（一六六一）頃と見られる。

②官田・民田の徴収率一元化以来、官田の高い徴収率[18]に基づく負担を転嫁されるようになった「民長」（農家の家長のことか。同様の記述のある『官田始末考』の前出箇所では「平民」と記す）の生活困窮。

③しかるべき理想の君主による各県単位の土地の再測量。土地生産性に対応した上田毎畝二斗・中田一斗五升・下田一斗という租税の新徴収率設定——租税負担削減についての提案（一般水田以外の課税対象地たる山・塘・塗・蕩は水田と明確に区別せよという提案を含む）。

④私租は、すべて当該の土地の租税削減率に準じて徴収の限度を定め、その上限を毎畝一石とせよという提案。

⑤これらの措置の実施によって、農民は経営への意欲を興し、土地所有者の租税納入は容易になるであろうという

予測。

Ⅲでは、租税・私租削減提案の正当性を歴史的に裏付けるため、元代の私租削減令、及びそれを目的とした提案が紹介され、明末以来の現状と対比される。

①元朝の至正一四年（一三五四）の私租二割削減令。

②元朝の至元三一年（一二九四）、租税の臨時削減令にともなってなされた江南の佃戸（「佃民」）に対する私租削減提案。

③現状にあっては、旧官田の租税の一定部分が民田に転嫁されているので、全体として租税（「官糧」）負担が重くなっており、そのため、富裕な地主は、佃戸が高率の私租を納入することを当然であるとみなし、一方、彼ら地主を非難する者もない、という判断。

以上に見てきたように、顧炎武の眼は、まず、農業経営に従事する直接生産者農民一般に注がれ、このうち、「自作農」に対して比率の高い佃戸の経営が高率の私租によって圧迫されていることが指摘される。続いて、国家の地主に対する租税納入督促の激しさが、地主の佃戸に対する私租徴収の厳しさを規定していることが指摘される。さらに、私租の高率は、官田・民田徴収率一元化以来の当地方の租税負担の高率化に基づくという判断を前提として、租税及び私租を削減する提案が行なわれているのである。すなわち、「減科議」にあっては、『官田始末考』の本篇で明らかにされたこの地方における租税高率化の歴史的経緯をふまえ、それとの緊密な論理的連関の下に、上記の提案がなされていると言えよう。

それでは、『官田始末考』附載「減科議」の内容は、「蘇松二府田賦之重」の末尾一四行では、どのように展開させられているであろうか。まず、前者のⅠ〜Ⅲにほぼ対応する部分にⅠ′〜Ⅲ′の記号をつけ、書き下してみよう。

Ⅰ′　呉中の民、田を有する者什の一にして、人の為に佃作する者十の九なり。其の畝甚だ窄《せま》きに、而かも凡そ溝渠・道路は、皆其の税を田の中より并《あわ》せとる（溝渠・道路の建設乃至修理のための諸経費は、すべて水田一畝を単位乃至基準として賦課される）。歳ごとに僅かに秋禾一たび熟するのみにして、一畝の収は三石に至る能わず。〈原注。凡そ石と言う者《は》、皆官斛を以てす。〉少なき者、一石有余に過ぎず。而うして私租の重き者、一石二、三斗に至る。少なきも亦八、九斗なり。佃人、一歳の力を竭くし、糞壅（原文の擁を訂正）・工作、一畝の費、一緡可《ばかり》なり。而うして収成の日、得る所数斗に過ぎず。今日租を完《おさ》めて明日貸るを乞う者有るに至る。

Ⅱ′故に、既に糧額を減ずれば※、即ち当に私租を禁限し、上田にして八斗を過ぐることを得ざらしめん。此《か》くの如くすれば、貧者漸く富み、富者も亦た貧に至らず。

※「蘇松二府田賦之重」末尾の一四行に先立つ約一三〇行の官田論では、すでに紹介したように、租税徴収率の削減案が提示されており、かつこの部分の叙述は、これもすでに見た『官田始末考』附載「減科議」中の「王者の作《おこ》る有れば」から「冊後に附せしめん」迄の部分と一字一句変わらない。「既に糧額を減ずれば」とは、〝官田論の部分で提案しておいた租税徴収率の削減が実現されたあかつきには〟という意味である。

Ⅲ′元史成宗紀至元三十一年十月辛巳にいう。〈原注。時に成宗即位す〉中略（「減科議」対応箇所と同文）〈原注。明朝宣徳十年五月乙未に、刑科給事中年富亦た此の請有り〉。

大徳八年正月己未にいう。詔すらく、江南の佃戸、私租太《はなは》だ重し。十分を以て率と為し、普ねく二分を減ぜよ。永く定例と為せ。

前の一事は特恩の蠲為《た》り。後の一事は永額の減為り。而うして皆其の佃戸を寛《ゆる》むる所以なり。是れ則ち下に厚くするの政、前代、已に之を行なう者有り。

漢の武帝の時、董仲舒言う。或いは豪民の田を耕し、税を見《ら》るること什の五なりと(19)。唐の徳宗の時、陸贄言う。今、京畿の内、田一畝毎《ごと》に、官、五升を税す。而うして私家の租を収むること、畝ごとに一石に至る者有り。是れ官の税に二十倍するなり。降りて中等に及ぶも、租猶お之に半ばす。夫れ土地は王者の有する所にして、耕稼は農夫の為す所なり。而るに兼并の徒、居然《いながらにして》利を受く。望むらくは、凡そ占《し》むる所の田をして、約して条限を為《つく》りて租価を裁減せしめ、務めて貧人を利されんことを、と。[20]

仲舒の言う所は、則ち今の分租（定率地代）にして、贄の言う所は、則ち今の包租（定額地代）なり。然れども猶お之を豪民と謂い、之を兼并の徒と謂う。〈原注。〔漢書〕食貨志に、「豪民侵陵し、田を分ちて劫仮す」とあり。〔顔〕師古〔注して〕曰う。「田を分つとは、貧者田無くして富人の田を取《う》けて耕種し、共に其の収むる所を分つなり。仮も亦た、貧人、富人の田を賃《か》るを謂うなり。劫者《きょうは》、富人、其の税（小作料）を劫奪し、之を侵欺するを謂うなり」[21]と〉。

宋已下、則ち公然と号して田主為り。

一面では「減科議」の内容は、「蘇松二府田賦之重」の末尾一四行に、基本的に受けつがれていると言えよう。すなわち、「減科議」における租税徴収率削減の提案は、「蘇松二府田賦之重」では、一三〇行に及ぶ官田論の中間総括の部分にそのままの形で移されている外、その末尾一四行においても「既に糧額を減ずれば」という一句が挿入されて、租税徴収率の削減が、私租削減の前提条件であることが謳われている。

しかしながら、他面、見のがせない変化がある。それは、「減科議」に比べて、「蘇松二府田賦之重」の末尾一四行では、私租削減の緊要性がより強く主張されていることである。

「減科議」の冒頭の主語「呉中の田」は、ここでは「呉中の民」に変わり、それを受ける句は、「自ら佃《たがや》す者少なく、召かれて佃《たがや》す者多し」から、「田を有する者什の一、人の為に佃作する者十の九」となっている。まず注目されるのは、「他人のために耕作する者が九割を占めている」という新たな表現が佃戸の比率の圧倒的高さを鮮明に示していることである。と同時に、「自ら佃《たがや》す者少なし」に代わる、「田を有する者什の一」という表現は、「呉中の民」、蘇松地方の耕作する農民のうち、自ら土地を所有する者の比率がいかに低いかを強く印象づける。かくして「蘇松二府田賦之重」末尾一四行の一六字の起句は、直接生産者農民の大部分が土地を喪失し、労働の成果を他人に提供している現状を誤解の余地無きまで冷徹に読者に伝えることになった。

さらに佃戸の農業経営についての叙述が一様に鋭さを増している。まず、「溝渠・道路は、皆其の税を田の中より并せとる」という句が新たに挿入されたことによって、税糧のみでなく、徭役に属する諸負担の出処がみな「田の中」にあること、従ってすべての公課負担が集中的に土地所有を対象として割当てられているという事態への注意が喚起されることになった。このことによって、読者は、すべての公課負担がいずれも私租に、従って佃戸の労働にその出処をもっていることに想到させられる。

続く、毎畝当たりの収穫高と私租の額についての叙述であるが、ここでは、「減科議」に比べて数値の異動があることもさりながら、三石〜一石有余の収穫高と、一石二、三斗〜八、九斗の私租額とが明瞭に対照させられていることが目につく。

一畝当たりの生産費は、「減科議」が銀で表示されているのに対して、それに見合う額の銅銭で表示される。直接生産者農民の使用貨幣によりふさわしい表現と言えよう。

佃戸の手もとに残る剰余が毎畝数斗にすぎないため、私租の納入を完了するとただちに借財を必要とするという指摘は「減科議」と同様である。

顕著に異なるのが、あるべき私租の上限についての見解であって、「減科議」における一石が、「蘇松二府田賦之重」では八斗へと、二割引き下げられていることである。現行の私租額の支払いによる佃戸の農業経営の再生産の困難がより強く自覚された結果であろう。

「蘇松二府田賦之重」末尾一四行のⅠ′、Ⅱ′を通じてうかがわれる佃戸の境遇への認識と同情の深まりは、地主佃戸制的土地所有への批判が、より厳しさを増したことを意味する。

それは、「減科議」のⅢに比して、対応する「蘇松二府田賦之重」末尾一四行中のⅢの部分が非常に詳細になっていることにも表われている。自ら労働することなく私租を収取する地主を、漢代の董仲舒が「豪民」と、唐代の陸贄が「兼并の徒」と呼んでいること。董仲舒の発言に注を加えた唐代の顔師古が、私租の収取行為自体を、「劫奪」、すなわち強奪、あるいは「侵欺」、すなわち横領としていること。こうした前代の諸家の見解を、顧炎武が紹介するのは、彼が地主とその私租の収取自体に、否定的価値判断を下し、これを批判的に見ていることを示している。租税の重圧が富人による私租収奪を正当化しているという「減科議」の結びの句に代えて、「宋已下、則ち公然と号して田主為り」という句を、彼が用いたのも、地主佃戸制的土地所有批判の深まりに他ならぬ。

これまでの対比的検討を通じて、第一に、『日知録』巻一〇「蘇松二府田賦之重」の冒頭から約一三〇行にわたる官田論の部分と、「呉中の民」で始まる末尾一四行の部分とについて、前者では、土地所有者に対する租税徴収率の削減が、後者では、そのことを前提として、佃戸に対する私租額の削減が主張されていること、および、この二つの部分は緊密な、一貫した論理的連関をもっていることが確認された。この二つの部分の連関についての筆者自身の認識の曖昧さはほぼ克服することができた。第二に、『官田始末考』の段階から「蘇松二府田賦之重」の段階への移行の中で、高率の私租の収取という視角からする顧炎武の地主的土地所有批判がいっそう峻厳になってくることも明らかになった。「自ら佃《たがや》す者」の語が「田を有する者」という語に改められたことも顧炎武の批判のこうした強まりの一環である。「田を有する者」とは、地主でもなければ、地主を含む土地所有者一般でもなく、耕作農民――直接生産者農民であり、かつ土地を所有している者の謂である。土地を所有するという耕作農民の本来的なありかたがいかにそこなわれているかを強調したいという顧炎武の問題意識が、この表現を生んだのである。とすれば、筆者のそれを含む戦後日本の研究がこの語に与えてきた従来の解釈は、顧炎武の真意を見失っていたといわねばならない。

三　黄中堅による顧炎武批判

以上に見てきた顧炎武の見解は、同時代の士大夫のある部分から、批判的に受けとめられたようである。

蘇州府呉県の生員黄中堅の文集『蓄斎集』所収の二、三の文章はそのことをうかがわしめる。このうちの一つ、「徴租議」（巻四、議所収）は、一七世紀の後半、おそらくは康熙二八年（一六八九）当時に書かれたものとみなされる(22)。明末清初の抗租の昂揚を示すものとして、小山正明の手で発掘・紹介されたその一節は次のようである。

今、郷曲の細民、醵金して演戯〔を催〕し、詛盟歃結《そめいそうけつ》し（誓約を交し、犠牲の血をすすり合って団結を固め）て田主に抗せざる者無し。屢《しばし》ば各憲の暁諭を蒙むると雖も、而れども略《ほ》ぼ懼れを知らず。間《ま》ま一二の良佃の租を輸さんと願う者有らば、則ち衆且《まさ》に群起して之を攻めんとす。甚だしきは其の舟を沈め、其の米を散じ、其の屋を毀すに至る。蓋し比比として然るなり。但《ただ》に已《しかの》みならざるなり。数日以来、田主を殴辱する者、所在《ここかしこ》告げ見《ら》るるなり。其の鴟張跋扈、此に至る。豈に靖からざるの象ならん哉。

呉県は顧炎武の生地崑山県の南方にあり、同じく蘇州府に属する。呉県の衙門が置かれたその都市部は、長洲県のそれとともに蘇州府城の倚郭を形成していたが、その農村部では、当時、田主たちがこのように激しい抗租に直面していたのであった。

注目されるのは、「徴租議」を、後年、自己の文集である『蓄斎集』に改めて収録するに際して、黄中堅が次のように記していることである。

天時の亢旱、人力の勤劬は、孰《た》れか廑念せざらん（ひでり続きの天候、その下での農民たちの労苦を心配しないものはありましょうか）。然れども慢なれば（佃戸がおごりたかぶっている以上）、則ち之を糾《ただ》すに猛を以てすべく、耑《もっぱ》ら姑息を事とす可からず。爾《そ》の時、蘇・松・常三郡の佃戸、猖狂自恣せざるはなし。篇中に言う所の如し。

黄中堅によれば、問題は佃戸の抗租だけにあるのではなかった。黄中堅は、回想を続ける。

当事（当局）は但だ糧（税糧。租税）を徴することのみを知れば、倉夫・輿隷（徴収の実務に当たる役所の下働き）は、辜無くして杖を受くること、千に盈ち百を累ぬ。業戸は糧限（租税納入期限）に迫られ、力有る者は米を購いて官に輸し、力無き者は身に敲扑《むち》を受く。歳の暮に至るに迨ぶも、而かも倉糧は卒《つい》に二、三にも登らず。故に此の集議※有り。

※「集議」とは、呉県知県と推定される行政当局者が、広く県内の人びとを一堂に会して問題解決への提言を求めたことである。これについては「徴租議」自体の冒頭に「伏して惟《おも》んみるに、執事は、国課の登らざること、私租の未だ入らざるに由るを知り、衆を集めて徴輸の事宜を公議せしめらるること再三に至る。甚だ盛意なり。愚等、敢えて嫌怨を避けて一言をも進めざらんや」とある。

然れども当時の意は、惟だ減租に在り。而うして諸紳士の田業を有する者、皆衆怒を犯すを恐れて、敢えて発言せず。刁風の畏る可きこと此くの如し。因りて念うに、儒先の、動《やや》もすれば田主を以て豪強の徒と為して耕農に偏袒する者も亦た治体に通ずる者に非ざるなり。文本、佳からざるも之を存して以て後の心を民瘼に関らす者に告げん。〈原注。自ら記す。〉

かつての旱災の年、抗租の昂揚の最中にあって、呉県の行政当局は、当初もっぱら地主（「業戸」）に対する租税の納入方の厳しい督促のみを事とし、それが効果を上げぬと見るや、会議を開いて地元の人びとに対策を具申させた。黄中堅が「徴租議」を当局に提出したのはこの時であった。しかし、当局自体の会議に望む基本的関心は、私租削減（「減租」）〔による情勢の緩和〕にあり、一方、地主（「田業を有する家」）のうちの郷紳・士大夫（「紳士」）たちは、佃戸大衆の怒り（「衆怒」）の前にたじろいで、〔抗租による収入途絶の事態については〕あえて発言しないというありさまであった。

注目されるのは、黄中堅が、このように記した後、行政当局や郷紳・士大夫の姿勢に影響を与えた「儒先」をきびしく論難していることである。

「動もすれば田主を以て豪強の徒と為して耕農に偏袒する者」――ともすれば田主を、力を恃んで不当に他人を侵害する輩とみなし、耕作農民に一方的に肩入れする者――であるが故に、「治体に通ずる者に非ざるなり」――政治の道理を体得していない者――とみなければならないとして、「儒先」は批判されている。

儒先とは、一般に学者の中の年長者、先学の意であり、この語のみでは、誰を特定しているかはわからない。しかし、ここで黄中堅がとりあげている「儒先」は、文脈から推して、たとえば顧炎武の引く陸贄のような、文献のみによって知られる遠い過去の存在とは考えられない。実は、黄中堅が非難を加えている見解は、「蘇松二府田賦之重」末尾一四行における顧炎武の見解とあまりにも見事に符合するのである。しかも、黄中堅が、「徴租議」にこの「自記」を附して『蓄斎集』に収録したと見られる康熙四八年（一七〇九）という時点は、「蘇松二府田賦之重」(23)を含む『日知録』三二巻本が、はじめて、刊行され、多くの読者の手に渡ったと見られる康熙三四年（一六九五）の十数年後にあたる〔当該刊本では、本篇は一行二二字で全二〇六行。末尾の部分は二五行。〕。万暦四一年（一六一三）に生まれ、康熙二一年（一六八二）に七〇才で没した顧炎武が、その足跡を遺した全国の各地で、少なからざる同時代の士大夫の敬愛を集めた学者であったこと(24)、同じ蘇州府で、順治六年（一六四九）に生まれ、康熙五八年（一七一九）、七一才で没した黄中堅にとっては、ともに清初の空気を吸いながらも、一世代以上の先輩であったことは、客観的事実である。さらに、黄中堅が『日知録』を読んでいることも確認できる。

すなわち、『蓄斎集』巻一〇には黄中堅の書評ともいうべき「書後」計九篇が収められており、そこに「書日知録後」が含まれている。この一文で、黄中堅は、「甚だしくは得失に関すること無き」あまたの書物の中で、「夫《か》の天下に少《か》く可からざる所の書為るが若きは、其れ顧寧人先生の日知録ならんか」とする。黄中堅は、初読の際には「必ず此《か》くの如くせば、乃ち以て博学と言う可けん」という印象を受けたが、再三再四これを読むに及んで、「其の要にして煩ならず、詳にして体有る」ことを知るとともに、「治体を包括して、万世帝王の典則と為すに足る」と思うに至った、と言う。彼はその理由を、『日知録』が聖人の深遠なる言について、「其の精華を掇《ひろ》い、其の液瀝を傾け、先王の良法美意を瞭《あき》らかなること掌を指すが如くせしめ、又、皆古を酌して今に準じ、而かも迂遠にして行ない難きの説無き」ことに求めている。彼によれば、そのことを可能にしたのは、「先生が人に過ぐるの才を負うも、復た汲汲として自らを表見《あらわ》さず、隠居して志を求め、老に至るも衰えず、故に能く万有を網羅し、惶然と発して経世の鴻文を為《つく》りたる」ことに基づく。

黄中堅の『日知録』及び著者顧炎武に対するこうした高い評価は、まさに、黄中堅にとっての顧炎武が「儒先」と呼ぶにふさわしい位置にあったことを示している。

これほどまでに畏敬する顧炎武を、その見解の一部についてであるにせよ、黄中堅が批判したとすれば、それはなぜであろうか。それは「蘇松二府田賦之重」における顧炎武の見解が、右の書評の中で、唯一具体的・各論的に指摘・賞讃された音韻に関するそれなどとは異なり、地主としての黄中堅の存立の基盤を揺がすほどの〝生ぐささ〟をもっていたからであろう。おそらく、「書日知録後」執筆ののちにも激しい抗租が続き、それに触発されて生じた危機感が、「儒先」としての顧炎武の佃戸擁護の姿勢を改めて黄中堅に想起させ、いらだたしさをつのらせたものと思われる。加えて、『日知録』に結晶された顧炎武の思想のもつなみなみならぬ影響力を感じれば感じるほど、この一件については、発言せざるをえず、昔発表した一篇の文章への附記の中にその場を求めたのではないか。かりに、黄中堅の言う「儒先」が顧炎武だとする以上の推定が誤りであったとしても、黄中堅が顧炎武と同種の発想をもつ学者——「儒者」に対して強い批判を抱いていたことは、『蓄斎集』巻一「限田論」に後年附したその「自記」、すなわち、これまた康熙四八年（一七〇九）、この篇を版木に刻むに際して改めて追加起草した約五七〇字からなる一文にも示されている。

後の儒者、動もすれば田主を以て豪強兼併の徒と為して之を抑うる所以を思えり。豈に将《まさ》に天下を率《ことごとく》して老農為らしめんや。

黄中堅のこうした批判・非難に照らして見るとき、「蘇松二府田賦之重」末尾一四行に結晶された顧炎武の見解の特徴は、より鮮明に浮び上ってくる。顧炎武は、まさしく、「田主を以て豪強兼併の徒」と極めつけ、「耕農に偏袒」しているのであり、「富者も亦た貧に至らざる」ことを期しながらも、「天下を率《ことごとく》して老農為らしめん」ばかりに、「老農」の運命にひたすら関心を集中しているのである。

他方、黄中堅にとって「農」とは何であろうか。

四民の事、農より労なるは莫し。而うして生民の功、亦た農より盛んなるは莫し。農者《は》、天下の恃みて以て命と為す所《ゆえん》なり。故に古の善く国を為《おさ》むる者、未だ農を卹《あわ》れむに意を加えずんばあらず。而うして今日の宜しく急に講ずべき所の者も、亦た未だ農を卹れむより先んずる者有らざるなり。

右は『蓄斎集』巻五、策「卹農」の冒頭の部分である。当時の読者と同様に、われわれも、ここでいう「農」は、顧炎武の「耕農」と同じく、自らの経営をもつ直接生産者農民であると予測するが、それは裏切られる。

然りと雖も、古の農為《た》る者《は》一に出で、今の農為る者二に出づ。故に今日を以て農を卹れむと言わば、其の勢い、古と異らざるを得ざる者有り。

何となれば、則ち古の時、田は皆官に在り。〔官〕之が為に彊を画し井を分ち、口を計りて田を授け、而うして其の什一の入を税す。是《か》くの如きのみ。故に凡そ野に耕す者、即ち各おの其の田の利に食し、以て其の上の賦を供す。所謂《いわゆる》農一に出づるなり。

後世、井田の法廃されて田皆民に在り。是《ここ》に于いて富民貲を出して以て田を買い、而うして貧民をして代りて之が為に耕さしむ。貧民、但《た》だ其の税を私家に輸するのみにして、国家賦役の事に与《あずか》らず。富民、但だ其の税を公家に輸して、南畝稼穡の労を親《みずから》せず。

夫れ小民四肢の敏を尽して以て畎畝に従事するは固より農なり。而うして国家の粟米・金銭・力役の供は、畝を按じて諸《これ》を民に賦せざる無ければ、則ち凡そ民の田を業とする者も、亦た之を農に非ずとは謂う可からず。故に農二に出づると曰うなり。

かつて田が「官」の所有に属していた際、未分化であった「農」は、今や富民に「私家」の税、すなわち私租を納入する貧民と、田を購買によって所有し、国家に「賦役」（物納・金納・生の労役の形態をとる公課）を提供する富民との両者に分化している。富民も「農」なのである。黄中堅はこのように規定し、「農を卹れむ」、すなわち農民の救済についても、次のような問いを発する。

然らば則ち今の農を卹れむとは、将《は》た其の田無くして力耕する者を卹れまん乎《か》、抑《そもそ》も将た其の田を有して耕さざる者を卹れまん乎《か》。

黄中堅は、この自問に対し、「田を有して耕さざる者」、つまり、富民をこそ卹れむべきであるという大胆な結論を提示する。

愚以為らく、力耕の農を卹まんと欲するよりは、業田の農を卹れむに若《し》くは莫し、と。

その理由は何か。黄中堅の見解は、宮崎市定が、つとに、宋代以後の「士大夫的地主」に固有な議論として、『東洋的近世』二「中国近世の社会経済」で「兼併承認論」の名で紹介したものと軌を一にしており、その論法も、宮崎が引用する南宋の葉適、明の姚汝循のそれと同じく、「租戸」（佃戸）の再生産への関与ゆえに「富民」の土地所有の正当性を説くものであり、とりたてて新しいものではない(25)。しかしながら、一七世紀後半、清初、長江下流南岸デルタ地帯を控えた蘇州府城に生活する黄中堅の富民・田主擁護論には、葉適や姚汝循のそれに見られた自信とゆとりは、必ずしも感じられない。そこには、自らを、国家によって卹まれるべき対象と規定する論法自体が示すように、受身の姿勢と一種の切迫した危機感がうかがわれる。

　毎畝の入る所を計るに、公家の正供・雑費を除くの外、上田は五、六斗を余すに過ぎず。而うして養生・送死・婚姻・祭祀・酬酢・往来の事、其の中より出づ。租戸の牛本・工本、有無・緩急、其の中より出づ。水災に遇有すれば、則ち〔租戸のために〕損を為し減を為す。田主の敢えては公家に望まざる所の者なるも、租戸は之を田主より得べからざるは無し。

　若し大歉に遇わば、則ち相い率いて欺隠すること限量無し。而うして其の尤も良無き者は、豊年と雖も亦た逋欠して自若たり。邇者《ちかごろ》、呉中水旱頻仍《しきり》にして、租戸歃結して以て田主に抗し、大吏の再三の告戒を煩わすに至る。其の效《しるし》、観《み》る可きなり。

　故に業田の家、蠲貸の恩を邀うと雖も、而れども仍お未だ其の困しみを紓べず。而うして猶お宜しく富民を痛抑すべしと曰うは、豈に人をして尽く黔婁《けんる》為らしめんと欲せんか。

富民――業田の家――田主は、国家へ租税の定額と附加的諸負担を納入した余りの一畝当たり五、六斗で、日常の衣食住・冠婚葬祭・交際に要する費用、租戸への畜力・糧食の提供、同じく租戸への不時の出費のための貸付けといった諸支出をまかなっていかねばならない。小規模の災害の際には小作料の減免が当然のこととなっており、大規模の災害が起こると小作料の滞納には際限がなく、豊年でさえも平然と小作料を収めない者すらある。近年、水・旱害が頻発すると、租戸は固く団結して田主に抵抗し、官憲の再三にわたる戒告が出されるまでになったが、この事態は田主の置かれた状況を象徴している。従って、業田の家は租税の減免を受けても、その苦境を脱することはできぬ。これでもなお富民をきびしく抑圧せよというのは、彼らをなべて、死して身体を蔽う布すらなかった春秋時代の貧寒の隠士黔婁と同様の境遇に置こうとするものである。黄中堅は、このように、富民――田主――業田の家を、租戸――佃戸の被害者と設定することによって、まず「業田の農を卹れめ」という主張を行なうのである。

もちろん、黄中堅も、貧民と富民とが、「貧民は富民の田に資《よ》りて以て食《くら》い、富民は貧民の力に藉りて以て耕やす」という間柄にあるということ、すなわち、両者は、富民による土地所有なくして貧民の労働力は実現できず、貧民による労働力の提供なくして富民の土地所有は実現できないという相互依存関係にあるという認識をもっていた。従って、黄中堅は、貧民――租戸――佃戸を救済する必要がないというのではなく、まず、より困窮度の高い富民を救済し、この富民を通して貧民を救済させよという論理を展開する。

田有りて人の焉《これ》を代耕する無くんば、則ち膏腴将に変じて汙萊（荒地）と為り、而かも重く賦税に困しまん。此れ富民の大いに患しむ所なり。

故《もと》より夫《か》の富民の貧民に于《お》けるや、其の之を招徠綏輯する所以の者、亦必ず道（それにふさわしい方途）有り。

今、一邑の中、不毛の土、往往にして有り。而うして邇年以来、貧民の逋逃・死亡に因りて荒に就く者、又十の一、二なり。彼の富民、方に賠累（先述の租税負担）に困しむ。又何を以てか牛種・召募の資を為《つく》らんや。

富民は、貧民の逃亡・死亡後、収穫の無くなった荒蕪地にも依然として賦課されてくる租税の負担に苦しみ、資力を欠いている。従って、国家が租税負担の緩和をはじめとする救済策を講じてやる必要がある。

古の農を重んずる者、尚お将て官より牛種を給し、官より召募を為して以て耕さしむ。今誠に征（徴）を緩め斂を薄くし、重《あつ》く富民を卹れみ、富民をして余力有らしむれば、則ち彼必ず能く自ら計を為し、以て貧民を安集せん。而うして又稍や仮すに事権を以てし、其の勤惰を課し、其の率《したが》わざるを糾《ただ》すを得しむれば、凡そ陂塘・圩岸の蓄洩の宜しき、協力して之が謀を為さざる莫《な》けん。さすれば則ち貧民は富民の周急有るに恃みて流亡に至らず。富民も亦た貧民の租を逋（滞納）するに患しまずして之が為に賑貸するを楽しむ。平時以て相い贍《たす》くる有り。凶祲には以て相い備うる有り。是くの如くにして数年、将《ゆ》くゆくは民農田の利を得て末作日に益すます衰え、地力日に益すます尽くされん（極限まで有効に利用されよう）。官の之が為に勧むるよりも賢なること多からん。愚故に曰く、農を卹れむ者《は》、当に先ず富民を卹れむべし、と。蓋し富民を卹れむは正に貧民を卹れむ所以なればなり。

国家が富民に対して、まず、その租税を減免すれば、富民は経済的蓄積を確保して、自力で貧民を農村に結集することができる。国家が、さらに一定の政治的支配権を富民に付与すれば、富民は貧民を自力で規制することができる。こうした条件、すなわち富民の経済的、政治的基盤の強化を前提として、農村の地域社会では、富民の指導下に、水利における共同作業が実施できるようになる。個々の貧民も、富民の物的援助を得て農村に定着することができる。貧民による小作料の滞納はなくなり、そのことによって富民の蓄積は一層増し、平時、災害時の貧民への物的援助はそれだけ容易になる。かくして、農業生産力回復の展望が開ける。黄中堅は、以上のように論理を展開し、それ故にこそ、まず富民の救済が不可欠であると主張するのである。従って、先述のように、黄中堅は「農」を二者に区分しているが、彼にとっての「農」とは、第一義的には、業田の家としての、田主としての富民であったと言わねばならない。業田の家、田主、すなわち、今日の日中歴史学界の流通概念では、地主による土地所有の普遍化とも言うべき拡大と、地主による高率私租の収取という事態とへの顧炎武の批判的見解に対して、いわば反批判を行なった黄中堅の立場は、まさに、業田の家、田主、地主としての富民の利害を中心に置くものであった。

四　顧炎武による土地問題把握の特質

田主の利害を率直に表明した黄中堅の見解を通じて、顧炎武の見解が佃戸の利害を体現すると言ってさえよい内容をもつことが明らかになった。しかしながら、顧炎武も黄中堅も、社会的存在としては、同時代の蘇州府に生きた同じ士大夫である。

顧炎武の家は、南宋以来、崑山県にあり、曾祖父章志は嘉靖三二年（一五五三）の進士で南京兵部右侍郎をつとめ、祖父紹芳も万暦五年（一五七七）の進士で、経筵日講官・左春坊左賛善をつとめ、父同応も万暦四三年（一六一五）には、省レベルの科挙試である郷試を受け、定員外で挙人の資格こそとれなかったが、一応、合格はしている。顧炎武はのち、父の従弟の同吉（早逝）の養子となるが、養家の祖父で大叔父に当たる紹芾は生員を経て国子監生となった人である。顧炎武自身、天啓六年（一六二六）、生員となり、この年、復社に入っている。紹芾以後、顧家は「耕読自ら守り、田園に優遊し、家勢已に漸《しだい》に微《おとろ》えた」が、その家は蔵書に富み、彼に学問を授けた紹芾も、「時事に心を留め、実録、邸報は輒ち手づから録して帙を成し」たとされるから、一定の経済的基礎をもった士大夫としての顧家の生活は持続されていたわけである(26)。

一方、黄中堅の家は、北宋以来、その父黄修の代まで、呉県農村部の聚塢山にあった。修は大規模な徭役の按配や困難なもめごとの調停に当たって指導的役割を演じ、かつ自らも徭役に従事したと言われる。農村の徳望ある庶民地主であったと思われる。しかし、修は、二六才の時、県下光福鎮（蘇州府城西約二〇キロ）に移住して以来、読書に努め、呉県県学の生員となった。中堅はその一人息子で、蘇州府学の廩《りん》膳生（生員中の奨学生）となり、蘇州府城へ移住し、しばしば郷試に応じたが合格せず、官途への志を断って古史の研究に専念した。家が傾きつつあったにもかかわらず、父修の代からの貸付金を帳消しにするなどの義行があったとされる(27)。

顧炎武の家が名門としての面影をとどめ、黄中堅の家に、農村から市鎮へ、市鎮から城市への移住に見られるように、庶民の官途への上昇志向が見出されるという差異があるとはいえ、両者が、その経済的基盤をほぼ確実に地主的土地所有に置く士大夫層に属していたことは明らかであろう。

両者には共通の認識がある。顧炎武は「減科」（『官田始末考』）、「減糧額」（「蘇松二府田賦之重」）を言い、黄中堅は「卹富民」の具体的方策として「緩征薄斂」（「卹農」）を言うが、これはいずれも、国家が土地所有者に対して課すところの租税の削減を求めたものである。租税削減を、顧炎武は「富者亦た貧に至らざる」（「蘇松二府田賦之重」）ために、黄中堅は「富民をして余力有らしむる」（「卹農」）ために不可欠なものとしている。ここには、明末清初の長江下流南岸地帯の地主的土地所有者に共通する要求が提示されているといえよう。

だが、社会的存在の共通性を反映するこうした共通の認識が見られるにもかかわらず、両者の発想乃至関心の所在には否定しがたい明確な差異がある。そのことが、両者の結論における上述のような鋭い対立を導く。

たとえば、黄中堅の「富民」「田主」に関する記述は、彼らの毎畝当たりの平均実質収入を五乃至六斗と記すことにも示されているように、比較的具体的である。しかし、「貧民」「租戸」についてのその叙述は、「富民」「田主」への抵抗としての抗租において詳細である反面、生産と生活に触れる領域にあっては、黄中堅自身の具体的な観察は殆ど示されない。たしかに、黄中堅は、先述したように、富民の救済は、貧民の救済の前提だと述べている。しかしながら、彼は「卹農」の中で「痛《きびし》く富民を抑え」ようとする立場をとる論者が、「小民終歳勤動するも、而れども租を輸するの余、獲る所幾んど無く、高き者も粗《まず》きを食い悪しきを衣、下なる者は凍餒に至る。至って苦しきなり」と述べていることを紹介し、これに反論を加える。黄中堅は、まず、「夫れ所謂兼并なる者は特《ただ》に富民の迭相《たがいに》乗除（盛衰）するのみ。田野の小民の若きは、大抵、身に立錐無ければ、又安んぞ其の兼并を庸《もち》うる所あらんや」として、富民の土地集積は、田野の小民——貧民の利害とは無縁であるとする。さらに彼は、「人には各おの能有り、不能有り。能大なる者は其の受くる所恒に大なるも、能小なる者は其の受くる所も亦た小なり。彼、其の婦子の力を竭くして能く十畝を耕すに過ぎず。稍一も勤ならざれば、而うして荒蕪之に随うなり。身家の贍《た》らざるは、亦た其の所（甲斐性）なり」として、貧民の貧民たるゆえんを、その人間としての先大的資質に帰してしまう。

黄中堅にとって富民による土地所有、従ってその系としての私租収取は社会の公理であり、社会的に認知された正当性をもつものなのである。

他方、顧炎武は「民長をして官佃の為に無窮の租を代らしむ」（「減科議」）、「国家、累代の公田を失い、而うして小民乃ち官佃に代りて無涯の租賦を納む」（「蘇松二府田賦之重」）として、土地所有者の租税負担の重さを一般的に指摘する以外には、田主の生活について全く言及するところがない。反対に、耕作農民、とくに佃戸の生活については、すでに見たように、「減科議」においても、「蘇松二府田賦之重」においても、短文ながらすこぶる具体的に叙述している。とくに注目されるのは「減科議」における毎畝の収穫高、私租の額、さらに私租削減の目標額が、いずれも「蘇松二府田賦之重」においては修正されていることである。このことは、前者の執筆から後者のそれに至る過程で、顧炎武自身が佃戸の現状についての観察を深め、その知見を修正する努力を払ったことを物語っている。何が顧炎武をして佃戸の生産と生活にかくも留意し、地主の高率私租収奪を批判し、私租削減を提案せしめたのであろうか。

すでに見たとおり、「蘇松二府田賦之重」末尾一四行における「田を有する者」と「人の為に佃作する者」との対比は、かつて『官田始末考』附載の「減科議」では「自ら佃《たがや》す者」と「召かれて佃《たがや》す者」との対比であった。すなわち「減科議」にあっては、自己の土地を所有しているか否かの区別は、自ら農業経営に従事する直接生産者農民についてなされていたのである。この時点での顧炎武の関心は、農民家族の中で、「召かれて佃す」佃戸のみに注がれているというよりも、「自ら佃す」者をも含めて、「佃す」＝耕作する者、直接生産者農民自体に置かれていたと言えよう。

　今日租を完めて明日人に貸るを乞う。又何ぞ農為るを楽しまんか。夫れ人、農為るを楽しまざるに至りては、天下の事、遂に言う可からざる矣《なり》。

「減科議」における右の一節は、私租を納入したあと、ほとんど自己の手に取り分を残すことのできない佃戸について述べたものであるが、ここで提起されているのは、佃戸が「農」としてまっとうに生きうるのか、「農」をまっとうに持続しうるのかという問題である。すなわち、顧炎武は、佃戸の生産と生活のありかたを、小作農のそれとしてではなく、直接生産者農民のそれとして問うている。さらに、顧炎武は、こうした直接生産者農民がまっとうに生きることができないような天下は天下ではないと主張する。彼の発想の根源には、いわば、「農」がまっとうに生存できる社会こそまっとうな社会であるという信念があったのである。換言すれば、直接生産者農民――「耕農」の生存こそ、社会の公理であった。彼は、それ故に、「耕農に偏袒」したのであり、「天下を尽くして老農と為さん」ばかりに直接生産者農民の境遇の改革を主張したのであった。

こうした「佃《たがや》す」者としての「農」、直接生産者農民とその生産・生活への関心は、已述した「減科議」から「蘇松二府田賦之重」末尾一四行への移行に際しても一本の赤い糸として貫かれている。前者で、「自ら佃す者」（＝自作農）、「召かれて佃す者」（佃戸）と連記して、直接生産者農民の土地所有状況に注いだその視線こそが、後者で、彼らの中の「田を有する者」（＝自作農）の構成的比重の低さと「人の為に佃作する者」（佃戸）の比重の高さへのより鋭い認識を、また、高率の私租の収取を通じて、彼らの再生産を脅かす地主佃戸制的土地所有への峻烈な批判を導いたのであった。

以上に見たような顧炎武の発想は「蘇松二府田賦之重」で顧炎武自身が引用する「土地は王者の有する所、耕稼は農夫の為す所」（陸贄）という句を貫く発想と無縁ではあるまい。この句に着目してかつて展開された近藤秀樹の所論を叩き台として、この点を検討してみよう。(28)(29)

近藤は、この句を、一八世紀前半、雍正期中に「決定的な形骸化、事実上の崩壊」を見た「伝統的な儒教理念」としての「普天王土・率土王臣理念」の一表現であるとし、次のような見解を示している。

王者（君主権力）が農夫（人民）からする収奪の基礎を君主による直接的な土地所有〔近藤は別の箇所で、井田法・

均田法的所有とよんでよいであろう、とする」においている。農夫についてこれをみれば、農夫はすべて君主の土地の用益者であることを前提とする。であればこそ君主は一人ひとりの農夫を単位にその人格までも支配し、これから労働・現物・貨幣といった形での収奪ができるのである。

さらに、近藤は、宋代以後の生産関係が、地主＝佃農関係にあったとする立場から、「権力が土地を媒介にして農民を全人格的に支配しようとする」この志向は、「地主が土地を媒介に佃農を全人格的に支配しようとしていたことの反映である」が、宋から明、明から清へと、佃農が成長するにつれて、この「人格的支配」はしだいに動揺し、その結果、「土地は王者の」云々の句の体現していた「普天王土・率土王臣」理念は崩壊した、と述べている。

近藤の見解のディテールを無視して言えば、近藤は、宋代以後におけるこの理念が、その人格を国家に隷属せしめるという意味で、佃戸にとって否定的な役割を果たしたと見ているわけである。

しかしながら、近藤は、他面で、「普天王土・率土王臣」理念の崩壊を体現するところの雍正期における地丁銀制の完成は、国家による個々の農民からの生の労働力の徴発制度――徭役の残滓を一切消滅させ、「本質的に土地が地主の私的土地所有になったことを意味する」と述べ、このことが同時に「土地をもたぬ佃農が君主権力の『王臣』から切りすてられたことを意味する」としている。すなわち、近藤は、それまで続いた国家による佃戸の「人格支配」が、同時に国家による佃戸の「王臣」としての認知であったことを、結果として主張しているのである。換言すれば、「普天王土・率土王臣」理念、その一体現としての「土地王有・耕稼農夫」思想において、「農夫」は、国家の正規の成員であり、従って、原理的には、国家は「農夫」の生存を保証する義務を負う。「土地王有・耕稼農夫」思想は、こうした側面をもつが故に、すでに見てきた顧炎武の発想とつながるように思われる。顧炎武にとって、佃戸は、たとえ地主の田で働いていたとしても、第一義的には耕作農民であり、従って国家の公民であり、だからこそ、その生存を脅かす高率の私租は不当なものだったのである。こうした考え方は、地主佃戸制的土地所有を経済的基盤とし、儒教的教養を身につけた社会的存在としての士大夫一般の発想というよりも、「人」が「農為《た》るを楽しむ」ことができるような「天下」をつくろうとする、すなわち天下の課題を自己の課題とする姿勢乃至志向性の持主としての発想であり、いわば、儒教的当為の観点からする真の意味での士大夫の発想であった。

ただし、銘記しておかねばならない若干の点がある。

第一は、顧炎武の発想も、それにもとづく私租削減＝減租の提案も、一六世紀半ば、嘉靖中年から、一八世紀の三〇年代、雍正の末年までについて確認できるところの、王朝国家の地主佃戸関係に対する政策と共通点をもっていることである。彼の見解は、必ずしも物的基盤をもたぬ孤立したものではなかったのである。

すなわち、一五四〇年代後半の松江府華亭県の郷紳徐階の巡按〔南直隷〕監察御史呂光洵への書簡で指摘されているところの、地方官による地主に対する佃戸からの債務取立てと佃戸への貸付け停止令。一五八〇年代後半の蘇州府太倉州郷紳王錫爵の応天巡撫余立宛書簡に言うところの、地方官による地主に対する佃戸からの私租徴収の禁止令。同じく、一五八〇年代後半から九〇年当時の蘇州府常熟県の郷紳趙用賢の宰相申時行宛書簡に言うところの、地方官による地主に対する佃戸からの私租と債務の取立ての禁止令。一七三五年の雍正帝死亡に至るまでの清朝によって採用された、災害時における佃戸への保護政策、とくに田主への比率を特定した租米削減命令[30]。最近、三木聰の発掘した明代万暦中年、一五九〇年代前半の福建巡撫許孚遠の布告、すなわち、田主の収租と佃戸の抗租とについての府・州・県官への布告のもつきわだった中立性——佃戸のさまざまな形態をとる抗租の禁止と併行するところの、田主による納租形態の恣意的な変更・量器の不正操作・収租人の非行へのきびしい禁止[31]。これら一連の事例とともに、かの黄中堅の諸発言が、徐階、王錫爵、趙用賢らのそれと同じく、国家の佃戸保護政策に反対して、その改変を求めたものであったことも想起されねばならない。ここに挙げた事例は、許孚遠の布告を除き、いずれも水・旱災等の災害救済措置の一環ではあるが、当該時期の王朝国家の政策基調の中に佃戸保護の側面が存在したことを示している。国家は、この段階においては、直接生産者農民としての佃戸の生存をも自ら直接に保証する任務を、自らに課していたのである。地主的土地所有と地主による佃戸支配が、一〇世紀以降、現実には広汎に普及しながら、一八世紀前半の清朝雍正期までは、国家によって完全には認知されず、体制としては確立していなかったことについては、すでに、近藤をはじめとする幾人かの論者が、それぞれのニュアンスの差異をともないながら、言及している(32)。しかし、この同じ事態を、地主の側からのみではなく、直接生産者農民の側から、さらに国家の側からどのように評価するかという課題が、秦漢期まで溯る前近代中国の土地所有関係の特質を明らかにする上で、いぜんとして残されているように思われる。

第二は、顧炎武の発想と提案には固有のリアリティが感じられることである。天下の課題に対する使命感をもった士大夫としての姿勢は、『官田始末考』から「蘇松二府田賦之重」への佃戸認識の深まりの示唆するところの彼の実生活における観察と体験と固く結びついて、彼の発言にリアリティを付与する不可欠の媒体となったと思われる。このことから、彼の文章の時代をこえた普遍性が生まれたようである。

約二世紀ののち、一九世紀の後半、清末の蘇州府呉県の周荘鎮、すなわち府城外農村部のただ中にある一市鎮に住み、高率の私租の負担に苦しむ佃戸の惨状を眼のあたりにした陶煦は、『租覈』を著わし、地代としての私租についての精密な分析を行ない、それにもとづいて私租削減のプランを作定した。この際、陶煦は、「蘇松二府田賦之重」末尾一四行から多くの示唆をえている。当時にあっては、顧炎武の時代よりも、土地所有をめぐる地主と佃戸の対立は尖鋭になるとともに複雑化し、たとえば、佃戸の耕作権としての性質をもつ田面権が、地主によって佃戸に対する土地緊縛を強化する手段として用いられるなどといった新たな情勢が現われていた。同治二年（一八六三）には、府城在住の郷紳地主が、地方官憲に、自分たちの私租を徴収するための「収租局」なる専用機関を作らせるに至った。農村部に住む一士大夫たる陶煦が、こうした在城郷紳地主によるあくなき私租収奪への批判を企図した時、「儒先」

顧炎武の「耕農に偏袒する」一文は、大きな役割を演じたのであった。(33)

註

（1）東京大学出版会。

（2）北村敬直「農村工業と佃戸制の展開—明清社会経済史の諸問題—」（社会経済史学会編『戦後における社会経済史学の発達』有斐閣）。

（3）「日本の明清時代研究における商品生産評価をめぐって—その学説史的展望」（鈴木俊・西嶋定生編『中国史の時代区分』東京大学出版会）。

（4）森正夫「明初江南の官田について—蘇州・松江二府におけるその具体像—」（『東洋史研究』一九—三・四。のち『明代江南土地制度の研究』同朋舎出版、一九八八年に収録）。

（5）西嶋の研究のこうした側面について、筆者は、一九六七年、川勝義雄ら四名とともに行なった西嶋前掲書に対する共同書評において批判を行なった（『東洋史研究』二五—四）。しかし、この批判には、中国前近代社会の固有の特質についての西嶋の見解を十分に受けとめえない欠陥があった。波多野の見解のこうした側面については、一九六一年、狭間直樹が「中国近現代史研究の課題—波多野善大著『中国近代工業史の研究』を読んで」（民科京都支部歴史部会機関誌『新しい歴史学のために』七三）で批判を行なった。

（6）「日本の明清時代史研究における郷紳論について」（三）・むすびにかえて（『歴史評論』三一四、一九七六年。本論集本巻第一五章）。

（7）森正夫「一六四五年太倉州沙渓鎮における烏龍会の反乱について」（『中山八郎教授頌寿記念明清史論叢』燎原書店、一九七七年。本論集第二巻第七章）、「明末の社会関係における秩序の変動について」（『名古屋大学文学部三十周年記念論集』一九七九年。本論集第三巻第二章）、「明代の郷紳—士大夫と地域社会との関連についての覚書—」（『名古屋大学文学部研究論集』七七、一九八〇年。本論集第三巻第四章）。

（8）北村敬直「明末・清初における地主について」（『歴史学研究』一四〇、一九四九年。のち『清代社会経済史研究』増補版、朋友書店、一九七八年に収録）。古島和雄「明末長江デルタ地帯に於ける地主経営—沈氏農書の一

考察―」（『歴史学研究』一四八、一九四九年。のち『中国近代社会史研究』研文出版、一九八二年に収録）。

（9）小山正明「明末清初の大土地所有―とくに江南デルタ地帯を中心にして」（一）（『史学雑誌』六六―一二、一九五七年。のち『明清社会経済史研究』東京大学出版会、一九九二年に収録）。

（10）重田徳「郷紳支配の成立と構造」（『岩波講座世界歴史』一二・中世六、岩波書店、一九七一年。のち『清代社会経済史研究』岩波書店、一九七五年に収録）。

（11）森正夫「一六―一八世紀における荒政と地主佃戸関係」（『東洋史研究』二七―四、一九六九年。本論集本巻第九章）はじめに。

（12）一九七〇年に刊行された村松祐次『近代江南の租棧―中国地主制度の研究』（東京大学出版会）をはじめに、一九六七・六九年の自身の二労作との関連の下に発表された鶴見尚弘「康熙十五年丈量、蘇州府長洲県魚鱗図冊の田土統計的考察」（『木村正雄先生退官記念東洋史論集』同論集編集委員会、一九七六年）など、原文書の綿密な再構成・解読・分析の試み。東洋文庫明代史研究室編『中国土地契約文書集（金―清）』（東洋文庫、一九七五年）における日本で閲読しえた限りの各種刊本所載の土地契約文書の集成・整理。清水泰次『明代土地制度史研究』（大安、一九六八年）に収載された諸論稿、藤井宏「明代田土統計の一考察」（『歴史学研究』一二―一一、一九四二年）、「明代田土統計に関する一考察」（一）・（二）・（三）（『東洋学報』三〇―三・四、三一―一、一九四三・四四・四七年）など戦前・戦中の国家の土地制度についての研究の系譜につながる諸研究。とくに最近『中国封建国家の支配構造―明清賦役制度史の研究』（東京大学出版会、一九八〇年）に収録された川勝守の明代丈量研究、及び「明後期の丈量について」（『史林』五四―五、一九七一年）・「張居正の土地丈量」（『東洋史研究』三〇―一・二、一九七一年）・「清初の土地丈量について―土地台帳と隠田をめぐる国家と郷紳の対抗関係を基軸として―」（『東洋史研究』三三―三、一九七四年）など西村元照の研究。一九世紀後半、清末江南の地主制を主題とする鈴木智夫『近代中国の地主制―租覈の研究訳註―』（汲古書院、一九七七年）、小島淑男の「地主制と農民層分解―辛亥革命期江南を中心として―」（講座『中国近現代史』三・辛亥革命、東京大学出版会、一九七八年）。佃戸の耕作権について、「宋元時代の水利田開発と一田両主慣行の萠芽」（『東洋学報』五三―一・二、一九七〇年。のち『中国近世の寄生地主制―田面慣行』汲古書院、一九八九年に収録）をはじめ、草野靖が行なった一連の研究、及び「一田両主制の基本構造」（一）・（二）（『近代中国』五・六、一九七九年）をはじめ、藤井宏が持続している一連の研究。理論的概括としての鶴見尚弘「明代における郷村支配」（『岩波講座世界歴史』一二・中世六、岩波書店、一九七一年）―「明初における太祖の農民政策」、田中正俊「中国の変革と封建制研究の課題（一）」（『歴史評論』二七一、一九七二年。のち『田中正俊歴史論集』汲古書院、二〇〇四年に収録）。

（13）官田と民田との徴収率一元化が、嘉靖二六年（一五四七）に浙江嘉興府ではじめて実施されたという顧炎武の史実認識は、森正夫「十六世紀太湖周辺地帯における官田制度の改革」（上・下）（『東洋史研究』二一―四、二二―一、一九六三年。のち前掲森著書に収録）の検討によれば、必ずしも正確ではない。ただ、右森論文、前掲註（4）森論文、及び森「十五世紀前半太湖周辺地帯における国家と農民」（『名古屋大学文学部研究論集』三八、一九六五年。のち前掲森著書に収録）、さらに近年の中国における労作たる伍丹戈「明代的官田和民田」（『中華文史論叢』一九七九年第一輯、上海古籍出版社）をはじめとする一九五〇年代以降の日中両国の江南官田研究が明らかにしたさまざまな史実認識と、顧炎武の「蘇松二府田賦之重」におけるそれとの細部にわたる異同については、本稿の主題から離れるので、以下においても、とりたてて言及しない。

（14）前掲註（11）参照。

（15）洋装本。縦二一・四センチ、横一五・一センチ。序跋なし。扉に「官田始末考二巻。顧炎武撰。山陽徐嘉顧亭林詩譜、列顧氏著書目録、有官田始末考一巻。此旧抄本、本二巻。蓋係足（是か…森）本。世未有伝刻。可宝也」と記す。上巻八葉。下巻二一葉。

（16）この分節に従って原文を示しておく。

Ⅰ　呉中之田、弓口甚窄。歳収、畝率米二石。其上農或至三石、下者亦或不満二石。其自佃者少、召佃者多。而私租往々至一石一二斗、或至一石四五斗。夫農人竭一歳之力、糞壅（壅原文作擁）耕作之費、畝以銀一両為率。而収成之日、所得不過数斗。日者官糧愈急、而私租転苛。毎至礱穀之日、罄其家而取之。今日完租、明日乞貸。又何楽為農。夫至人不楽為農、而天下事、遂不可言矣。欲求八十年前失陥之官田、既不可復得。而使民長為官佃代無窮之租、又必有時而詘。

Ⅱ　有王者作、咸則三壌謂、宜遣使、案行呉中、逐県清丈、定其肥瘠高下、為三等、上田科二斗、中田一斗五升、下田一斗、山・塘・塗・蕩以升計者、附于冊後。至于私租、一切従減、為之禁限、不得過一石以上。如此、則民楽業而賦易完、上下均利之道也。

Ⅲ　元史。至正十四年、詔。民間私租太重、以十分為率、普減二分、永為定例。是前代已有行之者。

　元史。成宗紀。至元三十一年十月辛巳。江浙行省臣言。陛下即位之初、詔蠲今歳田租十分之三。然江南与江北異。貧者佃富人之田、歳輸其租。今所蠲特及田主、其佃民輸租如故。則是恩及富室、而不被于貧民也。宜令佃民当輸田主者、亦如蠲之数。従之。元人尚有能言此者。今則官糧既重、私租之輸、富人遂為当然、而不復詰矣。

（17）万暦八年（一五八〇）、張居正のリーダーシップの下に、明朝が、その全国的実施を命令した丈量については、前掲註（12）所引の川勝守の著書の第四章・張居正丈量策の展開、及び西村元照第二論文、参照。これらによっても、この丈量で、官田・民田の徴収率一元化が確定したという顧炎武の理解は誤っていないようである。

（18）本稿でいう官田、民田の税糧（租税）の徴収率とは、一畝当年額若干量（升ないし斗、合の場合が多い）で表示される現物米穀の徴収額のことである。十分比、百分比で表示された文字通りの率でないにもかかわらず、あえて徴収率の語を用いるのは、右の徴収額が附加的諸負担をも含む実際の徴収量を意味するものではなく、事実上、一つの基準額としての役割を果たしているからである。

（19）『漢書』巻二四上、食貨志上による。

（20）『陸宣公奏議』巻四「均節賦税恤百姓第六条〈論兼併之家私斂重於公税〉」による。

（21）『漢書』巻二四上、食貨志上における簒奪後の王莽の発言とそれに対する顔師古の注による。

（22）「徴租議」を含む『蓄斎集』の巻一二まで（全一六巻）は、同書巻一六、詩、詩余の末尾で、黄中堅の子息黄会が述べる所によれば、康熙四八年（一七〇九）には印刷に付されており、黄中堅が順治六年（一六四九）の生まれであること（『蓄斎集』巻一二、行述「先府君文学純菴公述」）を勘案すると、彼が成年に達して文章を書きはじめたとみなされる康熙八年（一六六九）以降、約四〇年間の作品を収録したものと見て、ほぼまちがいないであろう。一方、松江府華亭県の人、董含の『三岡識略』巻一〇「松郡大荒」によれば、康熙二八年（一六八九）

は、ひでりのため凶作となり、「奸佃は歳の凶なるに借りて粒米も償わず。甚だしきは党を結んで抗拒す。官府之を禁ぜず。田主手を束ねて策無く、相顧りみて浩嘆する而已《のみ》」という事態となった。黄中堅が「徴租議」に附した「自記」（本文後出）で描く「蘇松常三府」の状況と照応する点が多い。以上により、康熙二八年の執筆と比定してみた。

(23)『日知録』巻首の門人潘耒の序による。

(24)謝国楨『顧亭林学譜』（上海商務印書館、一九五七年）四・学侶考。

(25)葉適『水心別集』巻二、民事下。姚汝循「寄庄議」（顧炎武『天下郡国利病書』手稿本、江寧盧安、上元県志）。

(26)前掲註（24）謝国楨著書一「伝略附遺事」、張穆『亭林先生年譜』による。

(27)『蓄斎集』巻一二、行述所収の「先府君文学純菴公行述」、「附魏叔子先生（魏禧）墓誌銘」、「先妣許碩人行述」、乾隆一〇年（一七四五）序刊『呉県志』巻七〇、人物、好義、黄修、子中堅附などによる。

(28)前掲註（20）に引く陸贄の文中の一句である。

(29)近藤秀樹「清朝権力の性格」（『岩波講座世界歴史』一二・中世六、岩波書店、一九七一年）。

(30)以上の諸政策については、さしあたり、前掲註（11）森論文、宮崎一市「清代初期の租税減免について−清代財政の一齣（2）」（『釧路論集』九、一九七七年）を参照。

(31)三木聰「明末の福建における保甲制」（『東洋学報』六一−一・二、一九七九年。のち『明清福建農村社会の研究』北海道大学図書刊行会、二〇〇二年に収録）で紹介された許孚遠「照俗収租、行八府一州」（『敬和堂集』公移・撫閩稿）による。ただし、本文の叙述は筆者の解釈に基づいている。なお、谷川道雄との共編『中国民衆叛乱史』四、明末〜清二（平凡社・東洋文庫、一九八三年）における筆者の訳・註・解説（本論集第二巻第二・三章）参照。

(32)李文治「論清代前期的土地占有関係」（『歴史研究』一九六三年五期）、前掲註（10）重田論文、前掲註（11）森論文。ただし、佃戸の国家公民的性格は乾隆期以後も消えない。

(33)最後の段落の叙述は、その史実上の根拠を、すべて前掲註（12）鈴木著書、及び同書に影印収録された『租覈』影印本に負っている。

『名古屋大学東洋史研究報告』第六号　一九八〇年

3　顧炎武の官田論における土地所有思想とその背景

一　「蘇松二府田賦之重」における官田＝「国家之所有」説

本稿では、明代江南官田に関する顧炎武の見解に内包された彼の土地所有に関する思想の特徴について検討する。その際、顧炎武が、官田は「国家之所有」であることを改めて強調した点に注目し、このいわば官田＝「国家之所有」説の持つ意味とその形成の背景を考察することに主眼を置く。

本稿は、明代江南官田の存在形態を、税糧徴収制度を中心に通時的に検討し、そのことによって、明代の江南における土地制度のありかたを解明しようとするものではない。筆者は、こうした作業を、すでに一九六〇年から一九八六年にかけて発表した一連の拙稿において行なっている。(1) ちなみに、本稿の明代江南官田についての認識はすべてこれらの拙稿に依拠している。本稿は、再びこうした作業を企図するものではなく、清初における顧炎武の作品を通して、明代江南官田に対する顧炎武の把え方を探ろうとするものである。

顧炎武（一六一三―一六八二）の江南官田に関する見解は、康熙九年（一六七〇）の初刻八巻本『日知録』にはなく、康熙二一年（一六八二）のその死から一三年後、康熙三四年（一六九五）に刊された三二巻本の『日知録』巻一〇所収の「蘇松二府田賦之重」を通じて広く知られるようになった。(2) しかしながら、顧炎武はすでに康熙一八年（一六七九）、蘇州府呉県の湯濩への手紙で『日知録』を三〇巻に増訂したことを告げており[3]、「蘇松二府田賦之重」は少なくともこの時点には完成していたと思われる。さらに、一九七七年、台湾の広文書局から影印で刊行されて私達の知るところとなった顧炎武著の『官田始末考』は、一九八〇年の拙稿で[4]述べたように、より早く、順治一八年（一六六一）頃に執筆されていた。そこには後に「蘇松二府田賦之重」に凝縮された江南官田に関する見解や資料がすでに提示されている。

『官田始末考』から「蘇松二府田賦之重」にいたる顧炎武の明代江南官田論において、いわば理論的核心をなすのが、後者における次の規定である。

官田、官之田也、国家之所有而耕者猶人家之佃戸也。民田、民自有之田也。

この顧炎武の規定は現代の中国史家達の宋―明の官田に関する見解ときわめてよく照応している。たとえば、宮崎市定は、一九五一年、論文「宋代以後の土地所有形体」の中で南宋から明初にかけて、国都近くに、必ず「政府所有の官田」が設置されることを、大土地所有に対する国家の規制という視角から重視している[5]。また伍丹戈は、一九八二年、『明代土地制度和賦役制度的発展』の中で、明初に官田が多量に設置された事実を所有制論の立場から、次のように論評している[6]。

明代的洪武・永楽両朝是封建朝廷企図保持封建国家土地所有制（雖然這種所有制已経是局部的）以及地租和賦税不分的田賦制度一個最後的也是最頑固的時代。

明代の洪武、永楽両朝は、封建的朝廷が封建的国家土地所有制（この所有制はすでに部分的になっていたけれども）及び地代と租税とが分ちがたく結びついている田賦制度の維持を目論んだ最後の時代であり、またもっともしたたかであった時代である。

宮崎、伍丹戈の観点は相異なっているが、官田が国家所有の土地であるという認識において、両者は完全に一致している。

それでは、顧炎武が明代江南官田を論じた清初の江南デルタにおける官田の姿はどのようであったか。かつて明初から嘉靖初年まで、蘇州、松江、嘉興、湖州、常州及び鎮江六府においては、税糧徴収の対象となっていた土地約三〇万二五三六頃のうち、官田は四五・〇％に達していた[7]。しかしながら、清初においては、こうした明代江南官田は、もはや存在していなかった。顧炎武自身、「蘇松二府田賦之重」の中で、

今存者惟衛所屯田・学田・勲戚欽賜荘田、三者猶是官田。

と述べている通りである。このように江南デルタの広大な官田を消滅させたのは、一九六三年の拙稿で明らかにしたように[8]、湖州府で本格的に提案され、嘉靖一七年（一五三八）に蘇州府ではじめて実施され、万暦三年（一五七五）までに上記の六府のすべてで実施された税糧徴収制度の改革であった。この改革はあるいは均糧、あるいは官民一則などとさまざまな名称で呼ばれているが、その基本的な内容は二つに集約される。

第一は、一つの県の中の田土一畝当たりの税糧徴収額を均一化することである。これには、蘇州府太倉州で用いられた均糧という呼称がもっともふさわしい。

第二は、一つの県の中で、税糧一石当たりの徴収物品の種類・数量を均一化することである。これは一般に徴一と呼ばれている。

たとえば、嘉靖一七年、蘇州府呉江県で行なわれた改革は次のようであった（なお、以下に使用する平米とは、税糧の正額部分と附加徴収部分との総称として当時普及していた語である）。

当時、呉江県では、一方で、均糧によって、一畝当たりの平米額が三斗七升六合と定められた[9]。他方、徴一によって、一石当たりの平米のうち、本色米（米）が五斗三升・折色銀が二銭三分五厘と定められた[10]。以上をふまえて、この県では、一畝当たり、米二斗・銀二分が、標準的な収穫量のあるどの土地からも徴収されるようになったのである[11]。

こうした改革を経て、従来、各県の中で、官田と民田との一畝当たりの税糧徴収額の間に存在していた大きな格差は消滅し、同時に官田相互の間、民田相互の間に存在していたさまざまな格差も一挙に消滅することになった。またこれらの格差を調整するために設定されていた徴収物品の多様性も同時に消滅することになった。従来の複雑化していた徴収方式は、税糧を納入する土地所有者の中、徭役減免の社会的特権を持ち、民田をより多く所有していた階層による不正行為の有力な手段となり、社会矛盾を激化させるとともに、国家の税糧徴収を困難にしていた。ここに改革の契機があった。

官田と民田との格差解消の角度からこの改革を官田民田一則化と呼び、そこに至る過渡的改革を官田民田二則化と名づけて、その江南デルタ六府における実施状況を簡単に整理したのが、表一である。鎮江府で官田民田一則化が完成したのは、湖州府で最初に官田民田一則化の提案が行なわれてから五六年、蘇州府で最初に実施されてから三七年ののちである。この改革は決して順調に進行したのではないが、同時に安易に放棄されたのでもなく、一六世紀の前半から後半にかけて、デルタの各府で粘り強く、かつ着実に実施されていったのであった。本稿では、一六世紀江南デルタにおけるこの税糧徴収制度の改革を、先述の均糧や官民一則化などの名称で呼ぶほか、行論の便宜から、官田民田一則化とも表現する。

官田が国家の所有する土地であるという規定、すなわち、官田＝「国家之所有」説を中心に据えた顧炎武の江南官田論は、一六世紀に、江南デルタから官田という名称をもつ土地そのものが、従って官田と民田との区別自体が、このように制度の上から消え去ってから、一世紀の時が経過した後、一七世紀の半ば過ぎに提起されたものであった。顧炎武の江南官田論は、それだけに、すぐれてこの時代の課題に応えるべく執筆され、この時代の質を帯びて登場したのであった。

「蘇松二府田賦之重」における顧炎武の江南官田論の中で、官田＝「国家之所有」説は、具体的には、次のような文脈の中に位置づけられている。この一文では、まず、丘濬（一四二〇—一四九五）の『大学衍義補』（巻二四、治国平天下之要、制国用、経制之義上）、正徳七年（一五一二）刊『松江府志』（巻七、田賦中「杜宗桓上巡撫侍郎周忱書」）、『宣宗実録』などの諸資料から明代の蘇州・松江両府における一畝当たりの税糧徴収額の重さ、とりわけ官田税糧の重さが指摘される。続いて、税糧のこの重さをもたらした契機として、南宋、とくに景定年間（一二六〇—一二六四）から明

表一　一六世紀の江南デルタにおける税糧徴収制度改革の展開過程

府名	年次	改革の内容	典拠
湖州一	正徳一四・一五（一五一九・二〇）	官田民田一則化の提案・官田民田二則化の実施	嘉靖湖州府志[12]
常州	嘉靖一六・隆慶二（一五三七・六八）	官田民田二則化・官田民田一則化	万暦武進県志・万暦常州府志[13]
蘇州	嘉靖一七（一五三八）	丈量・官田民田一則化（均糧）	崇禎呉県志、嘉靖太倉州志、嘉靖呉江県志[14]
湖州二	嘉靖二〇・隆慶三（一五四一・六九）	官田民田一則化の提案・官田民田一則化	嘉靖湖州府志・万暦湖州府志[15]
嘉興	嘉靖二六（一五四七）	丈量・官田民田一則化	嘉靖嘉興府図記[16]
松江	隆慶三（一五六九）	丈量・官田民田一則化	崇禎松江府志[17]
鎮江	万暦三（一五七五）	官田民田一則化	万暦鎮江府志[18]

初洪武年間（一三六八－一三九八）にかけて、江南デルタに大量の官田が設置され、蘇州府の税糧額が遂に南宋紹熙年間（一一九〇－一一九四）の一〇倍に達したことが挙げられる。そして、一五世紀、明の宣徳五年（一四三〇）から景泰二年（一四五一）にかけて、江南デルタを管轄する南直隷巡撫を勤めた周忱が、官田の一畝当たりの実質負担を緩和するため、附加税糧の均等化と銀や棉布による代納を実施したこと、しかし、一畝当たりの徴収額の重さはそのまま据え置かれたことに言及する。官田＝「国家之所有」という規定が持ち出されるのは、この場面においてである。『明実録』洪熙元年閏七月丁巳には、広西右布政使周幹による江南デルタ地区を対象とする著名な調査報告がある。顧炎武はこの報告に例示された常州府無錫県のかつては公侯に賜予されていた官田の事例を、とくに『明実録』の当該記事を引用することなく、一般的なありかたとして示す。そして官田を耕作する農民が、当初における「農具・車牛」の官による支給がもはや行なわれていないにもかかわらず、税糧の納入だけは果たさねばならなかったという状況を指摘する。

一五世紀の段階では、官田税糧の納入がこのように次第に困難になってはいたが、なおも官田は官田であり、民田は民田であり、両者は厳然と区別されていた。このことこそ顧炎武が主張したい点であった。官田＝「国家之所有」・民田＝「民自有之田」という認識はここにおいて提示されたのである。

しかしながら、官田と民田との間に存在するはずのこうした区別は、土地台帳の脱誤、地片間の境界の不明化、売買の際の官・民の名称変更、登録事務に当たる里長・胥吏の不止によって、次第に曖昧になっていく。顧炎武はこうした過程の進行を、とくに資料を挙げないまま簡潔に描く。そしてこうした事態に対応するため、周忱の巡撫離任直後、一五世紀中葉から、浙江右布政使楊瓚の提言によって湖州府で、中央戸部の指示によって南直隷諸府で、官田と民田との実質負担を均等化する政策の実施が試みられたことに言及する。顧炎武は続いて一六世紀前半の嘉靖中年における均糧－官民一則化の改革を次のようにとりあげる。

嘉靖二十六年、嘉興知府趙瀛議、田不分官民、税不分等則、一切以三斗起徴。蘇・松・常三府、従而效之。自官田之七斗六斗、下至民田之五升、通為一則、而州県之額、各視其所有官田之多少軽重為準。多者長洲至畝科三斗七升、少者太倉畝科二斗九升矣。国家失累代之公田、而小民乃代官佃、納無涯之租賦、事之不平、莫甚於此。然而為此説者、亦窮於勢之無可奈何。而当日之士大夫、亦皆帖然而無異論、亦以治如乱糸、不得守一二三百年紙上之虚科、而使斯人之害、如水益深、而不可救也。〔原注〕惟唐太常鶴徴作武進志、極為惋歎。

官田を消滅させた一六世紀の江南デルタにおける税糧徴収制度改革の基本的内容、各府におけるその進行過程は、先に概観した通りである。今日の研究水準に基づくこの概観に照らすとき、顧炎武の当改革に対する認識は、改革創始の年代を嘉靖二六年（一五四七）に、創始者を嘉興知府趙瀛に比定することにも表われているように、その進行過程について必ずしも正確ではない。また、均糧と徴一とから構成されている改革の基本的内容についても必ずしも立ち入った理解は示されていない。したがって、この改革が、明初以来、四五・〇二％（上述六府総計）もの官田をもつ江南デルタ各府の税糧徴収制度の存立にとって不可欠のものであったことも、必ずしも十分に把握されているとは言えない。

しかしながら、顧炎武は官田を消滅させた一六世紀江南デルタの税糧徴収制度改革を決して軽視していたわけではない。むしろ、この改革は、彼が「蘇松二府田賦之重」においてとりあげた南宋以後の田賦にかかわる諸事件のなかでは、もっとも重視されているといってよい。ただ、顧炎武は、一五世紀中葉以後、約七〇年にわたって江南デルタで持続的に展開されてきた改革の前史や一六世紀前半から後半にかけて約半世紀を費やした改革の過程よりも、この改革の結果に対して、一七世紀の時点から、深い関心を寄せたのであった。上記の引用箇所における「国家失累代之公田、而小民乃代官佃、納無涯之租賦、事之不平、莫甚於此」という部分には、改革の結果が二つの点に要約され、同時にそれへの怒りとも言うべき非常に激しい批判が表明されている。

1　国家は歴代設置し、継承してきた公田（＝官田）を喪失した。
2　民田の所有者であった小民は、これまで国家が官田から徴収してきた莫大な負担を転嫁された。
3　この改革ははなはだしく不公正である。

一六世紀の改革の結果に対する彼のこの見解の根底には、彼が一五世紀中葉までの時期に即して強調した官田＝「国家之所有」説が横たわっていた。顧炎武による官田＝「国家之所有」説は、それではどのようにして形成されたのであろうか。以下に、その形成過程をめぐる二、三の問題を提出しておきたい。

二　唐鶴徴の官田＝「朝廷之田」説

顧炎武の官田＝「国家之所有」説は、以上に見てきたように、顧炎武の生きた一七世紀という時代と江南デルタという地域における税糧徴収制度上の現実的課題の所産であった。だが、それに直接の学問的影響を与えたとみなされるのが、唐鶴徴（一五三八―一六一九）の江南官田問題に対する見解である。上記の引用文の中で、顧炎武が、官田と民田の一畝当たり税糧徴収額を均一化する改革に対して極めて批判的な感慨を吐露した唯一の人物として、とくに注記を加えて紹介している唐太常こそ、この唐鶴徴である。

唐鶴徴は、万暦三三年（一六〇五）刊行されたその郷里、常州府武進県の地方志である『武進県志』の編纂者であった。彼はその財政に関する項目の中で、二カ所にわたって、同府下で隆慶二年（一五六八）に実施された官田民田一則化の改革に対して、以下に紹介するような詳しい評語を付し、この改革に対する極めて激越な批判を行なっている。顧炎武は、主として各地の地方志に依拠して『天下郡国利病書』を作成するに際し、この個所をふくむ『武進県志』の上記項目の主要部分を抜粋・収載した。顧炎武のいう唐鶴徴の概嘆が、この批判的発言を指していることは明らかである。ちなみに、筆者はかつて一九六〇・六一年の拙稿一（上）及び一九六三年の拙稿二（上）でこの評語について言及した。また伍丹戈は前掲書一二一ページで以下に示す全文を同じく引用している。

〔一〕先是、嘉靖三十二年、無錫知県王其勤丈田、竟併官民田地、均為三則、〔隆慶二年〕吾邑亦遂倣而行之。不知、官田者、抄没入官、朝廷之田也。民間止佃種、未嘗納価。其毎年上納、止係官租、原非税粮。凡為民間平田佃種者、率完租米一石、官田重至七斗、其高低民田佃租者、率完租七八斗、官田軽至四斗、其視佃民田者、已属軽額矣。故当時奸頑之民敢於拖頼銭粮者、多佃官田、良民不願者也。説者不察、目租為粮、遂病其重、一概均於民田、令其賠貱、将朝廷入官之田、無価而白与頑民、将原額所納之租、無辜而重害平民、非理非法、殊為可恠。即当時藉口、不過為則多人易為奸。然当是猶止官民二則、近為平沙高低、或三則、或六則矣。三則六則、不苦其為奸、二則反苦之乎。即欲均粮、当存其額。何也。藉有如胡忠安者起、朝廷欲賜之田、将何所取。大都精于銭穀、先無如周文襄、後無如応郡侯（常州府知府応檟）。苟于民便、于法宜、二公当先為之。豈止令官田自為〔一〕則、民田自為一則也。

万暦三三年（一六〇五）刊『武進県志』巻三、銭穀一、額賦。『天下郡国利病書』手稿本（原編）第七冊、常鎮、武進県志。（異同の際は、『武進県志』に従う。）

〔二〕唐鶴徴曰、官民一則之説、殊為可恨。何也。官田者、朝廷之有、而非細民之産。耕之者、乃佃種之人、而非得業之主。所費者、乃兌佃之需、而転鬻之価。所輸者、乃完官之租、而非民田之賦。惟奸宄之徒、則據以為業、良民不敢有也。不揣其本、而斉其末、以租為賦、而病其過重、俾民田均而任之。是上奪朝廷之田、以恵奸宄、下又苦純良之民、代任其租也。是遵何説哉。藉令可行、何応公之智、不及此也。又藉令有宣力豎勲者起、朝廷将錫之土田、于何取給乎。即不能遽復其賦額、而其田額、終不可使之澌滅也。

『万暦武進県志』前掲、巻四、銭穀〔二〕、徴輸。『天下郡国利病書』前掲、常鎮。

表二　官田民田の性格に関する唐鶴徴の分析

呼称	官田	民田
所有主体	朝廷之有	細民之産
経営主体	佃種之人	得業之主
権利獲得に要する対価の性格	兌佃之需	転鬻之価
国家への納入物品の性格	完官之租	民田之賦

唐鶴徴のこの二つの評語の第一の特徴は官田と民田とを法制上の土地所有権の所在―土地所有制という観点からきわめて明晰に分析し、両者の性格が全く異なっていることを強調していることである。今、〔二〕によって彼の分析の結果を示すと、表二のようになる。

官田は「朝廷之有」に属し、民田は「細民之産」に属している、という所有主体の対比的相異を前提として、経営主体、権利獲得に要する対価、国家への納入物品の性格のいずれにおいても同様に対比的な相異があるとされるのである。

唐鶴徴の評語の第二の特徴は、上記の分析に基づいて、「官民一則」の改革が厳しく批判されていることである。批判は二つの論点からなる。

一つは、「朝廷入官之田」あるいは「朝廷之田」の、「頑民」あるいは「奸宄」への無償譲渡乃至その所有の容認、すなわち、国家所有の官田の消滅に対するものである。いま一つは、「原額所納之租」あるいは「完官之租」の、「平民」あるいは「純良之民」への転嫁、すなわち、民田所有者の税糧負担増加に対するものである。

唐鶴徴評語〔一〕〔二〕のいずれにおいても、武進県出身で宣徳年間に礼部尚書となった胡濙への官田賜予の例を想起しながら、こうした賜田に対応するための官田の確保の必要が強調されている。このことからすれば、評語の二つの論点のうち、国家所有の官田の消滅への批判が、民田所有者の税糧負担増加への批判に対して、対等或いはそれ以上の位置を占めているかのように見える。この評語に注目した伍丹戈も前掲書で、

這両段文字、充分体現了作者対于将田土均為二（一にすべきである）則的憤慨。尤其使他憎悪的是将官田的名義上的所有権也加以否定。

と述べ、二つの論点のうち国家所有の官田の消滅への批判に唐鶴徴の力点があったと把える。しかしながら、二つの論点のうち、基本になっているのは、むしろ、民田の税糧負担増加への批判の方であり、その根底には「朝廷之有」としての官田よりも、「細民之産」としての民田への強い関心がうかがわれる。というのは以下の理由からである。

唐鶴徴の評語において、官田の性格を規定している「朝廷之田」乃至「朝廷之有」という概念は、たしかに国家所有の土地乃至国家の土地所有を意味している。しかし、この場合の国家の土地所有とは、決して、普天王土理念に基づく国家的土地所有、すなわち、国家が中国の一切の土地を所有していることを意味してはいない。換言すれば、ここでの、国家の土地所有は、「細民之産」と表現されている民間の私人による私的土地所有の一段上級にあって、それを規制する役割を果たすものではない。

ここでの国家の土地所有は、そうではなくて、当時、私的土地所有が土地所有の一般的形態として普及していたことを前提としている。すなわち、ここでの国家の土地所有とは、土地私有制の枠のなかにある国家所有の部分である。誤解を恐れずに、敢えて逆説的に言えば、それは、民間の私人と同じ資格、同じ法人格を持つところの、いわば〝国家の私的土地所有〟なのである。従って、唐鶴徴は、たしかに先に表示したごとく、官田と民田の性格を峻別し、国家所有の土地としての官田の消滅を憤っているけれども、それは、土地所有制の根幹をなす原理が崩壊したからではない。国家の所有部分が、彼の見地からすれば不合理な仕方で消滅し、この部分に見合った税糧が転嫁されたことによって、民間の私人の所有部分に対する税糧が不合理な仕方で増加したからである。このように、官田の消滅と民田への増税をもたらした一六世紀の官田民田一則化の改革は、同じく土地所有の主体である国家と民間の私人の双方にとって不合理な措置であったとして、少なくとも同じ比重で批判されている。そして、『万暦武進県志』における唐鶴徴の関連した発言は、彼がこの改革による民田の税糧負担増加により重点を置いていたかをうかがわせる。その一つは、割注の形で付された前引の評語［一］に対する本文、すなわち、巻三、銭穀一、額賦の隆慶二年（一五六八）の条である。

〔隆慶〕二年（中略）、是年郷民比例均科、将官民田壱万肆千弐百玖拾壱頃壱畆壱分参厘、毎畆均科平米弐斗壱升伍合壱勺伍抄捌撮壱圭柒粟陸顆参粒。民山蕩如故。自是官田之則遂廃、而民田毎畆為賠米弐升壱合参勺矣。

ここでも、最後の一句で、官田に起こった変化と民田に起こったそれとが平行的に述べられているが、この句の全体として意味するところは、官田固有の毎畆公定税糧徴収額が廃止された結果、民田が、在来の官田の重い公定税糧徴収額の一定部分を、官田に肩代わりして賠償納入しなければならなくなった、というものである。すなわち、民田の毎畆公定税糧徴収額の負担増加のみが叙述されているのである。

いま一つは、『万暦武進県志』の編纂方針自体に内包されている考え方との関連である。まず、「万暦乙巳五月之朔・賜進士出身・中憲大夫・太常寺少卿・邑人・唐鶴徴撰」と署名された「武進県志序」に見られるものである。その一節にいう。

武進為財賦之奥区、民生舒惨、惟是焉係。故於財用特詳。即或類於黄白冊、不論也。

『万暦武進県志』巻三、銭穀一（戸口・額賦・里徭）、巻四、銭穀二（徴輸・征榷・土貢・賑貸）は、明代江南デルタの地方志の財政に関する部分のなかで、とりわけ詳細で充実した内容をもっている。先述のように、顧炎武が『天下郡国利病書』の作成に当たって、その主要な部分を抜粋したのも、その故であったと思われる。「武進県志序」の右の一節において、編者唐鶴徴は、本志は黄冊・白冊といった税糧徴収台帳と同じではないかという批判を恐れずに、敢えてこの部分を詳細にした理由として、人民の生活の幸福も悲惨も財政に係っているからだ、と述べている。

唐鶴徴は同じ問題意識を、巻三、銭穀の冒頭で、さらに具体的に展開している。

江南為財賦奥区、其所入半天下。我常雖不及蘇松、而武進則甲于常矣。語云、巧者有余、拙者不足。国初田不及

> 今日之七、賦不及今日之半、而上下充然其羨。廼者田日墾、賦日益、而司農屢告匱、閭閻益苦枵虚。有余不足之故、豈難知哉。夫亦司計者、不量其出、而典土者、未去其蠹邪。夫量其出、非志之所能及。去其蠹、則額数定、而典籍明已爾。他志皆視為文具、無裨実用、曰非黄白冊也。余以為、一邑之志、所以為一邑之民。今日吾邑民之命脈、孰急于是。故不厭其繁俗而備載之。

唐鶴徴のいうところは、およそこうであろう。国家財政の大半を支える江南デルタの一角にある武進県では、公課徴収額の不足と住民の生計維持の困難が大きな課題となっている。地方官にとって打開可能な方策は、毎年の徴収額を確定し、それを文献に明示することによって、不正行為の除去を行なうことであるが、こうした財政運営に必要な具体的な記録作りに対して、他の地方志の編纂者は、それを形式的で役に立たないこととし、地方志は徴収台帳ではない、という。しかしながら、自分は、一つの県の地方志は、その県の住民に役立つことを期して編纂されるものだと考えている。今日のわが武進県の住民の生きていく手立てとして、この財政問題を置いて緊急なものはない。従って、繁雑で不粋なことをも厭わず、詳しい記録を掲載するのである、と。

以上のように、唐鶴徴は、『万暦武進県志』とその銭穀の項を、彼の生きた時代の武進県における「民生舒惨」――住民の生活の幸福と悲惨、「吾邑民之命脈」――県民の生きていく手立てに関わる問題の解決を目指して編纂した。官田と民田との一畝当たりの税糧徴収額を均等化した一六世紀の改革に対して、彼の地元である武進県におけるこの改革の実施から数えて約半世紀ののちに、彼が自らの編纂になるこの地方志で行なった強い批判も、このような問題意識とは無縁ではない。

唐鶴徴の評語の二つの論点の比重は、『万暦武進県志』自体に対する以上の検討を踏まえるとき、後者に、すなわち、民田の毎畝税糧負担額の増加への批判にあったと云うべきであろう。前者、すなわち官田の消滅あるいは国家の官田喪失への批判は、後者を導き出す役割を果たしたのである。

三　顧炎武の官田＝「国家之所有」説の形成と企図

一六世紀の江南デルタにおける均糧、すなわち、官田と民田の毎畝徴収額を均一化した税糧徴収制度の改革に対して、官田と民田の所有主体の明確な差異を強調しつつ厳しい批判を行なった顧炎武の見解が、それに先立って『万暦武進県志』を編纂し、この改革への激しい批判を行なった唐鶴徴の見解を継承していることは、以上の考察からほぼ明らかにされた。

ここで、一七世紀を生きた顧炎武が、なぜ過ぎ去った一六世紀の改革を批判し、なぜこの際すでに消滅した官田と民田との所有制における差異を厳しく指摘したのかについて、改めて検討を加えておこう。そのことを通じて、唐鶴徴の問題意識との関連も探ることができよう。

明代江南官田と一六世紀における官田民田一則化への顧炎武の批判は、『日知録』巻一〇「蘇松二府田賦之重」に先立って執筆されていた『官田始末考』の中ですでになされていた。

万暦九年、大均天下之田、遂挙官田与民田、而合之為一則。於是八升七升之田、無非三斗以上之田。朝廷坐失累代相伝之公田、而平民乃代官佃、納無窮之租賦、事之不平、莫甚於此。

万暦九年（一五八一）、張居正の丈量の実施当時において、官田と民田との一則化が行なわれたとする顧炎武の認識は、非常に興味深いものの、それ自体は正確ではない。しかしこの一節で重要なのは、万暦『武進県志』における唐鶴徴の評語［一］［二］の中心的論点と用語がそのまま継承されていることである。すなわち、官田の喪失と民田への税糧負担の転嫁という二つの論点、〝朝廷〟、〝平民〟などの用語である。

『日知録』巻一〇「蘇松二府田賦之重」においては、本稿一節の二つの引用文に見られるように、中心的論点はそのまま継承されている。むしろ『官田始末考』に比較して、官田・民田それぞれの性格規定に関する唐鶴徴の見解がより積極的に導入されているといえよう。

この際、顧炎武は新たに『宋史』『金史』の食貨志の記事を援用し、これらの時代においては、官田と民田とが峻別されていたことを強調する。

猶夫宋史所謂一曰官田之賦、二曰民田之賦、金史所謂官田曰租、私田曰税者、而未嘗併也。(19)

顧炎武は、「蘇松二府田賦之重」において、このように、傍証を過去の文献の中に求めただけではない。本稿一節の「蘇松二府田賦之重」からの引用部分と、二節の『万暦武進県志』銭穀一・二からの引用部分とを対照すれば明らかなように、顧炎武は唐鶴徴の用いた表現をも改めている。すなわち、「朝廷」は「国家」に、「細民」は「民」に、「産」は「田」にと変えられ、国家の土地所有と人民の土地所有との対比が、より一般的に、より鮮明に表現されている。

以上のように、顧炎武は、明代江南官田に関する自己の見解を形成するに際し、唐鶴徴の見解を学び、それを継承・発展させた。それでは、顧炎武は、どのような問題意識から、彼の在世の一世紀前にすでに消滅した江南官田への考察を持続したのであろうか。

結論的に言えば、あたかも唐鶴徴が、その郷里の常州府武進県の直面する地域の課題にもとづいて、過去の官民一則化に対する批判を行なったように、顧炎武もその郷里の崑山県の属する蘇州府及び松江府、さらにこの両府を含む江南デルタ一帯の田賦が重いという課題を解決するために、江南官田論を展開したのであった。

『官田始末考』の冒頭には、こうした顧炎武の問題意識が直截的に表現されている。すなわち、そこでは、蘇州・松江・常州・嘉興・湖州五府の税糧について、

其科徴之重、民力之竭、可知也已。

と論じた一五世紀の人、丘濬の『大学衍義補』の一節が提示されたあと、顧炎武自身が次のように述べている。

按文荘（丘濬）此論甚明悉、特未考五府税糧所以偏重之故。即今五府之人、久而莫詳其本矣。因為論次如左。

天下租賦之重、至浙西而極、浙西之重、蘇・松・常・嘉・湖五府為甚、五府之中、蘇為甚。

顧炎武は、丘濬の見解を高く評価しながらも、そこには、江南デルタ五府のみが重い税糧を課されている原因についての解明がなされておらず、自分と同時代の当の五府の人々自身もその原因を理解していないとする。そして、これこそが『官田始末考』執筆の理由であるという。叙述は、江南デルタ五府の中でも蘇州府を主体として展開される。『官田始末考』においても、「蘇松二府田賦之重」においても、重賦の原因の解明は宋代に遡ってなされているが、もっとも直接的な原因として重視されているものこそ、先述した一六世紀の官田民田一則化の改革である。これをめぐる叙述の中に、顧炎武の地域の利害への関心が、また、率直に表明されている。

一六世紀の官田民田一則化以後、一七世紀中葉にかけての状況について、『官田始末考』は次のように述べている。

今且数十年、而後之人、遂以三斗以上、為蘇州田賦之常額。豈知国初之民田、本不過宋元之旧額哉。今将減而仍八升七升之額、固必不能、而復立官田、亦難卒辦。有王者作、必有能為此邦経久之画者、著其始末、俾後之人、有以攷焉。

官田と民田の毎畝徴収額を均一化した一六世紀の改革から、すでに数十年が経過してしまったため、蘇州府の人々は、蘇州府の税糧徴収額は常に一畝当たり三斗以上であった、とみなしている。まして彼らは、明初の民田の一畝当たりの徴収額が、宋元のそれを継承して、非常な低額であったことを知るよしもない。

顧炎武はこのように述べて、蘇州府における一畝当たりの税糧徴収額が比較的最近に形成されたことを、この地域の人々が改めて認識するようにと呼びかけている。

顧炎武が唐鶴徴と異なるのは、唐鶴徴が税糧徴収問題に関する詳細な記録を地方志に残すことを通じて、税糧徴収をめぐる不正行為を間接的に規制しようとしていたのに対して、顧炎武が具体的な税糧削減のプランを提示したことである。

『官田始末考』の上引の一節の末尾には、読者がお気付きのように、すでに、次のような意味の言及が含まれている。

　いま、一畝当たり三斗以上になる税糧徴収額を一挙に一畝当たり八升或いは七升という明初の民田の額の水準まで削減することはもとより不可能である。さりとて、もとの官田を今一度復活させて、その部分にかつて担っていた重い税糧を再び割り当て、もとの民田部分には軽い税糧の納入ですむようにさせることも、結局は難しいであろう。

ここで顧炎武が提示している税糧削減案は、大雑把にいえば、江南デルタの歴史を、一つは一四世紀の明初まで、いま一つは一六世紀の嘉靖中年・万暦初年まで逆に遡らせるという内容をもっており、顧炎武自身、実現は不可能とみなしている。この案は、いわば、読者に問題の所在を示す手段としての役割を担わされている。問題の解決は、何時の日か明の正朔を継いで登場する「王者」に委ねられ、その中に、「この江南地域のために恒久的な方策を樹立し得る者」が出現することが期待されているのである。

しかしながら、顧炎武は、『官田始末考』では、巻末に付け加えられた「減科議」という一文中において、また『日知録』の「蘇松二府田賦之重」では「故既減糧額」という説明語のある一節において、彼がより実現可能と考えるところの税糧削減プランを提示している。この二つは、ここでは行論の便宜上省略した私租削減の部分の小異を除くと全く同文で、以下の如くである。

　有王者作、咸則三壤、謂宜遣使、案行呉中、逐県清丈、定其肥瘠高下、為三等、上田科二斗、中田科一斗五升、下田一斗、山塘塗蕩以升計者、附於冊後。

この提案においても、問題解決の担い手は「王者」に託されているが、プランの内容は、明初の民田税糧額、或いは嘉靖期に始まる改革以前の官田の復活といった歴史遡行的な、超現実的なものではない。

対象地域は「呉中」、すなわち江南デルタに置かれており、これは『官田始末考』の冒頭にいう蘇州等の「五府」に当たるであろう。さらに、一六世紀の一畝当たり税糧徴収額の改革時にも現実に行なわれたように、各県を単位として、田土の測量・再登記としての「清丈」(「丈量」)と土地の生産性の査定(「定其肥瘠高下」)が実施される。その上で、土地の生産性に見合った税糧徴収額が設定される。この徴収額の水準も、一定の根拠をもっているようである。この水準と『官田始末考』の記す蘇州府各県の当時の現行の額とを表三において対比してみよう。

顧炎武の設定した中田の新徴収額を、顧炎武在世当時の蘇州府下各県の現行の徴収額と対比すると、前者は後者の四〇%乃至五〇%に当たる。上田の場合には六〇%台があり、下田の場合には三〇%前後であるものの、中田がもっとも標準的と考えられるので、顧炎武は現行のほぼ六〇乃至五〇%程度の削減を構想していたように思われる。

ちなみに、このような徴収額水準が導き出された根拠は、後に四節の(三)で触れるように、明初から官田民田一則化に至るまでの民田の一般的な徴収額であった一畝当たり五升にあるようである。すなわち、顧炎武は自己の理想とするこの五升を基準に、その二倍の一斗、三倍の一斗五升、四倍の二斗という額を算出し、これを新たな徴収額としたものとみなされる。

このように、顧炎武はその郷里崑山県の属する蘇州府と江南デルタ諸府の税糧徴収額削減という課題、極めて具体的な地域の利害に関わる課題の解決を企図して『官田始末考』を執筆し、さらにその内容を「蘇松二府田賦之重」に凝縮したのであった。彼が唐鶴徴に学んで、官田は「民の自有」の民田とは異なり、「国家の所有」に属する土地であることを強調し、官田民田を一則化した一六世紀の改革を批判したのも、当然のことながら、この実践的な企図と結びついていた。

非常に興味深いのは、顧炎武が、唐鶴徴に比べて、かかる実践的企図に結びついた発言をより多く行なっているため、その官田・民田の性格規定や官田民田一則化の改革批判の意味するところも、より鮮明に理解できることである。とりわけ、「豈知国初之民田、本不過宋元之旧額哉。今将減而仍八升七升之額、固必不能、而復立官田、亦難卒辦」という上引の一節の含意するところは重要である。この一節が一畝当たりの税糧額削減のプランとしては、まことに非現実的であり、顧炎武もそう考えていたことはすでに述べた。しかしながら、この一節からは、（一）税糧負担の軽微な民田が、明初以来、一六世紀の改革までは存続してきた、（二）官田の税糧負担はそれ自体としては重いが、官田が存在している間は民田の軽微な税糧負担も保持されていた、という顧炎武の認識が窺える。こうした認識から、顧炎武の脳裏には、改革以前の民田の軽微な負担水準を回復するためには、官田を復活させねばならない、という発想すら浮かんだのであった。

もとより、顧炎武のこうした民田重視の見解については、その史実認識をめぐって大きな疑問も湧く。たとえば、

表三　顧炎武在世時の蘇州府下各県の毎畝税糧（平米）徴収額と顧炎武の税糧削減プラン

県（州）名	顧炎武在世時の現行税額	削減プランの対現行額比		
		上田	中田	下田
長洲県	三・七　斗	五四%	四〇%	二七%
呉江県	三・六　斗	五五%	四一%	二七%
呉　県	三・四四斗	五八%	四三%	二九%
崑山県	三・三五斗	五九%	四四%	二九%
常熟県	三・二　斗	六二%	四六%	三一%
太倉州	二・九　斗	六八%	五一%	三四%

官田六二・九八％・民田三七・〇二％という蘇州府、官田八四・五二％・民田一五・四八％という松江府といった地域[20]では、民田の負担増よりも官田の負担減こそがまず必要とされたのではないか。あるいは官田・民田の負担の平均化こそ痛切にその必要が叫ばれていたのではないか。一六世紀の官民一則化の改革は、これらの状況の下で、むしろこの地域の人々から要請されていたのではなかったのか、等々。ちなみに、筆者自身は、既往の拙稿において明らかにしたところを通して、むしろ、ここで疑問の形で述べた見解に立っている。

しかしながら、ここで留意されねばならないのは、顧炎武が、すでに本稿で言及してきたように、各府県における一六世紀の改革から少なくとも四分の三世紀以上を経過した一七世紀の江南デルタにおける税糧負担額削減という企図に立って議論を進めていることである。『万暦武進県志』銭穀の項所載の官田民田一則化に対する唐鶴徴の評語は、この企図の正当性を裏付けるに足る理論的内容を孕んでいた。繰り返し述べてきたように、唐鶴徴の評語は、官田と民田とを土地所有制の観点から、極めて原理的に、鮮明に対比し、官田を消滅させることによって在来の民田の負担を増加させた一六世紀の官田民田一則化の改革を非妥協的に批判したものであったからである。

顧炎武は、唐鶴徴評語の概念規定をより一般的に、明快にし、官田を「国家之所有」、民田を「民自有之田」と表現し、「国家」の官田喪失、「小民」の莫大な税糧負担増を結果した一六世紀の改革を、「事之不平、莫甚於此」と厳しく批判した。在来の民田の負担水準回復のために在来の官田を復活するという先に見たその構想からするならば、顧炎武は、必ずしも「国家」のために、国家の財政収入の維持のために、官田が「国家之所有」であることを強調し、その喪失を嘆いたのではない。顧炎武は、「民自有之田」、人民が私的に所有する土地としての民田の税糧負担水準が、それにふさわしい軽微なものであることのためにこそ、官田が「国家之所有」に属する土地として存続し続けるべきであった、と主張したのである。

『官田始末考』や「蘇松二府田賦之重」を通読するかぎり、顧炎武は、宋代以後、明初に至る官田の設置や拡大それ自体に対しては、官田承佃者の負担の大きさと生計維持の困難という点から、むしろ批判的である。しかし、一七世紀江南地域の税糧負担削減という企図にたつ時、彼は、いわば民田の負担水準を引き上げないための防波堤として、民田を維持するための手段として、官田の維持を強調したのである。

官田に対する顧炎武の把えかた、すなわち官田が「国家之所有」であることを強調する立場が、実は以上のような意味を持っているとすれば、それは、江南デルタで官田が実際に拡充されていった時期、宋代以後の現実の土地所有制とはどのように関わるであろうか。官田の造成が、王朝国家による土地の政治的没収や強制買上げによっていることからすれば、江南官田拡充の時期の私的・個別的土地所有は近代的な意味での所有として確立していなかったといえよう。しかしながら、先にも触れたように、唐鶴徴・顧炎武の理解における官田は、全土を覆う普天王土的な国家的土地所有ではなく、私的土地所有の原理が貫徹している中の国家の所有部分であり、いわば〝国家の私有する土地〟であった。そして顧炎武においてより鮮明に表われているこの両者の立論の企図からすれば、第一義的に保証・維持されるべきなのは、「国家之所有」としての官田の利害ではなく、「民自有之田」としての民田の利害であった。官田が「国家之所有」であることを強調する唐鶴徴・顧炎武の見解は、江南官田拡充の時代が、土地国有制の強固な時期であったことの所産であるように見えるが、それは表面上のことである。両者の見解は、官田そのものが、宋代以降における中国固有の私的・個別的土地所有の成熟の中で、人為的に創出されたこと、明末には、かかる固有の私的・個別的土地所有の権利が、地域の共同利害としての税糧負担水準の問題と結び付いて一層尖鋭に自覚されるようになったことを示している。

四　顧炎武官田論のいま一つの源流
――『天下郡国利病書』蘇上（手稿本・原編第四冊）と所収一記事の理解

（一）

唐鶴徴や顧炎武の極めて尖鋭な官田論が一畝当たり税糧負担額削減という彼らの郷里、江南デルタ地域の共通の課題の解決を企図して展開されたことは、すでに見た通りである。このうち、顧炎武の官田論と、郷里である崑山県や同県の所属する蘇州府への彼の関心とが緊密に結合していたことについて、別の角度から検討しておこう。その手がかりは、顧炎武の編纂した『天下郡国利病書』手稿本の蘇州府に関する段落の前半にあたり、合計六二葉からなる「蘇上」の中に見出される。以下、この部分を「蘇上」と略称する。

先ず、「蘇上」の構成や内容上のいくつかの特徴を指摘しておかねばならない。

〔1〕周知のように『天下郡国利病書』は、基本的には、顧炎武が、彼の所見のおびただしい地方志の中から、とくに関心を抱いた記事を抄写し、各省（布政使司）・各府ごとに整理したものである。しかしながら、「蘇上」は単に抄写された地方志の記事を集めたものではない。「蘇上」は、それ自体が次に示すように一つの構成のもとに整然と編集されている。

蘇州府　〔彊域〕〔城〕〔衛〕〔駅逓〕〔鈔関〕〔形勢〕〔往事〕〔山水〕〔歴代水利〕〔兵防〕〔財賦〕
呉　県　〔彊域〕〔巡司〕〔山水〕〔郊聚〕〔古蹟〕
長洲県　〔彊域〕〔巡司〕〔山水〕〔郊聚〕
呉江県　〔彊域〕〔城〕〔駅〕〔巡司〕〔形勝〕〔山水〕〔関梁〕〔郊聚〕

常熟県　［疆域］［城］［巡司］［形勝］［山水］［郊聚］

崑山県　［疆域］［城］［駅］［巡司］［山水］［郊聚］

嘉定県　［疆域］［城］［所］［巡司］［山水］

［2］こうした構成は、また、蘇州府の明代編纂の府志である洪武一二年（一三七九）刊『蘇州府志』、正徳元年（一五〇六）刊『姑蘇志』などのそれと対応しておらず、独自に設定されたものである。

［3］明朝の正朔を奉じていることを示す表現(A)や南明の年号(B)が使用され、また、「□□□曰」として作者の姓名を削除した箇所(C)があり、「蘇上」の編者の反清復明的な立場が窺われる。以下(A)、(B)、(C)に示す通りである。

(A)「元末、張士誠據平江、称呉王、我太祖平之」（蘇州府［往事］）。「大明永楽二年、戸部尚書夏原吉」云々（蘇州府［山水］［歴代水利］）。

(B)「弘光元年、命工部主事朱子覲開呉淞江」（蘇州府［山水］［歴代水利］）。

(C)常熟県［山水］三個所。嘉定県［所］［山水］。

［4］蘇州府及び同府属の六県ごとに設定された各項目（［1］参照）に即して、出身地の士大夫や地方官の記した経世文が収載されている。これらの文章の中には、呉江県［郊聚］の項における徐師曾の見解が『嘉靖呉江県志』に原載されていたものであるように、地方志からの引用が少なくない。しかしまた、蘇州府［財賦］に引用された丘濬著『大学衍義補』の一節のように、地方志以外の文献に含まれていて、他ならぬ顧炎武が『官田始末考』や「蘇松二府田賦之重」の執筆に際して重視してきたものも見出される。

［5］「蘇上」には、「臣按」という一句で始まる按語がしばしば見られる。この形式をもつ按語には二つの種類がある。一つは上記蘇州府の項の『大学衍義補』からの引用に見られるごとく、原文そのものに含まれている場合である。いま一つは呉江県［郊聚］の項のように、引用された『嘉靖呉江県志』の「徐師曾曰」ではじまる一節には、も

ともとこの形式の按語はなく、明らかに「蘇上」の編者が自己の所見を記すために付け加えた場合である。「蘇上」の構成や内容に見られる以上の五つにわたる特徴から、私たちは次のような見通しを得ることができる。第一に、この「蘇上」全体が、独自に編纂された蘇州府を対象とする地方志、いわば私撰の「蘇州府志」ともいうべき性格を帯びていることである。第二に、「蘇上」では明朝を正統とする立場が貫かれており、したがって『天下郡国利病書』自体の編者顧炎武の立場と共通したものがあること、また、財政に関して「蘇上」の中で重視されている文献と、当時の顧炎武によって一貫して重視されている文献とが一致していることなどから、「蘇上」の編纂者が顧炎武であると推定できることである。総括的に言えば、ここまでの検討に依拠するとしても、「蘇上」は顧炎武撰『蘇州府志』稿本である可能性が強いと言えよう。少なくとも、『天下郡国利病書』手稿本「蘇上」は、顧炎武と非常に近い観点をもって書かれた、蘇州府を対象とするところの地方志に準ずる作品である、といえよう。

さて、顧炎武の官田論とその郷里たる崑山県や蘇州府との緊密な結び付きを示すのは、実は他でもなく、この「蘇上」の蘇州府［財賦］の項の構成と内容である。この項は二つの部分から構成されている。前半は合計一七行からなり、すべて、顧炎武がその官田論の中で常に重視しているあの丘濬『大学衍義補』巻二四、制国用、経制之義上からの引用である。ここでは『官田始末考』の場合よりも、また「蘇松二府田賦之重」の場合よりも詳細な引用が行なわれている。すなわち、

已諺有之、蘇松熟天下足。伏願明主一視同仁、念此五郡財賦所出、国計所頼、凡百科率、悉従寛省。（下略）

という箇所を含む引用である。つまり、すでに一五世紀の時点で、丘濬が蘇・松・常・嘉・湖五府の公課負担削減を皇帝に訴えている部分である。

問題を深める上で重要なのは、合計二八行からなる後半の部分である。この部分はまた、「楊芳曰」で始まる四行弱の段落と、それに続くところの「臣按」に始まる二四行弱の段落とに二大別される。行論の展開を一部分先取りし

ていえば、この「蘇上」蘇州府［財賦］の項では、先ず明初の民田の負担が軽微であったことを伝える格好の資料として「楊芳」の見解が紹介され、続いてそれを前提としながら、江南デルタの税糧削減を強く訴えるところの「臣」の見解が提示されている。

（二）

「楊芳曰」に始まる段落の全文は、以下の通りである。

楊芳曰。元耶律楚材、定天下田税、上田畝三升、中田二升五合、下田二升、水田五升。我朝天下田租、畝三升三合五勺。蘇松後因籍没、依私租額起税、有四五斗、七八斗、至一石者。蘇在元糧三十六万、偽呉百万、今二百七十余万矣。

この短文の主旨は以下の通りである。

楊芳なる人物の見解によれば、元朝の時代の税糧の水準は一畝当たり升を単位とする軽いものであり、明朝のそれも同様に一畝当たり升を単位とするものであった。ただ、蘇州府・松江府だけは、その後民田が没収されて官田となり、没収前の私租額を基準にして税糧額が設定されたため、一畝当たり斗を単位とし、あるいは一石にも達する重いものになった。その結果、蘇州府の場合、府全体の税糧の合計は二七〇余万石になった。

明初の江南デルタにおける官田や民田の存在形態については、かつて一九六〇・六一年の拙稿1、及び一九八六年の拙稿8・9で明らかにするところがあったが、いまは、それと楊芳の認識との異同については問わない。ここで重要なことは二つである。一つは、楊芳が明初においては民田の一畝当たりの税糧額が非常に低かったと強調していることである。この点は後に取り上げる。いま一つは、楊芳のこの見解が、顧炎武の郷里の蘇州府崑山県の人々によって注目され、代々継承されてきたことである。以下では、この後者の点を改めて明らかにしておこう。

「楊芳曰」で始まる一文が初出するのは、管見の限りでは、蘇州府崑山県の人、進士出身の官僚たる葉盛（永楽一八年〈一四二〇〉－成化一〇年〈一四七四〉）の著作『水東日記』巻四「蘇松依私租額起税」である。次にその全文を引く。

　長洲民楊芳、景泰中嘗以十事上巡撫鄒都御史。其均税額以為、古昔井田養民、而秦廃之。漢初軽田租、十五而税一、文・景三十而税一。光武初行十一之税、後三十而税一。晋隆和畝収二升。五季銭氏両浙畝三升、宋王方贄均両浙田畝一斗。元耶律楚材定天下田税、上田畝三升、中田二升五合、下［田］二升、水田五升。我朝天下田租畝三升、五升、三合、五合。蘇松後因籍没、依私租起税、有四五斗、七八斗至一石者。蘇在元、糧三十六万、張氏百万、今二百七十余万矣。

『水東日記』のこの一文の中、井田法・秦漢の田租から五代・宋に至る個所を除いた残りの部分が、「蘇上」所引の「楊芳曰」の一節になっていることは明らかである。ただ「蘇上」では、明初の一畝当たり税糧額を示す「我朝天下田租」の数値が「畝三升三合五勺」になっているのに対し、『水東日記』の一文では、「畝三升、五升、五合、三合」である。「蘇上」がそれに続く「臣曰」の段落では、「三升三合五勺」を用いず、民田の軽微な負担額を「五升」と表記していることからも、「蘇上」の方に何らかの誤写があるように思われる。

　さて、『水東日記』の読者が崑山県人に限られることはもとよりありえないが、「蘇松依私租額起税」の一文が、その後も同県の士大夫の重視するところとなっていたことは注目される。成化六年（一四七〇）の崑山県の生まれ、正徳三年（一五〇八）の進士で、嘉靖一九年（一五四〇）には七一歳での在世が確認されている方鵬(21)は、「景泰中」の「長洲県民楊芳」が巡撫鄒某(22)宛に差し出した上書と「松江の夏時(23)が撰した所の政監」との二つの見解に基づき、知府劉某に「蘇松税粮之所由重」を訴え、その軽減を要請した。すなわち「復劉方伯書」である。この中、楊芳の上書として引用されている部分は、ほぼ『水東日記』の上記の一節に等しい。

　加えて注目しなければならないのは、この方鵬の「復劉方伯書」が、後年、顧炎武の死の翌年の康熙二二年（一六八三）に編纂され、抄本の形で遺されている『崑山県志』（北京図書館善本室蔵）の中に「邑人の方鵬」執筆のものとして収載され、今日に伝えられていることである。

以上のように、『天下郡国利病書』「蘇上」所載の「楊芳曰」で始まる段落は、蘇州府長洲県人楊芳の景泰年間における巡撫への上書の内容を記録したものであるが、この上書を重視し、後代へと伝えていく上で、代々の蘇州府崑山県人の果たした役割は小さくない。「楊芳曰」で始まる段落は、いわば崑山県にゆかりの深い一文であるといえよう。

（三）

「臣按」で始まる段落は長文にわたるが、いずれも『官田始末考』や「蘇松二府田賦之重」における顧炎武の官田論との関連を問う上で重要な内容を持つ。先ず全文を、分節を設けた上で提示しておく。

［1］臣按、今日糧額之重、莫甚于蘇州矣。然国初民田大率以五升起科、則固未嘗有増于耶律楚材所定之額也。惟抄没之田最重、有至一石以上者。而蘇在国初克平偽呉之後、抄没独多。故総計之、有二百八十万之額。安有聖祖而為加賦之事乎。迨後宣廟深憫斯民之困、下詔、毎田一畝、納糧自一斗至四斗者、各減十分之二、四斗一升至一石以上者、各減十分之三。永為定制。然一石而減其三、猶是七斗、而民困未蘇。

［2］至嘉靖中、巡撫欧陽鐸、始行牽耗之法、均其税于民田、而各県之田、皆不及四斗、人以為便。此因一事褒益之権。然使当日五升起科之田、莫非三斗以上、小民自有之田、与抄没者同其科、而久遠之後、遂忘聖祖取民中正之大制。

［3］後之人、不考其本相伝之、妄至謂太祖忿東呉久抗王師而重其賦者。［原注。庶吉士張溥文集。］耗之法、太祖止科抄没之田、原未概科三呉之賦。至于蠲免之恩、在洪武中、蘇州止蒙一次、自縁入版図之日浅耳。豈有一士誠之故而并罪其民乎。

［4］聖明在上、念一方之困已二百八十年、而又念今日所謂抄没之田、並已子孫数十伝、忘所自来、以為己有、而冊籍亦多不存。儻得一切挙而平之、俾得比于民田之賦、即不敢望復五升之額、而則為三壤、不過一二倍之而止。其他各郡、以次推行、使三呉之田、曠然一反古初之旧、而聖祖中正之制、亦大白于天下。朝廷獲減賦之名、而歳入之数、無損于宋元之盛。豈非一方之幸哉。

［1］では、当面する時期の蘇州府の税糧負担の重さが他に類例を見ないという認識が提示された上、明朝開創期の蘇州府では、一方で民田の軽微な徴収水準の維持、他方で抄没田の多設とその徴収水準の重さ、という二つの状況が併存していたことが指摘される。附加的に、宣徳期における重額部分削減措置への言及がある。

［2］では、嘉靖年間に応天巡撫欧陽鐸が税糧の附加徴収部分である耗米の操作という方法を用いて、抄没田の一畝当たりの税糧額と民田のそれとの均等化を実施し、その結果、府下各県ではすべての田土の税糧額が四斗以下のレヴェルに統一された、という認識が提示される。一六世紀の均糧＝官民一則化の改革についての言及である。続いて、この改革が別の側面から分析される。一畝当たり五升という軽微な税糧負担額が廃止されて、いずれの田土の税糧負担もみな一畝当たり三斗以上に改変されたため、「小民自有之田」としての民田と抄没田とが同一の取り扱いを受けることになり、このため、明朝の創始者朱元璋による中庸・公正なる徴税水準維持政策が忘れ去られることになった、とされる。

［3］では、［1］［2］をふまえて太祖朱元璋が、明朝樹立過程における抵抗勢力への報復政策として、江南デルタ地域の税糧負担額の一律引き上げを実施した、という見解に対する反駁がなされる。

［4］では、江南地方の困窮が明朝開創以来すでに二八〇年続いていること、この長い年月の間に本来国家に属していた抄没田もすでに私有の土地と化していること、皇帝が自覚して、税糧削減を実施するよう提案がなされる。すべての土地を民田とみなし、民田にふさわしい税糧＝賦税を賦課すること。明初の一畝当たり五升の水準を復活

することが難しいとしても、土地の肥瘠に即して上中下三つの等級を設定し、五升の二乃至三倍（＝原文の「一、二倍」）に当たる一斗乃至一斗五升の水準に留めること。蘇州府だけでなく、江南地域の他の府においても順次実施すること。

これが提案の内容である。

江南地域の土地の面目を抄没開始以前の状態に戻し、太祖朱元璋の政策の中庸・公正さを天下に認識させ、朝廷は減賦の誉れを享受するとともに、宋元水準の歳入を保持できよう。

これが提案実施の効果についての展望である。

（四）

以上のように、「蘇上」蘇州府［財賦］の「臣曰」に始まる段落は、顧炎武の官田論と共通する点が多い。主題が、蘇州府を始めとする江南デルタ地域の一畝当たりの税糧負担額の削減にあることは、両者の共通した前提であるが、税糧負担額の過重をもたらした直接的な契機を一六世紀の官田民田の一則化の改革に求め、この改革に際して官田の従来の負担が従来民田であった部分に転嫁されたことを重視するという問題把握の仕方にこそもっとも基本的な共通点がある。

すなわち、本稿の一節から三節においては、顧炎武や彼に大きい影響を与えた唐鶴徴によって、官田が「国家之所有」乃至「朝廷之田」であることが改めて強調されるのは、彼らが官田それ自体の維持が必要であると考えていたためではなく、「民自有之田」である民田と民田に固有の軽微な税糧を維持することが必要であると考えていたためであった、と分析してきた。

一方、本稿四節でここまで論述してきた「臣曰」に始まる段落では、太祖朱元璋が、従来の民田の抄没を実施しつつも、抄没の対象外の民田については元代以来の民田固有の軽微な税糧負担額を保証していたことが強調され、嘉靖年間の改革によって、「小民自有之田」としてのこの民田が全く性格を異にする抄没田と同一水準の負担を課せられるようになったことが批判されている。

ちなみに、「蘇上」崑山県［郊聚］の項には、同県人、進士出身である帰有光（一五〇六―一五七一）の「与邑令論三区賦役水利書」(24)の全文が収録されている。そこでは、在来一畝当たり五升であった同県の三つの地区の税糧負担を一挙に三斗三升五合に変えた嘉靖一七年（一五三八）の蘇州府知府王儀の「牽耗之法」――官田民田一則への批判が展開されている。

いま一つ注目されるのは、一畝当たりの税糧負担削減の方法について、『天下郡国利病書』「蘇上」の「臣曰」で始まる段落と、『官田始末考』、『日知録』「蘇松二府田賦之重」との間に明らかな共通点があることである。前者には「則為三壌」という部分がある。これは後者の「咸則三壌」という部分に対応している。いずれも、土地の生産性――肥瘠に基づく三等級の畝当たり徴収額の設定が「三壌」という語を用いて提起されているのである。

このように、「蘇上」蘇州府［財賦］後半の「臣曰」の段落の主題と論理は、顧炎武の官田論のそれと本質的な点で共通している。ここで想起されるべきは、明代民田の税糧負担の抄没田のそれとの違いを指摘することによって、続く「臣曰」の段落の論理展開の伏線を形作っている「楊芳曰」の段落が、また、顧炎武の郷里蘇州府崑山県にゆかりの深い文章であることである。「臣曰」に始まる段落が顧炎武によって執筆され、「臣」とは他ならぬ顧炎武の自称であることは、ほぼ確かだと思われる。かりに執筆者が顧炎武ではなかったとしても、その人物の観点は『天下郡国利病書』自体の編者顧炎武のそれと極めて近いものがあった、と言えよう。

なお、「臣曰」に始まる段落の内容と『官田始末考』や『日知録』巻一〇「蘇松二府田賦之重」における顧炎武の官田論の内容との間には異同もある。

第一は、後者では、明朝が宋元両朝から継承した官田と明朝自身が抄没その他の方法で設置した官田とが、一括して「官田」と呼称され、それと民田とが対比されているのに対し、前者では、いま見てきたように、明朝が抄没した土地が「抄没之田」等と呼称され、民田と対比されていることである。

第二は、前者においては、聖祖、太祖という表現で明朝の創設者朱元璋の存在が強く意識されており、また、「聖祖中正之制」が讃えられる一方、「概科三呉之賦」などという太祖の政策への批判に対する反批判が試みられていることである。

第三は、かつて拙稿6で明らかにしたように、後者においては、租佃制、田主－佃戸関係への強い関心が併せて表明されているが、前者においては、この面への注意が全く見られないことである。

もし、前者の執筆者が顧炎武であるとしても、この後者との異同は解明されねばならない。ここで全面的に言及することは避けるが、一つの手掛りは、抄没田に起因する困窮が始まってから「已に二百八十年」という前者の記述（[4]）にあろう。前者の執筆は、明朝の創始された洪武元年、一三六八年から二八〇年後の清の順治五年（一六四八）頃とみなされる。後者のうち、『官田始末考』は順治一八年（一六六一）頃の作に比定され、この『官田始末考』をふまえて「蘇松二府田賦之重」がまとめられている。すなわち、顧炎武は一「蘇上」蘇州府［財賦］「臣曰」の部分、二『官田始末考』、三「蘇松二府田賦之重」という順序で、官田論を展開していったとみなされるのである。大雑把な展望を述べれば、官田論としての資料収集の密度や概念・論旨の一般化・普遍化はこの順序で一歩一歩進んでいる。他方、明朝と太祖朱元璋にたいする率直な共感の表明は、この順序で次第に稀薄になり、「王者」などのより抽象化された表現が用いられる。

しかしながら、この三篇の文章のいずれにおいても、二つの特徴は一貫している。一つは「小民自有之田」「民自有之田」と称され、制度上では民田として取り扱われる私的・個別的な土地所有に対する鋭い自覚である。一つは、本稿四節で確認してきたように、顧炎武の官田論が、その郷里崑山県の属する蘇州府や江南デルタ地域の利害への非常に強い実践的関心に支えられていることである。そして、この二つの特徴は密接な内面的関連をもっているように思われる。

五　残された課題

本稿では、官田が「国家之所有」であることを改めて強調した顧炎武の官田論の根底にある土地所有思想とその形成の背景を考察してきた。

顧炎武の土地所有思想の根底には、私的・個別的な土地所有の正当性に対する確信の存在していたことが明らかになった。

同時に、顧炎武の、私的・個別的な土地所有の正当性に関する主張は、単に抽象的な権利の主張として行なわれたのではなく、江南デルタ地域の税糧負担の削減という課題解決への彼自身の要求と結合して展開されたものであり、またこうした課題意識をもつこの地域の先人の見解を継承・発展させたものであることも明らかになった。

以上が本稿のささやかな結論である。敢えて換言すれば、顧炎武の官田論は、実は民田論であり、しかも江南民田論であったといえよう。

顧炎武の一連の官田論の内包する問題は、これまで述べてきた土地所有をめぐるそれに限定されるわけではない。先ず指摘しておかねばならない問題は、顧炎武が官田論の中で　畝当たりの税糧（田賦）削減への提案を行なっているだけではなく、租（佃租）削減への提案をも行なっていることである。すなわち、顧炎武が、土地所有・土地所有者に対してのみでなく、租佃関係・佃戸に対しても深い実践的関心を寄せていたのである。この点については、かつて、一九八〇年、拙稿6「『官田始末考』から「蘇松二府田賦之重」へ――清初蘇松地方の土地問題と顧炎武――」

で詳細に論じた。そこで述べたように、顧炎武は、税糧の減免を私租減免の前提としても重視していた。ここでは、以下に、改めて顧炎武のこの面での提案の部分に触れておこう。

『官田始末考』においては、税糧削減案としての「減科議」の先引の部分に続けて、次のように私租減額を提案する。

至于私租、一切従減、為之禁減、不得過一石以上。如此則民楽業而賦易完、上下均科之道也。

呉中之民、有田者什一、為人佃作者十九。（中略）而収成之日、所得不過数斗、至有今日完租而明日乞貸者。故既減糧額、即当禁減私租、上田不得過八斗。如此則貧者漸富、而富者亦不至於貧。

『日知録』巻一〇「蘇松二府田賦之重」においては、税糧削減案を含む官田論の展開ののち、よく知られた末尾の一節において詳細に租佃制の問題に触れ、その中で私租減額を提案する。

さらに指摘しておかねばならない問題は、私的土地所有をめぐる見解と税糧削減案、佃作者の再生産をめぐる見解と私租削減案、及び呉、三呉、呉中、蘇松二府などと表現されている江南デルタ地域の経済的存立など、一連の官田論に窺われる顧炎武のさまざまな問題関心をどのように統一的に理解するかである。換言すればこうである。

前掲の拙稿で指摘したように、顧炎武の租佃制への言及にあっては、田主による高額の私租収奪に対する厳しい批判が特徴的である。顧炎武は同じ清初の蘇州府を生きた黄中堅（呉県の人。一六四九－一七一九）とは異なり、田主の土地所有を無条件に肯定する立場はとっていないのである。しかしながら、顧炎武も田主の土地所有の存在自体を否定しているわけではない。とすれば、顧炎武の一連の官田論には、田主の土地所有、田主を含む小民の土地所有、佃戸の再生産、地域の経済をどのように統一的に維持していくか、という問題が内包されていたことになる。

顧炎武がこの問題をどのように自覚的に把え、対象化していたかは、必ずしも明らかではない。ただ、顧炎武が「民生」という用語によって社会の広汎な、各層にわたる構成員の生活を概括し、この「民生」を豊かにする条件として「封建の意を郡県の中に寓する」ことを主張したことは注目に値する。地域社会の国家に対する主体性の相対的な確立を通して、社会の各層がそれぞれに存立の条件を得ることが、主張されているように思われるからである。すなわち、『亭林文集』巻一「郡県論」には、周知の次のような部分がある。

此民生之所以日貧、中国之所以日弱而益趨於乱也。

所謂寓封建之意於郡県之中、而二千年以来之敝、可以復振。後之君苟欲厚民生強国勢、則必用吾言矣。

最後に、再び、その官田論を特徴づけている顧炎武の土地所有思想が同時代の思想としての特質をもっていることを付言しておきたい。それは、王夫之（船山。一六一九―一六九二）の土地所有思想と顧炎武のそれとの共通性である。

王夫之は、先ず、土地は、本来的に私的・個別的に所有されるものである、という見解をもつ。すなわち、かの『噩夢』には次のような一節がある。

天下受治於王者、故王者臣天下之人而效職焉。若土、則非王者之所得私也。天地之間、有土而人生其上、因資以養焉。有力者治其地、故改姓受命、而民自有其常疇、不待王者之授之。

土地というものは、本来的に、「王者」の恣意的に扱い得るものではなく、従って、王朝交替にも関わりなく、民自からその永久所有の対象としての土地をもつ。王夫之は、このように述べている。彼はこの観点から江南デルタ諸府の官田と民田の税糧負担を均一化して民田のそれを重くした一六世紀の改革を、顧炎武と同様に厳しく批判する。王夫之は、海瑞（一五一四―一五八七）が上奏してすべての田土を民田化することができないまま、こうした改革を実施して事態をとりつくろったと見る。

蘇・松・常・湖等郡、則張士誠君臣没官之田、与籍没豪右及遷徙濠・泗之産、皆名為官田。（中略）海中丞瑞不能奏改民（民田）以均甦之、而平鋪於民田、以為一切苟且之計。故無官無民、其派均重、而民困極矣。

王夫之の土地所有思想についても、その形成の過程、また地域という場との関わりなどそれ自体として検証すべき点は少なくない。今ここでは、顧炎武の官田論に内包されている土地所有思想が、江南デルタという、地域の質のみならず、一七世紀という、時代の質を刻印されていたことを確認しておきたい。

註

（1）明代江南官田を対象として、或いはそれとの関連を念頭に置いて発表してきた論文は、以下の通りである。本稿では下記のナンバーを付して引用する。

1　「明初江南の官田について－蘇州・松江二府におけるその具体像－（上）（下）」（『東洋史研究』一九－三・四、一九六〇・六一年）。

2　「十六世紀太湖周辺地帯における官田制度の改革（上）（下）」（『東洋史研究』二一－四・二二－一、一九六三年）。

3　「十五世紀太湖周辺地帯における国家と農民」（『名古屋大学文学部研究論集』三八、一九六五年）。

4　「十五世紀前半蘇州府における徭役労働制の改革」（『名古屋大学文学部研究論集』四一、一九六七年）。

5　「元代浙西地方の官田の貧難佃戸に関する一検討」（『名古屋大学文学部研究論集』五六、一九七二年）。

6　「『官田始末考』から「蘇松二府田賦之重」へ－清初蘇松地方の土地問題と顧炎武－」（『名古屋大学東洋史研究報告』六、一九八〇年）。

7　「明中葉江南デルタにおける税糧徴収制度の改革－蘇州・松江二府の場合－」（小野和子編『明清時代の政治と社会』京都大学人文科学研究所、一九八三年）。

8　「明初江南における籍没田の形成」（『名古屋大学文学部研究論集』九九、一九八六年）。

9　「明初の籍没田について－江南官田形成過程の一側面－」『東方学報』京都・五八、一九八六年）。

1～9は、6を除き拙著『明代江南土地制度の研究』同朋舎出版、一九八八年に収録。6は本論集本巻第二章。

（2）顧炎武の生涯については、主として張穆『顧亭林先生年譜』（四巻本）、謝国楨『顧亭林先生学譜』（上海商務印書館、一九五七年）、『日知録』（三二巻本）潘耒序によった。

（3）『蔣山傭残稿』三、張慧剣編著『明清江蘇文人年表』（上海古籍出版社、一九八六年）より転引。

（4）前掲註（1）・6の森論文。

（5）宮崎市定「宋代以後の土地所有形体」（『東洋史研究』一二―二、一九五一年。のち『アジア史研究』四、東洋史研究会、一九六四年、『宮崎市定全集』第一一巻、岩波書店、一九九二年に収録）。

（6）伍丹戈『明代土地制度和賦役制度的発展』（福建人民出版社、一九八二年）。

（7）六府の官田の面積の典拠は以下の通りである。

蘇州府：正徳元年（一五〇六）刊『姑蘇志』巻一五、田賦。

松江府・常州府・鎮江府：『正徳大明会典』巻一九、戸部四、州県二、田土。

嘉興府：嘉靖二八年（一五四九）刊『嘉興府図記』巻八、物土。

湖州府：嘉靖四〇年（一五四一）刊『浙江通志』巻一七、貢賦志。

なお、『姑蘇志』所載の数値については、藤井宏「明代田土統計に関する一考察」（『東洋学報』三〇―三・四、三一―一、一九四四―四七年）によって補正した。藤井の補正は『姑蘇志』原文の割註に記載された各州県別の数値をもふまえてなされており、説得的である。

また、六府の官田面積については、前掲註（1）の拙稿1（上）第一表、参照。

（8）前掲註（1）・2の拙稿に拠る。以下の一六世紀の江南デルタにおける税糧徴収制度の展開過程に関する叙述も当該の拙稿に拠る。

（9）嘉靖二一年（一五四二）補刊『姑蘇志』巻一五、田賦、税糧。

（10）嘉靖三七年（一五五八）刊『呉江県志』巻九、土田。

（11）嘉靖二六年に死亡した周用の筆になる「与魏荘渠論均糧書」（『周恭粛公集』巻一八、書）。

（12）嘉靖二一年（一五四二）刊『湖州府志』巻一、郡紀「正徳一四年都御史許庭光始請均湖州府各県粮耗」。

（13）万暦三三年刊『武進県志』巻三、銭穀一、額賦。万暦四六年（一六一八）刊『常州府志』巻四、銭穀三、徴輸。

（14）崇禎一五年（一六四二）刊『呉県志』巻七、田賦上。崇禎二年（一六二九）重刻・嘉靖二七年（一五四八）刊『太倉州志』巻五、戸田。前掲『嘉靖呉江県志』巻八、土田。

（15）『嘉靖湖州府志』巻一、郡紀「正徳十四年都御史許庭光始請均湖州府各県粮耗」。同書巻八、嘉靖二〇年一二月湖州府〔知府張鐸〕申文。万暦四年（一五七六）刊『湖州府志』巻一一、賦税。

（16）嘉靖二八年（一五四九）刊『嘉興府図記』巻八、物土三。
（17）崇禎四年（一六三一）刊『松江府志』巻八、田賦一。
（18）万暦二五年（一五九七）刊『鎮江府志』巻五、賦役志。
（19）この一節の典拠はおそらく以下の二条であろう。『宋史』巻一七四、食貨志上・二。「宋制、歳賦、其類有五。曰公田之賦、凡田之在官、賦民耕而収其租者是也。曰民田之賦、百姓各得専之者是也」。『金史』巻四七、食貨志二、租賦。「金制、官地輸租、私田輸税」。
（20）蘇州府における官田と民田のそれぞれの比率を算出した根拠は、前掲註（7）所引『正徳姑蘇志』の当該個条であり、また、その数値も、前掲註（7）の藤井論文によって補正したものを用いている。松江府における官田の占める比率の算出根拠は、前掲註（7）所引『正徳大明会典』の当該個条である。なお、前掲註（1）・1の森論文、参照。
（21）方鵬の生涯の事蹟については、前掲註（3）張慧剣『明清江蘇文人年表』が詳しい。
（22）「鄒某」とは南直隷巡撫（応天巡撫）の鄒来学である。在任は景泰六年（一四五五）から景泰七年（一四五六）であった。呉廷燮『明督撫年表』による。
（23）「夏時」は「夏時正」に訂正すべきである。夏時正は松江府華亭県の人。嘉靖三九年（一五六〇）に生まれ、天啓七年（一六二七）に死んだ。前掲註（3）張慧剣『明清江蘇文人年表』による。
（24）『震川先生集』巻八「論三区賦役水利書」。

附記

本稿は、拙著『明代江南土地制度の研究』（同朋舎出版、一九八八年）の終章執筆中に得た構想を展開したものである。

『名古屋大学文学部研究論集』第一〇一号　史学三四　一九八八年

4　清初の「蘇松浮糧」に関する諸動向

はじめに

明代の江南デルタにおける税糧徴収制度のありかたは、一五三〇―七〇年代、嘉靖から万暦初年に至る均糧・徴一の改革を経て、それ以後の時代、とりわけ、続く清代の江南デルタにおける公課徴収制度にどのように関わるのか。拙著『明代江南土地制度の研究』[1]において、筆者は、前者の、いわば枠組みが後者に継承されたことについては若干の言及をした[2]。しかし、前者は後者に具体的にどのように影響し、あるいは後者は前者に対してどのような独自性をもつのか。こうした領域には深く踏み込むことができなかった。本稿は、そうした領域をどのように切り開いていくか、という模索の一つである。

さて、この拙著の終章と二編の旧稿で言及したように、明末から清初を生きた蘇州府崑山県の人顧炎武は、『官田始末考』、及び『日知録』巻一〇所収の「蘇松二府田賦之重」において、清初における江南デルタの土地所有の実現と税糧徴収のありかたとの関連を問題とした[3]。顧炎武は、とくに蘇州・松江両府の「田賦の重さ」が土地所有の実現と農業経営の維持に大きな困難をもたらしており、一畝当たりの田賦の減額とそれにともなう佃租の削減が緊急に必要である、と説いた。「蘇松二府田賦之重」では、一畝当たりの田賦は、上田二斗、中田一斗五升、下田一斗への減額、佃租は上田で八斗を越えないという水準までの減額が必要である、と主張した。

もとより、今日、我々が、蘇州・松江二府を中心とする清初の江南デルタの田賦の形成過程を、宋・元・明の三代、とりわけ、明代から出発して把握しようとする時、『官田始末考』の完成前に、彼自身によって執筆されていた、とみなされる『天下郡国利病書』「蘇上」蘇州府［財賦］の項を含むこれら一連の作品は、なおもいくつかの手がかりを与えてくれる。(4) しかしながら、いうまでもなく、当該作品群の中心的主題は、彼が緊要だと認識していた清初における上記の現実的課題の解決に捧げられていた。とすれば、顧炎武の一連の作品の清初においてもつ意義は、それらの執筆され、公表された環境を明らかにすることを通じて、すなわち、それらの占める客観的位置を明らかにすることを待って、はじめて確認されるであろう。この意味で留意しなければならないことの一つは、顧炎武が、「蘇松二府田賦之重」において最終的に集約した清初における現実的課題が、顧炎武によってのみ提起されていたのではないことである。旧稿の一つ、「顧炎武の官田論における土地所有思想とその背景」で触れたように、顧炎武の一連の官田論には、その郷里、蘇州府崑山県の明代における言論の系譜の影響が認められる。しかし、さらに注目されるのは、同時代としての清初には、顧炎武と平行して、蘇松地方の田賦の重さをめぐる多くの発言があることである。

顧炎武は、清のごく初め、順治一八年（一六六一）頃の作と比定できる前掲の『官田始末考』の中で、蘇州・松江・常州・嘉興・湖州の「五府の税糧が偏よりて重き所以の故」がまだ明らかにされていないので、同時代のこの五府の人々のためにその「本」――由来を論じておきたいとしていた。彼は、また、明の嘉靖期まで存在した官田についての「始末」――全ての経緯を明らかにして、「後の人びとをして以て攷うるところ有らしめたい」、とも述べていた。(5)

顧炎武はこの時期以後、康熙二一年（一六八二）のその死にかけて「蘇松二府田賦之重」を含む『日知録』をまとめていく。(6) 蘇州・松江二府の田賦を他の地域の水準に比べて非常に重いとみなし、その削減を清朝の皇帝に要請する動向が、この両府、江蘇省で顕著となり、また清朝中央でも見られたのは、ちょうどこの頃のことであった。

当時、まだ蘇州府に属していた太倉州の出身の読書人で、地域の行政に意をくだき、幅広い学識の持ち主として知られ、康熙一一年（一六七二）に世を去った陸世儀は、[7]生前、「蘇松浮糧攷」と題した一文[8]を草している。浮糧とは、「浮」の字の意味に即して言えば、本来のあるべき水準を越え、それを過ぎて徴収されている銭糧乃至税糧という意味である。文中に「〔天〕啓〔崇〕禎の末」と言い、或いは「開闢の初め」とも言うことからすれば、これは清代に入ってからの作品である。その中で陸世儀は、「習い見、習い聞く者、遂に蘇州の土田を以て竭せざるの倉と為すも、而れども賦税の相沿るの自る所を知る莫し」という現状に鑑みて立論した、と述べ、あわせて「困弊の蘇州の浮額の重賦に於いて、則ち奮然として力めて之を蠲減し、稍も宋元の旧に同じうするを得せしめん」と説く。そこには、『官田始末考』における顧炎武と共通の問題意識が認められる。陸世儀の文章は、顧炎武の一連の議論とともに、蘇州府における民間の世論の一つの例であると言えよう。

他方、康熙三〇年（一六九一）刊の『蘇州府志』巻二五、田賦三（全七六葉。同志は以下『康熙蘇州府志』と略称）には、又六二葉（六二葉の追加）―七〇葉の「彙号」、及び七一葉―七九葉の「附攷証」を含めてこの間の江蘇省の行政当局及び清朝中央の動向が詳細に記録されている。また、後年、道光一二年（一八三二）序の蘇州府昭文県（雍正二年以前は常熟県に属す）の人邵吉甫編の『蘇松田賦攷』[9]巻二（全五六葉）は、この江蘇省当局と中央の動向を記録するとともに、一部では、民間の動きにも直接言及する。そこには、『康熙蘇州府志』田賦三には収録されていない、康熙三〇年代以後の動向、及びそれに関わる雍正三年及び乾隆二年の状況がやはり詳細に記録されている。[10]

「蘇松二府田賦之重」という顧炎武の表題に即して言えば、重賦。「蘇松浮糧攷」という陸世儀の表題に即して言えば、浮糧。蘇州・松江二府の重賦或いは浮糧を削減すべきだと主張する清初の一連の議論の概略と特徴とを把握し、その中から、改めて、この問題に関する顧炎武の見解の意義を確認することが、本稿の直接的な目標である。

一九六一年、故村松祐次は、論文「清代のいわゆる『蘇松の重賦』について」を発表し[11]、同治四年（一八六五）及び光緒元年（一八七五）の『蘇州省賦役全書』、乾隆・道光・同治刊光緒重修の三つの『蘇州府志』の田賦の項、『清朝文献通考』の田賦、『清朝続文献通考』の国用等の「清朝側公表数字」を用い、極めて精緻に清一代の「蘇松重賦の形跡」を定量的に提示した。村松は、その中で、たとえば、康熙二四年（一六八五）、雍正二年（一七二四）、乾隆三一年（一七六六）の三年度について、蘇州府の田土は全国田土総数の一％内外であるが、徴銀額は二一－三・五％、徴糧数は一〇－二〇％前後の百分比を示しており、「非常に不つりあいに大きい」とし、「蘇州地方の負担額の過重さ」を確認した。村松は、さらに「現実の農民の負担」及び「現実の国庫の収入」と一畝当たりの「徴収の基準額」との格差を追求するため、たとえば、「徴税担当者や地方官吏の利得」としての「浮収」などの徴税をめぐる諸慣行をとりあげ、いわば定性的分析をも試みた。村松の「清朝側公表数字」に基づいて行なわれた他省との比較に関する定量分析は説得力があり、定性的分析に関する発言もきわめて示唆に富む。

ただ、村松が「清末蘇州の学者、紳士、地主で、特に田賦のことに明るかった」馮桂芬の見解を重視しているように、村松が清代「蘇松重賦」問題の前提としているのはより強くは清末における認識であり、本稿はむしろ清初に重点を置く。また、本稿は、村松の仕事を引き継いで、「蘇松重賦」自体に関する具体的認識を深めるための新たな定量的・定性的分析を企図するものではない。本稿は、むしろ、蘇州府・江蘇省の行政当局、清朝中央の官僚たち、及び蘇州・松江両府の民間人のこの問題に関する諸発言の検討を通じて、同時代の人びとが当該問題をどのように把握していたかをさぐろうとするものである。敢えて言えば、村松が「別に小論文を書く」ことを予定していた「雍正の減賦」にいたる「清廷の内外」での「蘇松重賦」をめぐる諸動向の初歩的な整理が本稿の実質的作業内容をなす。

なお、高橋孝助は、一九七五年、「清朝専制支配」を成立させる不可欠の要素としての「小土地所有者」範疇の設定を試みた際、その素材として「清初の江南における重賦の問題」に論及している。[12]

土地を対象とする王朝国家の租税については、通時代的に使われている田賦、元・明代によく用いられた税糧などの呼称がある。本稿では、清代に一般的に見られる銭糧という呼び方を用い、時に田賦、税糧などの語も用いることをお断りしておきたい。

一　概観

『康熙蘇州府志』巻二五、田賦三「彙録」によれば、清朝が江南を支配下においた翌年、順治三年（一六四六）、順治帝は、蘇松巡按御史趙弘文の上疏に応えて、「［蘇州府の］長洲等県、額糧太だ重し、（中略）応に酌減すべきや否や、確議具奏せしめよ」という上諭を出した[13]、といわれる。この上諭が、江蘇省やその管下の府県の行政当局にどのように受け止められたかを直接的に示す資料はない。その二〇年のち、康熙五年（一六六六）以降、江寧巡撫を主体とする江蘇省の行政当局や監察御史・給事中などの清朝中央の言官から、或いは民間の「士民」から、蘇州・松江両府における銭糧負担の重さを訴え、その減額を要請する皇帝への上疏が相継ぐ。それから三三年、康熙三八年（一六九九）、康熙帝の第三回南巡に際して、民間から差し出された一文が、文章自体を今に留めるものとしては、康熙年間における最後の上疏となる。二五年後、雍正二年（一七二四）、中央の戸部が清代になってはじめて「蘇松浮糧」減額の上疏を皇帝に要請する。このように、蘇州・松江両府の「重賦」乃至「浮糧」減額の実現を目指す動向は、康熙年間中の一七世紀後半の時期が中心になる。第二節以下で具体的に見るとおりである。

この動向の中で見られる論調の第一の特徴は、いうところの重い銭糧負担が、たとえば、顧炎武の挙げた江南地方の五府の中でも、とくに蘇州・松江の両府に限定してとりあげられていることである。第二の特徴は、蘇州・松江両府の重い銭糧の減額を目指す一連の発言の中で、重さを絶対的に表わす重賦という類の表現ではなく、それを相対的に示す浮糧、すなわち、あるべき水準乃至正常な基準量を越えた額の糧という呼称がより広く用いられていることである。第三の特徴は、この重い銭糧負担の基本的な契機として、明朝創設過程での朱元璋政権への抵抗勢力に対する報復措置が、しばしば挙げられていることである。

　これら三つの特徴は、論者たちが、清初というこの時点で、当該の問題をどのように受け止めていたかを、端的に示しており、そのほかにも共通する点は少なくない。しかし、他方、それぞれの議論には、三〇年余の時間的展開過程のどの位置を占めるかによって、必ずしも一様ではない。以下、主として、時間の序列に沿って章を区分した上で、これらの議論を紹介するのは、このためである。この際、論者の立場による区分をもあわせ用いるのは、そのことによって議論全体の構造を理解する手がかりが得られるからである。

二　江寧巡撫韓世琦の上疏

『蘇松田賦攷』巻二に康熙四年（一六六五）の年次の「蘇松田賦偏重の由を備陳せん」という表題で収録されている韓世琦による康熙五年上奏は、この主題に関して、清代に入ってから江蘇省を管轄する巡撫によってなされた最初のものである。韓世琦は明の大学士韓爌の曾孫、山西遼州の人で旗籍に属していた。[14] ちなみにこの上奏は『康熙蘇州府志』巻二五、田賦三に「請減浮糧疏」という表題の下に載せられている。ここでは、後者に基づいて論を進めよう。

　韓世琦は、まず、唐の天宝年間以後、「東南の税が初めて増し」、元代の延祐（一三一四―一三二〇）中年以来、元末の張士誠政権の時代（一三五六―一三六七）に至る間の蘇松二府の税糧の増加を指摘し、更に、なかでも明朝の洪武初年における蘇州・松江地域への報復政策によるその急増に注目する。以下の通りである。

　故明の洪武初、〔張〕士誠に克つに迨《およ》び、民の寇（張士誠）に附せるを怒り、乃ち豪族収むるところの佃戸入租の私簿を取り、諸を有司に付し、其の数の如く以て田税を定めしむ。遂に一時驟かに加わり、一畝にして糧七斗以上を徴する者有り。此れ自り蘇州多くして三百万石に至り、松江多くして一百四十万石に至る。是に於いて民困堪えずして連歳逋負す。(15)

こうした認識は、順治一八年（一六六一）に発布されたとされる上諭(16)における次のような露骨な明朝批判の論調と無縁ではない。

故明の洪武、仇怨有るに因り、或いは一処、銭糧徴収甚だ重く、或いは一処、牛耕を許さずに人を叫（し）て自耕せしめ、或いは一処、婦人女子を併せて倡（娼）と為し、或いは一処、已故の人、地に葬埋するを許さずして河に抛棄せしむ。此くの如く明朝は人民に仇怨有るも、我が朝は並びに仇怨無ければ、何ぞ踵行す可けんや。

康熙元年（一六六二）、康熙帝は、正月の上諭で、「故明は仇有るの地方にて銭糧を加重せり。急ぎ減免を行なえ」と指示したとされる。(17)この上諭が実行された形跡はないが、そこには、前年の上諭と共通する論調が認められる。

ここで注意しておきたいのは、韓世琦がいう重さとは、彼の論理に即して言えば、あくまでも相対的なものであることである。上述の部分においてすでに実質的に述べたように、韓世琦は、まず、時代の先後による相違を重視する。すなわち、韓世琦は、清朝が、明の「末季の冒濫浮加の項」を「一切刪去」した上で継承した「万暦年間」の額、一畝当たり、蘇州で三斗七升五合・三斗四升前後、松江で三斗六升五合前後というこの額ですら、なお重いという。すなわち、これらの一畝当たりの額の総和としての蘇州府で二五〇余万石、松江府で一二〇余万石という規定額は、「疆域の田土、古今止だ此数有り」というごとく、この両府の耕地面積が歴代不変であることを考慮すると、「遠く有宋以前の太だ軽きに比する能わざる」のみならず、「元時に三倍する」ものだ、とするのである。

第二に、韓世琦は、地域による相違を強調する。すでに彼が、蘇松二府の銭糧の重さを「浮糧」と表現したのは、

惟だに他処税畝の例と相去ること天淵の若きのみならず、即い同省連壌の常州の起科とも亦た甚だしくは侔《ひと》しからず。

というごとく、他省及び同省の他地域の一畝当たりの税額の水準に対して、蘇松地方の税が「浮いて」いたからであった。

韓の上疏に、

蘇松二府の銭糧を将て、元時制賦の旧額に彷彿たらしめ、兼せて各省現征の大例に照らして酌量するを与准し、大いに減省を賜らん。

というのは、元以前の時代と同時代の他の地域と比べて明らかに重いこの一畝当たりの田賦——銭糧の徴収額の削減を要請したものである。

このように、銭糧の重さは、あくまでも比較において言われており、同時代の蘇松二府の生産力水準や農家経営に即した、内在的な分析に基づくものではない。しかし、いま一つ注意されるのは、韓世琦が、清代になってからの固有の現象として、田賦の徴収の仕方の苛酷さを指摘していることである。

もとより、韓世琦は、明代における中央の財政当局の江南デルタに対する要求の水準も厳しく、「東南は財賦の郷にして、之を減ずれば、則ち国用足らず。易うべき匆き」なりという明朝の「主計者」——財政当局の方針は一貫していたことを強調している。すなわち、韓世琦は、明の洪武年間に「驟かに加った（増した）」一畝当たりの極めて重い徴収額が、「宣徳・正統間」にその「十の二、三」を削減する措置が実施された後も、なお明一代を通じて基本的には維持されたことを重視している。

しかしながら、韓世琦は、「故明は虚額有るも而れどもその完を責めざるに、民力支え難きこと已に言う可からず」と述べ、明代においては、完納への督促は厳格ではなかったのに人民は消耗したとし、清代においてははるかに厳格になり、その結果深刻な問題が生じている、とする。すなわち、韓世琦は次のように訴えている。

今や司農（戸部）握算するに、但だ〔賦役〕全書の載する所を按じ、一項の編征有らば即ち一項の撥解有り、限を定め考成するに必ず十分の全完を責め、しからざれば則ち参罰之れに随う。是の故に順治二年より以て康熙五年に至るまで、歳歳の圧欠・積逋の数、動もすれば千万に盈つ。而うして急ぎ変計を図らざれば、則ち鳩形鵠面（疲れ果て痩せ衰えた）、饑えに啼き寒さに号ぶの遺黎、胥《みな》溝壑に塡まらざれば、必ずや四方に流散せん。

韓世琦は、もはや、明朝によって設定された徴収額自体に問題の中心がある、という清朝中央固有の論理のみでなく、清朝中央の財政当局の徴収のありかたの苛酷さの中に問題を深刻化させる契機が存在していることを指摘したのである。

韓世琦は、先に引用した一節のように、銭糧の大幅な削減を期待するが、それがもし不可能な場合をも想定し、最終的には、次の要請を行なう。

如し目前軍国需多く、勢い多くは減じ難しと云わば、則ち亦た常州接壌の科則に依り、再び若し万万も能わざれば、亦た十分の中、稍や其の二、三を減ずることを祈《ねが》わん。

西隣常州府の科則――一畝当たりの公定徴収額なみにするか、或いは現行の〔総額の〕二乃至三割減を皇帝に要求したのである。

以後、蘇松を含む江南デルタ一帯の田賦減額の申請が次々に皇帝に差し出される。

三　言官の発言

康熙八年（一六六九）七月初一日には、掌京畿道都御史施維翰が、「田賦の偏重已に極まり、東南の民力憐れむに堪えんや。睿裁もて一視同仁されんことを懇請す」という題本を上呈した(18)。施維翰は松江府華亭県出身、順治九年の進士である(19)。施維翰の論理の基本は、以下のように、他地域と比べての「東南」、「東南」の中での「蘇松」の重さを、

「一視同仁」たるべき君主政治の原理に照らして指摘するところにある。

土に任せて貢を作すは、民の義なり。天下の民同じなれば、則ち急公の義も亦た同じなり。天下の田同じなれば則ち起科の例も亦た同じなり。（中略）浙江の杭〔州府〕・嘉〔興府〕・湖〔州府〕、江南の常〔州府〕・鎮〔江府〕などの処の如きは、田地の肥磽異なる無きに科糧の軽重縣殊す。

ただ、その理由はもはや明の太祖の報復政策には置かれていない。それは、宋朝、元朝の官田政策にでもなく、専ら張士誠に帰せられている。

厥の由る所を探るに、此の地は元末の時、張士誠の拠る所にして、横征無芸なり。故明之れに因る。

すなわち、ここでは、明朝への批判は、表には出てこず、暗に、張士誠の「横征」を継承したことのみが問われていると言えよう。

注目されるのは、施維翰が、先の韓世琦の上奏を引用してその意義を高く評価するとともに、中央にある戸部が地方の実情を察知しえないことをも指摘し、「民生の疾苦を軫念」しつつある皇帝の英断を要請していることである。

査するに撫臣韓〔世琦〕曾て蘇松田賦の偏重を備陳せしの一疏あり。図を絵くこと甚だ悉なり。該撫、身、地方に在りて、自ら困苦を灼知するに非ざれば、未だ敢えて軽易《かるがる》しく入告せず。部覆〔戸部覆議〕は、賦役全書、徴収已に久しきを以て、未だ准従を便とせず。部臣〔戸部臣僚〕成憲に額遵し、又艱危を目撃するに非ざれば、何ぞ敢えて軽がるしく為に減ずるを議せんや。今皇上民生の疾苦を軫念さるるの時に遇い、謹んで冒昧上聞し、伏して特に宸断施行せられんことを乞う。

二年後、康熙一〇年（一六七一）一〇月、江寧巡撫馬祜の下に、江蘇布政使・江蘇按察使からの調査報告が寄せられてきた。銭糧の完納についての考成が厳しいため「〔蘇州府の〕長洲等の州県では、従《か》って陞任の官無し」という指摘を内容とする御史台の臣、張某の上奏についてのものである。これを機会に、馬祜は「地方の弊壊、日に甚だし」

という表題で、「蘇松の民、病を受くること最も切にして、蘇松の吏、累を受くること最も深きの処」について、皇帝に上奏した。その重点は、宋に比べて七倍、元に比べて三倍という「蘇松額賦の重」を訴え、同じく明初以来田賦の負担に苦しみながら、近年、その「浮糧」の免除を得た江西の袁州・瑞州の両府と同様の措置を要請するにあった。ちなみに、馬祜は、満族で鑲紅旗の人、順治九年の繙訳進士である。[20] しかしながら、馬祜の「重額の浮糧を減ぜんことを請うた」この上奏に対する戸部の見解は、

蘇松、地熟し人稠く、田多く額広し、袁・瑞の瘠土とは同じからず。

というものであったという。[21] 戸部は、馬祜の所論に対し、蘇州府・松江府の地方は、農業生産力の基盤である地味が肥沃であるという根拠から反駁を加えたのであった。

同年同月、すなわち、康熙一〇年一〇月、杭州府余杭県出身で、乙未、すなわち順治一二年（一六五五）の進士であり、礼科給事中を勤めていた厳沆[22]は、「下を卹れむの深仁を宏めんと欲せば、必ずや民の重困を甦らせるに在り、謹んで蠲豁の実政を陳べ、睿鑒もて採択され、以て窮黎を急救せんが事の為にす」という表題の上疏を行なった。[23] その中心課題は、彼が文中で「戸部の議覆せる江撫馬の浮糧を請減するの一疏」とし、「江撫の請う所の如くさるるを得ば」云々としている江寧巡撫馬祜の上奏の実現を目指すにあった。

厳沆の上奏の特徴は、第一に、なお抽象的な表現を含むものの、「江南蘇松等府」の田賦納入者たちの窮状を率直に訴えていることであり、第二に、馬祜の上奏に対する戸部の覆議に正面から反論していることである。

第一の点は次の部分に見られる。

民の苦しむ所の者は追呼なり。此の功令森厳の日に当り、条糧完うせずんば、有司は軽ければ則ち級を降し俸を罰し、重ければ則ち革職さる。緊急追呼せざるを得ず。一日一催、十日一比、差役、沓みて隴畔に至れば、農民、一庭に拘集さる。一番完うせざれば、則ち一番の箠楚を加え、貧民の皮肉、敲扑の下に糜爛し、敲扑屢ば加わる

に至るに及び、而かも仍然《なお》完うせざれば、勢い必ず監追に至る。皮肉（原文は「月」に作る）糜爛の身を以て、囹圄の内に囚禁され、家室妻子を抛離し、耕に遇うの時、耕種するを得ず。田土益すます荒るれば則ち貧窘益ます甚だし。伏して念うに、国家財賦重しと為せば、催徴厳ならざるを得ず。但《も》し民力をして能く完うせしめ、而かも頑梗納めざれば、則ち厳なりと雖も尚お徴足す可きなり。若し民力実に能く完うせざれば、責比監追に至るも、而かも積欠故の如く、則ち立法厳なりと雖も、終に徴足の望み無し。江南蘇松等府の如きは、康熙元年より八年に至るまで、積逋二百余万〔石〕、是れ通計毎年幾んど欠くこと三十万〔石〕の多きに至る。年年掛欠するも催比する能わず、即《たと》い勉めて之れを輸さしめんと欲するも、而れども必ず得る可からず。此れより前の歳歳積欠の数、恐らくは将来即ち年年必欠の数為らん。此に於いて量りて寛免に従えば、乃ち其の必欠の額を寛むるなり。而うして其の完うす可きの額を免ずるに非ず。国家歴年徴完の財賦に於いて原より未だ嘗て虧損する所有らざるなり。

清朝当局の田賦（条糧）完納に対する硬直化した命令のために、徴収の責任を負う地方官は免職を含む罰則を恐れて田賦納入者たる小民からの苛酷な徴収を行なうが、そのことは、彼らの家族を離散させ、耕作を不可能にする、という結果のみをもたらすことを厳沆は指摘する。また、一年三〇万〔石〕の未納部分がほぼ固定されており、減額を行なってもこの部分の減免になるだけで、清朝の収入の実質には変化がないことを強調する。

翌康熙一一年（一六七二）五月、北城監察御史孟雄飛は、題本を上呈し、「宸断もて浮糧を減免し、以て永き累いを除かん事」を要請した[24]。孟雄飛は、

蘇松地沃え人稠く、歴代以来、徴収の科則、原《もと》より他省に較べて独り重し。元朝に至りて又倍を加うるを経たり。而うして明初怨みを挟んで横徴すれば、元時に比して又三倍を多くす。是れ額外の過浮にして民力万も輸納し難

し。

と「浮糧」形成過程の概括を行ない、同時に、清朝統治開始以来のこの問題をめぐる清朝当局と地方官との矛盾を次のように明晰に整理する。

我が国家に至り、斂は其の薄きに従い、賦役全書は悉く万暦年間の経制に照らし、明季に増す所の餉は、尽く蠲除を行なえり。独り蘇松の浮糧は、乃ち明初加うる所未だ減免を経ず、以て追比前まず、歳歳圧欠するを致す。有司、考成参罰を畏れ、責比監追、何ぞ嘗《つね》に力めざらん。乃ち小民は甘んじて肌膚を以て箠楚を受け、甘んじて身体を以て囹圄に囚われ、終に全て完むる能わず。

孟雄飛は、さらに、「部臣、国計を以て重しと為し、謹しんで成例を持し、軽がるしく減免を議すを肯んぜざるは、固より職分の宜しくする攸なり」、と、清朝中央の財政的要請に一応の理解を表明しながらも、「但だ国を謀るは民を恤れむより要なるは莫し。民の為にするは正に国の為にする所以なり」とし、その観点から、右のような厳しい取り立てが納糧戸としての「小民」の生活に大きな打撃を与えていることを強く指摘する。

此の項の浮糧の若きは、曾て期の如くして納め、数の如くして収め、而うして民力尚お完うす可きに在れば、之を減ずるは恐らく国課を虧くなり。乃るに経徴は則ち一年として欠かざる無く、帯徴は則ち一案として続完する無し。毎《つね》に数十万の積欠、僅に紙上虚開の数為りて、並びに庫内徴得の銀無し。是れ徒らに不減の名を存して終に全完の実無く、国家其の利を収めずして小民実に其の害を受く。

孟雄飛は、皇帝に対して「特に部に敕して議さしめ、急ぎ減免を行なわん」ことを要請する。しかし、皇帝は、「知道せり。該部知道せよ」と、この上疏の主旨を戸部に伝えるにとどまった。

なお、孟雄飛は、この上疏の中で、康熙五年の前引の韓世琦の上疏、及び当時の江蘇巡撫馬祜の上疏を引用している。彼ら言官の発言は、あくまで江蘇省当局の動きを前提としていた。孟雄飛の出身等は明らかでない(25)。

四　江蘇布政使慕天顔の登場

（一）

この年、康熙一一年（一六七二）、江蘇布政使慕天顔は、一畝当たりの田賦の減額を実施するため、その旨を皇帝に題本をしたためて上奏してくれるように、という申請を二度にわたって江寧巡撫（馬祜）に提出した。この申請は、この後一一年にわたって江蘇省の高官としての立場から彼が持続的におこなった同趣旨の活動の最初のものであった。『康熙蘇州府志』巻二五、田賦三に「布政使慕天顔詳請減額・坍荒」として収録された一文（以下「詳請」と略称）、及び「又布政使慕（天顔）覆詳節略」として収録された一文（以下「覆詳」と略称）がそれである。[26] 慕天顔は甘粛静寧州の人、順治一二年の進士である。[27]

「詳請」の構成はこのようになっている。一、蘇松二府の「銭糧」は、他省よりも、隣接の常鎮二府よりも、重く、まさに「浮糧」である。二、沿江・沿海の水没した土地（「坍荒田地」）と水利不能の乾燥した土地（「板荒之田」）（太倉州・嘉定県・常熟県・上海県等）及び道路・橋梁・のろし台・とりで・軍営のために収用された土地（「公占田畝」）（前掲の州県と崑山県）と官馬のために踏み荒らされた土地（「荒田」）（長洲・丹陽・武進・無錫県等）から、なおも「銭糧」の徴収が持続されている。三、重い「銭糧」の一〇〇パーセント納入と「公占」・「板荒」・「荒田」の「銭糧」の一〇〇パーセント代替納入という実現不可能な基準を適用して、地方官の勤務評定が行なわれている。四、重い「銭糧」を減額し、「公占」等の田地の「銭糧」を削除し、管下の「銭糧」未納一〇パーセント以下の地方官を免責することを要請する。

慕天顔は、「詳請」において、以上の四点をきわめて具体的かつ明晰に述べ、彼のこの要請にかける熱意のなみなみならぬものであることを示す。もっとも、論調の基本線は、かつて康熙五年に、江寧巡撫韓世琦が行なった上疏のそれと変わっていない。ただ、

夫れ収租、他処の産に倍する能わず。而かも輸課独り他処の額より多し。歳豊かなれば、則ち穀賎くして農を傷つけ、入るところ出るところに敷らず。一畝の租、未だ一畝の賦を完うする能わず。

というように、私租の収入額と田賦の納入額とを対比させている点に相異がある。

一方、慕天顔の「覆詳」は、彼自身の「詳請」や韓世琦以来の諸上疏に比べ、その文章の展開のしかたにおいてきわだった特徴をもっている。それは、自己の主張の内容の論証及びこの論証に関わる資料の提示がきわめて詳細に行なわれていることである。このことは、「今、憲檄に遵い」とあるように、江寧巡撫から再調査の命令を受け、自らの主張をできる限り客観的に根拠づけようとした努力の反映であるとみなされ(28)、とりわけ、「蘇松の浮糧」の「浮糧」たる所以についての論証において著しい。そこでは第一に「浮糧」の歴史的沿革がこれまでになく詳細になされる。

まず、明朝成立以前の段階について、唐の天宝年間、宋の宝祐年間の蘇州府糧額、宋の紹熙年間及び景定年間の松江府糧額、元の延祐年間の蘇州府・松江府各おのの夏税・秋糧額が、「此れ宋・元二朝の往額の載せられて志籍に在る者なり」として紹介される。

続いて、明朝についての記述が行なわれ、冒頭に次の一節が置かれる。

明、洪武初、天下の賦税を定む。官田は起科すること毎畝五升三合五勺、民田は毎畝三升三合五勺、重租田は毎畝八升五合五勺、蘆地は毎畝五合三勺四抄、没官田は毎畝一斗二升なり。惟だ蘇州は張士誠久しく抗して下らず、地方の逆に附せるを怒り、乃ち諸もろの豪族の租簿を取り、有司をして税を加えしむるのみ。故に蘇の賦特に重く、而うして松江・嘉・湖之に次ぐ。

明朝についての記述は、洪武一三年（一三八〇）におけるこれら地域の減額、建文二年（一四〇〇）における「江浙

租賦」の減額と永楽年間におけるこの建文減額の撤回へと続く。さらに、宣徳五年（一四三〇）の勅諭による〔全国の官田の〕二〇乃至三〇パーセントの減額、正統元年（一四三六）における上記地域の官田の減額が紹介される。[29]

次の一節が、明朝に関する総括的記述を構成する。

按ずるに周文襄公（周忱）の本伝に称すらく、是の時（宣徳五年の時点を指す）蘇州の額糧二百九十四万石、民命に堪えず、流亡日に多く、遂に逋額七百九十一万余石なり。忱乃ち〔蘇州府〕知府と曲算し、奏して減ぜらるること又十余万石なり。而うして王鏊猶お称すらく、民間重額、今未だ尽くは除かれず、と。[30] 凡ゆる此の沿革と旧額は、蘇松志（蘇州・松江両府関係の地方志）および『〔皇明〕従信録』の記載、甚だ詳らかなり。自後、田賦相沿り、弘治より以て万暦年間に迨《およ》ぶまで、曾て丈量し復た賦税を定むると雖も、大約増有るも損無く、民困日に深し。則ち是れ蘇松の浮糧は、周文襄、已に奏して減ぜらるると雖も、而れども困累尚お多し。寧んぞ我皇上堯舜の再生にして弘施浩蕩なるを待つ者有らざらんか。

「蘇松浮糧」は、張士誠を支持したこの地域に対する明朝の報復措置の所産であり、明一代を通じて基本的に維持されたものであり、清朝による解決を必要としている、という認識。慕天顔の「覆詳」における清朝成立以前の「浮糧」に関するかかる認識の基本線も、「詳請」におけるそれと同様、韓世琦以来の諸要請のそれを越えるものではない。しかし、「覆詳」の上述の部分は、宋・元両代について、地方志の記述をもとに〔秋〕糧額あるいは夏税秋糧額についての具体的数値を提示しているだけではない。宣徳・正統年間、南直隷巡撫周忱の改革に至るまでを中心とする時期については、蘇州・松江両府の地方志や『〔皇明〕従信録』の記載に依拠し、こののち、康熙五三年（一七一四）に完成された『明史藁』巻七九、食貨二、賦役、及び『明史藁』をふまえ、乾隆四年（一七三九）に完成された『明史』巻七八、食貨二、賦役の関連部分の記載とほぼ同じ内容の記述が展開されている。その中で、「浮糧」の契機を単純に張士誠への報復措置の所産とする議論に比べ、「浮糧」の形成・維持される過程が、より歴史的に、そしてそれだけにより客観的に説明されている。明朝の重賦が蘇州・松江両府のみならず、嘉興・湖州両府にも及んでいたこと、洪武年間から宣徳年間にかけて、明朝自身の手により重賦削減の措置がとられたことも、清朝に入ってからの勅諭や省クラスの官僚の発言の中では、はじめて言及された。なお、清朝については、「本朝の賦役全書」に基づく蘇州・松江二府における「平米」の徴収額が提示され、その額がいかに宋代及び元代のそれとかけはなれた重いものであるか、という記述がなされている。

「覆詳」の「浮糧」の論証に於いて第二に注目されることは、自己の記述の根拠となった文献が一つ一つ具体的に、丁寧に示されていることである。それは、この文書が巡撫を経て中央戸部に提出された場合、その処理に当たって、つねにこうした資料的裏付けが要求されていたからである、と思われる。[31] しかしながら、この一連の文献の名称の引用は、単に文書作成上必要とされる条件の存在を窺わせるが故に注目されるのではない。これらの文献の中には、清初の江南デルタにおける「浮糧」削減要請のさまざまな動きの一環をなすものが含まれており、その中に地域社会の動向と行政との関連を見出すこともできるからである。この点については、行論の中で改めて言及する。

さて、江蘇布政使慕天顔が康熙一一年の段階でいずれも充実した内容をもつ「詳請」と「覆詳」とを江寧巡撫に提出した背景には、彼が「浮糧」乃至「重賦」自体に起因すると説く「銭糧」納入の困難のみが横たわっていたわけではない。江蘇布政使としての慕天顔の存任期間（康熙九年―一五年）は、江寧巡撫としての馬祜の在任期間（康熙八年―一五年）にほぼ重なりあう。[32] この時期に彼らは清朝中央の戸部の指示によって、次のような事態に直面していた。

歴年部撥の兵・協の餉は、均しく緊急に関わる。（『康熙蘇州府志』巻二五、田賦三「巡撫都御史馬祜題行夏税秋糧」）

すなわち、江蘇省当局は同省で徴収した「銭糧」を、一方では管内各営に供給し、他方では外部からの補助を必要としている他省へ送付しなければならなかった。他省への送付分については、

協餉には定らず厳限有り。四月には例として五分を完め、九月には十分を全て完む。（同右）

という厳しい条件が付されていた。また、巡撫馬祜は、「月を抜じて支領」しなければならない管内各営の兵餉について、その康熙一二年前半分を、康熙一二年分の「銭糧」徴収が開始されるまでに確保しておかねばならなかった。馬祜は、それをどのように徴収するかについて、布政使慕天顔と協議を重ねた。

臣、日び江蘇布政使慕と与に撫属各州県の餉額を請求し、通盤打算し、以て康熙十二年春夏の未だ開徴せざる以前の兵餉の数に応ぜんとし、反復商酌し、始めて緒に就く有り。（同右）

兵餉・協餉の期限を厳守しての調達という中央のこうした指示に対応する上で、「銭糧」徴収の現場には、「浮糧」問題以外にも、さまざまの問題があった。（1）先に挙げた水没・荒廃・公共の土地への課税を免除すること。（2）年来「地丁銭糧」の徴収が正月に開始され、しかも他省へ協餉として移送するため早期完納が必要である現状を改め、その全徴収額を穀物の収穫期に合わせて夏期と秋期とに等分し、うち夏期分としての夏税の徴収年度を六月開始、翌年五月終了へと改定すること。（3）「地丁銭糧」の徴収事務手続きの不合理や徴税における里長の負担過重・納税請負における不正を是正すること等である。『康熙蘇州府志』巻二五、田賦三、康熙一一年の項所載の慕天顔の三つの提案がそれに当たる。（1）についての「布政使慕天顔詳請停豁荒坍虚賦」、（2）についての「布政使慕天顔覆行夏税秋糧」、（3）についての「布政使慕天顔詳行役法興革事宜」である。

江蘇布政使慕天顔が江寧巡撫馬祜とともに「蘇松浮糧」の削減を強く目指さねばならなかったのは、右のように、それが、三藩の乱前夜の国内的緊張下にあった清朝中央の厳しい徴税政策や徴税体系に内在する幾多の矛盾と複合していたからであった。また慕天顔による「浮糧」削減案の要請の背景には、蘇州府を中心とする江南デルタ地域における世論が存在していた。この点は別に述べる。

江蘇布政使慕天顔らの地方における動向に呼応し、中央でも、先述した、康熙八年の掌京畿道御史施維翰、一〇年の礼科給事中厳沆、一一年の北城監察御史孟雄飛らの上疏に続き、一二年四月二七日には、湖北江夏県出身、順治六年の進士で当時左都御史の任にあった呉正治[33]が具体性に富んだ分析を含んだ上疏を行なった[34]。「題して銭糧の積欠には由有り、蘇松の額賦は偏重なれば、敬んで清査の上諭に因り、酌減の洪恩を沛《さか》んにし、以て民の永累を除き、以て万世の国本を培うを請わんが為にす」。これがその表題である。

元末に張士誠を支持した蘇松の民への報復措置として「浮糧」や「賦重」を把握するという呉正治の認識は、清初の官僚に固有のもので、いわば枕言葉のようになっているが、彼の上疏は二つの分析において他と異なる特徴を持っている。彼は一畝当たりの「銭糧」の額面徴収額を、明の一六世紀三〇―七〇年代の改革時以来の制度的用語に忠実に、平米幾らと表現する。分析の第一の特徴は、この点に関わる。すなわち、当時実際には米若干・銀若干の二本立てで徴収されていた一畝当たりの徴収額を、米に換算して平米若干と表現しそれに基づいて、蘇州府の「浮糧」を客観的に示したことである。

　査するに、常州府は、毎畝、平米一斗五・六升より、下りて八升・五升不等に至る。蘇松の浮糧は、故明に在りて已に屢しば減ずると雖も、然れども毎畝、三斗七・八升より三斗二升・二斗五升不等に至る。下則の田も亦た一斗九升を科す。夫れ田畝の収むる所、別壌に異なるに非ず。而るに輸納の数額は、独り他方に数倍せり。

同じ江南デルタにあり、隣接する常州府と蘇州・松江両府の一畝当たりの平米額の定量的な対比がなされている。第二は、清代における一畝当たりの負担が、単に明初に起源すると彼もみなしている右の平米の額のみでなく、すなわち、いわゆる「浮糧」のみではなく、その他の負担と複合していることを改めて指摘していることである。

　抑も思えらく、賦の詘《きわ》まるは民の窮まるに由り、民の窮まるは額の重きに由る。毎畝科すること二・三斗有余に至るの糧を以てす。又幇貼有り、条銀有り、丁銀有り、雑項差徭有り。小民一歳の収穫、一歳の徴輸に供するに足らず。一たび追比厳急なるに値れば、則ち多方より仮貸し、肉を剜《けず》り瘡《きず》を医《いや》し、敲扑を免がれんとす。

こうした総合的な過重負担は「富者漸く貧しく、貧者は益ます困しむ」という結果を生むが、それは、是れ浮糧民を病しめ、而うして害は且さに国に及ばんとするなり。

という事態として把握される。

（二）

自らも含む江蘇省の当局者と呉正治に至る中央の官僚とによる一連の要請が続いた後、康熙一三年、慕天顔は康熙帝に面会した。彼は康熙帝の指示に従って自己の所見を申し述べることとし、「蘇松浮糧、万も額を完うし難き等の事」なる上疏を提出した(35)。こうしたいきさつを明らかにしているのは、八年後、康熙二一年に彼が差し出した「浮糧を減ぜんことを請う」上疏の冒頭部分である(36)。この部分には、一三年の上疏の内容が「其の中、歴代の賦税を増加するの原委《いきさつ》、及び故明仇もて重徴するも江西は恩豁せらるること例有りとの縷悉の情事を備陳し、酌減を叩請す」と要約されている。慕天顔自身によるこの要約の限りでは、その論旨は、彼が江蘇巡撫馬祜に提出した康熙一一年のその「詳請」・「覆詳」と変わるところはない。

ただ、康熙一一年の「詳請」の場合には、「浮糧」による未納の影響と「公占」・「板荒」・「荒田」によるそれとがあわせて論じられていたのに対し、今回においては、「浮糧」による未納の影響が、独立して次のように論じられている。

臣、考うるに、故明の世、此等の州県、銭糧完むること七、八分に至らば、即ち上考と為す。今漕糧は升合も皆天儲に帰し、地丁は分厘も皆正用に撥す。一も完せざる有らば、参罰之に随う。小民の膏血存する無く、有司の智勇も倶に困しむ。甚だしきは那墊して以て一時を塞ぐに至る。（中略）積年の懸項は、仍しば皇恩もて赦蠲さるるを奉ずるも、其の民力既に窮せしの後に赦免するよりは、孰くんぞ早くに恩綸を沛《さか》んにし、斯民を培養し、万年根本の図を為すに若かんや。

しかし、最も大きく異なるのは、蘇州府・松江府の「浮糧」に基づくとみなされる両府における年平均の滞納額を算出し、はじめて、減税の、すなわち、「浮糧」削減のきわめて具体的な提案を行なっていることである。以下、三つに分節し、記号を付す。

（1）臣、謹んで今日の万も額に足り難き者に就いて言わん。毎年、約《およ》そ民欠の本・折は三十四万〔石〕なり。内、荒坍・公占の者、其の一に居り、浮糧の完め難き者、其の二に居る。若し止だ荒坍・公占の糧を将て除豁するのみにして、浮糧は減除するを行なわざれば、則ち蘇松の賦税は仍お完め難きに戻す。今、荒坍・公占の田地は、臣、另に疏して勘豁を奏請するを除くの外、其の浮糧の完め難き者は亦た僅かに二十余万〔石〕なり。即ち此の二十余万〔石〕を以て、蘇松の田地に将《つ》いて計算せん。

（2）極重の科則にして毎畝三斗より以て四斗以外（以上）に至る者は、平米一石毎に一斗を減ぜんことを請う。科則二斗以外の者は、平米一石毎に七升を減ぜんことを請う。科則二斗以内の者は、平米一石毎に五升以下を減ぜんことを請う。地・蕩・山・塗等の則は減ぜざる可し。

（3）是くの如く蘇松二属の田糧の本・折を合算して酌減し、実欠無徴の数と相い彷《に》せしむれば、朝廷に在りては其の必ず完むる能わざる所の数を減じ、洪恩已《はなは》だ沛《さか》んにして国計未だ虧かず。百姓に在りては、其の万も措辦し難き所の徴を寛《ゆる》め、実恵普ねく沾《うるお》いて正供自ら力めん。則ち〔官吏の〕考成全完を期す可く、而うして那移の弊、此れ従り杜絶せん。

（1）は、（2）の減額案の前提となる数値の算出であり、（3）は減額の効果の予測である。核心をなす（2）の部分では、一畝当たりの「銭糧」徴収額を三段階に分け、各段階ごとに米・銀の合計としての平米（徴収する米・銀を米の量で表示した額）一石当たりの削減案が提示されている。理解を容易にするため、これを一畝当たりの平米額に換算して表示すると以下のようになる。第一段階では、三斗と四斗以上という二つの例示があるので、そのそれぞれについて表示する。

現行の平米額	削減案の平米額
4斗以上	3斗7升以上
3斗	2斗7升
2斗以上	1斗7升以上
2斗以下	1斗5升以下

蘇州府では、明の嘉靖一七年（一五三八）に行なわれた均糧によって、標準的な収穫量のある土地一畝当たりからの税糧徴収額は、各県ごとに平米若干斗に統一された。松江府で、隆慶三年（一五六九）に行なわれた均糧においては、各県内で土地の高低に基づく平米額の格差が設けられたが、従来ほどのおびただしい不均等はなくなっていた。それから一世紀以上経過したこの時点においても、両府下各県の各地片の一畝当たりの平米徴収額の分布自体にはさほどの大きな変化はなかったと考えられる。従って、慕天顔の大づかみな分類によっても、各県ごとの主要な平米額に関する削減プランが成立し得たとみなされる。(前掲拙著第五章、参照)

「浮糧」削減に関する江寧巡撫・江蘇布政使、及び中央の官僚有志のこれまでの要請には見られなかった具体的な削減案が、康熙一三年の慕天顔の上疏に至って、以上のように、はじめて提出されたのであった。たしかに、蘇州・松江両府の一年平均の未納額である二〇万石を削減額に読みかえて削減プランを作成するというやりかたは、未納の額が勤務評定の際の決定的に重要な判断資料になったことを考えれば、いかにも官僚的であり、削減率も高くない。この頃、顧炎武は、明朝による一六世紀の均糧実施の時期まで存続していた民田の税糧徴収額としての一畝当たり五升と土地の肥沃度とを基準とし、現行の五〇－六〇パーセント削減を期して、新たな一畝当たりの税糧徴収額を構想していた。(37) こうした顧炎武の構想と、右の慕天顔の削減案とは発想にも内容にも大きな相違がある。にもかかわらず江蘇省の行政当局が、一方で中央の言官の発言を呼び起こし、他方でついにこうした具体的な削減案を作成するに至ったことの意義は小さいものではない。すなわち、このことは、康熙四年の韓世琦の上疏以来の江蘇省の行政当局の継続的活動とその間の経験の蓄積がなみなみならぬものであったことを物語っているからである。それでは、江蘇省当局の活動は、彼ら、すなわち、江寧巡撫や江蘇布政使の主体性のみによって支えられていたのであろうか。江蘇省当局の活動を継続させていった要因として、「浮糧」削減を要求する地域社会における世論の存在を見逃すことはできない。

五　民間世論の動向

慕天顔の「覆詳」には、先述のように、自己の主張の根拠となった文献名が列挙されている。明代に関する記述には、先引のように、『周文襄公本伝』、『〔皇明〕従信録』、蘇州・松江両府関係の地方志、『姑蘇志』の編者たる王鏊の発言などがある。同時代としての清代については、次の部分が注目される。

査するに、順治十八年の上諭は、已に坊刻の『治平略』内の江西布政使王庭の疏中に於いて恭述せり。又た崑山の紳士の向きに刻せる『蘇松浮糧彙考』内にも亦た此の条を載す。今、倶に備呈す。并びに『姑蘇志』・『〔皇明〕従信録』、及び前の撫院（巡撫）韓の康熙四年間に浮糧を豁するを題するの疏稿は、並びに憲電（上官閣下の御照覧）に陳《なら》べん。其の江西の南昌・袁〔州〕・瑞〔州〕の三府の題して浮糧を豁する縁由も亦た『治平略』内に載す。又『松江紳耆備録便覧』あり。一并に閲に陳べん。

このうち、「崑山の紳士の向きに刻せる『蘇松浮糧彙考』」云々とあるのは、非常に興味深い。今日、我々がその道光九年跋の重刻本をみることのできる崑山県の人周夢顔の『蘇松財賦考図説』は、やはり「浮糧の削減」を訴えたものであるが、それが書物として編纂・刊行される契機となったのは、後述のように、康熙三八年（一六九九）の康熙帝の第三回南巡である。(38) しかし、それより二七年前、康熙一一年の慕天顔のこの「覆詳」の時点で崑山県ではすでにその先蹤ともいうべき文献が民間で刊行されていたのである。『蘇松浮糧彙考』は、管見の限りでは、今日、すでに散佚しているが、『蘇松財賦考図説』巻頭の「徴引書目」にある『浮糧彙考』とは、明らかにこれを指すものであろう。ちなみに、右の「徴引書目」には、『蘇松田賦備考』なる書名も挙げられている。やはり、同種の書物であろう。

また、慕天顔が『治平略』について述べている部分にも注意したい。すなわち、明代以来持続していた江西瑞州・袁州等の府の「浮糧」の免除を指示した順治帝の上諭が、順治一六年から康熙元年にかけて江西布政使王庭の上疏に引用されており、坊刻の『治平略』がこの王庭の疏を登載している、というくだりである。この『治平略』は清代の記事を登載しているのだから、もとより、明の崇禎一二年（一六三九）の序をもつ崇禎刊本の朱健著『古今治平略』ではない。「朱子（朱健）の治平略に根源し、上下古今より参互考訂した」とされる康熙三年刊の蔡九霞撰『広治平略』(39)。陳美在等が朱健の右の著作を増訂して刊行した康熙三年序の『治平略増訂全書』(40)。同様の内容をもつ康熙二年序の『治平類纂』(41)。江西布政使王庭の上疏は、日本で閲覧し得るこれら一連の清初の坊刻―民間刊本の『治平略』には附載されていない。従って、慕天顔のいう清刊の『治平略』については、なお、探索を続けなければならない。しかし、右のように、坊刻の『治平略』の清初における流行という事実自体は確認できる。明代に至るまでの経世に関する課題を国計篇・田賦篇・戸役篇などの項目別に整理し、三代から明代に至るまでの記事を掲載しているこの普及度の高い歴史書の中に、「浮糧」問題の打開をめぐる文章が附載されていた、ということ自体、この問題への人々の関心の広がりと深さとを示すものである。

ここに掲げた書物の編纂・執筆にかかわった人々についての直接的な材料は、『蘇松財賦考図説』の著者、崑山県の人周夢顔が、先に触れ、後にも言及するように、南巡中の康熙帝に問題を訴えたこと以外にはない。しかしながら、蘇州・松江地方の人々の動向の中には、ここで触れておかねばならないものがある。

たとえば、先にその文章が、顧炎武の一連の議論とともに蘇州府における民間の世論の一例であるとした太倉州の人陸世儀についてもさらに言及せねばならない(42)。陸世儀の「蘇松浮糧攷」の最後は「庶幾《ねがわ》くは、此方の民力、以て少や蘇る可く、而うして国家財賦の重地も、亦た茲に因りて匱しからざる可けんことを。世に仁人君子有れば其れ尚お此を覧《み》て留意されんことを」という一句で結ばれている。陸世儀が、仁人君子に期待していたのは、同じ文中に引くように、具体的な政策転換を清朝に迫ることであった。左の通りである。

誠に能く計部の大臣をして、部院の督撫諸大臣と同に、或いは一省の中に就きて、或いは天下の大に於いて、通盤打算し、斟酌損益せしめん。凡そ庶務の節約す可き者は之を節約して、以て浮費を省き、兵力の休息す可き者は之を休息して、以て輓輸を省かん（下略）。

なお、陸世儀が、先述のように、同じ蘇州府でも太倉州の人であることにも留意しておきたい。

蘇州府常熟県の出身、康熙一二年（一六七三）の進士たる蔣伊(43)は、同一八年、広西道御史の時、一二の図と上疏とを献上し、主として民衆の生活の困窮と捐納の弊害を訴えて、康熙帝に強い印象を与えた(44)。その「蘇郡田賦議(45)」は、康熙初年から同二六年に河南按察副使・提督学政として任に死ぬ間の作であることのほかは、いつ、どのような場で提出されたのかについての具体的な記録はない。しかし、とくに、元及び明代における浮糧形成の過程について、詳細かつ正確な内容をもち、地域の利害を積極的に訴えている。

伊、常熟の人なり。如し常熟の一県を以て之を言えば（中略）、弘治十年、太倉州の官民田地を分去せしの後、秋糧減じて二十九万八千一百石に至る。此れ倶に前人の邑志に載す。今、常熟の正糧増すこと四十余万に至る。一県此くの如し。一郡知る可し。

蔣伊は、「蘇郡田賦議」の中において、このように、常熟県人としての自覚の上に立って論を進めている。蔣伊の具体的な提案は、一畝当たりの負担が、隣接する常州府・鎮江府では一斗五升・六升であるのに、蘇州府・松江府では三斗六升・七升であることをふまえた内容をもつ。

倘し蘇松の糧額を減ずるを請うを得ば、今日の常郡に照らして起科せん。庶幾わくは二郡の民の命、以て甦るを得ん。若し宋・元の賦法を以て之を今自り行なわば、又時務を識らざるの論なり。

この提案の内容自体は、他にも見られるもので新鮮味はとくにない。しかし、蔣伊は、自己の提案と「時務を知らざる」それとの区別を強調し、自己の提案の実際性を打ち出して、その方向で事態を解決しようとしている。

慕天顔がその「覆詳」で挙げた『松江紳耆備録便覧』についてもこの書名以上の手掛かりはない。ただ、松江府においても「紳耆」と呼ばれる階層、すなわち、地域社会の支配・指導層としての有位無位の士人層が、「浮糧」問題に関与していたことが示唆されている。また、同時代を生きた松江府上海県の人、順治末年のいわゆる江南奏銷案の時点で処分されるまでの生員の身分を保持していた葉夢珠は、よく知られたその著『閲世編』の巻六、賦税において、当地方の賦税の明代以来の重さと清代に入ってからの取り立ての厳しさとを後者に重点を置いて記し、民間の世論の動向を示している。

吾郷の賦税は天下に甲たり。蘇州一府は浙江全省より贏《おお》し。松属地方、蘇の十分の三に抵《あた》るも、而れども賦額は乃ち蘇に半ばす。則ち是れ江南の賦税、蘇松より重き莫きも、而れども松、尤も甚だしき為り。予れ嘗て故老と隆万（明の隆慶・万暦）間の事を談るに、皆云う。物阜《ゆた》かに民熙《なご》み、官に居りては逋賦の罰無く、百姓は催科の擾《わずら》い無し、と。今日の糧、重きを昔に加うること亦た限り有るなり。乃るに有司力を竭して催徴するも参罰踵を接し、閭閻の脂膏悉く索むるも積逋日に甚だしきは何ぞや。蓋し当年（明の隆慶・万暦年間）の考成甚だ寛やかなれば、則ち郡県の催科も亦た緩み、積むこと久うして日に弛めば、率ね蠲赦に従う。所謂重糧の名有るも重糧の実無き是れなり。

この一節のあと、葉夢珠は、具体的かつ詳細に、明代においても徴税のより厳しくなった崇禎年間に比べてすら、清の順治以来のそれがさらに厳しくなっていることを説く。順治一七年の江南奏銷案(46)についての有名な叙述は、この後のくだりで展開される(47)。

また、松江府華亭県の人董含の著で、『閲世編』と並ぶ随筆『三岡識略』巻九、甲子至戊辰（康熙二三年―二七年）「請減浮糧」には、第六節で触れる康熙二五年の工科給事中任辰旦の上疏を簡略化して紹介し、その前後に次のような評語を載せる(48)。

任黄門辰旦、性忼爽にして直言を敢えてす。曾て上海に尹（知県）たりて、松郡の利病を熟知すれば、章を上りて浮糧を減ぜんことを請う。（中略）黄門、後に復た懇切に面陳し、上、霽顔を為す。惜しいかな、竟に未だ之を行なわざるなり。

同時代の「浮糧」をめぐる中央での動向が地域社会の世論によってきわめて敏感に受け止められていたことがわかる。

さて、慕天顔の康熙一一年の「詳覆」当時には、まだ刊行されていなかった三二巻本の『日知録』所収「蘇松二府田賦之重」と作者顧炎武は、右に見たような清初の蘇州・松江二府の動向の中ではどのような地位を占めるであろうか。それについてのわずかな手掛かりは、『康熙蘇州府志』巻二五、田賦三の巻末の「附攷証」にある。そこには、『洪武実録』、「周文襄公伝」、『水東日記』、『大学衍義補』、『菽園雑記』、『名臣録繹』、『大政記』、『皇明通記』、『松江府賦役全書』、『万暦大明会典』、『張居正請蠲積逋疏略』、『国史』、『建文書法擬』、『古今治平略』の一四の明代の文献が挙げられた後、「崑山顧圭『日知録』」及び『日知録』の二つの見出しの下に、『日知録』巻一〇「蘇松二府田賦之重」の官田の歴史に関するかなりの部分が収録されている。もっとも収録された部分のみについても、現行の「蘇松二府田賦之重」の対応部分との間には異動があるが、このこと自体、当該の一篇が『日知録』三二巻本の刊行以前から、蘇州府内部で注目されていたことを意味する。『康熙蘇州府志』巻二五、田賦三によるこの一篇の収録の仕方には、ほかにも検討すべき点が残るが、この巻が、「蘇松浮糧」削減の実現という問題意識を濃厚に滲ませながら編纂されていることに鑑みれば、当時の蘇州府の世論の中で、顧炎武という存在と当該の一篇の占めている地位はきわめて高く、かつ当該の一篇にすぐれて実践的な性格が認められることは明らかであろう。

蘇州府を中心とする以上のような地域社会における世論の展開を背景に慕天顔は、「蘇松浮糧」削減に向けてさらなる努力を開始する。

六　江寧巡撫慕天顔・湯斌の要請

慕天顔は、康熙一五年、この年に死去した馬祜に代わって、江寧巡撫となった。彼は、同二〇年に辞職するまで、江蘇省の行政当局者としてより大きい権限をもつようになる。(49)彼は康熙一八年に在来の未納銭糧の免除及び徴収延期を、また、同年、坍荒田地の銭糧の免除を上疏し、前者については、康熙帝の裁可を得る。(50)しかしながら、その「浮糧」削減への発言は、しばらくない。その理由を、慕天顔自身は、三藩の乱に基づく緊急情勢に帰している。

〔康熙十三年の上疏は〕久しく御前に達するも、未だ俞旨を蒙らず。時、軍興に値り、餉を需むること孔《はなは》だ急なれば、今に迄るまで八載、敢えて続陳せず。

逆賊呉三桂反逆の後、軍需、給を江南に取ること三十余万なるも、源源として匱しからざるなり。(51)

その彼が、再び上疏して「浮糧」削減への発言を行なったのは、康熙二一年のことであり、かつこれが最後となる。(52)前年、二〇年一二月、慕天顔は、巡撫の任を解かれている。

管下の揚州府知府高徳貴が鎮江府知府時代に残した虧空（財政赤字）を慕天顔は高の病没後に遺族から追徴した。ところが、そのことを高の族弟等から告発され、「三級を降して調用する」処分に付されたのであった。慕天顔は、二年を経た後、湖北巡撫・貴州巡撫を歴任した。その後、二六年、漕運総督に抜擢され、治績をあげたが、河道総督との政策上の対立を引き起こし免職されるにいたった(53)。ちなみに『清史稿』の慕天顔伝は、官僚として「恵績」があり、「江南の民、尤も之を頌う」としている。

「題して蘇松浮糧完め難きの原奏は、久しく宸鑒を蒙むれば、伏して請うらくは天恩もて早《すみ》やかに廷臣に敕して減ずるを議し、以て万世の良模を成し、以て供賦の重地を培わんが事の為にす」。この上疏は、慕天顔が、前述のように、解任を命じられた後、特に行なったものであり、彼のこの問題に賭ける執念を窺わせる。

位を去るの臣、安んぞ敢えて復た民事を言わんや。但だ念えらく、人臣国を去るも義として君を忘れず。臣、恩を受くること深重なれば、此の久しく困しむの民生を覩、今正に甦息養元の日、臣、斧鉞を避けず、再び天聴を瀆さんとす。

慕天顔の今回の上疏の内容上の特徴は次の主張にある。康熙一〇―一三年度においては、起運・存留を合算してなお一・二割の未納があったのに、康熙一四年以後は存留分がすべて兵餉に充当されたにもかかわらず、なお九割以上の納入率になった。これは、人民が「皇上」の恩に感じて賊の呉三桂を滅ぼすために最大限の努力を払ったからである。しかし、なお、一割にも及ばぬ僅かな未納があり、そのことが厳しく追求を受け、しかも決して完納できない。これは、人民の主体的努力や官側の対策のありかたが不十分だからではなく、「銭糧」の額自体が過重であるからにほかならない。慕天顔は、未納克服の実績と限界を提示し、「浮糧」の削減を康熙帝に迫ったのである。原文の一節を以下に記す。

但だ些かの一分に及ばざるの民欠を存し、即日に敲扑さるるも、断断完め難きは、民の力を尽くさざるに非ざるなり。更に官の法を設けざるに非ざるなり。実に糧額過浮なるに因る。法の設く可き無く、力の尽くす可き無きなり。

慕天顔の上疏の末尾は次のようである。

伏して乞うらくは、皇上矜《あわ》れみ原《ゆる》し、蘇松の小民、公に急《はり》み效《てがら》有れば、困苦宜しく甦るべきを俯鑒し、特に臣の原疏を准し、〔戸〕部に敕して議覆せしめ、新たな撫臣に行して（命じて）二府の田賦の科則と酌減の数目を核定して造冊し、旨を請いて施行されんことを。臣愚幸甚、万民幸甚なり。

慕天顔は、康熙帝に対し、かつて康熙一三年の上疏で行なった提案を承認し、自己の後任である新江寧巡撫に命じ、改めて蘇州・松江両府の原来の科則を確定した上で徴収額を削減し、その結果を冊子にまとめ、裁可を得て実施に移させることを、改めて懇願したのである。慕天顔の、いわば捨て身で行なった最後の上奏を契機に、蘇松両府の「浮糧」の減額を要請する活動が再び開始された。

康熙二四年（一六八五）一〇月、江寧巡撫湯斌は、「題して蘇松の逋賦清くし難きの由を詳陳し、睿覧して裁ちて不易の規を酌定せられ、以て国課を実たし、以て民生を遂げんが事の為にす」という上疏を提出した(54)。本文約二〇〇〇字からなる長大なこの題本には、歴代の地方・中央の官僚の上疏あるいは上官への詳文を通じて蓄積されてきた「蘇松の浮糧」に関する認識がすべて盛り込まれている、といってよい。文中に、「此より前、諸臣累累として陳請す」と言及があるが、たしかに多くの官僚の提議の内容が学習されたあとは顕著である。ちなみに、湯斌の上疏は、註(54)で記したように、同時代の『康熙蘇州府志』と後年、道光年間に刊行された『蘇松田賦攷』との両者にいずれも再録されている。このうち、後者では、この湯斌の上疏の末尾にとくに前掲蔣伊の「蘇郡田賦議」のうちの四割弱、約一四〇〇字の部分を附し、さらに、編者独自の調査の成果も折り込み、元代以来、明代を経て清代康熙年間の湯斌在任時にいたる蘇州府の田賦についての基本的史実が、詳細に提示されている。もとより『蘇松田賦攷』のこうした編集は、湯斌の上疏が康熙年間における江蘇省行政当局による一連の上疏の最後のものであることと無縁ではない。また、蔣伊のこの「議」が巡撫湯斌に提出された可能性もある。しかしながら、「蘇郡田賦議」及び関連の記事がここに収録されたことは、『蘇松田賦攷』の編者が、湯斌の上疏を非常に重視していた証左でもある。ちなみに、湯斌は河南帰徳府睢州の人、順治九年の進士である。(55)

湯斌の上疏の前提としている現実は、先行する官僚達の踏まえていたそれと変わるものではない。湯斌は、慕天顔の最後の上疏で論旨を強めるべく言及されていた三藩の乱期における未納状況の一定の改善には全く触れず、冒頭に次のような認識を提示する。

銭糧累年逋欠し、奏銷の期に当たる毎に、多きは嘗て欠すること五十余万に至り、最も少なき者も亦た三・四十万を下らざるを見る。

こうした現実を打開するため、湯斌は、慕天顔の最後の上疏と同じく、具体的な提案を行なう。

惟だ叩懇すらくは、我が皇上、民力の已に竭きるを念い、虚額の無益なるを察し、宸衷より独断し、徳音を渙発し、此の簡明〔賦役〕全書を纂修するの時に及び、廷議を博集されんことを。（1）蘇松の銭糧を以て、合盤打算し、各おの科則に照らして一・二分を量減し、適中にして完む可きの実数を定められ、過重にして必欠の虚額を存すること無からしめられよ。（2）更に科則を以て稍や帰併を加え、簡易明白にして稽考に便ならしめん。（3）或いは賦額最も重きの州県を将て另に勧懲の典を立て、小県と一例に考成せしめず。守令をして以て久任す可く、以て陞遷す可く、苟且因循、事務廃弛に至らざらしめん。

湯斌の提案の核心は、（1）の一畝当たりの「科則」の一割乃至二割の削減にある。削減率そのものは、顧炎武の先述の構想と比べて低く、この点慕天顔の最終提案と軌を一にする。しかし、湯斌は、慕天顔のように、「科則」を四段階に分け、段階ごとに、平米一石当たりの削減額を決めるという方式を採らなかった。湯斌は、一畝当たりの

「科則」、すなわち「銭糧」の徴収額の直接的な削減を打ち出し、前後の歯に衣を着せぬ文章とともに、康熙帝に実行を迫った。

　この湯斌の上疏の実施を促すかのように、翌康熙二五年（一六八六）、中央で工科給事中任辰旦が、「蘇松の賦額を酌し、以て民生を遂げしめ、以て国課を均しくするを請う」ことを主題とする上奏を行なった(56)。すでに第五節で触れた通りである。その内容は、一畝当たりの「地丁銀米」において、蘇州・松江の両府は、嘉興・湖州両府を三・四割上回り、常州・鎮江両府の二倍に達するという比較を骨子としていた。任辰旦は、浙江紹興府蕭山県の人、康熙六年の進士、『三岡識略』が前述のように松江府上海知県であったとするのは、その官歴の出発点においてであった(57)。

　しかしながら、康熙二五年のこの任辰旦の上疏を最後に、江蘇省の行政当局及び中央の言官による「浮糧」削減の要請は、康熙帝の在位中の残る三十数年間は行なわれなくなる。以後、この要請は民間に委ねられることになる。康熙五年、江寧巡撫韓世琦の最初の上疏以来二〇年、一連の官僚による要請は清朝中央の承認するところとならなかったのである。後年、『蘇松田賦攷』の編者（邵吉甫）は、先に言及したように、蔣伊の「蘇郡田賦議」を引用したあと、江西の袁州・瑞州・南昌三府の明以来の「浮糧」が康熙二年に削減されたことにとくに触れ、蘇松の場合にはここまで削減が行なわれなかったことを確認して、次のように述べる。

　蘇松も亦た前朝の胎累を受け、世祖（順治帝）・聖祖（康熙帝）、皆矜䘏を意《おも》う有り。督撫も亦未だ嘗て科累の情（科則の累《わずら》わしさ）を以て入りて告げずんばあらず。奈《いか》んせん、部議（戸部の見解）に格《はば》まれり。是れ豈に（なんと）民の福薄きか。

七　民間の請願活動

さて、民間からの皇帝への直接の要請が最初に行なわれたのは、康熙二八年（一六八九）の康熙帝の第二回南巡に際してであった(58)。この年二月四日、康熙帝が蘇州の虎邱に「臨幸」したとき、「蘇属の士民劉廷棟・朱爾秀・李安臣、松属の士民張三才・胡克成・朱士楷等」は、「浮糧重累たれば、酌減を叩賜されんことを奏した」。「今敢えて宋・元の旧額に照らすを望まず、又敢えて江淮の揚・徐の軽額に照らすを望まず、惟だ接壌の常州の科則に照らし、比量酌減し、同沛の仁を邀うるを得んことを求む」、というのが、彼らの要請の中心内容であった。この際、彼らは、「伏して思うに、蠲赦すれば、恩一世に垂るるも、浮額を酌減すれば、恩万年に垂る」、と強い表現で「浮糧」の削減を訴えた。

康熙帝は五日「九卿・科道に会議せしめ」るとともに、四日、五日と連続して、「蘇州・松江二府の明季（明末）の加増銭糧」についての調査を戸部に命じた。しかし、この劉廷棟らの要請が実現したという記録はない。

それから、一〇年後、康熙三八年（一六九九）、康熙帝の第三次南巡に際して、「浮糧」の削減を要請する民間からの二つの訴えが康熙帝に直接寄せられた。

まず、四月二一日、蘇州府崑山県の周夢顔は、「三呉の浮賦を念い、民の為に命を請わんと欲し」、「民本を繕写して」（私家本を手書きで作り）、揚州の九龍橋に赴き、「浮糧」の削減を訴えた。しかしながら、「旨を奉じたるに、督憲（両江総督張鵬翮）に発して査議せしめらる。越えて二日、制台（総督の意）適たま命を奉じて他に往きたれば、事、遂に寝む」というように、周夢顔の訴えは実らなかった(59)。

また、『蘇松田賦攷』は、この年四月付けの「蘇松二府の民陸大鵬・邵之徳等の疏」を掲載している(60)。これは、まぎれもなく南巡に際して康熙帝に差し出されたものであろう。そこには、まず、次のような発言がある。

康熙十二年、曾て宸衷の独断を蒙むるに、〔蘇松二府の〕十三年分の地丁銭糧を将て、由単を刊布して止だ一半を徴せんとす、と。随いで三逆変を告げ、軍餉正に殷んなるにより、挙行は果たさず。康熙二十年、復た皇上の特諭を蒙むるに、蘇松二府の〔宋・元と比べて〕加増〔されし〕銭糧を査し、摺に開《か》きて具奏せよ、とあり。又未だ奉行せず。

これまで、蘇松二府に対する「銭糧」削減措置が康熙帝によって準備されたが、いずれも実施には至らなかった、という経過が述べられている。そして、今回の南巡に当たり、聖諭が下り、「塩課・関税が量免された」ほか、

其の応に行なうべく革むべきの事宜有らば、皇上、都に還りしの後、尚お次第に挙行せんと欲す。督撫・藩臬は、皆地方の大吏なれば、凡そ民の為に悉心害を除く可き者有らば、作速に勘定して陳奏せよ。

と指示があったとし、要求を提出する。

故明の積弊を除き、或いは接壌の常州と、其の賦額を同じうし、或いは蘇郡の現に存せる一百万石の加増、松郡の現に存せる五十万石の加増に於いて、酌量減豁さるれば、則ち国課完め易く、拖欠自から少なからん。[61]

陸大鵬・邵之徳等の康熙帝に対するこの直接の訴えも、しかしながら、「浮糧」削減の措置には結実しなかった。この後も、康熙帝の統治は、その六一年（一七二二）までなお二〇年余続く。この間、江蘇省行政当局や中央の言官の「浮糧」削減実施についての記録はない。しかしながら、民間では、なおもそのための努力が続けられた。先述の周夢顔の訴えについて、「時に各憲は攷拠を得ざることを以て憾みと為した」。このように、主張の典拠が明示されていなかったことを南巡に随行していた官僚たちから指摘された周夢顔は、この不備を補う活動を開始した。[62]

公（周夢顔）は、遂に広く捜し博く採りて、此書を輯成して梓に付し、都に入る者に逢う毎に、必ず百十部を以て郵寄し、之を閲る者、民瘼を洞悉せんことを冀うなり。板（版）凡そ七たび易る。

このように民間の自主的な、執拗な活動はやむことがなかった。しかしながら、康熙年間中は、「浮糧」削減は、依然として実現を見なかったのである。この間、実施されたのは、「銭糧」の一時的減免であった。以下に『康熙蘇州府志』巻二五、田賦三に記された康熙前半期の事例を挙げておく。なお、そこにも見られる清初の災害時の「銭糧」

の一時的減免の方式については、宮崎一市の論文「清代初期の租税減免について——清代財政の一齣（2）——」[63]がある。

康熙九年　水災のため、被災の田の地丁銀を規定の比率により免除。漕米一石につき銀一両で折納することを許す。

康熙一三年　江寧巡撫管下の一二年の虫災の州県〔の地丁銭糧・漕米〕を免除。

康熙一八年　蘇州府の旱害・蝗害の被災田地〔の地丁銭糧・漕米〕を免除。

康熙二三年　〔三藩の乱の〕軍費（兵餉）負担による江南・浙江両省の困窮を救済するため、康熙二四年の起運と二三年の漕米を三分の一ずつ免除。

康熙二六年　蘇州府の二七年の地丁各項銭糧と二六年の未納〔の地丁〕銭糧を免除。

康熙二八年　江蘇省各府の二七年の地丁各項銭糧と二六年の未納〔の地丁〕銭糧を免除。

八　戸部の上疏と雍正・乾隆減額の実現

蘇松二府の「浮糧」削減は、韓世琦の最初の要請から、実に六〇年後、周夢顔の訴えと陸大鵬・邵之徳らの上疏から二六年後、雍正三年（一七二五）のことであった。それから一二年後、乾隆二年（一七三七）にも二度目の削減が行なわれた。この合計二回の削減以後、いわゆる「蘇松浮糧」削減問題は、そうした主題としては、一九世紀の六〇年代、清朝が太平天国を鎮圧した直後まで姿を消し、同治二年（一八六三）、両江総督曾国藩・江蘇巡撫李鴻章が再びこの問題を提起することになる。[64]この意味で、一八世紀の二〇—三〇年代、雍正初年—乾隆初年にかけての削減は、一七世紀六〇年代以来の「蘇松浮糧」問題の一つの集約となるであろう。

『蘇松田賦攷』の巻二は、順治二年の清朝の江南デルタ征服から、右の雍正初－乾隆初期にかけての「浮糧」削減に関する動向を、本稿で紹介してきた官僚の上疏や詳文を中心に記録するが、その末尾に次のように記す。

以上の浮糧を減ずるを請いし各疏は、惟だ怡親王の一奏のみ旨を得て減免さる。余は皆〔戸部の〕議に格《はば》まる。篇に具載し、以て後の覧観に備う。

雍正三年の管理戸部事務怡親王等の上奏(65)は、ここに言うように、それが、皇帝の最終的な認可を得た、という点で異例であるが、さらに清朝中央の戸部に関わる当局者自身が削減の上奏をした、という点において、より異例である。怡親王等の上奏は、従来、南巡時の民間からの特別な上疏は別とするとしても、中央の言官や江蘇巡撫・布政使等から題本形式による正式の多数の上奏が寄せられ、「浮糧」の削減が要請されていたことには全く言及していない。怡親王等の上奏は、ただ、これまでは、戸部から蘇松二府の削減に関する正式の要請を皇帝に上奏してこなかったことを、その事実のみについて簡単に触れた後、以下のように改めて削減法を雍正帝に申し入れる。その中には、問わず語りに、なぜ戸部が長年にわたって「浮糧」の削減を拒絶してきたかという理由が、述べられている。

（1）我朝、海内を平定し、悉く前明の苛政を除けり。各省の賦税にして、凡そ嘉靖以後の加増せる者は概《み》な蠲免を行なえり。惟だ蘇松二府の明代に屢しば増せるの額は、未だ詳悉奏請するを経ざるに因り、今に至るも旧に仍る。（2）伏して査するに、蘇州〔府〕の条折・兵餉・徭里・人丁・匠班・随漕経費等の項の歳徴銀は一百六十二万六千九百両零なり。松江府の条折等の徴銀は八十三万三千五百三十両零なり。蘇州府の正耗の漕白等項の歳徴米は九十七万五千二百三十石零。松江府の正耗漕白等項の歳徴米は四十一万八千五百八十石零なり。（3）其の歳徴の額米は、歴年以来、民間の輸納の完うせし者、多きに居る。且つ天庾の正供は、兵食の関る攸なれば、減を請うを庸うる無し。（4）惟だ額徴の地丁銀は、次年の奏銷の期に至る毎に、蘇州一府の民欠は必ず三十万両に至る。松江一府の民欠は必ず十五・六万両に至る。積累すること数年なれば、動もすれば三・四百万に至る。

幸いに聖朝の時に曠典を施し、宿逋を蠲免さるること数百万に至るに遭うも、而れども数年の内、糧戸、日に追比の苦を受く。地方官、亦追を承くるに因って罷去する者多し。此れ額徴の名有りと雖も、而れども徴収の実無きなり。(5)我が皇上、部屋にも心周ねく、万里を洞照さる。雍正二年、江西南昌府属の加増の浮糧、已に恩旨もて寛免せらるるを蒙る。今、蘇松の浮糧は、事同じく一体なり。但だ従前加浮せしの額は数為る太だ多く、国家の経費は浩繁なれば、理として照らして減らすに難し。(6)査するに、蘇州の地丁銀は一百二十九万五千余両、松江の地丁銀は六十七万四千余両なり。或いは幾分かを酌減すべし。臣等擅擬するを敢えてせず。抑いで皇上の欽定を候たん。此れ実に聖主の曠代の特恩に出づれば、蘇松二府の臣民の敢えて冀望する所に非ざるなり。

管理戸部事務怡親王等の上奏の右の引用に先立つ部分においては、明初の太祖朱元璋の「豪族及び富民の田」の籍没による官田化を契機として、「蘇松の田税」は、明初において殆ど宋代の二倍に達した、という認識が示されている。その上で、「宣徳〔年間〕の逓減自りの後、嘉靖・万暦の時、復た逓増すること三十余万〔石〕なり。是に於いて二府の民、明の世を終えるに(明一代を通じて)、重賦に困しむ」と述べ、嘉靖・万暦以降の増加を重視している。右の引用は、まず(1)の部分で、蘇松二府においては、明代の嘉靖・万暦以降を中心とするこの加増部分が清代になっても旧来のままになっていることを指摘する。

さらに(2)では、清代における蘇松二府の銭糧の定額が、その中における銀納部分と現物米穀納部分を区別しつつ示される。その上で、(3)において、現物米穀納部分の納入実績がよく、かつ軍隊の糧食の供給源であり、この部分はもとより削減できない、とする。(4)においては、これと反対に、銀納部分には、未納が多く、毎年、蘇州府で三〇万両、松江府で一五・六万両の未納が恒常化していることが指摘され、こうした巨額の未納をどのように清算するかが以下に展開される。(5)では、蘇松両府においても、前年に江西省南昌府で行なった「加増の浮糧」削減と同様の措置をとるべきであるが、この両府の場合には、「加浮」の額があまりにも多く、一方、国家の所要経費の莫大な額を考慮すると、それはできない、とされる。結論にあたる（6）では、まず、（4）をふまえて銀納、すなわち、地丁銀の部分を削減すること、（5）を考慮して、削減の比率は皇帝に一任する、とされる。

管理戸部事務怡親王等の見解は、軍隊の糧食の確保・国家の主要な収入源の維持を前提としている。ただ、恒常化した多額の未納（民欠）は避けることのできない現実となっており、他方、他の地域における削減措置や江西の「浮糧」削減とのバランスも考慮されなければならなかった。あくまでも、中央財政的観点を堅持した上での、削減の提案であった。

これに対する雍正帝の諭旨は、従来の康熙帝と戸部の措置を正当化しつつ、正規の銭糧の主要な構成要素であり、銀納部分の大宗をなす地丁銀の恒常的未納分、すなわち定額の約四分の一を免除する、というものであった。(66) 諭旨の実質的内容をなす部分を以下に引用する。

（1）蘇松の浮糧は、当日の部臣（戸部の官僚）、従《か》つて未だ陳奏せざれば、常に皇考（康熙帝）の聖懐を廑《なや》ます。屢しば諭旨を頒ち、本より恩を施し減ずるを議せしめんとせり。（2）乃るに、彼の時、大臣以えらく、旧額相沿ること已に久しく、国課に関る所綦《きわ》めて重く、上を損じて下を益するは、理財の道に非ずと。故に応に裁減すべからざるを以て、固執復奏せり。（3）凡そ国家の大事、因るや革むるや損ずるや益すやは、必ず君臣の計議画一にして始めて挙行すべし。若し皇考にして衆に違いて独断すれば、既に詢謀僉な同じの義に非ず。且つ恐らくは一時減免するも、倘し後来国用足らざれば、又議論の端を開かん。只《ひた》すら衆に従いて中止するを得るのみ。（4）然れども聖慈もて蘇松を軫念し、渥沢を誕敷され、屢しば旧欠を蠲き、以て民力を紓べんとす。其の数、他処に較べて多しと為す。是れ亦た正額を裁減せると異なる無きなり。（5）今、怡親王等、心を悉くして籌画し、酌量奏請す。甚だ嘉す可しと為す。朕、皇考の民を愛し賦を寛くするの盛心を仰体し、蘇州府の額徴銀を将て三十万両を蠲免し、松江府の額徴銀十五万両を〔蠲免する〕を准さん。

右の諭旨の大意は以下のように整理できよう。（1）康熙帝は常に「蘇松の浮糧」を減額しようとする意志をもっていたが、戸部からはそのことを要請してこなかった。（2）戸部は減額が国家の財政収入に与える影響の大きさを考慮し、一貫して減額に反対した。（3）康熙帝は、国家の重要な政策変更における宮廷内部の意志の一致を重視し、また将来の財政収入の不足をもたらす可能性をも懸念して、減額を強行しなかった。（4）ただし、その代替として康熙帝は他地域を上回る未納分の免除を行なったが、これは減額と同じ意義をもつ。（5）今回戸部から減額の要請があったので、康熙帝の「愛民寛賦」の遺志を体し、地丁銀の定額から蘇州府は三〇万両、松江府は一五万両を削減する。

雍正帝が恒常的未納額を以て減額の幅としたことは、戸部の要請に内包されていた示唆を汲みとったものであり、そこにはすぐれて財政技術的な発想が見出される。

乾隆二年に再度行なわれた減額は、雍正二年の減額の補完としての性格をもつように思われる。それは、この減額が、乾隆二年四月乙亥の日、雍正帝の「配天の礼」の挙行にともなう恩赦の詔の一項目に盛り込まれ、当該の項目に関連の言及があるからである。(67)

『清実録』乾隆二年四月乙亥の条には、以下のように記す。

蘇松の浮糧は、前に已に世宗憲皇帝の特に諭旨を降されしを蒙むり、四十五万〔両〕を裁免し、以て民力を紓ぶ。但し江省の糧額には、尚お浮多の処有れば、著して再び恩を加え、額徴銀二十万両を免ぜしめよ。該督撫をして確査詳核し、務めて均匀ならしめ、民をして実恵に霑するを得しめよ。(68)

雍正三年の諭旨以来一二年の間に、さらなる削減の必要が清朝中央によって自覚され、この詔に盛り込まれたものであろう。

なお、『蘇松田賦攷』巻二では、この詔を紹介したあと、乾隆一八年（一七五三）乃至同三〇・三一年（一七六五・

六六）刊の『長洲県志』を引用し、減額の具体化について記している。

按ずるに、長洲志に云う。巡撫邵基、江省は或いは江南全省に係わるやを以て、部に咨して示を請う。部の覆を准くるに、此の項の蠲免は悉く雍正三年の恩例に照らして遵行せよ、とあり。是に於いて蘇松二府及び蘇州より分出するの太倉州属并びに通州に分隷するの沙地は、二十万両の数を将て、額を按じて験算し、均匀攤派す。計るに田畝の項下にて、毎正銀一両、応に銀一銭三分三厘六毫零を減ずべし。

これによれば、地丁銀中の地銀一両につき若干という形で減額がなされており、おそらく、雍正二年の際にもこうした方法が採用されたものであろう。

結びに代えて

康熙年間を中心に展開された蘇州・松江両府の「浮糧」削減の実施を清朝中央に要請する諸活動を、主として、同時代の『康熙蘇州府志』巻二五、田賦三及び後代の道光刊『蘇松田賦攷』巻二に依拠して概観してきた。清初の蘇松「浮糧」削減問題全体の解明という点よりすれば、きわめて部分的な作業であるが、その限りにおいて気が付いたことどもを書き留めておきたい。

この諸活動は、康熙五年から二五年までは、江蘇省の行政当局としての江寧巡撫、及び中央の言官としての都御史・監察御史・給事中の皇帝への上疏という形態で行なわれた。このうち、中央の言官の上疏は、江寧巡撫の上疏に直接言及するか、或いは江寧巡撫の上疏に続いて提出されている。その意味で、活動の中心的担い手は江寧巡撫であり、中央の言官はそれを前提として発言したといえよう。なお慕天顔は江蘇布政使在任中から江寧巡撫馬祜に積極的な提言を行ない、後に同巡撫に就任しており、布政使時代のその活動も巡撫に準じて評価できよう。

歴代の江寧巡撫或いは布政使時代の慕天顔の「蘇松浮糧」問題に関する認識の枠組みには、すでに最初の上疏を行なった韓世琦以来共通のものが見られるが、その内容は、後年になるほど充実していく。たとえば、「浮糧」の形成過程に関してすべての論者から重視されている蘇松両府における明代の税糧の歴史の叙述についても変化がある。元末に張士誠を支援した蘇州・松江両府の民への太祖朱元璋による報復措置に過度に重点を置く姿勢が弱まり、他方で、明朝自身による税糧徴収額の削減や徴収方式の改定についてのより詳細で正確な認識が、韓世琦から、慕天顔、さらに湯斌へと着実に形成されていく。「浮糧」の主要な歴史的契機を明の太祖の蘇松地方への報復措置に求める見解は、康熙・雍正・乾隆初年にも、清末の同治年間にも変わらないが、こうした認識の進展の中で明朝の報復を強調する評価は次第に相対化されたといえよう。

また、江蘇巡撫から提出された削減の方式にも展開がある。韓世琦は隣接する常州府の科則――一畝当たりの銭糧（税糧）徴収額に準ずる新しい科則の設定を提案した。慕天顔は、現行の科則の段階的格差に応じて、平米一石当りの徴収額にも格差をつけることを提案し、具体的に四段階ごとの数値を示した。湯斌は、蘇州松江両府の銭糧の現行の徴収総額を改めて計算しなおした上で、各おのの科則について一〇―二〇％減をめどとする一畝当たりの新徴収額の設定と科則の整理とを提案した。こうした削減方式についての提案の変化の中に、より合理的な徴収額を模索する努力のあとが認められる。これにともなって、たとえば、呉正治が一畝当たりの土地について、平米額及び附加部分を含むトータルとしての負担額を正確に把握していたように、言官の認識もより明確なものになっている。

江寧巡撫を主体とする江蘇省の行政当局がこのように「浮糧」をめぐる問題の把握のレヴェルを高めていくのは、彼らがその活動の経験やその記録を蓄積し、研究を深めていったことと無縁ではない。その根底には、当然のことながら、問題自体の深刻さが横たわっていた。深刻さとは、彼らによれば、基本的には、もとより、その負担能力を越えている、と彼らの見る「銭糧」の重さ――「浮糧」そのもの――にある。しかし、あわせて注意すべきは、彼らが韓世琦以来、清朝中央による「銭糧」完納の追求の厳しさを一貫して強調していることである。すなわち、彼らは、明朝によって設定された一畝当たりの徴収額を、当の明朝よりも苛酷に追求する清朝中央の財政当局——戸部の徴収のありかたを批判している。この批判は「浮糧」の一〇〇％完納を基準として実施される勤務評定の明代には見られなかった厳格さへも向けられるとともに、こうした勤務評定のありかたが、また納糧戸への「浮糧」の徴収の苛酷さを増幅していることにも向けられていく。このように、「浮糧」削減問題は、江蘇省行政当局と清朝中央の財政当局の尖鋭な矛盾を惹き起こしていた。康熙一三年―二〇年の三藩の乱に際して、一時、江蘇省行政当局は「浮糧」削減問題に関する要請を中止するが、このことは、この要請が、内乱鎮圧のための軍費の調達という特別な期間を除いて常に提起されるというほどまでに根強いものであったことを示している。

皇帝に対して行なわれた江蘇省行政当局の執拗な要請の背後に、清朝の財政政策への抵抗としての性格をもつ民間の世論が存在していることも明らかである。順治末年の顧炎武の『官田始末考』に始まり、康熙一一年までにものされていた陸世儀の『蘇松浮糧攷』、崑山の紳士による『蘇松浮糧彙考』や無名氏の『蘇松田賦備考』、さらに、蔣伊の「蘇松田賦議」、あるいは『閲世編』における葉夢珠、『三岡識略』における董含の発言を経て、康熙二八年の劉廷棟・張三才、同三八年の周夢顔や陸大鵬・邵之徳らの要請に至る民間の世論。それぞれの個別的な内容や読書人が重要な環をなしているところのその担い手については、本稿では、まだ初歩的な紹介をするに留まったが、こうした民間の世論の展開なしには、江蘇省行政当局の要請もありえなかったであろう。なお、順治一八年、「銭糧」未納の江南の「郷紳」・「生員」一万三五一七名が処分されたかの江南奏銷案についても改めて光を当てなくてはならない。奏銷案に始まる時期の「郷紳」・「生員」層の「銭糧」納入のありかたを明らかにすることは、江南奏銷案の直後から顕著になる「浮糧」削減論の展開と削減実現のための活動の性格を見極めるためにも、必要だからである。だが、その場合にも「郷紳」・「生員」のそれをも含むすべての土地所有の経済的実現に対する「浮糧」の影響を具体的に確認することがあわせて行なわれねばならない。

さて、顧炎武による『日知録』巻一〇「蘇松二府田賦之重」が、まさに順治末年の『官田始末考』の修正の上に立ち、康熙二一年の彼の死までの間に完成されていたことからすれば、この作品は、客観的に、蘇松地方で展開された「浮糧」削減を求める民間の世論の一環を形成していたことになる。そして、この作品は、また、民間の世論が江蘇省行政当局の活動の基盤となっていたことを示唆しもしている。すなわち、前述のように、康熙二八年までの「浮糧」削減の動向と文書とを意識的に詳細に掲載している『康熙蘇州府志』巻二五、田賦三の末尾、「附攷証」の項は清朝の資料としては、唯一、この作品を、「崑山顧圭『日知録』」『日知録』というそれぞれの見出しをもつ二つの文献として採録しているのである。

ただ、そこには見落せない問題が介在している。『康熙蘇州府志』の編者が採録したのは、すべて顧炎武が丹念に考証した明代に至るまでの「田賦之重」の形成過程の部分、いわば歴史の部分である。「重賦」削減に関する顧炎武の合理性に富んだ提案の部分はなぜか切り捨てられている。顧炎武は、水稲の収穫量、「銭糧」をはじめ、国家の課するすべての公課の量、佃戸の地主に支払う租米の量、佃戸の生産に要する費用などを、土地一畝当たりについて、すべて明らかにし、現実の一畝当たりの「銭糧」の水準をも考慮しつつ、一畝当たりのあるべき「銭糧」の額、それと連動したあるべき租米の額を算出した。その部分、そしてそれと関連して、厳しい地主佃戸制的土地所有批判をした部分はすべて削除されている。韓世琦から、馬祜、慕天顔を経て湯斌に至る江蘇省行政当局の要請した「浮糧」削減方式は、前述のように、歩一歩と合理性を帯びてきている。にもかかわらず、一畝当たりの「収租」額が「輸課」額に及ばないとする康熙一一年の慕天顔の言及を除けば、顧炎武のように、いわば、土地所有の現場、生産の現場に即した側面は見出せない。『康熙蘇州府志』における「蘇松二府田賦之重」のあつかいは、江蘇省行政当局が、民間の世論の中のどの部分を活用したかを、示唆しているように思われる。換言すれば、このように言い得るであろう。

顧炎武の「蘇松二府田賦之重」は、当時の蘇松地方の民間の世論の重要な一翼を構成していたが、そこには、この世論を担う他の作者や作品と異なる側面、『康熙蘇州府志』の編者が切り落とした側面つまり、土地所有の実現や農業経営の維持に関わる側面が内包されていた、と。また、このようにも言い得るであろう。顧炎武の右の側面は、江蘇省当局からすれば、現実に清朝中央に「浮糧」削減を認めさせる上での官僚から見たリアリティーを欠如していた、と。雍正帝が認可した戸部管理事務怡親王の提案におけるような、恒常的未納分の減額方式こそその意味でのリアリティーをもつものであった。しかし、官僚の側の減額方式においては、田賦と土地所有の実現との関連を問う視座が欠けていることもまた、確認されねばならない。

註

（1）同朋舎出版、一九八八年。
（2）前掲拙著第五章・終章。
（3）ほかに、森正夫「『官田始末考』から「蘇松二府田賦之重」へ―清初蘇松地方の土地問題と顧炎武―」（『名古屋大学東洋史研究報告』六、一九八〇年。本論集本巻第二章）、及び「顧炎武の官田論における土地所有思想とその背景」（『名古屋大学文学部研究論集』一〇一、一九八八年。本論集本巻第三章）。
（4）前掲註（3）森「顧炎武の土地所有思想とその背景」。
（5）『官田始末考』巻上。
（6）前掲註（3）の二編の森論文。
（7）陸世儀について、ここでは、民国八年（一九一九）刊『太倉州志』巻一九、人物三、古今人伝を参照した。
（8）『棣香斎叢書』（『婁東雑著』）絲集。
（9）本書には、東洋文庫所蔵の抄本と同文庫所蔵『蔣辛田先生遺書』所収の三巻本とがあるが、本稿では、後者を用いた。
（10）道光一四年（一八三四）にこうした内容をもつ本書が刊行されたことの意味については、当該の時代に即した別個の検討が必要である。
（11）『一橋論叢』四五―六。
（12）高橋孝助「清朝専制支配の成立と『小土地所有者』―

清朝の江南における重賦を素材にした場合—」(『歴史学研究』四二一)。高橋の本論文の主たる目標は問題の理論的検討にあるが、「重賦の問題」について発言した地方・中央の官僚たちの氏名を嘉慶二三年（一八一八）刊『松江府志』巻二一、田賦によって列挙し、雍正期から乾隆初年にかけての蘇松両府の銭糧削減にも触れている。また、後述の清初の人周夢顔の『蘇松財賦考図説』をはじめて紹介し、また周夢顔の人となりについての資料を発掘するなど、本稿の主題をめぐって学ぶべき点が少なくない。

(13)『大清世祖章皇帝実録』順治三年の部分には、該当の記事はない。なお、以下、清朝の実録については、『清実録』と略称し、必要な場合には、年月日を記す。

(14)韓世琦の伝は、『清史稿』・『清史列伝』・『碑伝集』等にはなく、乾隆一三年（一七四八）刊『蘇州府志』巻四二、名宦にある。

(15)以下、明代の江南デルタ、とくに蘇州・松江両府の税糧、及び同地域の宋・元時代の税糧についての論者の言及は、必ずしも現在検証され得る限りでの史実に合致してはいないが、こうした論者の史実認識の当否については、とくに必要な場合を除き、本稿では、いちいちとりあげない。明代については、さしあたり、前掲の拙著を参照されたい。

(16)『康熙蘇州府志』巻二五、田賦三「彙録」、及び『蘇松田賦攷』巻二に収録。引用は後者による。なお、『清実録』の該当年次には、この上諭は収録されていない。

(17)『康熙蘇州府志』巻二五、田賦三、及び『蘇松田賦攷』巻二に収録。この勅諭も『清実録』にはない。

(18)『康熙蘇州府志』巻二五、田賦三、及び『蘇松田賦攷』巻二。引用は後者による。

(19)施維翰の伝は、『清史稿』巻二七三にある。

(20)馬祜の上疏は、『康熙蘇州府志』巻二五、田賦三、及び『蘇松田賦攷』巻二にあるが、前者には節略が多い。江蘇布政使・江蘇按察使からの調査報告云云は、右の上疏中の「遵行藩臬二司確察、今拠詳議前来」による。馬祜の伝は、『清史稿』巻二七三にある。

(21)馬祜の上疏についての戸部の反論は、もとより、馬祜の上疏の中にはなく、次に述べる礼科給事中厳沆の上疏において言及されている。

(22)厳沆の伝は、『碑伝集』巻一八にある。

(23)厳沆の上疏は、『康熙蘇州府志』巻二五、田賦三「彙録」、及び『蘇松田賦攷』巻二にある。引用は後者による。

（24）孟雄飛の上疏は、『康熙蘇州府志』巻二五、田賦三「彙録」、及び『蘇松田賦攷』巻二にある。引用は後者による。
（25）孟雄飛の伝記資料は、管見の範囲ではない。
（26）ここに挙げた「詳請」と「覆詳」とは、『康熙蘇州府志』巻二五、田賦三に詳しく掲載されているが、『蘇松田賦攷』巻二にはない。
（27）慕天顔の伝は、『清史稿』巻二七八、及び『清史列伝』巻一二にある。
（28）ある事を文書で申請した際、その文書の処理に当たる上級の官僚が発言の典拠の提示を申請者に要求することについては、第七節で、崑山県の人周夢顔が南巡中の康熙帝に上疏を提出した時の事例を示した。
（29）官田税糧の減額は宣徳年間には行なわれたが、正統元年には実際には行なわれなかったと判断される。前掲拙著第三章、参照。
（30）「王鏊猶お称すらく」云々は明の正徳元年（一五〇六）刊『姑蘇志』巻一五、田賦における編者王鏊の評語に基づく。
（31）文書における発言の典拠の提示を上級の官僚が要求することについては、前掲註（28）参照。
（32）江蘇布政使の在任期間については、銭実甫編『清代職官年表』第三冊（中華書局、一九八〇年）「布政使年表」に、江寧巡撫のそれについては、同第二冊「巡撫年表」による。以下もこれらを用いる。
（33）呉正治の伝には、『清史稿』巻二五〇、『清史列伝』巻九などがある。
（34）呉正治の上疏は、『蘇松田賦攷』巻二にある。
（35）『康熙蘇州府志』巻二五、田賦三、及び『蘇松田賦攷』巻二、所収。
（36）『康熙蘇州府志』巻二五、田賦三、及び『蘇松田賦攷』巻二にある。この上疏の詳細については、第六節、参照。
（37）前掲註（3）森「顧炎武の官田論における土地所有思想とその背景」による。
（38）周夢顔『蘇松財賦考図説』については、前掲註（12）高橋論文、参照。なお、周夢顔と『蘇松財賦考図説』及び本稿の所謂「民間世論」の代表的存在の一人としてのその発言に関しては、森正夫「周夢顔と『蘇松浮糧』」（『山根幸夫教授退休記念明代史論叢（下）』同編集委員会刊、一九九二年、汲古書院。本論集本巻第五章）において稍立ち入って論じた。
（39）内閣文庫蔵本。扉には、蔡九霞は平江、すなわち蘇州の人であるとする。
(40)　尊経閣文庫蔵本。
(41)　尊経閣文庫蔵本。
(42)　前掲註（7）参照。
(43)　蔣伊の伝は、『清史列伝』巻七〇、文苑伝、同巻七四、循吏伝、『乾隆蘇州府志』巻六三、人物一七などにある。
(44)　前掲註（43）のうち、『清史列伝』巻七四、循吏伝が年次を明確に記す。なお、一二の図と上疏は、東洋文庫蔵『蔣辛田先生遺書』に収められている。
(45)　「蘇郡田賦議」の現存する最も詳細なテキストは、『乾隆蘇州府志』巻一〇、田賦三の一七葉裏から二〇葉表までにわたり、細字で収載されている。『蘇松田賦攷』巻二にもこのテキストの四割弱を節略したものが収載されている。第六節、参照。
(46)　江南奏銷案について、戦後の日本ではじめて論及したのは、この事件を清初の読書人の反清活動に対する弾圧としてとらえた小野和子「明末・清初における知識人の政治行動」（『世界の歴史』第一一巻、筑摩書房、一九六一年）である。また、この事件の全貌を原資料を提示しつつ正面から描いた作品としては、川勝守「江南奏銷案―清初の郷紳抑制政策―」（『中国封建国家の支配構造―明清賦役制度史の研究』第一〇章・初期清朝国家における江南統治政策の展開・第二節。東京大学出版会、一九八〇年）がある。
　川勝の作品によって事件の概略を示す。順治一五年五月一五日以来、清朝中央は、「江南地方の郷紳層」による、意識的な「租税未納」状況――「紳衿抗糧」を克服し、「財政の悪化を好転させる」ため、銭糧の拖欠（未納）に対する取り締まりの強化に着手し、順治一七年度から本格的な作業を開始した。順治一八年、その一月に即位した康熙帝の下で、順治一七年度分の奏銷（会計報告）が行なわれた際、個々の納糧戸の未納状況が報告書に記入され、わずか銀一厘の未納者を含め、郷紳二一七一名、生員一万一三四六名、合計で文武の紳士一万三五一七名が降級乃至資格剥奪の処分を受けた。
(47)　葉夢珠と江南奏銷案との関係については、同人の著『閲世編』巻六、賦税に記されている。周知のように、この賦税の項は、一二葉にわたって葉自身もかかわった当該の事件及びその背景の叙述、関連の「疏稿・呈稿」が収載されており、江南奏銷案についての基本資料集となっている。
(48)　董含は順治一八年に進士となったが、まもなく起こった江南奏銷案によってその資格を剥奪され、以後終生官途に就かなかった。なお、その著『三岡識略』巻四、己亥至癸卯（順治一三年―康熙二年）には、「江南奏銷之禍」と題した一文が収められている。

(49) 慕天顔の江蘇布政使・江寧巡撫在任期間については、前掲註（32）を、その伝については、前掲註（27）を参照。

(50) 『康熙蘇州府志』巻二五、田賦三所載「十八年、巡撫都御史慕天顔題准蠲緩銭糧」、及び「地震陳言、巡撫都御史慕天顔疏請蠲豁坍荒銭糧、議更蠲災則例、下部議」の二記事による。

(51) ここに引用した二句は、次註で示す巡撫辞任直後、康熙二一年正月の上疏中の回想部分による。

(52) 『康熙蘇州府志』巻二五、田賦三に「二十一年、巡撫都御史慕天顔請減浮糧疏」として、『蘇松田賦攷』巻二に「康熙二十一年正月十三日、江寧巡撫慕天顔題為蘇松浮糧難完、原奏久蒙宸鑒、伏請天恩、早敕廷臣議減、以成万世之良模、以培供賦之重地事」として所載。

(53) この一段の慕天顔の官歴についての叙述は、前掲註（27）に示した『清史稿』巻二七八、『清史列伝』巻一二の記事によるが、後者がより詳しい。

(54) 『康熙蘇州府志』巻二五、田賦三、及び『蘇松田賦攷』巻二にそれぞれ実質的な節略なしに収録されている。

(55) 湯斌の伝は、『清史稿』巻二六五などの伝記類にあるほか、『乾隆蘇州府志』巻四二、名宦一にも異例の詳しさで叙述されている。ちなみに江蘇一省を管轄する巡撫は、この湯斌の代までが江寧巡撫、その後任の趙士麟からは江蘇巡撫と称された。

(56) 『康熙蘇州府志』巻二五、田賦三「彙録」、及び『蘇松田賦攷』巻二に収録。

(57) 任辰旦の伝は、『清史列伝』巻七〇にある。なお、第五節所引の『三岡識略』の記事を参照。

(58) 康熙帝の第二回南巡に際して行なわれた請願の内容については、『康熙蘇州府志』巻二五、田賦三「彙録」、及び『蘇松田賦攷』巻二に詳しく記されている。請願行動自体については、右の「彙録」に記事があるほか、『乾隆蘇州府志』の巻首、巡幸の項に多く紙幅が割かれている。以下の引用の中で、「伏して浮糧の重累たれば、酌減を叩賜されんことを奏した」という句は、この『乾隆蘇州府志』巻首の部分に基づく。

(59) 『蘇松財賦考図説』の撰者周夢顔の康熙帝への請願については、後年、玄孫周蕙田が記したその道光刊本の跋文による。
(60)『蘇松田賦攷』巻二。
(61) 陸大鵬らは、「宣徳・正統間」の減額を経たあとの明代の税糧額が、元代の「延祐間」に比べて、蘇州府で一〇〇万石、松江府で五〇万石「加増」されており、それが清代に継承された、と見ている。
(62) 周薫田による『蘇松財賦考図説』の跋文。
(63)『釧路論集（北海道教育大学釧路分校研究報告）』九、一九七七年。
(64) いわゆる「蘇松重賦」または「蘇松浮糧」の削減をめぐる動向は、筆者の表現で言えば、乾隆の大部分を中心とする時代においては表面には出ず、清初と清末との二つの顕著な波がある。このことは、すでに、一九六一年、村松祐次が前掲註（11）論文で、鋭く指摘している。同治二年の曾国藩・李鴻章による「蘇松浮糧」削減問題の提起については、これも村松が前掲註（11）論文ではじめて用いた劉郇膏等編『江蘇省減賦全案』（東洋文庫蔵）が官側の関係資料を周到に採録している。
(65) 管理戸部事務怡親王等の上奏については、『清実録』雍正三年三月丁巳の条に「管理戸部事務怡親王奏請酌減蘇松浮糧」の一七字が掲載されていることを指摘しなければならない（ちなみに、『清実録』のこの記事には、「怡親王奏」とある。「怡親王等奏」とはなっていない）。ただ、これは、いわばタイトルだけであまりにも簡略である。上奏の詳細を伝えるもっとも早い資料は、『乾隆蘇州府志』巻一〇、田賦である。後年、あるいはこれを転写したとみなされるものに、『蘇松田賦攷』巻二がある。両者には異同はない。
(66) 管理戸部事務怡親王の上奏に対する雍正帝の論旨も、前掲註（65）に挙げた『清実録』、『乾隆蘇州府志』、『蘇松田賦攷』の当該部分に、上奏に続いて掲載されている。
(67)『清実録』乾隆二年四月乙亥の条には、まず次のように記す。

以世宗憲皇帝配天礼成、頒詔天下。詔曰、（中略）既極尊崇之典、宜施浩蕩之恩。所有事宜、開列於後。

(68) 原文は以下の通りである。

一、蘇松浮糧、前已蒙世宗皇帝特降諭旨、裁免四十五万両、以紓民力。但江省糧額、尚有浮多之処、著再加恩免額徴銀二十万両。該督撫確査詳核、務使均匀、俾民得霑実恵。

なお、『乾隆蘇州府志』巻一〇、田賦三にも、『蘇松田賦攷』巻二にも、乾隆二年のこの詔による蘇松二府の額徴銀二〇万両免除の件が記されている。前者においては、その内容・表現ともに、上記の『清実録』の記事そのままであるが、後者においてはやや節略がある。

岩見宏・谷口規矩雄編『明末清初期の研究』京都大学人文科学研究所　一九八九年

5　周夢顔と「蘇松浮糧」

はじめに

江南の蘇州・松江両府における「浮糧」乃至「重賦」、すなわち、重い土地税は削減されねばならない。清代の康熙年間と同治年間、つまり、百数十年あるいは二百年を隔てた清初と清末とにおいて、当該地方と関わる士大夫層や官僚のあいだでこのような議論が盛んに行なわれた。ちなみに「浮糧」の「浮」にはあるべき基準を超えたという意味がある。さて、これらの議論においては、「浮糧」乃至「重賦」の原因は常に明代にあるとされた。とりわけ、重い負担の根本的契機は、明初に第一代の皇帝太祖朱元璋がこの地方の大土地所有者の土地を没収して官田を大量に設置したことにある、という見解が支配的であった(1)。こうした中で、蘇州府崑山県の人、かの顧炎武は、問題を一方ではより長期にわたって、とくに宋代に遡らせて把握し、他方では、明代後半期の嘉靖年間に行なわれた官田と民田の区別撤廃の改革の中に「重賦」の原因を見出した。顧炎武は、また、土地所有者が国家に納める「賦」のみでなく、佃戸が地主的土地所有者に支払う「租」に目を向け、両者の関連を論じた(2)。筆者は、別稿「清初の『蘇松浮糧』に関する諸動向」において、康熙年間を中心とする清初の「浮糧」削減をめぐる一連の議論を概観してその特徴をさぐるとともに、その中で顧炎武の所論の位置付けを試みたが(3)、個々の議論そのもの、とくに清初の士大夫層を担い手とする民間の世論についても、それがなぜ盛行したかをさぐるためには、なお明らかにすべき点が少なくない。本稿においては、この目的を果たすため、顧炎武の同郷崑山県の一世代の後輩、「浮糧」削減問題についての今に残る専著『蘇松財賦考図説』の作者である周夢顔の(4)この問題に関する見解を検討する。本稿を、もし筆者の年来研究してきた明代江南の税糧徴収制度・土地制度と清代のそれとを比較する手立ての一つとすることができれば、明代史を主題とした本論叢に収録していただくことが許されるかも知れない。

なお、高橋孝助は、一九七五年の論文「清朝専制支配の成立と『小土地所有者』――清初の江南における『重賦』問題を素材にした場合――(5)」で、周夢顔の『蘇松財賦考図説』をすでに取り上げ、その内容について具体的な言及を行なっている。高橋論文は、清朝専制支配の基礎としての「小土地所有者」範疇を理論的に設定することを主眼とするが、作者周夢顔についても、地方志所載の伝記とは別個に存在するいくつかの貴重な文献を紹介しており、筆者はこの論文によってはじめてそれらの文献を知った。周夢顔の著作『質孔説』とそこに載せられた彼の伝記「周安士先生伝」、及び「清故例贈文林郎庠生安士周公伝」、また、その著作集『安士全書』とそこに収載された『陰騭文広義節録』等である。

土地を対象として王朝国家の賦課する租税については、すでに土地税という表現を用いたが、本稿では、清代に一般的に見られる銭糧という呼び方を用い、時に田賦、税糧などの語も用いる。

一　周夢顔について

周夢顔、字は安士、蘇州府崑山県の人。清の順治一三年（一六五六）に生まれた。但し、その出生及び以後の居住地が、この県の城内にあったのか、あるいは郷村にあったのか、また市鎮にあったのかは、どの伝記も詳らかにはしない。その父、周胡晋は嘉定県籍の諸生、すなわち嘉定県学の生員であり、「学に励み行ないに敦く、郷飲の賓に挙げられ」た（「卓行伝」）経験をもつ。周胡晋が崑山県学で催される郷飲酒礼の式典に招かれたのは、「人物を採訪していた」崑山県知県金潮が、その「宿儒」としての声望を知ったからであった（「周安士先生伝」）。このように儒者の家に生まれた彼の行動として、伝記に特筆されている一つはその学問である。

> 先生、幼にして聡穎、諸子百家、淹貫せざるは莫く、文を為《つく》るに蘇〔軾の〕潮のごとく、韓〔愈の〕海のごときの風有り。人と為り、端毅正直、言笑を苟しくせず、絶えて才を恃み物に傲るの気概無し。蓋し淵源の自るところ有ればなり。義を制するに（科挙試験の作文に際して）凡そ性理に関り有るの学問佳句は輒ち識りて忘れず。咸な嘆じて茂淑の再生と為す。心に孔・孟を儀《かた》どり、胸に経済を羅《めぐ》らす。（「周安士先生伝」）

こうした彼の儒教の教養の一端を示すものが、四部分類では、子部・儒家類・性理の属に分類されている『質孔説』（巻上・儒門宗旨、巻下・読書管見）であろう。しかしながら、彼の学問的蓄積は、必ずしも科挙での成功とは結びつかなかった。周夢顔は「父の訓《おし》えを稟承し、読書するに時の尚《この》みには随がわず、年四十二にして始めて諸生に補せられ」た（「好義伝」）という。康熙三六年（一六九七）のことである。また、右に一部を引用したように「心に孔・孟を儀り、胸に経済を羅らす。高等を試輒《ため》すと雖も、而れども屢しば場屋に躓き、大志未だ伸びず」（「周安士先生伝」）とされる。科挙官僚となって「孔・孟」の教えに基づく「経済」の志を展開させる途を歩むことはできず、四〇代に入ってようやく生員の資格を得るに留まったのであった。

いま一つ若い日からの彼の行動として特筆されているのは、その父母への孝養であり、その延長線上にある弱者救済のための社会的実践である。

> 年十二、母屈太孺人世を去り、哀慟すること成人の如し。後、継母王太夫人に仕え、始終礼に違う無し。丁丑・戊寅（康熙三六・三七年。一六九七・九八）の間、父母相継いで禄《さいわい》無し。哀毀瘠立し（やせほそり）、喪祭礼に中る。

前輩戚な其の孝を称う。施与を好み、凡そ顚連告《うった》うる無き者有り、請う所有らば、恒に典貸し、以て其の求めに給す。（「周安士先生伝」）

周夢顔をして『蘇松財賦考図説』を書かしめたものも、ここでいう「施与」及びその一環としての「典貸」に示された社会的実践への情熱に外ならなかった。この実践の最大のものとしての蘇松の所謂「浮糧」削減のための活動があったと言えよう。「周安士先生伝」は前引の箇所に続けていう。

嘗て自ら嘆じて曰く、士として斯の世に生まるれば、凡そ以て民の困しみを甦らす可き者は、一、二を除くことに力めて、方めて生を高厚に虚しくせざるなり。吾が蘇松の大いに困しむ所の者は、明祖の浮糧のみ。三百余年、由《いわ》れ末《な》きを呼籲すること切切たるも、卑賤なるを以て自ら傷《そこ》なえり、と。

周夢顔は民困、すなわち人民の直面する困難の除去に尽すことこそ、士、すなわち士大夫としての任務であり、かつその中に生の充足があると述べていた。彼はその立場から、自己の属する蘇州・松江両府の人民の最大の困難が、「浮糧」にあると指摘し、明代以来三〇〇年間、人々はこの賦課に正当な根拠のないことを切々と訴え続けてきたが、その地位の低さ故に自己を傷なう結果になってきた、としている。

周夢顔は、士大夫としてのこうした関心から、康熙三八年、南巡中の康熙帝に浮糧の減額を直訴し、その後、減額のための活動をより効果あらしめるため『蘇松財賦考図説』を著わし、刊行した。この間の経緯については、すでに高橋孝助が前掲論文で触れ、筆者も前掲の別稿で述べている。

民困の除去に関わる周夢顔の活動については、さらに次のような記述も残されている。

庚寅（康熙四九年。一七一〇）、儀封の張大中丞、諱は伯行、呉を撫し、先生の名を聞きて之を幕に延く。先生、地方の利弊を備陳す。如《たと》えば、開河・築岸・漕規・義冢の諸務、得失を指画し、余力を遺さず。（「周安士先生伝」）

張伯行、陳鵬年、呉に泣みし時、地方の利弊を諮詢するに、必ず夢顔に及ぶ。其の講求、素有るを知ればなり。

（「清故例贈文林郎庠生安士周公伝」）

周夢顔は江蘇巡撫張伯行から、いわば在任中の臨時の幕友として招かれたのであるが、水利・漕運・無縁墓地など、行政上解決されるべき地方の重要課題と彼がみなすものについて懸命に提言を行なったとされる。また、蘇州府知府陳鵬年からも、諮問を受けたとされる。

「周安士先生伝」の結び近く、周夢顔の著作について紹介する箇所にもまた以下のようにいう。

> 一生制作極めて富む。如《たと》えば、裕民録、崑新水利書、経書字学、能文要訣、虚字図説、先正文程、悉く後学に津梁となり、斯民を利済す可きの業なり。仮使《もし》先生此の経世の才を抱き、厥の志を伸ばすを得ば、安んぞ聖世の皐《コウ》夔《キ》（舜の賢臣であった皐陶《ヨウ》と夔）為らざるに在らんや。

「周安士先生伝」は、それ自体の記すところによれば、周夢顔の次子たる周植によって「其の尊人の行誼を叙べん」ことを依頼されたもとの崑山県知県金潮の手になり、本来は、周夢顔の事跡を肯定的に描くことを目的とする。しかし、裕民録、崑新水利書などの書名自体にも「斯民を利済する」傾きを見ることは可能であろう。

ところで「清故例贈文林郎庠生安士周公伝」には、同じく周夢顔の著作について、「著わす所、蘇松財賦考図説、崑新水利図説、質孔説、自治軒雑文、陰騭文広義、万善先師《ママ》、欲海回狂等の世に行なわるるあり」とある。『陰騭文広義』以下の三つの著作は、所謂儒教の経典とは異なるが、これらも周夢顔の経世済民の志向と無縁ではない。次節で検討を進めよう。

二　『陰騭文広義節録』における「蘇松浮糧」と地域社会の諸問題

光緒初年に重刻され、先に触れたように民国一一年に鉛印で刊行された『安士全書』は、かの善書の系譜を引き儒・仏・道三教に関わる『文昌帝君陰騭文広義節録』（『陰騭文広義節録』と略称される）と、より直接的に仏教に関わる『万善先資集』・『欲海回狂』・『西帰直指』とからなる。周夢顔の著作のうち、いわば彼の宗教活動の所産ともいうべきものである。民国七年、釈印光の手になる「重刻安士全書序」には、以下のように記す。

安士先生、恭しく仏勅を稟け、特に哀愍を垂れ、因りて『欲海回狂』を著わし、以て淫を戒め、『万善先資』もて以て殺を戒め、事実を徴引し、因果を詳示し、挙世の人、同に乾は父・坤は母、民は胞（はらから）物は与（とも）の真心を懐き、永しえに風を傷つけ倫を乱し、強を以て弱を陵ぐの悪念を断たんと切に企つ。又、同人、諸悪作す莫く、衆善もて奉行するを欲し、因りて『文昌帝君陰騭文』を将て、詳らかに註釈を加え、日用云為・居心行事をして、大にしては国を治め民を安んぜしめ、小にしては一言一念、咸な法戒を備えしめて、悉く亀鑑（手本）に存す。（中略）雖然《しかし》、已に能く淫を戒め殺を戒め、諸悪作《な》す莫く、衆善奉行するとも、若し生を了え死を脱せずんば、安くんぞ其の生生世世《しょうじょうせぜ》、操持を失わざるを保せんや。（中略）是れに因り、特に如来仗仏の慈力・帯業往生の法に依り、浄土経論の要義を薈萃し、輯めて一書を為し、名づけて『西帰直指』と曰う。

周夢顔のこうした活動は、すでに『周安士全集』自体の存在を私たちに紹介した高橋孝助が、田中謙二の指摘[6]の所在を示しつつ紹介しているように、その居士仏教との関わりを反映している。周夢顔は「乾隆から嘉慶にかけて、儒学者たちの世間生活を行ないながらの帰依――居士仏教が活発化する」（田中）、まさにその担い手でもあった。上記の一連の著作の中、とくに『陰騭文』のごく短い章句に「詳らかに註釈を加え」てその意味を敷衍した作品、すなわち『文昌帝君陰騭文広義節録』には、周夢顔の「経済」、「民困」の除去、「地方の利弊」、あるいは「斯民を利済する」ことへの関心、いわば経世済民の立場からする地域社会の具体的課題への関心がしばしば反映されている。

蘇松浮糧問題については二箇所にわたって直接に扱われている。一つは、上巻「慈祥もて国の為に民を救う」の第二項「帝君示敕」であり、事実の提示と論評とからなる。

太倉の黄建安、諱は立徳、蘇松浮賦に困しむを見て、日び憂志を廑《なや》ます。晨興、仏に礼する毎に、必ず天に叩《こう》して禱告し、両郡の浮糧を豁せんことを求む。又、当事に具呈し、余力を遺さず。人皆之を笑う。庚寅秋病み、冬に入り漸く劇し。十一月晦に至りて、已に水の口を沾《うるお》さざる者数日なり。其の夜、五鼓、忽ち夢みるらく、帝君伝えて丹陛に至り、諭して曰く、汝が数《さだめ》久しく当に終りを告ぐべきも、志、糧を減ずるに切なるに因り、爾の寿算を延ばさん、と。遂に一誥勅を授く。凡そ三次伝誦して後記憶す。目を開け驚き視るに、方めて身は牀褥に在り、而かも精神健旺なるを覚え、旧病頓《とみ》に捐除せるが若し。

さらに、健康を回復した黄建安の動きに周囲の人々が皆驚異の眼を向ける有様についての詳しい記述が続き、高齢に達した彼が「疾無くして逝く」の句をもって事の顛末についての描写は終わる。そして、以下の論評がなされる。

按ずるに、帝君の誥勅を読むに、其の略に云う。咨《ああ》、爾徳を立て、藐焉《バクエン》として惸《ケイ》独、泡影頽齢（はかなき老年）なるに、心を発して三百年の積困の為に甦るを思い、億万戸の窮簷《エン》の楽利を普むるを矢願す。奚んぞ啻に蜉蝣の泰華を撼《ゆる》がし、精衛の溟滄を塞ぐのみならんや。然りと雖も、九仞は一簣なり。進みて吾由り往かば、天地の道、至誠息む無く、聖賢の功、進む有るも退く無し。黽勉《ビンベン》を庶幾い、初心を怠る無かれ、と。之を観れば、則ち浮糧の一事、原より人為に在り。人の山を上るが如く、各自努力せよ。

ここでは、文昌帝君の誥勅の内容に託して、明代以来三〇〇年間の浮糧の減額を要請するという行為が、「億万戸の窮簷の楽利」の実現を企図するものとして高く評価される。と同時に、「浮糧の一事、原より人為に在り」とし、「浮糧」のような問題の発生も、その解決も、いずれも人間の手に委ねられていることが、読者に訴えられる。

いま一つは、巻下「百福駢《なら》び臻《いた》り、千祥雲のごとく集まる。豈に陰騭中従《よ》り得来たらざる者ならんや」の第四項目、「一疏、後を昌《さか》んにす」についての事実の提示と論評である。なお、「一疏、後を昌んにす」という目次の表題は本文では、「福、江南を被う」とされ、『東海家乗』に素材を得たと註記のある崑山県人徐乾学の高祖徐汝龍の逸話が紹介される。

嘉靖四一年（一五六二）の蘇松など四府の災害に際し、常熟県出身で帰郷中であった厳訥の幕客として招かれていた徐汝龍は、明朝中央が軍事費の確保の必要に直面している最中に、躊躇する厳訥に対し、さまざまな工夫をこらして田賦免除の申請をさせ、免除を実現した。その後厳訥は、「相位に登り」（内閣に武英殿大学士として入る）、徐汝龍は交河県知県となり、その長子徐応聘は太僕寺少卿となった。徐応聘の曾孫徐乾学・秉義・元文の三兄弟はいずれも鼎甲（進士中の最優秀者）となり、徐乾学の五人の子はいずれも進士となった。(7)

厳訥をして江南の蘇松等四府の「民の為に命を請わせた」徐汝龍の行為は、このようにその子孫の類い稀な栄達という報いを受ける。この逸話を紹介した後、周夢顔は論評――按語を付し、明代嘉靖年間における徐汝龍の役割と対比させながら、その玄孫にあたる徐元文に進言して、蘇松浮糧減額を中止させた陳という人物の言動を描く。

按ずるに、康熙己巳・庚午（二八・二九年。一六八九・一六九〇）の間、立斎（徐元文の号）先生、已に将に大拝せんとし（入閣しようとし）、適たま寓に在りて疏を草し、蘇松浮糧の事を覆《ふく》さんとす（覆奏しようとした）。姓の陳なる者有り、国用驟かに減ずる可からざるを力言す。且つ云えらく、〔徐元文の〕田の蘇に在る有れば、亦た当に嫌を避くべし、と。因りて代りて一疏を草し、立斎に之を覆すことを勧む。大意以為えらく、此の事、容に更めて議すべからず、と。而後豁免の説、遂に寝《じご》む。是の年、陳姓なる者、竟に京邸に卒す。相国（徐元文）亦た旋いで罷帰す。之を交河公（明の交河県知県であった先述の徐汝龍を指す）の代草に比ぶるに、相去ること霄壤（天と地）ならざらんや。人、此の事を以て咎を相国に帰するは、寃なり。陳姓なる者は嘉定に住めり。其の名を隠す。

徐元文の幕友陳某は、国家の財政収入維持の必要から、蘇松の浮糧減額提案を認めるべきではないという見解の採用を徐文元に勧めた。周夢顔は、論評において、この陳某と、かつて、蘇松など四府の税糧免除の実現を厳訥に勧め、彼に代わって疏を起草したかの徐汝龍とを対比し、陳某を厳しく批判している。本来、陰騭文の趣旨からすれば、徐汝龍の子孫に幸運が訪れたことを強調しなければならず、そのためには、陳某及びその勧めに従った徐元文の不運を紹介しなければならない。しかしながら、ここではそれはさりげなく触れられているに過ぎない。むしろ、蘇松の浮糧を減額する提案が陳某の手で葬られたことそれ自体への批判が、かつての徐汝龍の事例をなかだちに前面に出ているように見える。周夢顔は、その「浮糧」と名付ける同時代の蘇松地方の田賦減額に対して、非常に強い関心を払っていたのである。

　周夢顔の蘇松浮糧削減への関心は、別の側面からも明らかに示される。すなわち、税糧（田賦）の削減、あるいは関連する政策が実施された場合についての言及である。それは、比較的近い過去の事例の提示という形でなされる。先引の巻下「時時の方便を行ないて、種種の陰功を作す」の第二項「法を設け民を救う」の部分である。そこでは、『皇明通紀』によって、明の宣徳五年（一四三〇）に着任した南直隷巡撫周忱による一連の税糧徴収制度の改革[8]が紹介され、さらにそれについての自己の所感が示される。

　正統元年、忱、別に南畿の官田の斗則を定め、蘇州一府、遂に秋糧八十余万石を減ず。他州差有り。蘇松、三百年来、沢の民に及ぶこと多き者を屈指する（数える）に、必ず公を以て第一と為す。而うして公自ら視ること欿《カン》然（あきたりない）、和易にして物（ひと）に近し。方外の衲子（仏教の僧侶）の建造する所有らば、必ず公に向かいて募縁する（喜捨をつのる）も、公従《か》つて一も拒む無く、或いは望外に出づる者有り。然れども公の財用益ます豊かにして、江南依りて福星（救い主）と為す者、二十余年、民、其の間に生く。何ぞ其れ幸せならん。

　加耗と称される税糧の附加部分の徴収を定率化した周忱は、この部分の余剰を多く公共のために支出したが、仏寺への援助は、彼の改革を批判する一部の同時代の人々の非難の対象となっていた[9]。この条で、仏教の徒でもある周夢顔は仏寺に対する寄付を評価していると同時に、「公けの財用の豊かさ」については、これを無条件で肯定している。

『文昌帝君陰騭文広義節録』における周夢顔の地域社会の具体的課題への関心を典型的に表わすものは、巻下「数百年崎嶇の道を修む」の各項、及び、「千万人来往の橋を造る」の各項である。とくに前者における「七十里塘」は、北宋の至和二年（一〇五五）に建設され、崑山県城と蘇州府城の婁門の七〇里を結んでいるこのクリークの効用を、『崑山県志』に基づく事実の紹介と論評を通じて説く。また後者における「橋を建つるの福果」は、「崑邑共に知る」こととして、同時代の崑山県の一富人周季孚の事蹟と論評を詳しく記す。

『文昌帝君陰騭文広義節録』における経世済民の志向や地域社会の共同利害への関心の具有する思想的意義については、それらを直接的に示していない他の多くの項目の内容とあわせて、別個の検討が必要であろう。ただ、ここで改めて確認しておきたいのは、上記のいくつかの挙例からも伺われるように、江南デルタの蘇州・松江両府、この両府に属する諸州県、とくに蘇州府に属する、そして周夢顔の郷里である崑山県の事例及び人物についてしばしば言及がなされていることである。崑山県に言及した項目に改めて数字を付して列挙すると、(1)「抗疏して遼を救う」、(2)「自ら其の徳を諱《かく》す」、(3)「辱に因りて斃を致す」、(4)「七十里塘」、(5)「錫を灌鬧に鎔かす」、(6)「橋を建つるの福果」、(7)「酷令自ら焼く」、(8)「福、江南を被う」となる。このうち、浮糧に言及した(8)及び(4)、(6)、については、すでに触れるところがあった。(7)は、康熙二年五月から同四年一二月まで在任した崑山県知県李開先に関するものであり、「崑邑共に知る」と割注が付されている。「銭糧を徴比するに遇う毎に、必ず極重の板を用い、往往にして立ちどころにして杖下に斃れ、濺血堂に盈つ」という酷薄な徴収をした李の退官後の悲惨な運命を記す。

『文昌帝君陰騭文広義節録』は多数の文献を渉猟し、それを素材として立論されているが、作者周夢顔の眼は、このように、その出身し、生活を営むところの地域に注がれていた。ちなみに、巻頭の「集中援引三教書目」には一一六点に及ぶ引用書のタイトルが提示されているが、うち八点が地方志、またそのうち三点が蘇州・松江両府に関わる。また、項目の下に、「崑邑共に知る」という注釈が二カ所に亙って見られる。

以上のように、宗教的活動においても、蘇松浮糧の問題をめぐる非常に強い関心が見出されること、またその出生と居住の地である崑山県と蘇州・松江両府への言及がきわだっていることに注意して次節に進みたい。

三　『蘇松財賦考図説』における清初の蘇松両府及び崑山県の田賦問題

『蘇松財賦考図説』は、すでに述べたように、周夢顔が、浮糧と彼のみなす蘇州・松江両府の田賦減額を実現するために、自ら執筆し、刊行した著作である。そのきわだった特徴の一つは、この書が文字通り「図説」であり、二七種類もの図を用い、問題の所在の平易な絵説きを試みていることである。いま一つは、合計四一項目からなる比較的短い文章を通じて、浮糧を核とするこの地方の田賦負担の過重についての多面的な主張がなされていることである。

図については、高橋孝助に言及がある。すなわち、高橋は、「明代里謡」というタイトルを付した第一一葉上部の対句、「昔日、田、富字の足たり、今日、田、累字の頭たり」などの部分、また、「貌《うわべ》の富、市《とし》に在り」というタイトルを付した第一三葉裏の主要な語句など、合計六種類の図に触れている。高橋は、そのことを通じて、周夢顔が「重税」の対象となった「小土地所有者」の直面する危機を、提示しているとする。

上記の合計二七種類の図の中でも、一九種類は、続く四一項目にわたる彼の主張に対応して、そのイラストの役割を果たしている。それに対して高橋がとりあげた六種類の場合には、浮糧の背景について、上記のタイトルに見られるような個性的な社会的経済的分析がなされている。また、この『蘇松財賦考図説』の図の中に『文昌帝君陰騭文広義節録』における説明図と全く同じ手法のものが見出される。これらの点は、周夢顔の経世思想の全貌を理解する上で、いずれも注目すべきであるが、機会を改めて論じたい。

以下では、浮糧を核とするこの地方の田賦負担の過重についての四一項目にわたる周夢顔の多面的主張を整理し、図についてはこの整理に関連する限りで触れる。

四一項目にわたる文章のうち、冒頭に置かれた浮糧削減についての皇帝への訴えである「総叙」を除き、他の四〇篇を時代別に区分すると、伝説の虞帝から元に至る時代が一〇篇、明が八篇、同時代としての清代が二二篇となっている。「三百年」以来の「洪武の弊」に浮糧の歴史的契機を見出す周夢顔が洪武に始まる明代に大きな比重を置くのは当然である。しかしながら、注目されるのは、清代の篇数が全体の約五割を占め、また頁数では明以前の一三葉に対して、その二倍の二五葉を占めることである。そこでは、浮糧それ自体に留まらず、清朝統治開始以来の銭糧負担をめぐる問題についてのさまざまな角度からの指摘がある。以下、清代に関する二二篇のうち、とくに現状の分析ともいうべき一六篇の内容を、ほぼ原本上の各篇の配列の順序に沿って整理しつつ、周夢顔の問題把握の特徴を検討しておこう。なお、〔　〕は、原本の目次における項目名である。

一、蘇州府・松江府における康熙年間の田賦総額(10)

田賦の額面は、一六世紀の江南デルタにおける税糧（田賦）徴収制度の改革以来、平米の石数で表示されるようになっていた。この平米額が、次のように増加している。

明・万暦初年　蘇州府　二〇三万石　松江府　一〇〇万石

清・康熙年間　蘇州府　二四五万石　松江府　一二一万石

また、平米の中、銀で納入する部分、すなわち折色銀とその附加負担も次のように増加している。

明・万暦四七年　兵餉・辺餉及び戸部・工部・兵部からの加編の後の蘇州府　六六万両

清・康熙年間　蘇州府　一一七万両

〔国初賦額〕

二、急増する折色銀

明・万暦初年	崑山県	合計	八万両
明・万暦中葉	仝右	合計	八万五千余両
清・順治三・四年	仝右	合計	一二万両

一畝当たりの銀納入額

明・万暦以前	崑山県	一畝当たり	八分三厘有零（厘、原文は釐）
清・順治三・四年	仝右	仝右	九分八厘二毫
清・順治七・八年	仝右	仝右	一銭以上（「遂出一銭之数」）
清・康熙八年	仝右	仝右	一銭四分八厘四毫
清・康熙一九年	仝右	仝右	一銭五分二厘七毫
清・康熙三八年以後	仝右	仝右	一銭六分三厘以上（「一銭六分三厘之外」）

〔「現今賦額」〕

周夢顔は、関連して、崑山県には、ほかに、本来、同じ蘇州府に属する長洲・呉・呉江の三県が負担することになっていた「馬快・馬夫・関米銀四百余両(11)」の負担が「一時、誤りて編じて冊に入り」、永久に正式に国庫に納入しなければならぬようになった、ことなどを付言し、「銭糧、往昔に倍し、困苦、閭閻に溢れ、其の控訴を求めて因る無き所以なり」と述べている。

三、漕糧負担の増加

周知のように、江南デルタ諸府の銭糧納入戸にとって、そのうち、現物米穀のまま、大運河を通じて、国都への輸送が義務付けられている漕糧（漕米）の負担は、莫大な附加支出が必要となるため、非常に重かった。周夢顔は、崑山県の漕糧負担の実情を述べ、それが蘇松両府下の他の県に比べてさらに深刻であったとし、次のように述べる。

明代の会典によれば、崑山県から、漕糧と同じく蘇州府外へ納入しなければならぬ「白糧・兵行・局恤等の米三万三千石」を別にして、漕糧だけで、九万八千余石に達していた。この額の中には、〔国都の倉庫に入る額としての正米のほかに〕耗米と称される附加負担が含まれていた。[12]

順治初年になると、九万八千余石自体〔が正米とみなされ、そ〕のほかに耗米の納入が要求され、漕米は一三万六千余石に達した。耗米は、正兌《せいだ》（北京の倉庫まで輸送される場合）には加四（四割増し）、改兌《かいだ》（通州の倉庫まで輸送される場合）には加三（三割増し）の割合であった。しかも、漕米の輸送に当たる兵士、すなわち「旗丁」による搾取は多面に亙った。

順治六年に、漕糧を納入する戸から、漕米一〇〇石ごとに、銀五両と米五石を附加負担として提供する「五米五銀」方式が巡撫秦世禎によって提案され、皇帝の裁可を得たが、「運丁」（「旗丁」）はこの方式を受け入れなかった。一〇年後、礼科給事中朱紹鳳の提案により、先の「五米五銀」の提案に銀五両を追加する「五米十銀」方式が、採用され、あわせて、納入する戸を直接「旗丁」に接触させず、地方官に漕糧を交与させ、地方官から「旗丁」に交与する「官収官兌の法」が実施されることになった[13]。しかしながら、崑山県だけは、「五米十銀」を別に徴収して「旗丁」に交与することとし、現在では、本来は附加負担であるこの「五米十銀」をまたもや正規の漕糧に編入している。その結果、崑山県の漕米は、一四万三千余石になってしまった。そのため、この膨大化した漕糧を基準として、またもや「五米十銀」の納入が必要になった。ほかに以下の一連の附加負担が必要になる。

本来の耗米が正規の漕糧に組込まれたため、また課せられることになった新たな「五米」について、要求される「ふるいわけ」のめべり方・量目の不足分。

「軽賚《セイ》（齎）」という名の銀のめべり分・輸送時の梱包費用・特別区間の水上輸送労賃・十銀など、正規の漕糧に編入されてしまった銀。

「旗丁」の旅費・国都東辺の通州にある漕糧受け入れ官庁の請求する費用・「旗丁」の在籍する軍営（「衛所」）附属田土からの納入米のめべり分。

地方官が、銭糧の納入戸に要求するほうらい竹製の倉庫の敷物代・量目の不足分などに充当する米、及び特別区間の水上輸送労賃や「旗丁」への交与の際の談合費用としての銀。

これらの部分の負担だけで、崑山県では、〔現行の〕漕糧一石につき、米三升・四升、〔銀〕五分・六分乃至一銭程度が必要になる。

〔「漕米加増説」〕

四、漕米折銀率の激増

明代、蘇州・松江・嘉興・湖州・常州などの府の漕米を銀で代納する際は、米一石が銀二銭五分に換算された。清代に入り、漕米〔の一部〕を銀納化した際、各省からは米一石を銀一両に換算すべきだとの提案があり、戸部はこのレートを上回って、一両二銭に決定した。一畝の負担が、明代に比べて四倍乃至五倍になったことになる。

〔「漕糧改折され、賦額漸増す」〕

五、白糧輸送経費別枠徴収の継続

白糧、すなわち国都の宮廷などで消費される上質米は、崑山県では、正米と耗米、すなわち規定額と附加負担額とを合計して一万五千三百余石であった。そのうち、国都に納入される部分は八千六百石にすぎない。

白糧の輸送は、従来、一般の漕糧とは別に行なわれていたため、特別に輸送船をチャーターしており、そのため、チャーター代・水上輸送労賃一万一千七百両と関連の恒常的必要経費六千余両とが必要であった。

現在は、一般の漕糧に搭載して輸送しており、これらの税目は削除されるべきなのに、逆に、新しい「賦役全書」

には正規の負担として記載されている。

〔「募船・水脚を加増するの説」〕

六、白糧の「改折」、すなわち銀による代納問題

本来、この代納に関する規定はなく、米価にも高低があるので、柔軟に対処すべきである。米価が一石一両のときに、換算率を一石八銭としても、めべり分の附加負担が加わるから、実質は一両以上となり、換算率を一石一両とすると、実質は一両二・三銭以上になる。るると、実質は一両二・三銭以上になる。

順治三年から康熙初年（同八年に至る江寧巡撫韓世琦の在任期間）にかけては、この換算率に由来する深刻な事態が出現した。明末から清朝の順治年間にかけての米価騰貴の時期が過ぎ、康熙初年に入り、米価が一石五銭乃至六銭に低落したのち、康熙三年においても、なお、順治一三年の一石二両という米にとって異常に高い換算率が採用されたからである。このときには、加えて、輸送人夫の労賃・船舶のチャーター費という名目の銀も併せて賦課され、六カ月以内に全額を納入して軍費に充当することが強制された。そのため、「是の時、民皆米を売って銀に易え、米価愈いよ賤く、四石を売去するも、一石の正数を完うする能わず、田中の有する所を竭すも、以て賦税を供するに足らず。破産流亡する者、郷邑に徧ねし。処処田を売らんとするも、摠べて受くるの主無し（下略）」という状況が出現した。江寧巡撫韓世琦などの申請により、この「改折」は中止されたが、周夢顔は、漕糧・白糧の「改折」をできるだけ避け、やむなく実施する場合でも米価よりいくらか低い換算率にとどめることを提言している。

〔「白糧を改折するの説」〕

七、現物米穀で銭糧を納入する際、地方官府で使用する計量器――斛の容量が拡大され、一石につき一斗を余分に納入している事態

周夢顔は改善のため、標準容量をもつ銅製の斛の各県への頒布を提言している。

〔「銅鋳の糧斛を頒つことを乞うの説」〕

八、米穀の代納品としての棉布の銀建換算率

明代の宣徳年間、南直隷巡撫周忱により、一畝当たりの税糧規定額の高い田土に対して銀（金花銀）と棉布によって現物米穀を代納することが承認された。銀一両が米穀四石と棉布一疋に換算され、棉布一疋が銀三銭に再換算された。このうち、崑山県・嘉定県・太倉州の棉布産出地方には、専ら棉布による代納が割り当てられた(14)。

清代では、順治九年に、棉布価格が騰貴し、一疋三銭以上になったので、代納棉布の三分の二については、銀建換算率を一疋六銭とし、康熙元年に、残る三分の一について、一疋五銭にした。その後、『蘇松財賦考図説』執筆時には、棉布の価格が一疋三銭以下になったのに、代納棉布の銀建換算率は、いぜんとして六銭・五銭のままである。

〔「金花・官布、額に溢るるの説」〕

九、官の帳簿における登録田土面積と現実に存在する田土面積との乖離

官田と民田との間に税糧負担の重・軽の存在した明代、人々は、一方で官田税糧の負担を恐れ、〔一〇年ごとに行なわれる〕登録台帳の更新に際して、自家の所有する官田の面積の一部分を他家の名義に移転し、他方で民田の売却価格の高さに目を付け、民田の面積を水増しして契約書に記入した。この歴史的経緯の下で、清初の蘇州・松江の両府では、税糧徴収の対象となる登録面積が現実に存在する面積に比べてはるかに多いという事態が生じた。崑山県の場合には、前者の一一七万畝に対し、後者は一〇〇余万畝に過ぎないという乖離を見せていた。このため、康熙一一年、同一六年、同三六年と、この乖離を克服し、登録面積と実在面積とを一致させるための知県による測量――丈量が行なわれ、同四二年に一応の完了を見たが、この乖離傾向を是正することができず、かえってかつての数値を上回る新たな登録面積が算出されることになった(15)。

崑山県のこの状況は、他の県についても同様であると推測され、〔実在面積を上回る登録面積を基準とする過剰負

担を無くすためにも〕浮糧の削減が緊要となっている。

〔「蘇松の田地、額を虧くの説」〕

一〇、公設の道路と圩田の堤岸への課税

「古時」には公設の道路（「官街」）と圩田の堤岸（「田岸」）は税糧徴収の対象外であったが、「近代」になってから圩田の堤岸が課税対象とされるようになり、「小民」はその分の納税を回避するため堤岸を低く狭くして水害を誘発することになった。現在の田土登録のための官の測量では、公設道路沿いの家は必ず道路に三尺にくいこんでおり、クリーク沿いの住居は必ず河に三尺出ているとみなし、このため「肩に挑ぎ負いて販る小民」が納税に苦しんでいる。(16)

〔「岸糧を豁して以て水旱を防ぐの説」〕

一一、荒廃・委棄された田土への課税

崑山県・太倉州などの荒廃・委棄された田土については、康煕一八年、巡撫慕天顔の要請により、「蘆課」（低額の税）が徴収されていたが、他方へ流亡していた人民が開墾にとりかかると、すぐに無届け開墾だと訴えるものがあるのでまた荒れたままになり、近年水害・旱害にあったため、「不毛の産」が三・四万畝にも達している。(17)

〔「新荒の田畝は、尚お続題を俟つの説」〕

一二、太倉・嘉定・崇明から呉江・上海にいたる水没・新出の出地への課税

いずれも湖沼・河川に面しているこれらの地方では、水没あるいは新出の田地に対しては、三年一回の調査により、前者への銭糧の免除と後者への課税対象としての登録を行なうべきである。

〔「墋《ママ》長田地は尚お宜しく通融すべしの説」〕

一三、長年にわたる滞納者の苦境

「蘇松〔地方〕の銭糧」を「貧戸」が二・三年、四・五年と滞納している場合、論者の説くように、故意に滞納し

て国家の減免措置が出されるのを待つという者はない。なぜなら、滞納した場合、一〇日に一回、督促されるごとに、杖刑を受け、またその際に支払う「官差の杖銭」（一四、参照）も莫大な額に達する。さらに、「朝自り暮に至るまで、各おの恒業を有して生を営まねばならない」ところの「小民」は、官庁に出頭することも、父母の賜物である身体を犠牲にすることも好まない。「新を完《おさ》めんとすれば必ず旧を欠き、旧を完《おさ》むれば必ず新を欠き、上、国儲を顧みれば、則ち以て妻子を畜《やしな》う無く、稍、妻子を顧みれば、則ち以て国儲に応ずる無し。此れ自然の理なり」。〔「積欠は初めより赦を待つに非ざるの説」〕

一四、銭糧徴収の開始時期

従来、秋の収穫に対応する者として「秋糧」があり、従って一〇月に徴収が開始され、清代に入ってからもそうであったが、順治六・七年からは軍費調達のため、八月に繰り上げられ、さらに四月に変更され、また二月に改められて、これが定例となった。「小民」は「国家」への納入のため、「民間」で春夏に銀一両を借り、次の冬に一両四・五銭を返す。しかし、借りた一両は要求される品位を満たしていないので、実際は七銭幾分にしかならない。また少しでも期限に遅れると、杖刑を受け、〔それに手心を加えてもらうために〕「杖銭・使費」〔などという「官差」へのつけとどけ〕を支払わねばならない。

明の崇禎末年に明朝が一〇月に先駆けて八月に繰り上げ徴収したとき、明朝は〔人民から〕借りるということで、杖打ちはしなかった、という話をいまなお故老はしている。〔「開徴は宜しく国初に復すべしの説」〕

一五、蘇松における火耗（銀塊鋳造に際してのめべり分）負担の重さ

銭糧負担の軽い他の地方では、「業戸」は一・二割の火耗も苦にしないが、「蘇松賦重の区」の「小民」は、五分・六分のそれも苦しい。三〇年前は、一両の火耗は三・四分であったが、その後、五・六分、さらに六・七分となり、

まもなく八・九分になった。しかも品位が規定と違うという名目で弁償が強制される。最初は百包み（百封。一納糧戸一封）について一包か二包であったのに、その後は大半になり、まもなくどの包もみな該当するとされ、どんな官僚、どんな県でもその是正のためと称して弁償が強制されている。

〔「火耗漸増し、蘇松益ます困しむ」〕

一六、「漕糧が免除されることはない」の語の検討

清朝の開国時には漕糧免除の先例があり、康熙四七年の大水に際しても、地丁銀・漕糧とも免除となっている。しかし、康熙初年に中央戸部の「書吏」をつとめ、のち、崑山県知県となり、「虧空《キクウ》（財政の赤字）に因り獄に繋がれた」杭允佳の告白によれば、彼が、当番で「批語」（皇帝の回答）の原案を起草したとき、出来心で「漕項従無蠲免」（「漕項（漕糧）には従《か》つて蠲免無し」）の六字を書き込んでおき、それについて問い合わせにきた者から謝礼を請求しようとしたことが、この語の由来である。

〔「漕項は従つて蠲免の例無しの弁」〕

『蘇松財賦考図説』の主要な部分を占めるところの清代の銭糧負担の現状分析に関する一六篇の内容は、以上の通りである。改めて要点を書き出して見よう。

康熙年間における蘇州・松江二府の田賦額の増加（一）。順治・康熙年間の崑山県における一畝当たりの田賦額中における折色銀部分の増加と、長洲・呉・呉江三県の原来徭役銀の系統に属する三項目四〇〇両の崑山県の帳簿への誤入（二）。順治年間の崑山県における漕糧負担について、その初年になされた耗米（附加負担）の増加、順治六年新たに設定された附加負担額の正規額への繰り込みとこの不当に増加した正規額を基準にするところのいっそう過大な附加負担額の設定、及び別項の数種の附加負担の徴収（三）。蘇州・松江・嘉興・湖州・常州などの府における漕米の銀納化部分の折銀率の清代における激増（四）。白糧単独輸送が廃止され、漕糧との一括輸送が開始されて以後、『蘇

松財賦考図説』執筆の当時（以下、単に当時と略称）にもなお続く白糧輸送経費別枠徴収の持続（五）。順治及び康熙初年における白糧の銀による代納措置の実施（六）。順治一六年以後の蘇松地方の地方官府使用の現物米穀計量器の容量の肥大化（七）。順治及び康熙初年以後の崑山県・嘉定県・太倉州の代納棉布の銀建換算率の高水準（八）。蘇州・松江二府、とくに崑山県における登録田土面積と実在面積との乖離、及びこれに基づく銭糧の過剰負担（九）。当時の土地測量における公設の道路と圩田の堤岸との銭糧賦課対象化（一〇）。康熙一八年以後、当時に及ぶ崑山県・太倉州の荒廃・委棄田土再開墾の困難（一一）。当時の太倉州・嘉定県・崇明島・呉江県・上海県にいたる水没・新出の田地への田賦賦課の不合理（一二）。当時の蘇松地方における銭糧滞納者の苦境（一三）。順治六・七年以降当時に至る銭糧徴収開始時期の大幅繰り上げ（一四）。蘇松地方における銀納銭糧のめべり分としての火耗負担の重さ（一五）。江南デルタを主体とする南方の負担する漕糧には減免が適用されないという康熙初年以来の先例の存在（一六）。

康熙三八年（一六九九）、康熙帝の第三次南巡の時点以後、周夢顔によって執筆された『蘇松財賦考図説』の主要部分の中心内容は、このように、蘇州・松江両府の銭糧、その中に漕糧・白糧を含むこの地方固有の銭糧負担を困難にさせているさまざまな現実的・具体的な問題であり、いずれも、明代以来のものではなく、清初順治年間から当時に至る、まさに清代に生起したものであった。

結びに代えて

「吾が蘇松の大いに困しむ所の者は、明祖の浮糧のみ」という周夢顔の発言からすれば、彼は、明の太祖朱元璋の官田の大量設定以来、当地方に賦課されるようになったところの浮糧——基準を超える銭糧（田賦）の存在を直接的な克服の対象としていたかのように見える。しかし、周夢顔にとって、「浮糧」とは、実は、蘇州・松江両府、とくに蘇州府崑山県において、清代に入って以来銭糧負担が急増したという事態を集約する呼称であった。銭糧負担者、これを銭糧を国家へ納入する戸という意味で納糧戸と名付けるとすれば、周夢顔は、郷里崑山県及びそれの属する蘇州府と松江府の納糧戸のために、この清代起源の過重な銭糧負担を除去しようとしたのであった。蘇州・松江両府の浮糧削減を目指す清初の中央と地方及び官界と民間の諸動向については、すでに先に触れた別稿で記すところがあった。この諸動向の基本的契機が、また、当地域における清代起源の過重な銭糧負担の除去にあったことは、周夢顔のこの著作に徴しても明らかとなろう。

雍正二年（一七二四）、蘇州・松江両府の各年に納入すべき銭糧の銀納部分、すなわちこの時点でのいわゆる地丁銀四五万両が削減され、乾隆二年（一七三七）、また二〇万両が削減される(18)。康熙年間には上記の諸動向の存在にもかかわらず、かたくなに「浮糧」の削減を拒否してきた清代中央の戸部がなぜ一八世紀の二〇・三〇年代にその実施に踏み切ったのか。またその客観的条件は何か。これらの問題については、村松祐次の見解(19)にも学びながら解決することが必要である。ただ、周夢顔の郷里、崑山県においても、この削減は、銭糧の未納を解消させた契機として受け止められていた。すなわち、乾隆一六年（一七五一）刊『崑山・新陽合志』巻一、風俗には、以下のように記す。

今日、崑新両邑は、呉中に在りて最も凋弊為り。然れども其の俗の美悪猶お参半せり。約略之を計るに、俗の美に三有り。一に曰く急公。昔に在りては浮糧未だ減ぜず。低瘠未だ査せざれば、民欠かざる能わず。而うして上も亦た欠くるを蠲《のぞ》かざる能わず。而うして蠲かるるを獲れば則ち欠くる者安くんぞ多からざるを得んや。恩綸（清朝による浮糧減額の詔勅）畳ねて布《し》かれし自り以来、倉甫めて開かるるや、米雲のごとく集まり、櫃甫めて設けらるるや、銀川のごとく至りて追呼を待たず、輸《ユ》将《シヨウ》後《おく》るるを恐る。誠に所謂上仁を好めば下必ず義を好むなり。其の尚お欠くる有るは、存摘包納の弊、未だ尽く絶えざるに因るなり。害は狐鼠一たび捜剔すれば則ち廓如たらん。（下略）

「浮糧」が削減されず、低湿地・劣悪地の減免につながる調査が実施されていなかった時期とは対象的に、これらの措置が行なわれてからは、現物米穀納の部分であれ、銀納の部分であれ、銭糧が順調に納入されるようになったという。この事態が、地方志の田賦の項でなく、風俗の項に記されているところに、少なくとも乾隆一〇年代の一般的空気の反映を見ることは許されるであろう。周夢顔の浮糧削減への諸活動は清初の崑山県の納糧戸の直面する課題を的確に把握した上で展開されたのであった。

ところで周夢顔は、私租を地主に納入する佃戸については、どのような立場を持していたであろうか。ここでは、『陰騭文広義節録』[20]により、彼が顧炎武のような租佃制――地主佃戸制それ自体に対する批判はもたなかったに見えること、しかし、「千倉万倉の粟、皆其の肩の上従り来る」佃戸の生産における役割とその再生産の厳しさについては正確に把握しており、私租の免除を行なう地主に高い評価を与えていたことを付記しておく。

註

(1) 村松祐次「清代のいわゆる『蘇松の重賦』について」(『一橋論叢』四五―六、一九六一年)。森正夫「清初の『蘇松浮糧』に関する諸動向」(岩見宏・谷口規矩雄編『明末清初期の研究』京都大学人文科学研究所、一九八九年。本論集本巻第四章)。

(2) 森正夫「『官田始末考』から「蘇松二府田賦之重」へ―清初蘇松地方の土地問題と顧炎武―」(『名古屋大学東洋史研究報告』六、一九八〇年。本論集本巻第二章)。「顧炎武の官田論における土地所有思想とその背景」(『名古屋大学文学部研究論集』一〇一、一九八八年。本論集本巻第三章)。拙著『明代江南土地制度の研究』序章・終章(同朋舎出版、一九八八年。本論集本巻第一章)。

(3) 前掲註(1)の森論文、参照。

(4) 周夢顔の伝には、乾隆一六年刊『崑山・新陽合志』巻二八、人物、好義(以下「好義伝」と略称)、光緒六年(一八八〇)刊『崑新両県続修合志』巻二六、卓行(以下「卓行伝」と略称)、『叢書集成』本『琳琅秘室叢書』所収の周夢顔『質孔説』巻首「周安士先生伝」・「清故例

贈文林郎庠生安士周公伝」がある。また、民国一一年（一九二二）排印本『安士全書』巻首の釈印光「重刻安士全書序」も参考になる。

（5）『歴史学研究』四二一。

（6）田中謙二『龔自珍』（『中国詩人選集』二集・一四、岩波書店、一九六二年）の解説・二六頁。田中の解説での周夢顔への言及も高橋孝助前掲論文が最初に紹介した。

（7）厳訥については『明史』巻一九三に伝がある。

（8）周忱及び彼の実施した改革については、前掲註（2）所引の拙著第三章「十五世紀前半における江南官田の再編成」参照。

（9）周忱への批判については、前掲註（2）所引の拙著第三章を参照。

（10）以下、周夢顔は府・県の田賦額・折銀額、一畝当たりの折銀額、漕糧額、白糧額、白糧の銀による代納の際の換算率、棉布の銀による代納の際の換算率などの項目ごとの具体的な数字を挙げている。ただ、本稿では周夢顔の問題把握の特徴の理解に主眼を置いたため、これらの数字を地方志や賦役全書を始めとする官側の資料と対照させて一々検証する作業は行なっていない。清初の中央・地方の財政のありかたの中で周夢顔の見解を位置づけるためには、こうした検証もなされねばならない。

（11）『乾隆崑山新陽合志』巻七、起運存留に「另徴傜里歳用共銀一万二千四百五十四両」（銭以下は省略）」の見出しがある。そこに付された長い割注の「知県」の項下に「馬快役食草料銀一百四十四両」、とあるほか、「県丞」、「主簿」、「典史」の各項下に「馬夫銀七両二銭」とある。また「姑蘇駅関米銀一十三両一銭六分七厘」とある。本文の「馬快・馬夫・関米銀」もこうした呼称と同系統のものとみなされるが、なお検討が必要である。

（12）「兵行・局恤」は、『乾隆崑山新陽合志』巻七、起運存留に「存留地丁米一万五十二石（以下の数値は省略）」の見出しがあり、その割注を構成する「蘇太鎮等衛所余存軍儲改兑兵糧米」、「局匠口糧米」、「恤孤口糧米」の三者に見合うかと思われるが、「兵行」については、なお疑問を残す。

（13）「五米五銀」、「官収官兑」については、星斌夫著『清代漕運制度の研究』（山川出版社、一九七一年）後篇・一「清代漕運の運営機構」、同訳注『大運河発展史―長江から黄河へ―』（平凡社・東洋文庫、一九八二年）、濱島敦俊『明代江南農村社会の研究』（東京大学出版会、一九八二年）第七章「清初の均田均役法」を参照。

(14)　明代宣徳年間に南直隷巡撫周忱によって実施された税糧としての現物米穀の銀・棉布による代納、その後嘉靖年間までに実施されていた代納棉布の銀による再代納については、前掲註（2）所引の拙著第三章「十五世紀前半における江南官田の再編成」、第五章「十六世紀江南における税糧徴収制度の改革と官田の消滅」を参照。

(15)　清初の丈量についての専論としては、西村元照「清初の土地丈量について―土地台帳と隠田をめぐる国家と郷紳の対抗関係を基軸として―」（『東洋史研究』三三―四、一九七四年）がある。

(16)　本項で指摘された事態については、顧炎武の『官田始末考』及び『日知録』巻一〇「蘇松二府田賦之重」に「凡そ溝渠道路は皆其税を田の中に并《あわ》せり」と言う。

(17)　「荒廃・委棄された田土への課税」の項から、「銭糧徴収の開始時期」の項でとりあげられている内容については、前掲註（1）の森「清初の『蘇松浮糧』をめぐる諸動向」においても江蘇巡撫慕天顔の上疏を通じて触れるところがあった。

(18)　『清実録』雍正三年三月丁巳の条、乾隆二年四月己亥の条、及び乾隆一三年（一七四八）刊『蘇州府志』巻一〇、田賦三。前掲註（1）の森「清初の『蘇松浮糧』に関する諸動向」では、この間の経緯をやや立ち入って述べた。前掲の高橋孝助「清朝専制支配の成立と『小土地所有者』」は、嘉慶二三年（一八一八）刊『松江府志』巻二一、田賦志下により、つとにこの削減を紹介し、簡潔に所見を述べている。

(19)　村松は、前掲註（1）論文で、乾隆中年から嘉慶にかけての銀流入によるインフレーションの時期とその前後の時期との区別が重賦論の盛行と関連するという見解を述べている。

(20)　周夢顔『陰騭文広義節録』巻上「竇氏済人高折五枝之桂」鬻田済人の項。

『山根幸夫教授退休記念明代史論叢（下）』汲古書院　一九九〇年

6　宣徳－成化期の蘇州府における徭役賦課について

――史鑑の記述に寄せて

はじめに

一九六六年の旧稿「十五世紀前半蘇州府における徭役労働制の改革」(1)は、表題の時期と地域において蘇州知府況鍾、南直隷巡撫周忱が実施した徭役割り当て方法の改革を論じたものである。その際、筆者が前提として記した状況認識は次のようなものであった(2)。

明朝は、一四世紀後半のその成立期から、この府と東に隣接する松江府とを中心とする江南デルタ地域に、その一畝当たりの税糧徴収額が民田に比べてはるかに重い官田を大量に設置していた。その比重は蘇州府では六割、松江府では八割を越えていた。

明朝治下では、本来、税糧と並ぶ国家収取の二大部門であり、正役・雑役からなるところの徭役の割り当てに際し、税糧負担の重い官田のような土地を基準乃至対象とする場合には、とくに雑役を免除乃至軽減するという慣行があった。明朝は、このような形で、国家の支配下にある一畝当たりの土地からの総収取量の均衡を計っていた。江南デルタにおいてもこの慣行は存在しており、一六世紀になっても、いくつかの資料に即して検証が可能である。ただし、江南デルタでは、官田の比重が非常に大きいだけに、雑役免除乃至減免の完全な実施は、もともと困難であった。しかも、一五世紀前半の永楽年間に国都が南京から北京へと移った。一四世紀後半の洪武年間には予想されていなかったこの事態にともなって、官田からのそれを主体とする莫大な税糧を北京をはじめとする長江以北の指定の官倉まで輸送するという新たな徭役負担が加わった。すなわち、雑役部門における遠距離漕運である。当時の蘇州府では、その他の雑役の割り当て総量自体も他処に比べて重かったといわれる(3)。

また、税糧とは別に、徭役中の正役部門の一環として、工部を始めとする中央の各部から、一般に「上供物料」と総称されるさまざまな物品乃至それ相当額の米・棉布・銀の無償提供或いは買上げという名の事実上の無償提供の強制が、この地方には、とくに厳しく行なわれていた。

この地方の土地を所有する農民の徭役負担が急増したことは、税糧・徭役を組み合わせた土地一畝当たりの総収取量の均衡の維持にも大きく影響したはずである。当時、税糧の納入がすでに困難に直面していたからである。況鍾、周忱による徭役労働制の改革はこのような状況を克服するために行なわれた。改革の内容をごく簡潔に整理すると以下のようになる。

蘇州府知府況鍾による雑役割り当て方式の改革の特徴は、第一に里甲制が本来前提とする里長戸と甲首戸との階層差に基づいて、雑役割り当てにおいて里長戸と甲首戸との格差を改めてはっきりと設定し、前者に重く、後者に軽くしたこと、第二に、里甲制に固有の輪番方式を雑役の割り当てにも取り入れて、それを定期化したことであった。

おなじく況鍾による正役の一環としての「上供物料」割り当て方式の改革の特徴は、第一に、臨時的、かつ不定量であった上供物料の割り当てを定量化したこと、第二に、里甲制に固有の輪番方式によって割り当てを定期化し、これを見役里甲（一〇年に一度の当番の里甲）の負担に帰したこと、第三に里長戸と甲首戸の階層差に従い、前者に重く、後者に軽い割り当てを行なったことであった。

周忱が実施したとされる雑役割り当て方式の改革の特徴は、第一に、一切の雑役を、里甲制に基づいて一〇年に一度の正役に従事する見役の里長以外の非番の里長、すなわち排年里長に対して割り当てること、第二に、担当年次を決め、輪番で定期的に雑役を割り当てたことである。なお、輪番で雑役に従事する里長は、同時に銀一両を醵出することも取り決められた。

総括的にいえば、況鍾、周忱による改革は、地域社会の社会関係の中から里長戸として編成された社会層と甲首戸として編成された社会層との間に、徭役負担能力の格差が厳然と存在し、両者の間の支配被支配関係が安定していることを前提としてなされた。上記の改革は、里甲制に基づく徭役労働の再編成であった。

当該の拙稿において、筆者が主として依拠した資料及び先行研究は、別に記す(4)。

さて、一九六六年の上記拙稿の末尾において、筆者は、以上の蘇州府の事例に即しつつ、当時の徭役労働全体の一般的性格やその割り当ての基準の特質をめぐって、次のような論点を提出した。

宮崎市定によれば、一〇世紀、「宋の統一による中央集権の強化」以来、「人民の差役は、実は地方財政を農村地主が役という形で賄ってきたものである」とされる(5)。この指摘を裏付けるように、『万暦大明会典』巻二〇、戸部七、戸口二、賦役所載の洪武一七年の令と同一八年の令によれば、一四世紀後半に成立した明王朝においても、その「賦役」割り当ての基準は「丁糧の多寡と産業の厚薄」であった。したがって、農村においては、土地所有額の多い農民により重い項目をより多数割り当てるという原則が採用されていた。この原則は人民について「其の力を均しくする」ために必要であった。この原則に沿って、上中下三段階の戸等が設定され、この戸等に基づいて「賦役冊」が作成され、これを運用して官府において割り当てが行なわれることが取り決められていた。ちなみに、『万暦大明会典』所載の二つの規定は、それぞれ、『明実録』洪武一七年七月乙卯の条、同洪武一八年正月己卯の条に基づく。にもかかわらず、況鍾、周忱らの蘇州府下で実施した徭役改革においては、里甲制が割り当ての基準として活用されており、直接的には戸等が用いられていない。

それでは、なぜ、戸等が用いられておらず、里甲制が活用されているのか。

当時、筆者は、自ら提起したこの論点に正面から答えることができなかった。筆者は、明朝という国家が、個々の農民家族を直接に支配していたのではなく、農村内部の社会関係を通じて、すなわち固有の支配層としての里長戸と被支配層としての甲首戸との関係を通じて支配しており、里甲制の活用はこのことを反映している、と述べるにとどまった。

すなわち、当時の筆者の徭役についての認識を集約すれば、次のようになろう。

第一に、宋代、一〇世紀以後における徭役というものは農村の土地所有者が負担するものである。第二に、明代のうち、一四世紀後半から一五世紀前半に至るこの時期の徭役割り当てに際しては、正役はもちろん、雑役においても里甲制が決定的な役割を果たしていた。以上二点である。

ちなみに、当時、筆者は徭役の負担者が全面的に農村在住の土地所有者であると考えていたわけではない。旧稿では、都市の市民が徭役の担当者である場合についても言及した。すなわち、蘇州知府況鍾の「定巡欄革弊示」[6]を用い、蘇州府税課司と、長洲・呉二県の税課局の下で、商税及び門攤課鈔の徴収に当たる巡欄の役があること、況鍾がこの役を都市の里甲、すなわち坊廂里甲に属する各戸によって里甲単位の輪番制で担当するように命じたことを記した。しかしながら、筆者の論旨の重点は、基本的には、土地所有が徭役賦課の基準乃至対象であることと、農村在住の土地所有者への徭役割り当てにおいて里甲制が活用されていることにあった。

このような筆者の認識は、その後の研究の展開によって補正を迫られている。

一九七七年、夫馬進は、論文「明末の都市改革と杭州民変」を発表し[7]、従来の民変研究においては、明代後期、一六世紀中葉以後、その人口が急増した都市における住民の改革運動の中で民変を捉える観点が欠如していたことを指摘した。夫馬はこのことと関連して、「明清時代の都市問題・都市社会の研究自体も、これまでややなおざりにされてきた。一連の徭役改革史にしても、郷紳研究にしても、その視座は農村におかれることが多かった」と述べている。夫馬は具体的には、万暦一〇年（一五八二）の杭州民変の契機として、都市の徭役改革をめぐる「郷紳などの特権的住民とこれに対する一般中下層市民」との抗争の存在を指摘した。そして、杭州等江南の諸都市における一六世紀中葉以降の都市徭役改革の前提として、明代における都市徭役について概観を試みた。

夫馬は、賦役黄冊に基づいて里甲が編成され、これによって徭役が科派されるという点では、都市の住民と農村の住民とは国家によって同じレヴェルで掌握されているとし、その前提に立って、次のものを明代の都市徭役として挙げた。

〔1〕　商税を徴収する税課司の巡欄。典拠は『万暦大明会典』巻二〇、戸口二、賦役。

〔2〕　宮中あるいは官庁御用の性格がきわめて濃厚なもの。

A……　南京という副都における宮中・官庁使用の器物の供応や、城内各所の建造物の修理、宴会の接待などの諸役。総坊、当頭、坊長などと称される。典拠は、『万暦上元県志』巻二「坊廂賦役」の項。

B……　官庁の配置される地方都市における同様の役。

蘇州府嘉定県における祇応（官庁・官吏の小使）、巡欄、日中は営繕につとめ、夜間には巡守をする排門夫の役。典拠は『万暦嘉定県志』巻六、徭役。

嘉興府において賓客の接待にあたる坊役。典拠は『康熙嘉興府志』巻一八、記上、孫植「建蘇坊碑記」。

杭州府において、官僚や賓客の接待にあたる坊頭または坊里の廂役。典拠は『万暦杭州府志』巻七、国朝事紀下。

〔3〕　各都市で夜間の警備・火災予防にあたる総甲・火夫。典拠は多くの地方志等。

夫馬は、さらに、一九八〇年、「明代を通じて国都あるいは副都でありつづけた」ところの大都市南京を対象とする専論「明代南京の都市行政」を発表した。(8) 夫馬は、一六世紀の始めから半ば過ぎまで、正徳・嘉靖の時代は、洪武年間以来の坊廂制に組織されていた「土着の」「旧市民」と外部から流入してきた「新市民」との「入れ替え期」であったことを指摘する。夫馬は、このような情勢の下で、国家は南京における都市行政の転換を迫られていたこと、万暦三四年（一六〇六）、在来の「土着の」市民李自新らも従来の総甲・火夫の労役の改革を要求したことを紹介する。夫馬によれば、万暦三八年（一六一〇）、提督操江・南京都察院右僉都御史丁賓の手によって、この労役の雇役化が実現した。この際、夫馬は、総甲・火夫を所轄する五城兵馬司が、都市南京の警察・消防・市場管理・戸籍・土木に関する業務を担当していたことを指摘し、その下にある総甲・火夫が単に夜警だけでなく、こうした諸業務に関わる労役に従事していた、と推定している。

このように、夫馬の仕事によって、従来、特に意識的に把握されてこなかった都市徭役という領域の存在がきわめて具体的に明るみに出されたのである。

また、一九八六年、岩見宏は、その著書『明代徭役制度の研究』[9]の前編・第一章「明初の徭役制度」の中で、明朝設立の当初、洪武年間における徭役のうち、資料的にあとづけ得るものについて簡にして要を得た概説を行なった。岩見は、そこで、「市民すなわち都市の住民だけを賦課対象としている」徭役として、夫馬のあげた巡欄と、「地方官の威厳を保つために乗馬を官給し、その馬を飼育する役」としての馬夫とを挙げた。典拠は前者が夫馬と同じく『万暦大明会典』巻二〇、戸部、賦役、後者は『明実録』洪武二四年五月丁亥朔と『万暦大明会典』の同上の条とである。

このように、岩見もまた、「郷民」などと呼称されるところの農民を対象とする徭役の外に、都市居住者としての「市民」のみを対象とした徭役が存在することを改めて明確に指摘したのである。

明代の全徭役体系における都市徭役の位置を明らかにし、その意義を確認するためには、もとより多くの前提が必要である。ただ、従来の徭役研究の中で、都市の領域への関心が欠如していたことは夫馬の指摘する通りである。さらに、次のような問題もまた派生する。夫馬によって、都市徭役の問題として明らかにされたのは主として一六世紀以降、すなわち、明後半期のそれである。岩見の指摘した明初の市民の徭役負担をはじめ、前半期、すなわち、一四世紀後半から一五世紀には、状況はどのようであったのか。徭役体系全体はどのような形態で存在していたのか。一五世紀前半における蘇州府の徭役改革について論じた筆者の旧稿における認識は、このように、都市とその市民に賦課された徭役という領域を改めて自覚的に包摂し、また明前半期の徭役体系全体の再把握を通じて編成替えすることを迫られている。このことは、日本における明代徭役研究、また明朝国家の課する公課全体についての研究の課題でもある。

もとより、そもそも都市とは何か、という基本問題がこれに先行して存在する。中央から派遣された行政官の駐在する、県城以上の、城郭をもった集落を都市とするのか。地方志の上で、市鎮と称される市場機能を中核とする集落をも都市とするのか。中国においてこれらの都市的な諸集落の社会関係の上での特質はどこにあるのか。それは農村と異なるのか。その国家との関係はどのようなものであるのか。中国の宋代以後の社会の構造とその近代への展開を全体として把握するためにも、これらの問題の解決が不可欠である。(10) ただ、本稿では、さしあたり、前者――城郭をもつ県城以上の集落を都市と呼称し、まずこの意味での都市への徭役賦課をめぐる諸現象に注意を払う。

本稿は、以上のような一連の課題を念頭におきつつ、今後のこれらの課題解決の一つの手がかりとして、一五世紀の二〇年代から八〇年代、宣徳－成化年間の蘇州府の徭役に関する若干の資料を紹介し、あわせてそれらについての考察を行なうことを目的とする。

たまたま、他の旧稿「十五世紀前半太湖周辺地帯における国家と農民」(11)においては、当時の蘇州府において「城市」の繁栄が回復されつつある状況に言及しており、以下ではそのことをも念頭に置いている。また、いま一つの旧稿「明中葉江南デルタにおける税糧徴収制度の改革――蘇州・松江二府の場合――」(12)において蘇州府呉江県の一五世紀の都市をめぐる状況に触れる一資料について述べた。次節では、改めてこの一資料の全文の紹介と検討から出発する。

一　史鑑の上書における「均労役」の提言をめぐって

蘇州府呉江県の人、宣徳九年（一四三四）から弘治九年（一四九六）まで、在野の士大夫としての生涯を送った史鑑は、弘治二―三年（一四八九―九〇）在任の蘇州府知府孟浚に宛てて、府政についての見解を八項目にわたって述べた。「郡政の利弊を論ずるの書〈上太守孟公浚〉」（〈　〉内は、原文では割注の形で挿入されている。本上書は以下「上孟公書」と略称する）であり、上記の一資料とは、その第四項目、「均労役」――労役を均しくせん――を指す。まず、原文を、続いて書き下し文を示す。段落は、いずれも、筆者が理解の便宜のために付したものである。

『西村集』巻五、書「上孟公書」

四曰、均労役。

夫城郭之与田野、均為王民也。其於徭役、不宜有偏在。宣徳年間、中使綱運相継、軸轤相銜、調集民夫、動踰千百。而田野之民在遠、未能遽集、又城郭之民、彼時田少。故周文襄公之巡撫南畿也、酌為中制、令城郭之民、専充夫役、田野之民、代其運糧。

其後景泰年間、知府汪公、復令田野之民為夫。而城郭之民、既不運糧、又不為夫、行之既久、戸無無田之家。而田野之民、僥倖其得計、乃更竄名城郭之中。故城郭之民之田之糧日増、田野之民之田之糧日削。以日削之民、而運其日増之糧。是豈大中至正之道也哉。其間非無一二言之有司者、往往不得其直而止。

蓋城郭之民狡、田野之民愚。城郭之民集而強、官吏之所仮借也。田野之民散而弱、官吏所凌忽也。

為民上者、非光明正大、孰得其平哉。

然此特指呉江一県而言耳。若夫六県、県各不同、非某之所能尽知也。

伏望、精加考究、城郭之民有田有糧者、一体運糧、無田無糧者、照旧停免。庶毋不公之患也。

夫れ城郭の田野に与《お》けるや、均しく王民なり。其の傜役に於けるや、宜しく偏在有るべからず。宣徳年間（一四二六－三五）、中使の綱運相継ぎ、軸轤相い銜《はさ》み、民夫を調集すること、動《やや》もすれば千百を踰ゆ。而うして田野の民遠くに在り、未だ遽かに集むる能わず。又、城郭の民、彼の時は田少なし。故に周文襄公の南畿を巡撫するや、酌して中制を為し、城郭の民をして専ら夫役に充て、田野の民をして、其に代りて運糧せしむ。

其の後景泰年間（一四五〇－五六）、知府汪公、復た田野の民をして夫為らしむ。而うして城郭の民、既に糧を運ばず、又夫と為らず。之を行なうこと既に久しく、戸として田無きの家無し。而うして田野の民、其の計を得るを僥倖し、乃ち名を更《あらた》めて城郭の中に竄《のが》る。故に城郭の民の田の糧日ごとに増し、田野の民の田の糧日ごとに削らる。日ごとに削らるるの民を以てしてその日ごとに増すの糧を運ぶ。是れ豈に大中至正の道ならんや。其の間一二の之を有司に言う者無くんば非ざるも、往往にして其の直《ただ》さるを得ずして止む。

蓋し城郭の民狡く、田野の民愚かなり。城郭の民集まりて強く、官吏の仮借する所なり。田野の民散じて弱く、官吏の凌忽する所なり。

民の上たる者、光明正大に非ざれば、孰くんぞ其の平を得んや。

然れども此れ特に呉江の一県を指して言うのみ。夫の〔蘇州府の他の〕六県の若きは、県ごとに各おの同じからざるも、其の能く尽くは知る所に非ざるなり。

伏して望むらくは、精しく考究を加え、城郭の民の田を有し糧を有する者は、一体に糧を運ばしめ、田無く糧無き者は、旧に照らして停免せん。公ならざるの患い毋きに庶からん。

史鑑は、知府宛の上書のこの項で、呉江県における城郭の民と田野の民との傜役負担を対比し、城郭の民には税糧を輸送するところの「運糧」の負担がなく、これに反し、田野の民が一方的にこの徭役を負担していることを指摘し、この不均衡の是正を求めている。史鑑は、その方途として、城郭の民の中で土地を所有し、従って税糧納入義務をもつ者には、田野の民と同様に税糧輸送に当たる「運糧」を課することを要請している。

しかしながら、史鑑がこの要請を行なう根拠は、単に弘治初年の呉江県の現状にのみあるのではなかった。史鑑は、これに先立つ半世紀前には、南直隷巡撫周忱によって次のような改革が行なわれたことをまず指摘する。すなわち、城郭の民に対して「夫役」を賦課し、田野の民に対しては「夫役」を免除する代わりに、城郭の民が本来応分に負っていた税糧輸送の徭役を賦課する、というものである。

続いて史鑑は次のような事態を指摘する。

景泰年間に知府を勤めた汪滸は、城郭の民に賦課していた「夫役」を再び田野の民に対して賦課した。このため、城郭の民には、周忱の改革以前の「運糧」の役がない上に、「夫役」もなくなり、徭役負担が極端に軽減され、田野の民との間で徭役負担の極端な不均衡が生じるようになった、と。ちなみに汪滸の在任期間は景泰四－六年（一四五三－五五）であり、二年前の景泰二年（一四五一）、二〇年余の長期にわたって南直隷巡撫をつとめてきた周忱が、その職を去ったばかりの時であった[13]。

このように、史鑑は、巡撫周忱によって制定されたところの、城郭の民——「夫役」、田野の民——「運糧」という徭役負担の区分が、知府汪滸によって廃止されたことを指摘し、現状の改善を訴えたのである。

それでは、巡撫周忱が制定し、知府汪滸が廃止した「夫役」なる都市徭役はどのような内容をもっていたか。

右の上書に、「宣徳年間、中使の綱運相い継ぎ、舳艫相い銜み、民夫を調集すること動もすれば千百を踰ゆ」とあるのは一つの手掛かりになる。中央から派遣された宦官による物資の調達の際、その運搬に必要な労働力を提供することがここでいう「夫役」であったとみなされる。当時、土地所有に対して賦課され、土地所有者が負担する税糧以外に徴収される物資は、基本的には徭役中の正役の一環としての上述の「上供物料」の一環を形成するものではないか、と考えられる。『況太守集』巻一、列伝上の以下の記事はこの間の事情を物語るものであろう。

　蘇の地は富麗を以て称せらる。凡そ中使の織造し、花木・禽魚・器玩等項を購買し、及び工部の差官の物料を採辧する者、紛紛として踵至す。

このような物資の徴収は次に示す宣徳帝の敕諭にも示されている。

　蘇州府知府況鍾に敕す。比者、内官安児吉祥をして促織《こおろぎ》を採取せしむ。今他《かれ》の進する所の数少なく、又細小堪えざる的《もの》多く有り。已に他《かれ》に敕し、末後《こんご》一たび運びて自から来りし時には、一千個を要す。敕至らば、爾用心して他と協同し、幹辧して悞《あや》まり了らざるを求む。故に敕す（『況太守集』巻五「遺賜採辧物料璽」）。(14)

このような物資自体の調達に加えて、それをどのように輸送するかが、蘇州府の「城郭の民」――都市の住民と「田野の民」――農村の住民の双方にとり、大きな問題となっていた。そこで、「城郭の民」は、当時、その土地所有の額が後年に比べてなお相対的に少なく、「田野の民」は、遠隔地にあって運搬路となる河川への集合が困難である、という状況をふまえ、上述のように、「城郭の民」にはこの恒常化しつつある徴発物資の輸送をさせ、「田野の民」には税糧の輸送をさせるという措置が、巡撫周忱によって採られた。すなわち、徭役の新しい分野の出現に対応して徭役における都市と農村との「分業」が実施されたのであった。

凡そ六〇年後の時点から遡って史鑑が記すところのこの徭役負担の改革については、宣徳期の同時代資料によって裏付けを行なうことができる。宣徳一〇年の「経進優異成績顕看一宗」前掲には以下のA、Bの、宣徳一〇年までに書かれた「張太史贈太守況公前伝」にはCの記事がある。(15)

　A　〔宣徳〕七年二月、〔況鍾〕再び至る。（中略）附郭の人夫を編定し、勢豪を分たず、輪流して往来の官船を拖送せしめ、歳ごとに三次に限り、民をして聴候して農を悞まること無からしむ。

B　宣徳八年九月、劄付するの事が為にす。団牌を設立し、凡ゆる城郭居民にして、派して往来の官船を拖送せしめらるる者は、勢豪の家たるを分たず、均しく輸送に派し、歳ごとに三次に限り、民をして偏枯の苦しみ無からしむ。

C　宣徳八年七月、（中略）民、官物を接遞するに、終日官に在り、販負するを得ざるを以て、公（況鍾）丁を験して輪差し、歳ごとに三次を過ぎざらしめ、其の官に在る者を罷むれば、民、始めて其の生理を遂ぐ。

A、B、Cの三つの記事は相互に少しずつ出入りがあり、強調点に相違があるが、矛盾するところはない。

A、Bに「往来の官船を拖送す」とあるように、徭役の内容は官の調達した船舶が蘇州府城乃至各県城に来航し、またそこから出航する際に荷積みをしたり、一定の地点まで曳航することである。

Aに「民に聴候して農を悞まること無からしむ」とあるのは、農業に従事する住民が、官物輸送の官船の来航・出航に備えて、長期間特定の水次――河川港、おそらく蘇州府城乃至各県城内の指定された場所で待機していたため、農業経営に支障を来していたことを示す。Cの「終歳官に在り、販負するを得ず」というのは、都市の小商人が同じ状況に置かれていたことを示す。従って、官船の来航・出航の際の徭役は、宣徳年間の改革以前には、都市と農村双方の住民が負担していたと判断される。

また、Aには「附郭の人夫を編定し」とあり、Bには「凡ゆる城郭居民」云々とあるので、宣徳の改革が都市の住民を対象としたものであったこともほぼ明らかである。

ただ、況鍾の事蹟を記したA、B、Cの三資料の力点は、都市の住民がこの「夫役」――官船の来航・出航にともなう徭役を負担し、農村の住民が税糧輸送の徭役を負担するという「分業」の設定よりも、都市住民の徭役負担回数を定額化することと及びそのことを通じて社会層の相異による負担不均等、すなわち、支配層たる「勢豪」の負担回避を是正することに置かれている。この点を史鑑の「上孟公書」と考えあわすとき、当時の「城郭の民」の中には、

「勢豪」（A、B）と呼ばれる特権的社会層の存在がすでに大きくなりはじめていたといえよう。『周文襄公年譜』宣徳八年の「蘇松常三府に水次倉場を設く」の記事中に「附郭豪右兼併の家」と言い、『況太守集』巻一二「戒奢侈榜示」では、「城市」の奢侈を論じて、「城市富民」、「縉紳大族」、「縉紳郷官」に及んでいる。これらの呼称をもつ社会層こそ「勢豪」と重なるであろう。とすれば、宣徳年間の官船の来航・出航の際の「夫役」負担改革には、都市住民内部の矛盾の是正という要素もすでに孕まれていたことになる。以上のように、宣徳年間の蘇州府においては、旧稿で簡単に言及したところの明初以来の都市徭役である巡欄の外に、夫馬のいわゆる「宮中あるいは官庁御用の性格」をもつ物資を輸送する官船の来航・出航に関わる徭役が都市・農村双方の住民の負担すべき徭役として存在していた。また、注目すべきことではあるが、税糧の輸送も農村の住民のみでなく都市の住民もまた負担すべき徭役として存在していた。周忱と況鍾により、都市の住民と農村の住民との当時における土地所有額の相違（農村が都市より多い）及び官船の来航・出航の場所の特徴（都市内部の港が舞台になる）をふまえ、この二つの徭役のうち、官船の来航・出航に関するものは都市の住民が、税糧輸送に関するものは農村の住民がそれぞれ専一に負担するという体制が作られたのである。都市の住民内部における階層の差異にもとづく負担の不公平是正も、周忱と況鍾によるこの改革の目的であった。

総じて、宣徳期の江南デルタの都市における徭役の非一様性、及び徭役負担における都市と農村の相互連関乃至相互置換性、都市の一定の発展と階層分化の存在及び後年に比べての発展の限界性などが確認できよう。

二　史鑑編纂『呉江県志』徭役の記述をめぐって

宣徳年間の蘇州府で問題にされたと史鑑が述べる二つの徭役。況鍾に関する同時代資料によって裏付けることのできる「夫役」――官船の来航・出航にともなう傜役。及び「運糧」――税糧輸送の傜役。宣徳年間中に前者が都市の住民に、後者が農村の住民に賦課され、景泰年間に両者とも農村の住民の負担になったとされる、傜役における都市と農村の連関と区別。それでは、これらは、当時の傜役体系全体の中でどのように位置づけられるであろうか。先述したように、旧稿では、南直隷巡撫周忱も、蘇州府知府况鍾も蘇州府における傜役改革に際しては、里長戸と甲首戸の階層的差異をふまえ、両者によって担われる里甲制を活用した、とした。しかし、都市について十分に言及していないほか、個々の具体的な項目を通じた検討ではなかった。これらの点の考察にすぐ適用できる資料があるわけではないが、以下に紹介する清の乾隆一二年（一七四七）刊『呉江県志』所収の一資料は、宣徳―成化間の傜役体系をかの史鑑がどのようにとらえていたかを示すものとして注目される。すなわち、同志巻一六、傜役所収の「明役法」に始まる記述、この記述に付された「史鑑曰く」云々の史鑑の所見である。

乾隆刊の『呉江県志』（以下『乾隆呉江県志』とする）は、今日日本で見ることのできる明清時代の七つの『呉江県志』の中でも一つの際立った特徴をもっている。(16) 史鑑が成化年間に自ら編纂し、未刊行のまま、その家に写本として伝えられていた『呉江県志』を、明の前半期の税糧・傜役の叙述に際して非常に重視し、個別事項の基本部分を主としてこれに依拠し、また史鑑が記した所見を「史鑑曰く」として転載していることである。

『乾隆呉江県志』は当然乾隆初年までの記事を包括するので、その「通例」では、明の莫旦編纂の成化志（今日、私たちが『弘治呉江県志』と呼んでいる弘治元年―一四八八―刊の『呉江県志』であるとみなされる）、明の徐師曾編纂の嘉靖志（嘉靖四〇年―一五六一―刊『呉江県志』）、清の葉燮編纂の康熙志（康熙二三年―一六八四―刊『呉江県志』）を「稾本」とし、当時入手し得た史鑑等の五志で補った、と述べている。(17) しかし、成化頃までの叙述においては、明らかに莫旦よりも史鑑を重視している。これら『呉江県志』自体の特徴や評価については別に論ずる必要があろう。

以下に〔一〕として提示するのは『乾隆呉江県志』巻一六、傜役の「明役法」で始まる記述であり、続いて〔二〕

として提示するのは、その部分についての「史鑑曰く」云々の所見である。両者とも、標点は筆者が施した。〔一〕の場合、ゴシックで見出しを付けた大きな段落は、原文における〇での区切りにより、また改行によって示した小さな段落は、原文における一字空けの区切りによる。また、〈 〉で示した部分は原文における細字の割注である。〔二〕の場合、原文には改行や一字空けなどは一切なく、改行によって示した段落はすべて筆者の責任で施したものである。

〔一〕明役法有四。曰選役、曰編役、曰長役、曰賦役。其目凡二十九。

選役。十二。

　司吏二十八人、典吏三十四人、掌書二人〈洪武中旧額。本県吏房一科、司吏一人・典吏二人。戸房二科、司吏二人・典吏四人。税糧房二科、司吏二人・典吏四人。礼房一科、司吏一人・典吏二人。兵房三科、司吏三人・典吏六人。刑房三科、司吏三人・典吏六人。工房三科、司吏三人・典吏六人。承発房、典吏二人。架閣庫、典吏一人。舗長、典吏一人、按莫志典作司。儒学、司吏一人。八巡検司、司吏各一人。両駅、司吏各一人、按莫志司吏作攢典。両税課局、司吏各一人。僧道会司、掌書各一人。成化十三年、右副都御史牟俸、以本県吏多煩民、乃以戸・税糧・兵・刑・工五房、各革一科、共革司吏五人・典吏十人、又革去承発房典吏一人〉。皆選識字農民充、以六年為限。

　厨役四十六人〈貼銀三十五両。正統七年、北京三十六人、南京五人。十二年後、増貼銀一十五両。天順八年、北京二人。十一年、北京三人〉。選精烹飪者充。解礼部、発太常寺・光禄寺応役、遇老疾放回、照名僉補。

　糧長一百三十八人〈洪武中定制。以糧満万石為一区。本県二十九都・四十六区、区置糧長正一人・副二人、許父子兄弟相継、名曰永充糧長。永楽中、更置区正副九人、分為三番、番一年、名曰三年糧長。洪熙元年。復為永充。正統八年、又改為三年、年正副二人。十三年、仍以三人永充。景泰三年、区裁副一人、凡九十二人〉。選丁田近上者充。

老人五百四十八人〈毎図一人。莫志多一人誤〉。選年五十以上無過者充。

塘長四十六人〈景泰五年、始置。毎区一人。後革。成化八年、設水利官、復毎区増塘長一人、凡九十二人。十三年、革〉。

耆老四十六人〈成化十年、始置。毎区一人、与塘長兼掌水利。十三年、区増耆老一人、凡九十二人〉。皆選諳水利者充。

総書四十八人〈県総書二人、区総書四十六人〉。

扇書九十二人〈毎区二人。○按此始見於徐志。莫・史二志、竝不載。蓋成化以後所増設也。下経催同〉。

算手五百四十八人〈毎図一人〉。

書手五百四十八人〈毎図一人〉。

皆選識字・知数人充。

凡選役二千二百二十四人。

編役。三。

里長五百三十八人〈毎図一人〉。

甲首五千三百八人〈毎図十人〉。洪武初定制。民十戸為一甲、曰甲首、又以丁田多者一戸領之、曰里長。凡十甲則一百一十戸、謂之一里、編成一図、有余則附於各甲之後、曰奇零戸。歳輪一甲応役、周而復始、謂之排年、謂之十年里甲。本県五百三十図、後増一十八図、凡里長五百四十八人、甲首五千四百八十人。○按洪武初五百三十図。時城郭六図、郷都五百二十四図。成化中、則五百四十八図。時城郭九図、郷都五百三十九図也〉。

経催五百四十八人〈毎図一人〉。

凡編役六千三百七十八人。

長役。二。

正副馬頭、良郷等駅（良郷県は当時の北直隷順天府…森）、共二百五十人〈此数見莫志。按史志、凡馬頭正一副三、則莫志所列数、当有誤字、俟再考〉。其僉法有二。一曰糧僉、以民有軽糧田者充、一曰市民、以人丁朋充。

水夫。人数無考。

凡長役、除水夫外、二百五十人。

賦役。十二。

門子四十一人〈鸞駕庫二人、書院四人、察院四人、府官庁二人、儒学五人、架閣庫二人、城隍廟一人、社稷壇一人、山川壇一人、邑厲壇・三高祠一人、太湖廟一人、顧公祠一人、甘泉祠一人、両駅（松陵駅・平望駅…森）各一人、医学一人、陰陽学一人、両税局（呉江県税課局・同里税課局…森）各一人、社学一人、三里倉一人、北門倉一人、義役倉・済農倉一人、垂虹亭一人、養済院一人、本府僧綱司一人、僧道会司各一人〉。

皁隷二百四十二名〈南京直部一百四十四人、本府直堂四人・跟用一十五人、本県祗候三十七人・跟用四十二人〉。

弓兵三百一十一人〈南京直部三十六人、本府把門五人・本県譙楼三十人、八巡検司共二百四十人〉。

馬夫。人数無考。

禁子一十八人〈本府司獄司八人、本県東監五人・南監五人〉。

庫子五人〈本県西庫二人、架閣庫一人、儒学二人〉。

人夫三千八百四十二人〈運糧夫三千五百人、儒学膳夫三十三人、儒学斎夫一十八人、儒学洒掃夫四人、松陵駅館夫九十四人・房夫四人、平望駅館夫九十四人・房夫六人、胥門（蘇州府城…森）遞運所防夫八十七人、聖壽寺鐘夫二人〉。

斗級五十七人〈儒学倉七人、永豊倉三十人、済農倉二十人〉。

巡欄一百三十六人〈本県税課局五十二人、同里税課局八十四人〉。
鋪司二十四人。
鋪兵八十四人。
皆以市民充、不僉農民。惟庫子・巡欄、則止僉市民之殷実者。
解戸一百四人〈北京庫米麦折解戸一十五人、徐志云即金花解戸、北京総部二十人、北京公侯禄解戸六人、北京宗人府解戸三人、北京絹解戸一十二人、北京馬草解戸三人、南京倉麦折解戸一人、南京農桑絲折絹解戸三人、南京公侯禄解戸一人、南京総部六人、南京馬草解戸一人、南京犠牲所解戸一人、揚州府倉米麦折解戸三人、鳳陽府倉米麦折解戸三人、鎮江府麦折解戸一人、鎮海倉運頭八人、永豊倉運頭六人、鎮海倉米折解戸一人、永豊倉米折解戸一人、太倉軍儲倉米折解戸一人、山東馬役銀解戸七人、儒学運頭一人〉。
皆量家貲之高下僉充。
凡賦役、除馬夫外、四千八百六十四人。
其在四役之外者。
総甲二十人。
小甲一百人〈総甲所轄〉。
圩甲〈俗呼圩長〉三千一百五十八人。
魚甲〈俗呼魚頭目〉三十三人〈轄魚船戸二千四百六十一。呉江水考云、魚甲用魚戸之有力者充、令催魚課〉。
天下各衛所軍士二千七百三十八人。
錦衣衛校尉六人。
各衙門匠役二千五百四十八人。

　両京教坊司楽人一十三人。

〈以上本莫史二志。惟扇書・経催及解戸細数、本徐志。巡欄僉法、本会典。徐以総甲以下四役為雑役、余多不載〉。
〔二〕史鑑曰。国初定制。
解京奉烹庖者、曰厨役。
在官掌文案者、曰司吏、曰典吏。
備給使者、曰門子、曰祗候、曰皂隷、曰弓兵、曰馬夫。
司出納者、曰庫子、曰斗級、曰巡欄。
典獄囚者、曰禁子。
供学校者、曰膳夫、曰斎夫。
給駅伝者、曰馬頭、曰水夫、曰館夫、曰房夫。
主郵逓者、曰鋪司、曰鋪兵。
此外、更有佃《ママ》僕・鐘夫之名。
在郷督税糧者、曰糧長。
応科差者、曰里長、曰甲首。
平争訟者、曰老人。
造版籍者、曰総書、曰算手、曰書手。
送物料者、曰解戸。
運糧儲者、曰糧夫。
　後又添設塘長・耆老、以専水利。

然有選役・編役・長役・賦役之不同。

選役者、謂選其才力堪中、有犯則除名。司吏・典吏・厨役・糧長・老人・塘長・耆老・総書・書手・算手是也。

編役者、謂編成冊籍、輪転応充。里長・甲首是也。

長役者、謂長服労、無有間歇。馬頭・水夫是也。

賦役者、謂歳額僉点、役限以時。門子・祗候・皂隷・弓兵・庫子・斗級・巡欄・禁子・膳夫・斎夫・館夫・房夫・舗司・舗兵・馬夫・佃僕・鐘夫・解戸・糧夫是也。

選役・編役・長役、皆具有成法、不可改更。惟賦役、則遷変無常。故又名均徭。吏胥・糧里、多倚法為姦。

成化元年、右副都御史劉孜謂、役人労逸不均、用言者計、以均徭・運糧為二役、令十年里甲、挨次編成図格、間年一役。

〔成化〕十三年、右副都御史牟衡、以人民・丁田、編為上戸・上中戸・中上戸・中戸・中下戸五等、量其軽重定役。〔成化〕十四年、又更為上上・上中・上下・中上・中中・中下・下上・下中・下下九等、益加詳密云。


さて、右の〔一〕・〔二〕の部分は本来、上述した史鑑編纂のいわば私家版『呉江県志』の徭役の部分を構成していたと思われる。というのは、〔一〕の末尾の〈　〉部分、すなわち原文の割注の部分の冒頭に、全体をしめくくることばとして、

以上は莫・史の二志に本づく。

とあることが一つの理由である。また、このうちの莫志、すなわち、莫旦編纂の『弘治呉江県志』巻三、職役の記述には、〔一〕に示されるような体系的な把握が欠如しているのに反し、〔二〕に示された史鑑の所見における徭役の把握の仕方が、〔一〕のそれとまったく軌を一にし、体系的である上、キーワードもまったく共通しているからである。

ただ、留意しておかねばならないのは、後にも言及するが、この〔一〕の部分について、『乾隆呉江県志』の編者が、

徐志、すなわち『嘉靖呉江県志』による補充を行なっていることである。すでに、引用した原文中の〈 〉を付した割注がそのことを示しているが、一部既引の最後の割注、「以上は、莫・史の二志に本づく。惟だ扇書・経催及び解戸の細数は徐志に本づく。巡欄の僉法は会典に本づく。（下略）」という一節が補充部分を総括的に記している。

いま〔一〕・〔二〕によって史鑑による徭役把握の特徴をまず明らかにし、続いてそこに内包された当時の都市徭役に関する認識に言及したい。

〔一〕の部分においては、その冒頭の「明の役法に四有り。選役と曰い、編役と曰い、長役と曰い、賦役と曰う。其の目は凡そ二十九なり」という一節の示す通りに、合計二九種類におよぶ徭役が四つの大項目の下に整然と分類されている。また、こうして四つの大項目の下に置かれた二九種類の徭役については、関連のあるグループごとに、場合によっては、特定の一種類ごとに選出の基準についての説明がなされている。

たとえば、選役という大項目の下では、司吏・典吏・掌書が第一グループとされ、「皆、字を識るの農民を選びて充て、六年を以て限と為す」とされる。また、厨役が独立して扱われ、「烹飪に精しき者を選びて充つ。（中略）老疾に遇わば放回し、名に照らして僉補す」とされる。また、糧長については、「丁田の上に近き者を選びて充つ」とされ、老人については「年五十以上にして過無き者を選びて充つ」とされる。さらに、塘長・耆老については「皆、水利に諳《そらん》ぜし者を選びて充つ」とされ、総書・扇書・算手・書手については、「皆、字を識り数を知る人を選びて充つ」とされる。

このように幾種類かの徭役を包括して構成されている一つ一つの大項目――選役・編役・長役・賦役は、それでは、どのような意味をもつであろうか。この点については、「史鑑曰く」で始まる〔二〕の記述が明らかにしている。〔二〕では、まず、「国初の定制」として、三一種類の徭役があげられ、その職務の内容に応じて一四に分類される。たとえば、「官に在りて文案を掌る者は、司吏と曰い、典吏と曰う」というがごとくである。また、この段落の末尾の部分に「後に又添設された」ものとして、塘長と耆老があげられている。この合計三三種のうち、祗候、弓兵、佃僕、糧夫の四種は、〔一〕の部分にはなく（ただし、祗候は皂隷の項の割注に挙げられている）、〔一〕にある掌書、経催は、〔二〕にはない。これらの異動はあるものの、〔二〕の続く部分では、〔一〕において用いられた四つの大項目の一つ一つの意義が簡潔に説明され、改めてこの線に沿った徭役の分類が行なわれている。この部分を以下に書き下しておく。

然れども選役・編役・長役・賦役の同じからざる有り。

選役なる者は、其の才力の中に堪うるを選び、犯す有れば則ち除名するを謂う。司吏・典吏・厨役・糧長・老人・塘長・耆老・総書・書手・算手、是れなり。

編役なる者は、冊籍を編成し、輪転して応充するを謂う。里長・甲首、是れなり。

長役なる者は、長く労に服し、間歇有る無きを謂う。馬頭・水夫、是れなり。

賦役なる者は、歳額もて僉点し、役は限るに時を以てするを謂う。門子・祗候・皂隷・弓兵・庫子・斗級・巡欄・禁子・膳夫・斎夫・館夫・房夫・舗司・舗兵・馬夫・佃僕・鐘夫・解戸・糧夫、是れなり。（後略）

この四大項目は、多くの徭役を、共通した特徴ごとに分類したものである。**選役**についてはその役務に適合した能力の持ち主を選抜したということが述べられる。**編役**については賦役黄冊とみなされる「冊籍」（帳簿）に基づく輪番制で賦課すると述べられる。この二大項目は、いわば選出の基準に関わる。**長役**については、徭役に従事する期間が長期にわたることが記される。**賦役**については、「歳額」――各役目《エキモク》ごとに定められている一年間の員数に基づいて賦課すると記され、さらに徭役を賦課される側について、従事の期間に限定があると記されている。

四大項目は、右に見てきたように、一つの原理に立ち、論理的に見てまったくすきのない形で設定されているのではない。しかしながら、複数の原理・基準に依拠するにせよ、すこぶる多岐にわたる徭役の全体が、明前半期の同時代について体系的に分類されている点は注目される。もとより　史鑑の徭役分類がまったく独創的だというわけではない。史鑑のいう選役は、厨役・糧長・老人・塘長・耆老を除き、いわゆる胥吏の職務と一致する。そのこと自体興味深いが、いまこれを枠外に置くとすれば、編役は里甲正役に相当し、賦役と二種類からなる長役とは雑役——雑泛差役——に当たる。その意味では、史鑑の分類自体は、基本的には、洪武二六年制定になる『諸司職掌』戸部、民科、戸口、賦役の次の一節、すなわち、里甲正役と雑役とについて一括して言及しているところの著名な一節と共通した点をもつ。

凡そ各処の有司は、十年ごとに一たび黄冊を造り、上中下三等の人戸を分豁す。仍お軍・民・竈・匠等の籍を開し（書き並べ）、排年の（非番であった）里長を次に依りて充当するを除くの外、其の大小の雑泛差役は、各おの分つ所の上中下三等の人戸に照らして点差す。(18)

しかしながら、この『諸司職掌』の規定は傜役を全体として対象としたものではあるが、その一般的規定としての性格上、個々の具体的な役目には触れ得てはいない。史鑑の分類は、胥吏系統のものを含む先述の選役に属する各役目以下、多くの具体的な役目をふまえてなされているものだけに、注目に価するといえよう。

また、この四大項目の設定が、単に机上でなされた分類のための分類ではなく、史鑑在世時における傜役賦課の実際と密接な関連をもっていたことは、書き下した次の一節の示すところである。

選役・編役・長役は、皆、成法を具有すれば、改更すべからず。惟だ賦役のみは、則ち遷変常無し。故に又均傜と名づく。吏胥・糧里、法に倚りて姦を為す多し。

すなわち、選役・編役・長役には、それぞれ、賦課の基準についての遵守すべき既存の規定があり安定しているが、賦役の賦課基準はきわめて不安定である、とされる。換言すれば、能力（識字能力の外に財力をも含む）によって指定される特別な傜役（選役）及び輪番制によるところの里甲制に基づく傜役（編役）、長期従事を要する二つの特別な傜役（長役）とは異なり、雑多な労役を提供する部門（賦役）に多くの問題が孕まれていたことが記されている。ちなみに、次の点も史鑑の分類がまさに傜役賦課の実際と結び付いていたことと関連している。すなわち、史鑑は、第四の項目たる賦役——すなわち、雑役の賦課方法の改革が成化元年（一四六五）、南直隷巡撫劉孜によって、同一三年及び一四年（一四七七及び七八）、同巡撫牟衡によって実施されたことを記す。右に引用した原文の末尾に記される通りである。前者は里甲制を活用して、後者は五等あるいは九等の戸等を導入することによって合理化を目指したとされている。

以上、史鑑による傜役の分類について初歩的な考察を行なってきた。実際的な性格をもつこの分類が単一の基準乃至原理によってなされていないということは、明前半期の傜役の賦課方法自体も単一の基準乃至原理によっているものではないこと、つまり複数のそれによっていることを示唆するものであろう。先引の洪武一七・一八年の令や『諸司職掌』の規定の示すところの戸等、すなわち、労働力・税糧額・資産額を基準として、従って農村では事実上土地所有額を基準として設定される戸等は、史鑑によれば、その所謂「賦役」（雑役）割り当ての基準として、成化一三・一四年に南直隷巡撫の用いるところとなっている。しかし、史鑑の所見全体をみれば、戸等は、傜役全体を律する基準では必ずしもなく、しかもその所謂「賦役」（雑役）賦課への適用という点においても流動的である点が注意されるべきであろう。また、筆者が旧稿で宣徳期について強調した傜役割り当てにおける里甲制の活用は、たしかに明前半期の特徴の一つであるが、これとても、全面的、絶対的なものではない。

さて『乾隆呉江県志』巻一六、傜役のうち、本稿で〔一〕・〔二〕としてきた史鑑記述の部分には、都市傜役、また都市傜役と農村の傜役の関係について、果たして問題を深めるに足る言及があるであろうか。

もっとも注目されるのは、〔一〕の第四項目——「賦役」の部分に二箇所記された個々の役目の割り当ての基準についての説明である。先述のように、〔一〕では、四つの大きな項目の下のさまざまな傜役について、関連のある数種類の役目を並べた後で、あるいは一種類の役目を挙げた後で、こうした説明がなされている。第四項目——「賦役」

においては、先ず、門子・皂隷・弓兵・馬夫・禁子・庫子・人夫・斗級・巡欄・舗司・舗兵の合計一一種類の役目が列記された後に、

　皆、市民を以て充て、農民を僉せず。惟だ庫子・巡欄は則ち止だ市民の殷実なる者を僉す。

という一節がある（次に、解戸について、「皆、家貲の高下を量して僉充す」という説明がある。しかし、解戸は〔二〕の「史鑑曰く」の部分にはなく、この役目自体が『嘉靖呉江県志』によって補充されたものであり、ここでは取り上げない）。

　この一節は、もし、それが事実であれば、非常に重要である。なぜならば、明初から、都市の住民としての市民に負担させることが明文で規定されていた巡欄を除き、従来、日本の研究者によって、農村の土地所有者が負担するものとみなされてきた残りの一〇種類の役目がすべて、市民の負担であった、ということになるからである。しかしながら、従来の認識を一変させるこの一節には、何らかの誤りが含まれているのではないか、と考えられる。

　先述したように、『乾隆呉江県志』の編者は、「巡欄の僉法は会典に本づく」とし、巡欄の割り当て基準を、『万暦大明会典』巻二〇、賦役の次の記述に基づいて書き加えた、と述べていた。右の一節は、この書き加えの際に記され、その際、何らかの不整合な認識がはめこまれたのではないのかと思われるのである。

　〔洪武〕二十一年の令。税課司局の巡欄は止だ市民の殷実の戸を取りて応当し、農民を僉点するを許さず。

　〔二〕の問題の一節には、この洪武二一年の令に用いられた市民、農民、殷実、僉〔点〕というキーワードや、この令の中に見える「農民を僉点するを許さず」という表現に酷似した「農民を僉せず」という句がそのまま用いられている。また、一般的に「皆、市民を以て充つ」といいつつ、すぐ「惟だ庫子・巡欄のみは、止だ市民の殷実なる者を僉す」とするのも必ずしも自然な論理展開ではない。

　この一節は、実際の状況と対比しても不整合な点がある。たとえば、成化年間当時の呉江県の県城の里甲数と農村の里甲数とを比較しても、なおはるかに少数である市民のみで、上記の一〇種類の役目を負担するのはあるいは困難

ではなかったかと思われる。すなわち、〔二〕の「編役」の項の下には、里長・甲首の役目が配置されているが、この里長・甲首の下に付された割注の一部を左に記そう。

按ずるに、洪武初年は五百三十図なり。時に城郭は六図にして郷都は五百二十四図なり。成化中は、則ち五百四十八図なり。時に城郭は九図、郷都は五百三十九図なり。

明朝が創設された洪武年間に比べると、たしかに城郭――呉江県城城内の図の数、すなわち里甲数、従って人口は五〇％もの大幅な増加を示している。だが、郷都――県城外の農村の図の数もまた増加している。従って城郭と郷都との図の数の格差は、なお非常に大きい。

農民ではなくて市民が一〇種類にわたる「賦役」を負担していたとする問題の一節の妥当性を考える上で決定的なのは次の点である。すなわち、成化年間に先立つ半世紀前、宣徳年間以来、「田野の民」――農民の負担となったとされる税糧輸送の役は、第四項目――「賦役」の大宗を占める「人夫」三八四二人の中、実に三五〇〇人に達しているのである。

以上のように検討を加えると、徭役負担における都市の比重の低さという私たちの認識を一変させるかに見えた〔二〕の第四項目「賦役」の問題の一節には大きな疑問が残り、ただちにそれに依拠することはできない。景泰年間に入ると、宣徳年間の徭役改革によって採用された方式が改変され、官船の来航・出航に関わる「夫役」も、また「運糧」も、ともに「田野の民」が負担するようになった、という史鑑のあの怒り。これも、徭役負担において都市に対する農村の比重が圧倒的に重いという現状を前提としていたのであろう。

ただ、以下の点もまた注意されねばならない。

第一は、〔二〕の第四項目、すなわち、問題の「賦役」の項中には、岩見宏によってつとに市民の徭役として指摘されている馬夫――地方官の乗馬飼養の役が包摂されていることである。

第二に、会典を援用したとされるところの巡欄に関する上述の説明の中で、庫子を巡欄とともに「市民の殷実なる者」から充当すべき役目として位置付けていることである。この前後の原文の記述に上述のような不整合な点があるとしても、オリジナルとしての史鑑編纂の『呉江県志』の中に庫子を市民の徭役とする指摘があったこと自体は認められるのではないだろうか。

第三に、馬夫や庫子のみでなく、宣徳年間のかの「夫役」や「運糧」をも含むところのこの第四項目――「賦役」を構成する一〇種の諸徭役、いわゆる雑役は、〔二〕の部分で、史鑑が、選役・編役・長役と異なり、「惟だ賦役のみは遷変常無し」とするように、その賦課方法がきわめて不安定であるとされていることである。従って、そこには、馬夫や庫子以外にも、「運糧」が宣徳の改革以前には「城郭の民」の負担でもあったように、市民の負担になる徭役がほかにも含まれているのではないか。あるいは、都市・農村の界限が不分明な徭役が存在し得たのではないか。

第四に、〔二〕の第三項目たる長役の部分には、軽額の税糧の土地の所有者と市民との双方に課せられる馬頭の役――馬を購入して江北の駅站に勤務する重役――が記載されていることである。この役は、史鑑の別項の記述によれば、水夫の役とともに、周忱の手により、正統一二年（一四四七）に土地所有額に比例して現物米穀納化されている。(19)ここにも、明前半期における巡欄以外の市民の負担の痕跡がある。おそらく市民に課せられた徭役の幅は私たちの従前の理解に比べて全体としてより広いものがあったのではないか。

これらの点からすれば、〔二〕において、選役・編役・長役に続く第四の項目としての「賦役」に属する諸種の徭役の賦課基準が「皆、市民を以て充つ」云々とされたこと自体は、たしかに整合性を欠くとしても、これらの徭役のいくつかが「城郭の民」――都市の市民によって担われていた可能性は否定できない。夫馬が万暦三三年（一六〇五）『嘉定県志』巻六、徭役によって指摘している市民の徭役には、前述のように、巡欄のほかに、官庁・官吏の使用人としての祗応が含まれている。祗応が従来、農民の負担する典型的な雑役――ここでの賦役とみなされてきたことを想起すれば、右の可能性はやはり考慮に値するであろう。

結びに代えて

本稿では、明代前半期の宣徳－弘治年間を生きた人、蘇州府呉江県の処士、史鑑の手になる宣徳－成化年間の傜役に関する二篇の文章を紹介し、若干の検討を加えてきた。明代前半期に属するこの時代の傜役をめぐる問題については、まだ明らかになっていない点も多く、本来、続く明代後半期のそれに関するより豊富な文献・資料を用いつつ、対比的考察を行なうことが必要である。しかし、残念ながら、本稿ではそれを十分に果たすことができなかった。検討が、紹介した資料のみに基づく初歩的なものにとどまった所以である。従って、各節末の一応の整理を連ねて改めて集約することは、敢えて避けたいと思う。ただ、最後に二、三の感想を述べることを許していただきたい。

第一。筆者の旧稿をも含めて、従来の明代傜役研究においては、とくに華中・南について考察する場合、しばしば、意識するにせよしないにせよ、傜役を農村の問題として理解してきた。しかしながら、一五世紀の蘇州府に即して言えば、傜役を負担する側にある史鑑も、それを賦課する側にある南直隷巡撫周忱や蘇州府知府況鍾も、傜役を都市と農村の双方に関わらせながら、この意味で総合的に把握している。傜役と都市との関連を検討する必要は、前述のように、すでに夫馬進によって提起されているが、傜役と傜役が賦課される場としての都市・農村との関連をあわせてどのように把握するかという課題は、傜役と社会の再生産構造との関係、また傜役と国家の支配との関連を明らかにするためにもとりくまねばならぬもののように思われる。

第二。明代における華中・南の傜役については、実質的には土地所有が賦課の基準であるというのが従来の筆者自身の、あるいは大方の理解であった。またすべての傜役の基盤としての里甲制において、土地の所有が、里長と甲首とを分かつ主たる基準であるという点についても同様であった。現実にも、宣徳年間に周忱が、「夫役」を一切「城郭の民」に、「運糧」の役を一切「田野の民」に割り当てる措置をとったのは、「城郭の民、彼の時、田少なし」という状況があったからであった。また史鑑が弘治年間に訴えたのは、「城郭の民の田の糧日ごとに増」すという新しい状況に適わしい「運糧」の役の割り当て方式を設けることであった。史鑑は都市住民の土地所有増加と徭役負担の過少との不均衡を追究したのである。従って土地所有が徭役賦課の中核的な基準であるという思想の厳存は確認できる。

しかしながら、土地所有額に基づいて都市の住民に応分の徭役を賦課することが容易ではなかったこともこの例自身が示している。所有する土地の所在と都市内の住居との乖離という事態ももとよりその原因をなすであろう。しかし、史鑑が「蓋し城郭の民狡く、田野の民愚かなり。城郭の民、集まりて強く、官吏の仮借する所なり。田野の民、散じて弱く、官吏の凌忽する所なり」とするように、地方官と都市・農村の住民との関連のありかたの違い、都市と農村における社会結合のありかたの違いも看過できない。都市居住の社会層の存在形態及びその農村との異同も注意すべきである。土地所有を基準にして徭役が賦課されるということと、それが都市においてどのように実現されたかということとはそれぞれに検討されるべき課題であろう。ちなみに、夫馬進は前掲の論文の中で、明代後半期のこの課題につとに注目している。

第三。史鑑の知府孟浚への上書による提案とそこに言及された「運糧」「夫役」をめぐる巡撫周忱の徭役改革。知府況鍾のこの「夫役」をめぐる事蹟。史鑑編纂の『呉江県志』の徭役関係の内容を伝える上記〔一〕〔二〕の記述。これらは、いずれも、基本的には各種の具体的な労働の提供としての徭役について論じている。貨幣その他の物品による代納についての直接的な言及はほとんどない。いま、第一、第二として提出した課題も、すべて徭役がこうしたいわば生の労役であったということを前提としている。

一方、本稿が論じてきた宣徳－成化年間、一五世紀の二〇年代から八〇年代にかけての時代は、しだいに徭役の銀納化が進行した時代である。上記〔一〕の部分でいう「賦役」――いわゆる雑役については、上述のように、宣徳年間に周忱がその一部を銀納化しており、岩見宏によれば、皂隷・馬夫・膳夫・斎夫などは、成化の次の時代、すなわち、史鑑の死んだ弘治初年、一五世紀末までに全国的に銀納化が進んだ[20]。

このように、宣徳－成化年間には、生の労役の提供と銀による代納が平行した過渡的な様相をもっているが、筆者は、この時代にあっては、史鑑の蘇州知府への上書に示されたように、まだ生の労役提供が大きい影響を及ぼしていたのではないかと考えている。

それは、この時代の都市に関する以下のような事情とも無縁ではないように思われる。すなわち、史鑑が説くように、この間、宣徳期に比べ、「城郭の民」の土地所有も人口も顕著な増加を見せる。そこにはたしかに大きな変化が見られる。ただ、これとても、一六世紀初頭、正徳年間から土地所有と人口との劇的な農村離れが開始されたとするあの何良俊の著名な叙述[21]の示す様相には及ばない。

史鑑の手になる宣徳－成化年間の徭役に関する資料は『乾隆呉江県志』の中にほかにもなお残されている。これらの一連の資料は、史鑑のその他の文章とともに、徭役や都市と農村との関係において明らかに大きな変化は見せつつも、なお、明後半期とは異なる特徴を残す時代の所産として、さらなる検討に値すると思われる。

註

（1）『名古屋大学文学部研究論集』四一、一九六六年（拙著『明代江南土地制度の研究』同朋舎出版、一九八八年、附篇二）参照。

（2）一五世紀前半の蘇州府における周忱・況鍾による徭役改革をめぐる状況については、前掲註（1）の森論文のほか、次の論文をも参照していただきたい。「明初江南の官田について－蘇州・松江二府におけるその具体像－」（上・下）『東洋史研究』一九－三・四、一九六〇・六一

年（前掲拙著第二章）。「十五世紀前半太湖周辺地帯における国家と農民」『名古屋大学文学部研究論集』三八、一九六五年（前掲拙著第三章）。

（3）前掲註（2）の森論文「太湖周辺地帯における国家と農民」において言及しているが、そこでも引用した『況太守集』巻八「丁少糧多請免遠運奏」（宣徳六年三月初八日）の次の一句を参照。

別項雑泛差使、比於別処、尤為重繁。

（4）当該の論文において、筆者が主として依拠した資料は、以下の如くであった。

況鍾の改革について。

況鍾『況太守集』巻四所収、況鍾の同時代人張洪による「張太史〔洪〕贈太守況公前伝」。宣徳一〇年五月の、左春坊左庶士兼翰林院侍読たる廬陵の人周述の後書がある。

『況太守集』続集・巻五「縉紳貽贈文翰」、すなわち、同時代の「縉紳」たちが況鍾に贈った文章の一つである何濮恭の「忠貞録序」。

『況太守集』巻一六「民情部案録」所収、中央の吏部が「撫民侍郎周忱・巡按直隷監察御史趙奎忞《ママ》」の呈文に基づいて起草した「経進優異政績顕看一宗」。宣徳一〇年の日付の文書である。具体的には、そこに列挙された「本官の前後の奏疏及政績」の一節。

『況太守集』巻一三、条諭下「定巡攔《ママ》革弊示」。

『況太守集』巻九「請建立義役倉奏」（宣徳九年五月一三日）。

弘治一二年（一四九九）刊『常熟県志』（以下、『弘治常熟県志』とする）巻三、叙宮室、倉庫、義役倉。及びそこに収載された義役倉に関する張洪の「記」。

周忱の改革について。

『弘治常熟県志』巻三、官叙治、差役。

正徳元年（一五〇六）刊『姑蘇志』巻一五、田賦、徭役。

なお、拙稿における具体的作業の中、周忱に関する部分は、鼈宮谷英夫「近世中国における賦役改革（一）・（二）」（『歴史評論』一－二・三、一九四六年）、及び山根幸夫「十五・六世紀中国における賦役労働制の改革－均徭法を中心として－」（『史学雑誌』六〇－一一、一九五一年。のち『明代徭役制度の展開』東京女子大学学会、一九六六年に収録）の二つの先行研究に学び、かつこの両者の資料を批判的に検討することによって展開したものである。

（5）宮崎市定「宋代州県制度の由来とその特色」（『史林』

三六－二、一九五三年。のち『アジア史研究』四、東洋史研究会、一九六四年、『宮崎市定全集』第一〇巻、岩波書店、一九九二年に収録）。

（6）『況太守集』巻一三、条諭「定巡攔《ママ》革弊示」、宣徳七年六月為除奸革弊事。

訪得。本府税課司并長・呉二県税課局、毎年四季、額設巡攔《ママ》、収辦商税・門攤等項課鈔、按季送納。其間多有久占衙門・経年不替者。有隔季又復充当者。有隻身無籍営充・及冒名頂替他人応当者。近年以来、違例於郷都農民内、点充巡攔《ママ》、寅縁作弊、為害百端。

照得。附近浙江杭州府司局巡攔《ママ》、止是坊廂当年里甲輪流、五年一次応当、寔為均平。擬合移関行知査勘、坊廂里甲、除官吏生員役占外、将該当年分巡攔《ママ》里甲姓名、候年終、具手本赴府、以憑定奪出榜、着令依期応当、仍照前開去、排定年分輪流、週而復始、務要均平、毋得作弊惹罪不便。

計開。

宣徳八年巡攔《ママ》、十二・十六年、復応当。

宣徳九年巡攔《ママ》、十三・十七年、復応当、余年分倣此。

（7）『東方学報』京都・四九。

（8）中村賢二郎編『前近代における都市と社会層』（京都大学人文科学研究所）。

（9）同朋舎出版、一九八六年。ただし、岩見が、市民に割り当てられる徭役としての馬夫や巡欄のことを最初に指摘したのは、きわめて早く、「銀差の成立をめぐって――明代徭役の銀化に関する一問題――」（『史林』四〇－五、一九五七年）においてである。とくに、この論文の註（19）の中で、岩見は、当論文では、役の負担者を主として農民と考えているが、もし市民であったなら、行論に相当の変更を要する、と記している。岩見は、具体的な市民負担の徭役としては、本文で紹介した馬夫と巡欄しか挙げていないが、市民の徭役負担という問題の所在をこの時期に指摘していた点は注目すべきである。なお、岩見のこの論文は、前掲の著書の後篇に収録されている。

（10）斯波義信は、近年、橋本萬太郎編『漢民族と中国社会』（民族の世界史五、一九八三年、山川出版社）の第三章「社会と経済の環境」、第四章「文化の生態環境－生産と定住」において、宋代以後の中国社会における都市化を考える上で、いくつかの重要な論点を具体的な現象に即して提起している。参考とすべき点が少なくない。

（11）前掲註（2）参照。

（12）小野和子編『明清時代の政治と社会』（京都大学人文科学研究所、一九八三年）。前掲註（1）の拙著第四章、参照。

（13）蘇州知府汪滸の在任期間については、正徳元年（一五〇六）刊『姑蘇志』巻三、古今守令表中による。なお、この汪滸は、右の『姑蘇志』巻一五、田賦、徭役の項によれば、蘇州府長洲県の老人が「良法」とするところの里甲制に基づく周忱の徭役割り当て方式を改め、各県で三等九則の戸等を設定し、この戸等を全県的に運用して徭役を割り当てた、とされる。史鑑は、汪滸が周忱の改革以来「城郭の民」の負担していた「夫役」を再び「田野の民」に割り当てた、というが、それがここでいう汪滸による三等九則の法の採用とどう関わるかは判然としない。しかし、汪滸が周忱の方式を改めた、という点では、史鑑も『姑蘇志』も同じ立場にあり、今後より緻密に分析したい。なお、前掲註（1）の森論文、参照。

（14）蘇地以富麗称。凡中使織造、購買花木・禽魚・器玩等項及工部差官採辦物料者、紛紛踵至。郡佐以下、稍払其意、輒加辱罵、微員且至笞縛、往来乗駅大僚、恣意需索。公到任、諸項人員、惟待之以礼、未嘗稍屈膝、戒下人勿賂一銭、皆心憚之、而不敢肆。（『况太守集』巻一、列伝上）

勅蘇州府知府况鍾。比者令内官安児吉祥、採取促織。今他所進数少、又多有細小不堪的。已勅他、末後一運自来時、要一千個。勅到、爾可用心協同他幹辦、不要悞了。故勅。（『况太守集』巻五、勅諭「遺賜採辦物料璽」）

（15）A〔宣徳〕七年二月、再至。清理吏典獄卒、不敢復入作弊。編定附郭人夫、不分勢豪、輪流拖送往来官船、歳限三次、民無聴候悞農之事。（『况太守集』巻一六「経進優位政績顕看一宗」）

B　宣徳八年九月、為剳付事。設立団牌、凡城郭居民、派使拖送往来官船者、不分勢豪家、均派輸送、歳限三次、民無偏枯之苦。（前掲「経進優位政績顕看一宗」政績の項）

C〔宣徳八年〕七月、（中略）民以接遞官物、終歳在官、不得販負、公験丁輪差、歳不過三次、罷其在官者、民始遂其生理。（『况太守集』巻四「張太史贈太守况公前伝」宣徳九年止）

（16）日本には、本文で言及する四志のほかに、次のものがある。順治一〇年（一六五三）刊『続呉江志』、康熙二四年（一六八五）刊『呉江県志』、光緒五年（一八七九）刊『呉江県続志』。

（17）『乾隆呉江県志』巻首、通例より。

旧呉江諸志之典核可信者有五。一、明成化間莫旦志。一、弘正間旦続志。一、嘉靖間徐師曾志。一、国朝康熙中葉燮志、皆有刊本伝世。惟旦続志散佚耳。一、成化間史鑑志其書、乃写本蔵於家、鑑後人或増益之、所伝多異。然真筆自可考。見五志外、有不甚典核而稍可采者六。一、莫旦松陵志、明景泰間所輯。一、董爾基続徐志（董全本、陣季衍稾）、一、〔董〕爾基儒志、竝国朝順治間所纂。一、屈運隆志、与葉志竝修、一、銭霑続葉志、修於康熙末、亦皆刊行。今所修以莫・徐・葉三志為稾本、而莫松陵志及史・屈・董・銭五志輔之。

(18) 凡各処有司、十年一造黄冊、分豁上中下三等人戸。仍開軍・民・竈・匠等籍、除排年里甲、依次充当外、其大小雑泛差役、各照所分上中下三等人戸点差。

(19) 『乾隆呉江県志』巻一六、徭役、第七丁裏、第一〇行以下。

　正統十二年、巡撫侍郎周忱令民各以田多少出水馬貼役米、輸之官。呉江県貼役田、官〔田〕自一斗八升四合以下、民〔田〕自二斗七升以下、総四千二百三十九頃六十畝九分三厘二毫、畝〔原字晦〕出米三升、歳一万二千七百八十八石有奇〈見史志〉。

　史鑑曰、国初、駅伝之制、以民有軽糧田者充。上者為馬頭、下者則水夫也。然馬頭有二。一曰糧僉、二曰市民。市民以人丁朋充、惟糧僉則一以田也。其為役甚重。正一副三。田皆有定数。其不登此数而附於馬頭之下者、曰馬甲、又次附馬甲之下者、曰馬戸。歳出米以佐工食・草料費者、曰馬糧。時集銭以買馬匹・鋪陳者、曰馬価。皆験畝以計、其数不一、大抵尽逾於税糧也。然馬頭咸大家、其勢張甚、不独己之不輸、反従而漁猟之、馬甲又剥下附上以自媚。独馬戸田最少、其費反多。当是時、細民有此田者、大被其擾、惟恐鬻之不早、又相率而帰於大家矣。

　正統十二年、周文襄公定議、馬頭水夫、但令供役而已。令民各以田多少、出米輸之官、官自歳給其工食及草料価送駅、馬死鋪陳弊、買補亦如之。由是民皆挙手相賀矣。

　景泰六年、左副都御史鄒公来学以為、馬頭自以私田供役、而官為出価、議欲罷之、然不知民已輸之官矣。民聞之大駭。後公卒、乃不果罷。天順八年、右副都御史劉公孜会計、以積於官者頗多、量減為一升五合。成化元年後二升、四年後三升、至七年則全免矣。八年又科三升。自此至十三年、今右副都御史牟公衡以秋糧余米包辦。十四年又科一升五合矣。

(20) 前掲註（9）に記した岩見宏の論文「銀差の成立をめぐって」による。

（21）何良俊『四友斎叢説』巻一三、史九。

余謂。正徳以前、百姓十一在官、十九在田。蓋因四民各有定業。百姓安於農畝、無有他志。官府亦駆之就農、不加煩擾。故家家豊足。人楽於為農。自四五十年来、賦税日増、繇役日重、民命不堪。遂皆遷業。昔日郷官家人亦不甚多。今去農而為郷官家人者、已十倍于前矣。昔日官府之人有限、今去農而蚕食於官府者、五倍於前矣。昔日逐末之人尚少、今去農而改業為工商者、三倍於前矣。昔日原無遊手之人。今去農而遊手趁食者、又十之二三矣。大抵以十分百姓言之、已六七分去農。

『名古屋大学東洋史研究報告』第一三号　一九八八年

7　一五世紀江南デルタの済農倉をめぐる資料について

はじめに

一五世紀の三〇年代前半、明朝の南直隷巡撫周忱らによって、中国の江南デルタに設置された済農倉については、かつて一九六五年の拙稿「十五世紀前半太湖周辺地帯における国家と農民」(1) 及び一九八八年の拙著『明代江南土地制度の研究』(2) で、両次にわたって、言及したことがある。本稿は、その補遺としての性格をもつ。

『明代江南土地制度の研究』（以下、拙著と略称）では、その第三章「十五世紀前半における江南官田の再編成」第五節「明朝国家による税糧徴収制度の綜合的改革」において、第7項に「救済倉庫の設立――済農倉の設置――」を置いた。その要点は、以下のようである。

1、宣徳七年（一四三二）以来、巡撫南直隷・総督税糧周忱は、江南デルタ官田地帯のうち、南直隷に属する蘇州・松江・常州の三府において、それぞれの知府をつとめる況鍾・趙豫・莫愚と協力し、済農倉と名付けられる農民救済用の倉庫の設立を推進した。宣徳九年（一四三四）一月、周忱は正式にその設立を上奏して宣宗の認可を得た。

2、周忱と三府の知府は次の方法で、済農倉の備蓄（ファンド）、すなわち貸出用米穀を準備した。官庫に蓄積されていた鈔（紙幣）による平糴（公正な価格による買付け）。富戸への醵出の勧告。税糧の附加部分としての加耗の割当方法の定率化と水次倉設置で徴収方法を一括化したこととによる余剰の蓄積。三府から長江の上流南京まで輸送し南京で交付されていた北京在住の武官の俸禄用米穀を、三府現地における交付に変更することによって造成された余剰の蓄積。

3、国家の税糧納入にあたる当地方の農民、すなわち納糧戸としての農民の中では、自己の家族労働力で農業経営に従事する小経営農民が大きな比重を占めた。彼らは、もっとも集中的に労働力の投入を必要とする毎年春夏の時期に糧食を欠き、高利による債務を負うことを余儀なくされ、その返還と税糧の納入のため、収穫の大部分を費消し、再び高利による債務を負い、その結果として、納糧戸の逃亡、税糧徴収額の減少が顕著となりつつあった。債権者は、「官豪の家」、「兼併の家」などと呼ばれる大戸であった。ちなみに、納糧戸の中で、この大戸と対照的に社会的経済的地位の低い部分は、小戸と呼ばれた。小経営農民は小戸の基本部分を構成していた。

4、従来、明朝によって、全国的に設置されていた救済倉庫としての預備倉においては、救済の対象者が、不時の自然災害及びそれを契機とする米価騰貴により困難に直面した者に限定されていた。しかしながら、済農倉においては、救済の対象者を上述した毎年春夏の時期の糧食欠乏をはじめ、この地方で日常的に起こり得るさまざまな困難に直面した者へと拡大・発展させた。

5、宣徳九年（一四三四）一月の周忱による上奏が宣宗によって認可された後の各県の済農倉においては、周忱自身によって運営のための規定が作成された。この規定によれば、倉庫と帳簿とは、県の地方官と民間の代表により管理されること、春夏の端境期に米が貸与され、収穫後の冬に無利子で返還させることとされた。春夏端境期の糧食欠如者がもっとも主要な貸与対象者であったが、税糧輸送中に損失を蒙った者、及び水利工事の際の糧食欠如者も対象者とされた。ただし、自然災害時における被災者も救済の対象者であった。

6、済農倉は、地域社会に小経営農民を定着させ、その再生産の条件を保障する役割をもち、そこには納糧戸としての小経営農民を国家が直接的に把握するという企図が存在した。宣徳八年（一四三三）以後、正統年間（一四三六—一四四九）において、蘇州府・松江府・常州府からの国家による税糧徴収が安定的に行なわれたことは、この間、上記の企図が実現していたことを示す。このことは、同時に、納糧戸の中で、この地方の広大な官田を自ら所有し、その税糧を自ら国家に直接納入する小経営農民、すなわち小戸の大宗を占める彼らが当地方の農民層の中でなお大きな比重を占めていたことを物語る。

済農倉に関する拙著の以上の認識は、その基礎となった一九六五年の拙稿「十五世紀前半太湖周辺地帯における国家と農民」の関係部分の見解と同様に、一五世紀前半、明朝の行なった江南官田再編成のための政策、すなわち、左の七つの柱をもつ明朝による税糧徴収制度の綜合的改革の一翼を担うものとして済農倉を位置付ける作業の過程で生み出されたものであった。

Ⅰ　官田毎畝の税糧徴収額削減
Ⅱ　抛荒遺棄田地における税糧徴収の回復と里甲組織の再整備——綜核田糧制の実施——
Ⅲ　税糧遠距離輸送労働制度の改革——兌運法の制定——
Ⅳ　附加税糧負担の定額・定率化——加耗例＝均徴加耗法の実施——
Ⅴ　税糧の一部分の銀と棉布による代納化——折徴例の実施——
Ⅵ　税糧の徴収・発送及びその管理用倉庫の設立——水次倉の設置——
Ⅶ　救済倉庫の設立——済農倉の設置——

前述の要点6で記した、地域社会に小経営農民を定着させ、その再生産の条件を保障するという済農倉の役割、そこに窺われる納糧戸としての小経営農民を直接的に把握しようとする明朝国家の企図は、ⅠからⅥに至る他の政策にも共通するものである。また、Ⅲの兌運法によってⅣの加耗例が可能になり、Ⅳの加耗例の効果がⅤの折徴例で促進され、Ⅰの毎畝徴収率削減とⅡの綜核田糧制及びⅣの加耗例で確保された税糧とその附加負担部分がⅥの水次倉で着実に保管され、その余剰がⅦに蓄積されてそのファンドとなる。このように、綜合的改革における七つの政策は相互に緊密に関連しており、済農倉の設置だけが孤立的に実施されたものではない。

このように、済農倉は、拙著までに獲得した筆者の認識においては、一五世紀前半の江南デルタにおける南直隷巡撫周忱の改革の一構成要素として位置付けられていた。そして、拙著では、済農倉設置に至る過程、済農倉のファンドの来源と使途、済農倉の役割などについては、『周文襄公年譜』収載の同時代資料によって、基本的に実証することができた。ちなみに、『周文襄公年譜』は、明の天順二年（一四五八）の吉安府儒学教授鄭鋼の「序」、松江府華亭県の人、南京礼部尚書をつとめて致仕した顧清の「重刻序」を有し、清の光緒一五年（一八八九）、常州府武進県の人陸鼎翰の「校補後序」の付された線装本である(3)。

しかしながら、拙著までの筆者の作業には、なお、いくつかの問題点が遺されていた。第一は、済農倉を運営するにあたって周忱が制定したとされる規定――済農倉条約そのものを使用するに至っていなかったことである。第二は、作業が、済農倉に関する専論としてなされていなかったため、関連する主要な資料の原文を提示した上で読者に行論を点検していただくことができなかったことである。第三に、すでに述べたように、従来は、周忱の改革の一構成要素として、いわば共時的に、済農倉を取り上げてきた。このため、それを明代中国における、あるいは宋代以後の中国における救済倉庫の系譜の中に、いわば通時的に、済農倉を位置付け、その農民経営の再生産と地域社会あるいは国家との関連を論じるには至らなかったことである。第三の点のうち、明代については、戦後、一九五〇年代に星斌夫がつとに発表した「預備倉の復興について」及び星の関連する研究(4)が参照されねばならない。なお、清水泰次には預備倉と済農倉についての一九二二年の作品がある(5)。また、宋代以後については、一九九二年、戸田裕司の「救荒・荒政研究と宋代在地社会への視角(6)」が発表されている。

以下、本稿では、第一及び第二の点、すなわち、拙著までの作業についての、実証的な補足を行なうため、筆者が失検を犯していた弘治元年（一四八八）刊『呉江県志』所収になる周忱の済農倉条約、及び多くの既使用のものをも含む済農倉に関する主要な資料の原文を、種類別に提示し、標点を施し、それぞれの特徴や問題点に簡単な説明を加えて、読者に提供する。また、これらの説明とも関連させながら、上記先行研究に即して、済農倉に関する共時的問題点や通時的位置付けにも若干の言及をする。これらの内容から成る本稿は研究ノートとしての性格をもつ。

一　済農倉条約

一　済農倉条約

『弘治呉江県志』（＊）巻四、官宇

＊弘治元年（一四八八）刊

済農倉在北門内。宣徳五年、巡撫周文襄公、陸続儲米三十八万二百二十九石、以備賑済。正統十三年、重建官庁二所八間、軒四間、城隍行祠三所、廒屋五連七十二間、門道三座、書房三間、籌房三間、井亭二座、周囲有墻。

周文襄公済農倉条約

〔1〕

一。毎歳秋成之際、将商税等項課鈔及盤点過庫蔵布疋、照依時価収糴。

一。年豊米賤之時、各里中中《ママ》人戸、毎戸量与勧借一石、上戸不拘石数、願出折価者、官収糴米上倉。

一。粮長・粮頭・収運人戸、秋粮送納之外、若有附余加耗、倶仰送倉。

一。粮里人等、有犯遅錯闘殴等項、情軽、照依赦書、量情責罰者、臨時罰米上倉。

〔2〕
一。毎青黄不接・車水救禾之時、人民缺食、験口賑借、秋成抵斗還官。

一。修蓋倉口・打造白粮船隻、於積出附余米内支給。買辦免科物料於民、所支米数、秋成不還。

一。孤貧無倚之人、保勘是実、賑給食用、秋成不還。

一。人戸起運遠倉粮米、中途遭風失盗、及抵倉納欠者、験数借与送納、秋成抵斗還官。

一。開濬河道・修築圩岸・人夫乏食者、量支食用、秋成不還。

〔3〕
一。府県及該倉、毎年各置文巻一宗、俱自当年九月初一日起、至次年八月三十日止、将一年旧管・新収・開除・実在数目、明白結算、立案附巻。仍将一年人戸原借該還粮米、分豁已還未還総数、立案附於下年巻首、以凴査取。

一。府県各置廒経簿一扇・循環簿一扇、毎月三十日、該倉具手本、明白註銷。


「済農倉条約」は、〔1〕〜〔3〕の数字で表示したように、内容上、三つの部分に分かれている。〔1〕は、済農倉に、貸出用現物米穀を蓄積する方法に関する部分である。〔2〕は、済農倉に蓄積された現物米穀を貸出す対象に関する部分である。〔3〕は、済農倉を管理する方法に関する部分である。〔1〕・〔2〕・〔3〕のそれぞれの主旨は、拙著の中で、本稿の二—Ⅰ・Ⅱ・Ⅲ、三—Ⅰ・Ⅲ、四—Ⅱで引用する資料などに依拠して提示し、上述の要点2、4及び5に整理したところである。しかしながら、二・三・四はいずれも、済農倉設置に至る過程・済農倉の備蓄の来源と使途・済農倉の役割などについて第三者がしたためた、いわば二次的な性格をもつ資料であり、これらに比べて、「済農倉条約」は、当事者である周忱が制定したとされる（二—Ⅰ・Ⅲ）一次的な資料である。また、いくつかの新たな事実も明らかとなる。

〔1〕について。

（1）「時価による収糴」、すなわち、市場価格による米穀買い付けのために使用される官庫蓄積の貨幣としての鈔が「商税等の項の課鈔」であることが初めて明らかになった。また、平糴のためには、ほかに貨幣相当の物品としての「盤点過せる庫蔵の布疋」、つまり検査済みの棉布が使用されることも明らかになった。後の棉布には、前期の周忱の綜合的改革の中の折徴例によって徴収されたものを含むかもしれない。

（2）豊作で米価が下落した時に「勧借」、すなわち、官が納糧戸に勧告して官へ貸し出させる、実際上は返還なしで醵出させる際には、各里で一戸につき一石とする。このうち上戸に属し、一戸一石の標準以上に、現物米穀ではなく、貨幣によって代替醵出する申請をした者には、その申請を認め、官でその貨幣を用いて米穀を購入し、倉に入れる。「勧借」の具体的方法もここで初めて明らかにされた。

　「借」の字には、本来、現代日本語の「貸す」・「借りる」の二つの意味があるが、「済農倉条約」における「借」の字は、「貸す」の意味で用いられている。

　各里の「里」は、一一〇戸を基準に編成されているところの「里甲制」における「里」だと理解される。問題は、「各里中中人戸」の部分である。『弘治呉江県志』の原文は「各里中＝人戸」となっており、最初の「中」の字のあとに繰り返しを示す「＝」が付されている。後年の乾隆一二年（一七四七）刊『呉江県志』（以下、『乾隆呉江県志』と略称）巻四五、積貯に再録されている同じ「済農倉条約」においては、当該箇所は繰り返し記号を使わず、「各里中中人戸」となっている。

　もし、二つの「中」の字のうちの一つが衍字であるとすると、「各里中の人戸」となり、〝各里を構成する戸〟の意味をもつ。すなわち、すべての戸が一石を醵出することになる。また、「中」の字を二つとも生かすと、「各里中の中人戸」となり、〝各里における中戸〟の意味をもつ。すなわち、各里の戸のうち、中戸が一石を醵出することとなる。

本稿では、「中」の字の内の一つは衍字とみなし、上記の説明をした。

（3）「秋粮送納の外、若し附余の加耗有らば、倶に仰せて倉に送らしむ」とあり、税糧の附加負担部分である「加耗」の余剰米を済農倉に入れる措置が改めて確認できる。また、「粮里」、すなわち糧長・里長が「遅錯・闘殴」[7]などの犯罪を犯し、情状酌量を受けた場合に納入すべき「罰米」を入れることも規定されている。後者は、従来使用した資料にはなかった点である。

〔2〕について

済農倉に蓄積された現物米穀を貸出す対象に関するこの部分では、まず、「青黄接《つな》がらず、車水もて禾を救うの時、人民缺食すれば」とあるように、春夏の端境期における糧食欠乏者がまず第一に挙げられており、従来からの認識が裏付けられる。税糧を遠距離にある倉庫へ船で輸送・納入する場合の事故による欠損に対する補塡、水利工事における糧食欠乏者についても、同じく従来の認識が裏付けられる。また、このうち、端境期、税糧輸送の二つの場合の返済が、「秋成に斗に抵（あ）てて官に還せしむ」（「抵斗還官」）とある。収穫期に借用した額のみ、利子なしで返還させるというものであり、ここでも、従来の認識が裏付けられる。ちなみに、二－Ｉによれば、返済に関する部分は、「秋成には止だ数の如く官に還せしむ」とある。このように、〔2〕によって、済農倉の救済倉庫としての特質が改めて論証されたのである。

しかしながら、〔2〕について、留意したいのは、以上三つの貸与の場合のいずれにも「下戸」、「中戸」などという階層指定がないことである。さらに〔2〕について興味深いのは、第一に、税糧の納入以外に里甲組織を通じて賦課されていた正役・雑役の一環としての軍需用物資をはじめとするさまざまな貨幣・物品の無償提供の負担[8]が、済農倉の余剰米からの支出によって代替することが規定されている点である。すなわち、「倉廒を修蓋し、白粮の船隻を打造するには、積出せる附余米内に於いて支給し、買辦は、物料を民に科すことを免ず」とされている。第二に「孤貧にして倚る無きの人は、保勘して是れ実ならば、食用賑給す」とあるように、社会的弱者に対する救済も実施されていることである。そして、これらの場合には、水利工事における糧食欠乏者に対する貸与の場合と同様、「秋成にも還せしめず」とあり、糧食は貸与ではなく、無償の給付とされていることである。

〔3〕について

済農倉は、蘇州・松江・常州三府所属の各県ごとに設けられた。ここで蘇州府呉江県の済農倉が、同県城の「北門内に在り」とされているのはその一例である。これらの各県済農倉を管理する担当者については、「済農倉条約」はまったく触れていない。したがって、資料二－Ⅰに見られるように、「県官の廉公にして威有ると民の賢なる者とを択びて、其の賑籍を掌らしめ、其の出納を司らしめ」たという事情は、ここからは確認できない。しかしながら、済農倉に備蓄された米穀の運用について、各府当局・各県当局・各倉がそれぞれが行なうべき帳簿管理については、この〔Ⅲ〕の二つの項において具体的に規定がなされている。

最初の項では、まず、毎年九月一日から次年の八月三〇日までを一年度として、「旧管・新収・開除・実在」、すなわち、繰越・収入・支出・在庫の決算を行なって、府・県・倉の帳簿に記入すること、さらに、済農倉の「粮米」を借用した戸の返還すべき額について、返還済の額と未返還額とを区別して記入し、次年度の帳簿の冒頭に附載することが規定されている。

続く項では、府・県に、「厫経簿」と「循環簿」とがそれぞれ一通ずつ置かれるとされる。この二つの帳簿の内容の詳細は不明であるが、毎月三〇日に、各倉から「手本」と呼ばれる一種の報告書を出して〝抹消〟の印をつける（「註銷」）と述べられていることから、各倉の備蓄米穀の変動を一カ月ごとに記入するものだとみなされる。

二　済農倉記

二―Ⅰ　王直の長洲県済農倉記

『周文襄公年譜』

長洲県済農倉、在婁門内・東城下。明宣徳間、巡撫侍郎周忱建。

王直記。

君子之為政也、既必有以養其民矣。則必思建長久之利、使得其養於無窮。蓋仁之所施、不可以有間也。□。蘇州済農倉、所謂建長久之利、而恩養其民於無窮者也。

蘇之田賦、視天下諸郡為最重、而松江・常州次焉。然豈独地之腴哉。要皆以農力致之。其賦既重、而又困於有力之豪。於是農始弊矣。蓋其用力労而家則貧、耕耘之際、非有養不能也。故必挙債於富家、而陪納其息、幸而有収、私債先迫取足、而後及官租、農之得食者蓋鮮、則又仮貸以為生、卒至於傾産業、鬻男女。由是往往棄耒耜、游手為末作、田利減、租賦虧矣。

宣徳五年、太守況侯始至、問民疾苦、而深以為憂。会行在工部侍郎周公、奉命巡撫至蘇州。況侯白其事。公惻然、思有以済之、而公廩無厚儲、志勿克就。

〔宣徳〕七年秋、蘇及松江・常州皆稔。周公方謀預備。適朝廷命下、許以官鈔平糴。及勧借儲備、以待賑恤。乃与況侯及松江太守趙侯豫・常州太守莫侯愚、協謀而力行之。蘇州得米二十九万石、分貯於六県。名其倉曰済農倉。蓋曰、農者天下之本、是倉専為賑農之設也。

明年江南夏旱、米価翔貴、有詔令賑恤、而蘇州飢民四十余万戸、凡一百三十余万口、尽発所儲、不足贍、田里多餧殍者、周公復思広為之備。
先是、各府秋糧当輸者、糧長里胥、皆厚取於民、而不即輸之官、逋負者累歳。公欲尽革其弊以恵民。是年立法、於水次置場、択人総収而発運焉。細民竟自送場、不入里胥之手、視旧所内、減三之一。
而三府当運糧一百万石、貯南京倉、以為北京軍職月俸、計其耗費、毎用六斗致一石。公曰、彼能於南京受俸、独不可於此受乎。若請於此給之、既免労民、且省耗費米六十万石、以入済農倉、民無患矣、衆皆難之、而况侯以為善、力賛其決、請於朝、従之。
而蘇州省米四十余万石、益以各場積貯之贏及前所儲、凡六十九万石有奇。公曰、是不独済農飢、凡糧之遠運有所失及負欠者、亦於此取借陪納、秋成止如数還官。若民夫修圩岸濬河道有乏食者、皆計口給之。如是則免挙債以利兼并之家、農民無失所者、田畝治賦税足矣。
是冬朝京師、以其事咨戸部、具以聞。上然其計。於是、下蘇州、充広六県之倉、以貯焉。択県官之廉公有威与民之賢者、掌其賑籍、司其出納。毎以春夏之交散之、先下戸、次中戸。斂則必於冬而足。
凡其条約、皆公所定画、俾之遵守。又令各倉、皆置城隍神祠、以警其人之或怠惰而萌盗心者。
宣徳九年、江南又大旱、蘇州大発済農之米以賑貸、而民不知飢。皆大喜、相率而詣况侯、請曰、朝廷矜念我民、輟左右大臣以撫我思。凡所以安養之術、蓋用心至矣。而又得我公協比以成之。往者歳豊、民猶有窘於衣食、迫於債負、不能保其妻子者。今遇凶歉、乃得安生業完骨。凡此天子之仁、巡撫大臣之恵、我公賛相之力也。今済農倉誠善矣。然巡撫大臣、有時而還朝、我公亦有時而去。良法美意、懼其久而壊也。則民何頼焉。願刻石以示後人、俾善継之、永勿壊。况侯然之、属前史官郡人張洪、疏其始末。因医官盛文剛来北京、以書請予記。
予観成周之制、県都皆有委積、以備凶年。隋唐社倉、蓋本諸此。我太祖高皇帝、嘗出楮幣、属天下耆老、俾積穀以済民、又成周聖人之意也。歴歳浸久、其弊滋甚、至於無所質究、有司亦不之問。而豪右兼并之家、蓋無処無之、則天下之民、受其弊也多矣。豈独蘇州哉。

今蘇人得吾周公以沈毅宏達之姿、推行天子卹民之仁。況侯以開敏勤慎佐之、収其枉費、以施実恵、而民免於餧殍之患。豈非幸哉。後之君子、因其旧而維持之、使上之仁、被於無窮、而是邦永有頼焉、則豈特其民之幸。乃二君之欲也。

故為之記、使刻置六県之倉、以告来者。若其為屋若干楹、所儲米若干石、典守者之名氏与其条約之詳、則列諸碑陰、而諸県皆載焉、使互有考也。独崇明県在海中、未及建置、遇歉歳、則長洲県倉、発米一万石往賑焉。其為恵亦徧矣。


今日見ることのできる「済農倉記」は、この二―Ⅰ・Ⅱ・Ⅲの三編である。その中でも、この王直の手になる「長洲県済農倉記」は、もっとも詳細な内容をもち、先に提示した拙著までの認識の有力な根拠となった資料である。「長洲県済農倉記」には、本稿に収録した『周文襄公年譜』本のテキストの他、崇禎一五年（一六四二）刊の『呉県志』（以下『崇禎呉県志』と略称）巻一七、倉場に、王直「済農倉記」が載せられている。その前文には、「知府況鍾徴是記、頒刻各県済農倉。文雖同、宜備載」とある。『崇禎呉県志』所載の「済農倉記」は、当然のことながら、文体・内容とも、『周文襄公年譜』本のそれと共通しているが、ただ、前者は後者に比べて全文の末尾の部分を中心にかなりの節略がある。

『周文襄公年譜』本の「長洲県済農倉記」の中で、とりわけ貴重な部分は、「毎歳、春夏の交を以て之を散ず。下戸を先にし、中戸を次にす」の箇所である。同時代に近い弘治一一年（一四九八）編纂『皇明名臣言行録』巻一、周忱に「中・下二等戸内に於いて其の種田の多寡を験して之を給す」とある（森正夫『明代江南土地制度の研究』三三四頁）のを除くと、「長洲県済農倉記」の中で「農饑」と表現されている春夏の端境期における糧食欠乏者や税糧輸送時に事故で欠損を出した者や水利工事の際の糧食欠乏者など、「農民にして所を失う者」に対する米穀貸与対象戸の順序に関するこうした具体的で明確な記述は、「済農倉条約」を含む他の資料にはない。ただ、「済農倉条約」の米穀貸与の項のように、とくに上戸・中戸・下戸などの戸のランクについての指定表現がないのは、実質的には下戸クラスのものを多く含む農民家族に対して無差別に貸与する方式がとられていたことを示すものかもしれない。後述する三・四には、そうした貸与方式を示唆するものがあるからである。

王直（一三七九－一四六二）は江西吉安府泰和県の人、永楽二年の進士。洪熙・宣徳期を含む二〇余年の間翰林院にあった。周忱（一三八一－一四五三）は王直と同じ吉安府属の吉水県の人である。(9)

二－Ⅱ　張洪の常熟県済農倉記

『周文襄公年譜』

常熟県済農倉、在県治北、明宣徳七年、巡撫侍郎周忱建廒百四十間。

張洪済記曰。(10)

理財正辞、孔聖之心、見於易、預防患難、周公之志、形於詩。道雖極隆、時雖極治、亦必以財為養民之本。理財之道備、然後防患之慮周。故堯湯之世。水旱不能為凶荒也。

欽惟太祖高皇帝、臨御万方、修復古聖王之道、楽歳粒米狼戻、則歛而蔵諸民間、凶歳民食不足、則発以賑之、行之既久、下民弗虔、名存実廃。聖天子万幾之暇、惕然念之、及於宣徳五年、分命六卿、巡撫天下郡県。

爰是工部右侍郎盧陵周公、来旬来宣、以恵南国、歴巡江南諸郡、惟蘇松常之賦、比他郡相為倍蓰、壌地不過二千里、而京師百万之衆、侍之以供物産、人力宜其竭矣。当春夏之交、農民之力畎畆、而饘粥不継、未免出加倍之息、資之富人。富人与之若投餌、穀始登場、則勾取其子本、以僅存之余、供倍蓰之賦、不足、又挙而償之。是以常賦未充、甑釜已無烟矣。

公深悼之、達旦不寝、思所以援之之策。七年秋、会詔旨、以庫蔵之儲平糴、及勧富人之粟、以待凶荒。公与蘇州府太守况公、同心同力、以全活窮民為己任、出庫儲糴米三万石、勧借富人九万石、撙節漕運浮費五万石、搜剔豪右侵占絶戸田租一十二万石、通二十九万石、分貯六県、毎県置倉六十間、常熟貯米五万余石、増置倉四十間、共百間、総曰済農倉。蓋以農為天下本、蘇松之農、又為京邑之本、知所在哉。

明年夏、江南大旱、民無食、輟耕待斃。公発済農米賑之、困瘁者生気、出死力、以挽桔槔、転川沢之流、代為霖雨、枯槁者潤沢、焦巻者始芃矣。適遇海船自諸蕃回、供費浩繁、庫蔵赤立、公私洶洶、懼弗克供、公以済農米廩食之、民不知費。辺海軍士乏食、公従容指画、饋餉相継、軍民蘇息、宜少安矣。

公方竭心労思、以営来歳之計、稽考民間所入之賦、去浮費三分之一、民受実恵、銘刻心骨、既而常賦充足、又收羨余。得精糧三十二万。蓋取豪右侵漁之資、非加賦也。又増置六県倉、独常熟居三分之一、益倉廩四十間、通一百四十間、廉隅整飭、如矢之直、結構完固、如竹之密、風雨鳥鼠之害、遠不相及、工不告労、民不知費。何其敏哉。

以公知人善任使、命常熟県主簿郭南専理賦税、南亦感公知己、尽心力而為之、防慮周密、纖悉無遺。滌場之月(11)、賦已告完。自洪武初至今、未之有也。倉廩既成、糧米充積、居人過客瞻望者、嘖嘖載路、既而曰、家有成法、尚欲伝之子孫、上有嘉謨、可不貽之於後。於是官吏耆民、糧長里胥、僉曰、天子恩詔、公敷布之、窮民之生、公全活之、無所論載、実為闕典。乃相率造於旧史氏之廬、請紀其実。

予按太公立九府圜法(12)、所以権軽重之宜、使農末相資、無甚貴甚賤之貨。而常平義倉、実托始於此、得聖人理財之遺意。今以済農為名、則所重在農、農重則本固、本固則百度挙、常平義倉之制、亦行乎其中矣。且使農民知其為我而設、雖有旱乾水溢、有恃而不恐、誰敢放逸其心志、或有侮予者乎。有一事而兼衆美、此之謂也。詩云、君子所履、小人所視。言君子之所行、小人視以為法、信斯言也。則斯倉之建、其引而不替哉。

張洪は、蘇州府常熟県の人であり、洪武年間、すでに靖王府教授をつとめている。洪熙年間に翰林院に入り、宣徳五年に致仕している。[13] 嘉靖一八年（一五三九）刊『常熟県志』（以下『嘉靖常熟県志』とする）巻一一、集文志にも、張洪の「済農倉記」が載せられているが、ここに提示した『周文襄公年譜』のものとの間には、基本的には文字の異同があるだけである。

「常熟県済農倉記」は、宣徳九年（一四三四）一月の周忱上奏と宣徳帝の裁可による済農倉の正式設立に先立ち、周忱が、宣徳七年（一四三二）秋、災害用の備蓄準備の詔勅を契機に行なった米穀蓄積及び済農倉という名称をもつ倉庫の創設に至る過程について、蘇州府と常熟県の双方にまたがる数字を挙げて具体的に記している。また翌宣徳八年の江南デルタの大旱災に際し、済農倉米の放出による救済措置を実施した周忱が、次年以降を展望し、税糧附加負担の改革を通じて崇明県を除く蘇州府下六県に済農倉を改めて拡充する過程について、やはり蘇州府と常熟県との両者の数字を挙げて具体的に記している。これらの点に、「常熟県済農倉記」の特徴がある。常熟県城に北接して置かれた済農倉に関するこの張洪の記述は、崇明県を除く蘇州府の各県で、県を単位として一つずつ済農倉が設立されていく状況を改めて確認させる。

二―Ⅲ　胡儼の華亭・上海二県済農倉記

『正徳松江府志』巻一四、倉廩

＊正徳七年（一五一二）刊

華亭県預備済農倉、在府西南、旧僊鶴観基也。洪武初、於此建太平南倉、後改為中千戸所倉。宣徳壬子、巡撫侍郎周忱奏行平糴勧分之令、積其米於軍儲北倉、以備賑済。正統戊午、革中所倉。辛酉、知府趙豫即其址建廠四十間、始定今名。先是分建預備倉四所於八保之葉謝・四十二保之金沢・七保之蓋家荘・三十五保之七宝鎮。至是倶廃。

済農倉記

民者国之本、農所以養民也。昔厲山氏之子曰、農能殖穀、後世人名耕者為農、農本済民。今曰済農、何也。民農一耳。食者民而耕者農。四民之業食者衆而耕者貧。耕者貧不有以済之、則民何由得其養哉。為政者孰不欲済農。然得其道者鮮。得其道而農獲其済者、今吾於松江之為政者見之。

呉松所統、華亭・上海二県、其地不過二百里、而田賦百二十余万石、視他郡為特重。毎歳春夏、農之貧者、必挙債而後能力作。幸而有秋、則先償私貸、然後及公賦。公私既輸、而農則貧矣。農貧、復仮貸、或鬻子女、或棄本業、日殫月削。貧至困、如火銷膏、不獲其所者、可勝言哉。

保定趙侯豫来為郡、深以為憂。適工部侍郎廬陵周公忱巡撫至郡、趙侯白其事。周公黙識之。然郡無宿積、愛莫能施。宣徳七年秋、東呉豊稔、会朝廷命下、平糴勧分以備賑郵。於是周公乃与趙侯協謀而力行之、得米六万石、分貯於華亭・上海、名其倉曰済農。明年歳侵、松江饑民二十余万、計口者五十余万、乃尽発所儲以賑之、民乃獲済。

周公復思広為之備、乃下令瀕水六一《ママ》場、凡輸賦者、民自発運、不入里胥之手、視旧所輸、減三之一。公又与趙侯謀曰、郡歳徴北京将帥禄俸、転輸南京給之。計其所費、毎米六斗致一石。彼能受於南京、独不可受於此乎。若来此給之便、且以省費之米、儲済農倉、農可無憂矣。趙侯曰善、非公莫能為也。公遂言於朝、而松江得省米十五万石、并以各場之贏及平糴所貯、凡二十一万余石。公曰、是不独済農、凡運輸有損負者、及築隄防而力役者、亦借給之、民不失所矣。

是冬朝京師以其事咨戸部。戸部以聞。如其請下松江、広二県之倉以貯焉。其帳籍出内、則択官之廉能与其民之賢者掌之、毎春夏之交、施散以時、斂不踰歳。凡其条約、皆公所画、而蘇常二郡、制同於松。可謂勤恤民隠、経綸変通、与民宜之者也。

逾二年、郡又旱、大発農倉《ママ》以賑貸、而民不知饑。乃相率詣趙侯、請曰、吾民往時歳豊猶窘衣食者、迫於債責也。今遇凶荒、得免饑阻、不至流殍、此実周公之恵、我公協賛之力也。苟得文字載之貞石、以伝世示後、則二公之良法美意、吾民永有頼焉。

趙侯於是属翰林院編修郡人楊珙書寓、以耆民杜宗桓所述本末、請為之記。噫予昔以文事仕於其土、于今四十九年矣。於其父兄子弟、固不能忘情、而侍郎周公又余故人、重以趙侯之請、豈得無言也哉。

周官大司徒掌荒政、十有二。其曰、散利貸種也。洪範八政、総之曰農、曰農厚生也。農倉之設、豈非貸種厚生之遺意乎。其与前代常平義倉、同一養民而尤切者也。故曰、積貯者天下之大命、而君子為政、以恤民為報国。二公之事、皆可書。予故史官也。用著其実、以告来者。

前史官・賛治少尹・国子祭酒・兼翰林侍講・嘉議大夫・太子賓客・致仕胡豫章儼譔。賜進士出身・中憲大夫・行在詹事府少詹事・兼翰林院侍講学士・兼修国史王英書□・中憲大夫・行在大理寺少卿・邑人沈粲篆額。

文末に列挙されている官職に任じた胡儼は江西省南昌府の出身であり、洪熙元年（一四二五）に致仕し、正統八年（一四四三）八三歳で没した。胡は若い頃、松江府華亭県学の教諭を務め熱心に子弟の教育に当たったことがある。(14) 胡が「済農倉記」をしたためたかかる契機自体がこの「記」の特徴の一つである。

周忱とともに松江府における済農倉設立を進めた松江府知府趙豫の「記」作成への動きは、文中にこのように書かれている。「趙侯是に於いて翰林院編修にして郡人（松江府の人）楊珙に属し、書を寓して耆民杜宗桓述ぶる所の本末を以て、記と為さんことを請う。而うして侍郎周公（周忱）又余の故人なり。重ぬるに趙侯の請を以てすれば、豈に言無きを得んや」。ここで「耆民」とされる杜宗桓は、「巡撫侍郎周忱に上まつるの書」を周忱に差出して、松江府における官田税糧の削減を要請した人物であり、当時の松江府地域社会に共通する利害を代弁する読書人であったと目される（拙著第一・二・三章）。こうした人物が済農倉設立の意義を認め、すでにその経緯を総括する文書をしたためているとすれば、それに基づいて書かれた胡儼のこの「記」には、地域社会の利害における済農倉の肯定的役割が反映されているといえる。

もとより、済農倉の肯定的役割が反映されているのは、胡儼の「記」のみでなく、王直・張洪の二つの「記」の場合も同様である。それは、済農倉設置の契機として、この地域の農民が直面していた糧食確保に起因する債務関係の存在形態が、三者三様の仕方でいずれも生き生きと描かれているからである。王直・張洪の場合にも、胡儼における杜宗桓の「本末」と同様の材料が基礎にあったと考えられる。

なお、胡儼の「記」にも、宣徳七年から九年に至る松江府下の華亭・上海両県における済農倉設立の具体的過程が、その備蓄用米穀の蓄積の方途に留意しながら記されている。

三　南直隷巡撫周忱の上奏と蘇州府知府況鍾の伝記

三―Ⅰ　周忱の上奏文

『周文襄公年譜』

〔宣徳九年（一四三四）〕正月十九日奏設蘇松常三府済農倉　〔光緒一五年（一八八九）後序・校補『周文襄公年譜』注云。「蘇州府志引続文献通考[15]、事在宣徳六年八月」。〕

奏略曰、蘇松常三府、所属田地雖饒、農民甚苦、観其春耕夏耘、修築圩岸、疏濬河道、車水救苗之際、類皆乏食。又其秋糧起運遠倉、中途或有遭風失盜、以致納欠、未免借貸於官豪之家、以償官賦。所貸之債、倍利以酬、及至秋穫、子粒全為債主所攘、未及輸税、而餱糧已空、兼併之家日盛、農作之民日耗、不得已而棄其本業、以至膏腴之壌、漸至荒萊、地利削而国賦虧矣。

比歳以来、累蒙朝廷行移、勧糴糧米、以備賑済。縁因旱澇相仍、穀価翻貴、難於勧糴。臣於宣徳八年徴収秋糧之際、照依勅書事理、従長設法区画、将各府秋糧、置立水次倉囤、連加耗・船脚、一総徴収、并先奏准節省船脚耗米六十万石、見在各処水次囤貯。

今欲於三府所属県分、各設済農倉一所、収貯前項耗米、遇後青黄不接、車水救苗、人民缺食之際、支給賑済、或有起運遠倉、中途遭風失盗、納欠還回者、亦於此米内給借倍納、秋成各令抵斗還官。若修築圩岸、疏濬河道、人夫乏食者、験口支給食用、免致加倍挙債、以為兼併之利、如此則農民有所存済、田野可闢、税糧易完、深為民便。従之。

本上奏文においては、すでに、一・二で紹介した計四篇の同時代資料の示す済農倉の基本的特徴が簡潔に整理されている。たとえば、各県ごとに一箇所の済農倉を設置する方針が、「欲於三府所属県分、各設済農倉一所」と述べられているごとくである。注意しておきたいのは、周忱が、「比歳以来、累ばしば朝廷の行移を蒙るに、糧米を勧糴し、以て賑済に備えしめらる」と述べ、済農倉設置の契機の一つは、宣徳初年、周忱の南直隷巡撫として赴任した当初、明朝中央の指示していた穀物買入による災害救済用備蓄確保政策にあったことが改めて明らかになることである。

三―Ⅱ　『明実録』の記事

『明宣宗実録』巻九四、宣徳七年（一四三二）八月辛亥

置蘇州済農倉。蘇州田賦素重。其力耕者、皆貧民。毎歳輸納、粮長・里胥、率厚取之。不免貸于富家。富家又数倍取利、而農益貧。

工部侍郎周忱巡撫直隷諸郡、兼督賦運、至蘇。有旨、命以官鈔平糴儲偫、以備歳凶、得米二十九万石、分貯于

属県。忱令各県于水次置場、別択人、総収発運。細民径自輸米赴場、粮里長不得預。遂革多取之弊、民所費、視旧減三之一。

凡粮当運南京倉以備北京軍官月俸者、率毎石加費六斗。忱奏請軍官月俸、就蘇州給之、而徴其加費米四十万石、悉儲于官。

通前所羅、六十九万石有奇、書諸籍而官掌之。凡粮遠運有失及負欠者、悉于此給借陪納、秋成抵数還官、而民免挙貸多償之害。若民修圩岸・浚河道有乏食者、皆于此給之。定為条約以聞。

上然之。于是蘇州各県、皆置倉、名済農倉。惟崇明阻海未置。歳歉、則于長洲県倉、発米一万石、往賑之。


本資料、すなわち正しくは宣徳帝統治期の記録である『宣宗実録』も、済農倉の特徴を簡潔に整理している。しかも、明朝中央の公式記録である。しかしながら、すでに見た他の同時代資料と対照するとき、年月日が不正確である。宣徳帝の死後になされた編集の過程で、宣徳七年段階で行なわれた官鈔による平糴と、同八年に行なわれた水次倉（あるいは水次倉場）の設置、北京軍官の俸米受領地点の変更とが、同一時点のものとされたのである。

三―Ⅲ　況鍾の活動

『況太守集』（『明況太守竜岡公治蘇政績全集』巻二）「太守列伝編年」巻中

宣徳八年（一四三三）、協同周忱奏定済農倉之法。

蘇民由賦重、貧者輸官及耕作、多挙債於豪家、倍納其息、至以子女折償。公（況鍾…森）稔知其弊。是歳稍豊、朝命以官鈔平糴、復勧借富民粟、儲以待賑、得米三十万石、為済農倉本、然不足于給借也。

先是、永楽間、初建北京、運道艱遠、糧長率以一徴三、除正供及車船傭費外、余羨尽私入其家、吏胥分潤。公与忱議奏立倉於水次、令納戸竟自送倉。又別立糧頭、以分粮長之勢、眼同収掌、互相覚察、而択人運解、其収時得免三分之二、以其一之半、為転運費、半以入済農倉。

又蘇民例運米七十余万於南京、給北軍月餉、毎用五六斗致一石。忱商於公謂、彼能于南京受米、亦即可受于蘇。既省運費、且寛民力。遂奏行之。所省米、並入済農倉、除平糴外、復得六十余万石。

毎値耕作時、給借貧民、各二石、秋成抵斗還官。凡運輸有欠失、或修濬河渠、有乏費者、亦許給借。民有失所者、賑之、定為規制、択人典守、官為査察焉。

本稿で底本とした『況太守集』は京都大学文学部蔵の道光六年（一八二六）刊本であり、内閣文庫蔵の道光六年刊本、同じく内閣文庫蔵の乾隆二九年（一七六四）刊本を参看しているが、いずれも清代の刊行になる。ここに挙げた「太守列伝編年」も保存されてきた同時代の記録をもとに後年編集され、この清刊の『況太守集』に収録されたものであるが、正史としての『明史』列伝などにはない、具体的かつ詳細な内容をもち、独自の同時代資料を基礎にしていることをうかがわせる。(16)

本資料は、他の同時代の諸資料から裏付けられる済農倉の備蓄形成の経緯を簡潔に提示し、かつ備蓄米穀からの貸与についてもその核心となる特徴を整理している。ただ、済農倉設立を宣徳八年にかけている点は、周忱の正式上奏の時点をとる『周文襄公年譜』の九年正月とは異なるが、実質的には八年中に体制が整ったことが重視されたものであろう。『明実録』の七年八月説と同日に論じることはできない。

本資料で注目されるのは、「耕作の時に値るごとに、貧民に給借すること、各おの二石、秋成に抵斗還官せしむ（斗に抵《あ》てて官に還せしむ）」の部分である。「貧民」は王直「済農倉記」の「下戸」と相重なるが、一律に二石を貸与するという部分からすれば、貸与範囲が「下戸」に比べ、より広いという印象を受ける。それは、一つには、この部分が同時代に近い次の四－Ⅱ『傍秋亭雑記』の記述と相即するからである。

四　正徳・嘉靖年間を中心として書かれた資料

四－Ⅰ『正徳松江府志』巻一四、倉廩、華亭県預備済農倉条に対する編者顧清の按語

按文襄・安粛二公所以成立此倉、其難如此。八十年来、有備無患。仁人之為民利也博矣。近歳乃有倡為監守殃民之説、以便其私者、日月耗蠹、遂以蕩然。己巳・庚午之災（正徳四・五年。一五〇九・一五一〇）、流殍盈途、官司束手。方是時、得二公之所以殃民者、僅存一二、亦烏得至此。而世之苟利一時、欲軽変前人之法者、尤未已也。嗚呼其亦弗思也哉。

清又聞父老言、景泰間（一四五〇－一四五六）、官司賑済、有多申而少給者。当時識者謂、此事従昔所未聞、自此人始。若有鬼神、此人必無後。已而果然。并志以為将来告。

『正徳松江府志』は天順四年（一四六〇）に松江府華亭県で生まれ、弘治六年（一四九三）に進士となり、官歴を重ねてから致仕したにもかかわらず、地域社会の共同利害に対して深い関心と造詣をもっていた顧清によって編纂された。また、先述のように、顧清は『周文襄公年譜』に増補・校訂を加え、嘉靖六年（一五二七）に自らの家塾で刊行している。その顧清の随筆が『傍秋亭雑記』である。従って、以下の四－Ⅱ～Ⅳも顧清の著作である。(17)

冒頭の文襄は周忱の諡、(18)安粛は趙豫の諡である。(19)済農倉設立への動きの始期と終期とを宣徳七－九年（一四三二－一四三四）とすると、以後の「備有れば憂無き」八〇年とは、正徳七－九年（一五一二－一五一四）となる。文中では正徳四－五年には、すでに済農倉は機能していなかったとあり、厳密には八〇年はもたなかったのであるが、顧清は松江府下ではかなり長期間生命を保ったと見ている。

四—Ⅱ　顧清『傍秋亭雑記』巻上（景印『涵芬楼秘笈』第六冊）の済農倉に関する記事

〔1〕

郷父老間時多相聚、説前朝事。有陸璿者嘗言。周文襄公為侍郎巡撫十九年、為尚書巡撫又二年、百姓不知有凶荒、朝廷不知有缺乏。或問其故。曰。当時済農倉米常数十万、一遇水旱、便奏聞免粮。奏上、無不准。所免之数、即以済農倉補完。所以民不知凶荒、朝廷不知有缺乏也。

問当何処得此米。曰。此有二項。一、奏改南京公侯禄米、於各府支関。松江省下運耗十五万石。其一、遵朝命勧借、得米六万石、催粮里甲、運入済農倉、賑済補災之外、歳有寛余。此米之所以多也。

又曰。毎歳臘月、徴糧畢、新正十五後、便有文書来、放粮曰、此是百姓納与朝廷余賸数、今還与百姓食用、種朝廷田、秋間又納朝廷税也。即放米毎戸率二石、不曾有一石。時雖云抵斗還官、其実多不取。先祖言、吾家嘗一次領黄豆六石、後升合不曾追也。

〔2〕

予幼時聞此、亦不知其曲折如何。後閲公年譜及胡祭酒儼済農倉記、始得其詳。

故時公侯禄米、皆請于南京、各府運米南京者、毎石加六斗。公請令其人赴各府就支、石与船買米一斗、計所余、石該五斗、総得米十五万石。又遵朝廷勧分之令、於秋粮帯徴、得米六万石、歳積米共二十一万石、賑済補災、及粮運虧損、悉于此出。乃知所謂百姓不知凶荒、朝廷不知有缺乏者、誠不知也。

今文武禄米、折徴銀解京、已非旧法。以石六斗之米而易銀七銭、所余似亦不少。況勧借六万之数、毎歳帯徴、未嘗少減於昔。則名雖没、而実猶存也。又況得業蕩米、歳有増加、由六十文鈔而為米三升、由三升而為五升二合有六勺、至六升。召佃官租二斗者、為二斗九升、三斗者、為三斗九升矣。則歳入所増、又不知当幾何也。而問之典守、率皆茫然不知有、知而不言有。

能稽見此数、歳積於倉、則近時君子、所以労心焦思、朝慮夕画、使人承奉不暇、而実無分寸於民者、可一洗而空之。嗚呼、吾安得親見斯人哉。

〔3〕

済農倉積米之多、近日士大夫皆不信。予累記二事明之。

成化戊戌歳（一四年。一四七八）、諸廒皆満、余米無可処者也。七万石寄積於水次西倉。先君可間侍郎、以老人選差監守、自戊戌至丁未（成化二三年。一四八七）、凡十年、始得放閑。蓋水積既多、挨陳放支、次第不及故也。此事予所目見。

嘉靖甲申（三年。一五二四）、操江伍松月都憲巡歴至松、感旧賦詩、有米粟陳陳歳四億之句。予見而問之。曰、詩挙成数、其実三十七万幾千石。蓋公嘗以常州推府、承檄盤倉、見此。聞今空乏、故有此詩也。予所見、今四十有七年、日月頗遠。伍公盤粮、在弘治壬戌（一五年。一五〇二）、方二十三年爾。此言如質伍公、亦弗信也。

松江府下における済農倉の実態を生き生きと描いている資料である。〔1〕～〔3〕の分節は筆者による。〔1〕の部分では、「郷里の父老」の回想として、周忱の巡撫在任通算二一年の間、済農倉に常に「数十万石」の米穀が備蓄されていたこと、毎年正月一五日ののち、「朝廷の田を種やす」ところの「百姓」である各戸に二石ずつ米穀が貸与されたこと、返納の際には必ずしも請求がなく、多くの場合免除されていたことを伝える。ただ、問題も残る。正月過ぎは、私の支払いに消え、またたしかに旧暦の春に入っており、春の端境期は始まっている。しかしながら、もっとも糧食を必要とする投下労働量の大きい水稲栽培開始期にはなお遠い。この点である。当該の時期に済農倉米を放出する意味を検討する必要がある。

〔2〕の部分では、済農倉の備蓄の来源が記される。この来源については、〔1〕の部分にも相補的な記述がある。他の資料と異なる一つは、税糧輸送費の節約による備蓄造成について、この部分の税糧を、北京在住の武官（軍官）

俸禄のみではなく、文官をも含めた「公俸の禄米」あるいは「文武の禄米」としている点である。また、いま一つは、明朝中央の指示による備蓄米用の富戸からの実質的追加徴収としての「勧借」「勧分」の総額や方法について具体的な記述がある点である。方法が、「秋粮に於いて帯徴せしむ」とある点は、対象が必ずしも富戸のみでなかった可能性を示唆する。また、これら二つの措置が、顧清自身の在世時には、済農倉の備蓄とは無関係の附加税と化していたことにも言及がある。

〔3〕の部分では、顧清在世時には、済農倉にもはや往時のような備蓄米穀がなかったこと、しかしながら、成化一四―二三年（一四七八―一四八七）、弘治一五年（一五〇二）までは相当量の備蓄が確認できたことを、自らの見聞や直接面会した官僚の発言をもとに述べられている。済農倉が機能していた期間についての数少ない資料である。

周忱の一世代後を生き、その崇拝者でもあり、顕彰者でもあった顧清のこの随筆の記述に対しては、それなりの資料批判が必要であろう。しかしながら、叙述のいずれもがきわめて具体的である点に、この資料のもつ力がある。

四―Ⅲ『正徳松江府志』巻一四、倉廩

義役倉、在済農倉垣内、為厫十間、建置歳月同上。即宋人買田置荘、以供衙前重役之遺意。今法則視田税多寡均敷、歳於秋成帯徴別貯。凡織造・軍需・馬役等費、於此支給[20]。

水次倉二所、一在府東南五里官紹塘上、一在府西五里古浦塘之南、並宣徳八年、巡撫侍郎周忱建。先是於各郷要会処置倉、分受民間委輸、以革郷胥多取之弊。然統紀終不一、及両倉成、遂尽廃諸倉不用。凡府以東之税、輸於南倉、以西者、輸於西倉、漕舟至就倉給発、公私両利、至今無改。〔旧有西新倉、在府西北。洪武三十二年（建文元年。一三九九）建、今廃。〕

四—Ⅳ　『正徳松江府志』巻一四、倉廩

上海県預備済農倉、在県南二里。宣徳癸丑（八年。一四三三）、巡撫侍郎周忱奏設。正統癸亥府通判潘俊・知県張禎・県丞蔣文凱建。旧所建長人・海隅・高昌郷四預備倉、至是倶廃。〔高昌時有両倉〕。

義役倉、在済農倉垣内、宣徳乙卯、知県方佐建。

水次倉二所、一与済農倉鄰、一在県西唐行鎮北、並宣徳八年、巡撫侍郎周忱建。旧有新倉、在県南十六保、至是廃。

四—Ⅴ　『崇禎松江府志』（＊）巻一九、倉廩

＊　崇禎四年（一六三一）刊

上海県済農倉（預備済農倉…森）、旧在水次倉北、宣徳六年、巡撫侍郎周忱奏請立倉貯粮、以備賑済、名曰済農倉。正統八年、知県張禎奉部符重建。嘉靖三十二年、倭燬。四十二年、知県黄文煒改造於城内海防庁東。

（中略）

黄文煒記略
江南之賦、甲天下。惟蘇松為最繁。蘇松之田称為独腴。惟上海為最瘠。率藉農力以耕之。農病則賦因之《ママ》矣。故儲偫以済農者、所以植国之賦也。

上海故有済農倉、去県治二里許、宣徳六年（一四三一）、為巡撫周文襄公奏建。正統間、前令張君禎、奉部符、更今名（預備済農倉…森）。自倭夷難作、上海首蒙其禍、倉被火、遂鞠為瓦礫場。煒来吏上海、謀於衆曰。倉弗復建不可、因故地為之、又不可。乃請於巡撫都御史周公・御史陳公、建於城之西南隅隙地。凡故所存穀・民罰贖金所易穀・挙邑之議助穀、悉貯之於倉、将以求不失文襄公遺意也。遂為記。

倉凡若干楹・庁事若干楹、囲以墻垣若干丈、費取于均徭銀若干両。経始于癸亥、落成于甲子。

四－Ⅵ『崇禎松江府志』巻一九、倉廩

青浦県太平倉、在北門外、即旧水次倉改造。

済農倉、在北門内、積貯稲穀、以備賑恤。旧設斗級一名、専管出入。今奉文裁革、以佐貳官一員・県吏一名帯管。毎年奉例積穀六百石。

四－Ⅲから四－Ⅵまでは、いずれも松江府下における済農倉所在地を確認するための資料である。四－Ⅳはそれと明記していないが華亭県、四－Ⅴ・四－Ⅵは上海県、及び両県の一部を割いて嘉靖二一年（一五四二）に設置されたが一時廃止され、万暦元年（一五七三）に改めて設置された青浦県についてのものである。

上海県の場合には四－Ⅴによれば、済農倉は、正徳年間に先立つある時点から「預備済農倉」と呼ばれるようになっている。

済農倉米穀の来源の一つに水次倉の余剰米があるが、四－Ⅲと四－Ⅳは、この水次倉の存在位置の確認に資するものである。[21]

四－Ⅶ『万暦武進県志』（＊）巻三、銭穀一、額賦

＊万暦三三年（一六〇五）刊

宣徳八年、巡撫侍郎周忱請立均徴加耗法。（中略）立済農倉。

看得、蘇松常三府、土壌雖饒、民生甚困、耕耘灌救、修築疏濬、無有已時、類皆乏食。又其転輸粮税、或罹風盗之患、未免借貸貴豪、倍厚酬息、攘奪益急。兼并日盛、以致農民棄其本業、膏腴之壌、漸至荒蕪、地利削而国

賦虧矣。

臣於宣徳八年、区画設立水次倉廒、連加耗水脚、壱総徴収、并先奏准節省耗米陸拾万石、見在各処囤貯。今欲於三府属県、各設済農倉壱所、収貯前米、偶後農民乏食、或運粮遭風失盗、倶於此給借賑済賠納、秋成各令抵斗還官、免其倍息挙債、以資兼并。

本四―Ⅶは、済農倉の設置された蘇州・松江・常州の三府のうち、ほとんど関連資料の遺されていない常州府に関するものである。三―Ⅲの『况太守集』と同様、済農倉の設立を宣徳八年としている。

四―Ⅷ　『嘉靖呉江県志』（＊）巻五、建置志五、公署

＊嘉靖三七年（一五五八）刊

済農倉在北門内。宣徳五年、巡撫侍郎周忱建廒屋五連、総七十二楹。正統十三年、又建官庁八楹、門井籌房皆備。景泰中大饑、尽発所積以賑民。其後莫有輸者、倉随以廃。弘治五年、知県金洪、即其中一区、建察院。十一年、知県郭郛、即察院之東西、重建焉。廒屋総八十楹、官庁門垣皆備。

礼部主事楊循吉記。

進士広平郭侯郛、以弘治八年、奉命来宰呉江、一政令之建、苟利於民、必亟為之。於是事無遺算〔原文作美〕、而済農倉之復、厥功尤偉焉。

倉在邑城北隅。宣徳中、故巡撫工部侍郎文襄周公所設、以貯余米而賑於農者也。其法、稔則積、荒則散、若古常平、然与水次諸倉、遠隔三里、別而弗混。所以分正羨、不専独、而清出納。先正為人之意甚遠、而不可忽也審矣。

景泰中、民大饑、乃始尽蠲所積、以哺民。厥後荐饑、莫有輸者。倉由是虚且廃、有司因撤而畦之、且建憲台焉。

倉之不復、蓋四十年于茲矣。

侯至、首閲廩庾、考盈縮。而豊年適登、陳陳相襲、羨余之粟、或塞正厫而不得発。乃稽文襄之制、覧故倉之基、慨然以興修為己任、詢謀既同、則以白諸二府。而巡撫朱公・巡按王公、並許之。侯乃鳩材召工、命属吏傅華・沈経輩、董其事。凡為厫八十楹、台之左右、各居其半、庁事前之、門又前之。計其所貯、可容八万石。経始於十年孟冬、明年春二月、工已什八、而侯以守制去、不克視成。瀕行、属教諭高君志来、徴予記。

昔文襄公之為倉也、蓋遍於六県、而吏部尚書王公実記之。予読其文、而知建立之不易、後世良法、蔑以加也。然昔之畦者、必曰、一水次足矣、奚済農為。遂使君子沢人之道、不旋踵而沮是。豈知益国恵下之道者哉。今侯復之、可謂得為政大体矣。敢詳書以記于茲石。

今西倉廃為私第。

周忱離任後の蘇州府呉江県における済農倉の動向を示す資料である。景泰年間（一四五〇―一四五六）までは機能を果たしていた同県の済農倉が、一五世紀後半の約四〇年間放置されたままになっており、弘治一〇年（一四九七）に、知県郭郛によって再建に着工、翌一一年に完成した模様が記されている。楊循吉の記の末尾に、周忱在世時から、済農倉への批判的見解が存在したことも指摘されている。

四―Ⅸ　『乾隆呉江県志』（＊）巻四五、積貯「復建済農倉」記事

＊乾隆一二年（一七四七）刊

〔弘治〕九年、知県郭郛復建済農倉、以備儲米。〔本徐志。参楊循吉記。〕

献集・知県金洪伝云。洪撙節用度、歳裁横斂銀二十万両、預積米至二十七万石。

楊循吉撰・郭郛重建済農倉記云。侯至、首閲倉庾、陳陳相襲羨余之粟、或塞正厫而不得発。按洪以弘治四年知

呉江、八年去。邵実継之、則所謂羨余之粟、当即洪所預積者。当洪之時、済農倉久圯、而弘治三年、稽州県預備倉所積多寡以為殿最之令方厳、故其所積米貯、総収倉内、為預備倉儲蓄。至邵重建済農倉、分其米貯焉、而済農倉之法復行。

又按楊記言、邵所重建倉可容八万石、則当時分貯済農倉、而総収倉尚存米十九万石、是預備済農之法兼行也。

ここにいう「徐志」とは前掲四－Ⅷの『嘉靖呉江県志』を、「楊循吉記」も四－Ⅷの同じ見出しの記事を指す。ここで注目されるのは、弘治三年（一四九〇）に、明朝が各県（県及び散州）の預備倉の備蓄の量の多少を知県の勤務評定の基準としたために、呉江県でもその備蓄米穀を「総収倉」に貯積しており、済農倉が再建された時、「総収倉」の備蓄の一部を済農倉に移した、とされている点である。周忱の時代には機能を果たしていなかった預備倉がすでにこの時点までに復活し、災害時への備蓄の機能を果たすようになっていたのである。

むすびにかえて

済農倉についての資料の提示を主たる目的とした以上の作業を通じて、冒頭に列挙した筆者自身の従来の済農倉理解に不備のあることが明らかとなった。こうした諸点については本文の中で随時触れたが、以下にそのうちの主要なものを記して結びに代えたい。

第一は、済農倉の備蓄米穀の来源に関わるものである。

まず、その一つとしての「勧借」、あるいは「勧分」であるが、従来は、これを「富人」への醵出の勧告であり、済農倉の備蓄の初期の来源をなしたものとして理解していた。しかし、済農倉条約によれば、「勧借」は「年豊米賤之時」に限定されるとはいえ、済農倉米の恒常的な来源の一つであり、かつ「各里中の人戸」に対して一戸当たり一石割り当てられるところの半強制的賦課としての側面をもつ。『傍秋亭雑記』によれば、「勧分」に際しては、「秋粮に於いて帯徴せしむ」、すなわち税糧に附加して徴収されているともされる。これらの点を考えると、「勧借」は済農倉が官倉＝国家の倉であることを反映した重要な政策である。もとより、「勧借」については、「上戸」などの表現に見られるその対象となった階層指定、一戸当たりの徴収額、徴収の方法など、なお不分明な部分もあり、これらについてのより立ち入った検討が必要である。

北京在住の軍官の俸禄分として指定された税糧の交付地点を地元である蘇州・松江・常州府に変更することによって輸送費節約分を備蓄にまわした点については、「済農倉条約」以外の諸資料で確認された。『傍秋亭雑記』では軍官のみでなく、文武の公侯の俸禄とされている。また、税糧全般の附加部分としての加耗の割り当て方法を定率化し、水次倉の設立で徴収方法を一括化したことによって生みだされた余剰を備蓄へ振り向けた点については、「済農倉条約」以外の諸資料で改めて確認された。しかしながら、「済農倉条約」によって明らかとなった備蓄の来源に関する興味深い事実は、市場価格による米穀買い付けのために使用される官庫所蔵の貨幣としての鈔が「商税等の項の課鈔」であったこと、買い付けにはほかに官庫所蔵の貨幣相当の物品としての「盤点過せる庫蔵の布疋」、つまり検査済みの棉布も使用されていたこと、糧長・里長が軽罪を犯した時に支払う罰米も備蓄へとまわされたこと、これらの措置が恒常的なものとして「済農倉条約」上に規定されていることである。

済農倉は、確かに当時の江南デルタ官田地帯からの税糧徴収の危機に直面していた南直隷巡撫周忱による綜合的な税糧徴収制度改革の一環としての側面をもつが、その備蓄は税糧制度固有の合理化のみから生み出されたのではなく、以上に見たように、備蓄自体を自己目的とするさまざまな方法を動員して造成されている。また、これらの方法の中には、「勧借」のように、税糧徴収以外の半強制的な米穀徴収も含まれている。

第二は、済農倉の備蓄米穀物の貸与の対象についてである。拙著では、貸与の対象とされた農民を、税糧を国家に納入する納糧戸のうち、「官豪の家」、「兼併の家」、「富家」などと称される大戸層の対極にある小戸層であるとした。小戸層の具体像については、王直の「済農倉記」の「下戸を先にして中戸を次にす」という部分に依拠していた。今回の作業を通じても王直の「済農倉記」のこの部分が貸与対象者について具体的に言及した数少ない資料であることは確認されたが、こうした具体的言及がない場合も含め、貸与対象者についてより幅広い理解が必要であることも明らかとなった。

すなわち、「済農倉条約」では、「青黄接《つな》がらず、車水もて禾を救うの時、人民食を缺く」場合に米穀を貸与することが、独立した一項目を立てて、明確にうたわれ、遠距離の官倉への税糧輸送時に損失を出した者、及び水利工事に際しての糧食欠乏者への貸与もやはり一項目ずつを割いて明示されている。従来の認識は裏付けられたわけであるが、しかし、「青黄接《つな》がらざる」端境期の糧食欠乏者の項目についても、とくに国家の税糧・徭役賦課の際に用いられる「下戸」・「中戸」などの戸等の表現を用いた階層指定はなく、他の二項目の場合も同様である。さらに、里甲組織を通じて賦課されていた軍需用物資をはじめとするさまざまな貨幣・物品の無償提供の肩代わりや、「孤貧にして倚るなき」社会的弱者に対する救済も実施されているが、この場合にも、とくに階層指定はない。先述したように、「済農倉条約」にも、「勧借」の際には、「上戸」を特定した言及があり、王直は、上述のように、端境期の貸与の対象を「下戸」「中戸」と明言しているが、関連資料の中でこのように階層を指定しない場合が見られることも確かである。

このことと併せて留意したいのは、『況太守集』所収の「太守列伝」では、「耕作の時に」、「貧民に給借すること、各おの二石」となっており、「貧民」一般に二石を一律貸与したとされていることである。『傍秋亭雑記』では、〝正月一五日過ぎになると、朝廷の田を種やす百姓に対し、戸毎に一石が貸与されていた〟旨が語られている。これらの資料の示すところが、済農倉の運用の実際に近いとすれば、貸与対象者は、各県下の大半の農民家族となる。また、常に耕作の開始期、あるいは正月一五日過ぎに一律に済農倉米一石を貸与することが慣行化されていたとすれば、端境期の糧食欠乏者が必ずしも厳密に審査されたわけではなく、一種の生活補助として、いわば無差別に貸与されていたことになる。『傍秋亭雑記』で同時に「時に斗に抵てて還官せしむと云うと雖も、其の実多くは取らず」とされていることからすれば、一種の〝ばらまき〟が行なわれていたともいえる。

済農倉の備蓄米穀の貸与も、その実施の時間的経過の中では、個々の農民家族の経営の具体的な再生産の循環に相即したところのきめ細かい経済的援助というよりは、江南デルタの官田地帯の納糧戸から安定的に税糧を徴収し続けるために行なわれた税糧の一部分の還元、いわば一種の政治的措置としての色彩を強めたのではないかと考えられる。一方で官田税糧徴収固有の問題について周忱に上言し、他方で済農倉についての周忱の政策を顕彰する文章を書いた松江府華亭県人杜宗桓のような存在は、地域社会の側からこうした措置の必要性を察知していたのであろう。

第三は済農倉の通時的位置付けについてである。すでに四－Ⅴ、四－Ⅸで触れたように、一五世紀の末年頃には、済農倉もなお存続しているが、松江府上海県、蘇州府呉江県等の例を通じて見る限り、各県の救済倉庫としては、預備倉の比重が高くなっている。

星斌夫は、その預備倉研究の中で、済農倉についても、的確な位置付けを行なっている。[22] 星によれば、明代の預備倉は、米価調節と救荒のための施設として、洪武二一年（一三八八）から同二五年頃までに全国主要地方に設置されたが、洪武末年以来、その運営に大きな役割を果たしてきた耆民の私的営利行為を契機として衰退し、永楽年間（一四〇三－一四二四）には全く形骸化して、賑恤は、預備倉の名を冠しない府・州・県の一般の倉庫によって行なわれるようになった。宣徳年間（一四二六－一四三五）から復興の機運が萌し、正統五年（一四四〇）以来、本格的に復興した。この際、洪武年間に備蓄穀物の購入と貸与に当たっていた耆民・老人の権限を縮小し、州県官の預備倉に対する管理を強化した。星は、本稿三－Ⅱの『明実録』などの資料[23]に依拠しながら、三府に設置された済農倉の機能は、「預備倉の機能よりも広汎に亘り、預備倉復興の先駆をなした」としている。

救荒や荒政は災害・飢饉に対する中国固有の国家行政による救済措置の総称であるが、その一環をなす施設として明代の救済倉庫である預備倉・済農倉を位置付けるならば、星の指摘は正鵠を射ているといえよう。とりわけ、「済農倉条約」で見た管理運営における地方官府の関与の強さは、済農倉と復興期預備倉との重要な共通点であり、清代へと続く救済倉庫の管理方式の特徴を示すものであろう。これが事柄の一つの側面である。

ただ、預備倉の機能は、正統五年、明朝英宗が、「但し飢荒に遇い、百姓艱窘すれば、即便に賑貸せん」と述べているように、復興期にあたっても、不時の災害救済に限定されている。これに比べ、済農倉の機能は、星のいうように広汎に亘る。この点で両者には顕著な相違がある。先に述べたように、済農倉を周忱による税糧徴収制度改革の枠組からのみ把握する拙著までの筆者の視角は再検討を要するが、済農倉には一五世紀前半期の明朝の江南デルタ官田地帯統治の一環としての性格、固有の共時的性格が拭い難く存在する。

一から四に至る資料の個別的紹介の中で言及した問題はなお残っているが、その検討は、周忱が南直隷巡撫であった宣徳－正統期の江南デルタを、改めて通時的・共時的に考察し、当代の雰囲気を取り出す機会に委ねたい。

註

（1）『名古屋大学文学部研究論集』三八、一九六五年。
（2）東洋史研究叢刊四二、同朋舎出版、一九八八年。以下、拙著と略称。
（3）『周文襄公年譜』については、拙著第三章末の付記「周忱の年譜・文集及び『况太守集』に関する覚書」を参照。
（4）星斌夫「預備倉の復興について」（『文化』一七－六、一九五三年）。和田清編『明史食貨志訳註』（東洋文庫、一九五七年）上巻、倉庫の星斌夫による訳注部分。
（5）清水泰次「預備倉と済農倉」（『東亜経済研究』六－四、一九二二年）。
（6）戸田裕司「救荒・荒政研究と宋代在地社会への視角」

（『歴史の理論と教育』八四、一九九二年）。

（7）遅錯は、『明律国字解』（内田智雄・日原利国校訂本、創文社、一九六六年）吏律、職制「如有遅錯、依律論罪」における荻生徂徠の説明では、「遅は遅々するなり、錯はとりちがえなり」とある。

（8）この時代の江南デルタ諸府におけるこうした負担については、蘇州府の場合について拙著第三章第二節「国家による納糧戸からの諸収取」、同附篇二「十五世紀前半蘇州府における徭役労働制の改革」を参照。

（9）王直については、『国朝献徴録』巻二四「吏部尚書致仕贈太保諡文端王公直神道碑銘」、『明史』巻一六九による。

（10）ここには「張洪済記」とあるが、後述の張洪の伝記によっても、張洪に「済」なる字・号はなく、「済記」は「済農倉記」の脱誤とみなされる。

（11）滌場は一〇月の意。

（12）九府圜法の九府は周代に財貨を管理した九つの官署を指す。九府圜法は財貨を流通させる方法。

（13）張洪については、『国朝献徴録』巻二一「翰林院修撰張公洪伝」による。

（14）胡儼については、『国朝献徴録』巻一二「直内閣国子監祭酒兼翰林院侍講胡公儼伝」による。

（15）ここにいう蘇州府志とは、康熙三一年（一六九三）刊の『蘇州府志』であると思われるが、それ以前に出された明の王圻『続文献通考』においても、それ以後に出された清の『欽定続文献通考』においても、この上奏文に見合う文章を見出すことができなかった。

（16）『况太守集』については、拙著第三章末の付記「周忱の年譜・文集及び『况太守集』に関する覚書」にやや立ち入って述べた。

（17）顧清については、何良俊『四友斎叢説』巻一七、史三、『明史』巻一八四の本伝、及び拙著第四章第二節を参照。

（18）周忱の伝記資料としては、もとより先にしばしば触れた『周文襄公年譜』がもっとも詳しい。本伝は『明史』巻一五三にある。

（19）趙豫の伝には、『国朝献徴録』巻八三「松江府知府安粛趙公豫伝」、『明史』巻二八一の本伝がある。

（20）義役倉の詳細については、拙著附篇二「十五世紀前半蘇州府における徭役労働制の改革」を参照。

（21）水次倉については、拙著第三章第五節Ⅵ「税糧の徴収・発送及びその管理用倉庫の設立―水次倉の設置―」を参照。

（22）星の預備倉研究については前掲註（4）参照。

（23）『明実録』正統五年七月辛丑における「遣官修備荒之政」に始まる条。前掲註（4）星論文で引用されている。後述の英宗の発言の出典も同じ。
『名古屋大学文学部研究論集』第一一九号　史学四〇　一九九四年

【補記】

筆者は一九六九年に一六－一八世紀における国家と地主佃戸関係の関連について三篇の論文を発表し、その中の一篇が本巻第九章となっている。さらに、一九七五年、一八－一二〇世紀の江西省農村における再生産構造の一端を明らかにするため、社倉・義倉に関する論文を執筆し、それが本巻第一三章となった。これら一九六九年・一九七五年の作品は主として清代の農村における社会関係の解明への関心を目的としており、関連するその後の研究については、本巻第九章の【補記】に記している。

本章は、一九六五年「十五世紀前半太湖周辺地帯における国家と農民」で検討し、一九八八年の拙著『明代江南土地制度の研究』第三章「十五世紀前半における江南官田の再編成」五「明朝国家による税糧徴収制度の綜合的改革」Ⅶ「救済倉庫の設立――済農倉の設置――」に収録した部分を補充する企図に基づいて一九九四年に書かれた。本章における済農倉の検討の主題は一五世紀明朝国家の農村政策それ自身にあり、そこでは救済倉庫のもつ多様な機能が論じられている。本巻第九章【補記】には、「中国の穀物備蓄制度」を対象とした古市大輔による二〇〇二年の研究史整理を紹介しているが、本章は、そこで古市が商品流通や商品市場への関心に基づくものとする一連の研究成果とも関連をもっている。以下の②－⑥はこの側面での研究文献の一部であり、①及び⑦は救済倉庫全般に関わる文献である。

①星斌夫『中国社会福祉政策史の研究――清代の賑済倉を中心に』（国書刊行会、一九八五年）
②岸本美緒「清代中期経済政策の基調」（『近きに在りて』一一、一九八七年。のち『清代中国の物価と経済変動』研文出版、一九九七年に所収）
③黒田明伸「清代備蓄考」（『史林』七一―六、一九八八年。のち『中華帝国の構造と世界経済』名古屋大学出版会、一九九四年に所収）
④山本進「清代前期の平糶政策――採買・倉儲政策の推移」（『史林』七一―五、一九八八年。のち『清代の市場構造と経済政策』名古屋大学出版会、二〇〇二年に所収）
⑤山本進「清代中期の経済政策――白蓮教反乱前後の四川」（『史学雑誌』一〇〇―一二、一九八九年。のち前掲『清代の市場構造と経済政策』に所収）
⑥則松彰文「清代中期の経済政策に関する一試論――乾隆一三年（一七四八）の米貴問題を中心に」（『九州大学東洋史論集』一七、一九八九年）
⑦李向軍『清代荒政研究』（中国農業出版社、一九九五年）

コラム 1

税糧と徭役の間

江南デルタの官田の毎畝徴収額は、しばしば官田の性格を規定する唯一の指標とみなされてきたが、官田をその内部にとり入れた農業経営の継続を支えていたものは、「税糧」よりも高く「私租」よりも低いという当地方の官田の毎畝徴収額自身の特異性だけではなかった。以下、江南デルタの官田制度の具体像を、官田における農業経営維持の条件としての徭役労働との関連という視角から考察したい。

もっとも基本的な問題としてあげなければならないのは、明初、一四世紀後半以後の中国においても、依然として農民層の重要な支出部分となっていた徭役労働の二大部門の一つとして、里甲正役と並び注目されているかの雑役労働の、官田に対する免除乃至軽減の慣行である。

明代の官田の承佃戸、あるいは納糧戸、すなわち官田税糧を納入する人戸は里甲正役に従事することを義務づけられていた。洪武二四年の戸部の奏准には、「其の全《すべ》て官田を種する人戸有らば、亦た図内に編入して輪当す」という明確な規定がある。すなわち、法制上自らの所有する土地がなく、その経営する土地のすべてが官田であるような人戸も「図」——里甲組織にその構成員として組み入れられ、里甲正役を負担しなければならなかった。自らの所有する土地としての民田がすでにあり、加えて官田の経営に当たっていた人戸は、当然里甲正役に就かねばならなかった。

しかしながら、雑役の場合には、事情が異なり、官田については免除乃至軽減されていたのである。これは、明朝政府の行政法規の集成たる正徳及び万暦の二つの『大明会典』には正式の規定として見出すことができず、その全体系を整った形で明確にする手段は殆どないとさえいえる。この慣行を記録しているのは、主として二、三の文集と、明代の編纂にかかる各地方志の田賦或いは徭役に関する項目であって、各々異なった表現をとりつつも、その存在確認の根拠となっている。従来の研究においても、この点への注意は十分ではなかったように思われる。一つの考え方は、雑役の賦課基準は人丁と私的土地所有とであり、その賦課対象は農村の地主・自作農・自小作農を含む土地私有者であるべきである。官田は国家の田であり、官田税糧の納入者は国家の佃戸であるから、官田は雑役賦課の基準とならず、官田税糧の納入者も雑役の賦課対象にならない。このようなものであったと思われる。いま一つの考え方は、官田と民田との性格を同一視して、暗々裡に、当然雑役賦課の基準乃至対象とされていたとするものであったと考えられる。元来、明代の雑役は、洪武一八年（一三八五）以後にあっては、「丁糧の多寡・事産の厚薄」にもとづいて設定された「三等九則」の戸則を基準として割り当てられるものであったが、藤井宏の指摘するごとく、長江以南のように、田土の生産力が人丁の労働力に比べて相対的に高く評価される地域においては、資産の中で最も明瞭な不動産であるという理由もあって、明初以來、田土がかなり重要な基準として把えられてきたことに留意する必要があろう。このような前提を置くとき、明朝政府にとって、その財政、具体的には全国的な交通通信事業の維持や地方行政の運営に必要な労働力と経費を支弁する不可欠の要素としての雑役労働の賦課対象として、この地域において大きい比重を占める官田は、当然無視することができなかったと予想される。

しかし、他方、官田税糧の納入者となった農民にとっては、あるいは、官田を国有の土地として法制的に厳密にとりあつかう立場から表現すれば、官田の承佃者となった農民にとってはどうであったか。私租よりも低いとはいえ、民田の「升」に対して「斗」を単位とする毎畝徴収額が設定されているこの特殊な田土を基準乃至対象として、さらに雑役労働を課せられることは、相当の重荷である。従って、政府としては、積極的に官田政策を推し進めてまず現物租税としての税糧収入を確保しようとする以上、官田をその経営にとり入れた農民による官田税糧納入の継続が実際に可能か不可能かという角度から、何らかの措置をとらねばならなかった。このような意味から、官田を雑役労働割り当て（編審、僉《セン》差、あるいは賦課）の基準乃至対象としては除外するか、或いは割り当てに際しての換算率を軽減するという慣行が存在していたのである。

ところで雑役労働の免除乃至軽減ということ自体には、一五世紀前半宣徳以降一六世紀の正徳・嘉靖期へと、雑役を通じての政府・官僚の収奪が強化されるいわば「役の時代」に対し、ともかくも中央集権の基礎を固めるため財源としての現物租税を求めた国初のいわば「税の時代」にあって、より多く、より速やかに農業生産物を農民層から獲得しようとする政府がとったところの、一時的な措置であるという側面がある。又、官僚、軍戸、匠戸、竈戸などにはそれぞれの任務自身を特別な役とみなし、通常の雑役を免除するという慣行と共通する側面もたしかに存在する。官田のみを耕作するいわゆる全種官田戸中の極貧層には雑役を賦課し得ないという現実も想定できる。にもかかわらず、雑役労働の免除乃至軽減というこの問題は次の点からして重要である。すなわち、蘇松地方をはじめ、明代中葉以降にあっても、毎畝当たりの税糧徴収額に格差が存在している地方において、この慣行が根強く残存していった事実は、この時代の国家権力による農民層からの税・役収奪が、極端な表現をとれば、「税重ければ役軽く、税軽ければ役重し」というように、もはや一定のバランスを保つことなしには、不可能になって来たことを暗示するのではないかと思われるからである。少なくとも制度の基本的原理としてはこうした考え方が貫いていたように思われる。拙著で述べるように、一六世紀前半から中葉前後にかけての江南デルタでは所謂「均糧」・「徴一」、すなわち税糧における改革が徭役における改革と同時に進行していく。こうした税・役両改革の同時進行は、右に述べた見地からすれば極めて当然のことで、税・役両者の賦課方法が嘉靖期以前から、密接な内面的関連をもっていたことの一つのあらわれである。官田の多いしかも田土の生産力の高いこの特異な地域にあって、税・役のバランスの問題は、とくに鋭く意識されたのであろう。この点は当代の中国社会における国家権力のあり方に一つの示唆を与えるものとしてさらに深く追究されるべきであろう。

（拙著『明代江南土地制度の研究』第二章「明初江南官田の存在形態」同朋舎出版、一九八八年。本論集本巻第一章、参照）

第二部　土地所有

8　一四世紀後半浙西地方の地主制に関する覚書

はじめに

一四世紀の後半期にあたる明初とは、いったい、長期にわたる中国封建社会の歴史のどのような段階にあたるのであろうか。中国近代における民衆の解放の条件が、明初ではどこまでつくられていたのであろうか。かかる問題を解く鍵としての、この段階の基本的な生産関係は何なのか。朱元璋政権とはどのような性格をもつものなのか。かつて古島和雄は、「朱元璋の統一は農民の階級的立場に対する地主的反動の上に成立したものと考えられる」と述べ[1]、田中正俊・佐伯有一は、「明の政府は、科挙を通して、地主官僚によって構成され」「政府の中核をなす地主官僚層が、皇帝の名のもとに、しかし独自の階級として、明の国家を支配した」と述べた[2]。古島・田中・佐伯らの一般的規定は、漠然とわれわれの共通の認識になっているが、一四世紀後半、明初段階における基本的な生産関係の現実の存在形態はいまだに必ずしも具体的に把握されておらず、朱元璋政権とかかる生産関係との連関についても同様である。しかしながら、一七世紀明末清初を中心とする時期の地主制研究のために基礎的な問題提起をしてきた北村敬直・古島和雄が、一四世紀後半の明初段階の地主制について加えている理論的分析は、今述べた点を明らかにする上においてもかえりみらるべきであろう[3]。

一九五〇年二月、北村敬直は「中国の地主と日本の地主」(4)を発表した。ここでは、一〇世紀以降の中国封建社会における下部構造の特徴を明らかにするために、「清代の時代的位置」(5)及び「明末・清初における地主について」(6)において彼自身が検討してきた地主制の性格をめぐる問題が、再び反省的にとりあげられることになった。北村は、唐末から宋初にかけての時期に、専制国家のもとにおける土地私有制の上に成立した地主制が、専制国家的政治機構とともに、明初においても量的、質的に断絶をみることなく、宋から清まで連続していくことを確認する。これは、宋元時代の豪族地主制が朱元璋の官田政策によって一段高い層次における地主制＝国家的地主制として再編成されたというそれまでの自己の見解の否定の上に立った確認であった。さらに北村は、この期間における税役制度（北村は賦役制度と呼称している）の特徴に注目し、中国の地主制の特質についての新たな問題を提起して次のように述べる。

すなわち、賦は土地所有者＝地主（事実上は自作農、自小作農を含む…森）に課される。地主は佃戸から租＝地代を収める。官－民、地主－佃戸の二系列が地主を媒介として重層して成立してゐる。しかし役は地主、佃戸の区別なく各戸の壮丁に課される(7)（もっとも量的には貧富を按じて等則がつけられてゐる）。そこでは地主も佃戸も共に民として国家の前に立つのであって、官－民の一系列あるのみである。かくて佃戸を主体として考えれば、佃戸の上には地主支配と国家支配との二系列が併存し競合してゐることになる。封建地主を理想型的にいえば、常に農民の一義的支配を志向するものであるから、中国の地主はそこにある弱さをもっており、その佃戸支配は不完全であったといわねばならない。ところで問題はこの佃戸支配の不完全性の歴史的意味にあると思うのである。……宋から清にかけての中国の地主制は、のちに寄生地主的性格を強く具有するようになったけれども、その成立期にあたっては、日本の寄生地主の成立事情と異り、むしろ封建地主として成立すべきものが、よりおくれた遺制に制約されて封建的性格が未成熟におわり、不完全な佃戸支配に止まったのではないか、かかる形態の地主制と寄生地主的性格がそのまま入り込んで、ダブッた形のものとなったのではなかろうかと思うのである。

北村はこのように述べたあと、明清地主における「古い遺制」とも考えられるべき二、三の現象をつづいて指摘する。それは、明清地主が佃戸を直営地の徭役労働に駆使しえなかったこと。佃戸に対する地主の地縁的支配の欠如。血縁的宗族的集団性が強い制約、束縛を与えているために、地主と佃戸との関係が独立した性質のものとして直接的に対抗的関係に結びつけられていかないこと、等である。

一九五〇年一一月、古島和雄は、「明末長江デルタ地帯における地主経営」(8)を発表し、この「地主経営をめぐる関係」を理解するため、明初における地主制と国家権力との関係について分析を行なった。古島はまず、在地の地主層とその権力が明初においても牢固として存在したことを、元末に至る大土地所有の形成、元末の農民叛乱が必ずしも直接には在地の地主権力を対象としていないこと、朱元璋の統一が農民の階級的立場に対する地主的反動の上に成立したと考えられることなどから、主として演繹的に導き出す。その上に立って大約次のような分析を行なう。

公私の別はあれ、官田・賜田等による――さらには明中期以降の商人地主による――在地の具体的な土地用益を含まないところの「不在地主的な大土地所有」が存在する。その下における小作農民層の再生産の維持は、従ってその収租権の基礎は、実に在地の地主層の諸役――古島においては灌漑水利関係における圩長或いは塘長等の諸役――にある。古島の「小作農民」とは、論文の論理構造に従えば、「不在地主的な大土地所有」の経営にあたる直接生産者農民の謂であり、これが佃戸・佃農にあたる。彼の場合、在地地主の土地所有を実現するための労働力は家僕・家丁などの、家族的な関係によって規制された農民であり、森のことばでいえば「おくれた労働力」である。又、「公租」(その中心は両税法によって賦課される田賦、ともに古島の用語)の徴収を、里長、糧長、解戸等の諸役の負担という形で義務づけられていたのも在地の地主層である。すなわち、在地の地主層は、公租の徴収の課役、不在的大土地所有維持のための課役という二重の関係の下で、国家権力による無制約的な政治的収奪の対象となっていた。「専制的支配――国家権力――の基礎をなす里甲制度」は在地の地主層とその権力の存在を前提としている。しかし、在地の地主層が、国家権力の土地所有を含む「不在地主的大土地所有」実現のために、在地の小作農民層の労働力の一定部分を奪われ、かつかかる「不在地主的大土地所有」に従う小作農民層の再生産の維持を義務づけられるということ。このことは、在地の地主層の「小作農民に対する支配力の弱さをあらわし、余剰労働力の収奪を自己の権力の下において完結し得ないことを意味している」。国家権力と在地地主層とは、国家権力優位の側面において統一されている矛盾的関係にある。

北村、古島は、国家権力とのかかわりあいの中で、明初以来の地主制の性格をとらえようとしている点で問題意識を共通にしつつも、北村が地主制を唐末宋初の成立期以来の歴史的過程の中で追求しているのに対して、古島は、元末にいたる大土地所有の形成を認め、元末の農民叛乱の性格について独自の見解を示すなどしつつも、より構造論的に問題を追及しようとしている。又顕著な相違は、北村が、明初段階において、不在地主、在地地主の二範疇をとくに区別せず、地主の労働力として一般的に佃戸を設定しているのに対し、古島が不在地主―小作農民（佃戸）の関係以外に、在地地主―家僕・家丁という関係を別に設定していることである。しかし、注目すべきことは、かかる異なった接近の仕方をとりながらも、寄生地主的性格を強く具有するようになる（北村）、又巨大な商人地主層が形成される（古島）以前の、明初段階における国家権力と地主制の関係の理解において両者が一致していることである。すなわち国家権力の介入による地主の「佃戸支配の不完全性」（北村）であり「小作農民に対する支配力の弱さ」（古島）であり、すなわち地主の直接生産者農民支配の不完全性・弱さである。又、かかる地主の直接生産者農民支配の不完全性・弱さという指摘以上に、国家権力と地主制の関係については、問題が展開されていないことにおいても一致している。

一九六五年、鶴見尚弘は、「明代の畸零戸について」[9]において、「当該歴史段階の国家権力を、具体的な〝中世〟中国に固有な、特定の媒介を経て、いわゆる地主―佃戸関係に如何に関連せしめるか」[10]という田中正俊の問題提起を受けとめた作業を行なった。

鶴見は洪武初年以来の資料の分析にもとづいてこう結論する。明代の里甲制度における畸零戸の現実の存在形態は、「鰥寡孤独にして役に任えざる者」といわれるような、王朝の意図するところとは、必ずしも合致したものではなく、現実には、里内の人戸を階層別に戸等によって分類し、上等戸から次第に下等戸へと一一〇戸を選び、その余剰の戸を畸零戸と称するものであった。

鶴見は、このように畸零戸の、王朝の理念的規定のヴェールの下にある、現実の存在形態を明らかにすることを通じて、王朝による里甲編成の具体的な対象となる農村それ自体に内在する固有な階級的諸関係、身分関係、共同体的諸機能の自立性を明確に認識すべきことを主張した。鶴見のこのすぐれて構造論的な見解は、北村、古島らが、国家権力と地主制との関係において、結局、地主の佃戸支配の不完全性を一般的に指摘するにとどまっていた状態を前進させる可能性を示唆したものであり、かつ、地主の佃戸支配における固有の強さを明らかにするという方向を暗々裡に示している。

筆者は、従来、明代の官田制度の具体的な存在形態とその展開、崩壊の過程を明らかにしながら、一四世紀段階以降における国家権力と土地所有、地主－佃戸制、直接生産者農民との関係の特質を追究してきた(11)。とくに一九六五年には、一四世紀後半から一五世紀前半にかけて、長江下流・太湖周辺地帯において、地主と奴僕・地主と佃戸間における封建的生産関係とならんで、明朝国家権力が、執拗に、農民・農民家族を労働力そのものとして全面的に、かかる意味で直接的に把握しようという意図をもち、現実にその体制を施いていたことを明らかにしようと試みた。これらの作業は、従来の地主制研究における国家権力の位置づけの不十分さを克服しようとしたものであった。しかしながら、とりあげた素材が設定した問題と必ずしもかみあわないという傾向に陥入りがちであり、結局、北村、古島が追求した、国家権力の介在による地主の直接生産者農民支配の不完全さという指摘の確認すら今日に至るまで充分にできていない。もちろん、一四世紀後半、明初段階以降の封建的生産関係の総体的把握にも進みえず、一〇世紀、宋代以降の諸関係との関連もつかめていない。さらに、当初から、農村の共同体的機能と再生産過程に関する分析には欠けていた。鶴見の見解は、一方で、このような筆者の方法的欠陥をつく性質をもっている。今、筆者自身のかかる欠陥を克服していく体制はできていない。ただ、それをつくりあげていく準備として、朱元璋政権確立期の浙西地方、太湖周辺地帯における地主－佃戸関係の現実の存在形態にかんする具体的な資料を若干提示し、同政権確立期の同じ地方における一つの政治過程、及び同政権の地主、佃戸に対する政策の若干の特徴を明らかにし、とくにこの段階における生産関係の特質ならびにかかる生産関係と国家権力との関係を検討するための素材としたい。本稿の全体はかかる意味での研究ノートである。

なお、かつて、愛宕松男は、「朱呉国と張呉国――初期明王朝の性格に関する一考察――」(12)において、朱元璋政権の性格を、集権的専制国家を構成する完成された諸制度の特質から論理的に演繹することによってではなく、政権成立の過程そのものを通じて明らかにしようという方法を示した。さらにこの過程において、淮西地方の経済的後進性に逆に規定され、それを克服するため統治権の単一集中化を追求して来た朱呉国、浙西地方の経済的先進性に逆に規定されそれに安易に依存する立場から退嬰的な保境安民政策――統一を必ずしも志向せぬ自立化――をとった張呉国。この相矛盾する両呉国の性格が朱元璋政権に包含されていることを指摘した。愛宕が行なった個々の事象に対する評価には検討を加えねばならない点があり、又愛宕はここで田中・佐伯らが問題にしてきた政権の階級的性格を必ずしも明らかに示してはいない。しかし、上の方法と指摘とは今なおかえりみらるべきであり、本稿も愛宕の分析に示唆される所が多い。ほかに本稿は、清水泰次の「明太祖の対権豪策――特に張呉の戦犯及び蘇州の豪農について――」(13)からも教示を得ている。

一　地主―佃戸制をめぐる若干の資料

洪武三年（一三七〇）に死んだ楊維禎[14]は、元年（一三六八）一〇月に彼の居住していた松江府へ派遣され税糧の徴収事務に当たっていた大司農丞抗仲玉の帰朝を送って、序を書いた[15]。楊維禎はこの序の末尾でとくに次のことばを新たに成立したばかりの明朝国家の官僚たる抗に与えている。

　抑もそも、余、仲玉に告ぐる者有り。主上新たに浙地を収め、官・民の田土、夙に成籍（完成した税糧徴収台帳）有り。然れども**佃人の租額は、歳ごとに地主の為めに増さるる有るも減ぜらるる無く**、阡陌は日に荒れ、庄佃は日に貧しくして今に至る。蓋し窮極《きわま》りて手足を措く所無し。農丞の秩、上《かみ》大卿に亜《つ》ぐ。而らば吾が庶士の生を司る者、帰りて主上に覲《まみ》え、主上呉民の疾苦を問わんに、倘《も》し以て之を言う有らば、三呉の農幸いなり。

明朝国家権力が、たとえ松江府を含む浙西地方、太湖周辺地帯において税糧の徴収権を把握し、台帳に官田、民田の区別を付して土地を登録したとしても、それらの土地を経営・耕作している直接生産者佃人が土地所有者たる地主に納入すべき租の額は、地主の意向によって増される一方であり、その中で土地は荒廃し、佃人は日々窮乏化していくと楊維楨は指摘するのである。国家権力が税糧徴収の確保をはかろうとするとき、この地方では、「地主」―「佃人」の関係がただちに想起されなければならないという事実が、この指摘で示されていると考えられる。しかもその関係は、地主が収租権を行使し、税糧の多寡乃至地主の都合に応じて佃租の多寡を規定する可能性を孕んだ関係である。もちろん、この資料の「地主の為めに……」云々という経過から、租税重→佃租重という関係の実在を絶対的なものとして導き出すわけではないが。

一方、この時点において、明朝国家権力の徭役労働徴収の方法にも、地主―佃戸制の明白な反映が見出される。明朝成立期、洪武元年（一三六八）以来、均工夫役－緊急を要する各種の土木工事のための徭役労働－が、浙西地方を含む直隷一八府州と江西三府において、田一頃につき一人の比率で割り当てられたことはよく知られている。[16] この均工夫役について、『明実録』洪武三年七月辛卯には次のような記事がある。

毎歳農隙に、其夫をして京に赴いて役を供せしむ。歳ごとに率ね三十日にして遣帰せしむ。**田多くして丁少なき者は、佃人を以て夫に充てしめ**、其の田の戸（この場合「田戸」とは、前後の関係から該当する田土の所有者即ち地主と考えられる[17]）より米一石を出して其の費用に資せしむ。佃人に非ずして畝を計りて夫を出す者は（他人の田土と併せて一頃とし誰か一人を出す場合）、其の資費は則ち田一畝ごとに米二升五合を出さしめ、百畝にて米二石五斗を出さしむ。

田多くして丁少なき者（もの、乃至場合）とは、自己の所有する土地を他の農民＝佃人の労働力によって経営させている地主に他ならない。そもそも田一頃ごとに丁夫一人を出すという基準自体、一頃＝百畝がこの地方の標準的農民家族の経営規模をはるかに上まわるものである以上、地主的土地所有者にのみ該当するものであり、朱元璋自身が「役が貧民に及ぶのを恐れ」て決めた基準である。[18] このような一頃＝一人の基準自体の中に施行地域における地主的土地所有と地主－佃戸制の広汎な存在が示されている。[19] 地主の所有面積がもし、一頃ほどにとどまるならば、田の面積と丁の数とは均衡を保ち、一戸の地主家族の内部からでも役に応じうる。しかし、田多くして丁少なき者とは、実は、それ以上の田土＝土地を所有する場合をも含む。これらの場合に土地所有者が「佃人」を以て夫に充てることができるという規定は看過しえない意味をもつ。すなわち、この規定は、田多き者＝地主と佃戸との間に、土地所有者と小作農民との間に、契約による単なる貸借関係を越えた、日常の場における共同体的規制を媒介にした人格的、身分的関係の存在があったことをうかがわせるのである。「佃人」は地主が代役を命じればそれに従わねばならないという地位にあったのである。国家権力は均工夫役の賦課に際してかかる性格をもつ地主－佃戸関係を容認し、それに依拠していたとみなければならない。

さらにこの時点では、国家権力の税・役徴収の過程のみならず、それが規定しようとした郷村における礼の制度にも、地主－佃戸関係の明らかな反映がある。朱元璋が天下の「礼義風俗」を正すために発した『明実録』洪武五年五月丁卯所載の詔勅にそれが見られる。

郷党にて歯を論ずる（年令による序列を決める）は、古より尚ぶところなり。凡そ平居（日常）の相見揖拜の礼（挨拶）は、幼（年少）者より先ず施せ。歳時の燕会の坐次の例は、長者上に居れ。佃、田主に見《まみ》ゆるには、歯序を論ぜず（年令による序列にかかわりなく）、並びに少の長に事うるの例のごとくせん。若し親族に在らば、主、佃に拘わらず、親族の礼を以て之を行なえ。

郷党の序列の決定に際して、この詔勅はどうしても地主－佃戸の関係を避けてとおることはできなかった。独立した所有と経営を併せもった農民、所謂自作農の場合はここでは触れられていない。この場合は所有・非所有の関係外のものとして除外されたのであろう。ともあれ、この詔勅では、日常生活や季節の宴席において一般的に長幼の序が規定される他に、とくにこの主佃の関係が問題になるのである。親族の場合に「親族の礼」が主佃の関係に優先するという宗法的秩序が設定されていることは地主－佃戸の対抗関係を隠蔽するものとしても、決して見のがさるべきではない。が、何よりも年令にかかわりなく「少が長に事える」という形で、とくに差別を設けて地主に対する佃戸の関係が規定されていることに注目しなければならない。ここには、主僕の分の段階に比べて明らかに佃戸の相対的地位は向上しているとはいえ、地主に対する佃戸の人格的、身分的関係がある(20)。郷党における礼の秩序は、国家権力が当為として理念的に設定したものであるが、当時の農村の社会関係の一定の現実の反映されたものであることは疑いない。

ところで洪武初年においてこのように厳然として存在する地主－佃戸関係は、それが土地所有者＝地主による直接生産者＝佃戸からの地代＝佃租の搾取関係であるかぎり、必然的に両者の敵対的関係を内包する。やや時期はおくれるが洪武一九年（一三八六）一二月に完成した(21)『御製大誥三篇』「臣民倚法為姦第一」は、湖州府における佃戸の地主に対する抗争を記録している。

安吉県民金方は、本県民潘俊二の田、〔一〕畝六分を佃種せるも、両年の田租を交還する（おさめる）を行なわず。其の潘俊二、金方の家に赴き取討せんとする（とりたてようとする）に、本人（金方）は反《かえ》りて嗔怪・発狠するを行ない（立腹し、怒気を発し）、潘俊二を将て害民の豪戸と為して幫縛し（しばりあげ）、本人（潘俊二）の黄牛一隻、猪一口を騙要し（だましとり）、宰して衆人を請して（招いて）飯喫せしむ（ごちそうした）。又虚《いつわ》りて潘俊二に、已に田租を収め并びに曾て牛隻を騙要せずとの文書三紙（通）を勒要し（むり強いし）、然る後、潘俊二を幫縛して前来せり。

烏程県の民余仁三等二十九名は、本県富民游茂玉の佃戸に係る（である）。游茂玉は、水災にて余仁三等各おの食を欠くを見るが為に、自己の糧米を各人に俵借《わかちか》して食用せしむ。其の余仁三等、備辦（調達）して交還せず、却りて游茂玉の取討するを嗔《いか》り、因りて頑民百余人と結構し（ぐるになり）、本人の房屋門戸を将て倶に各おの打ち砕けり。游茂玉は、凶頑なるを見しが為に、他処に潜躲す（かくれた）。余仁三等、游茂玉の家に於いて、原《もと》の借米文約《しょうしょ》を捜出せり。其の糧長閔益、亦た其の中に在り、同悪相済け、原の借本文約を将て名を唱えて各戸に俵還せり（わけてかえした）。（中略）〔そのうえ〕却りて游茂玉を豪民と作《な》し、幫縛して京に赴かしむ。

後の場合、佃戸たちが借米の証書をとりかえし各戸に返還する過程で、佃戸たちの当の相手の富民游茂玉と同じ「富民層」に属すると考えられる糧長閔益が佃戸たちの側に加わることによって事件の性格がやや複雑になっている。しかし、この二つの例の基底にあるのは搾取関係であり、生産の担い手である佃戸が佃租の納入・借米の返還を拒否するという形で、土地所有者たる地主に敵対したことが事件の本質的内容である。国家権力はこのような搾取関係に起因する個々の敵対行為を容認しないという態度を『大誥三篇』において示したのである。なお、後の例は、地主が進んで米を借すというように、佃戸の再生産過程に関与し、「保護」を与えていたことをも示している。

洪武初年の浙西＝長江下流、太湖周辺地帯を中心とする江南において、地主－佃戸関係が明らかに存在し、しかも国家権力がこの関係を強く意識し、その政策がこの関係を常に媒介とせざるを得ないほど広範囲に、強固に存在していたことが確認されなければならない。又、この段階で地主の佃戸に対する関係は、単なる土地貸借の枠に限定された一般的、抽象的な人と人との関係を越えた、日常的な接触をもつ人格的な性質を具有していたことも、ほぼ推定しうるのである。

二　銭鶴皐の蜂起

朱元璋が皇帝の位に即き、国号を大明とし、年号を洪武と建元したのは、一三六八年一月であった(22)。朱元璋政権は中国を支配する明朝国家権力となった。その前年、呉元年、一三六七年の秋まで、朱元璋政権は最も強力な敵対勢力であった張士誠政権を、蘇州府（元の平江路、一三六七年九月までは張士誠政権によって隆平府と改称されていた）の一城に孤立させ、大軍による包囲攻撃を継続していた(23)。この四月、蘇州府に隣接する松江府上海県の民銭鶴皐は朱元璋政権に反抗して武装蜂起を行なった(24)。朱元璋政権の支配下に入った地域においてそれに反抗する蜂起は、『明実録』の記載のみによっても、乙巳の歳、一三六五年七月癸酉、湖南省沅陵県の民向弥八の乱をはじめとし、洪武年間を通じて絶えまなく持続している。しかし、長江下流、太湖周辺のデルタ地帯、とくに蘇州・松江・嘉興・湖州の四府についていえば、公然たる大蜂起は、この銭鶴皐の乱以外にはほとんど記録されていない。もちろん『明実録』がこの蜂起をかなり詳しく叙述するのは、それが、客観的にも、朱元璋軍が孤立した張士誠政権の異常に粘り強い抵抗にあって、包囲が長びいている、まさにその時、背後からこの包囲をおびやかすという重大な影響をもっていたことに一つの理由をもつ。況んや、銭鶴皐が、その旗に元の字を記し、あるいは張士誠の旧部将と結ぶという行動をとった[25]ことによって、この蜂起は、朱元璋政権にとっては、一つの偶発的個別的な事件以上の政治的意義をもった。このことも実録の叙述の密度を高めた理由であろう。だが、かかる当面の地理的条件からする軍事的意義、当面の指導者銭鶴皐の行動のもつ政治的な意義をこの蜂起がもっていたにしても、蜂起が、銭鶴皐の周囲に農民をはじめとする多数の生産者たちを結集して行なわれたものであったことこそ、朱元璋政権への深刻な打撃であり、実録の叙述を数行にとどまらせえなかった所以であった。

　この蜂起が一定の社会的基礎をもっていたことは、銭鶴皐の余党と称されるものが、三年八カ月以上ものちになって摘発されていることにも示される。

　松江の盗銭鶴皐の余党を宥《ゆる》す。初め鶴皐乱を作《おこ》し、誅に伏す。其の余党、株連已《や》まず、是に至りて復た逮《とら》えて百五十四人に至る。法、皆死に当たる。上曰く、賊首既に誅す。此《かく》の〔ごとき〕脅従者は倶に其の死を貸《ゆる》し、蘭州に謫戍せよ。（『明実録』洪武三年十二月戊午）

そして蜂起とその弾圧をめぐる軍事的衝突は、この地方の農民の生産と生活にも打撃を与えた。蜂起直後の松江府の状況はこうである。

　淞の両邑、華亭・上海、歳ごとに亦た〔税糧〕一百五十余万〔石〕なり。張氏来りて自《よ》り、兵賦繁《しげ》く興り、民力単《おとろえ》たり。重ねて銭氏の禍に罹り、群萌凋喪し（もろもろの芽生えがしぼみおとろえ）、流走する者、十の六七なり。
（楊維楨『東維子文集』巻三「送華亭主簿張侯明善序」）

しばらく、同時期資料である『明実録』呉元年四月丙午朔―A、及び陶宗儀―B、陸居仁―C、楊維楨―D、の三人の文を中心に蜂起の経過と内容を追おう。[26]

丙午の歳、一三六六年八月、朱元璋政権は、蘇州、松江、湖州、嘉興、杭州などの両浙地方に対して、すなわち両淮の支配地域を失った張士誠政権の一方の、しかし中心的な基盤に対して総攻撃をかけた。同年末迄に、朱元璋軍は湖州、杭州、紹興、嘉興を次々に占領、蘇州府も府城のみを残し、呉江、太倉、崑山、崇明、嘉定の各城を占領した。やがて呉元年、一三六七年に入ると、張の松江府守臣王立中も府城を明け渡して朱軍に降伏する。(27) まもなく、常遇春とともに攻撃軍の総司令官であった大将軍徐達は、占領した「各府」に命じて、民の土地所有額を調査し、その額に応じて京師応天府の城郭を葺くために甓《へき》（レンガ）を徴発させようとした（A、B）。三月庚子、松江府には、この城甓九〇〇〇万を調達して南京に送ることが命じられた。知府荀玉珍は、その命令を府下の華亭、上海二県に下し、割当分を二県の「民」から一律に徴収しようとした。「民」はみな嘆きうらんで「資業を罄《つ》くし精力《ちから》を罷《つか》らすも能くせざる所なり、如し什一、令に慢《おく》るれば、速《まさ》辜将に必せん（ただちに罪せらるること必定）」といった。そして、「父子老弱、脰《くび》を係《つな》げ、手を束ねて、路に相及《つ》ぐ」といった状態であった。（B）新しい支配政権の軍令による大量の物資徴発に対する不満が鬱積していたのである。銭鶴皐は、このような民衆の声を背景にして蜂起を呼びかけた。銭鶴皐自身にとっても、蜂起は「今日の事、已むを獲ざるのみ」（D）と考えられていた。

是に于いて銭鶴皐、機に乗じて難を海徼に発し（乱を海辺におこし）、元を尊び爵を仮り、浮辞を扇《あお》り、衆聴を蠱惑し、号を建てて一呼すれば、熛至蠭起せり（飛ぶ火のように蜂起がまきおこった。原文では熛至は熛止であるが筆者が意を以て訂正した）。（B）

海浜豪民銭鶴皐、惷《おろか》にして、貲を竭《つ》くすも〔辦ずる〕能わず、勢必ず期に後《おく》れんと、軽ろがろしく度《はか》り、乃ち曰く、其の供して死せんよりは、寧《むし》ろ闘いて以て死せんと。是に于いて〔以下四字不明〕忿《いか》り、郷の罷農を烏合し、耰鉏（すきくわ）を持して松〔江府城〕に入り、〔以下五字不明〕新守荀玉珍を殺さしむ。（C）

大姓銭なる者、烏合して起ち、竿を翦《き》って槊《ほこ》にし、帨《てぬぐい》を掲げて旆《はた》にし、関《もんばん》を斬り松城に入り、首《はじ》めに長吏を

殺す。（D）

鶴皐令を奉ぜず、乱を倡えんと欲し、因りて衆に号して曰く、吾等、力辦ずる能わず、城完《な》らざれば即ち死を免れず、曷《な》んぞ若《し》かん、生路を求めて以て富貴を取らんには、と。衆皆之に従う。遂に張士誠の故元帥府副使韓復春、施仁済と結び、衆を聚むること三万余人に至る。（A）

これら同時期資料の叙述は各々出入があるが、蜂起の主体勢力について次の点を読みとることは可能であろう。

蜂起を呼びかけた銭鶴皐は、「大姓」「豪民」とよばれる土豪的階層に属していた。

蜂起に参加した民衆は、まず第一に「郷の罷農」、すなわち郷村の困極労弊の農民・疲れたる農民といわれる貧窮の農民であった。

民衆は、第二に、「父子老弱」云々（A）というごとき郷村ぐるみの不安を基礎にした多数、すなわち、「衆」であり、三万余人にも達した。

民衆は、さらに、第一、二からして当然のことであるが、「竿《さお》を翦《き》って槊《ほこ》にし、帨《てぬぐい》を掲げて旆《はた》にし」、「耰鉏（すきくわ）」を武器にする生粋の直接生産者農民であった。Aの続く叙述によれば、徐達が弾圧に派遣した葛俊は、銭鶴皐の子「遵義の率いる所の敵の衆は皆農器を操るを望見す」と述べている。

第四に、銭鶴皐の蜂起の呼びかけに対する民衆の参加は「号を建てて一呼すれば、慓至蠭起す」といわれるように切迫した要求の下に強い内発性をもっていた。

なお、蜂起の主体勢力について注目すべきは、松江府下の塩の生産者たちもこれに呼応したことである。「各塩場、倶に令丞を殺して以て銭に応ず」（C）、「塩司の官を羅捕す」（B）、「袁（浦場）（塩場の名）の部令李粛、管勾袁普、械せられて銭軍に至る」（B）等々と記録されている。

銭鶴皐に率いられた蜂起軍には、同じ松江府に属するもう一つの県、華亭の民衆も、「華亭の人、乱に従う」（A）

というように、呼応した。農民の蜂起は、塩の生産者をも含んで朱元璋政権に対する一大反抗斗争に発展しようとしていたのである。ところで、蜂起の契機になった「甓」「磚」（レンガ）の徴発は、「各府」、すなわち朱元璋軍に占領された湖州府、嘉興府、附郭の長洲・呉の両県を除く蘇州府下の各県、杭州、紹興等の府にわたる周辺の地域にも命じられている。従って、蜂起の影響はこれらの地域にも及ぶ可能性をもっていた。今、これらの地方で、銭に応じた民衆の主体的な蜂起を示す資料はない。しかし松江府の蜂起軍が、共通の条件をもつこれらの地域に進出していったことは明らかである。蘇州府嘉定州（後、県になる）では、「上海民銭鶴皋、乱を作《おこ》し、城に入りて之に拠る(28)」、嘉興府では、「松冦銭鶴皋来りて城を襲う(29)」、と記録されており、湖州府でも、「銭鶴皋反す、嘉興声揺す、〔同府下〕徳清〔県〕の民、皆逃散す(30)」というごとく、その影響は大きかった。

甓の徴発に反対する農民を中心とする民衆を結集したこの蜂起軍は、直接の徴発機関たる朱元璋政権の地方官僚を殺害、逮捕し、地方官庁を占領した。すなわち、蜂起軍は、松江府治を占拠し、官印を奪い、知府荀玉珍を殺害した（A・B）。又、華亭知県馮栄、上海知県祝挺を逮捕した（A～D）。指導者銭鶴皋は、この上に立って、自己の率いる蜂起軍の権力機構を樹立しようとした。鶴皋は自ら行省左丞（元の江浙行省左丞の意か）と称し、旗に元の字を記し、瓦を刻んで印をつくり、官僚を置いた。姚大章を統兵元帥に、張思廉を参謀に、施仁済・谷子盛を枢密院判に任命した（A）。つづいて銭鶴皋は、その子遵義に小舟数十を率いて蘇州に走らせ、張士誠に帰属して救援を求めようとした（A）。又蘇州府崑山県蕭墅の「豪俊」であり、元の万戸府の官であった張漢傑・伯庸父子にも援助を乞うた(31)。この時、銭鶴皋は、朱元璋政権に敵対するあらゆる勢力と結んで、松江府に樹立した蜂起軍の権力機構を維持しようとしたのである。

朱元璋政権は、この段階で、蜂起軍の弾圧を開始した。先にもふれたように、大将軍徐達は、驍騎衛指揮葛俊を派遣して、蜂起軍を攻撃させた。「農器」のみをもつ蜂起軍に対して、葛俊の率いる朱元璋軍は火器で攻撃をかけ、その威力で蜂起軍を圧倒し、華亭県治をも内に抱えた松江府城に進んでこれを攻略し、鶴皐を逮捕した。鶴皐は徐達の下に檻送され、斬殺された（A、B、C）。

このように、『明実録』及びその他の同時期資料のうちB、Cの二点、さらに一六世紀正徳年間に刊行された『松江府志』巻三二、遺事は、農民を主体とする蜂起軍が、なすところなく潰滅したことを強調している。しかし、広汎な松江府下の民衆の蜂起に恐怖した朱元璋政権の軍隊が、軍事的勝利後も、華亭・上海二県の民衆の大量殺戮（屠其城、屠邑）を行なおうとさえした（A、D）ことは記憶されねばならない。華亭県においては知県馮栄の、上海県においては知県祝挺の請によって、その事は中止された（A）ものの、銭鶴皐の蜂起が、松江府下の農民の共通の要求にもとづいて広汎な支持を得、朱元璋政権をおびやかしたことは否定できぬ事実である。なお、蘇州府嘉定州でも同じ事が計画され、知州張率(32)の請によって、嘉興府でも同様に「屠城」が計画され、知府呂文燧(33)の請によって、それぞれ中止されたと伝えられて、周辺部の各府での蜂起の影響の深さを示唆している。

Dは、上海県では知府祝挺の奔走によって、「毛草も動かず」、すなわち一人の死者も出なかったが、隣邑（華亭）では「詿誤を以て死する者相枕籍す」と述べる。しかし同時期資料の一つである『東維子文集』巻二「送馮侯之新昌州尹序」で、Dの作者と同じ楊維楨は、馮栄の努力によって、「幾百数」が死を免れたと述べ、『正徳華亭県志』巻一三、宦蹟、馮栄も、馮栄によって「数万口が死を脱れた」という。Aが両県の安泰をいうことからしても、祝、馮をたたえるそれぞれの立場からなされた叙述上の強調点のもたらした相違であろうが、一方で、B、Cは華亭県で一定の虐殺が行なわれたことをたしかに示唆している。いずれにせよ、屠城、屠邑の記事の意義は右記本文に述べたところに尽きる。

さらに蜂起の弾圧について重要なことは、それが戦闘に熟練した朱元璋政権の正規軍によってのみ行なわれたのではないことである。もともと銭鶴皐は、富裕な商人でもあった華亭県下の父老何潤の懇請によって、知県馮栄の死刑をやめ（C）、上海知県祝挺を逮捕しながら、鶴皐の部下が挺の気力に屈したことによって、挺の引見すらもできないでいた（D）。祝挺は、鶴皐のかかる弱点をついた。彼は囚われた場所からひそかに人を遣わして、「諸の巨姓・里中の長老」に、「逆順禍福、天に非ざるなり、人自ら取るなり、我に従いて賊を擒にし県を復する者有らば、吾れ汝の功を上《の》ぼせん」と命令を告げた（A、D）。命令が至るや、「巨室の有識者」（D）「其の民顧正福等」（A）は、みな武器をひそかに準備し、大船を着岸させて、救出した祝挺を「黄竜の東」（A）「黄浦」（D）に渡河させた。彼は主簿の李従吉等と会し、「義旗」を立て、「民兵」を集めた。民は皆之に従い、指を噛み血で効順を誓った。祝挺は遂に其の衆を率いて上海県治を復し、姚大章を斬殺した（A、D）。銭鶴皐に率いられた蜂起軍は、かくして、自己の権力機構を樹立した直後に、朱元璋政権の正規軍によってだけでなく、朱元璋政権の官僚の指示に従った「巨姓・里中の長」「巨室」の組織する反蜂起側の「民兵」の手によっても弾圧・潰滅されたのである。ちなみに、蘇州府崑山県の「豪俊」張漢傑・伯庸父子も、銭鶴皐の相呼応しようという要請を断わり、銭の使に、銭は叛賊であると述べている（註（31）の記事による）。

なお、祝挺が上海県治を蜂起軍の手から回復したのは四月五日、蜂起開始後五日目である（D）。施仁済らは、このとき既に脱走しており、その党五〇〇〇余人を率いて嘉興府に突入し、倉庫貯蔵の兵糧と武器を奪って逃げたが追撃され逮捕された（A）。

ところで、ここまで用いてきた、陶宗儀－B、陸居仁－C、楊維楨－Dの記事は、まぎれもない同時期の、しかも同地方の記録である。そして、陶、陸、楊に共通した在野の読書人的立場からして、朱元璋政権の側に必ずしも密着して書かれたものでないことも明らかである。しかし、これらは、また、蜂起した民衆の立場に立つものでないことはもちろん、それを指導した豪民銭鶴皐の立場に立つものでもなく、むしろこれらに否定的な観点をもっている。『明実録』－Aも、当然、勝利者朱元璋政権の立場に立つ。これらに対して、後代のものではあるが、清の毛祥麟の

『墨余録』巻四所載の「銭鶴皐」－Eは、銭を叛賊としては扱っていない。又民国の韓国鈞編する『呉王張士誠載記』の「銭鶴皐」伝－Fは、『載記』自身が張士誠を寇賊と比する立場に明確に反対し、「呉張を列国の主と為す」立場に立っており、従ってそれと結ぼうとした銭も張と同じ扱いを受けている。『墨余録』と『載記』は、いずれもその出典を明示していないが、民間に伝承された記録として見すごすことはできないし、銭らの蜂起の性格を明らかにする上での示唆を含んでいる。抄録しよう。

　E、銭鶴皐は故呉越王鏐の後なり。累世富厚、祖文、父大倫、皆慷慨施を好む。鶴皐、性豪邁、知名の士を尊礼し、広く海内の使客と結び、人の阨《くるしみ》を援け、千金を恡《おし》まず、人、豪傑を以て之を目す。世《よ》よ、邑（上海県城）の西南三十余里の王湖橋に居る。華亭の全・賈二生と契友たり。（中略）二生曰く（中略）君の如きは、義を好み、名遠近に聞え、能く財を散じ衆を聚む。仮りに元祚を扶け、天下に号令し、先業を復して非常に建つるは此時に在り。銭、其の言に惑い、遂に士誠の故将韓復春・施仁済等と結び、流亡を招集し、万余人を得たり。至正丁酉（一三五七）秋、士誠元に降り、太尉を授けられ、府を平江に開き、鶴皐を保して行省右丞と為す。明呉元年（一三六七）、大将軍徐達、兵を引《ひき》いて東に下る。松江知府王立中降る。達、荀玉珍に命じて松郡を守らしめ、各属に檄して民の田を験し、輒九千万を徴し、城を甃《ふ》かしめんとす。一郡擾動す。銭、民心変を思うに乗じ、幟《はた》を竪《た》てて起義す。全・賈二生を以て参議と為し、姚大章を統兵元帥と為し、上海に拠り、自ら兵を以《ひき》いて府城を攻む。羅徳甫を以て先鋒と為す。徳甫は銭の佃戸に係る。膽力有り。七戦七捷す。玉珍城を棄てて走る。追いて之を殺す。遂に府城に拠る。華亭知県馮栄を囚《とら》う。別に甥韓世徳を遣わして嘉定に入らしめ、知州張牽を執う。又子遵義をして小舟数十を率い、蘇州に走らしめて士誠と合せんと欲す。（中略）〔戦闘に敗北した後〕鶴皐、縛を受け、京師に檻送さる。刑に臨み、白血噴注す。明祖之を異とし、厲《わざわい》と為ることを恐れ、因って天下に令して壇を設け、鶴皐等の無祀の鬼魂を祭らしむ。

F、銭鶴皐、上海の人。朱呉の将徐達、初め松江を下し、府に檄して土田を験し磚を徴して城を甃かしめんとす。鶴皐命を奉ぜず。遂に産を破って兵を募り、呉王の故吏韓復春・施仁済等と結合し、衆を聚むること三万余人に至り、呉王の為に声援す。巨姓泖湖の謝と号する者、亦た焉に与る。華亭に全・賈二生有り、慷慨奇を好み、幕に入りて謀に参ず。既に義を挙げ、松江を陥れ、嘉定を破る。鶴皐自ら行省左丞と称し、官属を署す。

これら二つの資料は、ここに省略した部分も含めて、蜂起の直接的な契機と蜂起以後の事態の進展に関する限り、先掲の四つの同時期資料と一致している。この二つの資料（E、F）が、とくに強調しているのは、銭鶴皐の土豪・富民[34]的性格であろう。

E、Fに先立って、すでに明代一六世紀正徳年間に刊行された顧清の『松江府志』巻三二、遺事でも「鶴皐、士を愛し賓客を喜ぶ。名勝には多く之を従えて游ぶ」と述べられている。代々、上海城外の郷村に居を設け、富を蓄積し、これを背景に知名の士や侠客と交際をもち、人の困苦を援けるというあり方は、それと一致する。彼の富の蓄積が何を内容としていたかは、E、Fでは述べられてはいないが、三節で述べるごとく、すぐのち、朱元璋政権によって、土地所有額に比例する税糧額を基準にしてこの浙西地方の「富民巨室」の序列が決められていたように、地主的土地所有にもとづくものであることは想像に難くない。このことは、銭の佃戸羅徳甫が、蜂起の先陣を務めたといわれることからしても、想定していいのではないか。そして、蜂起に参加したとされる巨姓としての泖湖の謝氏も、同じく土豪・富民的存在であったろう。新たな権力者朱元璋政権の軍事力の強制を背景とした「田を験し」ての「甓」「甎」の徴発は、地主的土地所有者たるかれら土豪・富民にとって多大の出費をともなうものであったし、佃租額が地主によって増減されうるという当時の地主―佃戸関係に照らせば、かかる地主の出費増は佃戸からの搾取量の増加に帰結する可能性をもつ。さらに、地主―佃戸間に、敵対的関係が核として内包されながらそれの反面としての人格的身分的つながりが存在していたことは、一節にも述べた。とすれば、在地の土豪・富民層が、佃戸とともに徴発に反対することには、充分な根拠があり、この行動は、同時に、佃戸のみならず小土地所有の自作、自小作農民をも含む在地の全ての直接生産者農民の利害と一致すべき性格をもっていた。清代以降のものであるE、Fの二資料は、銭鶴皐の土豪・富民的性格を強調することによって、われわれに、銭鶴皐の蜂起の社会的基礎をこのように示唆する。B、D二つの同時期資料が銭を大姓、豪民と呼んでいることを想起すれば、ここに示唆されたところは、現実の関係そのものだとすることができるのではないか。

たしかに、Eでは、「財を散じ衆を聚む」といい、「流亡を招集し万余人を得たり」という。又Fでは「産を破って兵を募る」という。これらは、銭の蜂起軍が日常の生産関係、生産をめぐる共同体的関係とは無縁な、報酬を目当てに集まった傭兵軍であったことを意味するごとくである。しかし、全ての資料が一致する蜂起の直接的契機は、土地所有を基準とする物資徴発であり、A〜Dの同時期資料から帰納される蜂起の主体勢力は農民を中心とする生産者であり、同じE資料でも佃戸の参加にふれていることからすれば、「招集された流亡」「産のわけ前に預った応募の兵」は、土豪・富民と生産を媒介としてふれあった生産者たちの外縁に位置づけらるべき存在であったと考えられる。そして「流亡」も「兵」も、何らかの形で農村とのつながりを断ち切ってはいなかったであろう。

呉元年、一三六七年、浙西地方の激動する政治情勢の中にあっては、在地の土豪・富民層にとって、土豪・富民的存在形態、すなわち佃戸をはじめとする周辺の直接生産者農民を、生産関係においても、社会関係において自己完結的に支配するものとしての存在形態が、そのまま容認されるような権力機構を自らの手で地方に樹立する可能性が提示されていたのではないか。この道が土豪・富民層の富を維持していく唯一の方法だと考えられるに至っていたのではないか。一部の土豪・富民層にとっては、この可能性は、本質的に階級的敵対の関係をもつ直接生産者農民たちとも多量の物資調達への不満・反対という点で利害が一致し、そのエネルギーを結集吸収しうる情勢がでてきたとき、にわかに現実性に転化すると見えた。

在地の土豪・富民層にとってもう一つの道は、中国の全土を掌握するような集権的権力機構に結集する道である。この場合、右の意味での土豪・富民的存在形態がそのまま容認され、貫徹されていくことは不可能であるが、この場合においても、地主的土地所有・富の維持は、一定の制限――たとえばこの場合甓の徴発に応じるという負担を認める如き――の下に保障される。この道は、単なる「寄生地主」の道であるというよりは、中国封建社会において、生産と結びついた在地地主の内在的要求を反映した一つの道ではなかったか。

銭鶴皐のとった道は前者であり、それは結果として、当時の政治情勢の中では張士誠政権と結びつくものであったと思われる。張呉国と銭鶴皐との結合は、張呉国の大土地所有容認政策、自由経済政策に、銭らの土豪・富民層が同調した[35]と必ずしも直線的に考えるべきではない。

たとえば、楊維楨は、その「復呉王書」[36]において、朱元璋政権の張士誠政権に及ばぬ点をあげるに際しても、決して張の土地所有からする収奪が朱よりも軽いとは指摘していない。むしろ逆に、張が朱に及ばぬ点として、「民を動かし以て邦本を揺がせ――大規模の徭役労働の徴発――、吏術を用いて以て田租を括し――税糧の根こそぎ徴発――、国廩を出納するに上書せず――財政の放漫な管理――」等の点を上げている。又、楊維楨は、別に、「張氏来りて自《よ》り、兵賦繁げく興り、民力単《おとろえ》たり」と指摘している（松江府下の多数の民衆、とくに農民が蜂起した背景には、この張士誠政権以来の収奪の蓄積があった）。銭ら一方の土豪・富民層は、彼らからも収奪をほしいままにしてきた張士誠政権への本来的従属ではなく、自己の土豪・富民的存在形態をそのまま容認・貫徹せしめるような権力機構の樹立を意図していたように思われる。張の故官を登用し、張との結合をはかったのは、かかる意図を、当時の情勢の中に実現していくために余儀なくされた手段であった。それは客観的に張士誠政権への「声援」となった。

上海知事の祝挺によって、蜂起弾圧のために組織された顧正福らの「巨姓、里中に長たる者」や、崑山県の「豪俊」

張漢傑父子などの道は後者であった。彼らが祝挺の命令に応じた背景には、すでに朱元璋政権による集権的権力機構確立への洞察があったであろう。

三　集権的権力機構と土豪・富民層

呉元年（一三六七）九月、徐達の率いる朱元璋軍は蘇州城を占領し、張士誠を逮捕した。(37) 張士誠政権は崩壊した。この時、「其の官属平章李行素・徐義（中略）等、所部将校、杭湖嘉興松江等府の官吏家族及び外郡流寓の人凡そ二十余万、并びに元の宗室神保大王・黒漢等」が逮捕され、応天府へ送られた。(38) 清水泰次は、かかる「官属・官吏・外郡流寓者」の中に「田土を多く占有して豪族的性格を多分に帯びているものもあった」ことを推定している。愛宕松男も、ここにいう「外郡流寓の人」が、「朱呉国の蚕食に当たって難を蘇州に避けて集まった両浙・三呉の富人等であろう」と考えている。(39) ほぼ確かな推定であろう。しかし、この時捕虜として連行された蘇州籠城の「豪族・富人」的存在の他にも、ここに上げられた各府下の、及び地元蘇州府下の郷村には、在地との諸関係を断ち切って籠城することを敢えてしなかった土豪・富人が残存していたことも、銭の例からして確かである。張士誠の権力を打倒して、浙西地方、太湖周辺長江下流のデルタ地帯を自己の支配下に入れた朱元璋政権の農民支配は、地主的土地所有を基礎に周辺の直接生産者農民との一定の結合を保持した土豪・富人層の存在をぬきにしてはありえなかったであろう。

翌洪武元年（一三六八）正月、皇帝位についた直後の朱元璋が、周鋳等一六四人を、占領してまもない浙西地方に派遣し、「田畝を覈実し其の賦税を定め」させたのは、「征斂中を失う」、すなわち過度の税糧徴収によって「百姓を咨怨」させることがないようにするためであった、と詔勅にはいう。(40) 土地所有額の調査と税糧徴収額の設定、これにもとづく「官民田土」の「籍」の完成、すなわち土地所有額・税糧徴収額の登録の完成も、しかし、野にある士人楊維楨の観察によれば「呉民の疾苦」を本質的に救うものではなかったこと、前述のとおりである。当時の地主—佃戸制によって行なわれていた地主優位下の佃租の搾取のもたらす佃戸の窮乏化が解決されることこそ「三呉の農の幸い」であった。生産関係であり社会関係である地主—佃戸制は、厳然として存在している。土豪・富人の存在の物質的基礎はここにあったと考えられる。

洪武元年一〇月、「富人の謀反」を朝廷に告げた民があった。(41) 調査の結果事実でないことが判明した。しかし、三年二月、全国のなかでとくに浙西地方における富民の優勢が報告されていることをあわせ考えれば、その噂がこの地方における謀反をめぐってのものである可能性も多分にある。(42) 現に松江府で銭鶴皐の余党一五四人が逮捕されたのはこの年一二月であった。(43) さらに、こういうこともあった。すなわち、前年、洪武二年二月壬辰の『明実録』の記事である。元の福建行省郎中で、乱を松江府の上海に避けつつ母を養い、張士誠の辟召にも応ぜず、朱元璋のそれをも拒んでいた秦裕伯をぜがひでも登用しようとして、洪武元年、朱元璋は、手ずから一種の脅迫を含んだ書簡を与えた。「海浜之民（松江地方の民）、闘いを好む。裕伯、智謀の士にして此の地に居る。苟《か》りそめにも堅く守って起たざれば、恐らく後悔有らん」と。秦裕伯はやむをえず入朝する。ここには、朱元璋の警戒しているものが、かつて銭鶴皐の蜂起において集中的に表現された土豪勢力であったことがよく示されているではないか。

張士誠政権を打倒した朱元璋政権が、中国全土の集権的権力機構となったこの時期における、土豪・富民の存在形態の一典型は、『御製大誥三篇』「王子信害民第二十五」に示された王子信の例であろう。

嗚呼、民頑にして化し難し。富者其の富を保つ能わず。惟《おも》うに松江府王子信は頑悪最為り。本人田地広く有し、佃戸極めて多し。若し一年に分受せる私租を将て、本分に自用すれば（自分自身の用に充てれば）、其の人口を計るに、豊衣美食して、十年用い尽す能わず。洪武四年、戸を験して糧長に点充す。事を為して死刑を免れ、西河州に発して軍に充てしむ。衛に至るに、就《ただ》ちに本衛に於いて官吏と交結し、後詐計すること多端、私《ひそ》かに逃れて家に還る。又官吏と交結するを行ない、軍身為《た》りと称し、常に佃戸四、五十名を率い、軍容もて粧扮（扮装）し、郷民を擾害し、良善を欺圧せり。事覚《あら》われ、朝廷人を遣わして王子信を勾促せんとするに、本人却りて銭物を将て、累次《しばしば》拿促の人を買求し、多端破調し、急に京に至らず（中略）其の詭詐一に非ず。十九年（洪武）六月初五日、拿獲して官に到らしめ、本貫に於《お》いて梟（はりつけ）し、家産を官に入れ、田産を籍没し、人口を流移せしむ。嗚呼、此くの如き富豪、巨富を以て之を論ずれば、王子信は上の上に非ずとも、必ず上の中にして、上の下には居らず。今為さざる所なく、頑にして教を聴かず、執迷化せず、身亡び家破る、已《おわ》りて後已《や》む。嗚呼、富者之を戒めよ。

この王子信の場合、「事を為した」というのは、あるいは朱元璋政権に対する謀反を企てたことをいうのかもしれぬ。しかし彼の脱走後の行動は、政治情勢の推移にも規定されて、もはや在地の直接生産者農民の要求をも担い、そのエネルギーを吸収して一県一府の単位で蜂起を組織するような規模をもつものではない。ただ、地主として広大な土地を所有し、多数の佃戸と関係をもっていたという事実は、土豪・富民層の経済的基礎の強固さを示すものとして注目すべきであり、又その佃戸四、五〇名を率いることができた点には、土豪・富民的地主と佃戸との間に生産関係にもとづく身分的・人格的関係が存在している可能性が暗示されている。

集権的権力機構確立期において、土豪・富人層の存在から派生するこのような事態に直面して、朱元璋政権はどのような政策をもって対処しようとしたか。朱元璋政権は、たとえば、地主による一方的な収租額の増加というごとき、地主－佃戸制という生産関係そのものに内在する矛盾については、もちろん手をふれることができなかった。

朱元璋政権の政策の一つは、王士信の例のように、土豪・富民の為事＝犯罪行為に対して、逮捕投獄・流刑・処刑・土地所有等の財産の没収などの、厳しい強力による弾圧を行なうことであった。とくに土地所有の没収は、土豪・富民の経済的基礎を致命的に粉粋する有効な方法であり、一五世紀前半、松江府の人杜宗桓の「上巡撫侍郎周忱書」[44]にも、この没収が蘇松地方の税糧徴収額の高い一つの原因であると指摘した有名な一節がある。

国初土豪の田租を籍没す。張氏の義兵為りしに因って籍入せらるる者有り、民を虐げ罪を得るに因って籍没せらるる者有り。

この過程で土豪・富民による地主的土地所有は個々的に廃絶され、その土地は、特殊な税糧徴収率をもつ官田として登録しなおされた(45)。このような場合、土豪・富民の佃戸は、官田税糧の搾取を媒介として、国家と直接封建的な生産関係を結ぶ農民となったのである(46)。

しかしながら、かかる弾圧政策は、その規模の大小・主観的意図の有無にかかわらず実質的に土豪・富民の自立を志向する個々の動きに対して向けられたものであった。朱元璋政権の土豪・富民層に対する政策の基調は、それを集権的権力機構に包摂し、その維持のために積極的に利用することにあった。生産の場である郷村においては、かかる土豪・富民層は集権的権力機構維持のための唯一の基礎であった。朱元璋政権のそのような政策の基調をもっとも端的に表明しているのは、洪武三年二月庚午付の『実録』に記された朱元璋自身の発言である。朱元璋は、これに先立って、天下の「富民巨室」の分布状況を戸部に質問し、「田税の多寡を以て之を較ぶるに、惟だ浙西は富民巨室多し」との回答を得た。

戸部の回答には、浙西の実例として蘇州府の例があげられている。すなわち「蘇州一府を以て之を計るに、民の歳ごとに糧を輸すること一百石以上四百石に至る者四百九十戸、五百石より千石に至る者五十六戸、千石より二千石に至る者六戸、二千石より三千八百石に至る者二戸、計五百五十四戸、歳ごとに糧を輸すること十五万一百八十四石なり」。

彼は、「富民には豪強多し、故元の時、此の輩、小民を欺凌し、郷曲に武断し、人其の害を受く。宜しく其を召して来らしめよ。朕勉めて之に諭せん」と述べ、富民を召集させた。二月庚午の日、入朝した「諸郡の富民」に対して朱元璋はこういう。

汝等田里に居り、安んじて富税を享くる者なり。汝之を知る乎《か》。古人言う有り。民の生くるや欲有り。主無ければ則ち乱る。天下をして一日主無からしむれば則ち強、弱を凌ぎ、衆、寡を暴《そこな》い、富者自ずから安んずるを得ず、貧者自ずから存する能わざる矣《なり》。今朕、爾《なんじ》が主と為り、法を立て制を定め、富者をして以て其の富を保つを得、貧者をして以て其の生を全うするを得しめん。爾等当《まさ》に分に循い法を守らば則ち能く身を保つ矣。弱を凌ぐ毋《なか》れ、寡を呑む毋れ、小を虐《しいた》ぐる毋れ、老を欺く毋れ。父兄に孝敬し、親族に和睦し、貧乏に周《あま》ねく給し、郷里に遜順なれ。此くの如くすれば則ち良民為《た》らん。若し昔の為す所に効《なら》えば、良民に非ざる矣。

この発言の特徴は、富者と貧者の一定の分化の正当性、従って富者の存在の正当性をはっきり認めていることであろう。その上で、天下の主、すなわち集権的権力機構の存在こそが、富者と貧者との関係の固定と永続すなわち富者の階級的利益を保障するものであること、そのためには同時に、富者の側で郷村の血縁的・地縁的社会関係の中で、「分に循い法を守る」、すなわち集権的権力機構の統制に従って一定の自己規制をしなければならないことを強調しているのである。[47] このような発言は、あくまで集権的権力機構としての朱元璋政権の主観的意図であり、理念であるが、発言自体が調査による事実をふまえていることからもわかるように、政権が基礎を置くべき当時の現実を反映した意図なり理念なのである。

以後、このような基調の下に、次々と、政策が実施されていく。洪武三年、百家を一図とし、「丁力田糧の上に近き者」あるいは「田多き者」を里長に充て、「小黄冊図の法」を施行。[48] 四年九月丁丑、「良民を以て良民を治めしむ」るという方針の下、「田土多き者を糧長」に任命するという糧長制を施行。[49] 八年一〇月丁亥朔、「恒産有る者は恒心有り」の観点に立ち、「今郡県富民には、素行端潔、時務に通達する者多し」という認識にもとづいて、「民租の上なる者」（＝多額税糧納入者）の名簿作成とその「素行」の調査を実施。[50] 八年一二月癸巳、犯罪における糧長優遇例の設定。[51]

一四年正月丙辰、「一百一十戸を以て里と為し、一里の内、丁粮多き者十人を推して之が長為らしめ」て、全国に里甲制を実施(52)。一四年二月丁巳朔、糧長を慰労(53)。一九年八月辛卯、直隷応天諸府州県富民の子弟の官吏への登用(54)。三〇年四月癸巳、官吏登用に値する者として、「浙江等九布政司・直隷応天〔等〕十八府州の田七頃に贏る者四一四一戸」の「富民」の名を登録(55)。

さらに、この政策からも推察されるように、地主―佃戸制については、朱元璋政権の方から、むしろその真の維持のための条件が打ち出された。たとえば、洪武三年六月に行なわれた「蘇、松、嘉、湖、杭五郡の民の田産無き者」の淮西臨濠への徙民である(56)。これは、未墾地の多い臨濠を開拓し、同時に「己《おの》が業」をもつ自作農民を創設する目的をかかげて行なわれた。朱元璋政権にこの政策をとらせたのは、同時に、直接生産者たる貧農・佃戸層の力であったことはすでに田中正俊・佐伯有一によって推定されている(57)。まさしく、この徙民は、洪武年間に、山西から中原地方へ、江西から湖広へという方向をも含めてしばしば行なわれた他のすべての場合と同様、「地狭く民衆く、細民田の以て耕する無く、往々末利を負う」という出発地域の状況にもとづいてなされたものである。だが、その故にこそ、この徙民は、ちょうど浙西地方にあらわれていた「佃人租額、地主によって増さるるあるも減ずる無し」というような地主―佃戸制そのものの存在を危くする状況を打開しようとする性格をもつものであることが注目されねばならない。すなわち佃農の一層の貧窮化を防止し、再生産の条件を回復させ、より確実な佃租搾取と税糧収奪に道を開くという性質をもっていたのである。又、『御製大誥正篇』「妄告水災第六十三」、同『三篇』「陸和仲胡党第八」などにおいて、朱元璋政権の意図した賑災の対象が、まさに「佃戸」であったことは注目すべきである。

初め朕、水災急なるを聞き、人をして踏《しら》べしむ。意は佃戸を賑済し、有産の家は給するを罷むるに在り（『正編』鎮江府丹徒県についていう）。

災民の賑に来るを待つに、久しうして至らず、有司に行下して催併せしむ。其の催併の詞は、戸部に命じて有司に謂わしめて曰く、有産の家は賑せず、無産の家・佃戸人等を領《ひき》いて京に赴き来らしめよ、と（『三編』蘇州府呉江県についていう）。

この賑災では、有産の家＝土地所有者・地主は対象から除外されているが、それは国家権力による地主－佃戸制の保護を決して否認するものではなく、むしろ、佃戸の再生産条件の確保という形で地主－佃戸制の維持がもくろまれているのである。

このように、地主としての土豪・富民層の存在そのものを認めた上で、彼らを集権的権力機構の中に包摂する一連の政策が、きわめて特徴的に実施されていった。

ところで、この間、朱元璋は、一五年一一月、とくに「両浙江西の民」の中に「近来多く争訟を好み、法度に遵わず、田有って租を輸せず、丁有って役に応ぜず、其の身に〔罪を〕累《およ》ぼして以て有司に及ぶ」傾向があることを指摘し、「田賦力役、出して以て上に供する」という民としての分を守ることをとくに命じている。(58)又、二〇年二月には、「両浙の富民が徭役を畏避せんとして、往往田産を以て親隣・佃僕に詭託する」ため、「富者愈《いよい》よ富み、貧者愈《いよい》よ貧なる」傾向が現われ、朱元璋が、この傾向を取り除くために、魚鱗図冊＝図面入り土地台帳を作成させたことが記録されている。(59)これらの現象は、明らかに、土豪・富民層を集権的権力機構へ包摂しようとする朱元璋政権の政策の理念と、土豪・富民層の現実の行動との矛盾である。一五世紀前半期二〇年代の浙西地方、太湖周辺地帯においては、この矛盾はますます激化しさえする。(60)このような矛盾の激化は、一般的には、集権的権力機構への包摂の盾の反面として、在地地主としての土豪・富民層に課せられた徭役労働諸負担の過重の結果とみられる。(61)しかしそうだとしても、彼らを包摂しようとする集権的権力機構に、税・役忌避という形で対抗する一部土豪・富民層の行動が、本稿で検討したような朱元璋政権成立直前・直後の時期における地主－佃戸制や土豪富民層の存在形態の特質に深くかかわっていることを見失ってはならないのではないか。当時の地主－佃戸制は生産関係を基盤に郷村、在地の社会関係と密接に結びついており、土豪・富民層は、独自の権力機構設立を志向さえしたような強力な自立性をもっていた。この点に一四世紀後半明初段階における封建的生産関係、社会関係の一つの特徴がいちおう見出せるのではないか。このような特徴は、元代の江南における地主制のそれの継続であるとともに、一四世紀前半にまきおこった大農民蜂起によって曲りなりにも一個の集権的権力機構として成立していた元朝政権がとりはらわれ、在地の権力が赤裸々に露出したことにも起因すると思われる。このような特徴をふまえて、在来の久しく持続した封建的生産関係が新たに地主―佃戸制という基軸をもつことになったあの一〇世紀以降の過程の中における一四世紀後半期明初段階の位置づけが試みられねばならない。

むすびにかえて

本稿は、前述したように筆者自身のための覚書きであり、以下の諸点について粗い考察を加えたにすぎない。すなわち、作業を開始したばかりのごく狭い知見の中から、明初の地主―佃戸制の具体的な存在形態をうかがわせる素材を改めてとり出し、そこにあらわれた地主の根強い在地性、それにもとづく地主の社会関係にまで及ぶ佃戸支配の存在を摘出してみたこと。朱元璋政権が封建的土地所有者たる地主の権力であるとしても、このことが政治過程の上で具体的にどのように実現されていくかを明らかにするため、あえて集権的権力機構という枠組みを設け、それが、とくに在地の土豪・富民的地主の権力を実現する二つの道のうちの一つではないか、という問題を銭鶴皐の蜂起を通じて提出してみたこと。集権的権力機構がまさに在地の土豪・富民層にとっては、自己の権力を上部に転位・集中することによって形成されたものであるが故に、この機構の成立期において、一方で、その権力機構の担い手たる朱元璋政権は、在地の土豪・富民層の包摂吸収を内容とする諸政策を実施せねばならない。にもかかわらず、他の一方で根強い在地性をもった土豪・富民層と集権的権力機構との矛盾が依然として存在していること——中国の封建社会においては、やはり地主階級の科挙官僚化という形を通じてしか強固な集権的権力機構が成立しえぬのであろうか——等である。

なお、本稿では、筆者が従来とくに注目してきた官田制度をめぐる国家権力と直接生産者農民との関係——所謂自作自小作の小農民の問題——が捨象されてきた。又、地主制についても、明初段階における非在地地主と佃戸との関係、在地地主と家僕・家丁等の関係(62)の占める比重については捨象されている。これらの関係を含みこみ正しく位置づけることなくして、明初段階の封建社会に全き歴史的規定性を与ええぬことはいうまでもない。また、明初段階について、国家が地主の階級支配の機関であるという田中・佐伯らの考え方と、国家権力の介入による地主の直接生産者農民支配の不完全性・弱さという北村・古島らの考え方とが、無意識的に共存している現状を一歩でも打開しようとしたのであるが、果たしえていない。もとより、下部構造とその政治編制は安易に結合されてはならず、現実と制度を無媒介に結びつけることも固く避けなければならない。しかし、右のような共存状態が止揚されねばならぬこともいうまでもない。どのようにすれば、アジアの、中国の封建制の特質が、そして「国家的規模に集中された封建的土地所有」という規定の真の意味が、明らかになるのであろうか。

註

（1）古島和雄「明末長江デルタ地帯における地主経営―沈氏農書の一考察―」（『歴史学研究』一四八、一九五〇年。のち『中国近代社会史研究』研文出版、一九八二年に収録）。

（2）田中正俊・佐伯有一「十五世紀における福建の農民叛乱（一）」（『歴史学研究』一六七、一九五四年）。

（3）北村・古島らの地主制研究については、他の諸氏の研究、及び戦後の明清時代史研究全般とともに、必要な点をとりだすだけでなく、その問題意識そのものから全面的に検討を加えねばならないのであるが、別の機会に譲らせて頂く。

(4)『歴史評論』四－二。のち『清代社会経済史研究』増補版、朋友書店、一九七八年に収録。

(5)『思想』二九二、一九四八年。のち『清代社会経済史研究』増補版、朋友書店、一九七八年に収録。

(6)『歴史学研究』一四〇、一九四九年。のち『清代社会経済史研究』増補版、朋友書店、一九七八年に収録。

(7)これはあくまで北村の理論的な設定である。

(8)前掲註(1)古島論文。

(9)『東洋学報』四七－三。

(10)田中正俊「中世中国における国家権力と土地所有関係」一九六一年二月二八日、歴史学研究会古代・封建合同部会の口頭発表。筆者は鶴見の前掲論文によってこれを知った。

(11)森正夫「明初江南の官田について－蘇州・松江二府におけるその具体像－」(上・下)(『東洋史研究』一九－三・四、一九六〇・六一年)。「十六世紀太湖周辺地帯における官田制度の改革」(上・下)(『東洋史研究』二一－四・二二－一、一九六三年)。「十五世紀前半太湖周辺地帯における国家と農民」(『名古屋大学文学部研究論集』三八、一九六五年)。「十五世紀前半蘇州府における徭役労働制の改革」(『名古屋大学文学部研究論集』四一、一九六六年)。いずれものち『明代江南土地制度の研究』同朋舎出版、一九八八年に収録。

(12)『文化』一七－六、一九五三年。のち『愛宕松男東洋史学論集』第四巻、三一書房、一九八八年に収録。

(13)『史観』三七、一九五二年。

(14)『国朝献徴録』巻一一五、宋濂「楊廉夫維禎《ママ》墓志銘」。

(15)『東維子文集』巻二「又代馮県尹送序」。

(16)山根幸夫『明代徭役制度の展開』(東京女子大学学会、一九六六年)第一章第一節、参照。

(17)ここでは、前掲註(16)に引いた山根の著書の解釈に従った。実録の原文にいう「田戸」とは田と佃の発音の一致からしても、字形からしても常識的には「佃戸」と同義と見られる。現に蓬左文庫蔵『正徳大明会典』巻一六三、工部一七、夫役、洪武三年の条には、実録と同文を引き、「佃戸」としている。しかし、この実録の文全体では、所謂佃戸のことを「佃人」と呼んでいること、「田多丁少者」が「佃人」に代役をさせるかわりに費用を負担すると考える方が自然なので、山根の解釈に従ったのである。

（18）洪武（一四世紀）、宣徳（一五世紀）、嘉靖（一六世紀）期の浙西、とくに蘇松地方における一丁（一人の成年男子）分の労働力を軸とする農民家族の標準的経営規模については、前掲註（11）森「明初江南の官田について」（下）において、一六～二一～二五畝と推定しておいた。前掲註（9）鶴見論文では、一六～七世紀の浙西湖州地方において、これを一〇畝と推定している。

（19）『明実録』洪武元年二月乙丑及び山根前掲書、参照。

（20）仁井田陞は、宋代法以来の地主と佃戸の「分」、「主僕の名分」が、『明実録』のこの規定においては変化している。すなわち、地主と佃戸における主僕の上下関係が、長幼の礼を以てする横の序列に変わったことを指摘する。「地主と佃戸とは完全な対等とまではいかなくとも、兄弟に類する一種の横の同輩関係のもとに列席するものとなっている」というのである。筆者も、「主僕の分」と「少事長之礼」とは異なると考えるが、「完全な対等」でなく、一定の差別があるということが、あえて郷村の礼の秩序として明記されている側面を重視したのである。仁井田陞の説は、『中国法制史研究　奴隷農奴法・家族村落法』第四・五章（東京大学出版会、一九六二年）、及び『中国法制史研究　法と慣習・法と道徳』第三章（東京大学出版会、一九六四年）から綜合した。

（21）『明実録』洪武一九年一二月癸巳。なお、以下の本稿に引用する『御製大誥』各篇の記事は、すべて、古典研究会編の『皇明制書』（古典研究会、一九六七年）本によった。

（22）『明実録』洪武元年正月乙亥。

（23）『明実録』丙午の歳（一三六六）、丁未の歳＝呉元年（一三六七）の記事、及び『明紀事本末』巻四、太祖平呉、等による。

（24）『明実録』呉元年四月丙午朔。なお、銭鶴皐の蜂起については、すでに、一九五一年、古島和雄が「中世における民族の問題」（歴史学研究会一九五一年度大会報告・歴史における民族の問題）でとりあげ、一九五三年、愛宕が、本稿のはじめに紹介した「朱呉国と張呉国」で論じている。この二つの論稿のどの点に学び、それらとどの点で評価を異にするかについては、紙幅の関係でやむなく割愛した。なお、愛宕の論稿には、資料的にも教示を得ている。筆者は新たに関係資料を蒐集整理し白紙にかえって分析を加えたつもりであるが、この二稿がなければ、筆者の作業はより不完全なものにとどまったであろう。

(25)『明実録』呉元年四月丙午朔。

(26) Bとは、『崇禎松江府志』巻四一、篤行所載の何潤の伝で、「洪武庚戌（三年）八月、陶九成（宗儀）撰」とある。陶宗儀は元末から呉（浙西地方）に移り、松江府に居を設けていた。Cとは、『崇禎松江府志』の同箇所に続いて所載されている今一つの何潤の伝で、「陸居仁撰」とある。陸居仁は松江府華亭県の人、楊維楨、銭惟善らと交渉をもち元明交代期を生きた文人。Dとは、『嘉靖上海県志』巻八、文志下所載の「祝大夫碑」で、「洪武元年（中略）楊維楨撰」とある。なお、『万暦上海県志』巻五、建設志、公署、『崇禎松江府志』巻三一、国朝名臣宦績にも若干の出入はあるが同じ楊維楨の碑文がある。楊維楨は元末明初には松江府上海県に居を徙していた。以上の叙述中、陶宗儀、陸居仁、楊維楨についてふれたところは、『明史』巻二八五、列伝一七三・文苑によった。なお、Aとした『明実録』は、この場合太祖実録であり、永楽一六年、銭鶴皐の蜂起後約半世紀に完成しており、いうまでもなく、同時期資料と見てよい。

(27) 以上の戦況は、『明実録』丙午の歳の記事、及び同呉元年四月丙午朔の記事、『元史』巻四七、順帝紀一〇、『国榷』元順帝至正二六・七年、『明史紀事本末』巻四、太祖平呉、等を参照して書いた。多少の出入は筆者の意を以て整理した。

(28)『正徳姑蘇志』巻四一、宦蹟五。

(29)『万暦嘉定県志』巻一三、名宦二。

(30)『宋学士文集』巻六四、芝園続集巻四「故岐寧衛経歴熊府君墓銘」。

(31)『嘉靖崑山県志』巻一三、雑紀。

(32)『正徳姑蘇志』巻四一、宦蹟五、及び『万暦嘉定県志』巻九、職官考下所載の張率伝。

(33)『万暦嘉興府志』巻一三、名宦二所載の呂文燧伝。

(34) 土豪・富民とは本稿のために筆者が仮りに設けた範疇である。経営・非経営を問わず、郷村に居住し、地主的土地所有関係を媒介として、佃戸をはじめとする周辺の直接生産者農民を、社会的政治的にも支配する権力をもつ地主層である。土豪という語は、本稿に引用した杜宗桓の「上巡撫侍郎周忱書」から、富民という語は本稿二一三に引用した洪武三年二月庚午の記事からとった。富民とは、この記事によれば、毎年税糧一〇〇石から三八〇〇石を納入するという地主的大土地所有者ではあるが、『実録』記事の引用箇所においてもわかるように、単に城市に居住する寄生的大土地所有者でなく、日常「田里に居り」、朱元璋から「郷里に遜順たれ」と命じられる如き在地地主である。
(35) 愛宕松男は前掲註(12)論文でこの見解を提示している。
(36) 『呉王張士誠載記』巻五、所収。
(37) 『明実録』呉元年九月辛巳。
(38) 同上。
(39) 前掲註(13)清水論文、前掲註(12)愛宕論文。
(40) 『明実録』洪武元年正月甲申。
(41) 『明実録』洪武元年一〇月己卯。
(42) 『明実録』洪武三年二月庚午。なお、この日付の『明実録』の記事については三三九頁参照。
(43) 『明実録』洪武三年一二月戊午。
(44) 『正徳松江府志』巻七、田賦中。
(45) 前掲註(11)森「明初江南の官田について」。
(46) 前掲註(11)森「十五世紀前半太湖周辺地帯における国家と農民」。
(47) 前掲註(13)清水「明太祖の対権豪策」では、先の朱元璋の発言を例証として引用しつつ、この点について「太祖としては……明朝万歳の基礎を富民地主の自重に賓き、それから進んで、富民の協力を求める、実利の民政を樹立したかったのである」と述べている。
(48) 前掲註(9)鶴見「明代の畸零戸について」、前掲註(16)山根『明代徭役制度の展開』第一章。
(49)―(55) 本文の日付の『明実録』による。
(56) 『明実録』洪武三年六月辛巳。
(57) 前掲註(2)田中・佐伯論文。
(58) 『明実録』洪武一五年一一月丁卯。
(59) 『明実録』洪武二〇年二月戊子。
(60) 前掲註(11)森「十五世紀前半太湖周辺地帯における国家と農民」の第一章、三章ではこの点について具体的に述べている。
(61) 前掲註(11)森論文第三章、参照。なお、前掲註(1)古島論文は、「在地の経営地主層こそが、無制約的な政治的収奪の対象となり」、彼らの在地における「権力関係が解体して」いくことを重視した。前掲註(2)田中・佐伯論文も、明初権力をもっていた「在地の地主・富農層は、以後里甲の役の負担のもとに分解の過程を辿る」と述べている。
(62) 前掲註(1)古島論文における「在地地主―家僕・家丁」関係の存在の指摘を具体的に展開した小山正明「明末清初の大土地所有―とくに江南デルタ地帯を中心にし

て―（一）（二）」（『史学雑誌』六六―一二、六七―一、一九五七・五八年。のち『明清社会経済史研究』東京大学出版会、一九九二年に収録）の提出している問題についても、本稿はふれることができなかった。

『名古屋大学文学部研究論集』第四四号　史学一五　一九六七年

【補記】

本章で取り上げた銭鶴皐の蜂起については、一九八三―八四年、中国復旦大学に滞在して共同研究を行なった際、銭鶴皐の居住地であった松江府上海県諸翟鎮（清代乾隆年間以来鎮と称される）の郷鎮志である『紫隄村小志』（康熙五七年―一七一八―「弁言」）及び『紫隄村志』（咸豊六年―一八五六―「自序」）を閲覧して銭鶴皐の存在形態、蜂起の様相、及び朱元璋による鎮圧等についての新たな知見を得た。その結果は「明初江南における籍没田の形成」（『名古屋大学文学部研究論集』一〇五、一九八六年。のちに拙著『明代江南土地制度の研究』第一章「一四世紀後半における明代江南官田制度の形成」三「明初江南における籍没田の形成」同朋舎出版、一九八八年に収録）に反映されている。

9　一六－一八世紀における荒政と地主佃戸関係

はじめに

一〇世紀以降、水稲作農業を基盤に、中国でもっとも高い生産力が維持されてきた長江下流のデルタ地帯は、しばしば水害、旱害、虫害、風害などの災害を経験してきた。生産力の担い手である直接生産者農民は、常にこれらの災害と闘いながら、生産労働を行なってきたのである。一六世紀の前半から一七世紀の前半にかけて、明末の一〇〇年余においても、これらの災害の頻度は高い。災害についての詳細な記録を遺している『崇禎呉県志』巻一一、祥異によれば、嘉靖元年（一五二二）から崇禎一五年（一六四二）にかけての一二一年間に、蘇州府下呉県ではおよそ五九回の災害が起こっている。この中には、水、旱、虫、風害があっても収穫が保持できた年、その年にこれらの災害がなくても、前年の災害の結果として饑饉が起こった年が各若干ずつ含まれるが、約二年に一回の高い頻度を示している。一七世紀の湖州府帰安県、嘉興府桐郷県の地主経営の記録である張履祥『補農書』の多角的な分析を行なった陳恒力は、「明末は水旱の災害がもっとも頻繁でもっとも深刻であった時代」だとし、そのことは「明代の水利が不備であったことをあますところなく暴露している」と述べている(1)。この指摘は確かに正しい。しかし一七世紀の四〇年代以降一八世紀にかけての清朝支配下においても、このデルタ地帯、江南地方では災害が決して大幅に減少したわけではない。たとえば『乾隆青浦県志』巻五八、祥異によれば、松江府下青浦県では、順治元年（一六四四）から乾隆五二年（一七八七）に至る一四四年間に計五三回、約二・七年に一回の割合で災害が続いている。

災害は、直接生産者農民の再生産の循環にひずみを与え、とくに大きいものはこの循環を破壊する。松江府の人陳継儒は、万暦一六年（一五八八）四月からの旱魃に続いて五月初から起こった大水害当時のものと推定される「上王相公救荒書」の中で次のように述べる。

京師財賦、仰給東南、蘇松小民、全仗耕織、如使旱潦節調、風雨時適、則百姓猶得偸其耒耜桔槔（農耕・灌漑）之暇、以従事于糸枲杼軸（紡織）之間、今水変如此、挙家之中、非出戽田水、則守築河堤、赤足垢体、惟恐不及、尚有余暇及紡績乎、紡績無暇、尚安従易薪米乎、薪米無所能出、坐而得死乎、死期将至、弱者不為丐、強者不為盗乎、（『晩香堂小品』巻二三）

松江府の直接生産者農民が農業と棉紡織業を兼営して再生産をかろうじて維持していたことは周知の事実であるが、災害はそのしくみにこのような打撃を与えたのである。同じ万暦一六年の水害時に松江府上海県では、「人大いに飢ゆ。斗米銀二銭、斗麦亦た一銭なり。人糟糠《さけかすぬか》を啗い、荳餅《まめかす》を屑いて粥を作り、継ぐに草根木葉を以てす」という悲惨な状況が見られた。崇禎三年（一六三〇）春、飢饉の下にあった嘉興府嘉善県の例では、農民たちは、「郷民貧しき者、荳渣酒糟を買って食し、雑うるに草根を以てして命を度す。又布賤く花貴く、従って生活する無し」といわれるごとく、さけかすやまめかすすら貨幣で購買しなければならなかったのであり、またかりに棉紡織を続けようとしても「布賤く花貴し」という相場のもたらす困難に遭遇したのである。[2] この時期に中国史上始めての顕著な発展をしつつあった商品交換関係が災害の結果をいっそう悲惨なものとしたのである。

しかしながら、被災した江南の直接生産者農民に打撃を与える深部の契機は、当時の地主佃戸制を中心とする生産関係そのものの中にあったと考えられる。

明末清初、一七世紀を生きた顧炎武が、『日知録』巻一〇「蘇松二府田賦之重」において、「呉中の民、田を有する者什の一、人の為に佃作する者十の九」という地主佃戸制の普遍化をわざわざ指摘したのは、この地方に一三世紀以降広汎に設置されてきた官田の崩壊後、多数の農民が、佃戸として、地主的土地所有の下で高率の私租の搾取に苦しみ、「今日租を完《おさ》めて明日貸すことを乞う者有るに至る」という現状に置かれていたことを批判するためであったことが想起されねばならない。「小作料がひどく高くなっているので、農民は家族とともに平年作の場合はかつかつにくらしてゆけるにすぎず、不作のときにはほとんど餓死せんばかりとなり、小作料をはらうことができずに、そのため完全に地主のなさけにすがるほかなくなる」(3)。一九世紀ドイツの小作農民に関するエンゲルスの指摘のように、高率の私租の搾取被搾取を主体とする地主佃戸間の矛盾が平時に蓄積されていればいるほど、被災時には、佃戸たる直接生産者農民の生活と生産、彼らと彼らの家族の再生産は困難となり、地主佃戸間の闘争は激化し、地主的土地所有の実現が困難となるばかりか、王朝国家の支配体制も危機に陥入る。他方、先の顧炎武すら、地主たる「富者」と佃戸たる「貧者」の共存を容認し、私租そのものについても、国家の手でその上限を八斗と定めることを条件にその搾取を承認していた(4)ことも見逃がされてはならない。彼と同時代のすべての郷紳・士大夫にとって、地主佃戸関係によって実現される地主的土地所有はまさに基本的な富の源泉であり、生活の不可欠の基盤であった。これらの事情から、現職の官僚として生活の大半を送ると送らざるとにかかわらず、一六世紀半ば頃から一七世紀の前半期にかけて、明末のこのデルタ地帯、いわゆる江南地方における郷紳・士大夫たちの書簡や政策論の中には、「救荒論」とでも称すべき災害時の救済に関するものが少なからずあらわれ、そこには地主佃戸関係についての叙述がしばしば含まれるのである。

一六世紀半ば頃から一七世紀の前半にかけて、彼ら明末の郷紳・士大夫が懸命に維持しようとした明王朝は、一六四四年崩壊するが、専制国家の支配体制自体は清朝によって持続させられる。そして一八世紀に入ると、一〇世紀以降かつて見なかったような、整備され体系化された、王朝自体の救荒制度乃至政策、いわゆる荒政に関する記録が、その実務の担当者たちによって遺されるようになる。これらの記録の中に地主佃戸関係についての叙述が重要な位置を占めていることは特徴的な現象である。

本稿では、これらの素材の整理を通じて、同じ歴史的時期と地域を対象として、北村敬直、古島和雄、小山正明、陳恒力らによって追求されてきた地主佃戸関係[5]の性格を改めて検討するための準備作業を行なうとともに、従来筆者が追求してきた、一四世紀後半以降の江南における、専制国家権力と土地所有、直接生産者農民、及び地主佃戸関係との関連[6]についても総括する手がかりを得たいと思う[7]。

一　全般的な社会矛盾の激化と「救荒論」

一六世紀の半ば頃から一七世紀の前半にかけて行なわれた明末における江南の郷紳・士大夫たちの「救荒論」には、当時の全般的な社会矛盾の激化が顕著に反映されている。

たとえば、万暦二一年（一五九三）吏部右侍郎の時、官を免ぜられ、家居すること数年で没した蘇州府下常熟県の人趙用賢の、災害救済にかんする数多い書簡の一つには次のようなものがある。

万姓嗷嗷、宛転待斃、即今貧弱半散四方、而稍具牙角者、又恣睢竊伏、漸成探攫之風、若復蠲除之令不下、徴求之額如故、恐魚鼈之民、一旦或挺而為潢池之弄、将来禍変、必有不止于凶歉而已、（『松石斎集』巻二四「上兵備徐公救荒書」）

単に「稍や牙角を具えし者」のみではなく、「魚鼈《ギョベツ》の民」、すなわち民衆一般がともに叛乱する可能性を彼は感じとっている。今一つの書簡にもいう。

蓋賢自罷帰六年、所見日以益甚、今者白日攫金、盗及雞犬、城中闤闠之中、探囊発櫝、無夜不警、春中一聞浙省悍卒之変、驍驁之徒、輒擬耰鋤自奮、稍罷弱者、反希望於一訌、以解徴求之苦、盛世気象、恐不如此、（同上・巻二四「復申相公」）

浙江での軍隊の叛乱の情報がひとたび伝わると、「驍《たけ》く驁《おご》れるの徒」が耰鋤《くわすき》をもって起ち上り、それだけでなく、「稍や罷弱なる者」も希望を叛乱にかけ、諸収奪の苦しみを解こうとする。趙用賢は、民衆のひとつひとつの動向の中に、王朝打倒の大反乱の発生をいちはやく予想して、災害後の階級矛盾の激化を憂いているのである。

嘉靖三七年（一五五八）に生まれ、崇禎一二年（一六三九）に八一才で没した松江府華亭県の人陳継儒は、一六世紀後半以来の士大夫の「救荒論」と当地に関係する地方官の災害救済政策を、自己の編纂した『崇禎松江府志』（崇禎三年―一六三〇―完成）の第一三巻全部、計七四葉の「荒政」に収録した。そして彼は自らも諸々の「救荒論」を集約するような見解、「賑荒諸議」を掲載している。その一つ、ある水災の年に書かれた「禁乱」において、彼はいう。

自古水旱必相仍、兵荒必相継、即極世太平之世、且不能免、而況以好奢之世界、当易動之物情、可不為寒心哉、（中略）古来乱民、常挾飢民而起、如王仙芝・黄巣之類、不能枚挙、必須当路者、先服飢民之心、摂乱民之胆、而後可以永保於無事、（中略）蓋救災恤患之中、専寓防微杜漸之意、飢民必救、乱民必斬、舎此八字、別無荒政矣、

華亭県の農村部に永住して、一六世紀の半ば以降、江南で連年うちつづいた災害の渦中にあり、農民が生産と生活に苦しむ状況を多くの文章でつぶさに描いている陳継儒も、農民はじめ民衆の中から災害を機会に起こってくる叛乱が、「好奢の世界」・「動じ易きの物情」の中では王朝の転覆をもたらすに至ることを予感し、恐怖した。

しかしながら、陳のことばにも暗示されていたように、郷紳・士大夫は、単に災害自体のもたらす状況の中にのみ全般的な支配体制の危機を感じていたのではない。一七世紀の初頭、万暦三三年（一六〇五）、九七才で死んだ松江府

華亭県の人、もとの礼部尚書陸樹声の「救荒論」は、万暦一七（一五八九）、三二（一六〇四）、三六（一六〇八）年の災害の記事とともに、『乾隆青浦県志』巻一一、荒政に載せられている。その一つ、水災を受けた松江府についての書簡の「上内閣書」には、次のようにいう。

　東南為財賦要区、根本重地、邇来習俗漸偸、人心愈黠、即若稔歳、刁頑不絶、猶所在成羣、譸張幸乱、而況飢荒併迫、勢出無聊、恐生不測、過計尤深、夫変毎発于不虞、備尤貴于先事、

いわゆる東南、江南では、「邇来習俗が漸く偸《うす》くなり、人心は愈よ黠《さか》しく、即若《たとい》稔歳なるも刁頑は絶えず、猶お所在にて羣を成し、譸張《あざむきて》、乱を幸《ねが》う」というごとく、郷紳・士大夫にとっては、豊作の年においてすら、危機的な状況が現出していたのである。同様の状況について、陸樹声の「上撫台賑荒書」には、また、次のようにいう。

　僕私憂過計謂、今之可慮、不独民窮、而在民心洶洶思乱、易動難安、如往日勧賑之令一行、而刼奪之風遽起、其始以衽席乳哺之恩拊之、而猶患其難定、尋端知緒、覩往察来、有明鑒者矣、

「今の慮るべきは独り民の窮せるのみならずして、民心洶洶として乱を思い、動じ易く安んじ難きにあり」。彼らにとっては、飢えのみによって存在するのではなく、またアメもムチも通用しないところの民衆の叛乱の空気そのものが重大な関心事であった。

こうして激化する社会矛盾は、社会のどの部分とどの部分との矛盾であり、闘争であったのか。嘉興府嘉興県出身で、万暦二三年（一五九五）の会試合格者賀燦然の「救荒議」の一項「議禁」には次のようにいう。

　浙以西、有富室狼跋而貧戸草靡者、亦多有富室株守而貧戸鴟張者、有士大夫往往漁獵其民而民率呑飲・若不為怪者、亦多有士大夫往往自愛羽毛而民反群噪而悔之者、彼狼跋漁獵者（富室側）所宜懲、而鴟張群噪（貧民側）所関、乱萌匪細也、（中略）而其最可慮者、歳或小祲、輒少者数百人、多者千人、指富家巨室、以為外府《くら》、往往群而索食、稍不与、則破垣屋、決倉廩、攘而去之、而莫敢誰何、大損有余補不足、天之道也、然富者恤之則可、貧者奪

之則不可、而今亦稍稍見其端矣、（『崇禎嘉興県志』巻二三、芸文五）

賀燦然は、矛盾を明白に富室と貧戸との対立として指摘している。この矛盾は、右の一節のようにさまざまの形態をとっている。賀は、その一方の極の富室側の非をも指摘してはいるが、乱の萠しを見せる「鴟張群噪」の貧戸側の動向に対して、より主要な関心を向け、貧戸側に矛盾激化の主因を認めようとしている。こうした状況の中で、不作を迎えると、群をなす貧戸による富室へのデモと搶奪――米騒動が行なわれ、しかもますます拡大する様相を呈する。従って、賀は、同じ「議禁」の中で、官から次のような指示を下すよう提唱せざるを得ない。

爾民毋得輒行群聚、毋得輒因而攘奪、毋得輒侮縉紳大夫、毋得輒望食于富家巨室、蓋恤貧民、不宥乱民、

ここには、明らかに「人民の一部が他の部分にたいして行う闘争であり、権利をもたないもの、被抑圧者、勤労者の大衆が、特権をもったもの、抑圧者、徒食者にたいして行う闘争」(8)があり、従って階級闘争としての性格をもつ矛盾が見られる。

賀の指摘したこのような形態の社会矛盾を、他の例についてしばらく見よう。農村部では次のような記録が遺されている。

崇禎十三年（一六四〇）、旱蝗、米価騰湧、富家多閉糴、乱民朱和尚等、率飢民百余人、強巨室出糶、不応則砕其家、名曰打米、各村鎮皆然、有借以修怨賈利者、一邑騒動、（『康熙呉江県志』巻四三、災祥）

「富家」「巨室」の米穀販売停止に対する抗議と攻撃は、この年、呉江県下のすべての村鎮で行なわれた。こうした農村部での「富家巨室」への闘争は都市部へ波及する。陳継儒は、「備倭議」の中で、倭寇の侵入を避けて「担ぐに非ざれば負う」ようにして、大挙、周辺の農村部から城内へ入ってくる民衆への対処策を論じるとき、かつて万暦一六、一七年（一五八八、八九）の水旱災に直面し、同じように城内へなだれこんだ際の彼らの行動を次のように想起している。

其流離避難入城之民、非担則負、人衆食少、何以久存、昔十六十七年、水旱災荒之時、饑民聚集而叩富人之門、幾釀大乱、雖一時撲滅、不肖者争奪之心、已伏于此矣、（『陳眉公先生集』巻六〇）

一方、都市部の貧民の暴動は農村に波及する。蘇州府呉県における崇禎一三年の搶米の影響を見よう。

六日朔、城東北隅奸民聚乱、三日辰巳時、搶妻門監生姚江家、不得志、合城鼓煽、巡撫都御史黄希憲諭府県示禁、不悛、猘奔豕突、至十五日、復聚搶挙人章象鼎家、随分路擄掠米肆麪舗、猖狂愈甚、木瀆光福等村鎮、洞庭〔東西〕両山、效尤蠢動、（『崇禎呉県志』巻一一、祥異）

この記事は『呉県志』の編者でこの暴動の鎮圧に当たった知県牛若麟の立場を反映して「奸民」への憎悪に満ちた表現で書かれているが、半月のうちに周辺の農村部へ拡がったこの搶米暴動の大きさは明らかである。このような事例は、決して一地区の特殊的、個別的なものではない。陳継儒もまた、松江府における民衆の暴動が、周辺に拡大していく当時の一般的な過程を、万暦四七年から天啓元年（一六一九―一六二一）の頃知府陶鴻儒宛に出した書簡で示している。

目前百物踊貴、而米尤甚、大約禁搶第一、平価次之、蓋此曹《このともがら》胆不可使大、手不可使滑、若始則搶店家、継則及典戸、又継則及縉紳、末流之漸、必至于此、此起榜帖街衢、克期聚衆、衆之所聚、勢難禁遏、遠近効尤、遂指以為輿情、為公憤、而実二三横民、為之首倡耳往年董事、良可寒心、伏乞大張告示、専禁搶奪、則人情不至張皇、此近憂、亦遠慮也、（『晩香堂小品』巻二三、「復陶太守救荒書」）

「二、三の横民」のよびかけのみが契機であったとしても、それが必ず最終的な攻撃の目標を縉紳に置くところの「輿情」と「公憤」をつくりだし、この「輿情」と「公憤」が周辺の農村部、都市部に大きな影響を与えていく状況が存在していたのである。

貧戸・乱民・饑民・横民・奸民対富室・富家巨室・縉紳大夫という矛盾・対立関係の激化は、こうして一六世紀の半ばから一七世紀の前半期の嘉興府、蘇州府、松江府において、いずれも何らかの形で農村部と関連しながら、普遍的に存在していたのであるが、この矛盾・対立関係は、単なる富者一般と貧民一般のそれではなかった。この矛盾・対立関係は、当時のもっとも基本的な生産関係と深い関連をもっていた、と考えられる。郷紳・士大夫はこの関連を熟知していた。たとえば、先に引用した陸樹声の「上撫台賑荒書」にはつづけて次のようにいう。

今当歳事漸闌《おわり》、徴収在邇、為業主者、当念佃戸作労之苦、為佃戸者、当知業主徭賦之艱、互相体卹、則彼此皆安、蓋業主佃戸、皆赤子也、斟酌利弊、処置得中、消奸頑闘覬之端、収地方安定之効、撫台、誰望哉、

「洶洶として乱を思い、動じ易く安んじ難い」民心の中で、「奸頑闘覬の端を消し、地方安定の効を収め」るために、まず、業主佃戸間の対立を緩和することが主張されていることは注目すべきである。

陸樹声と同じく松江府華亭県の人で、嘉靖二一年（一五四二）から内閣に入り、同四一年（一五六二）から隆慶二年（一五六八）にかけて首席大学士をつとめた徐階は、当地方において広大な土地を有する典型的な郷紳であった。彼の「救荒」にかんするいくつかの書簡の中で、隆慶元年から五年（一五六七―七一）の間に、松江府知府衷貞吉宛に出された「与衷洪渓郡侯書」は、「貧戸」と「富室」との対立関係の基底にあるところの生産関係について興味ある内容を含む。

適見按院所行告示、其為民之心、本極懇切、但今奸民所以未敢肆者、懼搶奪之罪耳、使搶奪無罪而激変有刑、則奸民乗之、妄作以富家存留自食之米、概指為余剰、強迫称代《ママ》、尽其有而去、富者将何以自存、夫富者独非民乎、且奸民今日貸於甲、明日貸於乙、既罄富者之有、貧弱之民、乃更無所於貸、則無乃利奸悪而斃善良乎、敝郷貧民、皆佃種富民之田、如令富民毋計利吝施、各自貸其租戸、苟非租戸、不得妄指称貸、違者各坐以罪、其中人自有田房者、理当自食、不得亦称貧民往貸于富家、至於貧難生員及一種不耕游手之民、則着落地方、報名於官、另為処給、如此庶卹貧安富、一挙両得、而乱可弭也、（『崇禎松江府志』巻一三、荒政）

「奸民」の「富家」に対する搶奪、「乱」の発生を未然に防ぐためには、「富民」が「各自、其の租戸に貸す」ことが基本的に必要なことだという提言である。彼にとって最も恐るべき暴動の主体となる「貧民」は「皆、富民の田を佃種」していることがここでは指摘されているのであり、彼の階級的危機感が地主佃戸間の矛盾にもとづくものであったことが示されているのである。

嘉興府における一七世紀初期の「富室」「貧民」間の矛盾の激化を指摘した賀燦然は、先に引用した「救荒議」の中で、貧民側の「乱萌、細に匪ざる」ことを指摘したあと、次のように述べている。

然非自今始也、先一世禄之、胄貧冒侵民、而当事者督過之、冀一快細民之憤、而遂破其家、而比後狡猾之民、率指為口実、於是僦居者不償直、佃種者不輸課、即縉紳之家、声勢不甚烜赫、輒張目詆曰、某某已若是、而況若也、蓋民俗之漓、非朝夕之故矣、（「救荒議」前掲）

横暴な一郷紳の態度に憤激した「細民」がその家を破滅させて以来、これを「口実」とする「狡猾の民」の行動によって、「縉紳之家」の権威すらも下落したことが述べられている。注目すべきは、「縉紳之家」をはじめとする「富室」側の権威に打撃を与えている「貧民」「細民」の行動が、「居を僦《えか》りる者は直を償わず、佃種する者は課を輸せず」と要約されていることである。すなわち「富室」「縉紳之家」と「貧戸」「細民」との対立の基本的内容として、「屋主《やぬし》」と「賃戸《たなこ》」との対立とともに「田主」と「佃戸」との対立があげられていることである。

このようにして、郷紳・士大夫の「救荒論」においては、一六世紀の半ばから一七世紀の前半にかけて激化した「富室」と「貧民」との対立関係が、地主と佃戸との対立関係、当時の基本的な生産関係としての地主佃戸関係と密接に連関していることが明らかとなる。

ところで、周知のように、この時期の地方志には、個別的な地主に対する個別的な抗租を越えるところの、集団としての地主に対する集団としての佃戸の抗租暴動にかんする記録が現われる。蘇州府下太倉州における崇禎四年（一六三一）の抗租は、『乾隆鎮洋県（旧太倉州）志』に次のように記録されている。

崇禎四年七月、大風、穀粃、木棉壊、四郷姦佃、謀尽匿租、中夜呼応、焼田主房廬、冬尽乃息、（巻一四、雑綴類、祥災）

大風による農作物の被害を契機にして、「四郷の姦佃」が共同謀議して小作料納入を拒否したのである。同じ蘇州府下呉県における崇禎一一年（一六三八）の抗租は、この秋の旱害と虫害を契機として太湖周辺の広汎な地域にわたって起こり、呉県城内の焼打ちすら試みられた。『崇禎呉県志』にはいう。

十月、横金奸悪唐左耕・王四・李南洲・査賢・韓仏寺等、借蝗災為繇、訛言倡衆、糾合沿湖三十余村、刑牲誓神、村推一長、籍羅姓名、約佃農、勿得輸租業主、業主有徴索、必沉其舟、斃其人、愚民煽惑、操戈執械、鳴金伐鼓、聚及千衆、焚廬刦資、知県牛若麟、計図方略、李南洲適赴県偵探、亟擒下獄、其党復約千人、束薪負背、持挺入城、託言告災、意実叵測、若麟（知県牛若麟）一面榜諭脅従、聴其自新、一面獲左耕等五人、解枡軍門正法、事遂息、（巻一一、祥異）

ここに記録された抗租は、個々の佃戸の個々の地主に対する抗租の枠を越えたものであり(9)、太湖周辺三〇余村の佃戸が団結し、三〇余村に土地をもつすべての地主に対して行なった闘争であって、同地方における地主的土地所有の実現に大きな脅威を与えたのである。このような集団的な抗租は、一六世紀の半ば頃から一七世紀の前半期にかけて、江南の郷紳・士大夫の「救荒論」の問題意識を規定してきた、全般的な社会矛盾の激化、「富室」と「貧戸」との対立の普遍化、その対立の中核としての地主佃戸間の矛盾の顕在化の中で、出現したものである。従って、このような集団的な抗租は、当面する時期の階級矛盾・階級闘争の展開の方向を指し示すものと考えられる。郷紳・士大夫の「救荒論」はこの方向の厳しい認識の上に立って生み出されたものであり、また「救荒論」を通じて、当面する時期の階級矛盾、とくに基本的な矛盾としての地主佃戸関係の特徴が明らかにされうるのである。

二　「田主賑佃戸論」の登場

「田主賑佃戸論」は、当面する時期における江南の郷紳・士大夫の「救荒論」に特徴的な救済方式にかんする提案であり、個別的地主による個別的佃戸の救済を説く主張である。そのもっとも典型的なものは、陳継儒の「救荒諸議」一二項目の最後に置かれた「田主、佃戸を賑す」であろう。主として地方官のとるべき政策を論じた他の大多数の項目の中で、この「田主、佃戸を賑す」は、陳継儒自身が各地の「田主」へ直接に呼びかける形式をとっている。

査得華亭田一百九十五万畝、若田主各自接救佃戸、種田一畝者、付米二升、種田十畝者、付米二斗、共計三万九千、即省出官米三万九千石矣、即使官販、有如此之直捷乎、即使官糶、有如此之均匀乎、人自為給、無強梁擠軋之弊、家自為賑、無游手冒名之弊、平時借作工本米、凶年借作性命米、工本米、至冬月補償、性命米、至豊月補償、各立券為準、不還者、告官究追、此官府不賑之中、而民間暗寓賑済之法、（中略）且賑飢之事、官府既不能遍及郷村、又不能確定災傷之重軽与飢戸之真偽、惟田主与租戸、痛癢相関、情形又実、凡田之果荒与否、家之果貧与否、不待踏勘而彼此灼然、莫可掩飾者、今能照依前議、既報其平日胼手胝足之労、又救其目前逃亡餓殍之苦、此安揷佃戸第一義、而当事者又且賑之、以済其窮、庶不立稿矣、（下略）（『崇禎松江府志』巻一三、荒政）

「平常の労苦に報い、飢餓逃亡の苦しみを救うことが、佃戸を落ちつかせる第一の方法である」という陳継儒のことばは、いうまでもなく、彼が彼のいうところの田主＝地主の立場にあることを示す。災害時において飢餓状態にある直接生産者農民――飢戸の「救済」は即佃戸の「救済」としてとらえられているが、このことは当時の現実の反映であると同時に彼の立場の反映でもあった。彼は、田主と佃戸との関係は、本源的に「痛癢相関」的なもの、すなわち「痛いも癢《かゆ》いも相い関わる」という性質をもつべきものであり、保護と依存の関係をもつべきものであるとする。

毎年の春の端境期・麦熟前の水稲耕作開始期には、田主は佃戸に、来るべき冬の時点での返済を条件に「工本米」を貸与し、凶作の年には、収穫のあった時点での返済を条件に「性命米」を貸与すべきであり、その額は毎畝二升とする、というのが陳継儒の主張である。彼は、こうした個別的な地主による個別的な佃戸の「救済」、個別的な地主佃戸関係を通じて行なわれる救済方式が、もっとも現実的で有効であることを強調するのである。

陳継儒は、「田主、佃戸を賑す」の項の結びで、「仁人首倡して、転相勧諭し、城繇りして鎮、鎮繇りして郷、呉繇りして越、呉越よりして之を他方被荒の処に推さしめよ、豈に根本簡便の良法に非ずや」と述べ、「田主賑佃戸」方式が郷里の城鎮を手始めに、広く江南から全国の各地で行なわれるべきことを提唱している。事実、この方式は、決して陳継儒のみが恣意的に論じたものではなかった。後にふれる嘉興府嘉善県の郷紳陳龍正も、陳継儒の「救荒諸議」が収録された『崇禎松江府志』の刊行後ほど遠くない崇禎一三年（一六四〇）に自ら行なった「救荒」の記録の中で、次のように述べている。

蓋凶歳小民粒食之難如此、於此議者復有捐升半以備賑・留一斗以随時・屋主救賃戸・田主救佃戸之説、已而秋成在望、困氓漸有起色、議具而未行、（『幾亭全書』巻二五、政書、郷籌「庚辰平糶記」）

「田主救佃戸之説」は、「屋主救賃戸之説」とともに、松江府に隣接する嘉興府においても提唱されていたのである。蘇州府の郷紳・士大夫にも、これらと軌を一にする主張がある。趙用賢が万暦一六年から一八年（一五八八－九〇）の間に、首相申時行に宛てた書簡、「上申相公」もその一つである。彼は高米価に示された郷里の異常な災害による餓死者を「救済」するためのいくつかの問題点を指摘する中で、次のように述べる。

又近来当道諸司、一遇歉歳、率出示、不許還租債、以故厚積之家、遂不敢出貸於人、不知姦民無頼・不償逋者、不過百中之四五人、而小民一歳中所仮貸於業戸者、常三四次、今因懲不償者、而槩使貧戸無所乞暇、以故今歳郷民餓死者之多、至於累千百也、（地方官が地主に対して租米と負債の強制取立てを禁止するため厚積の家＝地主は佃戸側の不払いを恐れて貸出しを停止する。結果として地主は不払い者への「懲しめ」をすることになるが、そのことは同時に一般の貧戸＝佃戸の借米の請求をも拒絶することを意味する）

趙用賢はここまでの叙述では、地方官の施行する債務・貸借関係の停止令、租米の強制取立て禁止令を批判しているのであるが、彼はつづいて、彼の構想するところの、本源的な、あるべき地主佃戸関係の性格を活かして、目前の貧戸＝佃戸の餓死を防ぐことを主張する。

然今歳償逋、則有不容不為限制者、蓋三四月中、小民借米、率券書価毎石銀二両、若至秋成後、米価最高、亦不能過五六銭、是以三四石、償一石也、歳即大稔、亦何能出此数、小民方幸一日之飽、而死亡又随其後、故莫若皆還以米、而少高其息、庶為両便、然又有真貸銀、而乗此欲槩償以米者、又非通方之説、必有阻撓之者至矣、要在業主佃戸間、一辨之無不可行矣、誠得老師便書、致周撫台、於秋成後、得以此言布告各属邑、及詳行出暁諭、慰安民心、如此雖於巨室富家、少有不遂、而所全活者甚衆、（『松石斎集』巻二七「上申相公」）

災害異常の中で端境期を迎えて現物の米を借り、その当時の高米価に見あう額を現金で返済する契約を行なった小民＝佃戸たちが、米価の下落が予想される秋にその契約を履行させられれば、彼らは一挙に大量の米石を失い、また餓死するであろう。趙用賢は、小民＝佃戸がこのような打撃を蒙むることを避けるため、江南巡撫の命令によって、若干利率をあげることを条件に、現物米穀による返済を実現させることを主張している。業主・巨室富家＝地主は、巨利を一気に収めることはできないにしても、現物米穀の大量蓄積はいぜんとして可能であり、基本的にその利益が損われることにはならない。従って、彼の小民＝佃戸救済案においても、地主の論理ははっきりとつらぬかれているといえよう。ここで注目すべきことは、彼が本源的なものとして設定した地主と佃戸との関係は、「一辨の行なう可からざる無し」という性格をもつものであることである。ここで設定されている関係は、個々の地主が個々の佃戸をしっかりと掌握し、相互間の問題を両者のみで——実質的には地主が、自由に裁量できる関係である。と同時に、この関係においては、地主への租米の納入と債務の返済という小民＝佃戸側の義務履行とひきかえに、業主・巨室富家側が小民＝佃戸の再生産を保障することが要請されており、この点で陳継儒のいう「痛癢相関」の関係に近い。

趙用賢と同じく蘇州府長洲県の人で、吏部右侍郎兼翰林院侍読学士を勤め、万暦三〇年（一六〇二）に死んだ徐顕卿も共通した見解を示している。万暦一三—一六年（一五八五—八八）頃の彼の書簡、「与李兵道論救荒書」で、彼は、「殷実の家、挙監生員或いは士夫」が、それぞれの家に隣り合う饑民を救済する方式に言及し、続いて次のような提言をしている。

甚有郷間富戸、田連阡陌、合一二里饑餓之民、民其佃戸、豈容坐視他人出米以救其佃戸乎、（『皇明経世文編』巻三九六）

この提言においても、地主と佃戸との関係は、本来的なものとしては、主人とその佃戸という関係であり、第三者の介入を許さない、個々の地主と個々の佃戸との、完結した、個別的な関係として設定されているのである。

それではこのような内容をもった「田主賑佃戸論」は、一六世紀半ば頃から一七世紀前半期の階級矛盾、階級闘争とどのようにかかわっているのであろうか。

陳継儒の居住した松江府において、彼の提唱に先立って行なわれていた一連の「田主賑佃戸論」に即して問題を考察してみよう。一節で引用したように、一六、一七世紀交代期における陸樹声の書簡、「上撫台賑荒書」では、まさしく「業主と佃戸」との「互相体恤」の提案が行なわれていた。この提案が、「洶洶として乱を思い、動じ易く安んじ難き」民心の安定のために行なわれたことは、すでに述べたとおりである。また、同じく一節で見てきたように、一六世紀の六、七〇年代に出された徐階の書簡、「与襄洪渓郡侯書」でも、「貧民」を「租戸」＝佃戸としてとらえ、「富民が各自其の租戸に貸す」措置をとらせることが強く地方官に求められていた。これも、「奸民」の暴動をあらかじめ抑圧し、「貧民」の乱を治めるための提案であった。かくして、「田主賑佃戸論」、個別的な地主による個別的な佃戸の救済方式は、地主佃戸間の矛盾・闘争の激化と対応しているのであるが、このことをより率直に述べたものに、徐階の書簡「復呂沃洲」がある。この書簡は、江南の旱災についての知らせを彼にもたらした巡按〔南〕直隷監察御史呂光洵に対する彼の返信であり、嘉靖二四－六年（一五四五－四七）当時のものである。徐階はこの書簡で、災害救済についての三つの案を提出している。その第二案「与官羅」は、災害地の行政当局が保有している銀によって、米価の低い地方の米を購入し、災害地で減価販売を行なうというものであり、このことによって災害時に租米収入の減少する「巨室」＝地主の負担による米の減価販売の肩代わりをさせることを目的としたもので、ここですでに徐階の収租者としての立場が示されている。第三案の「使民自相恤」は、民間における「大家」＝地主と佃戸との相互救済の必要性を強調したものであり、第二案とともに、直接地主佃戸関係にかかわる提案である。

三曰、使民自相恤、蓋松之俗、大家有田而不能耕、必以属佃戸、佃戸欲耕而不足於食、必以仰大家、其情与勢、不啻主僕之相資・父兄子弟之相養、故大家於佃戸雖或不能無虐、而不敢甚虐者、懼莫為之耕也、佃戸於大家雖不能無負、而不敢尽負者、懼莫為之貸也、正徳以前、民生裕而郷無悪俗、国賦登而獄鮮繋囚、由此道也、邇年以来、有司数下討債之禁、又重之攤放之刑（有司数《しば》しば討債〔返債を請求することに対する〕の禁を下し、又之に攤放〔貸付けすることに対する〕の刑を重ぬ）、於是佃戸囂然動其不義不信之心、大家惴惴焉、懼入於有司之罟、昔之所謂相資相養者、始変為相猜相讎、不惟債不可取償、而租亦多負矣、債不可取償、其始若止於病大家、而不知佃戸無所仰給、則不免於坐斃、租之多負、有司者、莫不欣然自詫其茹剛之政、以為前無古人、而不知租無所入、則税無所出（租の負多き、有司なる者、欣然として自らその茹剛《ちから》の政を詫《ほこ》り、以て前に古人無しとせざる莫きも、知らず、租入る所無くんば税出ずる所無きを）、（中略）為今之計、請罷去新令、開諭大家、使各恤其佃戸、合閭閻已離之情、敦末世已澆之俗、則不必糜帑蔵・煩吏卒、而民可無失所、（『世経堂集』巻二二）

徐階は、自らこの第三案について、他人がその真意を理解せずに、あるいは「士夫自利の私談」とみなし、あるいは「富人を庇いて之に代わって游説する」と見ることを予想している。しかし、徐階の主観的意図がかりに「自利」や「富人」の庇護になかったとしても、この第三案も第二案と同じく収租者としての地主の立場から、旱災によって被害を受けた佃戸に対する救済方法を論じたものであることは明らかである。徐階は趙用賢と同様に、当時国家の行政官が、佃戸の窮状を救済するために下した、地主佃戸間の債務・貸借関係の停止令は、地主佃戸間の矛盾を激化させ、かえって円滑な収租を不可能にし、また佃戸の生産・生活の元本の源を断って佃戸を死地に陥入れる結果を招くものとしてきびしく批判する。徐階は、佃戸を真に救済するためには、地主佃戸間の対立・矛盾の激化、彼のいう「相猜相讎」的状態に代えて、一六世紀の前半、正徳期（一五〇七―二一）までは確固として存在していたと彼が考えるところの旧来の地主佃戸関係を復活させ、大家＝地主がおのおの個別的にその佃戸を救済する方式をとらねばならない、と結論するのである。このような旧来の地主佃戸関係とは、徐階が、先の引用文に続く部分で、「古の治者」に託していうところによれば、「有無相い通じ、出入相い友たり、守望相い助け、疾病相い扶持する」というごとき深い保護依存関係をもったものであり、従って、先の引用部分に示されているように、大家＝地主が収租関係を結んだ佃戸を「其の佃戸」、すなわち自分の佃戸として確実に把握することのできる性質のものであった。そして、このような旧来の、彼にとって本源的な地主佃戸関係こそ、地主的土地所有を実現するための円滑な収租を保障するものだったのである。「相資相養」的状態とは、このような旧来の地主佃戸関係の総括的表現であった(10)。徐階は、彼がこの書簡を出した一六世紀の半ば頃、地主佃戸間の対立・矛盾が激化しつつあり、債務の履行拒否、租米の納入拒否の風潮が起こっている現実を彼なりに直視し、情勢のいっそうの拡大化を予測して、これに対抗するために、旧来の地主佃戸関係の再建を構想していたのである。「田主賑佃戸論」と軌を一にする彼の「大家郵其佃戸」方式、個別的な地主による個別的な佃戸の救済方式は、彼が当時抱いていたかかる構想と不可分に結びついており、地主佃戸関係の特定の発展段階、当時の地主佃戸関係の矛盾のありかたに規定された、すぐれて階級的な「救済」方式であった。

ところで、「田主賑佃戸論」登場の基本的契機を地主佃戸間の矛盾の激化に求めうるとしても、佃戸側の債務履行拒否、租米納入拒否の盾の反面として、地主の側でも旧来の地主佃戸関係のありかたを真向から否定する動きのあったことは見逃されてはならない。陳継儒の「田主、佃戸を賑す」の後半部分は次のように展開される。

況士農工商、惟農最苦、比之游手閑民及素不識姓名者、休戚万万也（農民の運命に対するよろこびとかなしみの想いは他のそれに比べてはるかにまさるはずだ）、田主置之度外、彼且相率而去其故居、拋棄屋廬、誰人看守、明年菜麦、誰人下種、田主労費、豈不多於今日哉、是説也、無田者・田少者、皆欣然以為可行、而転展阻撓・倡言不便者、必出於多田富戸之僕輩、独不思、田多則易於転移、人飢又易於為徳、決不分外多求、亦決不因求生事、（『崇禎松江府志』巻一三、荒政）

現実には、地主自身が、「痛癢相関」的な旧来の地主佃戸関係を破壊していくという現象が見られたのである。「多田富戸の僕輩」は、田土の集積と収租にのみ腐心して、直接生産者たる佃戸が災害の中で飢餓状態にあることを顧みない。佃戸が自分の労働力を再生産する道を断たれても、地主、とくに「多田富戸」の大土地所有者はそれを放置するような状況が生まれていたのである。陳継儒はまた次のような指摘を行なっている。

米踊則富者閉廩、只待価昂、貧者望門、無従借貸、田主不肯出資本、以急救佃戸、佃戸亦不肯出死力、以車救田水、（『晩香堂小品』巻二三「上徐中丞救荒書」）

「富者」「田主」は「貧者」「佃戸」の救済措置を全く行なわないというこのような状態が、江南の水災時に陳が直視して巡撫徐民式に訴えた現実であった。万暦三七－四二年（一六〇九－一四）のことである。旧来の地主佃戸関係は地主の側からも掘りくずされており、地主自体が地主佃戸間の矛盾を深めていたのであった。

〇

それでは、今まで述べてきたような内容と性格をもつ、一六世紀半ば以降の「田主賑佃戸論」は、もはやいかなる現実的根拠もない、遠い過去にのみあてはまる方式であろうか。郷紳・士大夫が机上で空想したプランにすぎないであろうか。そうではない。この時期の資料には、「田主賑佃戸論」の設定している旧来の「痛癢相関」的地主佃戸関係を具体的に記録しているものがある。あの陳継儒が万暦四七年から天啓元年（一六一九―二一）にかけての松江府知府陶鴻儒に送った前引の返信には次の一節がある。

又竊計、松郡之人、郷人耕種者、居其七、経営生理者、居其三、游手無頼者、不及一分之半、若有田之家、照管佃戸、佃戸種田一畝者、借与工米五升、及冬同租還納、此皆旧例、原非創設、特以近日米貴、并工本亦不肯借、而緩急無可告、台示暁諭、則佃戸可以藉口詣門、而田主可以委曲応付、是十分中之郷人、已救其七分、其余経営生理者、不難全活也、（『晩香堂小品』巻二三「復陶太守救荒書」）

この書簡で明らかにされることは、「田主、佃戸を賑す」という主題の下に彼が論じた地主による「工本米」の貸与は、松江府における「旧例」、旧来の慣行であって、決して陳継儒が新たに創り出した方式ではないことである。この陳の証言から、同じく「田主、佃戸を賑す」の中で彼が主張した、災害時における地主の「性命米」の貸与も、同じく旧来の慣行であったことが、ほぼ確実に推定されるのである。さらに、これらのことから、陳が「田主、佃戸を賑す」において、地主による佃戸救済の前提とした、あの本源的な「痛癢相関」的地主佃戸関係も、旧来現実に存在し、一六世紀の五〇年代から始まる陳の長い生涯の中で、彼自身が体験したものであるか、あるいは近い過去のこととして見聞したものであったと考えられるのである。

隣接の嘉興府嘉善県の郷紳である陳龍正も、一七世紀の前半期において、かかる旧来の地主佃戸関係を具現する慣行が存在したことを記録している。『幾亭全書』巻二五「庚午救春荒事宜」、同附録・巻一「陳祠部公家伝」[11]などによれば、崇禎三年（一六三〇）の春の米価騰貴にもとづく饑饉に際して、陳龍正は、自家に蓄積されていた米六百石を用いて、彼の祖宗父母の居住地であった県下二〇区の中の胥五区に属する貧戸を救済した。陳龍正は、この区の貧戸を、貧窮の程度に応じて、極貧・次貧に分け、一人につき三〇日分の食糧を、各戸の家族数に応じて支給した。さらに『幾亭外書』巻四「郷邦利弊考」に収録されたこの年の救済の記録の一つ、「救饑法十五条」の第七項「又附各区佃戸告示式」には、次のように述べられている。

常年佃戸、毎畝給借随田米二斗、加利二分、今春米貴民饑、本家于祖居胥五一区、聊施小恵、其余力難遍及、惟念各区亦有本家佃戸、歴年服労、豈忍槩遺、今将旧冬欠下糙米、扣算随田者、至冬、毎斗止加利一升、如旧租清楚、即今開倉、毎畝速給白米二斗、至冬、毎斗加利二升、溥示体恤之意、（『幾亭外書』巻四「郷邦利弊考」）

これらの記録は、まず陳龍正が、胥五区における「本家」の佃戸に対して、平常時においても、毎年、毎畝二斗・利息二割の「随田米」を貸与していたことを明らかにしている。さらに、この年の饑饉に際しては、他の区に居住する彼の家の佃戸に対して、滞納租米を「随田米」として取扱い、加えて利息を一割に下げることによってそれを棒引きし、租米の完納者に対しては毎畝二斗・利息一割の「白米」の貸与を行なった。

陳龍正が嘉興府下で平年に自家の佃戸へ貸与する「随田米」は、ちょうど陳継儒が松江府下における旧来の慣行として指摘した「工本米」に相当する。また、陳龍正が饑饉の年に行なった滞納租米の「随田米」扱いや、「白米」の貸与は、陳継儒の「性命米」にあたるものであろう。

江南の中心地域においても、旧来の地主佃戸関係のありかたを反映する慣行は、右のように、あるいは根跡をとどめ、あるいは実在して、郷紳・士大夫の「田主賑佃戸論」に一定の現実性を付与していたのである。

なお、こうした慣行は、時あたかも一六世紀における一条鞭法の施行後、応天府で土地を買得した「城中の富室」とその土地を佃種する「郷間の富戸」との関係について述べた姚汝循の「寄庄議」にも記される所である。

況富室不能自種、必業与貧民、貧民雖棄産、而実与富室共其利、収一石、則人分五斗、収十石、則人分五石、又牛力種子、出於富室、而銭粮又辦於富室、時有水旱、則富室又仮貸而済之、貧民惟出力耕耘、坐享其成焉、故曰、寄庄富室、乃貧民所依、可有而不可無也、（『天下郡国利病書』手稿本、江寧盧安「上元県志」）

応天府上元県の寄生的大土地所有下の地主佃戸関係においても、陳継儒らのいう「痌癢相関」的慣行、旧来の本源的な地主佃戸間のありかたは、さらに一つの典型を見出すかのようである。だが、松江府において、いわゆる「多田富戸の僕輩」がその土地を耕作する佃戸を、災害時において放置する傾向のあったことは、すでに陳継儒が指摘しており、応天府の「城中の富室」が実際に水旱害に直面して貧民＝佃戸の救済に努力したかは疑問が多い。この「寄庄議」の全文は、寄生的大土地所有の正当化の論理を露骨に主張する論理によって貫かれているからである。この記事は、むしろ、地主側がその寄生的大土地所有正当化の論理を構成するためには、旧来の本源的な地主佃戸関係における救済慣行を一つのモデルとしてかかげざるをえなかったものとして、理解されるべきであろう。

一七世紀における「在村手作地主層の村落における指導的地位の喪失と佃戸層の相対的な地位の上昇とをあらわす」ものと古島和雄が評価する(12)、嘉興府桐郷県の地主張履祥の手になった小作契約条件にも、次のような条項がある。

一、佃戸若係布種無資、毎畝貸米二斗、秋成照数還納白米、不起息、其遇水旱用力車救、臨時酌貸、（『楊園先生全集』巻一九「賃耕末議」）

この条項は、同じ嘉興府下嘉善県において陳龍正の行なっていた、相対的に低利の随田米の貸与、災害時における同じく低利の白米の貸与と類似している。陳龍正の家の佃戸と比べて、張履祥の設定したこの条項においては、佃戸は、利息が無いという点でやや有利な扱いを受けている。しかし、この条項は陳龍正の佃戸救済方式と明らかに連関しており、当時の地主佃戸間の矛盾の激化に際会した一人の地主が、旧来の慣行にもとづき、これを若干改良することによって作成した一つのモデルと見るべきであろう。あるべき規範としての右の小作契約条例全体の性格からもこのように判断されるのである。

概括的に言えば、一六世紀半ば以降、江南の郷紳・士大夫が災害救済方式の一つとして提唱した「田主賑佃戸論」

の構想・設定する、旧来の本源的な地主佃戸関係とは、次のようなものであろう。すなわち、個々の地主が個々の佃戸を、自家の佃戸、「其の佃戸」として、排多的に支配・掌握し、個々の佃戸の再生産過程に積極的に干与する。とくに、平年においては端境期に、災害時においてはその都度、地主が佃戸に対して米穀の貸与を比較的低利息で行なうことが、かかる再生産過程への干与の主要な内容となるのである。生産と生活において、地主が佃戸を保護し佃戸が地主に依存する度合は少なくない。

以上のように、一六世紀半ば以降の郷紳・士大夫の「救荒論」、なかんずく「田主賑佃戸論」を通じて、われわれは、この時期に先立つ旧来の地主佃戸関係の特徴と、その動揺・変化を明らかにする手がかりを得るのである。

ちなみに、郷紳・士大夫は、単に「田主賑佃戸論」の提唱、旧来の地主佃戸関係の復活のよびかけのみをもって、地主的土地所有と彼らの支配の危機に対処しようとしたのではない。たとえば、蘇州府太倉州では、

崇禎十四年（一六四一）、歳大祲、官紳会議救荒策、（『乾隆鎮洋県志』巻一四、雑綴類、逸事）

とあるように、郷紳・士大夫階級は、情勢への対応を、各地ごとに集合してつねに検討していたと思われる。個別的な救済方式を実践し、自家の佃戸を自分で救済しようとした嘉興府の郷紳陳龍正も、その救済にかんする諸記録を見ると、つねに自らを郷紳・士大夫階級の一員として位置づけている。彼の主要な救済方式は、三〇－四〇圩乃至二〇－三〇圩からなる県下の各区ごとに、その区出身の郷紳が区内の「大戸」「富戸」「殷戸」を指導して行なうという形態をとっており、区と圩を単位とし地縁的に郷紳・富戸を結合することを特徴としている。[13] ここで詳論するゆとりはないが、郷紳・士大夫階級のこうした救済方式の試行は、彼らの支配と旧来の個別的な地主佃戸関係の動揺の深刻さを示すものといえよう。

三　王朝国家の救荒政策・制度と地主佃戸関係

a　一七世紀に至る明朝国家の場合

一六世紀半ば以降、明末の江南の郷紳・士大夫の「救荒論」、とくに「田主賑佃戸論」などに今一つ特徴的なことは、災害時における国家権力の地主佃戸関係への直接的介入に対する批判である。とくに地方官の施行する、債務・貸借関係の一時停止令乃至利率減額令、私租＝地代徴収の一時停止令乃至減額令を、郷紳・士大夫らは「新令」と呼んできびしく批判した。前引の徐階の「復呂沃洲」、趙用賢の「上申相公」はかかる批判の代表的なものである。蘇州府下太倉州出身の典型的な郷紳王錫爵は、一六世紀の八〇年代から一七世紀の初頭一〇年までの書簡の中で、郷里江南を襲った災害についてしばしば言及しているが、その中にも同趣旨の批判がある。万暦一五、六年（一五八七、八八）の大水害下の郷里の士大夫からの便りにふれて、江南巡撫余立宛てに出された書簡[14]「余楽吾撫台」の一節は次の様である。

昨敝郷士夫書来、又言、有司近出新令、急徵官賦、而禁索私租、此亦非通論、今廟堂既不能尽折尽蠲、亦当聴田主就戸下小熟者、量収租而後可以還官、蓋田之荒稔、官府通査則難、田主自査則易、而佃戸之租、若今年無取、明年可以棄而不種、此田主切身利害、不必尽煩官法也、（『王文肅公文集』巻一七）

収租者としての立場をむきだしにしたこの書簡は、一方では田主＝地主から税糧の徴収を急ぎつつ、他方では田主が佃戸から私租を徴収することを禁ずるという「新令」への批判である。しかもこの書簡は、田主の切実な利害にかかわる問題として、次年度の佃戸による耕作を保障＝強制するためにも、今年度の租米は必ず徴収しておかねばならない、とつけ加え、より率直に「新令」への批判理由を述べている。耕作条件が悪いと見れば自由に地主の下を去っていく佃戸の独立性が生まれつつあり、この趨勢に対抗するために、収租についても耕作の継続についても、地主が随意に自由に佃戸に指示することができるような、地主佃戸関係を、確保し安定させることが王錫爵の要求だったのである。同じ万暦一五、六年の水災後ほど遠くない頃の「三呉」＝江南の地方官の措置について、王叔杲の書簡「与楊本菴年兄」は次のような批判を行なっている。

宦家富室、雖田聯阡陌、遇歉歳、有司且令寛租恤民、業主家、無以自贍、又将何以輸公税哉、（『玉介園存稿』巻一四、尺牘）

当時の江南の郷紳・士大夫からいっせいに批判されたこうした「新令」について、地方官の側からの記録を一つあげてみよう。万暦一五年から一七年（一五八七―八九）にかけての松江府知府喩均が、万暦一五年の大水害に際してとった措置は、翌一六年に彼の手によってまとめられた「雲間吏牘序」に簡単に記される。

雲間士俗、貧富胥壊、有田之家一、無田之家百、蠲恤所及者、有田之家耳、是一家蒙恵、而百家鮮救也、（『崇禎松江府志』巻一三、荒政）

喩均はこのような現状に直面して、煮粥《たきだし》をはじめいくつかの救済措置をとったことを、右の「序」に列記しているが、その冒頭に、「議して子銭（利子）を抑え、議して租課（私租）を減じた」ことをあげている。「無田之家」＝佃戸が、「有田之家」・地主に支払うべき利子と地代とを減額する措置がとられたわけである。

以上のように、一六世紀半ば以降、明朝国家は、江南地方で、災害時に地主佃戸関係に直接介入して佃戸を「救済」する措置をとろうとした。郷紳・士大夫は、これらの措置が、租米収入や利息の獲得に直接的な損失を与えるだけでなく、佃戸の租米納入・債務履行・耕作継続の拒否を促進し、階級矛盾を激化させて彼らの基礎を脅かすことを非常に恐れた。当時の佃戸の生産における地位と階級的な力量は、『救荒論』についての資料に直接現象することはないものの、いったん地方官から租米の減額・利子の削減令が出されれば、それをただちに利用することができるほどに高まりつつあったと考えられる。であればこそ、郷紳・士大夫は、むしろ旧来の地主佃戸関係をモデルとする「田主賑佃戸」方式こそ、租米収入・利息獲得を確実に保障するだけでなく、階級矛盾の激化を抑止することができると主張したのである。この意味で「田主賑佃戸論」が登場する直接的な動機は、まさに地方官を通じて行なわれる国家の地主佃戸関係への直接介入に対する批判にあったといわねばならない。そして彼らのこの批判の基礎には、国家の直接介入方式に対立する「田主賑佃戸」方式のモデルとなった旧来の地主佃戸関係は、動揺・変化しながらも、全く崩壊しさったのではない、という認識があったと考えられるのである。

それでは、災害時における地方官の佃戸救済措置をめぐって対立した、王朝国家権力と郷紳・士大夫階級とは、本質的には、どのような関係にあるだろうか。

まず、当時の明朝国家の救荒政策・制度、荒政が、土地所有の有無、「有田之家」と「無田之家」との分立を前提としていたことに注目しなければならない。すでに一四世紀後半における江南の災害時において、皇帝朱元璋自身、次のように述べている。

初朕聞水災、急令人踏、意在賑済佃戸、有産之家罷給、（『御製大誥正編』「妄告水災第六十三」）

命戸部謂有司曰、有産之家不賑、無産之家・佃戸人等、領赴京来、（『御製大誥三篇』「陸和仲胡党第八」）

朱元璋は「有産之家」と「無産之家」・「佃戸」との分立をすでに承認していた。『大明会典』の救荒にかんする一六世紀の後半期以来の規定にも、この考え方は明らかにつらぬかれている。

万暦十二年、議准、以後地方災傷、撫按従実勘奏、不論有田無田之民、通行議恤、如有田者、免其税糧、無糧免者、免其丁口塩鈔、務使貧富一体、並蒙蠲恤、（『万暦大明会典』巻一七、戸部四、災傷「蠲免折徴」）

嘉靖三十二年議准、徐淮水災、減免有田有戸之人、応納税糧五万石、其見在淮徐両倉米麦、専給与無田無戸之人、

（『万暦大明会典』巻一七、戸部四、災傷「賑済」）

ここでも「有田之民」「有田有戸之人」と「無田之民」「無田無戸人」との分立がはっきりと前提されているのである。

一六世紀半ば以降の江南についても、同様のことは検証される。一七世紀初頭、万暦三六年（一六〇八）の江南の大水災において、時の江南巡撫周孔教の発した指示には、被害実態の調査の際の未被災田土の登録についての次のような部分が含まれる。

明開一圩中某人熟田若干・佃戸某、某人熟田若干・佃戸某、（中略）夫荒熟既尽得実、則饑民大略可知矣、此即可与籍飢民之法並行而不悖、（『崇禎松江府志』巻一三、荒政「万暦戊申・撫台懐魯周公疏略・檄行一」）

これは、未被災田＝熟田の調査の場合の指示であるが、田土の所有者とその田土を耕作する佃戸の姓名とを必ず明記させる仕方は、被災田＝荒田の調査の場合にも当然応用されるのであり、地主と佃戸を区別して調査・登録する方式が採用されていたことを意味する。調査・登録にもとづく具体的な救済措置についても、「有田者」と「無田者」との区別のあったことを、陳継儒は一七世紀前半期の通例として述べている。

如銀賑・米賑・粥賑、此為無田者而設也、（中略）如蠲免・如改折・如停徴・帯徴、此為有田者而設也、（『崇禎松江府志』巻一三「賑荒諸議・禁張皇」）

もちろん、「有田之家」「有産之家」「有田者」は、厳密には、他人の労働を搾取する地主のみに限定されるものではなく、原理的には自作の直接生産者を含む。同様に「無田之家」「無産之家」は必ずしも佃戸ではない。しかし、先に述べた松江府知府喩均の「無田之家」に対する救済措置の冒頭に、利子と並んで私租の減額があげられていたことからしても、「無田之家」「無田者」の多くが地主の土地を耕作する佃戸であり、同じ喩均が一〇〇戸の「無田之家」に対比していう一戸の「有田之家」が、多くの場合、佃戸の労働を搾取する地主であることは明らかであろう。明朝国家の救荒制度の前提とする「有田」「無田」の区別の中には、地主と佃戸との区別が包含されていたと考えられるのである。従って、地主佃戸関係に直接介入して、地主が佃戸に強制する債務履行や租米徴収を規制しようとする国家の措置は、地主佃戸関係、地主的土地所有そのものの基礎にふれるものではありえない。このように考えると、国家の地主佃戸関係への直接介入による救済方式と「田主賑佃戸論」をとる郷紳・士大夫階級の救済方式は、いずれも地主佃戸関係の確立下における方式としての共通性をもっているのである。「田主賑佃戸論」の方式は、郷紳・士大夫階級のもつ地主制の矛盾と階級的危機に対する認識の鋭さを反映して、国家の方式との方法上の差異を生じてはいるが、彼らはもちろん決して国家と敵対するものではない。

事実、郷紳・士大夫階級は国家機構ときわめて密接な連絡を保ち、これを最大限に利用しようとしている。彼らは国家の地主佃戸関係への直接介入措置には反対しながら、自らの志向する旧来の地主佃戸関係の維持のためには相応の国家の介入を必要としていた。皮肉にも、個々の地主が確実に個々の佃戸の生活と生産を掌握し、個々の地主に対する佃戸の依存と従属がより強固なこの旧来の関係、従って他の地主はもとより、あらゆる第三者の介入を拒絶すべきこの関係を維持するために、郷紳・士大夫たちは、結局、第三者たる国家の介入を必要とせざるを得なくなっていたのである。彼らが自己の見解の実施を、書簡を通じて、首席大学士、巡撫、巡按監察御史、知府など、国家の各級の官僚に依頼し懇請していることは、この事情をよく示している。たとえば、徐階は、個々の地主が各自その佃戸を救済するように指示することを、巡按南直隷監察御史呂沃洲に依頼しなければならなかった（前掲「復呂沃洲」）。陳継儒の提唱した、個々の地主が各自その佃戸を救済する方式においても、佃戸が地主から借りた「工本米・性命米」を期限内に返還しなかった場合には、地主は「官に告げて究追」してもらわなければならないとされていた（前掲「田主賑佃戸」）。さらに佃戸が「旧例」として「工本米」を地主から借りだせるようにするためにも、陳継儒は、松江府知府にその口利きを懇請しなければならなかった（前掲「復陶太守救荒書」）。郷紳・士大夫は、自ら「痛癢相関」、「相資相養」と称するいわば〝水いらず〟の地主関係の維持を図るに際しても、他者である国家のさまざまな介入措置を必須の条件としていたのである。

国家の側からも、当時、郷紳・士大夫階級擁護の意向がきわめて率直に表明されることがあった。万暦三六年（一六〇八）の大水害に際して、被災者への救済資金の醵出を「郷紳先生」・「三呉の富民」に呼びかけた、江南巡撫周孔教の檄文の第一項がそれである。

毎見荒年一番僉報、闔邑騒然、姦民乗之、攘臂而起、致令富家巨室、人人自危、（中略）夫請蠲・請賑、禁搶奪、禁強借、本院之保護富豪、不遺余力、（前掲「万暦戊申・撫呉懐魯周公疏略・檄行十三」）

檄文の趣旨を徹底するための修辞の部分ではあるが、郷紳・士大夫階級の運命をかけて尽力する国家の官僚の姿勢を読みとることができよう。一六世紀の半ば以降の社会の諸矛盾、とくに地主佃戸間の階級矛盾・階級闘争の激化の中で、王朝国家の官僚機構は、地主階級、なかんずく郷紳士大夫階級の支配機構としての性格をより鮮明にあらわしてきたのである。

b　一八世紀に至る清朝国家の場合

以上述べたように、地主佃戸関係への直接介入方式においても、「無田者」・佃戸を「有田者」・地主から区別した救済措置においても、地主佃戸間の矛盾の緩和を志向する郷紳・士大夫階級とその官僚機構との関連においても、明朝国家の救荒制度・政策が、とくに一六世紀半ば以降、地主佃戸関係と結びついていたことは明らかであるが、一七世紀の四〇年代から明朝の国家機構を継承した清朝の救荒制度・政策は、地主佃戸制との結合をいっそう発展させた。

一七世紀の半ば以降も、地主と佃戸との階級矛盾は、抗租運動の形態を通じて、さらに顕著となる。小山正明は、江南に関して、「清初に至り、佃戸の地主に対する抵抗力は劃期的な強さを示すようになった」と述べ、以後一八世紀に至る抗租運動の普遍化を示す多くの資料を提示した。[15]また、周藤吉之は、彼のいう「清代中期」、一八世紀の、とくに華南華中における抗租運動の昂揚を『清実録』によりつつ明らかにしている。[16]小山、周藤は、ともに乾隆一〇年（一七四五）に、江蘇巡撫陳大受が「呉中の抗租は久しく錮習となる」[17]と認めたことを重視している。清朝国家の、災害時における佃戸に対する救済規定が完備されていくのは、まさに「抗租が錮習とな」ったことを江蘇巡撫が承認した一八世紀の半ば前後のことである。以下の叙述では、清朝の救荒制度・政策、いわゆる荒政における佃戸の位置を姚碧の著わした『荒政輯要』を通じて明らかにし、あわせて清朝の荒政と地主佃戸関係との結合のありかたにふれる。

姚碧は、江南の中心地松江府華亭県に育ち、一八世紀の前半、乾隆の初年頃から約三〇年にわたり、浙江省各地で幕友として幾多の地方官を助け、行政の実務にあたった人物である。乾隆三三年（一七六八）に刊行されたその『荒政輯要』は、清朝支配下の中国に数多い荒政を主題とする書物の中でも、もっとも豊富に、同時代の諸規定や実務上の手続を収録したものである。そこには、単に彼の勤務した浙江省のみならず、しばしば「江浙各省」「江浙地方」と冠せられた規定や手続が収録されているように、江蘇省における制度・政策も反映されている。乾隆二〇年（一七五五）、彼の幕友としての活動期に江蘇省が制定した「被災撫邺事宜六条・査賑事宜三九条・勘災事宜一六条」は、浙江省及び他の多くの省のならうところとなったといわれる。[18]このことをあわせて考えると、姚碧の『荒政輯要』には、ひろく江浙、江南を中心に、全国的規模における清朝の荒政のありかたが反映されているといえよう。[19]

『荒政輯要』の内容でもっとも注目すべきものは、姚碧がすべての災害救済措置の中で緊急順位の第一位に置いているところの被災の田土及び農民家族の実態調査――勘災と、被災戸のうちの貧戸への米・銀の給与――賑邺（賑済）とに関する部分（ともに巻一「災賑章程」所収）であり、その中でもとくに後者、貧戸への米・銀の給与のために行なわれる極次両貧戸の査定をめぐる箇所である。姚碧は、彼が緊急順位の第二位に置いた税糧納入の減免――蠲免と納期の繰延――緩徴についての諸規定・手続を収録した巻二「蠲緩章程」において、賑卹を蠲免と対比させて、次のように述べている。

査、江浙地方、農多土窄、郷民多向富戸佃田耕種、歳還租息、数有一定、如佃田成災、向来州県辦理、将銭糧蠲与業主、賑卹給与佃戸、事属均平、

すなわち、貧戸を対象とする救済措置としての米・銀の給与――賑卹は、姚碧によって佃戸を対象とするものとして大きく概括されているのである。賑卹の対象戸としての極次両貧戸の査定について検討するべき理由がここにある。

『荒政輯要』巻一「災賑章程」に収録された、極貧戸、次貧戸の査定基準は次のとおりである。この基準は、姚碧によれば、浙江省の歴代の査辦章程（調査規定）にもとづいたものであるが、先に述べた理由から、江蘇省の規定とも関連をもち、従ってひろくいわゆる江浙地方、または江南地方に適用されたものと見られる。

一、災戸極貧次貧、応酌中分別、如災戸内、有田地雖被災傷、另有山場・果木・柴炭・漁塩各種花息、并有手芸生業、以及有力之家、一概不准開報外、

応将被災貧民、並無己田、又無手芸営生・山場別業、佃種田地十五畝以下、

及雖有己田、而為数不及十畝、自耕自食、

各被災八九分者、准其列、作極貧、

如己田十畝以下、自耕、被災六七分、及己田十畝以上至二十畝、自耕、被災八九分、

并佃田十五畝以上、被災六七分者、

准其列、作次貧、

其業戸己田出佃者、自係無籍耕種為活之人、已得蠲緩、不許入賑、冒混者、応厳査删除、

一、如災戸内、有己田、自耕十畝以上至二十余畝、及佃田十五畝以上、被災六七分、家有老病父母・幼少子女、

此種貧戸、雖豊収、尚不敷用、今被災更属可憫、
応列作極貧、
又如災戸並無己田、亦無己屋、佃田成災過半、家口繁多者、
并外郷新遷、耕種全荒、無力傭工者、
亦応定為極貧、
雖無己田、尚有房屋・牲畜、佃田全荒者、
雖無己田己屋、佃田半収、家口無多者、
自種己田、僅止数畝、雖未全荒、而家口多者、
塔寮居住耕種外郷別邑民人、佃田荒蕪過半者、
倶応列作次貧、
又如佃田四五畝、雖被全荒、而係単身壮丁、能傭工度活者、応不准入冊、
総在地方官、臨時細加察看情形、平心辦理、俾無遺無濫耳、

査定の対象からあらかじめ除外されるものは、その所有乃至耕作する田土が被害を受けても、別に山場（やま）、果木（果樹）、柴炭（薪炭）、漁塩（漁業、塩業）など各種の花息（収入）があるもの、生計を営むに足る手工業があるもの、及び「有力の家」である。これら以外の被災した「貧民」、「貧しい農民家族」から極貧戸、次貧戸が査定される。

極貧──a

1　自己の所有地が無く、生計を営むに足る手工業や別の資産が無く、一五畝以下の他人の土地を佃種し、被災の程度が八－九割のもの。

2　自己の所有地をもつが、一〇畝以下であり、自己の労働力で耕作して生計を立てており、被災の程度が八－九割

のもの。

次貧——a

1　自己の所有地が一〇畝以下で、自己の労働力で耕作し、被災の程度が六－七割のもの。

2　自己の所有地が一〇畝以上二〇畝までで、自己の労働力で耕作し、被災の程度が八－九割のもの。

3　一五畝以上の他人の土地を佃種し、被災の程度が六－七割のもの。

以上のように極貧戸、次貧戸を査定する原則的な基準が定められるが、この基準で処理しきれないような多様な状況の下にある農民家族については、別にいくつかの基準が設けられる。

極貧——b

1　一〇畝以上二〇余畝に至る土地を所有して自ら耕作するか、一五畝以上の土地を佃種するもので、被災の程度が六－七割の場合であっても、老年の病んだ父母と幼少の子供をかかえているもの。このような貧戸は豊作であっても生活をまかないきれず、被災すればさらに「憐む」べき状態にある。

2　自己の所有地が無く、自己の家屋も無く、佃種している十地の被災の程度が五割以上で家族数の多いもの。

3　外郷から新たに移住したばかりで、耕作地が全部被災し、傭工に出る労働力の無いもの。

次貧——b

1　自己の所有地は無いが、家屋、家畜は所有している場合でも、佃種している土地が全部被災したもの。

2　自己の所有地も自己の家屋も無いが、佃種している土地で五割の収穫があり、家族数の多くないもの。

3　自己の労働力で自己の所有地を耕作しているが、わずか数畝で、全部被災してはいないが、家族数の多いもの。

4　他人の小屋に同居して耕作している他郷他県の農民で、佃種している土地の被災の程度が五割以上に達したもの。

他に二つの附記がある。第一は、土地所有者であって自分の土地を他人に佃種させている場合は、自己の耕作労働によって生計を立てているものではなく、すでに税糧の減免措置を得ている以上、賑卹を受けることを認めないということ。第二は、四―五畝の他人の土地を佃種し、全部被災した場合でも、独身の壮丁であり、傭工によって生計を立てることのできるものは除くこと。これら二点である。

こうした極貧戸・次貧戸の基準を運用して査定された農民家族に対して、賑卹が、すなわち一定期間の米・銀の給付が行なわれるのである(20)。

それでは、右の査定基準は、果たしてどのようなしかたで、佃戸たる農民家族と、さらに地主佃戸関係と結びついているのであろうか。

査定基準の一つの柱は、土地所有の有無、または所有規模の大小である。第二の柱として、土地所有の有無・規模にかかわらず、経営規模の大小がある。さらに第三の柱として、耕作に従事する労働力が自家族の成員のものであるのか他人のものであるのかという点があげられる。極貧、次貧とそれ以外の農民家族との区別、乃至極貧と次貧との区別は、まず、この第一、第二、第三の柱を基準とし、それらに被災の程度を組みあわせて行なわれる。こうして、ひとまず区別＝査定をしてふるいにかけたあと、残りの農民家族について、さらに、家屋所有の有無、家畜所有の有無、扶養家族の有無多少、なかでも老人幼児などの有無多少、成年男子の労働力の有無などの柱と、被災の程度とが組みあわされて、極貧、次貧の農民家族が査定される。

ここでは、土地所有、非所有が、極次両階層の貧戸と他の農民家族とを、また極貧と次貧とを分かつ唯一の基準ではない。極次両階層の貧戸即土地を所有せぬ佃戸とはいえず、また極貧戸即土地を所有せぬ佃戸ともいえない（ごく小規模の土地を所有し、同時に他人の土地を佃種している半自作農民は、『荒政輯要』の査定基準ではふれられていないが、今、基準の性格を考える上では、論理的にも捨象してよいと思われる）。すなわち、極貧の場合は一〇畝、次貧の場合は二〇畝の土地を所有する自作の農民家族も含まれるのである。従って、右の基準によって査定される極次両階層の貧戸とは、さらに極貧戸とは、厳密にいえば、他人の労働力を用いず、自家族の労働力のみによって小規模の土地を経営するところの、被災した直接生産者農民家族である、といちおう概括することができる。このことは、右の査定基準と同じく『荒政輯要』巻一「災賑章程」に収録された次の事例にも共通するところである。浙江省で乾隆一六年（一七五二）の旱災以来、つねに行なわれるようになった種もみ用の穀物（籽本）の給付の基準の内容のことである。

　按籽本穀石、係自種者、給与業戸、佃種者、応賑給佃戸、毎石折価六銭、

すなわち、種もみ用の穀物の給付は、土地所有の有無を基準として行なわれるのではなく、現実に自家の労働力で耕作しているかどうかが基準であり、土地所有者＝業戸が自ら耕作している場合には業戸に、佃戸に耕作させている場合には佃戸に給付することがたてまえとなっていた[21]。同様の考え方は、極次両階層の貧戸の査定基準の付記の、「自己の耕作労働によって生計を立てているもの」を重視する叙述にもうかがえる。そこでは、農民家族を一単位とする農業労働力の再生産の確保が賑卹の目的であることが示唆されていた。

　もし極貧戸、次貧戸の特徴がこのように概括されるとすれば、清朝国家権力は、中国の伝統的専制王朝として、貧窮せる農民家族一般に対して一定のいわゆる「恩恵」――例の「加恵元元」などという表現に代表される――を与えようとしたのであって、佃戸という特定の階級をとくに対象としたものではない、という評価もできよう。同時に『荒政輯要』が清朝の荒政の中でもっとも緊急なものと規定した賑卹＝賑済は、極次両貧戸の査定基準のみをみるかぎり、一〇世紀以降の主要な生産関係としての地主佃戸制と直接的には対応しない、とすることも可能である。たしかに、清朝国家の賑卹対象戸は、以上の分析によれば、一個の再生産単位としての農民家族のうちの貧窮戸であり、対象戸としての極次両階層の貧戸の査定基準は、歴代の専制王朝が伝統的に採用してきた原則、すなわち、階級・階層を超越して農民家族一般を把握しようとする原則を反映している。

　しかしながら、先述したように、すでに一四世紀後半に創建された明朝国家は、当初から「有田戸」「有産者」と

「無田戸」「無産者」の分立を前提とした災害救済政策を実施しており、一七世紀前半期には、被災戸に対する米・銀の給与――賑卹は、「無田戸」のための政策として位置づけられていたのではないか。農民一般を支配する原則が、賑卹対象戸としての極貧戸、次貧戸の査定基準の形式として反映されていたとしても、問題は、その形式とからみあいながら査定基準の実質を規定しているものが何か、ということである。

この際、参考されるべきことの一つは、災害のたびごとに、極次両貧戸査定の資料作成のために行なわれる被災の田土と農民家族の実態調査の特徴である。すなわち、『荒政輯要』巻二「災賑章程」によれば、調査に際しては、田土については、他人によって佃種されているかどうか、農民家族については他人の田土＝土地を佃種しているかどうか、その佃種の規模はどれだけかが、必ず登録されねばならなかった。そして、この点での調査の厳密を期するために、魚鱗図冊にもとづく頃畝分数冊、烟戸冊にもとづく戸口冊が作成されるほか、これら二種類の帳簿に登録された調査結果をより正確なものとするために、帰戸冊及び外庄佃戸冊というさらに二種類の帳簿が作成されることとなっていた[22]。調査のこうした特徴は、被災の農民家族の中から、極貧戸、次貧戸を査定するにあたっては、所有する土地の有無・多少がもっとも重要な基準として運用されたことを予想させるのである。この予想の一つの証明は、『荒政輯要』巻一「災賑章程」の中に附加的に収録されている、貧窮の生員に対する賑卹の査定基準の内容である。

向来州県応賑貧生、例由教官査造大小戸口極次冊、（中略）大概以並無田産者、為極貧、無多田畝・被災者、為次貧、

ここでは、たしかに土地所有と非所有、または所有の多少が決定的な基準となっている。しかしながら、右の予想を農民家族の階級的・階層的区別に即して証明するためには、いまひとつの関連資料を援用することがよりふさわしい。

清朝支配下の中国では、姚碧の『荒政輯要』と同名の異本が、嘉慶一〇年（一八〇五）に出版されている。これは、

乾隆三六年（一七七一）の挙人で、嘉慶八―一一年（一八〇三―〇六）の間、江蘇巡撫をつとめた汪志尹が在任当時に編纂したものであり、以下『汪本荒政輯要』と呼ぶ。その巻三は、汪志尹と同時代の各省の災害救済規定や汪志尹自身の見聞を参考として書かれているが、主として依拠したのは、一八世紀の半ば、乾隆二〇年（一七五五）前後に退官するまで江蘇布政使であった彭家屏が在任時に刊行した『災賑章程』であった。この『章程』が、浙江省ならびに全国各省に大きな影響を与えたとされる前掲の江蘇省制定の災害救済にかんする規定と同系統のものであることは、刊行者彭家屏の在任年代からしてもほぼ明らかである。従って、この『章程』とそれをふまえた『汪本荒政輯要』の巻三は、一八世紀の半ば前後の浙江省の諸規定・手続にもとづく姚碧の『荒政輯要』とも深い関連をもつであろう(23)。

『汪本荒政輯要』巻三「査賑事宜」における極貧戸、次貧戸の査定基準に関する規定には注目すべきものがある。

一、貧民当分極次、全在察看情形、如産微力薄、家無担石、或房傾業廃、孤寡老弱、鵠面鳩形、朝不謀夕者、是為極貧、如田雖被災、蓋蔵未尽、或有微業可営、尚非急不及待者、是為次貧、

「飢え疲れ痩せ衰え、その日の暮しの目途も立たないもの」（鵠面鳩形、朝不謀夕者）とか、「たくわえはまだあるがなんとか仕事をやっていて今すぐにというわけではないもの」（蓋蔵未尽、或有微業可営、尚非急不及待者）という表現からも明らかなように、ここでは、貧窮した農民一般が極次の「貧民」とされ、所有する土地の有無多少に関する明確な量的限定はない。その意味では、この『汪本荒政輯要』の極次貧の査定基準は、『荒政輯要』のあの査定基準が一面ではもっていた、多元的な、またその故に特定の階級と直接には関連しない、という性格と軌を一にしている。しかし、この一般的な規定は、それにつづくいくつかの規定でより具体化されているのであり、その中の一つに次のようなものがある。

一、業戸之田、類多佃戸代種、内如本係奴僕雇工、原有田土養贍者、毋庸給賑、如係専靠租田為活之貧佃、田既荒、業主又無養贍、並査明極次・及所種某某業主之田、按其現住災地、分数給賑、不得分投冒領、

土地を所有する業戸の田は、ほとんど佃戸が代わって耕作している。そのうち、奴僕、傭工など、もともと田主（業戸のうちの地主）が扶養しているものに対しては、賑恤を行なう必要はない。もし専ら他人の土地を借りて耕作し、生計を立てている貧しい佃戸であり、その土地（田土）が被災し、業主（先の田主と同じく、ここでは地主の意）が扶養しないものに対しては、極貧・次貧の別と佃種しているのがどの業主であるかとを調査して、現住する被災地において応分の量の給与を行なう。戸を分割して不正受領してはならない。大意は以上のようである。この規定では、土地が、多くの場合自分の労働力によってそれを実現しようとする自作、自小作農民の所有に属するものではなく、他人の労働力によってそれを実現しようとする地主的土地所有のもとにあるという前提が置かれる。その上で、まったく自己の土地をもたず専ら他人の土地を耕作し地代を搾取されつつ生計を立てている純粋の佃戸が、極貧、次貧の査定を受けて賑恤――米銀の給付の対象者となるべきものとされているのである。査定の基準として土地所有の有無が決定的なものとされ、極次両階層の貧戸と他の農民家族とが区別されているのである。『汪本荒政輯要』のこの規定は、『荒政輯要』の多様な査定基準、少なくとも基準の三つの柱の中でも、土地所有の有無多少がもっとも重要なものではないか、という先の予想を裏づけるものである。

すでに述べたように、『荒政輯要』の巻二「蠲緩章程」も、江浙地方における地主佃戸制の発達と多数の農民が佃戸として地主の土地を耕作していることを認めていた。土地所有の有無多少をもっとも重要な柱として基準が運用されれば、極貧戸、次貧戸として査定されるものは大部分が佃戸となり、佃戸が賑恤の主対象となるのは当然であろう。従って、この時点では、佃戸であれば、被災時には賑恤され、米・銀の給付を受けるという事例が固定化し、一つの制度と化してきていたのである。そして、賑恤関係の事務にたずさわる州県の胥吏が、佃戸の名を借りて米・銀の不正受給を企てるようなことさえ生まれるに至る。

并書役明知、佃田成災、向係賑給佃戸、遂将佃戸姓名、無数揑造、則佃戸与災戸、又較多数倍、（『荒政輯要』巻一「災賑章程」)

書役によって佃戸の姓名が捏造され、被災戸の数倍に達する佃戸の数が賑卹対象として登録されるという事態である。

このように見てくると、一八世紀における清朝国家の救荒制度・政策においては、「有田」の農民家族と「無田」の農民家族の分立が前提とされており、一七世紀に至る明朝国家のそれが継承されていることが、改めて確認される。と同時に、関係する文書の上で、「佃田」「佃戸」という呼称が普遍的に用いられたことが示すように、清朝国家の救荒制度・政策においては、右の分立が「地主」と「佃戸」との分立として、いっそう強く地主佃戸関係と結合した区別として前提されるようになっているのである。とくに、賑卹のための極貧戸、次貧戸の査定基準は、形式的には、さまざまの階級・階層を網羅した貧窮農民一般を対象としたものでありながら、その実際の運用の中では、とくに佃戸という特定の階級を選択する役割を果たしていた。そして、こうした一八世紀の清朝国家の救荒制度・政策の特徴から次のような予測がなされうる。すなわち、一面では直接生産者農民を農民一般として把握・支配する原則を採用しながら、他面では、事実上佃戸という特定の階級を把握・支配するという清朝国家は、一〇世紀以降の諸専制王朝の中でも、相対的に、佃戸の把握・支配の機構としての側面をもっともあらわにもっているのではないか、ということである。(24)

むすびにかえて

一八世紀の清朝国家の救荒制度・政策が地主佃戸関係と密接に結合し、救荒制度・政策を通じて、清朝国家が直接生産者農民の把握・支配を佃戸という特定の階級の把握・支配として認識せざるを得なかったことが明らかになるとすれば、そのことは、一八世紀における地主佃戸関係の特徴とどのようなかかわりをもっているのであろうか。こうした課題の解決については、さまざまな立場から中国近代の歴史的前提条件を明らかにするために続けられてきた一七、八世紀の基本的生産関係をめぐる二〇年来の研究史の総括が必要であり、本稿で用いた一六―八世紀の荒政にかんする素材のみについても、一〇世紀以降の同種素材とをもあわせてなお幅広い検討が加えられねばならないだろう。ここでは「賑卹」というごく限定された分野における若干の論点を提出するとともに、それを以て本稿全体のいちおうのしめくくりとしたい。

先に引用した『汪本荒政輯要』巻三「査賑事宜」の規定には注目すべき問題点が含まれていた。すなわち、地主の土地を耕作している佃戸を二大分し、本来奴僕・雇工という身分に属していて隷属度が高く、地主の扶養を受けているものと、専ら他人の土地を借りて耕作し生計を立てている貧しい佃戸とを区別して、後者の佃戸を賑卹の対象としている点である。本稿二節で述べたように、一七世紀前半期までの江南地方では、奴僕のような身分的隷属関係に置かれていなかった一般の佃戸に対しても、平時には「工本米」(松江府)、「随田米」(嘉興府)などと呼ばれた米を、相対的に低い利息で貸与し、災害時には「性命米」(松江府)又は白米(嘉興府)を貸与するという慣行が、比較的近い過去のこととして(松江府)、又は現実の地主の施策として(嘉興府)、記録の上にあらわれていた。しかし、『汪本荒政輯要』が一八世紀半ば頃の江浙、江南地方の事態を反映しているというほぼ確実な推定をふまえて、巻三の右の規定の意味を敷衍すれば、江南において一七世紀の前半期まではその名残りをとどめていた、個別的な地主による個別的な佃戸の「救済」慣行、すなわち、地主の佃戸に対する「保護」、佃戸の再生産の「保障」慣行は、一八世紀の半ば頃においては、消滅しつつあり、従って、一八世紀半ば頃の江南における地主佃戸関係は、一六、七世紀以前のそれとは異なった特徴をもっているということができるのではないか。個別的な「保護依存」をたてまえとする、本稿のいわゆる旧来の地主佃戸関係は、はっきりと過去のものとなり、佃戸はより「自由」な状態の下に放置されて生産活動を行なわねばならなかったと考えられる。もしそうであるならば、一八世紀中葉の清朝国家が佃戸という特定の階級を、一七世紀前半期以前の明朝国家に比べて、より具休的に抽出し、災害時の佃戸への賑卹——米・銀の給与規定を制度的に完備したことは、個々の地主が放置した佃戸を、清朝が彼らに代わって「保護」しようとしたことを意味するのである。

それでは、清朝国家のこのような佃戸への「保護」、その再生産の「保障」制度の整備乃至体系化は、佃戸への真の保護、保障を目的としていたであろうか。かかる整備乃至体系化は現実にはどのような役割を果したであろうか。この点の検討に際しては、『荒政輯要』の例言が、荒政の中で第二番目に緊急なものとしていた蠲免、すなわち地丁銭糧の減免のありかたを見なければならない。なぜなら、前掲した『荒政輯要』二巻の引用文では、この蠲免こそ、地主のための救済措置として明記されていたものであり、清朝国家の地主への保護のありかたを示すことによって、佃戸への「保護」のありかたとの対比を表わすからである。ごく基本的なことのみいえば、清朝国家は、乾隆帝の即位した雍正一三年（一七三五）以来、蠲免を通じての地主に対する保護を強化した。『荒政輯要』、及び『汪本荒政輯要』がともに引用する同年一二月壬午の勅諭は、要旨以下のような命令を下している。一三世紀末以来の各専制王朝の事例にならって清朝国家が行なってきた、災害時における地主の銭糧の減免にともなう佃戸の私租の減免方式の変更である。その第一は、形式的にもせよ、従来国家が行なってきた各地主に対する、私租減額かたの強制を中止し、私租の減額は各業戸＝地主に勧諭する、おすすめするものであるとし、地方官に対しても決して地主に強制してはならない、とした点である。第二は、従来私租の減額について、たとえば銭糧蠲免額の一〇分の三という特定の比率を限定していたが、この枠を外し、いっさいの限定を廃してあくまでも地主の自由裁量——恣意にゆだねた点である。第三は、それまでとくに明言されなかったことであるが、私租の減額に関する勅諭を理由として佃戸が抗租を行なうことをあらかじめ想定して、その禁止を強く指示した点である。以後一八世紀の末年までしばしば行なわれた銭糧の減免に際して、清朝国家は、私租の減額については、この勅諭の内容に沿った指示を行なっている。

一八世紀の清朝国家の荒政における蠲免の特徴が、右の勅諭の内容に集約されているとすれば、清朝国家は蠲免とその関連措置については、一七世紀前半までの明朝国家ではいまだに行なわれていたところの、個々の地主佃戸関係への直接的介入を中止し、地主の収租に対するいっさいの強制を放棄した、といえる。しかも、他方、賑卹については、かつて明朝国家の直接的介入に批判反対した郷紳・士大夫たちすら、個別的地主の手によって行なうべきものであるとしていた佃戸に対する「救済」を、清朝国家自体が佃戸への米・銀給付制度の整備乃至体系化を行なうことによって、従前よりも広汎な地主の肩代わりをつとめようとした、と考えられるのである。すなわち、一八世紀の清朝国家は、一方では地主の収租権を強く保障し、他方では地主の佃戸「救済」・再生産維持のための負担を軽くするという形態で、地主的土地所有の保護と地代搾取の保障を行なおうとした、ということができる。一七世紀の半ば以後いっそう盛んとなり、一八世紀においては「久しく錮習となる」とさえいわれた抗租運動の普遍化に際して、その基底をなす旧来の地主的佃戸関係の変動に対応するためには、地主的土地所有を保障する集権的専制国家の機能がより全面的に発揮されねばならなかったのである。

註

（1）陳恒力編著『補農書研究』（中華書局、一九五六年）第五章「分区治水与改造自然」。

（2）陳龍正『幾亭全書』巻二五、政書、郷籌三「庚午急救春荒事宜」。同『幾亭外書』巻四、郷邦利弊考「救饑法十五条・附張掛散米告示式六」、「又附各区佃戸告示式七」。

（3）エンゲルス『ドイツ農民戦争』一八七〇年第二版への序文（『マルクス＝エンゲルス選集』第一六巻、大月書店、一九五〇年）。

（4）『日知録』巻一〇「蘇松二府田賦之重」。

（5）北村敬直「明末・清初における地主について」（『歴史

学研究』一四〇、一九四九年。のち『清代社会経済史研究』増補版、朋友書店、一九七八年に収録）。古島和雄「明末長江デルタ地帯における地主経営－沈氏農書の一考察－」（『歴史学研究』一四八、一九五〇年。のち『中国近代社会史研究』研文出版、一九八二年に収録）。小山正明「明末清初の大土地所有－とくに江南デルタ地帯を中心にして－（一・二）」（『史学雑誌』六六－一二・六七－一、一九五七・五八年。のち『明清社会経済史研究』東京大学出版会、一九九二年に収録）。陳恒力前掲書。なお、より広範囲な時期と地域を対象とし、同じ課題を追究した中国の諸研究、すなわち傅衣凌『明清農村社会経済』（三聯書店、一九六一年）、李文治「論清代前期的土地占有関係」（『歴史研究』一九六三年第五期）、魏金玉「明清時代農奴的地位」同上などについても、同時に検討を加えていきたい。

（6）森正夫「明初江南の官田について」（上・下）（『東洋史研究』一九－三・四、一九六〇・六一年。のち『明代江南土地制度の研究』同朋舎出版、一九八八年に収録）、「十六世紀前半太湖周辺地帯における官田制度の改革」（上・下）（『東洋史研究』二一－四・二二－一、一九六三年。のち前掲森著書に収録）、「十五世紀前半太湖周辺地帯における国家と農民」（『名古屋大学文学部研究論集』三八、一九六五年。のち前掲森著書に収録）、「十四世紀後半浙西地方の地主制に関する覚書」（『名古屋大学文学部研究論集』四四、一九六七年。本論集本巻第八章）など一連の拙稿。これらも全面的な自己批判が必要である。

（7）本稿は、昨年九月に提出した森「明末の江南における『救荒論』と地主佃戸関係」（『高知大学学術研究報告』一七、人文科学、一九六九年）、本年一月に提出した森「一八世紀における荒政と地主佃戸関係」（『高知大学教育学部研究報告』第一部、二一、一九六九年）を集約したものである。集約にあたっては、論点をより明確にするために構成を変更し、一面では省略、一面では増補・改訂を行なった。なお、本稿とともに、印刷中のこの二つの論文を参照していただければ幸甚である。

（8）レーニン『貧農に訴える』（『レーニン全集』第六巻下、大月書店、一九五四年）。

（9）この抗租の評価については、田中正俊「民変・抗租奴変」（『世界の歴史』第一一巻、筑摩書房、一九六一年。のち『田中正俊歴史論集』汲古書院、二〇〇四年に収録）、前掲註（5）小山論文を参照。

（10）細野浩二は、昨年、前掲註（7）でふれた森「明末の

『救荒論』と地主佃戸関係」の作業準備中に、「明末清初江南における地主奴僕関係―家訓にみられるその新展開をめぐって―」（『東洋学報』五〇―三、一九六七年）を発表し、その中で徐階のこの一文を紹介して、筆者に大きな示唆を与えた。細野は、徐階が設定した「相資相養」から「相猜相讎」への変化を「身分秩序体系」の変化としてとらえ、「地主と被従属農民の具体的生産関係の在り方を窺う指標」の一つとして、この変化を重視している。筆者も、細野の一〇世紀以降を中世とする時代区分は別として、この変化の意義は少なくないと思う。というのは、細野がいうところの「相資相養」的地主佃戸関係の内容は、筆者が「一四世紀後半浙西地方の地主制に関する覚書」で考察した明初の地主佃戸関係のそれと共通する点が多いからである。

（11）　陳龍正は彼自身が行なった災害救済に関する豊富な記録を遺しているが、本稿の以下の叙述では、ここに挙げたものの他、『幾亭全書』巻二三―二六、政書「郷籌一―四」、『幾亭外書』巻四、郷邦利弊考「救饑法十五条」をひろく参照した。

（12）　古島和雄「補農書の成立とその地盤」（『東洋文化研究所紀要』三、一九五二年。のち前掲古島著書に収録）。

（13）　本文及び前掲註（11）で示した諸記録による。

（14）　正しくは、応天巡撫と称すべきである。

（15）　前掲註（5）小山論文。

（16）　周藤吉之「清代前期に於ける佃戸の田租減免政策」（『経済史研究』三〇―四、一九四三年）。

（17）　『清実録』乾隆一〇年七月己亥。

（18）　『清国行政法』第一編、内務行政、第一一章、救恤。

（19）　姚碧著の『荒政輯要』についての詳細は、『高知大学教育学部研究報告』第一部、二一所載の森「一八世紀における荒政と地主佃戸関係」を参照。なお、『アジア歴史辞典』三（平凡社、一九五九年）には藤井宏による本書の解題がある。

（20）　一般に、災害発生後、地方の州県官はただちにその事実を中央へ報告し、一方で詳細な被害程度の調査を待たずに一ヵ月分の食糧を管下のすべての「貧民」に給付すべきことが義務づけられている。これは〈正賑〉と呼ばれる。調査完了後、被害の程度が五割（成災五分）に達した「貧民」には、極貧、次貧の別なく、次の播種期の食糧が貸与される。被災の程度が六割（成災六分）以上の場合は、極貧、次貧の別、及び被害の程度に応じて特定の期間中、米及び銀が給付される。これは〈加賑〉と呼ばれる。『荒政輯要』は、乾隆五年（一七四〇）の定例によって〈加賑〉としての米・銀の給付期間を次表のように規定している。

被災の程度	極貧	次貧
六割	一カ月	――
七～八割	二カ月	一カ月
九割	三カ月	二カ月
一〇割	四カ月	三カ月

この期間に給付される額について、『荒政輯要』巻一「災賑章程」は、乾隆五年の定例を示している。すなわち大口（成人）は日に米五合五勺、小口（小人）は日に米二合五勺が基準額である（但し旧暦の小の月は減額される）。この基準額について「銀米兼放」、米と銀との二本立てで給付される（米と銀との換算率は、一石：一両乃至一両前後である）。なお、銀は、実際には民間で常用されている銅銭に換算して支給される。前掲註（19）の拙稿、参照。

（21）被災の程度が五、六、七割のものには一畝あたり三升、八、九、一〇割のものには六升が支給されるたてまえであった。実際の支給に際しては、額相当分が銀に換算して支給された。前掲註（19）の森論文、参照。

（22）四種類の帳簿の各々の性格、及び相互の関連については、前述した森「一八世紀における荒政と地主佃戸関係」を参照。これらの帳簿のうち土地＝田土に関するものは「圩」単位に、農民家族＝戸口に関するものは「村落－保甲」単位に整理されている。

（23）汪志尹著の『荒政輯要』、本稿のいわゆる『汪本荒政輯要』、及びこれと彭家屏の『災賑章程』との関係についても、前述した森「一八世紀における荒政と地主佃戸制」を参照。

（24）ここで二つのことを附記しておきたい。

第一は、極貧戸、次貧戸の査定基準に含まれているところの自己の土地を所有し、自己の労働力で耕作している農民家族、いわゆる自作の農民家族に関する部分は、単に査定基準の形式をととのえるための虚構として記載されたものではない、ということである。かかる農民家族、いわゆる自作農は、一八世紀の江南、江浙地方にも現実に存在していたと見るべきであり、また右の査定基準では捨象されている自小作農、半自作農についても、同じことがいえるであろう。査定基準は、むしろ、こうした現実を率直に反映していると考えるべきであろう。ただ本稿のこの箇所では、査定基準が、その運用の実際において、いかなる階層・階級の農民家族を主要な対象としていたかという点を中心にして論じているのである。

第二は、査定基準に反映されたところの、さまざまな階層・階級の直接生産者農民を農民一般として国家が把握・支配するという原則は、清朝国家自体が崩壊するまでの長期にわたる中国封建社会における土地所有関係のありかたを考える上で、決して捨象されるべきものではないということである。たとえば、一〇世紀以降の専制国家が土地所有者から徴収する公租乃至租税、いわゆる両税・税糧・銭糧などについても、それが土地所有を実現するに際して大きな影響を与えることはしばしば指摘されながら、その本質が何であるかということは、いまだに明確にされていない。いわゆる皇族的土地所有＝国家的土地所有とする封建的土地国有制論においても、広汎ないわゆる「民田」を対象として行なわれる租税徴収の根拠は解明されていない。また、中国封建社会の租税は、土地所有者、あるいはそのうちの地主が、土地所有乃至地主的土地所有を保持するために国家に醵出するものので、まったく地代的性質をもたないとする積極的な主張もなされていない。さらに国家的土地所有制論にもとづく地代＝租税として、税糧や銭糧を明確に規定する主張もない。筆者もかつて、国家的土地支配という折衷的なカテゴリーを用いてこの問題を解こうとしたが不徹底のままに終わっている。専制国家の農民把握・支配のありかたは、中国の封建的な生産様式、なかでも生産関係のどのような特徴を反映するものか、という問題はいぜんとして存在する。それはアジアにおける資本主義の形成の一環としての中国における資本主義の形成、及びその克服の過程の解明という課題の中で欠落されてはならない部分だと思う。にもかかわらず、たとえば筆者がそれと正面からとりくむことができていないことを恥ずかしく思う。第一に指摘した自作農の問題のとりあつかいかたも、自作農の存在を含みこんだ論理を筆者が構成しえていないことを反映しているのである。

【補記】

本章は、「明末の江南における『救荒論』と地主佃戸関係」（『高知大学学術研究報告』一七、人文科学、一九六九年）と「一八世紀における荒政と地主佃戸関係」（『高知大学教育学部研究報告』第一部、二一、一九六九年）を基礎として作成され、同名で一九六九年に発表された。本章は、この経緯の示すように、一六世紀から一八世紀、明末から清代乾隆年間の救荒政策・制度のあり方を通じて国家の地主佃戸関係への対応を明らかにすることを企図していた。

その後、日本では、二〇〇二年、古市大輔が「清代中国の商品市場の構造」が「商品生産への検討からではなく、主に商品流通や商品市場への検討から論じられる」ようになったことに注目して「中国の穀物備蓄制度」を対象とした研究史整理を行ない、その中で「救荒政策や社会救済策として位置づけつつ中国社会の歴史的性格を論じる」動向にも言及した。社会経済史学会編『社会経済史学の課題と展望』（有斐閣、二〇〇二年）二一九「中国の穀物備蓄制度」である。

一九八〇年代に入ってから中国では荒政そのものに関する研究が改めて開始され、その動向について、一九九六年に余新忠が「一九八〇年以来国内明清社会救済史研究綜述」（『中国史研究動態』一九九六年第九期）を、二〇〇一年に卜風賢が「中国農業災害史研究綜論」（『中国史研究動態』二〇〇一年第二期）を、二〇〇四年に邵永忠が「二十世紀以来荒政史研究綜述」（『中国史研究動態』二〇〇四年第三期）をそれぞれ発表して総括的整理を行なっている。邵永忠は、中国における荒政研究は一九二〇－四〇年代をその出発期、一九五〇－七〇年代を停滞期とし、一九八〇年代、中国における政治的環境の好転による人類生存のあり方に関する関心が増加し、また一九九一年・一九九八年の未曾有の大洪水により改めて荒政への関心が高まったことを契機として、今日に至るまで新たな全面的発展期を迎えたとしている。これらをも参考にして、一九八〇年以後の中国及び日本の研究の中、本章の上記の関心及び本章が対象とした一六－一八世紀の江南デルタの荒政に関わる研究を以下に挙げる。

①藤田佳美「明末、嘉興府嘉善県における救荒について」（『待兼山論叢』一八、一九八四年）
②常建華「乾隆朝蠲免銭糧問題試探」（『南開史学』一九八四年二期）
③経君健「論清代蠲免政策中減租規定的変化――清代民田主佃関係政策的探討之二――」（『中国経済史研究』一九八六年一期）
④川勝守「明末、長江デルタ社会と荒政」（『西嶋定生博士還暦記念　アジアにおける国家と農民』山川出版社、一九九二年。のち川勝守『明清江南農業経済史研究』東京大学出版会、一九八四年に所収）
⑤拙稿・書評：川勝守「明末、長江デルタ社会と荒政」（『法制史研究』三五、一九八五年。本論集第三巻第一五章）
⑥郭松義・李新達「清代蠲免政策中有関佃戸地租規定的探討」（『清史論叢』第八輯、一九九一年）
⑦羅崙・范金民「清前期蘇松地区銭糧蠲免述論」（『中国農史』一九九一年二期）
⑧稲田清一「清代における救荒と市鎮――宝山県・嘉定県の『廠』をめぐって」（『甲南大学紀要』文学編八六、一九九三年）
⑨張兆裕「明代万暦時期災荒中的蠲免」（『中国経済史研究』一九九九年三期）
⑩堀地明「明末江南の搶米風潮と救荒政策」（『名古屋大学東洋史研究報告』二三、一九九九年）
⑪羅麗馨「明代災荒時期之民生――以長江中下游為中心」（『史学集刊』二〇〇〇年一期）
⑫高橋孝助『飢饉と救済の社会史』（青木書店、二〇〇六年）

なお、本章については、原載論文の中国語訳が、劉俊文主編・欒成顕・南平炳文訳『日本学者研究中国史論著選訳』第六巻・明清（中華書局、一九九三年）にある。

10　明清時代の土地制度

はじめに

戦後の日本における明清時代の基本的生産関係としての土地所有関係の研究の中軸をなすものは、いぜんとして、北村敬直・古島和雄・小山正明の地主的土地所有に関する論考である(1)。これらの論考は、いずれも一七世紀、明末清初に土地所有関係の大きな変動を見出すことから出発した。北村は、この時期においては、明初、一四世紀の自作農の土地所有の支配的比重がすでに変化し、封建社会から資本主義社会への移行期における「資本の土地把握、商人地主的性質のものである」「地主＝佃戸関係、従って地主的土地所有」が発達したこと、この時期には同時に「郷居地主形態」から「地主＝佃戸関係の最高の発展段階」としての「城居地主形態への移行」がみられることを結論とした。古島は、北村と異なり、専制国家権力の支配の基礎としての里甲制を維持する「在地地主層」の権力関係の存在を決定的に重視し、この時期に、在地地主の自家経営部分における労働力の奴僕から傭工への変質を通して、その在地における権力関係が解体するとし、このことを「当時の地主層にあらわれた寄生地主化への変質の現象」とともに、「封建社会の解体の一指標」とした。小山は、古島の重視した在地地主の自家経営部分における労働力の本来的な性質を「推論的に」ではなく、「できる限り資料的に検証する」ことから出発し、「明代とくにその前半期の手作地主経営は、その手作地および佃作地ともに、擬制的家族関係の下に隷属せしめられた家父長的奴隷制経営であった」とし、明末清初の段階に至って「地主に依存することなしには再生産不可能な奴隷としての佃戸が、地主から独立して自立単純再生産可能の農奴へと成長し」、この時期にはじめて「特殊中国的な封建的土地所有」が成立したと結論した。小山は明末清初にいずれも封建社会の移行期・解体期を設定した北村・古島の見解を否定した。

この三者の見解が発表されて以後の研究は、小山説への批判を試みたものをも含めて、三者の見解に代わる体系的な展望をいまだにうちだすに至っていない。わずかに仁井田陞が、自己の法制史的研究の総括的結論として、明末清初を中国封建社会における「農奴解放の第一段階」、「隷農制」段階への移行期とする論断を行なったことが注目される。(2) もちろん、土地所有関係の研究そのものは継続された。商品生産と地主制との連関、押租慣行、華北における自作農の土地所有と地主的土地所有、国家権力と土地所有関係との連関、国家権力の支配構造と地主制との連関、義荘、均分相続制、魚鱗図冊の分析などさまざまな側面から、明清時代の土地所有関係、とくに地主＝佃戸関係の研究が試みられ、また専論をも含めてこれら多くの研究は、一七世紀を中心とする抗租闘争をはじめとする農民闘争の検討を行なった。(3) さらに、アヘン戦争以後の近代史の分野における農村社会の共同研究の成果、同じ分野における私文書の意識的活用による地主租桟の研究の進展、太湖周辺の旧地主庄園の研究、などは、将来、明清時代の土地所有関係の体系的総括の条件ともなりうる内容をもつ。(4) こうした諸研究を通じて、少なくとも一四世紀から一九世紀初頭にかけて、広大な中国各地方における土地所有関係の個別的・具体的な存在形態だけは明らかにされつつあるといえるだろう。中国においても、一九五〇年代の後半から六〇年代の前半にかけて、この時代の土地所有関係、とくに地主制の研究が持続的に行なわれ、中国の封建的生産関係の発展の中での位置づけも試みられていることは見逃されてはならない。(5)

しかしながら、今、本稿において一七世紀の劃期としての意味を明らかにしつつ、この時代の土地所有関係の基本的特徴とその到達した段階を明らかにするという課題、十数年来解決しえなかった課題を、研究史の全面的な検討とともに一挙に解決することはあまりにも困難である。従って本稿では以下のような限定を加えた主題について検討を加えたい。第一に、北村・古島・小山はいずれも一六・一七世紀、とくに華中・華南における貨幣経済の浸透、直接生産者農民を主要な担い手とする農村手工業を中心とした単純商品生産の発展が、急速に、画期的なものとして行なわれたことを共通の認識としている。本稿も基本的にこの認識に立つ。第二に、北村・古島・小山らは、ともに、いわゆる不在地主の場合のみでなく、いわゆる在地地主の分析に際しても、地主が奴隷・傭工等を用いて自ら経営を行なう手作地における生産関係のほかに、その出租部分、すなわち佃戸に経営をゆだねている部分の生産関係としての地主=佃戸関係の存在を軽視していない。本稿では、時として厳密な学問的範疇としても用いられた不在地主と在地地主、さらには城居地主と郷居地主、郷紳地主的土地所有と非郷紳地主的土地所有という地主的土地所有の区分、所有主体の側から見た区分にかかわらず、地主=佃戸関係、あるいは租佃制と現在一般的に呼称されている生産関係としての土地所有関係が華中・華南では一〇世紀以降長期にわたって量的に優位を占めているという事実に注目する。以上二点をふまえて、第三に、本稿では、一四世紀の後半から世界資本主義によって中国が半植民地・半封建社会への転化を開始する以前、一九世紀の初頭にいたる与えられた時期の華中・華南を

表1　光緒13年（1887）全国地目別耕地面積

地目名	面積(畝)	百分比(%)
民田	737,796,715	87.03
屯田	50,947,041	6.01
学田	356,189	0.04
蘆田	9,981,273	1.18
沙灘及び沙塗地	1,746,056	0.21
旗地	31,838,889	3.76
官荘地	4,418,265	0.52
馬廠地及び牧廠地	6,508,747	0.77
開墾地及び報墾地	2,947,394	0.35
廟基・祭田	102,521	0.01
その他の公田	262,152	0.03
その他	855,312	0.10
合計	847,760,554	100.01

〔資料〕 李文治『中国近代農業史資料』第1巻、生活・読書・新知三聯書店、北京、1957年、より作成。

主対象とし、労働主体たる直接生産者農民にとって、地主＝佃戸関係とはいかなる土地所有関係・生産関係であったかという課題を、一四世紀から一六世紀にいたる地主＝佃戸関係の特徴の概観を前提としつつ、とくに一七世紀から急速に発展した佃戸としての直接生産者農民による抗租闘争を通じて追究し、全期間を通じて形成されてきた地主＝佃戸関係の到達段階の予備的な検討を行ないたい。

なお、華北における土地所有関係、自作農の土地所有が少なからぬ比重を占めるといわれるそれのありかたについては割愛せざるを得なかった。いわゆる自作農の土地所有がこの時期の封建的土地所有関係の中でどのように位置づけられるべきかは、華中・華南の土地所有関係と華北のそれとの統一的把握をも含めて、本来ならば欠落させてはならない重要な論点である。この論点の割愛は、華中・華南を中心とする抗租闘争と同時に展開された華北の農民戦争、いわゆる李自成の反乱との統一的把握をなし得なかったことに一つの原因がある。ただ華北でも地主＝佃戸関係による地主的土地所有の位置は、一七世紀から一八世紀に至るまでの段階では比重を高めていたことを記しておく。同じく割愛せざるを得なかった論点として、一七世紀の奴変と地主＝佃戸関係との連関、与えられた全期間を通じての再生産構造と農民支配とにおける国家権力と地主＝佃戸関係との連関がある。

また、専制王朝国家としてのこの期間の国家権力の設定したものとしてのいわゆる土地制度についても、清水泰次の諸労作の検討を含めて本稿の対象外とした。なかでも原理的に国家権力に直接所有権の帰属している土地である官田、そのうち、明朝権力の設立した広汎な江南官田、華北と華中の一部の土地所有関係に影響を及ぼした荘田・皇荘、清朝権力が主として東北地方と華北の一部に設立した旗地・官荘、明清両朝権力の設立した屯田等々は、[6]この段階の中国封建社会の土地所有関係を統一的に把握するためには決して看過しえない対象である。このことは同じく対象外としたさまざまの同族的土地所有についても同様である。ちなみに、近代に入ってからの資料であるが、主に『大清光緒会典』に依拠して『中国近代農業史資料』に所載された光緒一三年（一八八七）の統計から、原理的に「民」に直接所有権の帰属する民田と官田を主体とする他の地目との比率を示しておく（表1参照）。

一　一七世紀の抗租闘争と地主＝佃戸関係

一六世紀の半ば頃から一七世紀の前半にかけて行なわれた明末における長江下流デルタ地帯の郷紳・士大夫たちの「救荒論」には、当時の全般的な社会矛盾の激化が反映されている。そこでは、この激化する社会矛盾が「貧戸、乱民、饑民、横民、奸民」と「富家巨室、縉紳大夫」の間に存在するものとしてとらえられており、さらに単なる貧戸一般と富室一般の対立としてでなく「租戸」と「富室」、「佃戸」と「田主」の対立であることが明らかにされている[7]。すなわち「救荒論」においては、日本と中国の諸研究を通じて、多くの場合に、当時の基本的生産関係であるとみなされてきた地主＝佃戸関係が社会の基本矛盾であることが示されているのである。明末清初、一七世紀を生きた顧炎武は、長江下流デルタ地帯において多数の農民が高率の私租の搾取の下に苦しみ、「今日租を完《おさ》めて明日貸すことを乞う者有るに至る」という現状にあったことを郷紳・士大夫の一員としても批判せざるをえず、その前提として「呉中の民、田を有する者什《じゅう》の一、人の為に佃作する者十の九」という地主＝佃戸関係の普遍化を指摘した（『日知録』巻一〇「蘇松二府田賦之重」）。一七世紀は、こうした条件に規定されて、地主＝佃戸関係そのものによって生み落され、一一世紀後半にはすでに記録の残されている地主の地代搾取に反対する佃戸の反地主闘争＝抗租が、奴僕の主家たる地主に対する身分解放闘争＝奴変とともに華中・華南の全域、さらに華北の一部をも含めてかつてなく広範に展開された時期であった[8]。

1　福　建

一七世紀の福建では、地代の削減と増加反対をもっとも中心的要求とする抗租闘争が全域にわたって持続的に行なわれた。江西の抗租闘争ともども主として傅衣凌の研究(9)に収録・編輯された資料に依拠しながらその過程と特徴を見よう。

すでに、一七世紀に入ったばかりの万暦末年から天啓にかけて、福建西部、江西境界の汀州府清流県の農民によって量器の容量を比較する闘争が展開された。地主が租＝小作料、すなわち地代の収取の際に用いる量器（ます）、いわゆる租斗の容量は、当時きわめて不統一であり、県と県の間だけでなく、郷と郷の間でも差異があった。一般に地主は、租斗の容量の差異を利用し、商取引や税糧の納入に用いるものよりも容量の多い大型の量器を用いて、地代の搾取量を増加させていた。闘争はやがて南部で広く展開された。崇禎四年（一六三一）には泉州府下で収租の僕役が規定量以上の徴収を行なったことに反対する闘争が起こり、丘巡興泉道の弾圧と量器の容量の是正（斗栳《とろう》〔ます〕を較正する）の措置によっていちおうの終結を見た。崇禎一〇年（一六三七）、泉州府下南安県では「郷里の奸宄《かんき》」と称される佃戸から、知県に対して収租時の量器の非常に大きい容量を改正する要求が出され、翌年には、この要求にもとづいて組織された「斗栳之会」が県下一円に拡大した。この年また同府下南安県の苧渓《ちょけい》十八保という村では「悪佃千百」と称されるほどのおびただしい佃戸が「平斛之説」（量器を公平にする説）を提唱し、相互にきびしい協定をつくり、租米を手もとにとどめて業主《じぬし》に送納しない体制を施いた上で、一石につき一二箇の八升斗、すなわち九斗六升しか与えないことを宣言した。闘争はまた同府下の永春・安渓両県に波及した。泉州府の負郭晋江県に土地を所有する「貴家」＝郷紳地主の田丁が、租米納入の督促を行なうその豪奴の規定量外の搾取とたびかさなる虐政に対する怒りを根源に、一地主の栳《ます》を取ってその量器としての可否を比較検討することから闘争は始まった。崇禎一五年（一六四二）、南安県の張六角らの反官憲の乱が起こるや、田丁らは田主数人を殺害し、山に土堡を築き、そこに租米として納入すべき穀物を積んで差押え、闘争は地代の不払いにまで発展した。闘争は地主側が、その各々の「収租人」を派遣して規定量だけの租米を受領させるという措置をとったことによって結着した。しかし「収租者」（地主）側は、その後、ついに自らの指定する場所で収租することが不可能になり、また佃民の「桀鷔《けつごう》」（兇暴・不服従）は長期にわたって持続した。こうした南安県の悪佃、泉州府城の郷紳の田丁の直接の影響の下に、時を同じくして同府仙游県でも、林良順というものにひきいられた五〇〇〇余人の「党」が永春県から徳化県に入った。当地方で明朝の復活を目指す反清朝の唐王の政権が樹立されたその隆武二年（順治三〔一六四六〕）には、興化府下の佃戸が府城たる莆田県を包囲し、租米一石＝一二〇斤の既定の換算額を増加しようとする郷紳に対して、その撤回を要求した。興化府下の闘争は、順治五年（一六四八）まで持続した。資料は「城民の佃戸」たる山郷の人と、「城中の田主・債主・官兵・郷勇及び衙蠹《がと》」との土地所有関係を媒介とする明白な階級対立がここで現象していたことを記録している。

福建南部で深刻化したこの一連の闘争の影響は急速に西北部に波及した。順治三年（一六四六）、すでにこの年に先立って佃戸の要求を結集し、長関という軍事組織を結成していた汀州府寧化県留猪坑の郷民黄通は、武装蜂起して県城に入り、郷紳を殺害し殷戸を掠奪した。当時この地方も「城中の大戸と諸郷の佃丁とが相嫉すること仇の如し」という鋭い階級対立の下にあった。その根源は、「田主は佃客を待するに亦《ま》た尊据にして（尊大であって）恩少なし」といわれるごとく田主側のあらゆる面における圧迫にあったが、なかでも同県における高率の地代搾取はその中核をなしていた。同県では、当時、田主、富戸が収租する際には、二〇升をもって一桶としこれを租桶とよび、彼らが販売する際には一六升をもって一桶としこれを衙桶とよんでいた。彼らの中には、収租に際して、二四升、二五升を一桶とするものもあった。さらに当地の地主＝佃戸関係においては移耕（地主＝佃戸関係を結ぶ際に佃戸が支払う契約金＝小作契約金）、冬牲《とうせい》・豆粿《とうか》（副租＝附加小作料）、送倉（租米＝現物小作料を地主の倉庫へ運搬する労働、附加された労働地代）など、事実上の諸種の附加的な地代を支払う慣行が存在し、佃戸の生産と生活を圧迫していた。黄通は「較桶《かくよう》之説」（量器比較論）を提唱し、田主への納租は、田主が販売の時に用いるのと同量の一六升＝一桶の換算で行ない、上述の移耕・冬牲・豆粿・送倉などの慣行をすべて廃止することを提案して、県下諸郷の「郷民」である佃・佃客・佃丁の大きな歓迎を受け、里を連ねて彼らを組織し、その力量を背景に県城を攻撃したのであった。その影響を受け、つづいて汀州府下清流県でも、寧化県と同様に、長関がつくられ、千人、万人の規模で田兵と称する佃戸が較斗（量器を比較すること）を要求して県城に入り、郷紳・生員の家を襲撃した。唐王政権の地方官は、この「主佃の混争」に直面して斗式（量器の標準換算額）を定めざるをえなかった。邵武府下泰寧県では、順治三年（一六四六）、県下上高保の佃戸が較斗を要求してほとんどの田主を殺害しつくし、延平府下将楽県では、順治三年、「討済貧」（貧民救済）と名づけられたところの「富貴の家」に対するうちこわしが行なわれ、これにつづいて同四年（一六四七）九月には、県下光明の蠹書《としょ》呉長文、奸民謝七宝らが還租の斗量（租米納入の量器の容量）をとりしきって義挙を起こし、県城を陥落させた。泰寧・将楽の闘争は江西瀘渓の農民軍とも連絡をとって行なわれた反清権力の闘争でもあった。この他、右の汀州府寧化県の黄通の起義は、同じ汀州府の上杭・武平・永定諸県下の農村に波及し、一五世紀の鄧茂七の乱の伝統を引く延平府の沙県・永安県にも佃戸の呼応が見られた。

福建西北部の佃戸の闘争は、その中心的な地代に関する要求を堅持しながら、一七世紀半ばの順治初年から一七世紀の後半、康熙年間に入るまで停止せずに持続された。康熙三年（一六六四）、汀州府寧化県留猪坑の黄冬生は、江西瑞金県の農民軍呉八十と協力し、寧化と江西石城の県城を包囲攻撃した。同年、汀州府上杭県では士宄《しき》と称された王士百・胡天明らの本来農耕に従事しないものが、衆佃によびかけ、「小斗（容量の小さいます）を私設し、田主を強抑」し、さまざまの「凌辱」を加えた。康熙三〇年（一六九一）から五〇年（一七一一）にかけて、汀州府の寧化・上杭の両県では、田主が「常額の外に（中略）大斗を制《つく》って収租し、毎斗四、五升不等を加える」という搾取を行なったため、佃戸は不満を抱き、土棍と連携して斗関《とかん》なる組織をつくり、一呼すれば百応ずという集団の力で田主と対抗した。康熙三二年（一六九三）、寧化県では佃戸が「較斗減租《かくとげんそ》」（量器を比較して租を減ずる）というスローガンをかかげ、当地方一帯の伝統的な統一軍事組織として、さらに一種の権力機構として発展した長関の指示と称して、「数十郷を聯絡し血を歃《すす》って租粒を閉ざし（租米を差押え）た」。

なお、地代搾取をめぐるこの一連の闘争は、福建西北部で一八世紀にもなお持続した。康熙四一年（一七〇二）、上杭県では「郷民号して斗関と称し、衆に減税（ここでは減租の意）を倡え、田主を勒掯《ろくこう》する有り」というたたかいが行なわれた。雍正八年（一七三〇）、邵武府邵武県では、量器の容量の操作にもとづく地主側の二割―三割増を含めたきわめて不定量な収租が行なわれていた。このことについて佃人が田主と「主佃互いに控《うった》う」という裁判闘争を行ない、知府は佃戸が城下に搬入する租米は一石につき官で規定した量器の容量の二割増、地主が自分で人を雇って運搬するものは二割五分増という線で調停を行なった。邵武県では、乾隆一八年（一七五三）、「鉄尺会」を組織した佃戸側が、量器の標準となる尺を鉄で作成して田主側と争い、同二五年（一七六〇）にも、城内と郷村との量器の容量の差異をめぐり、佃戸側が集団の実力で「田主の租斗」の容量を少なくさせようと試みている。

以上のように一七世紀を中心とする福建の抗租闘争は、かつてみられなかったようなきわだった特徴をもつ。すなわち、佃戸があらゆる形態の地代搾取、とくにその基本をなす現物米穀の正租、すなわち生産物地代の削減、増加反対を中心的要求としてかかげ、その要求を量器の容量の是正というように定式化された明確なものとしていることである。このことは、一面では、当時の地主的土地所有が、名目的土地所有者が彼自身の生産手段を占有する直接的生産者から何らかの経済外的強制によって剰余労働を搾取するという封建的土地所有としての性格をはっきりともっていることを反映している。と同時に、他面では、つねに量器の容量が問題とされていることに示されるように生産物地代がすでに定額化し、広汎な額租制が成立していること(10)、またその前提として、毎年定額の租を納めうるほどに佃戸の生産＝経営における自立性が増大し、地主の土地所有をいっそう名目的なものにしつつあることを反映している。「城中の大戸」と「諸郷の佃丁」、「城中の田主、債主、官兵（下略）」と「城民の佃戸」というように闘争の中できわめて明確な階級対立が現われるのも、この地主の土地所有の名目化の進行を示している。佃戸が居住する保・里・郷などを単位とする地縁的集団を基盤として、斗栳之会・斗関などの独自の組織を全く彼ら自身の力で結成して闘争を進め、田兵と称する軍事組織や、黄通の起義以来の長関という広範囲にわたる統一的な軍事組織、ないしは一種の権力機構を編成するまでに階級的力量を高め、しかも持続的に闘争を展開してきたことも、かかる名目化の進行と密接に関連している。

2　江　西

一七世紀の半ば、明清交替期の江西における佃戸の闘争も、福建と同じく地代削減とその増加反対を中心的要求としてかかげた。彼らは地主による量器の容量の差異などを理由とした搾取量の恣意的な設定に反対して武装蜂起した。順治二年（一六四五）、東部、福建境界に近い建昌府新城県の郷民は「衆を糾して入城し、斛《ます》を較《くら》べて焚掠し」た。同年九月、翌年の起義をすでに準備していた福建寧化県の黄通の集団の影響の下に、東南部で福建境界の贛《かん》州府石城県において「永佃を倡え、田兵を起こし」た呉万乾の起義の発端も、量器問題にあった。呉は、収租用の量器の容量の狭小を理由に地主から租一石ごとに「耗折《ごうせつ》」（めべり分）として附加されていた一斗の桶面《ようめん》を除くことをスローガンとして佃戸を結集し、田兵と号する軍事組織の実力によって、当初は一斗の桶面を自ら削減し、のちには正租もただ七、八割だけ納入する体制をつくった。同時に起こった隣接の贛州府瑞金県の張勝らの田兵、寧都の田兵・田賊も、石城県の桶面と同じ性質の桶子の削減を要求した(11)。なお、瑞金県の田兵らは、当初田主を脅迫して契約書の内容を変更させようとし、「田に踞《いすわ》って租を呑し（自分のところへとりこんだ）」たという記録もある（『同治瑞金県志』巻一六、兵寇)。これら、石城・瑞金・寧都三県の田兵・田賊は、福建寧化県の黄通の起義の際と同様に、正租に附加されるさまざまな形態の地代削減を要求した。当時の三県の佃戸の闘争について、後年刊行された寧都の地方志『寧都直隷州志』(巻一四、武事志)は、福建の冬牲・豆粿にあたる送年鶏鴨《そうねんけいおう》・送年糯糍《そうねんだし》(もち)、福建と同じ送倉、福建の移耕にあたる批賃など一連の慣行の廃止が、佃戸たちの共通の要求として提起されたことを記録している。寧都の佃戸は、また、一方では佃戸が地主から小作契約金を借用した利息の年額であるとも、他方では水利施設建設投資に対する佃戸負担分の年額であるともいわれていた白水ないし白水石の廃止を要求した。地主側がこれを徴収する慣行を正当化するために二様の異なった説明を用いていること自体、これらの慣行の大半が、いずれもこの時点では正規の地代以外の附加的な寄生的な地代の搾取であることを示している。

　江西省の佃戸の一連の反地主闘争がかかげた要求の中で、いまひとつ重要なものは、土地そのものに関する諸権利を確立するそれである。上述のように順治二年(一六四五)、石城県の呉万乾が田兵を起こすにあたって当初にかかげた基本目標は永佃であり、瑞金の張勝らは「寧化、石城の故事に効《なら》って、倡《とな》えて田兵を立て、旗幟には皆八郷均佃と書し」た。土地を佃する権利、すなわち耕作権の確立として表現された要求は、福建寧化県とこれに接する江西各県の佃戸の共通の要求であった。張勝らの「八郷均佃」について『乾隆瑞金県志』(巻七、芸文)は、「之を均《ひと》しくすると云う者《は》、田主の田を三分し、一分を以て佃人耕田の本と為さんと欲するなり。其の耕する所の田は、田主姓を易《か》うる有るも、田夫人を易《か》うる無《な》く、永く世業と為さしめ」たと記録している。張勝らは数万人の規模で城内に入り、「県官に均田帖に印することを逼っ」た。「三分する」という要求の中に、佃戸が寄生的中間層の権利をも容認している可能性はあるが、張勝らが、三分割せんとした土地に関する権利の一方の極に田主の所有権を認めつつ、他方の極に「佃人耕田の本」、「世業」と称して佃戸の権利の確立を目指したことは疑いない。同じ瑞金県で、一八世紀に入ったばかりの康熙四一・四二年(一七〇二・一七〇三)に、「一呼すれば百諾し、烏合蜂起す」という規模で蜂起した佃戸は、「主弱く佃強し」といわれた情勢の中で「退脚の説」を主張した。これは、田主に畝当たり銀一両前後を支払わせてはじめて土地を返還する、でなければ佃戸が占拠して「己《おの》が業」（自己の所有）とするという主張で、佃戸の土地に対する大幅な権利の獲得を要求したものである。

江西の佃戸の闘争における地代削減の要求は、福建におけるそれと同様に、生産物地代の形態をとる典型的な封建的土地所有関係の反映であるとともに、額租制の普及を前提とした地主の封建的土地所有の名目化の進展を示している。また、土地そのものに関して提出された佃戸の要求は一見佃戸の耕作権がまだ不安定であることを示すようであるが果たしてそうであろうか。地代をめぐる鋭い要求や、この地方の佃戸が事実上の耕作権をすでに確立している事例[12]ともあわせて検討するならば、かかる不安定さの例証としてよりも、むしろ、事実上の耕作権を改めて正式の権利として確定させ、さらに地主の土地所有を分割させようとする要求としての側面をもっていると見ることができる。

3　長江下流デルタ地帯

江蘇南部から浙江北部に及ぶ長江下流デルタ地帯では、一七世紀には佃戸の地代搾取に反対する闘争が恒常化しようとしていた。

すでに松江府では一六世紀半ば頃、当地の典型的な郷紳・士大夫であった徐階が、その頃から佃戸が「其の不義不信の心を動かし」、彼らによる債務の履行拒否、租米の納入拒否の風潮がはっきり現われてきたことを指摘していた（『世経堂集』巻二二「復呂沃洲」）。一七世紀に入ろうとする万暦二四年（一五九六）頃、湖州府秀水県では、それ以前にはなかった最近の現象として、佃農が上等米を富商の設けた米典に質入れしておき、下等・中等の米を租にあて、豊作の年にも不作と称して租の納入の引延しや不払いを行なっており、また彼らが集団をつくって相互に協定し、巨室（大地主）に租の納入をしないという風潮もようやく拡大しつつあった。崇禎一一年（一六三八）、太湖周辺の広汎な地域で、旱害・虫害を契機に爆発した集団的な抗租闘争は、こうした地代の滞納・不払いの闘争の進展をその基礎に置いていたと考えられる。蘇州府呉県で当時編纂された『崇禎呉県志』によれば、このとき、太湖沿岸三〇余村の佃農は、村ごとに一名の指導者を選出し、相互に業主《じぬし》に租を納入しないことを約束し、業主の収租船を沈め、収租人を殺した（巻一一、祥異）。葉紹袁の『啓禎記聞録』[13]は、このとき、「郷居の田主」すなわち在村地主で収租しようとしたものに対し佃戸が集まってその家を焼き払い、あるいはその家に打ちこわしをかけたと述べている。後述する黄中堅の記すところによれば、同じ蘇州府呉県では、一七世紀の後半、佃戸たちは災害にあえば互いに申しあわせて租を隠匿すること無際限であり、なかには豊作の年にも租を滞納して平然たるものがいた。そればかりではない。彼らはみな醵金して演劇を催し、田主への敵対を誓って血をすすりあって団結を固め、田主に反抗する体制を日常的につくっていた（巻四「徴租議」、巻五「卹農」）。一八世紀の半ば過ぎに刊行された湖州府の地方志『烏青鎮志』も、やや天災があると佃戸が「圩《う》を連ね甲を結び、私《ひそ》かに納数（租米の納入額）を議し、或いは演劇して以て衆心を斉《ととの》え、或いは券を立てて以て信約と為す」というごとく、同様の体制をつくっていたことを示し、「平年作の年ですら租の納入額の引き下げをはかっていた」（巻二、農桑）と伝えている。租の引き下げ、滞納、不払いは、佃戸の日常的・持続的要求であり、その実現のための闘争も集団の力によって日常的・持続的に行なわれていたのである。従って『補農書』の著者、一七世紀嘉興府桐郷県の人張履祥は、私信で、最近は良い佃戸を得がたいという述懐をし（『楊園先生全集』巻八「与徐敬可」）、一七世紀半ば過ぎに刊行された蘇州府嘉定県の地方志『康熙嘉定県志』は佃戸が荒田・熟田を問わずすべて小作料を滞納し、佃戸を代えても事情は変わらないと記録する（巻四、風俗）に至っている。

一七世紀を中心とする長江下流デルタ地帯の抗租闘争は、同じ時期の福建・江西のそれとやや異なった特色をもちつつも、基本的に共通する特徴をもっていた。第一に、この地帯の佃戸は、すでに直接正租の規定額そのものの削減・滞納・不払い闘争、文字どおりの抗租を行なっている。このことは、一七世紀において、「七斗起租の田」「〔一〕石五斗起租の田」（葉夢珠『閲世編』巻一）等々の呼称の詳細な記録の残されている松江府をはじめ、一七世紀までの各種の記録[14]を通じて、長江下流デルタ地帯に畝当たりで計算されるもっとも進んだ形態の定額地代が広く普及していたことを前提としている。第二に、「圩」という生産労働の場を基礎単位とした集団の形成、醵金して演劇を催すというようなすぐれて有効な意志統一の方法などに示されるように、佃戸の地縁的・集団的結合が日常的な安定した性格をもっていることである。こうした佃戸の集団的結合の強化は、額租制を実現せしめた佃戸の生産＝経営における自立性の発展を示すとともに、他面において地主＝佃戸関係を通じて実現される地主の土地所有がこの長江下流地帯においてますます名目的なものとなっていることの反映である。当時の地主＝佃戸関係における地主側の利益の擁護をもっとも端的な表現で述べている黄中堅の『蓄斎集』でさえ、「財を出して産を置き、国に賦税を供する者《は》、業戸の分なり。力を出して代耕し、租税を田主に輸する者、佃戸の分なり」（「徴租議」）と、地主＝佃戸関係における地主の土地所有の完全な名目化だけは承認せざるをえなかった。第三に、商品生産とその一環としての農村手工業がもっとも発展している先進地域としての条件が、一方では佃戸の主体的力量を強め、他方では佃戸を商業高利貸資本の新しい搾取のもとに置き、そのことが抗租闘争激化の要因となっていたことである。上述の湖州府秀水県における抗租風潮の事例は、現物米穀を保存しつつ貨幣を獲得しようとする佃戸が、富商、商業高利貸資本の設けた米典に上等米を入質し、地主に納入する租米の質を下げたり、意識的に租米を滞納することを示していたが、この際、佃戸は当然副業としての商品生産によって得た新たな貨幣で米穀をとりもどすことを前提としていたはずである。しかし、この事例を伝える『万暦秀水県志』（巻一、輿地・風俗）は佃戸が米典から入手した銀を消費しつくし、租米の完納は困難となり、利益はもっぱら米典に帰し、佃戸はますます貧窮に陥ることを指摘して、商品生産の発展はあっても、地主の搾取と商業高利貸資本の搾取が存在する限り、抗租がさらに持続せざるをえないことを示唆している。

一七世紀の華中・華南の抗租闘争は、地代が地代として露わな、純粋な形で佃戸の攻撃の対象となったことに示されるように、一方における地主＝佃戸関係の封建的土地所有関係としての厳然たる存続と、他方におけるその名目化の急速な進展を明らかにした。抗租闘争は、また、その過程を通じて佃戸の生産＝経営における自立性とこれにもとづく階級としての力量が発展していることを示した。次節では、ふりかえって、一四―一六世紀段階の特徴を明らかにする。

二　一四世紀から一六世紀にいたる地主＝佃戸関係

1　一四世紀段階の存在形態

漢代以来の長期にわたる中国の小作制の歴史の中で、一〇世紀、宋代以降の地主＝佃戸関係として現象したそれは、先にも述べたように、一般的には近代以前まで中国社会の基本的生産関係であるとみなされている。そして華中・華南の水稲作農業地域、なかでも長江下流デルタ地帯を中心としたいわゆる江南は、中国でもっとも高い農業生産力をもち、これを基盤とした経済的先進地域であり、地主＝佃戸関係がもっとも発展した地域であることも広く知られてきた。

一四世紀後半の明初段階から前節で検討した一七世紀の抗租闘争の発展期を迎える以前、一六世紀までの地主＝佃戸関係のありかたを明らかにする上で、江南における地主＝佃戸関係がどのような特徴をもって一四世紀後半を迎えたかは非常に重要な前提条件となる。最近、相田洋は「『元末の反乱』とその背景」[15]において、元末の反乱がその前半期に地主層を攻撃の対象としていた一、二の史実を紹介し、この反乱が基本的には階級闘争としての性格をもっていたと述べた。同時に相田は、それを規定した江南の地主＝佃戸関係の到達点について、南宋以来の農業生産力の増大、佃戸の手もとにおける余剰生産物の蓄積、「交換経済」の発展にともなう佃戸の自立化の契機の発生、地片の零細分割化の進行、複数の地主と契約を結ぶ佃戸の増大と佃戸の地主に対する隷属性の緩慢化、小作権確立の傾向、地主も自分たちと同じ人間であるという佃戸の自覚の形成などの諸点を指摘した。相田の指摘はみな一つ一つ史実に裏付けられており、こうした諸現象は一四世紀後半段階の地主＝佃戸関係のありかたを考える上でも注目すべきものをもっている。しかしながら相田がまた他方で、『元末の反乱』に立ち上った農民達は、未だ、明末清初以後の抗租闘争等のように、明確な共通の要求を持たなかったし、その確固たる抵抗の組織ももたなかった」と評価しているように、われわれは「元末の反乱」の前半期に反地主闘争を展開したとされる農民たちの要求を具体的に明らかにする手がかりをもっていない。すなわち相田が指摘したような地主＝佃戸関係の到達段階を示すいくつかの現象を集中的に表現している典型的な史実をいまだに見出していない。本稿では、まず、相田の貴重な指摘を念頭におきながらも、当面、いちおう独立に、一三世紀後半、一四世紀初頭の元朝権力支配下における江南の地主＝佃戸関係について、その基本的な存在形態を検討しておきたい。

一三世紀の後半から一四世紀の初頭にかけての若干の資料は、江南における明らかな地主＝佃戸関係の発達を物語っている。至元二〇（一二八三）・二二（一二八五）・三一年（一二九四）、大徳八年（一三〇四）と、四たびにわたり、主として江南の佃客・佃戸を対象とした私租の削減令が元朝によって出されているのは、実効はともかく、それ自体、江南の直接生産者農民の間における佃戸の比重の高さを反映しているが、このうち至元三一年（一二九四）の私租削減令に関する江浙行省の臣の発言内容を見ればそのことはいっそう明らかである。

「陛下即位の初、詔《みことのり》して今歳の田租《そぜい》の十分の三を蠲《のぞ》かしむ。然れども江南は江北と異なり、貧者は富人の田を佃し、歳ごとに其の租を輸す。今蠲《のぞ》く所特《た》だ田主に及び、其の佃民の租を輸すること故《もと》の如し。」（『元史』巻一八、成宗本紀）

そして、『元典章』巻一九、種佃の「佃戸給せざれば田主借貸せよ」の項の大徳八年（一三〇四）の江浙行省の報告中にある次の部分は、この段階の江南の地主＝佃戸関係が収穫の五割の定率地代の搾取を媒介とした典型的な分租制の地主＝佃戸関係であることを示す。

「江南の佃民多く己《おの》が産無し。皆富家より田土を佃種し、籽粒《しゆうかく》を分収して以て歳計に充つ。若《も》し青黄未《いま》だ接せざるの時に直《あた》り、或いは水旱災傷の際に遇《あ》えば、多く田主の家より債を借《か》り糧を貸《か》り、欠食の用を接《つ》ぎ、収成に至るを候《ま》ちて数を験して帰還《かえ》す。」

注目すべきことは、江南における地主＝佃戸関係がこの段階では田主とよばれる地主の優位の下にあり、地主の佃戸支配が佃戸の経営の再生産の面においても強かったことである。そのことは右の江浙行省報告で、佃戸がその再生産を持続させるために、端境期及び水旱害を蒙ったとき、多く「田主の家」より「債を借《か》り糧を貸《か》り欠食の用を接ぐ」という状況がごく平常なこととして指摘されていること自体が示している。すなわち佃戸の再生産は、その耕作する土地の所有者である田主からの糧食の恒常的な貸与を前提として成立していたのであって、佃戸経営は必ずしも完全な自立的再生産の基盤をもっていない。ここに地主の佃戸に対する優位の物質的基礎があるのである。このことは、江南、とくに当時浙西といわれた長江下流デルタ地帯に多量に設置されていた官田の佃戸、すなわち国家と直接に契約関係を結んで国家の直接的所有地を耕作する佃戸、なかでもとくに官田のみを耕作する佃戸が、いわゆる民間の田主からまったく切り離されていた故に、極端な再生産困難の状況下にあったという事実によって逆に証明される。すなわち、大徳二年（一二九八）、中書省が浙西都水庸田使司を設立した際の上奏の以下の部分である。

「浙西官田数多なり。倶に貧難佃戸の種納に係《かか》る。春首に食を闕くも田主の借貸する無く、囲岸缺壊するも、又自ら修理を行なう。官司存恤を為さず、以て逼《せま》られて逃に在るに臨むを致す（中略）。今後官田の佃戸、若《も》し委《まこと》に己《おの》が業無く、亦た請討すべき（頼るべき）田主無く、貧難下戸の止《た》だ官田のみを種《たがや》し自ら官倉に赴いて租を送り納める者は、管民官司、並びに此等の佃戸を将て里正・主首に差充し、一切の催甲等役に雑当するを得ず。」

（『正徳松江府志』巻三、水利下、治績）

すなわち、一三世紀末の江南においては、ごく一般的に、民間の私人田主の佃戸はここで描かれたところの官田の佃戸とは対照的に端境期の糧食の借用をはじめ、水利工事を含む再生産の過程で、田主の物質的保護下にあり、それにみあった強い支配を受けていた。一三世紀の八〇―九〇年代に趙天麟が世祖に行なった上言の中で「江南の豪家は農地を広占し佃戸を駆役す。爵邑無くして封君の貴有り。印節無くして官府の権有り」（『続文献通考』巻二、田賦考）と述べるのも、かかる田主の地位を反映したものであろう。

もちろん、同じく所有主体によって土地に結合させられた存在とはいえ、佃戸は決して奴隷ではなく、一個の独立した農民家族を形成し、生産＝経営の面においても相対的に自立した主体であったことは当然である。このことは、地主＝佃戸関係の普及が記録されているこの時点では、田主がもはや自らは完全な生産＝経営の主体ではなく、その所有地における生産労働は、奴僕・傭工等ではなくて、大部分田主の指導監督を全面的には必要としない佃戸によって行なわれていたことをも意味する。だからこそ、田主は、一面、この佃戸の生産＝経営における相対的自立性を前提とし、他面佃戸がもつ依存性の最たるものとしての糧食の貸借の関係を巧みに利用して、必要労働部分に大幅にくいこむ搾取をすら行なおうとする。前引『元典章』の江浙行省報告では、先の部分に続けて、田主が「子粒《しゅうかく》」を「分受」する（五割の比率でとる）ほかに、端境期に貸し附けた現物の米穀を収穫期に貨幣＝銅銭に換算して返済させて価格差を利用した搾取を行なったり、元金と等しい高率の利息を附加させたりするため、佃戸はいっさい自分の生産した米穀を手もとに残さないという状況があることを指摘している。こうした債務関係はすでに述べたように田主が佃戸の生産＝経営から完全に遊離して寄生化しているのではないだけにいっそう酷烈となるのである。佃戸の相対的自立性がかえって再び佃戸の隷属度を強めるという逆説的関係が生じるのである。

もちろん、以上に述べてきたような一三世紀後半を中心とする一連の資料は現実の地主＝佃戸関係の側面のいくつかを抽出しているにすぎない。江南の「田主の家」の土地所有の具体的規模、所有地の存在形態、手作＝自家経営の有無と佃戸以外の使用労働力の有無、田主の、あるいは佃戸の所有する土地以外の生産手段の有無等々については、これらの資料が直接的に示すところではない。しかしながらこうした一三世紀後半、一四世紀初頭における江南の地主＝佃戸関係の特徴は、大農民戦争を経た一四世紀後半の明朝成立期にもなお受けつがれている。

洪武元年（一三六八）、明朝の成立した直後の浙西地方の地主＝佃戸関係について(16)、楊維楨は、土地所有者に対して国家が行なう租税徴収にはすでにいちおう完成した徴収台帳があるが、これとは対照的に「佃人の租額は、歳ごとに地主の為に増さるる有るも減ぜらるる無く、阡陌《たはた》は日に荒れ、庄佃《こさく》は日に貧しくして今に至る、蓋し窮《くるしみ》極《きわ》まりて手足を措《お》く所無し」（『東維子文集』巻二「又代馮県尹序」）と述べ、租額、すなわち地代の量の決定における地主の一方的優位を述べている。二年後の洪武三年（一三七〇）、長江下流デルタ地帯をはじめ華中の二一府州に実施された均工夫役（緊急を要する各種の国家的土木工事のための徭役労働）が明朝から割り当てられたとき、周知のように「田多くして丁少き者は佃人を以て夫《ふ》に充《あ》てしめる」ことが指示された（『明実録』洪武三年七月辛卯）。このことも、地主＝佃戸関係の広汎な存在をうかがわしめるとともに、佃人は地主が代役を命じればそれに従わねばならない地位にあること、その前提として地主と佃戸の間には日常的に面識を含む緊密な関係と事実上の隷属＝被隷属の関係が存在していることを示すものにほかならない。また、明朝権力の支配体制を確立する上で地主階級を代表して重要な役割を果たした宋濂の『宋学士文集』には、浙西地方、すなわち長江下流デルタ地帯に隣接する浙東地方の金華府浦江県で至正元年（一三四一）に没した一地主の墓誌銘があり、ここにも興味ある指摘がある。

「窶《まず》しき人、田無く、富民の田を芸《たがや》して其の粟《ぞく》（収穫）を中分す。力乏しき者、粟輒《すなわ》ち登《え》られざれば、他人《いっぱん》に在りては必ず芸《たがや》す者を易《か》う。」（巻九「元故王府君墓志銘」）

ここでは佃戸の耕作権は保障されておらず地主は一方的に佃戸をとりかえることが一般的であり、明朝成立期の一四世紀後半にすぐ連なる時期の地主＝佃戸関係の特徴が示されている。

明初段階における江南の地主＝佃戸関係においてこうした個々の佃戸に対する地主の強い支配権が見出されるとすれば、それは、一三世紀後半期に見られるような、佃戸の再生産過程における地主の物質的干与に裏付けられていたはずである。今、一四世紀後半の時点で直接そのことを示す資料があるわけではない。ただ一六―一七世紀にも残存していたいくつかの例から溯行的に例証することも不可能ではない。たとえば、長江下流デルタ地帯の中心部にある松江府華亭県の人陳継儒が、明末一六二〇年前後に、同府の知府に送った一書簡には、「旧例」（比較的近い過去まで行なわれていた慣行）として、「有田の家が佃戸を照管し」、すなわち地主が佃戸の生産と生活の世話を行ない、毎年佃戸の耕作する田土一畝ごとに五升の工米《こうまい》を貸与し、収穫期に租米とともに返還させていたことが明らかにされている。陳継儒は一六世紀半ば嘉靖三七年（一五五八）に生まれ、崇禎一二年（一六三九）まで長期にわたって松江府の農村部に住み、在地の事情を知悉していたことを想起しておきたい。さらに、崇禎三年（一六三〇）頃のこととして、デルタ地帯に属し松江府に隣接する嘉興府嘉善県の郷紳陳龍正が同様の記録を残している。陳龍正の家では、彼のかつての祖父母の居住地である県下の胥五区、及び他の区に居住する「本家の佃戸」に対して、「常年佃戸には畝ごとに随田米二斗を給す。利を加うること二分」というように、平常時において、毎年比較的低利の米穀の貸与を行なっている。さらに一六三〇年春のごとく、米価が騰貴し饑饉を招いたときには、彼の家の佃戸を多く含む胥五区の貧戸に対しては三〇日分の糧食の給与による救済を行ない、他の区に居住する彼の家の佃戸に対しては、滞納分の租米を平常時の随田米と同様の貸与米と読みかえ、その利息を一割に下げる措置をとるとともに、租米の完納者に対しては、毎畝二斗、利息一割の白米の給与を行なっている。[17] このような慣行は、一三世紀末の江南についてみられた田主と佃戸の間における恒常的な糧食貸与と同じ性格のものであり、一四世紀後半の明初段階においては、一六・一七世紀段階と比べてより広汎に存在していたと考えなければならない。

一五世紀に入っても、江南における地主＝佃戸関係の広汎な普及自体は、当然のことながら存続する。一三世紀末、一四世紀初の元朝の私租削減令と同趣旨の政策の実施を皇帝に要請した、宣徳一〇年（一四三五）の行在刑科給事中年富の上言に、「江南の小民は富人の田を佃し、歳ごとに其の租を輸す。今詔して災傷の税粮を免ずるも、覬《のぞ》く所、特《た》だ富室に及びて小民の租を輸すること故の如し（下略）」（『明実録』宣徳一〇年五月乙未）ということである。当時の江南の地主＝佃戸関係の特徴について、おそくとも弘治元年（一四八八）をこえない段階のこととして、丘濬が述べるところはこうである。

「大江の南、民多くして田少なし。居る者、富家の田を佃し、之が奴隷と為《な》る。」（『皇明経世文編』巻七二「議屯田」）

丘濬が、地主の所有地を耕作し地主に地代を納入する直接生産者農民を、「奴隷」と形容したのは、当時の江南の地主＝佃戸関係の中に、なお一四世紀段階と同じく、佃戸経営の再生産過程における地主依存度の高さ、これにもとづく地主の強固な佃戸支配という特徴を見出していたことの反映であろう。

ここで、一四世紀段階の江南の地主＝佃戸関係の特徴を、長江下流デルタ地帯をはなれた地点で溯行的方法をふたたび用いながら検討しよう。すでに一四世紀半ばまでに、地主への土地集積と地主＝佃戸関係がもっとも発展していた福建の場合はどうか。

『元史』によれば、一四世紀前半、元末の福建建寧府崇安県では、土地所有者のうち一一％を占めるにすぎない大家が、同県下の税糧の八三％を納入し、一戸平均の税糧額は一〇〇石にも達するのに対し、八九％を占める細民は税糧の一七％、一戸平均二・五石を納入するにすぎないといわれる。土地所有者間内部の階層は大きく分化しており、このことからして、土地をもたない農民と大土地所有者との階級分化は非常に進展していたとみなければならない（巻一九三、鄒伯顔列伝）。また、一五世紀半ば、正統一四年（一四四九）の建寧府建陽県耆民林恵の皇帝に対する上言によれば、郷民（県城外の農村部に居住する農民）は、多く市民（県城に居住する地主）の田土を耕やし、収穫があっても租を納入した剰余はわずかに食糧の分を残すのみという状態であった（『明実録』正統一四年五月癸卯）。同県における地主＝佃戸関係は、農村に居住しない地主と農村の佃戸との関係を中心に広く展開していたと考えざるをえない。この同じ福建の、しかも沿海地区にあって、商品生産がより深く展開していた泉州府南安県で、崇禎一〇年（一六三七）以来、佃戸の抗租闘争が激烈に行なわれたことは、すでに本稿第一節第1項で述べたが、この抗租の生起する以前の段階のものとして紹介されている当地の地主＝佃戸関係の特徴は、非常に注目される。『乾隆泉州府志』巻二〇、風俗、所引の「温陵旧事」の記事である。

「春冬、租を徴するごとに、旧は皆佃《ママ》主親《みずか》ら田畝を履《しら》べ、豊歉《ほうけん》（豊作・不作）を以て完欠《かんけん》（全納・免除）を為す。田丁は例として一飯を供す。田主上に坐り、田丁の老傍《かたわ》らに坐る。壺を挙げて田主に觴《も》る。或いは縉紳の林下《いんたい》せる者も亦た和顔《にこやか》に与《とも》に農事を談《かた》り、苦を労《ねぎら》いて之を慰藉《なぐさ》む。共に飯畢《おわ》りて乃ち退く。租を完《おさ》め、将に帰らんとするや隻鶏（にわとり一羽）と白粲《はくまい》二、三斗を以て贐《はなむけ》と為す。田主答うるに巾扇の類を以てす。主佃相い与《とも》に礼を以てすること此《かく》の如し。其の後、貴家親《みずか》ら行くを憚《はばか》り、率《おおむ》ね其の豪奴をして盈を取らしむるの外、復《ま》た虐政多し。是に於いて人心怨憤す。」

この田主＝地主と田丁＝佃戸との関係で注目される点をあげよう。(1)地代収取の形態は収穫を点検しその多寡に応じて差等をつける典型的な分租＝定率地代である。(2)副租としての隻鶏・白粲がこれに附加される。(3)収租はおそらく耕地に接近した佃戸の住居で行なわれる。(4)地主と佃戸との間には、「礼」を以て結ばれている人格的関係がある。洪武五年（一三七二）に明朝権力が規定した、「佃が田主に見《まみ》ゆる」際の「少の長に事《つか》うるの例」であり、差別をともなった「礼」であって対等のそれではない。[18] (5)「縉紳」「貴家」とよばれる郷紳地主・官僚地主も生産＝経営と接触を持っている。同様の接触を持っていた上述の嘉興府の郷紳陳龍正がすでに城内に居住していたこととあわせ考えれば、在地＝郷居と不在＝城居、非郷紳と郷紳という地主側の区分を範疇化して、地主＝佃戸関係の段階を規定する見解は再検討の必要があろう。

福建という地主＝佃戸関係が広汎に普及していた地方で、明末、一六三七年をさかのぼることほど遠くない時点で、かかる特徴が、すぎ去ったこととしてとはいえ、意識され、記録されているのである。地主は生産＝経営と接触を保ち、個々の佃戸とはっきり面識をもってこれを直接に掌握しており、牧歌的・家族的外見の下に、きわめて地主の権限が強く、地主の地位が優越している関係がここに見出される。資料の表面には出ていないが、この背後には、佃戸の再生産過程における地主の少からぬ物質的干与が存在するであろう。

泉州府のこの事例と相互補完的なものに、一七世紀の浙江紹興府天楽郷における慣行がある。張履祥によって「紹興佃種法」として紹介され、彼が「ただ天楽の一郷にのみ」行なわれたと説明しているこの慣行（『楊園先生全集』巻一九「賃耕末議」）は、古島和雄によれば、「明末清初における手作地主層のもつ後進的地域における一つの事例」とされる。[19] しかし、張履祥が、一七世紀の長江下流デルタ地帯ではもはやすでに見られなかったこの慣行を非常にすぐれたものとしてみならおうとしているのは、もっぱらそれが理想の一般的事例としての地主＝佃戸関係であるからであって、特殊的な手作地主の佃作部分としての地主＝佃戸関係だからではない。

「田主は、穀種《たねもみ》・肥壅《ひりよう》・車具《すいしゃ・のうぐ》を任《うけも》ち、佃戸は耕作・収割《とりいれ》を任《うけも》つ。水旱、車《すいしゃ》もて救うには、田主、食を具《そな》え、佃戸、力を用う（圩堰《ていぼう》を修め、浅塞《どろ》を開《のぞ》くこと同じ）。秋成《あきのしゅうかく》、春熟《はるのしゅうかく》には、稲・麦を平分す。収割《とりいれ》には、佃戸の家遠ければ田主に食し、田主の家遠ければ佃戸に食す（本身《ほんにん》の外《ほか》、一人を照料《せわ》す）。稲・麦は分かちて田主の家に到《はこ》び、其の後、一応《いっさい》、佃戸に渉《かまわ》ず（家遠ければ舟、車各おの具《そな》う）。祈年《しんねん》、報賽《かんしゃさい》には、田主は酒飯、佃戸は鶏豚。」

この慣行でもっとも重要なことは、土地はもちろんのこと、種子・肥料・水車・農具などの生産手段は地主が負担し、水利工事の際の食糧も地主が準備し、そのことと関連して、収穫物は地主の実地検分の下に、地主・佃戸の間で折半する典型的な分租＝定率地代の搾取関係が存在することである。再生産過程における地主の物質的な干与は多大であり、佃戸の依存性は非常に高く、地主は個々の佃戸を面識しており、その佃戸支配は強固なものが認められる。かかる地主＝佃戸関係において地主の地位はすこぶる優越したものであったろう。紹興府のこの慣行における地主＝佃戸関係は、先の泉州府におけるそれと基本的に共通した特徴をもつとみなされる。さかのぼって、一四世紀後半明初段階では、先に行なった若干の検討とあわせ考えるとき、かかる特徴をもった地主＝佃戸関係が、より広汎に、強固に存在していたと想定されるのである。

2　一五・一六世紀の存在形態

すでに、前節において、一四世紀段階の特徴を本稿自体の出発点として明らかにしておくため、一五世紀から一七世紀前半にまで及ぶ期間の地主＝佃戸関係の存在形態を示す若干の資料をも提示し溯行的に運用してきた。本項では逆に一七世紀への展望をきりひらくため、一五・一六世紀にそれぞれ刊行された二つの『呉江県志』、すなわち長江下流デルタ地帯の中心である蘇州府呉江県の地方志に即した地主＝佃戸関係の検討を試みたい。

弘治元年（一四八八）に刊行された『弘治呉江県志』（以下『弘治志』と略称）は、同県の人莫旦《ばくたん》の編纂になり、一五世紀後半のこの地方で、ひとたび土地から切り離された「無産の小民」としての直接生産者農民が、どのような形でふたたび土地に結合され、どのような生産関係に入っていったかについて、若干の手がかりを提供する。その巻六、風俗の四七項目に区分された記述は、呉江県が蘇州府に属する他の諸県と同じような風俗、すなわち日常の生産や生活における慣行をもっていることを冒頭に述べて、その第八項で、当地の農民の生産と生活をとりあげている。

「四民のうち、惟だ農のみ最も労なり。而うして呉の農は又労中の労なり。無産の小民、富家に投顧して力田する者、之を長工と謂い、先に米穀を借りて食用し、力田の時に至って忙を撮《と》ること一両月なる者、之を短工と謂う。富家の田産を租佃して耤《たが》やす者、之を租戸と謂う。此の三農はいわゆる労中の労なり」。生産手段たる土地からひとたび切り離された「無産の小民」は「富家」の所有する土地にふたたび結合される。彼らは富家－長工、富家－短工、富家－租戸という三つの生産関係に入る。従来の研究史の整理に従えば、地主－傭工、地主－佃戸という二つの関係を形成するということになろう。『弘治志』の筆者は、かかる傭工（長工・短工）、佃戸（租戸）が当地方の直接生産者農民の中でももっとも厳しい労働に従事することを指摘する。注目すべきことは、筆者が「風俗」の四七項目の中で、他のどの項目でもなく、この第八項においてのみ水稲作中心の農業労働の概観を行なっていることである。すなわち、このことは彼が自作農や奴僕ではなく、傭工と佃戸を直接生産者農民の重要な部分とみなしていることを示している。筆者は上引の部分につづけて「始耕（耕起）の苦」、「立苗（田植）の苦」、「耘苗（中耕除草）の苦」、「守禾（盗難からの防衛）の苦」の四つの過程を縷縷述べ、その結果として収穫時の農民家族の喜びがどんなに大きいかを生き生きと記す。しかしながら、かかる生産労働の果実はたちまち彼らの手から奪われる。「而うして一飽の歓び、曽て旬日無し。穀は主家《じぬし》の廩《くら》に入り、利は質貸《こうりかし》の人に帰せば、則ち室又罄《つ》きんとするなり。此れより惟だ茆《ちがや》を采《と》って薪と為し、魚を捕えて米に易《か》う。而うして敝衣《へいい》故絮《こじょ》（ぼろをまといふるわたにくるまり）、藜羹糲飯《れいこうらいはん》（粗末な食事をし）、曽て以て歳を卒《お》うるを得ず。豈に憐むべからざらんや」。彼らは地主と高利貸（現実には同一人の場合を多く含むであろう）の搾取にさらされている。

『弘治志』は、この項につづいて、とくに上記「三農」のうちの租戸＝佃戸について論ずるために第九項を立て、租戸＝佃戸が土地所有関係、及び債務関係を通じてどのような搾取を受けていたかをとりあげる。『弘治志』の筆者は、前項の「三農」のうちの租戸＝佃戸の置かれていた状況を、長工・短工＝傭工に比べて明らかに重視せざるを得なかったのであり、佃戸こそが直接生産者農民の基本部分であること、地主がその土地所有を実現するためとり結ぶ生産関係の中で地主＝佃戸関係がもっとも基本的な関係であったことがこのことから改めて確認されるのである。第九項はまず、「田一畝ごとに租を起こすこと一石より一石八斗に至る。毎歳仲冬（一一月）、佃戸は乾円の好米（良質の米）を以て、田主に納還す。田主亦た酒食を備えて之を労《ねぎら》う。之を租米という」と述べる。のち、一六・一七世紀の時点で蘇州府をはじめ長江下流デルタ地帯の水稲の収穫量の最高水準は毎畝三石、最下限は一石から一石五斗の間にあると記録されている。従って一石から一石八斗という収租額の比率は収穫の半ばを下まわらない高率のものであるといわねばならない。[20] 債務関係における利率も非常に高い。「其の小民用に乏しきの際、富家の米一石を借る。秋に至れば、則ち二石を還す。之を生米という。其の銅銭或いは銀は五分（五割）もて息（利息）を起こす。之を生銭と謂う。或いは七、八月の間、稲将《まさ》に熟さんとす。而《しか》も食を欠くこと急なり。挙債（借用）を免れず。亦た対合《たいごう》（二倍）を還《かえ》す。故に呉人門を出づれば加一（一割の利息が加わる）の諺あり。所以《ゆえ》に富者愈《いよ》いよ富み、貧者愈いよ貧し。呉の農言う有り。曰く、汁の出づるに頼ること、債を做《な》す（借用）に頼るに強《まさ》ると。蓋し諺語は、猶《な》お淋漓《りんり》を言えるが如し。稲、半《なか》ば熟して汁出づること淋漓（したたるように汁が出る）なる者有り。刈りて之を食《くら》うは、挙債より勝れるを言うなり」。現物米穀で一〇〇％、銀・銅銭の貨幣で五〇％の高利で債務関係を結ばねばならない佃戸を主体とする農民の苦境が叙述される。

佃戸が地代搾取のほかにきびしい債務関係の下に置かれていたこと、そのことが佃戸の相対的自立性と相対的自立なるが故の再生産過程における依存性の高さとのからみあいによって生じていることは、一四世紀段階と変わらない。田主が酒食を備えて租米を納入にきた佃戸をねぎらうという地主と佃戸の一見親密な関係がその背後の両者の強固な支配＝被支配関係を示していることも同様である。これらの点が、まさに同じ時期における丘濬の佃戸＝奴隷説の基礎になっているのであろう。しかしこうした旧来の状態の中で地主＝佃戸関係の新しい特徴の萌芽もはっきりと見出される。一つは生産物地代のより進んだ段階としての定額地代の普及が述べられていることであり、いま一つは、現物米穀を媒介とする債務関係だけでなく、佃戸が商品生産者としての側面をもつにいたったことを示唆するところの銀を含む貨幣のみによる債務関係の存在があわせて言及されていることである。

なお『弘治志』風俗は、年間を通じての祭俗について述べた項で、毎年一二月二五日に玉皇を祭る際、各家でつくられる赤豆の粥の馳走に「襁褓の小児及び僮僕の輩」も皆これにあずかること、一年の労働を終えて年末から正月にかけて開かれる村の一連の慰安行事を詳述した項で、この行事に「富家の僮僕の類」も参加が認められていること等を記している。この点は、僮僕＝奴隷が農村の生産と生活の中で一定の比重をもっていること、その身分的地位が他の構成員とは区別されたものであったことを示唆する。と同時に直接生産者農民に関する項目ではなく、まさにこの種の項目で僮僕＝奴隷の存在が顧みられることの中に、彼らの直接生産者農民の中に占める比重が決して大きいものではなかったことも示唆されている。

『弘治志』が刊行されてから約七〇年、一六世紀の半ば過ぎ、嘉靖四〇年（一五六一）、『嘉靖呉江県志』（以下『嘉靖志』と略称）が同県人徐師曾の手によって編纂された。『嘉靖志』は『弘治志』に欠落した部分を補い、蕪雑な措辞を正すという抱負をもってつくられたが、そのことと同時に、この七〇年間に生じた新たな事態を附加することになった。『弘治志』風俗をふまえて書かれた『嘉靖志』巻一三、風俗は、その第一〇項で農民の生産と生活にふれる。ここでは、他の項にもみられるように、『弘治志』に比べて叙述の体裁が整備されると同時に具体性ある生き生きとした叙述も同時に省略されていく傾向が見られ、とくに農業労働の過程そのものに関する叙述がほとんど削減されている。ただ、農民中の「無産の者」のうち傭工に関して、「歳を計って直を受くる者、長工と曰い、時を計って直を受くる者、短工と曰い、日を計って直を受くる者、忙工と曰う」というごとく、長工・短工・忙工の区分を労働時間の長短によって整理していること、「無産の者」をはじめ直接生産者としての農民が、農業労働の間隙に従事している、捕魚・採薪・陶器製作・運搬の傭作（賃仕事）といった雑労働の存在を指摘していることが注意される。

地主＝佃戸関係、また、佃戸を主体とする「貧民」の債務関係における新しい事態は、『嘉靖志』風俗の第一五項に見出される。「農田、畝を計って租を索《もと》む。下は八斗より上は一石八斗に至って止む。佃戸之を田主に輸す。田主、酒食を具え、或いは就ち粟を以て之を労《ねぎら》う。名づけて租米という。其の貧民、春夏、富室に告貸（借用）し、冬に至って率《おおむ》ね二石を以て一石を償う。名づけて生米という。〔以下、ほぼ『弘治志』を引用し、続けて〕按ずるに此れ莫志（『弘治志』）の載する所なり。乃ち成化（一四六五―八七）以前の事なり。近年銭法（銅銭）行なわれず、銀息二分より以て五分に至る。米息四分より七分に至る。絶えて所謂《いわゆる》倍償（元本と同額の利息）の事なし。甚だしき者《は》、或いは其の本を并《あわ》せて之に負《そむ》く。租米と雖も亦然り。時の同じからざる。是くの如き有らんか」。『弘治志』の一石から八斗へと変更された田一畝当たり収租額の下限は、たまたま顧炎武の指摘する一七世紀のこの地帯のそれと一致しており、あるいは定額地代のいっそうの普及を示すものであろう。債務関係において、いわゆる元本と同額、すなわち一〇〇％の高利率を意味する倍償の息が見出せなくなったということは、佃戸を主体とする「貧民」の間にも銀が用いられるようになり銅銭での貸借が行なわれなくなったといわれることとあわせて次のような意味をもつものではないか。すなわち、いぜんとして五分（銀）、七分（米）という低からぬ利率を残しながら、銀中心の貨幣経済がいっそう発展するなかで、高利貸資本の回転が早まり、佃戸を主体とする「貧民」が従来とは質を異にする、結果としてよりきびしい搾取の下におかれるようになったということである。しかし、この七〇年間の最大の深刻な変化は、彼らの中で、元本と利息とをともどもふみたおすものが出現したことであり、また租＝地代の納入を拒否するものが歴然と出現したことである。たしかに、一五世紀後半の『弘治志』段階と同じく、田主が租を納入にきた佃戸に酒食を供するという慣行、一見親密ではあるが個々の佃戸が地主に把握され強固に支配されていることをうかがわせるこの慣行の存在は、「田主、深居して出でず、足、田疇に及ばず、佃戸を面識せず」（張履祥『補農書』下巻）という一七世紀の状況とは対照的である。しかし、一四世紀段階以来の地主＝佃戸関係のありかたを大きく変える新しい特徴が一六世紀半ばにいたって出現したことは重要であり、しかもこの現象は蘇州府下のみの偶然的なものではないのである。すなわち、本稿第一節第3項で指摘したように、ちょうど同じ一六世紀半ば、隣接の松江府では、佃戸の債務履行拒否、租米納入拒否という全く同じ現象が現われているのである。「敝郷の貧民は皆な富民の田を佃種す」[21]（一六世紀半ばの松江府）、「佃僕を挙ぐれば民を尽すに近し」（『万暦武進県志』巻四、賑貸）（一七世紀冒頭の蘇州府の西隣常州府武進県）といわれるほど普遍化していた地主＝佃戸関係、地主＝佃戸関係を通じて実現されていた地主的土地所有関係は、かくして一七世紀を迎え、佃戸による抗租闘争の未曾有の激発を経て、一八世紀にはいっそう大きな変動にさらされるのである。

三　一八世紀の抗租闘争と地主＝佃戸関係

1　華中・華南における概況

一八世紀に入って抗租闘争は華中・華南の各地で持続的に進められ、普遍化した。

福建では、本稿第一節第1項でみたように、一七世紀中展開されてきた量器の容量の是正を媒介とする地代削減の闘争がその西北部で一八世紀の六〇年代まで持続していた。その間、乾隆一一年（一七四六）には、汀州府上杭県で、清朝権力の租税（田賦、または銭糧）減免政策の実施に際し、佃戸羅日光らが、佃戸が地主に納入する地代（租、佃租、田租）も六割を削減し、収穫した生産物を地主と佃戸との間で「四六均分」することを集団で地主側に強制しようとした[22]。この闘争は、地主側の訴えにもとづいて地方官憲の手で弾圧されたが、佃戸が量器の容量是正という方法を媒介とせず、地代そのものの大幅な削減を直接要求して自ら削減の比率、すなわち地代納入率まで設定するに至ったことは、遠く離れた北京の宮廷の乾隆帝を狼狽させたのである。

江西でも抗租闘争は持続的に発展した。福建西北部に隣接する贛州府一帯でそのことは顕著である。雩《う》都県の佃民邱蘭芳《きゅうらんほう》らは、康熙五二年（一七一三）、右の福建上杭県の場合と同様に、租税が免除されたのだから地代も免除せよと、農民たちによびかけて、田主趙唐伯の庄《いえ》を囲んで要求した。二年ごしのこの闘いも結局県、さらに府の当局、軍隊の手で弾圧されたが（『同治贛州府志』巻三三、武事）、その影響下に、同県禾豊堡《かほうほ》の佃戸馬天祥らは、「衆を聚めること数千」、その力で田主に迫って「租を減じて券（契約文書）を易《か》えさせ」、その影響は隣接の会昌県にまで及んだ（『同治会昌県志』巻一四、武事）。同じ康熙五二年、興国県では、衣錦郷の頑佃李鼎三らが福建・広東から当地の地主の土地を耕作にきている佃戸によびかけ、「田骨田皮、退を許すも批を許さずの説」を提唱し、数千人を結集して県城に赴き、長官に迫って、そのことを石碑に刻んで正式の規定にすることを要求した。この「説」とは、佃戸が田皮（上地《うわじ》）を自由に処分することは容認されるが、地主が田骨（底地《そこじ》）の所有権をたてに自由に小作契約を更新することは容認されない、という内容をもつものと解釈され、佃戸の土地に対する強い権利を主張したものであった。一時期、要求を実現した佃戸は、彼ら自身の会館（集会所）まで建設し、また秋の収穫期になるごとに、規定量の七割乃至八割しか納めないことを予め自分たちで決め、規定量だけ徴収しようとした田主には、打ちこわしをかけ、その田主が徴収した租米は彼らの会館に運び入れた。この昂揚は、雍正四年（一七二六）、巡撫の指示による官憲の弾圧で、会館が焼きこわされ、指導者が本籍のある他省へ強制送還されるまで持続した（『同治興国県志』巻四六、雑記）。瑞金県でも一七世紀後半から一八世紀前半を通じて絶ゆることなく佃戸の地代削減などの闘争が続いた。雍正七年（一七二九）には、佃戸側が、贛州府知府に、小作契約金たる批賃の廃止、桶子・白水という名目で徴収されていた定額外の附加租の廃止を承認させ、これにともなって、一畝当たりの正租の定額は一石と規定された。安徽出身のこの知府の去ったあと、地主側の意向を汲んだ上級機関の指示によって、この年の改革はほとんど白紙に戻されたが、批賃の廃止のみは一八世紀の半ば現在も変更されることがなかった（『道光寧都直隷州志』巻一四、武事志、所引の『瑞金県志』）。乾隆一九年（一七五四）、石城県とともに贛州府から分離して寧都直隷州を構成した旧寧都県でも事情は同様であり、乾隆三五年（一七七〇）、寧都直隷州仁義郷に設立された石碑（『民商事習慣調査録』一）によれば、佃戸側は寧都の州当局に、田皮《うわじ》の自由処分権、白水穀（白水）の廃止を承認させ、また小作契約金としての批賃は存続することになったものの、同時に搾取されていた小作保証金としての「批礼銀」の廃止は承認させている。なお、桶子穀（桶子）、行使費（行路＝地主の徴租人へ佃戸が支払う交通費）、実質的な附加租としての節牲・粢糯《しだ》（四〇三頁の送年鶏鴨・送年糯糍にあたる）などの物品提供の慣行など、一七世紀の明清交替期から佃戸が廃止を要求していた諸負担も存続させられることになったが、これらの名目にかこつけた通例以上の苛酷な搾取は少なくとも言葉の上では廃止されることになった。

湖南でも、一八世紀の前半、乾隆二年（一七三七）、洞庭湖周辺の先進的経済地帯に属する澧州・岳州府、中部の宝慶府などを歴任した岳州府同知陳九昌の湖南巡撫への報告（『湖南省例成案』「工律河防」巻一「不許田主索取進庄規礼」）によれば、これらの地方ではいずれもきわだった抗租の風潮が見られた。すなわち「軍家之佃」（軍人の家の田を耕す佃戸）「祖遺之佃」（先祖以来の佃戸）「附近之佃」（田の近くに住む佃戸）「原主之佃」（元来の持主であった佃戸）と彼によって名づけられている佃戸たちは長年にわたる土地占有を基盤として地主に抵抗し、租＝地代の納入量の多少、納入の有無は、まったく佃戸の「主張」ないし気分によって左右され、田主はそれに従うのみであるという事態が普遍化していた。抗租するこれらの佃戸を、官に訴えても必ずしも官が追及せず、たとえ官が追及を行なっても殆ど効果がなく、訴訟を行なっても多額の経費がかかるので、田主はただ忍耐を重ねるのみであるが、悪佃はこれを見てかえって田主を軽視する。かりに田主が佃戸をとりかえようとすると、あるいは実力で土地を占拠し、あるいは父母の生命を代償にし、また婦女子にさわぎたてさせ、あるいは代価を払って権利を得ている土地だといって対価を請求し、あるいは当該佃戸の家の至近距離の良田だというので誰も代わって耕作するものがない。こうして土地はついに佃戸の所有＝「世業」となり、永遠に租米は納入されない。陳九昌はかかる状況把握をしている。もちろん、陳の報告は、結論として、巡撫経由でこの報告を受けた湖南布政司すら指摘するように、もっぱら佃戸側に対するきびしい規制のみを要求しており、田主側の圧迫には何らふれないという大きな偏向をもっている。この陳九昌の報告を所載する『湖南省例成案』や湖南の地方志にもとづいて、重田徳は、[23]地主側が、佃戸側の抗租に見られる階級的力量の強化に対抗して攻勢をかけ、「小作料の引き上げや土地集中」のほか、もっとも中心的なものとして、「進庄銀」「進庄礼銀」「写田銭」と称される小作契約金ないし小作保証金の支払いを強制し、この強制をテコに「事実上の小作料＝地代の増額」をねらっていることを指摘している。重田はさらに、この「進庄銀」等を通じての地主側の攻勢に対して、佃戸側も果敢に反撃し、根強い「踞庄」、すなわち土地居坐りと耕作持続の抵抗運動をつづけた、と指摘している。

一八世紀の広東でも各地で抗租が行なわれた。前田勝太郎[24]は、「粤東（広東東部）の頑佃は租穀を滞納し、田主が解約して耕作地を取上げ、別の佃戸に引受けさせようとしても頂手《ちょうしゅ》あるいは糞質《ふんしつ》を支払ってあることを理由に居据って世業と為し解約を認めようとせず、その紛争から往往殺傷事件を醸成している」という、雍正一二年（一七三四）の広東総督の告示を紹介し、佃戸の抗租闘争の前進と関連して、小作保証金として前田が規定する「頂手」「糞質」の成立を重視している。さらに前田は、『鹿洲公案』にもとづいて、広東東部に属する潮州府潮陽県において、抗租抗糧が風習化しており、佃戸たちが一地主の滞納小作料の取立てを集団で拒否した抗租の一事件の過程を通じて、彼らが官憲を畏怖しない強固にして組織的な抵抗力を具えていたことを指摘している。

以上、長江下流デルタ地帯以外の一八世紀における華中・華南の抗租闘争の概況を通じて見られるように、どの地域でも、闘争が執拗に持続的に行なわれているだけでなく、一七世紀から継続されている附加租の廃止を含む地代搾取に反対する要求の内容がいっそう佃戸の利害を鋭く反映したものとなり、一七世紀の明清交替期と異なり専制国家権力機構がいちおう確立しているにもかかわらず、一つ一つの行動を支える組織的力量はいっそう強化されている。それればかりではない。すでに一七世紀の江西の闘争で現われていたように、地代搾取をめぐる佃戸と地主との対立の根底にある土地所有関係そのもののありかたが闘争の中で新たな争点となり、佃戸がその土地に対する諸権利の確立を自覚的に追求しはじめているのである。次項では、これら一八世紀の抗租闘争の諸特徴と地主＝佃戸関係の変動を、長江下流デルタ地帯の江蘇部分に即して検討しよう。

2　長江下流デルタ地帯の抗租闘争と地主＝佃戸関係

一八世紀の長江下流デルタ地帯では、乾隆一〇年（一七四五）、江蘇巡撫陳大受が「呉中の抗租は久しく錮習となる」（『清実録』乾隆一〇年七月己亥）と認めざるをえないほど日常化した。清朝権力は国家機構をあげてこれに対処することを迫られた。

乾隆五三年[25]（一七八八）、蘇州府当局は、佃戸が「田を覇して租を掯し」、すなわち土地を占拠して小作料を差押え、「業戸《じぬし》が反《かえ》って告追《ついきゅう》を受ける」、「無田反《かえ》って有田の利を獲《え》、有田、尽く無田の害を受く」という現状の改善を目指して、府下の長洲・呉・元和等の県の挙人・職貢ら郷紳の申請にもとづき、同府としてのかかる抗租に対する、処罰規定をともなった規則を定めるに至った。江蘇布政使経由でこの報告を受けた両江総督は、江蘇巡撫とも連絡をとりつつ、江蘇省の下半分、蘇州府・太倉州・松江府など長江下流デルタ地帯の重要部分を管轄する江蘇布政使と上半分を管轄する江寧布政使を会合させ、蘇州府で制定した規則にならって、それぞれの管轄区域の全域、すなわちあわせて江蘇省全体に適用する抗租禁止の規則を作成させ、最下級の行政機構である州・県・庁及び衛を通じて、全省の佃戸への周知徹底を指示し、あわせて抗租をめぐる佃戸と地主との訴訟についてその結果を各府を通じて報告させることを指示した。この時、江寧布政使が管轄する州・県・庁・衛の実情報告を求めたところ、江寧府上元県など二八の州・県・庁・衛では蘇州府と状況が異なっており、揚州府の江都県など九つの州・県・庁は蘇州府と全く状況が同じであった。江寧布政使は、こうした調査をもふまえて、蘇州府の規定をモデルとした抗租禁止規則をつくり、両江総督に報告した。この規則は「江南徴租規条」（以下「徴租規条」と略称）とよばれた。江寧布政使は、一方、この新しく定めた規則を各府に送って所属の州県に実施させることを指示した。江寧布政使が各府へ送付した指示（江南徴租行牌）、指示に付された「別紙説明」（粘単）、規則の本文（詳定規条＝『徴租規条』）、この三つは「江南徴租原案」として、『江蘇山陽収租全案』（後述）の巻末に収録されている。かくして、その成立過程自体が、地主階級と清朝権力に敵対する一八世紀の長江下流デルタ地帯及び江蘇北半部の若干の地域における抗租闘争の普遍化を示している「江南徴租原案」（以下「原案」と略称）の分析を通じて、主題に迫ることが可能となる。

前提として「原案」の出された乾隆五三年（一七八八）の段階においても、ひとしく江蘇省の水稲作農業地帯に属するとはいえ、「徴租規条」の原型となった蘇州府の規則をそのまま適用しえたと思われる江蘇布政使管轄下の長江以南のデルタ地帯と、江寧布政使管轄下の長江以北のかなりの部分、及び以南のうち江寧県を除く江寧府諸県とでは、地主＝佃戸関係の特徴は必ずしも同一でなかったことを指摘しよう。すなわち長江以北及び江寧県を除く江寧府諸県で、抗租の有無について報告のあった三七州県庁衛のうち、二八州県庁衛では、「業戸田を出だし、佃戸力を出だす。得る所の租籽《しゅうかく》は、各おの半ばもて分かち収む。地に因りて宜しきを制せば、向《つと》に蘇州（府）属の田図《でんと》・灰肥《かいひ》等（の名で呼ばれる田面権、分割された上地《うわじ》の所有権にもとづく）の弊無し。自ずから応《まさ》に仍《よ》りて其の旧に循うべく、更めて議を庸《もち》うる毋《な》し」といわれるごとく、この時点では分租にもとづく地主＝佃戸関係が行なわれており、地主＝佃戸関係の矛盾は尖鋭化していなかったと報告されている。かつて一六世紀の一条鞭法施行後における江寧府下の「城中の富室」と農村部の「貧民」との地主＝佃戸関係について、土地のほか牛力・種子を地主が出し、収穫の半分を地主がとり、水旱害の時には地主が救済措置を講ずるという慣行が記録されている。[26] 地主の論理を徹底的に貫いたこの記録の性質からして、現実に救済措置がとられたかどうかは疑問であるが、分租にもとづく地主＝佃戸関係、かつて一四世紀段階に広く江南に存在したと本稿が想定したものと共通する性格の地主＝佃戸関係が行なわれていたことは疑いない。かかる性格の地主＝佃戸関係が一八世紀後半八〇年代まで、江寧府下の大半の州県と長江以北のかなりの府州県で行なわれていたのである。しかし、これらの地方の地主＝佃戸関係をより詳細に見れば、「江淮各属内上元等の州県には、既に旧地《むかしから》の情形有り。業《じぬし》、種秄《たねもみ》、庄房《いえ》を出だし、佃、牛力、人工を出だす。歳《とし》、租秄《しゅうかく》を収むるごとに各おの半ばもて分かつ。頂首呑租《ちょうしゅどんそ》（田面権の所有に依拠した租米納入拒否）の患有るに至らずと雖も、間《ま》ま本分を守らざるの佃有り。或いは分収均しからず、或いは私《ひそ》かに偸割《ぬすみがり》を行ない、業戸、査《しらべ》出だして理追《ついきゅう》すれば、毎《つね》に挑培《ちょうばい》・雍塞《ようさい》・糞《ふん》本《ぽん》等の費（整地・肥料等の費用支出）に藉《かこつけ》て勒索覇占《ろくさくはせん》（不当に代償を求め居すわる）せり」という状況であった。生産手段のうち、牛は佃戸が所有している。また整地・肥料等の費用は佃戸が負担している。従って、一四世紀段階に江南に広く存在した地主＝佃戸関係、一六世紀の江寧府にもなお見られた地主＝佃戸関係におけるように、地主がほとんどすべての生産手段を所有し、あるいはそのことを含めて再生産過程に多大の物質的干与をなし、佃戸の地主に対する依存性が顕著であり、地主の佃戸に対する強固な支配が見られるという特徴はすでに変化しつつあった。ここでは、牛の所有、整地、肥料等の生産費の支出にもとづいて、分租制のもとでも、配分の比率を守らなかったり、無断で刈入れをしたりする形態で、抗租の動きすら現われていたのである。とはいえ、すでに、一七世紀の段階で、租＝地代の定額化が進み、畝当たりの租の規定量そのものの削減、滞納、不払いという抗租闘争の前進が見られた長江下流デルタ地帯では、一八世紀後半の段階になると、長江以北のかなりの州県と江寧府の大半の、分租制下の農村にはまだ見られなかった抗租闘争の新しい特徴と地主＝佃戸関係の変動が現われていた。蘇州府の抗租闘争の実情をふまえた弾圧規則をモデルとしてつくられ、長江下流デルタ地帯江蘇部分の現実を反映した七項目にわたる「徴租規条」はそのことを示している。

「徴租規条」に示された抗租の現状の中でもっとも中心的な問題は佃戸が田面権に依拠し、それを基盤として抗租していることである。「徴租規条」の第一項、しかも冒頭の部分の大意は次のようである。

「佃戸が耕作を請負い定額の地代を納入している土地では（佃戸攬種包租田地）、従来、「頂首」等の名目の代価を受けとっており（向有取用頂首等名目銭文）、〔その権利を〕田面と名づけている。それは田面を所有するものが、多くの場合資金を出して譲り受け、任意に授受しているからであり、このことにもとづいて、佃戸がその耕作している土地を自己の所有とみなしているのである（其有是田者、率多出資頂首、私租授受、由是佃戸據為己有）。業戸《じぬし》はその土地を自由に処分することができず（業戸不能自主）、たとえ佃戸との契約を解除して別の佃戸ととりかえようとしても、「頂首」が清算されないままでは、いきおい、代わってその土地を耕作しようとする人もない。往々にしてついに土地が荒廃するということにもなる。このことが佃戸が恃《たの》むところの抗租の根源である。」

「徵租規条」、及び「原案」所収の「別紙説明」（粘単）によれば、かかる抗租の根源としての田面権は、蘇州府下では田図・灰肥等と呼ばれていたが、江寧布政司下の蘇州府と状況を同じくする江北の若干の地方では、頂首・告工（通州）、批価（海門庁）、肥土（江寧県）、糞繫脚（江都・甘泉・宝応の各県、泰州）、田面（如皋県・泰興県）とさまざまな呼称をもっていた。一八世紀後半のこの段階に至って、抗租は、佃戸の土地所有に対する一定の権利を基盤とする日常的な地代搾取反対の闘争となった。それでは、かかる抗租の根源としての田面権を成立せしめていた現実的な基礎は何であったか。それは、一つには、上述した一八世紀の長江以北のかなりの地区のように、種子・家屋を地主が提供し分租制をとっている地主＝佃戸関係の下においてすら、牛を自備し、整地・施肥を自らの費用で負担するという、生産力の担い手としての佃戸経営の自立性の発展である。定額地代＝額租制の地主＝佃戸関係の普及している長江下流デルタ地帯等では、土地以外の生産手段を基本的に佃戸が掌握していたと考えられ、佃戸の生産闘争はいっそう前進し、その生産＝経営における自立性はより進んでいたとみなされる。『西江政要』巻一「厳禁典契虚塡・淤漲覇佔幷一田両主等弊」によれば、積習といわれるほど全省的に一田両主制の発達していた一八世紀の江西では、田骨・大業などと呼ばれていた地主の所有する田底権に対し、田皮・小業などと呼ばれていた田面権の所有を基礎とし、「強佃、田皮・小業を有するに藉《か》りて覇佃抗租し、田主毎《つね》に其の害を受く」という状況がやはり見られていた。その江西の寧都直隷州では、田主は佃戸が生産力を向上させることを見こみ、多額の収入を佃戸に与える方がむしろ収租が容易になるという方針から、低い（相対的なものであるが）定額の租を規定し、佃戸が生産力を発展させる過程で耕作権が確立し、事実上の二重所有権化が進んだという記録がある（『道光寧都直隷州志』巻一一、風俗志）。かかる生産闘争が抗租の根源としての田面権の確立にある。しかし今一つ田面権を抗租の根源たらしめている現実的な基礎は、佃戸の階級的力量の強化にある。「徴租規条」の第二の中心的な問題はこのことに置かれている。

「徴租規条」の第二項の冒頭に、「佃戸の租を欠き産を覇（占拠）するは、全く図総等の役の包庇《かばいだて》に恃む」とあるように、佃戸は同じ図《むら》に住み、国家権力の農民支配のための諸労役を負担し、同時に種々の世話役を兼ねている図総・地総、彼らに比べてより地位は低いが警察的性格の強い地保、業戸《じぬし》の租米納入督促のために各図に置かれた催甲、さらには県当局への提訴の受理などの事務にあたる書差・県差などを、佃戸の利益のために行動するようにさせていた。図《むら》に住む図総・地総・地保・催甲、県城内の県の役所にいる書差・県差などは、本来、地主の佃戸をはじめとする農民支配の維持と地主の土地所有権の保障、租＝地代納入の確保のための諸活動を地主側と国家権力から義務づけられているのであって、「徴租規条」の中でも、図総が佃戸取締りのために果たすべき役割が明記されている。「徴租規条」の各項に記されているような佃戸の利益のための彼らの行動は地主側の立場からみたとき摘出された側面であり、彼らは実際には本来的な地主の利益のための役割をより多く果したであろう。にもかかわらず、図総・地総は、佃戸と固く結びつき、佃戸と共謀して地主を欺き侮り、佃戸が安心して租米を納入しないことができるようにしたり、地主が提訴すれば県の書差・県差をだきこんでその引延ばしをはかり、また地保とくんで佃戸をかくまい、あるいは佃戸の租米納入を請負って定額の二、三割で地主側に話をつけさせようと強要したりしている。地保はまた、佃戸が拷問にあうと、佃戸の家族をそそのかして地主に金を請求させたりなどする。催甲は、また、自らの本来の役割を逆立させて佃戸の租米不払いを助けたりする。こうした一連の佃戸の抗租を援助する図総らの行動も一方では顕著になり、

「徴租規条」の作成者はその行動に恐れを抱かざるを得ないようになっているのである。注目されるのは、佃戸側が、地総・図総・地保らに対しては、もともと熟知しているという条件に加えて、夏と秋に、各佃戸から麦・米・柴・薪などの「郷規」と称するつけとどけを送り、催甲には、地主側が出す手当の年額の二倍の「資助」（たしまえ）を出し、県差の賄賂の請求にも応ずるというように物質的保障をもって、体制側に立つべき一連の人々を自己の側に立たせていることである。こうした状況は、決して一、二の佃戸の偶発的な行動によってではなく、図《むら》の多くの佃戸の集団的な計画的な行動によってもたらされたものとみなければならない。図《むら》を単位とする佃戸の共同体的結合とそれを基底とする階級的力量はこのように一七世紀段階に比べていっそう強固なものとなった。

「徴租規条」は以上の二つの抗租における中心的問題を地主側の立場から解決し、抗租の基盤を掘りくずすことを目標としていた。

田面権に対しては、まず第一に田面権の価格を一年の租＝地代の額と一致させ、佃戸の土地所有に対する一定の権利を保障する役割を果たしてその抗租の基盤となっていた田面権を、地主の収租権を保証するための道具に代える方針が出されている。「徴租規条」の規定では、佃戸が抗租して一年分の規定額の租を納入しなかった場合には、地主はその佃戸から田面権を回収して、その田面権の価格を未納の租の額に読みかえ、別の佃戸ととりかえることが認められるようになった。また第二に、地主が新しく佃戸と契約する場合には、必ず地主と図総の立会いの上で行なわせ、新しい佃戸がもとの佃戸から任意に田面権を譲渡することを禁止することが規定されている。そして第一の点と関連して、この際、本来なら新しい佃戸が旧い佃戸に田面権譲渡の代価として支払うべき「田面頂価」は、業戸に渡すことが義務づけられる。すなわち田面権の代金は、佃戸の土地所有に対する一定の権利の代価から、地主の収租権を保証する小作保証金に一変せしめられるのである。

他方、佃戸の階級的力量の強化を反映し、またその力量の強化をいっそう促進するテコとなっている、図総・地総・

地保・催甲らの佃戸との図《むら》における結びつきを打ち破るためには、図総らが佃戸の利益のために行なうさまざまな活動を禁止するとともに、とくに、業戸が土地を差押えて佃戸を追放したいと訴えたときには、図総らの中間的存在をいっさい介入させず、地主を法廷に召喚して佃戸と直接対決させないという方針が示されている。「徴租規条」は、他種の訴訟とはちがい、地代の滞納・納入拒否をしている佃戸は、何ら抗弁の根拠なく必然的に敗訴するという見解に立っている。

「徴租規条」は、こうした佃戸の抗租を掘りくずすという基本目標を実現するための諸措置を推進するために、佃戸の耕作地からの追放、図総・地総の解任、催甲への拷問をはじめ、佃戸とその利益を代表する者に対するさまざまな行政的・刑事的処罰を規定している。しかしながら、かかる処罰規定をも含めて「徴租規条」の全内容自体が、一八世紀後半の長江下流デルタ地帯と長江以北の若干の地域において、その生産＝経営における自立性を基盤に、田面権に依拠し、村落を単位とする日常の地縁的な共同体的結合に支えられてその階級的力量を飛躍的に強化した佃戸の抗租闘争の発展を如実に示しているのである。地主＝佃戸関係としての土地所有関係の大きな変動をも、「徴租規条」は示している。すなわち、抗租闘争の根源とみなされた田面権は、佃戸の生産闘争を基盤としつつ、ほかならぬ抗租闘争の発展自体によって、佃戸の単なる耕作権をこえた土地に対する一定の権利、自らのものとしての土地所有の萌芽ともいうべき一種の分割的・部分的所有権へと、この段階で発展している。もちろん、一方の極に田底権としての地主的土地所有が厳存する限り、田面権のかかる新しい性格は萌芽にとどまるばかりか、「徴租規条」に示されているように、地主的土地所有の防衛・維持を目指す地主階級とその背後の王朝国家権力によって、この新しい性格を帯びた田面権も一変して収租権を保証する手段に逆転させられ、その代価は小作保証金の代価に転化させられる可能性をつねにもつ。また、田面権は抗租闘争の展開という局面を離れれば、一般的には、その発生の時点の本来的性格たる耕作権にとどまり、耕作権の売買の過程で「平和」裡に収租権として転化集中される場合がむしろ多かった(27)。しかし、一七世紀から一八世紀に至る抗租闘争のいっそうの発展の具体的過程に即して見るならば、抗租する農民の把握した田面権は、一〇世紀以降の封建的土地所有関係としての地主的土地所有、地主＝佃戸関係そのものの存立をおびやかしており、農民の彼自身のものとしての土地所有確立への前進の一指標となっている。抗租闘争の日常化とこの闘争と結合した田面権の確立は、一四世紀以来の地主＝佃戸関係の到達点を示しその解体の可能性を示唆している。

3　一九世紀初頭への抗租闘争の展開

一九世紀初頭における華中・華南の抗租闘争のいっそうの発展を端的に示すものは、かつて一八世紀の八〇年代、「原案」が成立した時点では、江蘇の長江以北の多くの地方と同様に、分租制の地主＝佃戸関係が行なわれ、田面権の慣行も成立しておらず、「業佃争追の案無し」（地主と佃戸とが争う事件はない）と報告されていた江蘇省淮安府山陽県における抗租の激化であろう。すなわち、道光六年（一八二六）頃、同県下では「近年山邑の佃風、刁悪《ちょうあく》更に甚だしく、往往抗租して交《わた》さず、田を覇（占拠）して退かず」という状況が出現していた。またそこでは、「佃戸が攬紙（小作契約書）に照らして租稲（租米、小作料）を包交す（定額だけ納入する）」という定額租制の地主＝佃戸関係が行なわれるようになっていた。田面権の譲渡に類似した佃戸による耕作権の他人への譲渡（「頂種」）も行なわれはじめていた。かかる一連の山陽県下における地主＝佃戸関係の新特徴と同時に出現した抗租闘争の激化に対処するべく、同県の郷紳たちは、まず、「原案」に収録された「徴租規条」をモデルとし、道光六年（一八二六）から翌年にかけて、抗租弾圧の「規条」(28)（以下「山陽規条」という）を、淮安府知府から両江総督に至る各級行政機関の許可を得、県の規則として制定させた。この「山陽規条」とその制定の過程における文書類を収録した記録が『江蘇山陽収租全案』である。

「山陽規条」に反映された一九世紀初頭の山陽県における抗租闘争は、「徴租規条」に反映された一八世紀後半の長江下流デルタ地帯等におけるそれと、必ずしも同一の特徴を示さない。「山陽規条」は「悪佃」「奸佃」「頑佃」「強佃」「刁佃」とそれぞれ佃戸に対する地主の憎悪と侮蔑の形容を与えた五つのタイプをそれぞれ一項目とする計五項目の規則であるが、五項目を通じて反映された抗租の中心的特徴は、個々の佃戸による文字どおりの徹底した実力行使による抗租である。確立した田面権を基盤とし、図総・地保などの村の役人に自己の利益を保障させるといった組織的な力量に依拠する抗租としては、必ずしも示されてはいない。

「悪佃」とは業主の租米納入の督促に対し、「悍妻をそそのかして大騒ぎさせ、或いは病気の親をかつぎ出し自殺させて業戸《じぬし》を陥れ、さらに塩汁を飲み、毒を服し、首をくくるなどのあらゆる行動で白を黒にする」という文字どおり生命をかけての実力による租米納入拒否である。「奸佃」とは「耕作を請負った土地を手に入れるや、現金収入を得るため、無断で盗み売りしたり質入れし、またはひそかに他人に耕作権を譲渡し、さらに収穫を抵当にして借金するなど、耕作権を利用して事実上租米の徴収不可能の状態をつくりだすものである。「頑佃」とは、「稲の成熟期になるとさっさと刈入れをして、業戸の租米をだましとり、門に泥を塗って脱走する」という形の抗租である。「強佃」は「壩《せき》を築いて自分の水を蓄え、自分の田に充分水を張り、同時にこの水を偸《ぬす》み売って銭を得、大水に遇えば水を放って隣の田を水つかりにしたり、或いは仲間を集めて壩《せき》をふさぎ、他人が水をもらすことを許さない」。このような「境界を無視し、人を損じて己を利する佃戸」の目的は「つねづね業戸をそそのかして事件を発生させ」、「業戸をなぶりものにして裁判沙汰にすることにある」。また「強佃」はこのようにして、「収穫時に租をまけさせる足がかりをつくっておく」のであり、「業戸は裏を知らず、ついに強佃に惑わされて訴訟がやまない」。「刁佃」とは「収穫を迎えるごとに、先に好い稲をしまっておき、あの手この手で租米納入を引き延し、はじめには悪い米に土をまぜて手渡し、あるいは租米の定額をカットし、すべてきずものを以てあて、業戸が少しでも従わないと業戸をはずかしめ、そそのかして先に訴訟を起させる」など、さまざまの方法による租米の実質的削減をはかるものである。

「山陽規条」はかかる五つのタイプに区分した佃戸に厳重な刑罰を課することをうたって、これを弾圧しようとしている。

以上のように、一九世紀初頭の山陽県における抗租は、直接的には個々の佃戸のありとあらゆる形態での徹底した実力行使として表現されているが、水利を自分たちの思うままに調節していることにもうかがえるように、彼らの生産＝経営における自立性は確固としたものになっており、その個々の行動はいずれも地主を恐れない佃戸の自信を反映している。従って厳重な刑罰主義だけが「山陽規条」を作成した地主側の唯一の対応であることを考えるとき、一見個別的な行動をとる佃戸の全体としての階級的力量は、急速に強化されており、このことが当地の地主階級を恐怖に陥れていることは明らかである。

数十年前、一八世紀の後半期においてこうした激しい抗租とそれに対抗する地主との緊張状態が見出しえなかった長江以北、江蘇北半部の山陽県におけるこのような大きな変化は、一九世紀アヘン戦争前夜の華中・華南における抗租闘争がいっそう昂揚し、普遍化して、地主的土地所有関係を媒介とする地主＝佃戸関係の矛盾が極点に達し、その何らかの形での新たな展開が必然的になっていたことを示している。道光一四年（一八三四）、抗租を禁止するために、蘇州府の各県に対して出された蘇州府に駐在する江蘇按察使の指示(29)とそれを受けた崑山県知県の布告によれば、蘇州府をはじめとする長江下流デルタ地帯では、佃戸の抗租が、いぜんとしてもはや動かしがたい慣行のように持続され、一方で「党を結んで抗租する」といわれるような組織的な闘争が行なわれていたが、他方、注目すべきこととして山陽県の場合と同様に生命を賭しての抵抗をも含めて「伎倆〔技量〕百出」と表現されるほどのありとあらゆる形態の闘争が、個々の佃戸によりあわせて行なわれるようになっていた。このことに一八世紀とも異なる局面の変化が見出されるのである。当時蘇州府城内外には抗租の罪によりくびかせをはめられた農民が道に延々と連なっていた。

註

（1）北村敬直「明末・清初における地主について」（『歴史学研究』一四〇、一九四九年。のち『清代社会経済史研究』増補版、朋友書店、一九七八年に収録）。古島和雄「明末長江デルタ地帯における地主経営－沈氏農書の一考察－」（『歴史学研究』一四八、一九五〇年。のち『中国近代社会史研究』研文出版、一九八二年に収録）。小山正明「明末清初の大土地所有－とくに江南デルタ地帯を中心にして（一・二）」（『史学雑誌』六六－一二・六七－一、一九五七・五八年。のち『明清社会経済史研究』東京大学出版会、一九九二年に収録）。

（2）仁井田陞「中国社会の農奴解放の段階」（『中国法制史研究　奴隷農奴法　家族村落法』東京大学出版会、一九六二年）。

（3）西山武一「明代江南田主小考」（『農業綜合研究』臨時増刊、一九五〇年）。北村敬直「中国の地主と日本の地主」（『歴史評論』四－二、一九五〇年。のち前掲北村著書に収録）。古島和雄「補農書の成立とその地盤」（『東洋文化研究所紀要』三、一九五二年。のち前掲古島著書に収録）。重田徳「清初における湖南米市場の一考察」（『土地所有の史的研究』東洋文化研究所、一九五六年。のち『清代社会経済史研究』岩波書店、一九七五年に収録）。北村敬直「寧都の魏氏－清初地主の一例」（『経済学年報』七・八、一九五七・五八年。のち前掲北村著書に収録）。白石博男「清末湖南の農村社会－押租慣行と抗租傾向」（『中国近代化の社会構造』教育書籍、一九六〇年）。安野省三「明末清初、揚子江中流域の大土地所有に関する一考察－湖北漢川県蕭堯寀の場合を中心として」（『東洋学報』四四－三、一九六一年）。重田徳「清初における湖南の地主制について－『湖南省例成案』による小論」（『和田博士古稀記念東洋史論叢』講談社、一九六一年。のち前掲重田著書に収録）。片岡芝子「明末清初の華北における農家経営」（『社会経済史学』二五－二・三、一九五九年）。同「華北の土地所有と一条鞭法」（『清水博士追悼記念明代史論叢』大安、一九六二年）。小島晋治「太平天国と農民（上）、（中）の1・2」（『史潮』九三・九六・九七、一九六五・六六年。のち『太平天国革命の歴史と思想』研文出版、一九七八年に収録）。森正夫「十四世紀後半浙西地方の地主制に関する覚書」（『名古屋大学文学部研究論集』四四、一九六七年。本論集本巻第八章）。細野浩二「明末清初江南における地主奴僕関係－家訓にみられるその新展開をめぐって」（『東洋学報』五〇－三、一九六七年）。今堀誠二「清代の小作制度」（『中国近代史研究序説』勁草書房、一九六八年）。森正夫「一六－一八世紀における荒政と地主佃戸関係」（『東洋史研究』二七－四、一九六九年。本論集本巻第九章）。前田勝太郎「清代の広東における農民闘争の基盤」（『東洋学報』五七－四、一九六九年）。宮崎市定「中国近世の農民暴動－特に鄧茂七の乱について」（『東洋史研究』一〇－一、一九四七年。のち『アジア史研究』三、東洋史研究会、一九六三年、『宮崎市定全集』第一三巻、岩波書店、一九九二年に収録）。清水泰次「明代福建の農家経済－特に一田三主の慣行について」（『史学雑誌』六三－七、一九五四年）。仁井田陞「明清時代の一田両主慣習とその成立」（『中国法制史研究　土地法　取引法』東京大学出版会、一九六〇年）。片岡芝子「福建の一田両主制について」（『歴史学研究』二九四、一九六四年）。近藤秀樹「范氏義荘の変遷」（『東洋史研究』二一－四、一九六三年）。伊原弘介「范氏義田における清末の小作制度－義田租冊の分析」（『広島大学文学部紀要』二六－一、一九六六年）。森正夫「明初江南の官田について－蘇州・松江二府におけるその具体像（上・下）」（『東洋史研究』一九－三・四、一九六〇・六一年。のち『明代江南土地制度の研究』同朋舎出版、一九八八年に収録）。同「十六世紀太湖周辺地帯における官田制度の改革（上・下）」（『東洋史研究』二一－四・二二－一、一九六三年。のち前掲森著書に収録）。平瀬巳之吉「官人支配と国家的土地所有」（『社会構成史体系』第二部、日本評論社、一九四九年）。鶴見尚弘「明代の畸零戸について」（『東洋学報』四七－三、一九六四年）。森正夫「十五世紀前半太湖周辺地帯における国家と農民」（『名古屋大学文学部研究論集』三八、一九六五年。のち前掲森著書に収録）。重田徳「清朝農民支配の歴史的特質－地丁銀成立の意味するもの」（『仁井田陞博士追悼論文集』第一巻、勁草書房、一九六七年。のち前掲重田著書に収録）。鶴見尚弘「清初、蘇州府の魚鱗冊に関する一考察－長洲県、下二十五都正扇十九図魚鱗冊を中心として」（『社会経済史学』三四－五、一九六九年）。田中正俊「民変・抗租奴変」（『世界の歴史』第一一巻、筑摩書房、一九六一年。のち『田中正俊歴史論集』汲古書院、二〇〇四年に収録）。今堀誠二「清代の反小作体制運動」（前掲今堀著書に収録）。

（4）　小林一美「太平天国前夜の農民闘争－揚子江下流デルタ地帯における」、鈴木智夫「清末減租論の展開－『租藪』の研究」、久保田文次「清末四川の大佃戸―中国寄生地主制展開の一面」、小島淑男「辛亥革命前後における蘇州府の農村社会と農民闘争」、以上『近代中国農村社会史研究』大安、一九六七年に収録。村松祐次『近代江南の租桟―中国地主制度の研究』東京大学出版会、一九七〇年。菊池英夫「太湖周辺の旧地主庄園、その一・その二・その三」(『山梨大学教育学部研究報告』一七・一八・一九、一九六七・六八・六九年)。

(5)　傅衣凌「明代江南富戸経済的分析」「明代江南地主経済新発展的初歩研究」(『明代江南市民経済試探』上海人民出版社、一九五七年)。陳恒力『補農書研究』中華書局、一九五八年〔田中正俊「補農書をめぐる諸研究(上)」(『東洋学報』四三―一、一九六〇年)〕。傅衣凌『明清農村社会経済』生活・読書・新知三聯書店、北京、一九六一年〔森正夫「批評・紹介:傅衣凌著『明清農村社会経済』」(『東洋史研究』二一―二、一九六二年。本論集第二巻第一〇章)〕。李文治「論清代前期的土地占有関係」、魏金玉「明清時代佃農的農奴地位」『歴史研究』一九六三年五期〔藤田敬一「中国における封建制研究の現段階―唐宇元氏の問題提起にふれて」(『新しい歴史学のために』一〇四、一九六五年)〕。景甦・羅崙『清代山東経営地主底社会性質』山東人民出版社、一九五九年〔藤田敬一「紹介:『清代山東経営地主底社会性質』」(『新しい歴史学のために』一一一、一九六六年)〕。李文治「明清時代的封建土地所有制」(『経済研究』一九六三年八・九期。のち『李文治集』中国社会科学出版社、二〇〇一年に収録)。

(6)　清水泰次『明代土地制度史研究』大安、一九六八年。前掲註(3)森「明初江南の官田について」、「十五世紀前半太湖周辺地帯における国家と農民」、「十六世紀太湖周辺地帯における官田制度の改革」。周藤吉之『清代満州土地政策の研究』河出書房、一九四四年。天海謙三郎『中国土地文書の研究』勁草書房、一九六六年。楊学琛「清代旗地的性質及其変化」(『歴史研究』一九六三年三期)。王毓銓『明代軍屯制度』中華書局、一九六五年。寺田隆信「民運糧と屯田糧―明代における辺餉問題の一側面(二)」(『東洋史研究』二一―二、一九六七年。のち『山西商人の研究』東洋史研究会、一九七二年に収録)。

(7)　前掲註(3)森「一六―一八世紀における荒政と地主佃戸関係」。

(8)　前掲註(3)田中「民変・抗租奴変」。

(9)　傅衣凌「明清之際〝奴変〟和佃農解放運動」「明清時代福建佃農風潮考証」(前掲『明清農村社会経済』)。

（10）傅衣凌は右の前者の論文で、万暦四二年（一六一四）の貨幣地代の収取を示す安徽歙県の原文書を紹介しており、安野省三も前掲註（3）「明末清初、揚子江中流域の大土地所有に関する一考察」でその一〇年ほど前の湖北省漢川県における生産物と貨幣の折衷地代の成立を指摘している。一七世紀にはこうして貨幣地代も部分的にではあるが出現していた。

（11）前掲註（3）北村「寧都の魏氏」。

（12）前掲註（3）北村「寧都の魏氏」。

（13）前掲註（9）傅「明清之際〝奴変〟和佃農解放運動」より転引。

（14）たとえば『四友斎叢説』巻一四、史一〇、『崇禎松江府志』巻一〇、田賦三、賦議利弊に所収の「徐文貞公与撫按論均糧書」「翰林何公良俊叢説」及び「侍御南湖徐公宗魯均糧異議辨」、『弘治呉江県志』巻五、風俗、『嘉靖呉江県志』巻一三、風俗、『嘉靖嘉興府図記』巻八、物土三、田賦、『日知録』巻一〇「蘇松二府田賦之重」等。

（15）相田洋「『元末の反乱』とその背景」（『歴史学研究』三六一、一九七〇年。のち『中国中世の民衆文化―呪術・規範・反乱―』中国書店、一九九四年に収録）。

（16）前掲註（3）森「十四世紀後半浙西地方の地主制に関する覚書」。

（17）以上の関連する叙述および資料については、森正夫「明末の江南における『救荒論』と地主佃戸関係」（『高知大学学術研究報告』一七、人文科学、一九六八年）、及び前掲註（3）森「一六―一八世紀における荒政と地主佃戸関係」参照。

（18）前掲註（3）森「十四世紀後半浙西地方の地主制に関する覚書」。

（19）前掲註（3）古島「補農書の成立とその地盤」。

（20）『四友斎叢説』巻一四、史一〇。『日知録』巻一〇「蘇松二府田賦之重」。本稿では収租率について詳論できなかったが、一般に明清時代の地主＝佃戸関係においては、額租制の収租率は、分租制の多くの場合における収穫の折半（五割）に見あう高率であった。加藤繁『支那経済史概説』弘文堂書房、一九四四年、第三節「土地制度」、参照。

（21）徐階「与東良吉書」（『崇禎松江府志』巻一三、荒政）。

（22）『清実録』乾隆一一年八月壬辰。『乾隆上杭県志』巻一二、雑志。後者は前掲註（9）傅衣凌「明清時代福建佃農風潮考証」より転引。

（23）前掲註（3）重田「清初における湖南の地主制について」。

（24）前掲註（3）前田「清代の広東における農民闘争の基盤」。

(25) 以下、とくに断わらない場合には、第三節の第2、第3項を通じて、道光七年（一八二七）李潤東編纂刊行の『江蘇山陽収租全案』とその巻末に収録された「江南徴租原案」による。この資料を用いた抗租闘争の分析には今堀誠二「清代の反小作体制運動」前掲『中国近代史研究序説』第五章がある。

『江蘇山陽収租全案』は、本章執筆後、一九八一年、中国社会科学院歴史研究所清史研究室編『清史資料』第二集（中華書局）に「江蘇山陽収租全案李程儒輯」と題して収録された。冒頭に付された解題には、「道光七年（一八二七）江寧鄧朝群刊本、中国科学院図書館蔵書」とある。今堀誠二はじめ日本の研究者がこれに先立って使用してきたされたものと同一の版本である。この『清史資料』本『江蘇山陽収租全案』の特徴は、約八〇〇字余の上記解題に続いて李華による評点が施されている点にある。また、目録及び刊刻に当たっての寄付金醵出者の名簿が省略されている。

筆者は、一九七一年に本章の原載論文が公刊された後、一九八三年、谷川道雄との共編になる『中国民衆叛乱史』四・明末～清二（平凡社・東洋文庫、一九八三年）で、「抗租」の訳註を担当し、三「抗租の恒常化」（六）江蘇省で、「佃戸のしたたかなたたかい『江蘇山陽収租全案』―江蘇省山陽県における小作料徴収条例制定にいたる文書集成―（抄）」として、『江蘇山陽収租全案』の構成について説明を加えるとともに、その本文の主要部分を抄訳・注釈した。『清史資料』本『江蘇山陽収租全案』は、この作業の過程で刊行されていたはずであるが、不明にしてその時点では、そのことに気づいていなかった。

(26) 姚汝循「寄庄議」（『天下郡国利病書』手稿本、第八冊〔江寧盧安〕「上元県志」）。

(27) 田面権及び一田両主そのものの本質的規定づけを試みたものとして、田中正俊「一田両主制」（『アジア歴史事典』一、平凡社、一九五九年）を参照。

(28) なお、この「規条」は「山陽県厳禁悪佃架命抬詐覇田抗租碑」として、江蘇省博物館編『江蘇省明清以来碑刻資料選集』生活・読書・新知三聯書店、北京、一九五九年に収録されている。

(29) 「昆《ママ》山県奉憲永禁頑佃積弊碑」『江蘇省明清以来碑刻資料選集』。

『岩波講座世界歴史』第一二巻・中世六　一九七一年

【補記】

1　本章の方法上の特徴は、「直接生産者農民にとって、地主＝佃戸関係とはいかなる土地所有関係・生産関係であったか」という視角の設定にあった。その意味では、本章原載論文が公表された一九七一年以後の関連研究としては本論集第二巻第三章「抗租」の【補記】を参照されたい。

2　一九七一年本章原載論文発表以後の日本における明清時代の土地所有関係における研究としては、いずれも江南デルタを対象とした以下の文献に留意したい。

①濱島敦俊『明代江南農村社会の研究』（東京大学出版会、一九八二年）

②濱島敦俊「明清時代の分圩をめぐって——デルタ開拓の集約化」（渡部忠世・櫻井由躬雄編『中国江南の稲作文化——その学際的研究』日本放送協会、一九八四年）

③濱島敦俊「明末東南沿海諸省の牢獄」（『西嶋定生博士還暦記念　東アジアにおける国家と農民』山川出版社、一九八四年）

④濱島敦俊「明清時代の地主佃戸関係と法制」（菊池英夫編『変革期アジアの法と経済』昭和五八－六〇年度科学研究費〔一般研究Ａ〕研究成果報告書、一九八六年）

⑤濱島敦俊「『主佃之分』小考」（『中村治兵衛先生古稀記念東洋史論叢』刀水書房、一九八六年）

⑥濱島敦俊「明代中期の江南商人について」（『史朋』二〇、一九八七年）

⑦濱島敦俊「明代の判牘」（滋賀秀三編『中国法制史——基本資料の研究——』東京大学出版会、一九九三年）

⑧濱島敦俊「農村社会——覚書」（森正夫・野口鐵郎・濱島敦俊・岸本美緒・佐竹靖彦編『明清時代史の基本問題』汲古書院、一九九七年）

⑨夏井春喜『中国近代江南の地主制研究』（汲古書院、二〇〇一年）

⑩川勝守「清末民国初、江南における租桟・業戸・佃戸関係——九州大学所蔵、江蘇省呉県・長洲県馮林一租桟関係簿冊」(川勝守『中国城郭都市社会史研究』第一二章、二〇〇四年、汲古書院。原載一九八一年)

3

中国においては、一九八〇年代以降、周遠廉・謝肇華、楊国楨、戎笙、李文治、劉永成による以下の研究があり、また、周紹泉等による共著は、明清時代の土地所有関係に触れるところも多い、新しいタイプの概説である。

①周遠廉・謝肇華「清代前期的実物分租制」(『清史論叢』第五輯、一九八四年)
②楊国楨著・森正夫解題・翻訳「中国の封建的土地所有権と地主制経済構造の特質」(『歴史の理論と教育』六一、一九八四年。本論集第二巻第一三章)
③戎笙「明清租佃関係与佃農抗租闘争」(『清史論叢』第六輯、一九八五年)
④周遠廉・謝肇華『清代租佃制研究』(遼寧人民出版社、一九八六年)
⑤戎笙「清代社会各階級処理主佃関係矛盾的対策」(『清史論叢』第七輯、一九八六年)
⑥楊国楨『明清土地契約文書研究』(人民出版社、一九八八年)
⑦李文治『明清時代封建土地関係的松解』(中国社会科学出版社、一九九三年)
⑧劉永成「明清時期永佃制的発展及其演変」(『清史論叢』一九九四年)
⑨周紹泉・林甘泉・童超著『中国土地制度史』(《中国文化叢書》六三、文津出版社、一九九七年)

4

史料集としては、近現代の華中・華南農村を直接の対象としたものではあるが、明清時代の土地所有関係にも示唆を与えるものとして次の作品がある。

濱島敦俊・片山剛・高橋正『華中・南農村実態調査報告書』(『大阪大学文学部紀要』三四、一九九四年)

11　明末清初の奴僕の地位に関する覚書

──小山正明の所論の一検討──

はじめに

かつて古島和雄、小山正明は、一七世紀、明末清初の地主的土地所有の性格を検討する前提として、いずれも、いわゆる奴僕、すなわち家僕、家丁、僮奴、僮僕、義男、僕隷なども呼ばれ、主家に対して特定の身分的隷属関係の下に置かれた直接生産者農民を、一四世紀後半、明初以来の在地手作地主の土地所有を実現するための主要な労働力として設定した(1)。小山は、この設定を裏づける少なからぬ資料を提示し、かかる労働力を使用する「郷居手作地主」の経営を「奴隷制経営」と規定している。それでは、この部分の直接生産者農民は、一六世紀半ばから顕著となった佃戸の抗租と深くかかわりながら一七世紀の明清交替期を中心に展開した奴僕の反乱、奴変を経てどのような状態に置かれたのであろうか。彼らの地位には変化があったのか。あったとすればどのような地位に到達したのであろうか。

この問題を考察するに当たって、私たちが重視しなければならないことは、小山が、彼のいわゆる「明代、とくにその前半期における手作地主」の「家父長的奴隷制経営」による「奴隷制的大土地所有」を、二つの部分に区別していることである。第一の部分は、手作地主が自己の労働力としての「奴隷」をその「不断の監督の下」に置きうる「限界経営規模」以内の土地である。そこでは僮奴等と呼称されその「生殺与奪の権を主人の手中に握られて、強固な家父長的支配の下に隷属した典型的な家父長制的奴隷」が労働させられている。この部分で労働する「奴隷」は小山の論旨からすれば、もちろん「自立単純再生産」不可能な存在である。第二の部分は、右の「限界経営規模」以上の土地である。そこでは、「普通に佃戸と呼ばれ」るものを含むところの「一応主家から独立し、耕作すべき土地を与えられた農民」が労働させられていた。しかし彼らも「年少時より主家に収容されて養育され、婢女を配せられて家族を構成した」「最も隷属度の強い奴隷家族」であり、その『自立再生産』はやはり不可能であった。

小山はかかる明初以来の手作地主の主要な労働力としての「奴隷」が一七世紀の明清交替期、明末清初を経てどのように変化したかを明らかにする試みを行なっている。すなわち、小山は、この時期における佃戸の抗租運動の分析を通じて次のように結論した。

「第一に佃戸の下における手工業が商品生産化することによって佃戸は地主への依存から脱却し、自給経済を体制的原理とする自立単純再生産可能の経営として自己を成長させた。第二に、この過程と対応して、各個別経営の再生産を媒介する『在地の具体的な土地用益』＝共同体規制は手作地主の掌握より離れて、佃戸を構成員とし、佃戸相互間に結ばれた地縁的結合たる共同体の機能に転移し、佃戸はその経営の再生産を、自己自身の結合を媒介として可能ならしめた。この二重の意味における佃戸の地主からの自立は（中略）奴隷としての地位から佃戸を解放し、清代に至って中国史上始めて、地主佃戸間に主僕の分なしとの法的規定を受取ることとなったのである。そしてこのことは、その当然の結果として明代手作地主＝家父長的奴隷制経営を解体・変質せしめ、またこの手作地主掌握下の共同体規制をその存立の基盤とした奴隷制的大土地所有を変質せしめることとなった」。「この単婚小家族を主要労働力とし、自給経済を体制的原理として自立単純再生産を行う佃戸を封建的自営農（＝農奴）と、またこの佃戸を構成員とし、佃戸経営の自立単純再生産を媒介する共同体を封建的共同体と規定しうるであろう」。

右の小山の結論において明らかなことは、小山が「手作地主」の「家父長的奴隷制経営」の労働力としての「奴隷」

のうち、「限界経営規模」以上の部分を耕作する「普通に佃戸と呼ばれる」もの等についてのみ、明末清初の抗租運動を経たその変化を示していることである。すなわち、小山は、「手作地主」の手作地＝「限界経営規模」以内の部分の労働力としての「奴隷」たる僮奴等がこの抗租運動とどのようにかかわりあい、その置かれていた「奴隷制経営」＝「奴隷制的生産関係」と「奴隷」たるの地位をどのように変化させたのか、という点については論及していない。これを他の面からいえば、小山は、彼のいう「奴隷」によって、佃戸の抗租と密接な連関をもってたたかわれた奴変と、彼の設定する「奴隷制経営」＝「奴隷制的生産関係」の変化、「奴隷」の地位の変化の過程との関連を、必ずしも明らかにしていないのである。小山の論理を展開させれば、「奴隷制経営」＝「奴隷制的生産関係」の変化、「奴隷」の地位の変化の問題を明らかにするためには、本来、奴変の分析を欠くことはできないと考えられるが、現在までのところ、抗租の分析からのみ問題への接近がなされているにとどまっている。

小山は、周知のように、一九五七－八年の時点で、一七世紀、明末清初の中国社会の変化について、土地所有関係を基礎とした全面的な分析を、かつて余人がなしえなかった膨大な資料の提示を通じて試み、その変化が単なる変化ではなく、「奴隷制的大土地所有の変質」の時期、「中国における封建的土地所有の確立期」のそれであり、まさに全般的な社会変革ともいうべきものであるという大胆なテーゼをうちだした。しかしながら、その小山にしても、右に指摘したように、すべての直接生産者農民、すなわち当時の農業生産におけるさまざまな労働主体の階級的地位の変動の全面的な把握には達しえていないのである。

小山の所説に対しては、鶴見尚弘、安野省三、寺田隆信らによってその限りではきわめて正当な批判がただちに行なわれている(2)。また一七世紀におけるすべての直接生産者農民の階級的地位の変動に関する全面的、相互関連的な把握についても、その後、佐伯有一、田中正俊らによって、民変、抗租、奴変の分析を通じて、示唆が与えられている(3)。にもかかわらず、誰もが避けてとおることのできない小山の所説、その大胆なテーゼそのものに真正面から検討を加え、その可否を明らかにする作業は、ただ、細野浩二、奥崎裕司がそれぞれ小山の所説にふれ、その手がかりとなるべき見解を提示している以外にはほとんどなされていない。[4]筆者自身も最近の作業において、[5]一四―一九世紀の生産関係としての土地所有関係を、地主＝佃戸関係の側面からのみしか追究できなかった。すなわち、この期間の当初から、資料の上で佃戸と称されてきた部分の、生産＝経営の主体としての直接生産者農民を、対象に即してそのまま「佃戸」と範疇化し、田主等と称されてきた土地所有者を「地主」と範疇化し、この両者によって構成された生産関係としての土地所有関係を地主＝佃戸関係と概括し、その性質を生産物地代の搾取を媒介とする封建的なものとして再確認したにとどまった。佃戸と称される直接生産者農民と同様に他人の土地で労働する傭工や奴隷についてはその存在形態を示す若干の資料を提示したのみで、その歴史的規定を積極的に行なうことができなかった。さらに、いわゆる自作農についても何ら言及しえなかったので、当該期間の労働主体としての直接生産者農民の全面的な把握と歴史的規定は、まったくできなかったといえるのである。

率直にいって、筆者は、小山を含めて従来の三氏の地主制研究[6]によっては、いわゆる自作農の問題をも含めて、一七世紀、明末清初の前後数世紀、近代の直接的前提をなす時期の中国における生産関係の全面的把握とその中で何が基本的な生産関係であるかということの解明は必ずしも行なわれていないと考えており、上述の最近の作業において、かかる課題に答えるための予備的検討を行なおうという意図をもっていた。その検討のための第一の方法が、労働主体である直接生産者農民の側から土地所有関係のありかたを明らかにするという視点に立ち、労働主体の中でも、少なくとも華中華南では量的に優位を占めるとみなされる佃戸を主対象として設定し、同時に、従来所有主体としての地主に即して行なわれてきた土地所有関係の範疇区分とそれにもとづく段階規定をいったんとりはらってみることであった。関連していえばその検討のための第二の方法が、とくに一七世紀、明末清初から一九世紀初頭にいたる佃戸の抗租闘争の性格と到達点を明らかにしつつ、この闘争の中で示された農民の要求、闘争の形態、闘争の過程そのものから、土地所有関係としての地主＝佃戸関係の特徴を見出そうとするものであった。さらに第三の方法が、第二の方法にもとづく作業の前提として、一七世紀、明末清初に至るまでの数世紀、すなわち、一四世紀の明初に先立つ一三世紀末から一六世紀にいたる地主＝佃戸関係について、佃戸の再生産過程への地主の干与のしかたを中心に、資料に即し、時間的経過をたどって、連続的に概観してみることであった。

しかしながら以上の三つの方法にもとづいて筆者が行なった作業の小結をつらねて形成されたいちおうの見とおしの中味自体は、とりたてていうほどの新しい積極的な内容をもったものではなかった。すなわち、一六・七世紀における地主の再生産過程への干与からの佃戸の自立化の前進、封建的土地所有としての地主的土地所有の名目化の進展、及びその解体の可能性の出現等々であって、すでに多くの研究者が暗黙のうちに共通の認識としているかに見えるものである。また田中正俊が、座談会「中国の近代化」[7]において、「明末清初に、生産様式に密着した本源的な封建的支配と、寄生的な封建的支配との間の画期を設定する」という発言を行なっているのも、筆者の見とおしの中味と微妙にかかわっている。

いずれにせよ、筆者の作業は予備的検討としてもきわめて不十分なものであり、その見とおしも単なる一般的確認にすぎない。この作業を通じて改めて反省したことは、当時の中国社会においても基本的生産関係が土地所有関係を通じて現象しているという立場を貫くにしても、さらに華中・華南という限定を付するにしても、土地所有を媒介とする諸々の生産関係の中から、地主＝佃戸関係のみを無限定に抽出することは妥当性を欠くのではないかという点である。つまり、地主＝佃戸関係を抽出して分析を行なえば、その限りにおいて、土地所有関係＝生産関係のいちおうの性格とその変化の節目を明らかにすることは不可能ではなく、また地主的土地所有を廃絶し、「耕す者に土地を」の要求を実現した近代の土地改革への展望をそれなりにもきりひらくことができよう。しかし、こうした地主＝佃戸関係の無限定な抽出に依拠した研究が、「中国社会の特質、封建的あるいは半封建的といわれる特質」乃至「中国における封建制の問題」を「未解決のままに残す」要因になったことは、すでに二〇年も前、土地改革の最中に、旗田巍が指摘しているのである。(8) 戦後のいわゆる明清社会経済史が先学の努力にもかかわらず、アヘン戦争前夜の段階における中国社会の歴史的な到達段階を必ずしも明らかにしえていないことも、地主＝佃戸関係の研究のこうした一面性と無関係ではない。

筆者は、この認識に立って、その中から地主＝佃戸関係が抽出されてきたところの土地所有諸関係＝生産諸関係のそれぞれの性格とそれらの相互関連を明らかにする試みを、わずかなりとも行なっていきたい。本稿は、その一環として、あくまで小山の所説に借りた覚書きにすぎないが、冒頭に述べた、奴変を境とする奴僕の地位の変化、その地主との生産関係の性格の変化について考えてみたい。

I

小山の、明代手作地主経営が強固な家父長的規制下の奴隷制経営であるとする立論の基礎は、新たに手作地主の「限界経営規模」を設定し、この設定にもとづいて、「限界経営規模」以内の土地と以外の土地としての、手作地と佃作地（或いは出租地）、換言すれば〈直接経営部分〉と〈間接経営部分〉との相互関係について、独自の統一的把握を行なったところにある。小山はいう。

「当時は一口に奴僕と言っても、その中には主家に対する従属の度合に若干の差等があった。こうした奴僕の中では、年少時より主家に収容されて養育され、婢女を配せられて家族を構成したものが最も従属度強く、子孫に至るまで主家の奴隷たるの地位にあるものとせられていた」。

「したがって手作限界経営規模以上の土地を集積した手作地主はその限界規模以上の所有地にこうした最も隷属

度の強い奴隷家族を定着せしめ、その経営を維持していたのである」。
「手作地の経営は、こうした将来定着奴隷家族たるべき奴隷の供給源ともなり、周辺の定着奴隷家族が主家に反抗した場合、何時でもそれに代り得べき労働力をプールしておく場所――したがってそれは、奴隷家族をして奴隷たるの地位に止まらしめる強制力をもつ――でもあったと言いうる。」

（原文は段落なし）

そして、この〈直接経営部分〉と〈間接経営部分〉の相互関係についての独自の統一的把握を証明する資料の一つであり、もっとも中心的なものとしてとりあつかわれているのが、張履祥の『楊園先生全集』巻一九「議」の中に、「賃耕末議」、「義男婦」の二つの項に続いて収録されている以下の「授田額」の項である。

授田額

義男婦也、竊見、近俗僕隷都無善良、而主人養之、深以為病、又勢不能以不養、因倣公私田遺意、酌為恒制、与同有是志者、試行之、

一夫一婦、授田三畝・地二畝、以給衣食、賦役主人為之任、不奪農時、代主人耕田二畝・地一畝〈任他役使者免〉、其紀綱僕、倍之、或再倍之〈不代耕〉、六十以上帰田、衣食於主人、不願帰田者聴〈自衣食〉、願去者聴、其子女服役者、五歳以上一畝、十歳以上二畝、十五歳以上三畝〈田二畝・地一畝〉、二十歳以上及未二十有妻者五畝〈田三畝・地二畝〉、不願服役者聴、毎田百畝、僕二人、三百畝、紀綱僕一人、択其謹愿者、推誠待之、去其智詐者与惰游者〈特就吾郷之産而斟酌其数如此、若郷土不同、未可以例論〉、〈　〉内は原文の割註

筆者はこの内容を次のように意訳する。

土地給付の面積

これは義男婦〔主人と同じ姓を与えられた奴僕夫婦〕についてのものである。考えて見るに、最近僕隷には、いず

れも善良なものがなく、主人はこれを養なっていくことに苦慮しているが、かといって養なわないわけにはいかない。そこで〔古代の井田制の〕公田と私田とを区別した考え方にならい、現状に合わせてしっかりした制度をつくり、同《と》もに是の志を有《も》つものとともに試みに実施してみようと思う。

一組の義男婦に対して、田三畝・地二畝を給付し、その生計を維持させる。この田・地を対象として国家から賦課されてくる税糧と徭役は、主人がこれを負担してやり、耕作の時間が奪われないようにする。田・地の給付を受けた義男婦には、主人に代わって主人が直接経営する部分の田二畝・地一畝を耕作させる。主人のための他の労働に従っているものはこれを免除する。

主人の田・地の管理に当たる紀綱の僕に対しては、義男婦の場合の二倍、四倍の額を給付する。主人に代わって主人が直接経営する部分の田地を耕作することはさせない。

田地の給付を受けたものが六十歳以上になれば、その田地を返還させ、主人が生計の面倒を見る。田地を返還することを願わないものは、それを認める。自分で生計を立てさせる。

義男婦の子供たちのなかで主人のための労働に従っているものについては、五歳以上一畝、十歳以上二畝、十五歳以上三畝、田二畝・地一畝、二十歳以上及び二十歳にはならないが妻帯しているもの五畝、田三畝・地二畝を給付する。子供たちで主人のための労働に従うことを願わないものは、それを認める。田百畝ごとに奴僕二人、三百畝ごとに紀綱の僕一人を配置し、まじめなもの（謹愿者）を択んでねんごろに待遇し、ずるがしこいもの（智詐者）となまけもの（惰游者）はやめさせる。以上とくに吾が郷（浙江嘉興府桐郷県）の生産の実情に即して給付額等の数値を考慮した。もし土地が異なれば、この例を一概にあてはめてはならない。（なお、筆者の意訳は、小山のそれと大部分において異なるものではない。筆者は「義男婦也」ではじまるまえがきの部分の意訳を加えた以外には、ただ傍線の部分において決定的に異なっているだけである。しかし、行論の便宜のためあえてこの項のすべてについての原文

と意訳とをかかげた）

小山は、この記事こそが「明代手作地主経営の、手作限界経営規模を超過した所有地（上述の〈間接経営部分〉…森）の経営に関する、かなり具体的な事情を反映した一提案と見てよいと思う」とする。彼は張履祥によって『楊園先生全集』に叙述された「この停滞的な明末清初手作地主経営の中には、より古い明代における手作地主経営下の生産関係が多分に残存してきているものもあったといってよいだろう」と判断しているのである。すなわち、小山は、明代手作地主の〈間接経営部分〉の実在とその経営の具体的なありかたを、従って同時に、右に引用した〈間接経営部分〉と〈直接経営部分〉との相互関係のありかたを、この記事から証明するのである。

まず、この記事の全体的性格についての小山の理解を検討しておこう。かつて古島和雄は、明代手作地主経営の本来的な主要な労働力としての奴僕のありかたの明末清初における変化について、この「授田額」の前の「義男婦」の項における張履祥の見解にもとづき、次のように述べている(9)。「主家の経営の分解が、寄生的地主層への転化の形をとってあらわれた場合には、〔奴僕が〕別個の経営の主体として、佃戸的形態に移行することも、又在り得たに違いない」。「張履祥の『賃耕末議』の末尾に附せられた『義男婦』の項の奴僕解放の理念はかかる背景をもったものであろう」。小山も「義男婦」の項における張履祥の見解を引き、「地主のこの奴隷家族に対する把握はかなり弛緩している」とし、「当時における奴隷労働力の一般的な解体・揚棄という客観的情勢を反映している」と評価するものの、古島が「奴僕解放の理念」を見出した「義男婦」の項における張履祥の見解があるからといって、つづく「授田額」の項に叙述された義男婦を、ただちに奴隷身分から解放された夫婦だとは見ない(10)。小山は、「授田額」の項においての田地給付の対象となっている義男婦は「田地の分配を受けながらも、なお依然として主家に奴隷として隷属しているものとみねばならない」と述べて、この義男婦が奴隷としての本質をもつものであると規定する。しかも小山は、「授田額」の項において、義男婦の家族に対して一〇畝余という耕地面積が給付されようとしているのは当時の桐郷県における「最も生産性のある労働力」をもった農民の「最大可耕面積を念頭に置いての提案である」とし、これを根拠に、「授田額」の記事全体が「往古の田制に対する張履祥の知識の外被に包まれながらも、なお現実的妥当性を持つもの」とするのである。

筆者は、「授田額」の項が、明らかに「奴隷解放の理念」を述べた「義男婦」の項のすぐ次に置かれていることだけから、「授田額」の項の内容もまた、いっさいの身分的隷属関係の廃棄を内容とする「奴隷解放の理念」を示していると評価することには、小山と同じく、疑問を抱く。また「授田額」の項の内容が、桐郷県の農業生産力の現状をふまえたものであり、「現実離れの提案でない」ことについても小山と同意見である。さらに、すでに紹介したように、小山が、『楊園先生全集』に示された明末清初手作地主経営の中には「より古い明代における手作地主経営下の生産関係が多分に残存してきているものもあった」とすることをも、一般的な意味においては、つまり何らかの継承関係があることについては承認する。

しかしながら、筆者は、「授田額」の項に叙述された、義男婦を一つの重要な労働力とする手作地主経営を、小山のように「強固な家父長的規制の下に置かれた奴隷制経営」であると評価することに、すぐには賛成できない。端的にいって、明清交替の年、一六四四年頃から、張履祥が手作地主としての立場で地主的土地所有や農業経営についての一連の見解を文章にまとめた順治一二年（一六五五）乃至一五年（一六五八）の頃に至る迄に、江南一帯をはじめ華中華南の各地でまき起こった激烈な奴僕の闘争、奴変の意義が、小山の理解では全く見失われてしまうのではないか、と考えられることが、そのかなり大きな理由である。当時の奴僕が、「支配層たる地主・高利貸・大商人から、直接生産者農民・工人・小商人、そして純粋の家内奴隷に至る様々の階層の存在形態をその内実として具有し」ていたこと(11)、それと関連して、奴変にも「奴隷身分の解放を直接の目的とするものではない」ものと、「身分的・階級的な、本来的奴隷反乱」との「二つの互いに異質な傾向がみられる」ことは(12)、すでに先学によって指摘されている。張履祥が直面したのは、「明清交替による諸権力の空白期に集中してみられる」ところの後者のタイプの奴変[13]であり、そこでは、直接生産者農民としての奴僕の参加があったことは、ほぼ明らかに推定できるであろう。

奴変を念頭において、この「授田額」の項の記事の一般的性格を検討するとき、次のようなことを言いうるであろう。たしかに、張履祥が「授田額」の項の前文の部分で、「僕隷」を「勢い以て養わざる能わざ」るものとしている以上、張は「授田額」の項の本文における「義男婦」を、いぜんとして「僕隷」＝「奴僕」的な身分的隷属関係の下にあるとみなしている。しかし、私たちは、同時に、「近俗僕隷には都《いず》れも善良なる無し。主人之を養わんとするに深く以て病と為す」という張の指摘にも着目しなければならない。小山も言及するように、張履祥は「授田額」の項に先立つ「義男婦」の項で「吾の身よりは復《ま》た男女（奴僕）を収買せず。其の旧《もと》と服役する所の者は之を放《はな》ち遣《や》る」とすら述べている。これらの張の発言の中に、筆者は、奴変が、自己の土地所有を実現するための労働力の重要な一部分として奴僕を使役してきたところの手作経営をもつ地主階級に対して深刻な打撃を与えたこと、ならびに直接生産者としての奴僕が、日々の生産労働の中で、自立化を推進し、その生産関係における地位を高めつつあったことを予想する。筆者は、また「授田額」の記事の中に、小山と同様「より古い明代における手作地主経営の残存」がなんらかの形で反映されていることを認めながらも、同時にこの記事が手作部分をもつ地主経営における奴変後の奴僕の地位の変化を示すものではないかという見とおしをもって、小山の所説を検討しつつ、小山とは異なった角度から分析していきたい。

Ⅱ

「授田額」の項の記事の解釈についての小山と筆者とのもっとも重要な相異点は、「賦役主人為之任、不奪農事」の部分をめぐってである。小山は、この「賦役」を、「この奴隷夫妻が主人に対して負担する田租および傜役」としている。そしてこの解釈こそが、先にもふれた明代手作地主経営の本源的な構造に関する小山の所論を支えている。しかし、他方、小山自身、註記を加えて別箇の解釈の可能性に言及している。すなわち小山はそこでは次のように述べる。「ここに賦役とあるのは、当時一般の用法からすれば国家が土地所有者に対して課する田賦および力役を意味するが、この場合、賦役の内容をかかる意味に用いたとすると、この一段の文意は、国家に対する賦役は主人が負担し、そのことによって主人は奴隷家族の農時を奪わぬよう留意する、となり、このように読めないことはない」。筆者は、まさに、このようにこそ「読まなくてはならない」と考える（但し、この「授田額」の項の義男婦家族を即範疇としての「奴隷」家族とする点を除く）。それはまず文章として、「賦役は主人之が為に任《あ》たる（あるいは任《つ》とむ）」と読むにしろ、「賦役は主人之が任《つ》とめを為す」と読むにしろ、「主人がこれを担当する」と解するのが自然であって、小山のように「主人がその差配をなす」とするのは読みこみがすぎると思うからである。しかし、この点よりも、問題は全体との関連にある。小山は同じ註記で、「主人に対して負担する田租および傜役」の意に解そうと、国家に対する「田賦および力役」の意に解そうと、小山自身によるこの授田額全体の「内容の解釈には差支えない」とする。しかし、実は、小山は、当該部分を「主人に対する生産物形態の地代と生の労働力の提供」と読むことによって、決定的な結論を導き出すのである。すなわち、義男婦家族は、生産物形態の地代に即してだけでも、収穫高の約半分を主人に搾取され、その手もとにのこった生産物では生計を営むことができず、従って「この授田額に予定されている奴隷家族は自立再生産が不可能であり、地主＝奴隷所有者への依存隷属は避けられぬこととなる」と。

筆者の見解では、当該部分の「賦役」とは当時のごく一般的な用例としての国家の賦と役という意味であり[14]、作者張履祥のいわんとするところは、「主人が義男婦に給付した田地にも必ず課せられてくる国家の賦と役とは、本来その田地の公的な所有権をもっている主人の側で負担し、もっとも少額の場合でも合計田五畝・地三畝の耕作にあたる義男婦家族の労働を、いっさいさまたげないようにする」というにある。

いま、もし、主人側が義男婦のためにこのような条件をなんらととのえず、国家に対する税役負担の義務を義男婦自身が負うとしよう。一七世紀前半、明末の崇禎一〇年（一六三七）頃、この桐郷県の属する嘉興府に隣接し、ともに長江下流デルタ地帯に、かつ一六世紀までの「官田地帯」に属する湖州府烏程県において、一〇畝の土地を自ら所有し、同時に経営する直接生産者農民は、田について毎畝米に換算して六斗、一〇畝で六石の税（＝賦）を国家から徴収され、さらに役の銀納部分としての役銀などさまざまな名目の負担を義務づけられていたとされる。(15)さらに地についても、税だけで、毎畝米で田の一〇分の一、銀で田の三分の一程度の負担がある。(16)張履祥が義男婦への授田を構想する時、念頭に置いている桐郷県においても、事情は大きく変わるとは考えられない。とすれば、この義男婦家族は、田三畝の税負担のみについて見ても、その標準収穫量を当時の長江下流デルタ地帯の一般的ケースどおりに毎畝二石として、(17)合計六石に対して一石八斗つまり三割を税として国家に徴収されるわけであり、その他に役の負担あり、地に対する税、役の負担ありとすると、彼らの農業経営は少なからぬ影響を受けるであろう。すなわち田からの米の収穫六石のうち、税を納入して手もとに残る七割＝四石八斗では後述するような一人当たりの食糧の年間所要額五石五斗にも満たず、地からの収入も削減される。さらに役銀等の徴収がある。とすると、これらの負担それ自体からだけでも義男婦の生産と生活は何らの基盤ももたないことになる。また税の納入の手間、役の銀納部分以外の実労働、税・役納入後の家計を維持するための家内副業の増加等々がかさなりあい、彼らの農業経営のための労働の時間にくいこみ、文字どおり「農時を奪われる」であろう。このほかに自己の主人に対する本来の義務として、主人の田二畝・地一畝の無償耕作を担当しなければならないのである。このような諸負担の下では、当時の「いずれも善良なる無き僕隷」としての義男婦を、決して主人の下で安定して耕作させることはできないであろう。

それでは、小山のように、「賦役主人為之任」の「賦役」を、主人からの土地給付に対して、義男婦が負担すべき田租（生産物形態をとる地代…森）と徭役（生の労働力提供の形をとる地代…森）であるとしよう。義男婦は、別に主人の土地＝〈直接経営部分〉の無償耕作をも義務づけられているのであるが、彼らは、この無償耕作の他に、主人からの土地給付面積、田三畝・地二畝に見合った量だけ、国家への税負担の場合よりも畝当たりの負担の重い、すなわち収穫の五割に達する地代の支払いと生の労働力の提供を行なわねばならないことになる。この小山の設定に従えば、かりに生の労働力の提供は除外するとしても、義男婦は、主人の土地たる田二畝・地一畝については、全労働の一〇〇%を、給付された田三畝・地二畝については全労働の五〇%を地主に提供することになる。

両者をつらねて、主人のための労働と自己のための労働の面積比をとってみよう。主人の土地と給付された土地の合計たる八畝のうち、主人の土地についてはもちろん三畝中の全部、給付された土地については五畝中の二分の一にあたる二・五畝が主人のための労働として提供されるはずである。従って、八畝中の五・五畝分、六八・七五%、約七割の労働が主人のための労働となる。自己のための労働は約三割となるが、小山のように「賦役」を地主に対する佃租と徭役と読めば実は、義男婦は、主人の土地の無償耕作以外の生の労働力をこのほかに役として提供しなければならないのであるから、その全労働に対する搾取率は際限なく高いものになろう。もしこうした激しい搾取を行なえば、「いずれも善良なる無き僕隷」を主人のもとにひきとめておくことは、ますます不可能になるであろう。また実際小山のように主人の土地の無償耕作以外の生の労働力の負担は、張履祥自体がこの「授田額」の記事の中で、「他の役使に任ずるものは〔耕作を〕免ず」と述べて、はっきりと否定しているのである。

小山は、「〔義男婦に〕給付される田三畝・地二畝につき」「もし〔主人に対する佃租を〕負担しないとすれば」、「一夫一婦の全耕作地田五畝・地三畝の中、租の負担はわずかに田二畝・地一畝分のみとなり、これは当時および後代においても、一般に佃租が収穫の半ばに達しているのに比べて甚しく軽いこととなり、また普通の奴隷家族より倍乃至四倍の田・地を支給される紀綱の僕は、『代耕せず』とあるところから、管理以外には何らの負担もないこととなり、こうした事はまず考えられないからである」として、義男婦に給付された土地には佃租負担と、主人の土地の無償耕作以外の生の労働力の提供とがあったことを根拠づけている。たしかに義男婦が、給付された部分の田三畝・地二畝の佃租負担を課せられないとすれば義男婦は主人の田二畝・地一畝の無償耕作のみを地代として負担することになり、面積比で八分の三、三割七分五厘の労働のみ主人に提供し、八分の五、六割二分五厘は自分自身のための労働となる。しかしながら、後述するように、こうしてかりに六割強が自己の手もとに残されるにしても、義男婦の構成する農民家族の生計は必ずしもゆとりのあるものではなく、再生産をかつかつ持続しうる程度のものであることが留意されねばならない。かりに労働で提供する地代が全労働の八分の三にとどまるとしても、経営面積との相関で考えるとき、少なくとも「甚しく軽い」とはいえないのであり、かりに相対的にある程度「軽い」としても、まさにそこにこそ張履祥の主観的意図が反映されているのである。さらに紀綱の僕についていえば、「授田額」の項の記事自体が述べているように、紀綱の僕は最低三〇〇畝以上の広大な土地の経営を管理するのであり、主人の土地を代耕しないとはいえ、直接生産者としての奴僕の抵抗や佃戸の抗租の中で、主人の側からは、その管理の「負担」は少なからぬものとされた、と見られ、報酬としての田六畝・地四畝、田一二畝・地八畝の給付はまったく不自然とはいえない。まして、紀綱の僕自体の主人への反逆傾向もきわだっていた当時においてをやである。しかも、小山は言及していないがこの給付された田地は、自分自身で耕作するか、主人ではなく自分自身の責任において他人に代耕させせなければならないものであり、この面積だけの収穫が何の限定もなしにまるまる紀綱の僕の収入となるわけではないのである。

以上のように、「授田額」の記事における義男婦が、主人の田二畝・地一畝の無償耕作のほかに、主人から給付される田三畝・地二畝についても佃租と徭役の負担を義務づけられるという小山の設定には、いささか無理があると筆者は考える。

「賦役主人為之任、不奪農時」の「賦役」について、小山の解釈に無理があるとすれば、すでに行論にもふれてきたように、「授田額に予定されている奴隷家族（義男婦家族）は自立再生産が不可能であり、地主＝奴隷所有者への依存隷属は避けられぬこととなる」とする小山の見解にも問題が生じてくる。

いま、小山のいうように、この義男婦の家族を、「授田額がなるべく多くなるようにして」、夫婦（田三畝・地二畝）、一五才以上の子女一人（田二畝・地一畝）、一〇才以上の子女一人（田三畝・地二畝）、計田八畝・地五畝とする。筆者の考えでは、給付地の国家の税役は主人が負担し、また、主人の田二畝・地一畝の無償耕作以外に生産物形態をとる地代としての佃租及び徭役を主人から課せられることはないのであるから、すでに述べたように当時の長江下流デルタ地帯の田の毎畝当たりもっとも通常の米穀収穫高を二石とすると、田の部分について一六石の収入があるわけである。ここで、古島和雄の研究に依拠した小山の例のように「成年者一日当りの食事を一升五合として年に約五石五斗」とすれば(18)、この四人で年に二二石を要する。従って、給付地の地代負担が何らないとしても当時の通常の毎畝当たり収穫高に即していえば、六石のマイナスとなるが、この六石のマイナスと、生産に必要な諸経費の一定部分、生活に必要な最低限の諸経費などをまかなうのが、地（畑）よりの収入と田の裏作収入であろう。とすれば、田八畝・地五畝という最大限に見つもった義男婦家族への給付額は、この家族の自立再生産を完全に可能にするとはいえないにしても、またこの家族が地主から部分的に再生産過程における物的干与を受けることもほぼ確実に予想できるにしても、再生産に必要なすべての手段を主人の給付のみにたよる奴隷とは全く異なった地位にこの家族を置かしめるものであろう。もし、小山のように、義男婦家族が、給付された田の部分、八畝について畝当たり五割の佃租を支払うとすれば、毎畝の収穫を二石として、わずか八石の収入となり、食事に用する米二二石の支出との差は一四石のマイナスとなってしまう。これでは張履祥の提案があまりにも合理的根拠を欠くことになろう。ちなみに筆者は小山のように、当時の畝当たりの最高収穫に匹敵する三石をもって計算の根拠とすることによっても、なおかつマイナス一〇石という数字が出てくるところにも、小山の立論の無理があると考えている。

ここで言及しておかねばならないことは、義男婦が田三畝・地二畝の給付と引きかえに主人の田二畝・地一畝を耕作するのはもちろんのこと、義男婦の子女で、たとえば、上述のように、田二畝・地一畝（一五才以上）、田三畝・地二畝（二〇才以上乃至未満で妻帯の者）をそれぞれ給付されるものも、当然、「服役」の義務、すなわち主人の田・地の耕作か、それに見合う他の労働の義務を負わねばならないことである。子女への給付も、あくまで「其の子女の役に服する者」へのそれなのである。「授田額」の記事には、子女の「服役」の具体的内容としての主人の土地の無償耕作については直接ふれられていないが、義男婦の場合と同じ比率だとすると、田一・三畝、地〇・五畝（一五才以上）と、田二畝・地一畝（二〇才以上乃至未満で妻帯の者）となる。とすれば、義男婦と子女とによって構成されるこの設定上の農民家族は、成年男子三人に準ずる労働力で、自己に給付された田八畝・地五畝、主人の田五・三畝、地二・五畝、合計田一三・三畝、地七・五畝、総計二〇・八畝を耕作することになる。この三人の一人宛平均耕作面積は約七畝となり、張履祥による当時の桐郷県の農民一人の最大可耕面積一〇畝の七割にあたる。従って、この義男婦家族が、当時の最も生産性の高い労働力でないとしても充分耕作可能な面積であり、彼らが、家族ぐるみで、土地の給付と引きかえに主人の土地への無償耕作を行なうという設定は、必ずしも無理なものではない。

もちろん、小山も「給付される田地は、（中略）授田される奴隷家族の地主に対する徭役奉仕の対価として支給されて」いることを、つとに指摘している。しかし、問題は、小山のように、この義男婦の家族を、階級的範疇としての奴隷家族とみるかどうか、従って主人たる地主と義男婦の家族との「収取関係の核心をな」すものが、「奴隷家族の生の労働力に対する直接的支配とそれに基づく徭役徴収」としてとらえられるかどうかである。筆者は、「義男婦」が、張履祥自身によって「僕隷」と称されているように、一般の民とは異なり、社会的に特殊な身分をもち、差別を受けていた存在であることを承認する。しかし、「授田額」の項の記事における張履祥の提案に即して、主人たる地主との生産関係における僕隷としての義男婦の地位を検討するとき、それは明らかに、地主と自己自身の経営をまがりなりにももった農民家族との、労働地代の収取を媒介とする一種の封建的な生産関係における地位としてしか考えられない。小山は六〇才以上に達した場合の給付田地の主人への返却に関する規定をとりあげ、「奴隷家族」の下における耕作権の未確立を説き、義男婦家族の奴隷的、非自立的性格を示唆している。しかし実は、この点についても張履祥は注意深く限定を付しているのである。すなわち、「六十才以上は田を帰し、主人に衣食せしむ。田を帰すを願わざる者は聴す。自ら衣食せしむ。去るを願う者は聴す」、と「授田額」の記事は述べている。たしかに、この記事は、土地所有権の未承認はもちろん、その保有権、耕作権も完全には成立していないことを示している。だが、他面で、「田を帰すことを願わざる者は聴す。自ら衣食せしむ」という限定が行なわれており、保有権・耕作権は条件付きで承認され、義男婦の家族が自身の経営をまがりなりにももち、「自ら衣食」しうる一定の自立性をもっていることが、同時に示されているのである。そして、「授田額」の記事の冒頭における「一夫一婦、田三畝・地二畝を授け、以て衣食を給せしむ」という部分も、右の「自ら衣食せしむ」と対応して、義男婦家族の一定の自立性を実は示しているのである。このように考えてくると、六〇才以上の給付田地の返却の規定も、労働する肉体的力と意欲とをもちえない年令に到達したものに対する地主＝主人側の扶養の義務を直接的には示すものであっても、必ずしも保有権、耕作権の没収に力点を置いて解釈すべきものとはいえない。

それでは、「授田額」の項における張履祥の「提案」が、「試行」さるべきものとしてもっている新たな意義はどこにあるのか。このことは、まさに、「公私の田の遺《のこ》されし意に倣いて、酌して恒制を為る」という張履祥自身の説明に示されている。『孟子』における諸侯と人民との関係を、当時の地主と傭工人及び佃戸との関係に比定している張履祥[19]が、ここで「倣」ったのは、おそらく『孟子』滕文公章句の上における井田制に関する箇所であろう。

方里而井、井九百畝、其中為公田、八家皆私百畝、同養公田、公事畢、然後敢治私事、所以別野人也、

いわゆる井田制自体の歴史的規定そのものは、本稿では必ずしも問う必要はない。張履祥が「倣」った基本的な点

は、公田と私田との区分である。

「授田額」の記事における「公田」とは、もちろん、義男婦及びその家族が「主人に代わって」耕作するところの主人の直接管理下の田・地である。「私田」とは義男婦及びその家族がその「衣食を給する」ために主人から「授」けられた田・地である。公田・私田の別になぞらえて、主人たる地主の所有するすべての田・地は、主人の直接管理下の部分と、義男婦及びその家族が事実上保有する部分とに空間的に明確に区分され、そのことによって主人のための労働と義男婦自身のための労働は明確に区分されることになった。ここにおいて、主人と義男婦家族とが生産においてとり結ぶ関係は、一つの特徴ある性格をもつにいたった。すなわち、主人のための労働は、まず第一に無媒介なものではなく、田地の義男婦家族への給付を媒介にしており、第二に無定量なものではなく、一定量の（主人の直接管理下の）田地を対象としてのそれに限定されており、第三に無差別的なものではなく、「他の役使に任ずる者は免ず」とあるように、純粋に耕作労働のみに限定されている[20]。また義男婦家族は、すでに見てきたように、給付された田・地、事実上の保有地における自分のための労働によって、生計を維持しうる可能性をもっており、すでに述べたように再生産過程における一定部分の物質的干与を主人＝地主から受けることがほぼ確実に予想されるにしても、頭から全く「自立再生産不可能」とは断定できない。従って、「授田額」における主人たる地主と義男婦家族との関係は、地主の直接管理下の田地における無償耕作＝労働地代の搾取をともなうところの、土地所有者と、相対的にせよ自立した直接生産者との封建的性格の強い生産関係であり、奴隷制的生産関係に比定することはできないであろう。

「授田額」の記事において設定された主人たる地主と義男婦との関係を以上のように分析することを通じて、逆に、以下の考察が可能になるであろう。

張履祥は、明清交替期に、抗租風潮の激化とともに集中的に勃発した奴変に直面し、従来必ずしも土地の給付を媒介とすることなく、さらに労働の量を限定することなく、さらに労働の種類を限定することなく、その手作地における労働力の重要な部分として使役していた僕隷＝奴僕層に対する処遇を改良して、その手作地の経営を維持し、最低限の自給体制を確保する必要に迫られていた。「授田額」の項に先立つ「義男婦」の項で彼が僕隷に対する従来の恣意的なとりあつかい一般について痛切な反省を行なっていることも、このことと無関係ではない。彼の立場は、すでにふれたように、「奴隷解放の理念」を示唆しながらも、僕隷をなお使用せざるを得ないと述べるような二面性をもっているが、「授田額」の項の提案におけるように、僕隷の使用のありかたを改良する方途を示すことによって、かかる二面性を彼なりに解決し、手作地主としての自己の存在を維持しようとしたのである。

「授田額」の項における提案が、従来の僕隷使用のありかたの改良に関するものであるとするならば、この項の記事の中の直接生産者としての僕隷＝義男婦が労働する土地（田・地）は、すべて従来からの手作地に属するものと見るべきである。すなわち、主人の直接管理下にある土地と義男婦に給付された土地とは二つの部分に区分されてはいるが、いずれも労働力は僕隷＝義男婦とされているのであって他の何ものでもない。小山は、二つを手作地（直接経営部分…森）と佃作地（間接経営部分…森）に比定し、明代を通じての手作地主の手作地と佃作地との関係に溯及させているが、それは必ずしも妥当ではないと思われる。なぜなら、上述したように、まさに、ともすれば無制約な、恣意的なものになりがちな手作地の重要な労働力としての僕隷使用のありかたの改良こそ張履祥の意図であり、その方途として、公田・私田の別になぞらえた右の二つの部分の区別が彼によってとくに設定されているからである。張履祥がその経営を維持しようとした手作地とは、実はかく二つの部分に区分された旧来の手作地なのである。小山が「甚しく軽い」とすら述べたような負担のみを義男婦に課すにとどめ、一見それを「優遇」したのは、一つには、抗租の風潮の顕著な周辺の佃作地を管理していくために、まず内部を固め、基地を整備するという必要に迫られたからであろう。

なお、ちなみに、手作地と佃作地との関係について二、三の事を附記しておきたい。筆者は、一四世紀後半、明初以来の段階における地主の中で、その所有する土地を手作地と佃作地とに区分していたものがあることを否定するものではなく、むしろそうしたありかたが少なからぬ比重を占めていたと考えている。小山が前掲論文の註記で引用している撰者不詳明版『致富奇書』(21)の記事一つをとりあげても手作地と佃作地の存在自体は明白な事実である。ただ、「授田額」の項の記事を小山のように解釈して、明初以来の手作地と佃作地の労働力が、いずれもまったく自立再生産不可能な奴隷範疇に属する直接生産者農民であり、一般の佃作地の佃戸すら階級的には奴隷であるとすることには賛成しがたく、この点、鶴見、安野、寺田らと同意見である。しかし、地主的土地所有の実現における手作地の存在については、一四世紀後半明初以来の華中華南のみを論ずるにしても、量的に佃作地が優位を占めることは別として、佃作地との関係をふまえて幾多の検討すべき課題があることもたしかである。これらの課題の検討を自ら行なうことによって、はじめて、小山のすぐれて全面的に諸事実の連関を追究した見解に回答しうると考えている。

たとえば、検討すべき課題の一つは、手作地における奴僕以外の労働力として一五世紀の長江下流デルタ地帯についての資料の中でつとにその存在が明らかとなっている傭工の存在である。(22)

かつて古島和雄は、「明代中期以後」において在地手作地主層の労働力が「家僕的家内労働力」から「傭工」に代わることを説いたが、筆者は「明代中期」以前から手作地主層の労働力として、長工、短工等と呼称される「傭工」がすでに一定の比重をもっていたのではないかと考えており、奴僕とかかる「傭工」の併存の可能性をも予想している。さらに、一七世紀、明末清初の時点で「もっとも傭工の性格をあらわす」資料として古島がとりあげている、張履祥の「補農書」上、沈氏原書、運田地法（『楊園先生全集』巻九）の長年（＝長工）に関する記事にも、それ自体の中に、「傭工」的雇傭労働力のみでなく、地代搾取を媒介とする佃戸的労働力と、かかる「傭工」的労働力との併存の可能性が示されているのではないか、と考えられる。

さらにいうまでもないが、張履祥は、手作地における地主と奴僕（僕隷）層との関係の再編成に言及した「義男婦」

「授田額」の項のすぐ前項の「賃耕末議・附紹興佃種法」において、地主と佃戸との関係の改革について詳細に論じている。ここでの張履祥の見解については、すでに「在村の地主であり、更に地主自体の経営を有する手作地主」層のもつ「小作関係」のありかたにかかわるものとして、すでに古島和雄の周到な分析があるが、(23)義男婦の労働力によって耕作される地主手作地についての「授田額」の記事も、地主佃作地に関する「賃耕末議」の記事との関連において検討されねばならない。たとえば、「授田額」の記事の紀綱の僕の存在、その管理する三〇〇畝以上という土地も、手作地のみならず佃作地の存在と無関係ではないと思われる。要するに、一七世紀の長江下流デルタ地帯の直接生産者農民のとり結んだ生産関係の性格については、方法的捨象の必要は場合によって認められるにしても、基本的生産関係という設定の下に、単純に地主＝佃戸関係という一系列の関係のみを抽出することによっては、その真の総括的理解に達しえないのではないか。直接生産者農民のとり結んだ生産関係は、現実には、いわゆる「自作農」の存在をも含めて、種々の存在形態をもっており、複数系列の関係、複線的な関係として現象している。冒頭にも述べたように、私たちは、こうした諸々の複線的な関係、相互の関連をとらえる中で、はじめて総括的理解に達し、この理解によってこそ地主＝佃戸関係の歴史的性格も、はじめて鮮明になるのではないだろうか。

むすびにかえて

一九世紀初頭、嘉慶一〇年（一八〇五）に刊行された汪志尹編の『荒政輯要』（汪本『荒政輯要』と筆者はよぶ）の第三巻の内容は、一八世紀半ば頃の江蘇、浙江地方の直接生産者農民の置かれていた状況と密接にかかわっている。(24)この巻に収録された清朝権力の災害時における貧窮した直接生産者農民に対する救済規定の一つには、当時の彼らと地主との関係について興味ある内容が盛られている。筆者はすでにこの規定について言及したが、(25)今、本覚書の主題に即してこの規定にふたたび言及し、むすびに代えたい。

一、業戸之田、類多佃戸代種、内如本係奴僕・雇工、原有田主養贍者、毋庸給賑、如係専靠租田為活之貧佃、田既荒、業主又無養贍、並査明極次及所種某某業主之田、按其現住災地、分数給賑、不得分投冒領、

この規定では業戸（土地所有者）の土地所有の大部分は、自分の労働ではなく、直接生産者農民のうちの佃戸と称される部分の労働によって実現されることが示されている。さらにこの佃戸と称される部分は二大別されている。一つは、「本と奴僕・雇工に係り、原より田主の養贍する有る者」である。すなわち、本源的には奴僕・雇工と呼称されており、従来から田主が扶養しているものであり、やや抽象的表現によってではあるが、再生産過程において田主が何らかの物質的干与を行なっている農民であることが述べられている。

いま一つは、「専ら田を租るに靠《かよ》って活を為すの貧佃」であり、再生産過程において田主の干与が原理的に全くなく、田主に地代としての租を納入した剰余でのみ生計を立てているものである。

この規定だけによっては、佃戸と総称される直接生産者農民の二大別が、いつからどのような過程で成立したかを厳密に確定することはできない。しかしながら、前者については、「本と奴僕・雇工に係り」とあるように、一八世紀半ばの時点で、比較的近い過去のこととして、彼らが一般的に奴僕・雇工と称されていたことを想定することはできる。筆者は、このことと、かの奴変とを結びつけて考え、右の「本と奴僕・雇工に係る」佃戸とは、一七世紀、明末清初に爆発した奴変を境にして奴僕、雇工という社会的呼称を、佃戸というそれに変えられるような、一定の解放をかちとった直接生産者農民であると比定したい。なお、ここでいう奴僕・雇工が、「世襲身分（出生身分）としての」奴僕・雇工であったのか、「法的身分としては良人身分に属しながら特殊個別的にはいま〔の〕主人のもとで奴僕的状態、雇工的状態におかれている」ものであったのかという問題がある。(26) これについては、上記規定が、当時の江蘇省における全般的な事例について言及したものであることから、かつて世襲身分として奴僕・雇工としての地位にあっ

たものと見るべきであろう。たとえ、このような解釈が妥当するにせよ、しないにせよ、上記規定の内容が、奴僕・雇工と社会的に呼称されていた部分の直接生産者農民の地位に一定の変化が起こった過程を示すものであることは承認されるであろう。

それでは、上記規定の施行された当時に存在した二つの型の佃戸の区別と連関はどのようなものであったろうか。この問いに答えるためには、一七世紀・明末清初を中心にして、本覚書で冒頭から提示してきたさまざまな課題の解決が必要であると同時に、この問いに答えることによってそれらの課題の解決に資することも可能になるのではないであろうか。たとえば、上記汪本『荒政輯要』の規定における、〈もと奴僕〉たる佃戸の存在形態は、明末清初段階を経た奴僕の佃戸への上昇を一面では示しつつ、他面この上昇した佃戸が再生産過程における地主の物質的干与を部分的に受けていることを示し、同時に、かの「授田額」における義男婦の地位もかかる佃戸に近似することを推測せしめるのである。(27) 以上、本覚書はきわめて蕪雑なものにとどまったが、機会を与えられたのを幸いに、年来の未熟な考えを示させていただいた。

註

（1） 古島和雄「明末長江デルタ地帯における地主経営―沈氏農書の一考察―」（『歴史学研究』一四八、一九五〇年。のち『中国近代社会史研究』研文出版、一九八二年に収録）。小山正明「明末清初の大土地所有―とくに江南デルタ地帯を中心にして―（一・二）」（『史学雑誌』六六―一二・六七―一、一九五七・五八年。のち『明清社会経済史研究』東京大学出版会、一九九二年に収録）。以下、小山の見解の引用については、すべてこの論文による。従って特に註記はしない。

（2） 鶴見尚弘・安野省三「一九五七年の歴史学界・回顧と展望・東洋史（明・清）」（『史学雑誌』六七―五、一九五八年）。

寺田隆信「商品生産と地主制をめぐる研究―明清社会経済研究史の諸問題（二）」（『東洋史研究』一九―四、一九六一年）。

（3）佐伯有一「明末の董氏の変―所謂『奴変』の性格に関連して」（『東洋史研究』一六―一、一九五七年）。田中正俊「民変・抗租奴変」（『世界の歴史』第一一巻、筑摩書房、一九六一年。のち『田中正俊歴史論集』汲古書院、二〇〇四年に収録）。

（4）細野浩二「明末清初江南における地主奴僕関係―家訓にみられるその新展開をめぐって」（『東洋学報』五〇―三、一九六七年）。奥崎裕司「明代における地主の思想の一考察―浙西、嘉善の袁氏の家を中心に」（『東洋学報』五一―二、一九六六年）。ただ、本覚書では、両氏の提出した論点を摂取して、小山の所説を検討するまでのゆとりをもたなかった。他日を期したい。

（5）「明清時代の土地制度」（『岩波講座世界歴史』一二・中世六、岩波書店、一九七一年。本論集本巻第一〇章）。

（6）前掲註（5）の拙稿で言及した北村敬直・古島和雄・小山正明の諸研究、とくに北村敬直「明末・清初における地主について」（『歴史学研究』一四〇、一九四九年。のち『清代社会経済史研究』増補版、朋友書店、一九七八年に収録）。及び前掲註（1）の古島論文・小山論文。

（7）『世界の歴史』第一一巻、筑摩書房、一九六一年。

（8）旗田巍「中国土地改革の歴史的性格」（『東洋文化』四、一九五〇年。のち『中国村落と共同体理論』岩波書店、一九七三年に収録）。

（9）前掲註（1）古島論文。

（10）自吾之身、不復収買男女、其旧所服役者放遣之、不得已、則衣食里中老穉一二人、以資其力、去留聴焉、而不以強（『楊園先生全集』巻一九、議、義男婦）

（11）前掲註（3）佐伯論文。

（12）前掲註（3）田中論文。

（13）前掲註（3）田中論文。

（14）とくに例をあげるまでもないが、たとえば註（15）の『烏程県志』巻三の項目名を見よ。ここではまさしく、国家の課す賦＝税糧と役＝徭役が内容となっている。

（15）沈司寇演曰、以一夫拾畝之家論之、一夫終歳勤動、可耕拾畝、壱畝米弐石、亦称有年、計為米弐拾石、一夫食用可五石而贏、糞其田可四石而贏、蓋所存止十石矣、寔徴米銀正税、畝可六斗而辨、止余米肆石耳、而妻拏《ママ》之待哺、衣縷之蓋形、皆取資焉、又将別立役銀等項各色、以困之（『崇禎烏程県志』巻三、賦役）

(16)『崇禎烏程県志』巻三、賦役所載の「賦役全書」の基準による。

(17) 長江下流デルタ地帯の田畝毎の標準的収穫量については、拙稿「明初江南の官田について—蘇州・松江二府におけるその具体像」(上)第五表、同(下)(『東洋史研究』一九—三・四、一九六〇・六一年。のち『明代江南土地制度の研究』同朋舎出版、一九八八年に収録)。前掲註(1)小山論文(一)の註(9)、本覚書の前掲註(15)等を参照。

(18) 前掲註(1)の古島・小山論文。

(19)『楊園先生全集』巻一五「補農書」下、総論。

(20) 土地給付をともなう義男婦の子女の「服役」は、主人の土地の耕作か、それに見合った他の労働か、二とおりの場合が考えられるが、この際も、このいずれかの労働に限定されていて、決して無差別な「服役」の強制ではなかったことが、「義男婦」の項全体の文脈から推定される。

(21)「明版」とは、『内閣文庫漢籍分類目録』(内閣文庫、一九五六年)の編者の認定であり現物には何ら刊行年次はないが、小山の指摘する内容上の特徴からしても、木版の技術的特徴からしても明代の刊行になることはまちがいない。編者の福井保氏は万暦の中年(一六世紀末)のものであると鑑定されている。

(22)『弘治呉江県志』(弘治元年、一四八八年刊)巻五、風俗にはすでに直接生産者農民としての長工の存在が重視されている。

(23) 古島和雄「補農書の成立とその地盤」(『東洋文化研究所紀要』三、一九五二年。のち前掲古島著書に収録)。

(24) 森正夫「一八世紀における荒政と地主佃戸関係」(『高知大学教育学部研究報告』第一部、二一、一九六九年)。同「一六—一八世紀における荒政と地主佃戸関係」(『東洋史研究』二七—四、一九六九年。本論集本巻第九章)。

(25) 前掲註(24)に同じ。

(26) この二種類の奴僕・雇工の存在については、前掲註(3)田中論文の指摘から示唆を受けた。

(27) 本文引用の汪本『荒政輯要』第三巻所収の一救済規定の記事が江蘇、浙江地方における一七世紀、明末清初を境とする地主と直接生産者農民との関係の変動を反映したところの、一八世紀のこれらの地方の二つの型の佃戸の存在形態を示すものとしよう。すると、この短い記事から論理的に演繹できる範囲だけでも、一七世紀以前に存在した複線的な生産関係のうちの若干の形態と、その一七世紀を経た変化とを、以下のように想定することが可能となるだろう。

いま、一八世紀のこの規定に記された二つの型の佃戸のうち、「本と奴僕、雇工に係る」ものをⅠ、「専ら田を租《か》るに靠《よ》る」ものをⅡとする。なお、Ⅰについては、一八世紀段階でも田主の扶養があるとされているのだから、佃戸と呼称され、いちおう独立した経営主体となっても、再生産過程における地主の何らかの物質的干与が行なわれていたであろう。かかるⅠの型の佃戸の耕作する土地は、地主の側からみれば、手作地に準ずる性格をもち、地主の経営への一定の参加がともなっていたと考えられる。もちろん、現実には、手作地がすべて準手作地になったのではなく、「傭工」ないしは奴僕さえをも使う手作地経営は、長江下流デルタ地帯を含む江浙方面にも残存したであろうし、他の地方では、一七世紀以後も、より多く見られたであろう。ただ、ここでは、生産関係の諸形態とその関連を明らかにする手がかりを得るため、論理的に図式化したわけである。

	(17世紀以前)				(17世紀以後)	
(1)	手作地	奴僕 傭工	→	(1′)	準手作地	Ⅰ型佃戸
(2)	手作地	奴僕 傭工	→	(2′)	準手作地	Ⅰ型佃戸
	出租地	佃戸			出租地	Ⅱ型佃戸
(3)	出租地	佃戸	→	(3′)	出租地	Ⅱ型佃戸

この図式は、労働主体の諸形態によって表現されているが、土地の所有主体は、いずれも田主等と呼称されている地主である。この図式はさまざまの意味をもっているが、少なくとも、一七世紀を境とする(1)(2)(3)から(1′)(2′)(3′)への変化が見られること、(1)－(1′)系列の手作乃至準手作のみを行なう地主、(2)－(2′)系列の手作乃至準手作と出租とをあわせて行なう複合型地主、(3)－(3′)系列の出租のみに頼る地主というような三系列の生産関係が、一七世紀を境としてその質を変えながら存続していることを示したつもりである。なお(1)、(2)における手作地の労働力と

しての奴僕と傭工は、必ずしも両者がつねに併用されたことを想定しているわけではない。いずれか単独の場合を当然想定しているわけで、点線で区切っておいたのはこの意味である。なお、前掲註（8）旗田論文は、土地改革前の華北の大地主における複合型の存在を指摘している。

『海南史学』第九号　一九七一年

【補記】

本章の対象である小山正明の所論が提示された論文「明末清初の大土地所有――とくに江南デルタ地帯を中心にして――（一・二）」（『史学雑誌』六六―一二・六七―一、一九五七・五八年）、及び本章原載論文に対しての小山正明の全面的な反論を含む「明代の大土地所有と奴僕」（『東洋文化研究所紀要』六二、一九七四年）は、その後小山正明『明清社会経済史研究』（東京大学出版会、一九九二年）に収録された。

本章「むすびにかえて」では、一九世紀初頭、嘉慶一〇年（一八〇五）に刊行された汪志尹『荒政輯要』巻三所載の災害時の貧窮な直接生産者農民への救済規定において、佃戸が「本と奴僕・雇工に係り、原より田主の養贍する有る者」と「専ら田を租るに靠って活を為すの貧佃」とに二大別されていることに注目した。そして「本と奴僕・雇工に係る」佃戸とは、「十七世紀、明末清初に爆発した奴変を境にして奴僕、雇工という社会的呼称を、佃戸というそれに変えられるような、一定の解放をかちとった直接生産者農民であると比定したい」とした。

高橋芳郎は、一九九三年発表した「中国史における恩と身分――宋代以降の主佃関係とも関連させて――」（『史朋』二六、一九九三年、のち二〇〇一年、北海道大学図書刊行会『宋―清身分法の研究』に「中国史における恩と身分」として収録）で、筆者の右の解釈を批判し、「『本係奴僕・雇工』とあるところの「本」は、時間的に『比較的近い過去』を指すのではなく、佃戸という形態をとってはいるが『本来的に』奴僕・雇工という身分を持っているということを意味するものであろう」としている。

今日の時点で改めて資料を見直せば、資料に即した解釈としては高橋のそれが正しいと考えられる。

ちなみに、本文にも記したように、筆者は『荒政輯要』所載のこの救済規定を、本論集本巻第九章の「一六―一八世紀における荒政と地主佃戸関係」（原載一九六四年）ではじめて使用した。その時点では、当該部分の記述に明らかなように、高橋のここでの解釈と同じ立場をとっていたが、本章原載論文執筆の時点で右の解釈を選択したものである。

12　張履祥「授田額」の理解に関する覚書
——再び小山正明の所論によせて——

はじめに

小山正明は、最近、明代の大土地所有と、大土地所有を実現するための労働力としての奴僕についての新しい見解を発表した。論文「明代の大土地所有と奴僕」(1)(以下新稿と記す)である。その結論は、小山自身によって、当該論文の「むすび」としてよく整理されている。以下の行論の展開のために、その部分をあえて原文のままで紹介しておく(なお、鉤括弧、①、②の数字は、筆者森が附したものである)。

「一、明代の地主には、大別して二つの類型が存したと思われる。①第一は、佃作に出す部分とともに、比較的限られた数の奴僕乃至雇工による直営地をもつもので、中規模の地主である。②第二は、佃戸の外に、数十人より時に百をもって数えられる多数の奴僕を隷属せしめるもので、当時における最も有力な大土地所有と言える。」

「二、①第一の類型の直営地における奴僕は、基本的には、主家により家族を構成せしめられて世襲的に隷属する世僕形態はとらず、雇工と相互に代置しうるごとき性格のものであるが、②これに対し、第二の類型の下における奴僕の主要形態は、主家によって家族を構成され、その子孫に至るまで婚姻を支配されて世襲的に隷属する世僕である。③この世僕は、佃租を負担する零細な給付地の外に小耕地の分散無償耕作を強制されるが、この給付地をもってしては家族労働力を再生産しえず、恒常的に主家の給養に依存し、④また原則的には自己の戸籍を立てることができずに主家の籍内に附籍されるが、主家より家族を構成される反面、主家の意志によりその家族関係を解体される可能性が存し、その身柄は家産分割、時に売買の対象とされた。⑤このような、家族労働力の再生産を主家の恒常的給養に頼り、家族関係自体が安定的に確保しえず、身柄が家産分割・売買の対象となるごとき奴僕は、奴隷の範疇で考えるべきものであろう。」

「〔三、①明末以降清代にかけての奴僕身分規定は、全体を通じて奴僕身分をより狭く限定しようとする意図を示しており、これは当時における奴僕労働の矛盾・解体を示唆するものではあるが、②それにも拘らず、主家によって家族を構成され、主家の給養をうけるものは、永代的に奴僕身分として隷属するものとの考えを貫いており、奴僕関係の存否をめぐる具体的係争事件も、この点を裏付けている。③これらの点よりすると、主家による家族の構成と給養の二条件が奴僕身分の中核的規定であったと考えられ、奴僕身分は、先述の世僕形態の奴僕労働を基礎に定立されていたと思われる。④また、この家族を構成させ給養を与えるとは、本源的には家長の子孫に対する関係であり、したがって、主家と奴僕との関係は、家父長的家族関係に擬制化して把えられる。奴僕が主家の戸籍に附籍され、義男とされることが広くみられるのは、そうした事情の反映にほかならぬであろう。」

「〔四…森〕なお（中略）以上の所論は、明代における土地所有の極めて限られた部分を扱ったにすぎない。すなわち、検討しえたのは、先掲第二類型の大土地所有下の世僕形態をとった奴僕についてのみであり、①同じくこの大土地所有に隷属する佃戸の問題、②また比較的限られた規模の奴僕乃至雇工を用いた直営地とともに佃作をもせしめている第一類型の地主、③さらには、これら地主に直接には隷属していない小農経営の問題には全く触れてこなかった。④これら同時に存在した直接生産者としての奴僕・雇工・佃戸・小農の在り方を相互関連的に把え、またこうした各種の土地所有を、明代国家支配の基軸たる里甲制の中に具体的に措定することが今後の課題だと考えている。」

小山は、一九五七・五八年に発表した「明末清初の大土地所有——とくに江南デルタ地帯を中心にして——㈠・㈡」[2]（以下旧稿と記す）において、当時、日本では、実証をふまえた具体的分析がほとんど行なわれていなかった、明代、とくにその前半期の手作地主と奴僕との生産関係、さらには、同じくまったく実証的分析を欠いていた、明末清初の抗租運動について、膨大な資料を提示しつつ、はじめて検討を加えた。そして、一七世紀、明末清初の中国社会は、「奴隷制的大土地所有の変質」の時期、「中国における封建的土地所有の確立期」を迎えて、画期的な変貌を遂げつつあったと述べた。小山のこの作業が、一七世紀、明末清初の中国社会の変化を、封建制の解体乃至再編過程にかかわるものだとみなしていた多くの人々に衝撃を与えたことは、周知の事実である。その後十数年間、十指に満とうとする批判を受けとめながら発展させてきた自己の見解を、新たに収集されたおびただしい資料の提示と分析を通して展開させたのが、この新稿である。新稿の前掲した結論中、第二類型の大土地所有の労働力としての奴僕を奴隷範疇でとらえるという主張（二—⑤）、同じく第二類型における主家と奴僕との関係を擬制化された家父長的家族関係とみなす認識（三—④）などは、小山の見解の基本的な部分が、今なお不変であることを示している。新稿もまた、旧稿と同じく、一七世紀、明末清初の中国社会の変化に対する旧来の評価を、きびしく批判したものといいうるであろう。

筆者は、一九七一年、拙稿「明末清初の奴僕の地位に関する覚書——小山正明の所論の一検討——」[3]（以下七一年の拙稿と記す）で次のような発言をした。

「要するに、十七世紀の長江下流デルタ地帯の直接生産者農民のとり結んだ生産関係の性格については、方法的捨象の必要は場合によって認められるにしても、基本的生産関係という設定の下に、単純に地主＝佃戸関係という一系列の関係のみを抽出することによっては、その真の総括的理解に達しえないのではないか。直接生産者農民のとり結んだ生産関係は、現実には、いわゆる『自作農』の存在をも含めて、種々の存在形態をもっており、複数系列の関係、複線的な関係として現象している。（中略）私たちは、こうした諸々の複線的な関係、〔それら〕相互の関連をとらえる中で、はじめて総括的理解に達し、この理解によってこそ地主＝佃戸関係の歴史的性格も、はじめて鮮明になるのではないだろうか。」

すでに、旗田巍によって、一九五〇年に、基礎研究をふまえた上でこの種の発言が先駆的になされ[4]、以来、地主＝佃戸関係の歴史的性格を解明しようとした殆どの人々が、同趣旨の問題提起を繰返してきた中で、筆者があえてこうした発言をしたのは、当時発表した拙稿「明清時代の土地制度」（『岩波講座世界歴史』一二・中世六、岩波書店、一九七一年。本論集本巻第一〇章）において、うしろめたさをぬぐいえないまま、叙述の便宜上、地主＝佃戸関係を無限定に抽出してしまったことに対する内心の抵抗からであった。この際、筆者は、封建的性格をもつ地主＝佃戸関係ではなく、奴隷制的性格をもつ地主＝奴僕関係こそが、明末清初以前の基本的生産関係であるとした点においてのみでなく、地主と奴僕、地主と佃戸という二系列の関係を同時的にとらえ、その相互関連性を追求しようとした点において、小山の旧稿が非常に重要な意義をもっていることに、あらためて注目した（小山は手作地主経営における手作地、すなわち直接経営部分の労働力として奴僕を、出租地、すなわち間接経営部分の労働力として佃戸を設定し、同一経営の内部で、この両者を統一的に理解しようとした。奴僕も、佃戸も、いずれも歴史的範疇としては奴隷であるとされた）。七一年の拙稿において、小山の旧稿の批判的検討をことごとしく行なったのは、この旧稿が、以上のような意味で、筆者の抱いていた問題の展開にあたって示唆するところ多い、すぐれた対象把握の方法をもっていたからに他ならない。しかしながら、七一年の拙稿では、小山の旧稿の検討以上には出られず、複数系列の生産関係を捨象することなく直視し、その総括的理解を行なうという目標に資するような積極的な見解を生み出すには至らなかった。直接生産者農民としての佃戸を、「本と《もと》奴僕・雇工に係り、原と《もと》より田主の養贍する有る者」と、「専ら田を租る《か》に靠《よ》って活を為すの貧佃」とに二大別しているところの、一八世紀の江蘇・浙江についての一資料[5]にもとづき、この資料から論理的演繹を行なうことによって、一七世紀以前の地主と直接生産者農民（いわゆる自作農を除く）の三つの類型、及び一七世紀以後のこれら三類型各々の変化を想定し、図式化したにとどまった[6]。

小山は、このたびの新稿で、結論一－①、②に示されるように、明代の地主について二大類型を設定し、「手作地とこの手作限界経営規模を越えた佃作地とを有する一類型のみを想定していた」ところの旧稿の見解を変更した。すなわち、新稿では、地主＝奴僕、地主＝佃戸の複数の関係を同時的にとらえるという旧稿のすぐれた方法が堅持されつつ、加えて、これら複数の関係を同時的に結ぶことによって成立している地主的土地所有自体にも、また複数の型が設定されることになった。新稿のこの見解の当否は、それとして厳密な検証を必要とする事柄ではあるが、ここに示された複数のあり方の追求という方向自体は七一年の拙稿の検討の方向とも一致しており、賛成である。しかも小山が結論四－④で、「奴僕・雇工・佃戸・小農の在り方を相互関連的に把え」ることを、今後の課題として設定しているが、右の拙稿で筆者が自らに提起した問題の内容も、この小山の課題のそれと変わらない。

また、筆者は、右の拙稿において、小山が旧稿でとり上げた、「『奴隷制経営』＝『奴隷制的生産関係』の変化、『奴隷』の地位の変化の問題を明らかにするためには、本来、奴変の分析を欠くことはできない」と述べ、小山が佃戸の抗租について詳細に言及しながらも、奴変について全く触れていないことに対して、疑問を提出しておいた。小山は、新稿では、傅衣凌の「明清之際的奴変和佃農解放運動」[7]に依拠し、「明末清初期に、中国の広大な地域において、奴僕身分からの解放を求める奴変が一つの社会運動として集中的に勃発していたことに示されるように、明代社会において、奴僕が一定の構成的比重を占めて存在したものと考えられる」とし、はじめて奴変に言及した。きわめて当然の言及であるが、筆者の疑問は一応解くことができた。このように、小山の新稿は、筆者がその旧稿に触発されつつ、かつて摸索した諸点に対応する内容をもっており、筆者自身の課題を追究する上で、示唆を受けるところが少なくない。

ところで、新稿の内容は、奴僕の存在形態の、いわば経済的側面にかかわるもののみではない。すでに紹介した、結論二―①、②、④、⑤、及び三に見られるように、旧稿では行なわれていなかった、奴僕の存在形態の、いわば社会的側面についての分析、あるいは身分法的視角からするそれが行なわれており、私たちの奴僕理解について欠くことのできない新しい指摘がなされている。しかし、結論三―③において、主家による家族の構成と給養という二条件をその中核的規定としてもつところの法律上の奴僕身分は、世僕形態の奴僕、すなわち明代の最も有力な大土地所有としての第二類型の地主の下における奴僕の労働を基礎として定立されていた、と述べられていること、四の冒頭で、新稿の検討しおえたのがこの第二類型の大土地所有下の奴僕であったとされていることを、私たちは想起しなければならない。第二類型の大土地所有における地主＝奴僕関係という存在は、新稿にとって、決定的な意味をもっている。従って、私たちが新稿を受けとめる上で、この第二類型の大土地所有における地主＝奴僕関係、及びその下での奴僕労働の具体的なあり方に関する小山の見解の検討を避けて通ることはできないのである。

結論二―⑤において、小山は、右の第二類型の大土地所有の労働力としての奴僕は、その「家族労働力の再生産を主家の恒常的給養に頼」っているとし、そのことを、この類型の地主＝奴僕関係の歴史的規定を行なう一つの重要な柱としている。この場合の「奴僕に対する主家の給養、換言すれば両者の経済関係」についての小山の見解は、結論二―③に集約的に示されているが、右の「経済関係」についての見解の唯一つの根拠として提示されているのが、『楊園先生全集』巻一九「議」所収の、「授田額」という表題をもった一文である。この記事は、旧稿の手作地主経営の分析に際しても中心的な資料とされていた。

筆者は、上述したように、小山の旧稿及び新稿のもつ積極的側面を高く評価し、多くを学んでいる。そうであればあるだけ、新・旧両稿における小山の見解にとってすこぶる重要な意味をもつ当該資料の理解の仕方について、筆者の抱いてきた疑問を提示しておく義務があると思う。しかも、新稿の第三章「奴僕の範疇規定」は、この資料の理解について、七一年の拙稿で、筆者が小山に対して行なった「批判点」（小山）の検討、すなわち批判に対する反批判を軸に構成されており、そこで示された小山の資料理解には首肯しがたい点が多く含まれている以上、あえて発言せざるを得ないのである。

以下、本稿では、七一年の拙稿に引きつづいて、小山の「授田額」記事理解を再度批判的に検討する。

I

『楊園先生全集』は、万暦三九年（一六一一）、浙江桐郷県で生まれ、康熙一三年（一六七四）にこの地で没した張履祥の文集である。その巻一九「議」を構成する四編の文章の中で、田主の佃戸に対する処遇の改良に関する提案たる「賃耕末議」と郷村自衛体制に関する提案たる「保聚事宜」との間に、「義男婦」及び問題の「授田額」の二編が置かれている。この二篇は、いずれも執筆の日付が明らかでないが、ともに奴僕の処遇を内容としている。「義男婦」においで、張履祥は、井田制が廃止されて民がたのむに足る生活手段を喪失し、貧富の分化が激しくなっていく中で、経済的契機によって没落した人々が、やむをえず売身すること、いったん売身して他人の「僕隷」となるや、「人道」を以て処遇されず、しかも自分一代だけではなく末代まで人々の賤視を受けていることを、これらの現実に対する憂いと憤りをこめて、縷々述べる。そして、結末の部分で、張は、自分自身では奴隷の購入を今後行なわないこと、もとからいる自家の奴僕は解放すること、やむをえず必要な場合には、近所の老人か子供を自家に置いて働かせるが、その進退は彼らの自由意志にゆだねて強制しないこと、この三点を内容とする自己の決意表明、あるいは自己規律とでもいうべきものを提示する。「以て独《ひと》り其の志を行なうを得んことを庶《ねが》うのみ」というのが、この篇の最後の一句である。

他方、張履祥は、「授田額」においては、まずその前文で、当時、「主人」たちが、「僕隷」に善良なものがいなくなったため、自家に彼らを置いておくことに非常な困難を感じながら、にもかかわらず、依然として彼らを置かざるを得ないというきびしい状況に直面していることを指摘する。張は、この状況を打開するために、古代の井田制の公田と私田を区別した考え方にならって、奴僕の処遇を改良する案を作成したこと、志を同じくする「主人」たちとともに、この案を試みに実施しようと思っていることを述べ、案の具体的内容を、つづく本文で示す。前文の最後は、「同《おな》じく是の志を有《も》つ者と与《とも》に、之を試み行なわん」という句で結ばれている。

以上のように、「義男婦」、「授田額」の両篇において、張履祥は、主家と奴僕との関係をめぐる彼の認識の、相互に関連しながら、相互に矛盾する二つの側面を示していると筆者は考える。すなわち、「義男婦」では、個人レベルではあるが、奴僕使役の中止が、やむをえざる場合の妥協的な処置とともに提起され、「授田額」では個人を越えた集団レベルで、奴僕使役の継続の確認と、継続を可能にする合理的な条件が追求されている。従って、本稿では、「授田額」をいちおう独立した一篇としてとりあげ、再度の分析を試みるが、もちろん、「義男婦」と「授田額」の両篇をつらぬく状況認識の同一性は見失うことなく論を進めたい。主人による奴僕使役体制の危機についての、主人＝奴僕関係の解体の進行についての認識である。

なお、「授田額」の全文(8)は左記のごとくである。

授田額

義男婦也、竊見、近俗僕隷都無善良、而主人養之、深以為病、又勢不能以不養、因倣公私田遺意、酌為恒制、与同有是志者、試行之、

一夫一婦、授田三畝・地二畝、以給衣食、賦役主人為之任、不奪農時、代主人耕田二畝・地一畝〈任他役使者

免〉、其紀綱僕倍之、或再倍之〈不代耕〉、六十以上帰田、衣食於主人、不願帰田者聴〈自衣食〉、願去者聴、其子女服役者、五歳以上一畝、十歳以上二畝、十五歳以上三畝〈田二畝・地一畝〉、二十歳以上及未二十有妻者五畝〈田三畝・地二畝〉、不願服役者聴、毎田百畝、僕二人、三百畝、紀綱僕一人、択其謹愿者、推誠待之、去其智詐者与惰游者〈特就吾郷之産而斟酌其数如此、若郷土不同、未可以例論〉、

Ⅱ

小山の新稿の第三章「奴僕の範疇規定」における「授田額」記事理解の最大の問題は、次の点にある。すなわち、主人の田二畝・地一畝を無償で耕作する、奴僕としての義男婦家族が、その生活を維持するために主人から給付された田三畝・地二畝についても佃租を負担する、という小山の解釈である。この解釈は「授田額」の記事の前文と本文をつらねる全体の内的論理構成、本文の内的論理展開をまったく顧みないものである、と筆者は考える。小山は旧稿でもこの解釈をとったが、新稿の第三章では、これを批判して佃租負担無しとした筆者に対し、徹底的な反批判を加えながら、自己の見解を堅持している。

小山は、旧稿で、「1もし〔佃租〕を負担しないとすれば、一夫一婦の全耕作地田五畝・地三畝の中、租の負担はわずかに田二畝・地一畝分のみとなり、これは当時および後代においても、一般に佃租が総収穫の半ばに達しているのに比べて甚しく軽いこととなり、2また普通の奴隷家族より倍乃至四倍の田・地を支給される紀綱の僕は、『代耕せず』とあるところから、管理以外には何らの負担もないこととなり、こうした事はまず考えられないからである（1、2の数字、及び〔　〕は筆者が付した）」と述べた。ここで示された小山の考えは、新稿においてもまったく不変であり、筆者に対する反批判も旧稿のこの部分を根拠になされている。

1について、新稿では、筆者が、義男婦家族の労働を、主人に代わって田二畝・地一畝を耕作する、いわば〝主人のための労働〟と、主人から給付された田三畝・地二畝を耕作する、いわば〝自分のための労働〟とに区分し、両者の量的対比を試みたことをとりあげている。小山は、六割強を〝自分のための労働〟が占めるという筆者の算定(9)は「合理的」でないとし、さらに、関連する必要事項についての根拠を具体的に示し、かつ一定の限定を付した上でこの算定について述べた筆者の見解(10)——「授田額」記事中の義男婦家族は、「再生産に必要なすべての手段を主人の〔現物生活資料の〕給付のみにたよる奴隷とは全く異なった地位」にあるという見解——を否定している。収穫の五割しか自己の手もとに保持しえない、と張履祥によって観察されているところの、当時の佃戸一般のあり方と比較するとき、筆者の右の算定には「無理がある」というのである。このことから小山は、「授田額」の義男婦家族は佃租を負担しないとする筆者の理解は、「義男婦家族はかつかつにもせよ（主家よりの給養なしで）再生産が持続されねばならないという前提と、『張履祥の主観的意図』に対する森氏の推測という二点に基づいている」と反批判した。

また、2について、小山はとくに註を加え、「抽象的一般的な奴僕の抵抗、佃戸の抗租を前提として、紀綱の僕の管理負担が少くないものと『主人』に代って判断したり、一般の義男婦家族の倍乃至四倍の支給地が、特定の根拠を示すことなく『まったく不自然とはいえない』——自然と不自然との基準は何か——とする森氏の論定方法には賛成できない」と、筆者をきびしく反批判している。

小山は、1、2の両点をめぐる筆者の見解は、筆者のきわめて主観的な資料解釈にもとづくという。だが、小山は、「授田額」の記事に対する筆者の解釈が、その記事自体のいうところに即し、そこに内在する一貫した論理を導き出し、それを前提としてなされてきたことを無視している（七一年の拙稿において、こうした立場からする「授田額」のとらえ方の基本線はすでに提示してあるのだが、筆者の論旨展開の稚拙さのため、小山はこれに言及する所がない）。

たとえば、2の紀綱の僕をめぐるいくつかの問題について、まず検討してみよう。

紀綱の僕に対する給付田地について、「授田額」本文では、「其の紀綱の僕は之を倍にし、或いは再び之を倍にす〈代耕せしめず〉」と述べている。紀綱の僕には、一般の奴僕の二倍、乃至三倍[11]の額の田地が給付されることになる。ではなぜ紀綱の僕にはこうした優遇措置が講ぜられるのか。小山はこの点には何等言及していない。理由は明白である。作者張履祥の紀綱の僕の労働に対する評価――今日の時点での筆者の評価ではなく――が一般の義男婦の労働に対するそれより高いからである。ではなぜ高いのか。張履祥は、「授田額」の本文の終わりの部分で（四行目以下）、「田百畝ごとに僕二人、三百畝ごとに紀綱の僕一人、其の謹愿なる者を択《えら》び、推誠《ねんごろに》之を待し、其の智詐なる者と惰游なる者とを去る」と述べている。張履祥は、幾多の義男婦家族によって耕作される主人の土地一〇〇畝について一般の僕二名を置き、三〇〇畝に達すると紀綱の僕を一名置いて、土地、及び当然の事ながら、そこでの義男婦諸家族の耕作の管理にあてること[12]、さらに、この管理労働にあたる一般の僕と紀綱の僕とをねんごろに待遇することを提案している。ここでのねんごろな待遇自体は、一般の僕にも与えられるもので、単に紀綱の僕のみに対するものではないが、いずれにせよ、かかる待遇が土地と耕作の管理という特定の労働の担当者に与えられるものであることは、まず確認できよう。しかしながら、一〇〇畝を二人で担当する一般の僕の場合と、三〇〇畝を一人で担当する紀綱の僕の場合とでは、単なる量的差異があるだけではなく、はっきりした質的差異がある。もし質的差異がないならば、一〇〇畝について二人も必要なのに、三〇〇畝については一人でよいということになるからである。当時の佃戸を使用する佃作地の管理と同種の方式[13]が、ここに示されていると考えられる。すなわち、一般の僕は、土地とそこでの耕作労働に対する直接的な、いわば第一次的管理に、紀綱の僕はこの一般の僕を上から統括するいわば第二次的管理にあたったとみなされる。主人の土地の代耕や、それに準ずる「他の役使」にあたる一般の義男婦の労働とも、同じく土地及び耕作の管理にあたるとはいえ、一〇〇畝の直接的管理を二人で分担する一般の僕の労働とも、はっきり区別される特殊性を、この場合――本文の終わりの部分――での紀綱の僕の労働はもっている。ここでは、三〇〇畝の土地及びそこでの耕作の統括的管理が、紀綱の僕の担う特殊な労働の内容であり、この特殊性をもつ労働に対する張履祥の高い評価が、一般の義男婦の二倍、三倍の田地給付という優遇措置の根拠となっているのである。小山の求めるところの、紀綱の僕に対する田地給付の「特定の根拠」は本文自体の中に示されているといってよい。

なお、紀綱の僕の労働の内容は、佐伯有一の研究(14)にも示されているように、多様であり、必ずしも「授田額」本文の終わりの部分におけるごとき、多量に集積された土地に関する管理に限定されない。本文の初めの部分（一行目）では、主人から田地の給付を受ける一般の義男婦には、主人に代わって耕作労働の義務を負うものの外、他種の労働にあたるもの（「他の役使に任ずる者」）のあることが示されている。このことは、同じく主人から田地を給付される紀綱の僕の労働の内容も、本文の終わりの部分に見られるようなものにとどまらないことを示唆する。

ところで、紀綱の僕の処遇問題をめぐって、小山は、前述のように、筆者がこれを「抽象的一般的な奴僕の抵抗、佃戸の抗租を前提として」論じているという。この中、佃戸の抗租については、「授田額」の記事そのものには直接的根拠がなく(15)、その意味で小山の発言は正しい。しかし奴僕の抵抗については、「授田額」の記事自体に明確な根拠がある。「授田額」前文の「近俗、僕隷には都《い》ずれも善良なる無し」という状況認識である。「授田額」という試案作成の契機となっているこの認識には、主人側が感じとった奴僕の抵抗の気運がにじみ出ている。以下、この認識を前提として、奴僕の抵抗と紀綱の僕の処遇との関連について、次の二点を指摘しておきたい。第一は、一〇〇畝の土地、及びそこでの耕作労働の管理を二人で行なう一般の僕と、三〇〇畝の管理を行なう紀綱の僕との選択基準について、本文で「まじめなものを選んでねんごろに待遇し、ずるがしこいものとなまけものはやめさせる」（前掲書き下し文参照）と述べられているという点である。この言及は、この種の労働にあたる一般の僕、ないし紀綱の僕のなり手そのものが、まさに前文に示された認識どおり、「善良なる無き」状態にあったことを示している。張履祥が「補農書」

下、総論、佃戸（『楊園先生全集』巻五〇）で、佃作地と佃戸を管理する紀綱の僕の「種々の弊端」を具体的に指摘していることも、この状態を傍証するものである。選んだ「まじめなもの」を「ねんごろに待遇する」ことは、この状態を打開する一つの方途としての意味をもっていたと考えられる。第二は、「都《い》ずれも善良なる無し」という前文に示された右の認識から、憶測ではなく、論理内的に想定しうる点である。この認識にもとづけば、主人の田地を代耕する一般の義男婦自体も「都《い》ずれも善良なる無し」という状態にあったわけであるから、これら義男婦と主人との間には、当然、固有の緊張の高まりが生じていると見なければならない。とすれば、一方で一般の義男婦に対する処遇改善を田地の給付の形で行なうとともに、他方では、抵抗する義男婦を主人の立場に立って確実に管理する体制が必要になる。主人側は、この点からも、管理労働の担当者の処遇を改善しなければならなかったと考えられる。以上二点は、管理労働を行なう一般の僕と紀綱の僕の双方についていえることであるが、とくに統括的な性質の管理を担当したとみなされる紀綱の僕の処遇は、主人側にとってより重要であったと思われる。

さらに2については、最も本質的な問題が残っている。それは、「授田額」本文中の紀綱の僕の給付地の部分に付せられた、〈代耕せしめず〉という割註をめぐる小山の見解である。

本来、この割註の意味するところはこうである。主人は紀綱の僕に対して、たとえば主人の土地とそこでの耕作の管理などといった固有の労働を課している。このことは一般の義男婦に対して、主人に代わる田二畝・地一畝の耕作、あるいは主人のための他種の奉仕という労働を課していることと対応している。義男婦家族と同じように主人のための耕作などの労働を紀綱の僕にさせるとすれば、紀綱の僕には二重の負担を課することになる。そこで、紀綱の僕には、主人に代わる田二畝・地一畝のこの耕作労働は免除する、というのである。〈代耕せしめず〉という割註のこうした論理構造を小山が認めているかどうかは、新旧両稿を通じて必ずしも明らかではない。ただ、小山も、紀綱の僕がこの代耕、すなわち主人に代わる田二畝・地一畝の耕作労働を免除されていること自体は承認する。ところが、小山は、この代耕免除の確認の上に立って、もし紀綱の僕が主人の土地を代耕しないとすれば、彼は管理の労働を主人に提供する以外に、田三畝・地二畝の給付については、なんの負担もないことになる、そんなはずはない、だから紀綱の僕に対するものをはじめとして、すべての給付田地には佃租の負担があるはずだという論理を展開する。筆者は、Ⅲ以下で展開するように、「授田額」固有の論理に即して、耕作にせよ、管理にせよ、一定の労働を主人に提供することと、いっさいの負担のない給付田地が主人から与えられることとは不可分に結びついていると考えているから、かかる給付田地に佃租負担が課せられると理解すること自体が、真向から「授田額」の論理構成にそむくという見解をもつ。筆者のこの見解については、ここでは結論的な形で述べるにとどめておくが、関連する問題として、右に示された小山の理解は、紀綱の僕が、どのような仕方で、彼の給付を受けた田地から生活資料を入手するか、という点についての検討を欠いていることを指摘しておきたい。いうまでもなく、土地は、それに対して人間の労働を投下することなくしては何ものも生みださない。田地を主人から給付された紀綱の僕も、原則としては、そこに自らの耕作労働を投下することによって収穫を得、この収穫を彼の生活資料とするのである。換言すれば、この耕作労働を媒介としてはじめて給付は真の給付となる。「代耕せしめず」と規定され、主人に代わっての耕作を免除されているとはいえ、紀綱の僕に給付された田地についても、かかる意味での〝負担〟がともなうのである。もちろん、こうした自己労働の〝負担〟は、小山のいう「負担」、すなわち主人からの搾取とはたしかに次元を異にするものである。しかし、「授田額」が、本来的に奴僕の処遇を改善する主人の側の試案としての性格をもつものである以上、奴僕労働の搾取を可能にする条件についても、作者張履祥が考慮しているのは、むしろ当然である。主人が管理という形態での労働を紀綱の僕から安定的に搾取するためには、紀綱の僕の代耕を免除し、この代耕免除によって空いた彼の時間を、彼に給付した田地での耕作にあてさせなければならない。ここに張履祥が割註を付した意図がある。紀綱の僕への給付田地には「管理以外には何の負担もない」という、小山が疑問を呈したそのあり方こそ、まさに、紀綱の僕の管理労働遂行を保障するための条件として、張履祥が設定したものに他ならないのである。

ここでは、「授田額」の論理展開をはっきりした形でとりだすために、紀綱の僕は自ら直接的に生産労働をも行なうものとして取扱ってきた。しかし、佐伯有一が明らかにしているように、当時の紀綱の僕の現実的存在形態には直接的生産者としての側面は稀薄である。(16) 張履祥も、紀綱の僕が、実際には、主人から給付された土地を、自己労働によってではなく、佃戸・傭工・奴僕（彼自身の使役する奴僕）といった他人労働の搾取によって実現することを否定してはいなかったと考えられる。なぜなら、他人労働を用いた際にも、紀綱の僕はそのための一定の支払い乃至支出を余儀なくされるのであり、これらの支払い乃至支出が、紀綱の僕自身で生産した場合の投下労働に見あうからである。

Ⅲ

「授田額」の記事に対する小山の理解を最も端的な形で示しているのは、Ⅱの冒頭に引いた1である。しかも、この点は、小山のいうように、筆者と小山との「最も見解の分れる」所であり、かつ「授田額」の本質把握にかかわっている。詳説しよう。

小山は、「授田額」の記事が、前文と本文とから構成されており、この両者が密接不可分な有機的関連をもっていることを、必ずしも重視していない。ここに、小山の理解の問題点がある。

たしかに、小山は、旧稿で、『楊園先生全集』巻一九、議において「授田額」のすぐ前に収められた「義男婦」の記事に注意を向けるとともに、「授田額」記事中の前文の内容にもふれる発言を行なっている。

「この義男婦前文（傍点は筆者。『義男婦』の記事自体を、「授田額」の前文と位置づけたためであろうか。小山独自の表現である。『義男婦』の記事自体には固有の前文はない）の冒頭は『井田廃而民無恒産。云々』と書き出され、授田額にも『倣公私田遺意』とあるから、これを書いた張履祥の念頭には、往古の井田法などの知識が背景として存したものに違いないが、これがそうした抽象的理念からする現実離れの提案でないことは、ここに示されている田・地の給付額からも窺えるのである。」（小山旧稿㈠、二四頁）

すなわち、小山は、「授田額」記事中の前文の「公私の田の遺《のこ》されし意に倣《なら》い」の部分を、「義男婦」の記事の冒頭の部分とともに一括して、「抽象的理念」の表現にすぎないと解釈し、このことによって、「授田額」の前文と、そのすぐ後に続く本文との関係を全く断ち切ってしまうのである。小山は、さらに、次のようにも述べている。

「この〔授田額の〕（筆者註）記事全体は、往古の田制に対する張履祥の知識の外被に包まれながらも、なお現実的妥当性を持つものと言わねばならない。」（小山旧稿㈠、二五頁）

ここでも小山は、張履祥の往古の田制についての知識はあくまで「外被」であり、記事の実質的内容とは区別すべきであるとして、井田制に関連ある「公私の田」云々の前文を、事実上本文とは無関係なものとしてしまうのである。「授田額」の本文で設定されている義男婦家族の全耕地面積を、未成年の家族員への給付分をも含めて一〇畝余と見積ること、この面積が当時の桐郷県における農業生産力の水準に見あった、一農民家族の最大可耕面積と照応していること、従ってこの「授田額」の本文が、かかる農業生産力的見地からすれば「現実離れの提案でない」ことについては、七一年の拙稿でも明言しておいたように、小山の言うとおりである。しかし、「授田額」の本文が一定の「現実的妥当性」をもつということは、この本文と「公私の田」云々という往古の田制についての知見を重要な構成要素とするその前文との間に、論理構成上の有機的な関連がない、ということを意味するものではない。

それでは「授田額」の論理構成における前文と本文との有機的、必然的関連とは何か。すでに、小山の旧稿の「授田額」理解を検討した七一年の拙稿で筆者の見解は示されている（一二一、一二三頁。本書では四六六－四六七頁）が、あえて重複を冒しつつ言及しておきたい。前文と本文との関連をさぐる上で欠かすことのできないそれぞれの基幹部分は左の如くである。

Ａ　因倣公私田遺意、酌為恒制、与同有是志者、試行之、（前文）

Ｂ　一夫一婦、授田三畝・地二畝、以給衣食、賦役主人為之任、不奪農時、代主人耕田二畝・地一畝〈任他役使者免〉、（本文）

Ａ、Ｂの関連を解くためには、まずＡの「公私田遺意」の句の意味するところを明らかにしなければならない。この句は、『孟子』滕文公章句上の次の箇所にもとづくものと考えられる。

方里而井、井九百畝、其中為公田、八家皆私百畝、同養公田、公事畢、然後敢治私事、所以別野人也、

張履祥が二度にわたって「世業之産」乃至「田産」の所有者と、「奴隷」、「傭工人」、「佃戸」との関係を、孟子のいうところの「土地」を媒介とする「諸侯」と「人民」との関係に比定し、「諸侯」は「人民」を「宝」とすべきだという孟子の見解に学ぼうとしていることは、北村敬直、さらには小山の新稿の指摘した資料(18)によって明らかにされている。他人労働に依拠する土地所有者と、その下で労働する直接生産者との関係に言及する時、張履祥はこうして孟子に立ち返っているのである。張履祥が土地を所有する主人とその下で労働する奴僕との関係を再検討し、その改善を目指す際、孟子を念頭に置いたことは十分に考えうることである。

かつて中国の古田制について詳細な検討を行なった加藤繁は、「孟子は古田制を以て所謂先王の道の主な部分と考え、全力を竭して此れを講究し、殆其の時代に於て知り得られる限の田制の智識を持って居たやうである」と述べ、さらに「孟子には古田制に関する事柄があちらこちらに見えるが、其中最詳細であって孟子の真面目な研究的態度も現はれ居り、恰も孟子の田制に関する智識を尽く傾注し来ったかと思はれるのは、滕文公章句上の滕文公問為国の一節である」とする(19)（送り仮名は、以下の場合も同じく原文のまま）。この「一節」の最後の段落が、実は前引した「方里

而井。云々」の部分なのである。以下に引用する加藤の見解は、『孟子』滕文公章句上のこの部分が、Aにおける「公私田遺意」の句の内容に該当することを示しているように思われる。(20)

右の「一節」の最後の段落は、土地を井字に区画して租税を徴収する方法、すなわち、加藤によれば「井地即ち助法の組織及其運用の方法などを説いた」部分であり、「後世の人が助法の何物たるかを詳にすることが出来るのは此の一段あるが為である」とされる。この段落の具体的に意味するところについての加藤の理解は左のようである。

「助法とは地面に井字形を劃して九つの区域に分ち、ぐるりの八区域〔八〇〇畝…森〕を八家の民に分配して其の私田とし、中央の一区域〔一〇〇畝…森〕を公田として八家をして相共に耕作せしめる制度である。」（傍点は、以下も同じく森）

「助法の税率の九一〔いわゆる什一を精密に言ったものと加藤はする。従って一〇％〕であることは孟子が野九一而助と云ったのに依って極めて明白である。従って八家が相共同して公田百畝を耕作し其の収穫を上に納めることは疑を納れぬ。」

「助法の特色は公田の存在と其公田が八家共同の下に耕作される〔こ〕との二つである。公田というものを置き民をして其の耕種の労に服せしめるのであるから、租税の代りに公家に入る所の公田の収穫は年の豊凶に依って自ら増減する。」

加藤のこの理解によれば、九〇〇畝の方形の土地は、井の字形に区画され、中央に位置する一〇〇畝の公田と、それをとりまく一区画一〇〇畝ずつ、計八〇〇畝の私田とに区別される。八家の農民家族は、一区画一〇〇畝の私田をそれぞれ耕作し、そこからの収穫を以て生計を営むとともに、中央の一〇〇畝の公田を共同で耕作し、その収穫を租税として公家に納入する。そこでの全労働生産物を租税として公家に納入する公田と、そこでの全労働生産物を自己の家族の生計に充てる私田との間には、明白な区別がある。私田からは労働生産物を公家に提供する必要は全くなく、公田のそれのみが提供される。なお、私田を耕作する農民家族は、公田の共同耕作において緊密に結びつけられていることが注意されねばならない。公田のこの共同耕作とそこでの全生産物の公家への納入を媒介として、はじめて八家の農民家族の私田耕作とそこでの全生産物の取得は成立している。すなわち、公田と私田とはあくまで相互媒介的な存在なのである。Aにおける「公私田遺意」の句は、公田と私田の区別と連関を以上のような仕方で示している『孟子』滕文公章句上の当該の段落と、内容的に対応していると考えられる。

「公私田遺意」の句の意味が明らかになったことにより、「因って公私の田の遺《のこ》されし意に倣《なら》い、酌して恒制を為《つく》り、同じく是の志を有する者と与《と》もに之を試み行なわん」という前文の基幹部分、Aと、「一夫一婦、田三畝・地二畝を授け、以て衣食を給す。賦役は主人之が任《つとめ》を為し、農時を奪わず。主人に代りて田二畝・地一畝を耕やしむ〈他の役使に任ずる者は免ず〉」という本文の基幹部分、Bとの密接不可分な有機的関連を理解することもまた可能になった。

『孟子』滕文公章句上の当該の段落における公家と私家との関係が、「授田額」における主人と義男婦家族との関係に対応することを当然の前提とするならば、Aにおいて想定されている公田と私田との区別と連関は、Bにおいて示されているところの、主人に代わる義男婦の代耕田地（田二畝・地一畝）と主人からの義男婦への給付田地（田三畝・地二畝）との区別と連関に照応する。まさに「公私の田の遺《のこ》されし意に倣《なら》いて」、「代耕」すべき田地と給付された田地とが設定されているのである。

ところでAのふまえている滕文公章句上の当該の段落における公田と私田との間には、単に、名称・位置・面積の区別のみがあるのではなかった。そこでは、公田の収穫はすべて公家に提供され、私田の収穫は公家に何ら提供されることなく、すべて各々の私家に帰属していた。とすれば、Bの中で、Aの公田に照応する義男婦の代耕田地の収穫はすべて主人に提供され、Aの私田に照応する義男婦への給付田地の収穫は、すべて義男婦に属することになる。前文の基幹部分たるAと、本文の基幹部分たるBとのこの明白な対応関係、両者を連ねる「授田額」の記事の緊密な有機的論理構成を、私たちは見すごしてはならない。義男婦としての奴僕家族が、主人から給付された田三畝・地二畝についても佃租を負担するという小山の解釈は、「授田額」の記事の前文と本文とを一貫する論理構成に即して考える時、成立しがたいといわねばならない。そして、実は、義男婦への給付田地について、義男婦には佃租負担がないということは、前文と本文との関連性をひとまず切り離し、本文自体の論理に即してみても、明らかなことなのである。

鍵は、「一夫一婦、田三畝・地二畝を授け、以て衣食を給す」という個所の「衣食を給す」の理解にある。「授田額」本文では、「衣食」という語が、他にも二度用いられている。それは、「六十以上は田を帰し、主人〈のところ〉に於いて衣食せしむ。田を帰すを願わざる者は聴す〈自から衣食せしむ〉」という部分においてである。六〇才以上になった義男婦には、支給した田三畝・地二畝を返却させて、主人の所で生活の面倒を見る。田地の返却を願わない者は、その意志を認め、自分で生活させる、というのがその趣旨である。とするならば、六〇才以前、給付された田・地を主人に返却しない状態においては、義男婦は「自ら衣食」していた、すなわち自分達自身で生活していたのである。先の「以て衣食を給す」という語句の意味が、田三畝・地二畝を給付することによって、義男婦に「自ら衣食」させるようにする、自分達自身で生活する条件をつくってやる、という点にあることは明らかであろう。義男婦はその給付田地について佃租を負担し、その結果として生ずる収入の不足分を、主人の「給養」に待つ、という小山の見解は、「以て衣食を給す」という語句の右のごとき理解、本文の論理展開に平心に沿った理解に照らしても、非常に不自然なものであると考えざるをえない。

表に出た文字面にとらわれず、眼光を紙背にまで透徹させて、そこに隠蔽されている事物相互の関係を暴露することは、階級社会の支配階級によって、しかも被支配階級について記録された文献資料を読む上では、すこぶる積極的な意義をもっている。しかし、その前に、私たちは、文献資料自体のもつ固有の論理、乃至論理構成を探り、そこに表わされた作者の主観的意図を正確に見定めた上で、当該資料のもつ客観的意義の検討に移らねばならないのではないだろうか。主人から給付された田地についても、収穫の半ばに達する佃租を、義男婦家族は負担させられるのだ、という小山の理解は、本来佃戸の負担の称呼である佃租と奴僕とが結びつけられているという異和感はあるものの、それ自体としては、鋭い洞察力を感じさせるものであり、あるいは、実際には、そうした仕方で自己の土地所有を実現しようとする地主経営も存在したかもしれない。しかし、「授田額」の記事を媒介にして、そうした仕方が現実に存在したことを論証しようとすれば、まず「授田額」の前文と本文とを連ねた論理構成、本文の各語句を貫く論理展開に即して、作者張履祥の言わんとするところを認識しておかねばならない。筆者は、決して小山の反批判するように、「義男婦家族はかつかつにもせよ（主家よりの給養なしで）再生産が持続されねばならないという前提」から出発しているのでもなければ、「張履祥の主観的意図に対する」根拠なしの「推測」を行なったのでもない。非礼を冒してあえて言えば、小山の義男婦佃租負担の主張は、張履祥「自身の言葉をきいてみ」ることなく、「義男婦家族は主家の給養なくしては再生産不可能なのである」という前提から出発して、「授田額」の記事を外側から読みこんだ結果ではないだろうか。

念の為に言えば、「義男婦が主家の給養なくして再生産しえない、換言すれば恒常的に主家の給養を受けるということは何ら奇異な現象ではない」という小山の指摘（新稿一二〇頁）は、一般的にはたしかに正しい。しかし、「授田額」における「給養」のあり方、「衣食を給す」るあり方についての小山の理解は誤っている。「授田額」における「給養」のあり方とは、義男婦に、期限付で土地を給付するという、まさにそのことなのである。むすびでも述べるが、この意味での新しい「給養」のあり方にこそ、「授田額」なる試案のポイントがあるのである。小山の理解によれば、先にもふれたように、自分達自身で生活させるために、義男婦家族に対してわざわざ給付した土地から、また佃租を支払わせ、自分達自身の労働では生活が営めない状態に引き戻した上で、別途に生活手段――現物の衣服・食料等ということにならざるをえない――を与え、それによって義男婦家族の再生産を維持していくという、はなはだ複雑な、まわりくどい「給養」のあり方を主人側は採用することになる。張履祥は、あえてこうした複雑な「給養」方式を編み出し、それを主人＝奴僕関係改善のための新しい案として提唱しようとしたのであろうか。疑問無きを得ない。私たちは「授田額」という標題と、「一夫一婦、田三畝・地二畝を受け、以て衣食を給す」という一句の含意する所をたえずふり返らねばならない。

むすび

以上の検討により、「授田額」における義男婦家族が、その代耕田地における全労働生産物を主人に提供するだけでなく、給付田地についても主人への佃租を負担するという小山の理解は、「授田額」の前文と本文とを連ねた論理構成、及び本文自体の論理展開に即していないことが明らかになった。従って、少なくとも「授田額」の記事によっては、第二類型の大土地所有の労働力としての奴僕の再生産のあり方を主題とする新稿の結論二―③、及び二―③をふまえて奴僕の歴史的規定を行なった二―⑤を導き出すことは困難である。また「授田額」の記事にもとづいて、小山の結論諸項目にいうところの主家の「給養」の具体的なあり方を論証することにも問題がある。

筆者は、七一年の拙稿執筆時に至る一〇年余の間、小山の義男婦佃租負担説の根拠は「授田額」の記事の論理自体にあるはずだと考えてきた。七一年の拙稿で、「授田額」本文の「賦役主人為之任」の部分における「賦役」を、「主家が義男婦家族より収取する佃租と徭役の意味」だとする旧稿での小山の理解にこだわり、この理解が誤りであって、国家が土地所有者に対して割り当てる田賦と徭役の意味であることを強調したのは、こうした筆者の考えが前提にあったからである。小山はこの「賦役」の理解については、新稿の中で筆者の見解に同意した。ちなみに、もともと小山はこの「賦役」が国家サイドからのものである可能性も、旧稿の注記では否定しておらず、主家サイドからのものとしても、国家サイドからのものとしても本文の内容の理解には差支えないと明言し、捨象可能なものという程度に扱っていたのであるが、筆者は本人の意図以上に、この「賦役」に対する旧稿での小山理解を深刻に受けとめ、小山の理解では、義男婦家族が国家の賦役をも負担する可能性すら生じるとした。新稿での小山の指摘のように、義男婦家族の国家賦役負担の点は、筆者の誤解であり、訂正しておきたい。

とはいえ、この「賦役」理解について問題がなくなったとすると、小山の義男婦佃租負担説は、もはや「授田額」の記事の内的論理展開には、全く足がかりをもたないことになる。小山の唯一の論拠は、〔1〕張履祥の「補農書」下、総論、佃戸の記事によると、当時の桐郷県楊園村の佃戸の一家族可耕面積が一〇畝、佃戸に対する佃租搾取率が五割であること、〔2〕それとほぼ耕作規模の見あう「授田額」での義男婦家族に対する搾取率が、佃租負担無しとする筆者の理解では、三割七分五厘となること、この二つの数値の比較に置かれる。「同時期・同地域でほぼ等しい面積を耕作する佃戸と奴僕家族について、前者からは収穫の半ばがとられ、後者からは『面積比で八分の三、三割七分五厘の労働のみ』収奪されるとするのは――森氏に従えばかく理解される――果して合理的な解釈であろうか」と、小山はいう。

佃戸に比べて奴僕がより少なく搾取されることは背理であり、ありえないとする小山の見解は、従来の経済史的通念に照らす時、それ自体としてはたしかに明快である。農奴乃至隷農範疇を与えられてきた佃戸は、原理的には、必要労働を自己の手もとに残すが、奴隷範疇を与えられてきた奴僕は、必要労働と剰余労働の区別さえない、きびしい搾取を受けてきた、というのが、従来の経済史上の通念であるからである。しかし、「授田額」の記事を貫く論理を虚心にたどれば、実は、奴僕に対する右の意味での従来の通念からすればありえないことが、この通念と矛盾することが、張履祥によって構想され、提案されているのである。

小山は、新稿で、奴僕身分にあるものが恒常的に主家よりの「給養」を受ける存在であったことを明らかにしているが、このことはとりもなおさず、主人は本来的には奴僕を「給養」する義務を負うことを意味する。主人は自家の奴僕の生命の維持＝再生産を物質的に保障することによって、はじめて奴僕を手もとにとどめて使用することができる。張履祥の「授田額」における提案も、主人＝奴僕関係を本来的につらぬくこの原理をしっかりとふまえている。ただ、この提案の「試行」さるべきものとしての新しさは、上述したように、奴僕に土地を給付すること――「授田」――によって「給養」を行なおうとした、すなわち奴僕としての義男婦の生命の維持＝再生産を物質的に保障しようとした点にある。「近俗、僕隷には都《い》ずれも善良なる無し」という状況下における張履祥ら主人側の課題――奴僕の安定的隷属――を解決するための条件として、奴僕に一定量の土地を給付し、自ら耕作させ、その収穫によって「自ら衣食」させるという新しい「給養」方式が選択されたのである。この新方式を支えているものは、あくまでも、主人が奴僕に対して生活資料を上から与えるという伝統的な「給養」の理念である。しかし、この新しい方式への転換は、右の伝統的な「給養」理念と表裏の関係にあったところの、伝統的な搾取のあり方を変えるという結果をもたらしてしまった。

奴僕が主人に代わって耕作する田地と、主人から生命の維持＝再生産のために給付される田地とは、空間的にはっきり区別され、これに対応して、主人のための労働と、奴僕自身のための労働とは、明確に区分されることになった。奴僕の主人のための労働は、不定量なものでなく、一定量のものに限定され、主人の奴僕に対する「給養」も、不定量なものではなく、給付された田地からの収穫として定量化されることになった。また、「授田額」本文の一つの割註――「他の役使に任ずる者は〔主人の田地の代耕を〕免ず」――は、奴僕の労働の専業化を規定しており、主人の土地を耕作する奴僕は、無限定に主人のための他の労働に従うことがなくなった。「授田額」においては、主人の奴僕に対する搾取は、このように極めて限定的なものとして設定されている。

「授田額」における義男婦家族は、主人に身分的に隷属する奴僕としての本質的性格をもっているが故に主人の「給養」を受けるのであるから、身分法上の奴僕の本質は完全に保持されている。しかし新しい「給養」方式の中味は、彼らに田地という生産手段を給付し、彼ら自身の労働によってそこでの全労働生産物を取得させるというものである。従って、本来、全労働を搾取さるべき奴隷であるはずの奴僕＝義男婦が、新方式の場合には、一定部分の労働、必要労働に見あう部分の労働を、自己の手もとに保持することになった。七一年における筆者の試算（拙稿一〇頁下段。本書では四六四頁）のように、給付田地についての佃租負担がないとすれば、従って面積比による搾取率が三割七分五厘であれば、この義男婦家族は、「再生産に必要なすべての手段を主人の〔一方的現物給付〕[21]のみに頼る奴隷とは全く異なった地位」（拙稿一〇頁下段。本書では四六四頁）を占めるといえる。かくして「授田額」という試案上の義男婦は、必要労働と剰余労働の区別すらなく、自己の生命の維持＝再生産を主人の一方的な現物生活手段の給付に依存するという、経済史上の奴隷の通念と相矛盾する性格をもつに至った。張履祥の頭脳は、比喩的に言えば、「給養」であってしかも「給養」を越えた方式を編み出すことによって、奴隷でありながらもはや単なる奴隷ではなくなった存在を創出したのである。だが、この矛盾は、あくまで主人＝奴僕関係の本来的な原理に忠実な態度をつらぬき、奴僕をつなぎとめるに足る「給養」を行なおうとする張履祥の主観的意図と、この意図を実現しようとして彼の編み出した方式の客観的内容との矛盾である。いうまでもなく、張自身は、私たちの設定したこうした矛盾を矛盾としては自覚していない。彼にとって、田地の奴僕への給付による新しい「給養」方式は、主人＝奴僕関係を現実に適合した形で維持しなければならないという要請に沿った合理性ある試案だったからである。

それでは、「奴僕身分の全般的動揺と解体」（小山新稿）の最中にあった明末清初において、張履祥は、なぜ奴僕を「勢として養わざる能わず」とし、奴僕の使役に固執しつづけたのか。筆者は、「授田額」の記事を真に理解するためには、この問題を解決しておかねばならないと考えるが、今は十分な準備がない。この問題は、地主的土地所有にとって奴僕労働はいかなる意味で構造的連関をもっていたのかという問題として経済的側面からも解かれねばならない。だが、この問題は、奴僕の主人たち、すなわち郷紳士大夫階級の存立の基盤にかかわる問題として、経済的側面からのみならず、より広く事物の相互関連性を追究する視角からとりくまねばならない性質をもつと思われる。この階級をゆるがせた明末清初の奴変の徹底的究明は、右の問題の解決のためにも必要な仕事である。

註

（1）『東洋文化研究所紀要』六二、一九七四年。のち『明清社会経済史研究』東京大学出版会、一九九二年に収録。

（2）『史学雑誌』六六―一二・六七―一。のち前掲小山著書に収録。

（3）『海南史学』九。本論集本巻第一一章。

（4）「中国土地改革の歴史的性格」（『東洋文化』四、のち『中国村落と共同体理論』岩波書店、一九七三年に収録）。

（5）汪志尹編『荒政輯要』巻三、撫郵事宜所収の被災貧窮直接生産者農民に対する国家の救済規定の一項。森正夫「一八世紀における荒政と地主佃戸関係」（『高知大学教育学部研究報告』第一部、二一、一九六九年）、同「一六―一八世紀における荒政と地主佃戸関係」（『東洋史研究』二七―四、一九六九年。本論集本巻第九章）参照。

（6）七一年の拙稿一五頁（本書では四七〇―四七二頁）、及び同一七頁（本書では四七四頁）註二七、とくに後者を参照。

（7）傅衣淩『明清農村社会経済』三聯書店、一九六一年に収録。

（8）小山の旧稿、及び七一年の拙稿に、この全文に対する意訳が試みられている。

（9）七一年の拙稿九―一一頁（本書では四六一―四六五頁）参照。

（10）前掲註（9）に同じ。

（11）小山の新旧両稿、七一年の拙稿では、原文の「倍之、或再倍之」を、二倍乃至四倍の意としている。「再倍之」を四倍とするのが誤りであるとは必ずしも言えないが、ここでは、二倍の次の倍という意味で三倍とするところの、今一つの解釈をとっておく。

(12) 七一年の拙稿で、筆者は、紀綱の僕の「管理する三〇〇畝以上という土地も、佃作地の存在と無関係ではないと思われる」と述べた。この言及は、当該箇所で示しておいたように、張履祥が、前掲「賃耕末議」で、純然たる佃作地の場合における佃戸の処遇の改良を、詳細に論じていることをふまえて、かかる佃作地と「授田額」における手作地との関連性を追求する必要性について問題を提起した際のものである。言外には、『楊園先生全集』巻五〇「補農書」下、総論、佃戸の項において、張履祥が佃作地及び佃戸管理者としての紀綱の僕のあり方をさまざまな点から批判している箇所を念頭に置いていた。しかし、小山が新稿で筆者を批判しているように、右の筆者の発言は、「授田額」の記事に即していうとき、「根拠のない」「想定」である。小山の批判は正しい。小山の新稿の第一章「奴僕の存在形態」の証明するところによっても、奴僕の労働のみによって実現される三〇〇畝規模の大土地所有は、現実に存在したと見なければならない。なお、本文九八頁（本書では四九〇頁）で述べたように、七一年の拙稿における「佃戸の抗租」についての言及も、「授田額」記事中の紀綱の僕の管理田地に佃作地が含まれているという右の想定から演繹的に行なったもので、「授田額」自体には関連する叙述はない。筆者の不明を詫びたい。

(13) 佐伯有一「明末の董氏の変―所謂「奴変」の性格に関連して―」（『東洋史研究』一六―一、一九五七年）の指摘するところによる。

(14) 前掲註（13）の佐伯論文、参照。

(15) 前掲註（12）を見よ。

(16) 前掲註（13）の佐伯論文から筆者が理解した所による。

(17) 七一年の拙稿（一〇頁、本書では四六四頁）では田八畝・地五畝、合計一三畝と見積っている。

(18) 北村敬直「明末・清初における地主について」（『歴史学研究』一四〇、一九四九年。のち『清代社会経済史研究』増補版、朋友書店、一九七八年に収録）では、『楊園先生全集』巻五〇「補農書」下、総論、佃戸の一節を、小山新稿では、この一節と、同上書巻三七、初学備志下の一節とを紹介している。

(19) 加藤繁「支那古田制の研究」（『支那経済史考証』上、東洋文庫、一九五二年に収録）第二章「孟子其他の古書に見えた耕地及宅地の制度」。以下に引用する加藤の見解は、いずれもこれによる。

(20)『孟子』のこの部分の理解については、以下に引用する加藤の見解に従っている。この部分を一つの重要な素材として、一九二〇年頃から、中国と日本で、井田制否定論と実在論が争われてきた。ここでは、井田制の実在が全く疑われなかった時代に書かれた「授田額」を検討しているので、小竹文夫が「井田制(実在論)研究に関する一大集成」と評価している加藤の著書に依拠したのである。小竹文夫「中国井田論考」(『東京教育大学文学部紀要』三一、一九五六年)参照。

(21)〔 〕内は、七一年の拙稿にはなく、今回文意を明確にするために付け加えた。

『名古屋大学東洋史研究報告』第三号 一九七五年

13　一八―二〇世紀の江西省農村における社倉・義倉についての一検討

はしがき

中国革命の中心的課題の一つとして遂行された土地改革が、前進しつつある中国の社会主義の特質を理解するためにも、長期にわたって歴史的に形成されてきた中国社会の性格を明らかにするためにも重要な研究対象であることは、多くの人々の認めるところであろう。後者の意図からなされた先駆的な仕事である、旗田巍の論文「中国土地改革の歴史的性格」(1)が、発表後四半世紀を経た今もなお、私たちに示唆する所少なくないこと自体、土地改革研究のもつ意義を示している。小山正明は、最近改めて「中国封建制研究の弱さ」を率直に指摘しているが(2)、筆者もこうした「弱さ」を担い、それを克服しようと考えている一人として、土地改革から多くを学びたいと思っている。

土地改革には、土地所有、階級構成、共同組織、再生産構造、階級支配、階級闘争、意識の諸形態等々、近代以前の段階から中国農村社会が継承してきたさまざまな問題が含まれている。筆者は、たまたま数年前、毛沢東が土地革命期の実践上の要請から一九三〇年に実施した調査にもとづいて、翌三一年初頭に整理した「興国調査」の原典(3)にはじめて接し、不学故に具体的内容を知らなかったこの文献が、如上のすべての問題にかかわる包括的な性質をもっていることを認識した。その中には、一三―一八世紀に即して若干の作業をしてきた、直接生産者農民の再生産の維持の保障が在地の農村社会でどのように行なわれてきたか、という筆者の年来の課題に関連し、かつこうした保障の機構が階級支配とどのように結びついているか、という課題にもかかわる示唆に富む部分があった。それは一九三〇年の興国県で実際に機能を果たしていた、端境期の糧食貸与、伝統的な用語でいえば賑貸を行なう機構としての義倉についての言及である。

本稿では、当時の義倉の存在形態から出発し、清朝支配体制の相対的安定期である一八世紀まで溯行し、管見した断片的な資料から、一九三〇年にいたる義倉の形成過程をたどりながら、右の課題についての若干の検討を行ないたい。一二世紀前半、南宋の初年以来、社倉の呼称を与えられてきた近代以前の中国のこの種の機構については、一九四二年、今堀誠二が「宋代社倉制批判」という労作(4)を出し、永楽大典に収録された宋代地方志を中心的素材として、制度史的、社会史的側面から精細な研究を行なっており、現在、これを越える水準の研究はなく、筆者も、多くの基礎的認識をここから得た。しかし、筆者は、近代から一八世紀に溯るこの種の機構の全面的な研究を行なう準備を欠くので、今堀の研究の到達点を発展させることはできなかった。また、歴代王朝の下で作られた政書類、地方志類、士大夫の文集など、足かけ九世紀の間に作られ、かつ諸地域にわたるおびただしい資料があるが、それらの圧倒的大部分は未見である。本稿が一試考の域を出ない所以の一つである。ちなみに『清国行政法』第四巻所載の第一一章救恤、第二項「救恤営造物」の項には、近代以前の中国の社倉・義倉についての簡要な概観がなされている。

一　毛沢東「興国調査」における義倉

一九三〇年を迎えた頃、少数の都市と白色勢力の拠点地区とを除く江西省南部、福建省西部では、それぞれかつてなかった人民の政治権力が相前後して生まれた。江西労農民主政府と福建労農民主政府である。第二次国内革命戦争期の最も大きく、最も強固な革命根拠地としての中央革命根拠地は、以来、その基礎を確立した。華中・華南の各省にも、時を同じくしておびただしい革命根拠地が建設された。これらの根拠地では、郷赤衛隊から正規の赤軍に至る人民の武装組織が拡大し、土地革命が積極的に推進されていった。蔣介石と馮玉祥、閻錫山との間で、同年五月から大規模な混戦が続けられている間、革命を指導する中国共産党中央では、李立三らの左翼日和見路線が一時支配的となったが、毛沢東らの辛抱強い説得とこの路線にもとづく長沙攻撃の失敗などによってその誤りは糾され、革命根拠地は引き続き発展した。この発展を恐れた蔣介石は、一一月に右の混戦が終了するや、一二月下旬から主力の二個師団を動員し、中央根拠地に対する大規模な包囲攻撃を加えた(5)。

この年、一〇月末、毛沢東は、袁水流域に進出していた赤軍第一方面軍の補強のため、江西省南部の興国県から派遣されてきた多数の農民の中で、同県第十区＝永豊区出身の傅済庭ら八人の農民を招き、調査会を開いた。会は軍事的必要性から同軍が移動するまでの一週間、毎日二回、時には三回、日によっては深夜まで熱心に開かれた。自らの提出した調査要項に即しての毛沢東の質問と討論、毛による結論の作成と八人の農民による確認、毛によるその記録という形で調査は進められた。毛は、それまで革命根拠地内で行なわれた土地革命闘争の政策決定における多くの誤りが、机上の想定や大ざっぱな報告からもたらされたという認識に立ち、共産党の指導を、詳細にして科学的な実際の状況の調査に基礎を置くものにしようと

表１

毛沢東「興国調査」の篇別構成（第二章以外の細目は省略）
前言〔にあたる部分〕
一　八個家庭的観察
二　本区旧有土地関係
1．田地分配　2．人口成分　3．剝削状況
第１種　地租剝削
第２種　高利剝削　①銭利　②穀利　③猪利　④牛利　⑤油利　⑥当利　⑦塩利
第３種　税捐剝削
三　闘争中的各階級
四　現在土地分配状況
五　土地税
六　蘇維埃
七　農村軍事化

考えたのであった。(6) 調査会に参加した八人の農民家族一戸ずつの生活実態の忠実な観察を第一章とし、全七章からなるこの調査記録は、一九三一年一月、寧都県の小布圩で、毛沢東自身によって整理されたものである。

土地革命を指導した毛沢東とこの革命の担い手となった八人の直接生産者農民とによって行なわれた、階級観点の明確な、かつリアリティに富んだこの調査の中に、私たちは、当時の中国の農村社会を理解する幾多の貴重な手がかりを見出すが、ここでは前述したような関心から、一九三〇年という調査時点まで厳存していた興国県の義倉、及びそれと関連の深い公堂に関する部分に着目したい。

「興国調査」(7)（以下「調査」と略称）の中で、興国県農村部の生産諸関係及び階級構成に関する部分は、表1にも示したようにすこぶる多く、第六章のソビエト政府、第七章の農村の軍事化以外のすべてにわたる。人口の一％と五％を占める地主と富農が、それぞれ四〇％と三〇％の土地を所有し、人口の六〇％を占める貧農がわずか五％の土地しか所有していない（雇農の人口は一％、土地所有は〇％）という第一章1、2の巨視的な調査結果、及び自耕地と出租地の量的区分が明らかな富農三二戸のうちで一二戸がその土地所有の五〇％以上を出租によって実現しているという第四章の調査結果をふまえると、第二章の3でとりあげられている当地の搾取関係の中で地代搾取（地租剝削）が大きな比重を占めていることは明らかである。しかし注目されるのは、「調査」が地代搾取についてはごく簡単に八行で触れているのに対し、高利貸的搾取（高利剝削）については、それを七種類に整理し、約一〇〇行を割いて非常に詳細に言及していることである。

第一章における八戸の農民家族のうち、七戸はそれぞれ自己の土地を若干ずつ所有してはいるが、同時にこの八戸中の七戸は他人の土地を租種しており、高率の地代搾取を受けている。かかる地代搾取を主要な契機として、八戸の農民家族にあっては、例外なしに支出が収入を上回り、債務を負っている。債務の大半は、糧食——飯米の不足分、「請工」という名で呼ばれる農繁期の臨時雇傭労働に対する手間賃、その他日常の生活必需品の支払いから生じており、こうした債務から生ずる利子の支払いをも含めて、基本的には農家経営の再生産のための支出をまかなうためのものである。右の八戸を含んで、当時の興国県第十区における直接生産者農民の主要な部分を占める貧農が再生産を持続するためには、現金または現物米穀を主体とする借り入れが不可欠であり、「調査」が詳述する七種類の高利貸的搾取関係はこの借り入れの要請と分かちがたく結びついていたのである。

「調査」の高利貸的搾取関係に関する叙述の中で、当地の貧農の最も切実な問題として随所に指摘されているのは、四、五月前後の春夏の端境期における糧食――飯米の確保である。農村内部における現物米穀の貸与は、「生穀」とよばれ、糧食の確保の要請を直接的に満たす。その際搾取されるのが「穀利」、すなわち借り入れ米の利子である。米価の上昇期であるこの時期に米を販売して利益を得ることを第一に志す富農は、可能な限り米自体の貸与を避け、貸与する場合にも、期間の長短にかかわらず、一律に五割という高い利子をとる。かかる状況の中で貧農の要請に応えるのが義倉であり、公堂も若干の役割を果たす。「調査」は「穀利」の部分にいう。

貧農が金を借りる場合には、富農から借りるのが八割で、公堂や義倉から借りるのが二割であり、地主から直接に借りることはない。貧農が米を借りる場合は、公堂や義倉から借りるのが九割で、富農から借りるのが一割である。このことからすると、富農はまったくの搾取主義であるが、公堂や義倉にはまだいくらかの救済の意義がみられる。

しかし、公堂もまた、その大部分は搾取主義である。公堂の所有する米のうち、第一郷では、売りに出されるのが八割で、貸し出されるのは二割である。第二、第三、第四郷では、その全部が売りに出され、ほとんど貸し出されるものはない。ただ、義倉の所有米だけはその全部が貸し出され、売りに出されるものはまったくない。この区の義倉は、すべての郷に設けられている。第一郷（人口三〇〇〇）には四つの義倉があり、八〇〇石の米をもっている。第二郷（人口八〇〇）には五つの義倉があって五〇〇石の米をもち、第三郷（人口三〇〇〇）には六つの義倉があって四〇〇石の米をもっている。この三つの郷には、合計二〇の義倉があり、一七〇〇石の米をもっていることになり、ほとんどの村にも一つずつの義倉がある。ただ第四郷（人口二〇〇〇）には、一つの義倉があるだけで、もっている米は一〇〇石である〔筆者註、第一章の八戸の家庭の観察の第二、すなわち第一郷彭屋洞（村）の人李昌英についての部分には、「この村の新義倉、老義倉には、それぞれ三十余石ずつ、合計七十石の米が貯えられている」とある〕。

この区の貧農は、端境期になるとすべてのものが義倉からいくばくかの米を借りては、やっと食いつないでいるというありさまで、富農から米を借りることなどは思いもよらない。義倉が米を貸す場合の利息は三割で、富農から米を借りる場合に比べるに安いが、抵当のとりたては非常にきびしい。鉄器（すき、馬ぐわ）、錫器〔三一書房訳本注…食器など〕、ふとん、蚊帳、衣類など、なんでも同じように抵当にすることができる。第一郷の浄坊村の義倉だけは、米を貸す際、抵当はとらない。隣家から、元利とも必ず返済する、という『保証状』を書いてもらうだけでよい。

義倉の米は、地主、富農、中農の寄附によって集められたものである。彼らが米を寄附して義倉を設け、飢饉や端境期に貧民が食いつなげるようにしているのは、貧民の暴動を緩和するための改良、欺瞞の政策であるが、そうしたことのわからないものは、彼らの恩徳をほめたたえている。

義倉の米は、地主、富農、中農は借りることができないし、借りる必要もないが、その他の貧農、雇農、〔手工業〕労働者、遊民は、だれでも抵当を入れるか、『保証状』を書いてもらえば、みな借りることができる。

「調査」は、義倉の存在形態を、その管理方法以外のすべての側面について生き生きと描き、義倉が高利貸的搾取関係の一環として興国県第十区の貧農の再生産維持のため、彼らの経営の中に構造的に入りこんでいることを示す。ここでは、糧食貸与の上で、固有の財産をもつ同族団体の組織としての公堂も一定の役割を果たしていることがわかる。この際公堂がとる利子は、「調査」の「銭利」――借金の利子の部分で述べられる公堂の現金貸与の場合と同様に、富農に比べて安い。しかし、公堂の穀物の八割方は販売に出されるため、糧食貸与は義倉ほどの決定的な意義をもたない。

公堂は、「調査」の「銭利」の項によると、民国以前には、肩書（おそらくは科挙合格者としての）をもち、若干の土地を所有しつつも、それだけでは食べるに足らない劣紳、「地主でも富農でもない」いわゆる劣紳の管理する場合が六割方（第一、二、四郷）を占めたが、民国以後は逆転して、富農が六割を管理するようになった。なお、公堂について、一九五〇年八月四日の「中央人民政府政務院の農村の階級構成の区分に関する決定」は、「各種の祠、廟、会、社などの土地その他の財産を管理することを公堂の管理と呼んでいる」と述べている。こうした公堂という用語の起源は、土地革命が最初に開始された江西省南部の慣習的称呼にあると思われる。たとえば、道光四年（一八二四）刊の『興国県志』巻一一、風俗には、「興邑重追遠、聚族而居者、必建祠堂、祀始遷祖及支祖、毎祠必置産以供祭祀、名曰公堂、衆挙一二人、司其出入」とある。

ところで、「調査」の七種類の高利貸的搾取関係に関する詳細な叙述は、これらの間に、地主※・富農と貧農、義倉・公堂と貧農という二大系列が存在していることを示している。

※地主は、たとえば貧農への小口・高利率の現金貸与を行なう富農に対して、大口・低利率の現金貸与を行なうという形で富農と結託し、間接的に貧農を搾取している。

貧農は、前者の下で、「徹底した搾取主義」に立つ私的個人と関係をもち、後者の下では、「いくらかの救済の意義」をもつ共同の機構と関係をもったが、貧農の再生産維持の上でもっとも切実な端境期の糧食の確保は、後者の系列からの現物米穀の貸与によって保障されていた。もちろん、後者の系列の搾取＝貸借関係も、土地配分の不均衡にもとづく地主・富農と貧農とのきびしい階級矛盾の中で、これを緩和し隠蔽するための、地主・富農の側からする「改良と欺瞞の政策」としての本質をもつことは、「調査」が鋭く指摘するとおりである。しかし、問題は、地主・富農の階級支配のあり方であり、彼らが私的個別的な搾取を行なう一方で、共同して、貧農の再生産を維持するための機構を作っている点にある。「調査」が第三章で明らかにした、地主・富農のみのもつ特権としての「話事権」——相談にあずかる権利も、かかる共同の事業と密接な関連をもつものであろう。一九三〇年の興国県において、端境期における貧農の糧食確保のための現物米穀の貸借を行なう機構が、義倉という形で村を単位に成立し、公堂とあいまって現実に機能を果たしていたという事実から出発し、以下、すでにふれたように、この義倉の形成過程に若干の検討を加えることによって、中国固有の封建的土地所有と結びついていた直接生産者農民の再生産の保障、及びそれに関連する階級支配のあり方の一端にふれてみたいと思う。検討の対象は、さしあたって、清朝支配下の、とくに一八世紀以降の江西省に中心をおく。

なお、こうした義倉は、単に一九三〇年の興国県においてのみ偶然的に存在していたのではないことを付け加えておきたい。同じ江西省内、興国県の東北約一五〇キロの南豊県では、民国一九年（一九三〇）段階で農村部一帯に多くの義倉が分布していた。同年刊の『南豊県志』巻四、倉儲の項には、「以上は各郷義倉の現に存せる者なり」という後書きを付して、県下五五の都ごとに、その都の義倉の合計貯蔵穀数が、たとえば「六郷義倉、共《あ》わせて穀一千零二十一担四斗、七都義倉、共《あ》わせて穀三百六十担零一斗」というように克明に記録されている。他の省においても、義倉の同時代的存在をあとづけることができる。一九二六年から二七年にかけて、毛沢東の指導した湖南農民運動の中心地の一つ、湖南省醴陵県の運動勃発前夜の事情について、民国一五年（一九二六）三月に刊行された『醴陵郷土志』[8]は、各境に社義倉が、同族単位で族義倉がそれぞれ設けられており、いずれも「夏に放《か》し、秋に収め、略《ほ》ぼ軽息を取」っていたと記録している。醴陵県では、この年以後、従来の都に代わって一五の区が設定され、この区の下に平均八・七、合計一三七の境が属していた。社義倉は、この境の下にある社、団、段、爪、甲、月などという更に細分化された単位に設けられていたのである。なお、天野元之助も、「社倉からの借糧」の例として、章植『土地経済学』を引用し、「例えば湘省《こなん》の郷村には、常に族穀・社穀・団穀・育嬰穀等の設置がある。（中略）凡そ公有の積穀の貸付の利息は、比較的軽少にして、年一石につき一斗二升乃至二斗である」と述べている。(9)

二　清朝国家の社倉・義倉政策

1　一八世紀の場合

水稲栽培の開始――春耕とともに毎年到来する端境期に際して、現物米穀を直接生産者農民に貸与する施設を、農村の一定の地域ごとに設置するという事業は、清朝支配下の中国社会においては、当初から国家の政策として、積極的に推進された。(10)こうした施設は、社倉乃至義倉、一七・八世紀にはより多く前者の名で呼ばれていたが、(11)会典事例・省例・省志・府志・県志など、国家の行政機構がその作成に関与している刊行物、行政に従事した経験をもつ官僚の個人文集には、この時期の社倉・義倉についてのおびただしい記録が残されている。『清国行政法』が、一二世紀、南宋以降の社倉について概観する中で、「清朝ニ至リテハ頗ル社倉ノ設立ヲ奨励セリ」(12)と指摘しているのは、その制度史的見地からして当然と言える。

雍正二年（一七二四）の皇帝の上諭(13)は、「近時各省漸く社倉の法を行なう」として、社倉の設立が軌道にのりつつあるという判断を示しているが、江西省では、これに先立ち、清朝が反清の諸反乱を一応鎮圧した直後、康熙一八－二〇年（一六七九－八一）の間、江西巡撫の任にあった安世鼎が生産力の回復を意図しながら「社倉条約」を制定し、各州県に社倉設立への働きかけを開始していた。(14)乾隆六－八年（一七四一－四三）在任した江西巡撫陳弘謀は、「社倉規条」を制定した他、前後五回にわたる社倉に関する指示を出し、国家の側から社倉の設立を一層推進した。[15] 当時、江西省において清朝国家の側の構想していたあるべき社倉についての一般原則は、乾隆七年（一七四〇）、陳弘謀が制定した一四カ条の「社倉規条」[16] に集約的に示されているが、その要旨は以下のように理解される。

〔社倉設置の単位地域と貯蔵所〕○社倉は県（州）城外農村部の都乃至里を単位に設置し、当面当該都乃至里のもっとも便利の良い地点にある村（↑村庄）の空屋か廟宇を貯蔵所とする。

ここでいうところの都は都図、里は里甲のことで、[17] 漠然とした地域名ではなく、賦役賦課の単位としての機能をもった郷村行政区画の意味である。

〔社倉穀物の貸出・返還〕○貸出の対象は耕作労働に従事する直接生産者農民である。○毎年春、直接生産者農民で種子（↑籽種）の補給を必要とする者に対して穀物を貸出し、秋に一〇%の利息を附して返還させる。貸出しの時期は春末夏初、返還の時期は一一月を過ぎないものとする。

種子というが、これは必ずしも文字通りの種もみのことではなく、陳の他省で制定した「規条」によっても、「耕作に資する」穀物、すなわち糧食用の米と読みかえて差支えない。

○当該年度の返還を条件として次年度の貸出しを行なう。○貸出時の抗争や返還の拒否に対しては社長・副社長の申告に基づき官が一定の処置をとる。

〔社倉の資本〕○社倉の資本は原則として、社倉の設置された都乃至里の郷紳（生員クラスを含む）及び一般人（↑士民）の寄付によることとし、寄付の得られない場合には官が別途に措置する。○社倉の資本の貸出は、当該の都乃至里に限定して行なう。○社倉の資本は一時的部分的な災害救済用の現物給付や減価販売に用いることなく、たえず利息を積みかさねて拡大をはかり、永久的に毎年春の糧食補給用の貸出に用いる。

〔社倉の管理運営〕○社倉の管理運営にあたる社長・副社長は、社倉穀物を出し入れし村民（↑村民）の生活を維持するという〔困難で重要な〕任務に当たるのであるから、正義に従って善い行ないをしようという意志の持主でなければならないので、当該地域内の資産ある人格者乃至郷紳（←凡有身家行止・及紳士人等）がふさわしい。もし常時この任に当たりうる適切な人がいない場合には、その地域の住民が合議にもとづいて輪番で担当する。○管理運営の経費は一〇%の利息の中の三%分をあてる。

〔社倉穀物の点検〕○社長・副社長の申告にもとづいて地方官が行なうが、国家所有の備蓄用穀物である常平倉米とは異なるので、繁瑣な手続きを要求して無用の混乱を起こすことは避ける。

清朝国家の構想していた社倉のあり方については、「社倉規条」に示されたこうした一般原則の他に、これを現実に適用して社倉を設立していく上での必要事項を陳弘謀が補足的にまとめた、乾隆七年（一七四二）一〇月の「通行社倉事宜檄[18]」の内容、とくにその第三項の同族団体への社倉設立の奨励に注目しておかねばならない。「宗祠には、別に社倉を設置すべきである。江西の民は、同族が集まって住み、公祠を立てている。一族の中には、余分の資産をもち善い行ないをしようと願う家がきっと少なくないし、おのずと資産を醵出して同族の者を救おうとする企てがあろう。しかし金品を与えることにすると、支出はあっても還元はなく長つづきしないし、多い少ないを相争い、不満が起こり不公平が生じるようになる。どうしてその分を社倉の資本として醵出し、公祠の中に貯え、新たに同族の社倉を設立し、官に届け出て登録してもらおうとしないのか。社長を選出し、族内の人々に毎年貸出しては返還させ、他姓の社倉とはかかわらないようにすればよい。地方官から匾額を支給して祠堂に掲げておくことにする。こうすれば同族の米を同族の人に貸出すことになる。将来利息が日々に増せば、利息自体をなくし、一族の人々をにぎわすことができる。（下略）」。本来、たとえば都乃至里という地域単位ごとに設けられ、同族的な性格をもたない社倉の制度を、あえて同族団体に適用し、同族団体内部での米穀貸借を行なわせると同時に、同族団体自体の経済的基盤を安定させようというのである。

「社倉規条」と「通行社倉事宜檄」の全文は、乾隆二二年（一七五七）、江西省の行政法令集たる『西江政要』「社穀事宜」の基本部分としての「乾隆七年先後奉行条款」に収録され、以後の江西省における清朝の社倉政策を方向づけるのであるが、この二つの文書については、なお、そこに示された陳弘謀の江西農村社会の現状に対する認識の二つの柱を見ておく必要があろう。この認識こそが、社倉設立推進の契機としてそれぞれの文書の後書きの冒頭に述べられているからである。その第一は、「通行社倉事宜檄」における「江西人多く田少なく、資生易《やす》からず」という土地分配の不均衡であり、第二は、「社倉規条」における「江西の民間における借債は利を加うること四五分不等なり」という私的個別的な貸借関係における高利率の厳存である。陳は、こうした状況の中で、農民に「食を供し」、あるいは彼らを「接済する」ことに大きな意義があると述べている。

清朝国家の江西省における社倉政策が、右のように体系化された陳弘謀の巡撫在任時代から乾隆の末年にかけて、すなわち一八世紀の四〇年代から九〇年代にかけての半世紀は、省内の各州県に社倉が次々と設立され、かつ維持されていった時期であった。社倉の運営に実効ある保障を与えるその貯蔵穀数は、陳の巡撫着任時には全省で一三万石であったが[19]、その翌年、乾隆七年（一七四二）一〇月には二〇余万石[20]、離任する八年（一七四三）には三〇万石に増大した[21]。陳は、乾隆七年から一〇年の間に四〇余万石の線に達することを目標としていたが[22]、省内各県の地方志に記録される右の半世紀間の貯蔵量の増加は、この水準が実現されたことを示している。乾隆四四年（一七七九）には、全省の社倉の正額は四一万一九二一石、利息として蓄積されたものが三二万三八五六石に達している[23]。興国県が清代に所属していた江西南部の贛州府において、この期間、陳の体系化した社倉政策がどのように受けとめられて行ったかをたどっておきたい[24]。

陳の社倉政策の実施をもっとも典型的に示す例は、同府信豊県の場合である。乾隆一六年（一七五一）刊の『信豊県志』によれば[25]、当県では、「地方の役」の賦課に際して現実に機能している地域単位は、県城とその近郊では「坊」

であり、県城外農村部では「堡」であって、この「坊」及び「堡」ごとに「郷約一人を僉《わ》りあてて公事を辦じ、地坊一人をして官役を供せしむる」体制が施かれていた。合計四四カ所の社倉のうち、農村部の三九カ所は、それぞれ固有名をもったこの「堡」ごとに一カ所ずつ置かれたものであった。各社倉ごとの貯蔵米数は記録されてはいないが、当県の社穀の合計四五七五石余を社倉数で除すると一カ所約一〇四石となる。陳の「社倉規条」においては賦役賦課単位とされた都、里ごとに社倉を設置することが規定されていたが、信豊県では、都、里にみあう「堡」ごとに、忠実にも一つずつの社倉が設けられていったのであった。しかし、信豊県では、陳の「社倉規条」が想定しているほど順調に、社倉が置かれたすべての「堡」で米穀の寄付が集まったわけではなかった。『県志』は、「考えるに、帳簿に並べられた寄付者の氏名を見ると、県城内外の五つの坊を除いて、農村部の堡について言えば、ただ草嶺、神崗、長安、鉄石、内江、江口の七《ママ》つの堡に所属するものだけである。残る〔三一の〕堡については誰も寄付者がいない。乾隆□□年に県内の社倉の穀物を平均して分配するとりきめが行なわれ、結局〔現存の社倉穀物の〕全額を合計し、各堡に分配したので、まだ寄付者の出ていない堡にもみな社倉が置かれることになったのである」と述べている。しかも『県志』は、「穀物を集めることが難しいのではなく、集めた上で、長期にわたり弊害のない管理を続けることがつねに難しいのだ」とし、社倉の管理運営の困難にも、また言及している。こうした社倉の設立・維持上の問題は、それについて特に記録を残していない贛州府の他の諸県についても同様に存在したと考えられるのであるが、にもかかわらず、信豊県において一六年を経た乾隆三二年（一七六七）、社倉の貯穀は、二千石以上増して六六九四石に達し、他の諸県の場合も、この年には、従前に比べて多くの場合に穀数の増加が見られるのである。同時代的な資料である乾隆四七年（一七八二）刊の『贛州府志』巻一八、賦役志、倉儲の項によれば、贛県では、従前に記録されていた一万三一八〇石から一万六八三石とやや減少しているが、雩都県では従前に記録されていた二〇〇石から一万六三一石に、信豊県では乾隆二四年（一七五九）の四五七五石余から、右の六六九四石に、興国県では乾隆一五年（一七五〇）

の三一一九石から七三九二石に、会昌県では従前に記録されていた一八六一石から五四〇五石に、安遠県では雍正四年（一七二六）の二〇〇八石から六二八一石にとそれぞれ増加している。竜南県では、乾隆三二年の九四六八石が記録され、定南庁も同年の八五五九石を記録するにとどまるが、長寧県では、乾隆一一年（一七四六）の四三二七石から七七六三石へと増加がみられる。

そもそも、この乾隆三二年（一七六七）は、江西全省の社倉体制に一つの変化が見られた年であった。信豊県では、それまで用いていた倉庫の材木や櫃《ひつ》を売却し、農村部の適切な地点に改めて「総倉」を建設している[26]。興国県では旧倉の材木や櫃を同様に処理した外、それまで蓄積されていた貸出し利息分の穀物九三三石余を新しい総倉建設と、枡の製作の費用に充てている。この際[27]、信豊県の社倉は四四カ所から一八カ所に整理統合され[28]、興国県においても、県の大地域区分たる六つの郷に二乃至三カ所ずつ（衣錦郷の五カ所を除く）、城内の二倉を除いて、合計一八カ所という数からして、整理統合の跡が見える[29]。他方、贛、雩都、安遠の三県では設置数の増加がある[30]。省内の他地方では、袁州府の分宜県で、翌年に従前の三六カ所から、六乃至九都ごとに一総倉、計五カ所へと整理統合がはっきり見られるが[31]、従前の菴・観・祠・寺への寄留をやめ、新しく三二年に息穀を売却して総倉を建てた南昌府南昌県の四六カ所のリスト[32]には、こうした整理統合は見られない。総倉については、必ずしも十分な資料が得られないが、明白なことは、各県の実情に応じて、「社倉規条」の示した設置単位地域が検討しなおされたこと、新倉を建設するに足りる余剰穀物の蓄積が見られたことであり、清朝国家の企画にそって、社倉は、一八世紀の江西省の農村社会の中に、清朝国家の制度としてひとまず定着したと考えられる。それでは、一定の地域を単位に、余剰の穀物を所有する郷紳と一般人が自発的に穀物を醸出しあってそれを蓄積し、同じく郷紳と資産ある一般の人格者が管理の任にあたりつつ、土地配分の不均等と高利率に苦しむ直接生産者農民に対し、端境期の再生産維持のため、穀物を相対的低利で貸与する「自律的」な機構としてのこの社倉が、清朝国家の制度として定着するということは、何を意味するのか。一九三〇年の興国県において、地主と富農が維持していた義倉と一定の共通性をもつこの社倉を清朝国家が上から作り出したということはどういうことであろうか。

貧窮の直接生産者農民、事実上は自己の経営をもちながら専ら他人の土地を耕作し、地代を搾取されていた佃戸が、自然災害に直面して再生産の持続に困難を来した際、国家の財政と国家の行政機構によって彼らを賑卹する――すなわち彼らに米・銀を給付する制度を、一八世紀の清朝国家が、整備体系化していたこと、及び、清朝国家が、こうして個別的地主に代わって佃戸の再生産を保障する機構を作りつつ、他方で地主の土地所有と地代搾取を保護する規制を強めていたこと、については、かつて江南地方に即して明らかにした[33]。端境期の糧食貸与機構に関する清朝国家による上述のような制度化も、基本的には同じ原理に立つものだと考えられる（社倉に関する諸規定の基本原則は、江西省と江蘇省、湖南省等の間に大きな違いはない[34]）。しかし、重要な相異は、自然災害時には、国家の財政からその行政ルートを通じて無償で米・銀が給付されるのに対し、端境期の糧食貸与に関しては、国家はいわば行政上の指導・監督のみにあたり、米穀の醵出と管理運営を行なう体制は、農村部の各地域ごとに、郷紳と資産ある一般の人格者の手で「自律的」に形成されなければならない点にある。このことは、清朝国家による再生産保障への関与の限界を示すとともに、個別的に地代を搾取している農村社会の支配階級の間に、端境期の糧食貸与機構を、個別的搾取を持続させる最低限の保障として、共同で設立するという慣行乃至運動が存在していたことをも示唆する。

2　一九世紀の場合

一九世紀に入ると、江西省の各県志・府志からは、同時代的な社倉の記録は稀になる。省都南昌県の場合、乾隆五四年（一七八九）刊の『南昌府志』[35]には、乾隆三二年（一七六七）建立の同県下四六の総倉について、所在の都・図・村・間数・穀数までが克明に記録され、乾隆五九年（一七九四）刊の『南昌県志』[36]には、編者の古今未曾有という賛辞を附して、八二倉一万五〇五七石について都・図・穀数がやはり詳細に記録される。しかし一九世紀の道光六年（一八二六）、同二九年（一八四九）の各県志[37]、同治一二年（一八七三）の府志[38]の記録は、もはや右の一八世紀末年の府志・県志のいずれかの合計社倉数、合計貯穀数をとり出して勝手に組み合せるだけのものになる。同治九年（一八七〇）の県志[39]はこの退廃を自覚し、社倉数や貯蔵穀数をあえて削除しているほどである。同時代的な記録としては、社倉に代わって義倉が登場する。贛州府のあの信豊県についても、一九世紀以後の具体的内容をもった記事としては、道光一七年（一八三七）、知県張宗裕が寄付を勧奨して建設したという県城内二カ所、県城外一四カ所、合計穀数二万四五〇〇石の「民義倉」なるものの記録が残るだけである。[40]こうした社倉から義倉への移行の傾向をもっとも丁寧に記録しているのが、興国県の北西に境を接する吉安府泰和県の道光六年（一八二六）刊[41]、及び光緒四・五年（一八七八・七九）刊[42]の二つの県志である。同県では、乾隆一七年（一七五二）、県城外農村部の六つの郷に計一七の社倉が置かれ、一倉平均四三二・七石の社穀を貯蔵していた。郷・集落・寺院の名前で表示されているこの期の社倉は、一都、八都等の都の名前で呼びかえられて存続したようで、乾隆四七（一七八二）、嘉慶八（一八〇三）、同一〇（一八〇五）等の年度において、社穀を全部乃至一部売却して銀に替え、省の布政司の倉庫に送ったことが某都社長の行為として記されている。この頃から社倉本来の機能は失われつつあったもののごとく、道光四年（一八二四）に着任した知県徐迪恵は、社倉の貯蔵米について、「向《さ》きに謂う所の儲とは、徒《た》だに数を備えしのみ。之を核《しら》べんとするも、多くは従《よ》りて核《しら》ぶる無し」としている。[43]この退廃しつつある社倉のその後は明らかではないが、道光一五年（一八三五）になると、知県朱良翰が、訓導羅鳳鳴らとともに、県下の農村部――八郷に寄付を勧めて義倉を建設している。この義倉は、従来の端境期の糧食貸与を目的とした社倉とは異なり、自然災害を予想した農村内部の備荒貯蓄倉として設けられ、乾隆一七年時点の社倉の倍近くの三一カ所にわたる密度高い分布を示している。類似の状況は袁州府宜春県についても見られる。同治九・一〇年（一八七〇―七一）刊の『宜春県志[44]』には、社倉が「各郷村の公所四十二処」に分置されていると記すが、乾隆一六－二四年（一七五一－五九）の間在任した知県郭人傑が「民を率《ひき》いて建立し」、合計六千数百石の穀が貯えられたという以外、その後の事態については全く説明が見られない一方で、道光一八－二〇年（一八三八－四〇）の間在任した知県の王嘉麟による義倉の設立の記事が現われる。「知県王嘉麟、各図に勧諭して自ら穀石を捐儲せしめ、該図の荒歉に備えしむ。其の穀の多募、図ごとに各おの等しからず」というのがその内容である。ここでは、義倉は里甲制以来の賦役賦課単位としての図ごとに設置されており、比較的密度高く県内農村部に分布していると考えられる。また義倉設置の目的は明確に備荒貯蓄に置かれている。江西省の各県に見られる一九世紀前半道光期の以上のような状況は何を意味するであろうか。

先の泰和県における道光一五年の義倉設立は、実は当時の両江総督陶澍が吉安府知府鹿沢長に檄を出し、所属の各県に「義倉の法を行なわしめた」ことを契機としたものであった。道光三年（一八二三）、安徽巡撫であった陶澍は、十二カ条からなる「勧設義倉章程」を前年の水害時の経験にもとづいて作成し上疏した[45]。道光五年（一八二五）の上諭により全国各省の巡撫を通じて実施に移されることになった[46]この「章程」の第一の特徴は、農村の倉庫に貯蔵される穀物は、「春借秋還」の四字で表現されるところの、あの毎年の端境期の糧食貸与には用いない、という方針を打ち出したことにある。農村の倉庫の穀物は、専ら凶作時の糧食の不足に備える備荒貯蓄に充てるべきこととされた。「章程」では、こうした目的をもつ農村の倉庫を新しく義倉と規定したのである。「章程」の第二の特徴は、戸数の多少にかかわりなく、相互に連絡しあうことのできる有機的な地縁的関係をもった集落を、「村」乃至「郷村」と呼び、この「村」ごとに一つの義倉を共同で設立させる方針にある。「村」から離れて散居する家々の場合は、同族内の房ごとに一倉を作らせるか、附近の「村」に附属させることになった。倉庫の貯蔵穀物自体を基礎単位たる「村」からの寄付によって集積し、倉庫の管理を「村」の「老成にして殷実なる人」に行なわせるなどの点にうかがえるように、「一郷を以て一郷の衆を済わせる」という、この義倉の「自律的」性格は社倉の場合と変わっていない。

「章程」には、一般論として倉穀の出入にともなう紛糾の恐れが指摘されているだけで、端境期の糧食貸与についての本質的批判が見られるわけではないし、社倉の廃絶を規定する項目があるわけでもない。にもかかわらず、「章程」は農村内部のエネルギーを結集し、備荒貯蓄のための機構を設けさせることを第一義的な目標としてかかげている。清朝国家は、端境期の糧食貸与の機構としての社倉に対して、かつて一八世紀に示したような関心をもはや払わなくなっていたことが、この「章程」によってはっきりと示されたのである。『光緒大清会典事例』巻一九三、積儲によると、清朝国家は、康熙一八年（一六七九）以来、義倉を主として都市部の貧民救済施設として取扱っていたが、乾隆一二年（一七四七）から嘉慶期（一七九六—一八二〇）までは、義倉を、農村部で端境期の糧食乃至種子の貸与を目的とするものとみなし、同じ目的をもつ社倉の補助機関として取扱うようになった。だが、道光五年、「章程」が上諭によって全国に指示されて以来、『事例』の上での義倉は、備荒貯蓄を目的とするものとされるようになり、かつ社倉より大きい比重で取扱われるようになった。(47)

その再生産の維持のために端境期における糧食補給を不可欠としている直接生産者農民(48)への、米穀の相対的低利による貸与に関して、清朝国家は、原則としては自ら財政支出することなく、農村社会内部で「自律的」に社倉をつくらせ、それを上から監督する体制をとっていた。しかし今やこの体制の維持は、清朝国家にとっては第一義的でなくなった。糧食の補給のための米穀の貸与をどのように保障するかという問題の解決は、究極のところ、農村社会自身にゆだねられるようになったといえる。

三　農村社会における義倉形成の一典型

前節では、清朝国家の行政当局によって、いわば上からその設立を推進されてきた社倉に着目し、端境期の糧食貸与を国家の政策の側からとらえてきた。だが江西省各県の社倉の貯蔵穀数が上昇線を描いていた頃、同じ機能をもった倉庫が、必ずしも行政当局の直接の布令、指導によることなく在地で設立されつつあったという記録が存在することを見逃してはならない。乾隆一八年（一七五三）刊の『泰和県志』は、乾隆一七年の県下の社倉の所在地、貯蔵所、貯蔵米数の一覧表をあげた後に次のような編者の按語を付している。

> 此の外、各郷義倉の捐穀にして、或いは祠に存して以て同族を贍恤し、或いは倉を建てて以て一郷を賑貸するも、所在未だ県に報ずるを経ざる者多く有り。査核するに憑《よ》し無ければ概《み》な登載せず。

社倉として県衙門で掌握されていない多くの義倉が存在しており、醵出されてそれらの義倉に集積された米穀は、祠堂に貯蔵しておく同族の義倉の場合には族員の救済に充てられ、地域に倉庫を建設し貯蔵しておく場合には、その地域（一郷）の人々への貸出しに充てられている、というのである。県衙門の冊籍に登録されていないこうした県城外農村部の諸倉についての記事は、管見の範囲では『泰和県志』の場合以外にはほとんどない。しかし、この『県志』の按語の内容は、地方志の記載には見られないこの種の諸倉の存在が必ずしも特殊な事例ではないことを示している。

一八世紀後半、とくに乾隆四〇年（一七七五）を中心に、興国県の東北一三〇キロばかりの福建省境にある建昌府新城県城外の農村部の一角で、続々と設置されていった多くの倉も、「社倉規条」の原則に忠実に沿って設立され、県衙門に把握されている一般的な社倉とは異なった成立過程をもつ存在であった。省の他県で見られるような一八世紀の一般的な社倉についての記録は、新城県の場合にはほとんどなく、同治一一年（一八七二）刊の『建昌府志』巻三、郵政、積儲の項に、かつては存在したものの、「今は燬《や》かれた」「旧蔵の社穀」として、わずか一九六九石余の数字が記載されているだけである。たまたま、同治一〇年（一八七一）刊の『新城県志』巻三、倉儲にこの種の倉について、異例といっていいほどの詳細な記事が見られるのは主として次のような事情によるものであろう。一つには、乾隆一三年（一七四八）の進士で、官に就くことなく儒者としての生涯を送った陳道[49]の第二子で、損納により員外郎となり、未出仕の期間のあと、兵部車駕司郎中、太平府知府等をつとめた陳守詒が[50]、『各郷義倉記』[51]なる記録を遺していたこと、いま一つには、守詒の姻戚や友人、子孫の執筆した文章が残っていたこと、そしてこれらが『県志』の編者に採録されたとみなされることである。陳氏は、道以下二代から、進士二名、挙人二名、捐納によって官に就くもの三名を出し[52]、『県志』の人物志などに見られる諸活動から明らかに郷紳とみなされるが、『県志』の倉儲の項には、この陳氏にかかわる倉だけでなく、その他の諸倉に関する記事も、精粗の不均等はあるが、載せられている。『県志』倉儲の項の初歩的な検討を通じて、農村社会の中から自律的に形成されてきた、この種の倉、いわば〝下からの社倉〟の存在形態にふれておきたい。

『県志』の倉儲の項には、同治年間にはすでに廃されていた五倉を含む、合計四八倉があげられているが、そのうち、城内の六倉を除く四二倉が県城外の農村部に置かれていた。この四二倉中、その沿革等に関する記事の附載された二四倉が検討の対象となりうる[53]。検討の結果を集約した表7に即しつつ、これらの倉の主要な特徴をあげてみよう。

第一の特徴は、二四倉中の多くの成立に、その姻戚をも含む陳氏の人々が何らかの形で関与していることである。たとえば二四倉についての記事の中で、発起者がはっきりしている二〇倉の内訳は、陳守詒自身が一一倉、守詒の末弟陳守誉が一倉、守詒の妻の弟で在郷の進士たる魯仕驥[54]が五倉、その他が三倉となっている。また、陳氏が何らかの形で関与している一九倉中の一五倉に対して、陳守詒が一五〇石以上、時には一〇〇〇石を越す米を寄付して、それらの倉の〝資本〟の形成に貢献している。さらに二四倉の創設の発起については、同族員救済と祖先祭祀に目的を限定した、范氏義荘型の機構である陳氏義荘を除くと、うち一五倉は陳氏以外の者、八倉は陳守詒自身が行なったとされるが、『県志』巻一〇、人物志、孝友に「守詒が家居せし時、母楊太夫人の七十の寿の為め、母の命を以て穀三千石を出し、各村落に倡首し、十倉を建立す」と述べているように、陳守詒の発起は、実際は八倉にとどまらないであろう。ちなみに、米の醵出と倉の設立の発起とを綜合すると陳守詒は一八倉に実質的に関与している。

表2　新城県義倉の存在形態

倉名	所在地	設立発起者	陳守詒等の米穀醵出額	所在地の特徴	倉穀の使用目的	設立年次
鍾賢社倉	下十九都中田	挙人魯嶺梅		陳氏居住地	端境期の貸借	乾隆四年
広仁倉	下十九都中田	陳守詒兄弟四人	陳氏積穀三〇〇〇石 陳守詒兄弟三人四〇〇石 租　陳守訓一〇〇〇石	陳氏居住地	不作年の平糶	乾隆四〇年
陳氏義倉	下十九都中田	陳道・陳守詒等	陳道二〇〇〇石田 陳守詒等三〇〇〇石田	陳氏居住地	陳氏祭田 陳氏族人救済	乾隆二五年以前 及び乾隆三七年
永豊倉	下十九都中田	陳守詒、後里中各姓		陳氏居住地	端境期の貸借	嘉慶二〇年
魯氏家廟義倉	下十九都中田	魯姓子孫各戸		陳氏居住地	端境期の貸借 不作年の平糶	乾隆三九年
豊裕倉	十二都卓望峯	都人	陳守詒五〇〇石	陳氏祖先の居住地・所有田及び佃戸の所在地		乾隆四〇年
和済倉	十四都檀渓里	潘・黄・陳・傅四姓農民			端境期の貸借	嘉慶二五年
大済倉	十五都村落	陳守詒夫人	陳守詒夫人若干石	陳氏居住地より約三里	「都内の賑恤」	道光一七年
永済倉	十五都草坪	耆老席・呉等	陳守詒二〇〇石	陳氏居住地より約三里	端境期の貸借 不作年の平糶	乾隆四〇年
妙済倉	十五都南坑	郷人	陳守詒一〇〇石	陳氏居住地より約三里		乾隆四〇年
永恵倉	十六都曾坊	郷之人	陳守詒二〇〇石	陳氏居住地の南五里	端境期の貸借 不作年のための備蓄	乾隆四〇年
同仁倉	十六都篁嶺	耆老羅国棟及びその甥羅景綸	陳守詒四〇〇石			乾隆四〇年
綏和倉	十七都公村営	著姓潘氏諸君子	陳守詒四〇〇石	陳守詒の義弟魯仕驥の姻戚の居住地	不作年のための備蓄	乾隆四〇年
協和倉	十八都鄢坊	陳守詒	陳守詒一〇〇〇石（協和倉・和義倉）	その住民、陳氏居住地の市にて生活必需品を売買	不作年のための備蓄	乾隆五五年以前
和義倉	十八都中堡	陳守詒		その住民、陳氏居住地の市にて生活必需品を売買	不作年のための備蓄	乾隆五五年以前

順民倉	十八都戈坊	陳守詒	——	その住民、陳氏居住地の市にて生活必需品を売買	不作年のための備蓄	乾隆五五年以前
仁和倉	十八都漁潭	陳守詒	——	同上・陳氏出租田数百戸分。陳氏の荘屋あり	端境期の貸借 不作年の平糴	乾隆五九年
永裕倉	上十九都焦原	陳守詒	陳守詒一〇〇〇石	陳氏の祖先の居住地・陳氏の墳墓の所在地	端境期の貸借 不作年の平糴	乾隆四〇年
裕原倉	中十九都澄潭	耆老	陳守詒一五〇石	陳氏居住地と数十年前まで同郷に属す	端境期の貸借 不作年の平糴	乾隆四〇年
益原倉	中十九都北渓	鉅族余・鄧二姓	陳守詒三〇〇石	陳氏居住地と数十年前まで同都に属す		
桃谿滸市街義積倉	五十一都	滸市街の居民	陳守詒三〇〇石	陳氏の荘あり	端境期の貸借 不作年の平糴	乾隆四〇年
可継倉	二十六都	里人黄悠・黄道克父子				
広福義倉	十二都塘坑	都人余広文・余漢文・鄧麟書等				乾隆四〇年より積穀・嘉慶一〇年建倉
呉宗灝祖祠義倉	竜安鎮支下	陳守誉夫人			呉氏族人救済	嘉慶一〇年以前

○　同治一〇年（一八七一）刊『新城県志』巻三、倉儲掲載の県城外農村部所在四二倉の中、その沿革についての比較的詳細な記事のある二四倉について、本稿の必要とする事項を摘出したのがこの表である。他に簡単な割注を付したもの、割注のないものが一八倉ある。
○　大済倉の陳守詒夫人は、本文の分析では陳守詒としてとりあつかっている。
○　十九都を上・中・下に分かつのは、永裕倉、裕原倉についての記事にもとづく。
○　空欄は、その事項についての記述が原文中にないものである。

第二の特徴は、これらの倉の設置された地域の多くが、陳氏との間に具体的な社会的・経済的関係をもっていることである。陳守詒の関与が認められる一八倉は九つの都に分布しているが、その内訳は、陳氏の現住地、その祖先の居住地、その墳墓、守詒の義弟の姻戚者の居住地、陳氏の所有出土と荘屋及びその佃戸の所在地、陳氏の現住地から三乃至五里の範囲の近接村落群となっている。村落群の中には、陳氏の現住地と密接な経済上の交流をもつと明記されるものも含まれる。他の六倉中の二倉も、陳氏の現住の村落に置かれている。

第三の特徴は、陳氏義倉、魯氏家廟義倉、可継倉、広福義倉、呉宗灝祖祠義倉を除く一九倉においては、その設立乃至運営上の重要問題について、陳氏を中心とする郷紳層と非郷紳と見られる層との間の交渉が行なわれている点である。『県志』倉儲の項の一連の記事の中では、科挙の何らかの段階の資格をもつ者、官僚としての職に就いている者、就いたことのある者に関しては、必ずその旨を表わす修飾語が付されているが、こうした人々と、かかる修飾語のない左のような人々とが交渉をもつのである。すなわち、固有名詞では、潘・黄・陳・傅四姓農民、耆老席・呉、耆老羅国棟、鉅族余・鄧二姓など、集合的普通名詞では、耆老、里老、都之人、郷之人、郷人、都人、里中各姓、衆などと表現される人々である。これらの中には、太学生であるその従子羅景倫と共に行動する耆老羅国棟のような場合もあるが、基本的には郷紳の範囲には属さない人々であると考えられる。もちろん、これらの人々は、非郷紳層ではあるが、一定の「余粟」、すなわち余剰穀物をもち、倉の設立のためにそれを醵出する能力をもっていること、その中には、耆老、里老、鉅族などと称され、在地の非郷紳的な支配層・指導層にあたる者が含まれることが注意されるべきである。

第四の特徴は、これら諸倉の目的が、多くの場合、端境期の米穀の貸与にあり、利率も、とくに記載のある二例については、一割から一割二分と、相対的低利である点である。これらの倉は、個別的には永済倉、裕原倉などの固有名をもつが、先述したように、『各郷義倉記』なる文献が存在していたことからすると、一般的には義倉と通称されていたと考えられる。しかしこれらの諸倉に託される目的は、特殊な陳氏義倉を除いて、具体的な言及のある一五倉について見れば、その中の一〇倉が端境期の米穀の貸与である。『県志』巻一〇、人物志、孝友の前引の部分に続いて、「春は貸すに穀を以てし、秋には其の息を取る」とあることは、諸倉の基本的目的の所在を示している。なお、右の一〇倉中の六倉が端境期の貸与とともに不作時の米価調節である平糶をも兼ねていることは、陳氏の住居のある下十九都中田に設立され、三〇〇〇石という最大の貯蔵量をもつ広仁倉の目的が、「里中の平糶」に限定されていることとともに、「貧窶なる」「里中の編戸」の再生産構造を全体として把握するためには、記憶されねばならないことである。

第五の特徴は、これらの各倉がいくつかの「村落」乃至「村」[55]からなる一つのまとまった地域単位に設置されている例が少なくないことである。たとえば永恵倉の置かれた十六都曾坊という地名は、それ自身が一村落であると同時に、互いに共通の自然的・社会経済的条件をもった村落群の中心地であると述べられている。ちなみに、どの倉に関する記事においても、「村落」乃至「村」という語は、もっとも基礎的な地縁的単位を指す表現として用いられているようである。

第六の特徴としては、二四倉の設立年次の内訳が、乾隆四〇年（一七七五）が一一例、その前後の一八世紀後半中の乾隆年間九例、一九世紀に入って嘉慶期三例、道光期一例となっており、陳守詒の関与した一八倉は一八世紀の最後の四半世紀に集中していることが挙げられる。

以上の諸特徴は、陳守詒の関与した一八倉のうち、陳氏義倉を除く一七倉について、若干の出入はあっても、ほぼ共通して認められるといってよい。総括すれば、これら一七倉は、新城県城外下十九都中田村に本拠を置き、科挙の合格者や官僚を輩出させ、大量の租米を取得し蓄積している大土地所有者としての陳氏が、現住地及び自己と社会的・経済的諸関係を密接にもついくつかの村落群において、在地の支配層・指導層をはじめとする余剰穀物所有者とともに、端境期の米穀の貸与を主目的とし、不作時の平糶の機能をもあわせもたせながら、乾隆四〇年（一七七五）を中心に創設したものであった。これら一七の義倉は、「社倉規条」等の一般的規定にもとづき、行政機構を通じて行なわれる勧奨によって設立されたものではないが、その基本的性格は、「社倉規条」を通じて見られる社倉のそれと異なるものではない。

ところで、注意しなければならないことは乾隆四〇年（一七七五）を中心に行なわれた一連の陳氏による活発な義倉設立の運動が、必ずしも一時的な、孤立的なものではないということである。この種の倉の設立が、この時点に限らず、また陳氏の影響とはかかわりなく行なわれた場合をも、『県志』倉儲の項は記録している。これより先、乾隆四年（一七三九）、「社倉規条」が出される数年前に、下十九都中田の挙人魯嶺梅は、「里中に捐を倡えて」、鍾賢社倉を設立している。同じく乾隆四〇年に先立つこと久しい時点で、五十一都桃谿許市街の人々は、収穫感謝の祭のための醵金で穀物を購入して義積倉を設立しており、陳氏の一連の事業もむしろかかる先例をふまえたものに他ならない。後、嘉慶一二年（一八〇七）以来、十四都檀渓里を構成する潘・黄・陳・傅の四姓の「農民」は、「戸ごとに穀若干を出し、他用を経営して穀若干を得、共《あ》わせて穀三十四石を積み、二十五年（一八二〇）、倉を傅家村に樹て」た。これは一九世紀に入ってからの、しかも陳氏とは全く独立した動きであった。[56] ごくわずかの割注しか付されていないため、本節ではその性格を検討することができなかった他の一八倉も、陳氏とはかかわることのない存在である。以上のような点を考慮すれば、乾隆四〇年前後の新城県の陳氏による一連の義倉設立は、乾隆一七年の泰和県においてそうであったように、本来的には、「未だ県に報ずるを経ざる者多く有り」とされる「所在《ここかしこ》」の有名無名の義倉設立乃至維持の動向の一環としてとらえるべきものであろう。こうした「所在」の義倉、その他同種の倉は、清朝国家の勧奨・指示に直接的に対応して作られるというよりは、下からの文字通り自律的な運動として江西省の他の県にも存在していたのではないだろうか。

なお、右の五十一都桃谿許市街の義積倉、及び十四都檀渓里傅家村の四姓の農民の倉は、設立までの経過においては、郷紳的存在の介在することのなかった場合であり、この種の倉のもっとも本源的な存在形態さえ予想させる。しかし、前者は、乾隆四一年（一七七六）、陳守詒に寄付を請い、米二百石の補助を受け、後者は、道光四年（一八二四）、挙人の饒拱辰らに管理運営の方式の行き詰りを訴え、是正の方途の教示を受け、「和済倉」という名前を与えられ、かつ県の冊籍への登録を斡旋されることになった。陳氏ら郷紳の倉の設立が在地の支配層・指導層の媒介を必要としたように、在地における倉の設立・維持にとっても、郷紳層の媒介は不可欠となっていたのである。

四　太平天国直後の興国県における義倉の設立

太平天国の弾圧に続く時期、清朝権力の側からするいわゆる同治中興期に、巡撫劉坤一の命令によって編纂された江西省の地方志[57]の多くは、農村部の社倉、義倉が都市部の常平倉、義倉、社倉などとともに、太平天国軍の攻撃によって崩壊したと記す。贛州府においても、安遠県では、「以上の社穀、咸豊六・八年の間に於いて、均しく髪逆の竄擾を被むり、焚劫されて存する無く、業已《すで》に詳報し豁免さるること案に在り」とされ[58]、会昌県でも、「嗣いで各堡の紳耆の聯名して稟報せるに拠るに、髪逆屢《しばしば》次境を犯すに遭いてより、社倉は毀《こわ》されて僅かに基址を余せり。原儲の穀石、籽粒も存する無し[59]」とされる。興国県においても「按ずるに社倉の穀石は、前《さき》の咸豊年間に、迭《かわるがわる》次賊の擾《みだ》せるに因り、焚掠せられて一空なり[60]」とされる。贛県[61]、長寧県[62]、信豊県[63]の状況も同様であった。太平天国軍を「髪逆」「賊」と規定する地方志の編者の階級的立場をも視野に入れると、この時期の社倉乃至社穀貯蔵の崩壊をすべて天国軍の攻撃に帰することには疑問があり、事実、贛県、信豊県の各城内の義倉[64]については、貯蔵された穀物は清軍及び地主武装軍の兵糧として費消されたのである。しかし、一七世紀の反情あるいは反地主の諸反乱以来、省内においてははじめての激烈な戦闘の過程で、倉庫の破壊や穀物の奪取が、天国軍の側からもなされたことは当然であろう。『清国行政法』が、きわめて概括的に、「咸豊以後、国内ノ動乱ニ遭ヒ、社倉ノ荒廃セルモノ多ク、其ノ存スルモノモ、亦大抵有名無実ニ帰セリ[65]」とするのも根拠のないことではなく、この時点で清朝国家の一応維持してきた社倉体制、道光期以後の政策の変化をふまえていうならば、社倉・義倉体制が大きな打撃を受けたことは確認できる。しかし清朝国家自身がその支配の再編を試みる過程で、社倉・義倉再建の試みも行なわれた。贛州府のいくつかの県ではその跡をはっきりたどることができる。たとえば、長寧県の光緒刊の『県志』は、天国軍による県下一六の社倉の焼却について述べ、続けて同治一二年（一八七三）「知県康家桐捐を勧む。各廂堡の社倉六十八処、共《あ》わせて穀三千零二十四石五斗なり。光緒三年（一八七七）、知県楊逢春捐を勧む。各廂堡社倉二千三百五十九石五斗、二つ共わせて穀を積むこと五千三百八十四石なり」と記す(66)。この額は、乾隆四六年（一七八一）の同県の状況と比べ、社倉数において四倍以上、貯蔵穀数において一〇〇〇石を上まわるものである。竜南県でも、同治一〇年（一八七一）、知県林瑞徴の勧めにより、六〇〇〇石余を貯える義倉がその農村部に設立される。興国県において同治九年（一八七〇）から行なわれた、知県崔国榜の働きかけによる義倉の設立も、まずこうした清朝国家による社倉・義倉再建推進の一環としてとらえることができる。

この年二月、署知県として興国に来任した崔が設立を発起するに至る過程は、彼自身がその編纂を主宰し、かつ執筆をも行なった『同治興国県志』所載の諸資料(67)によれば、以下のようである。同治九年五月、県の郷紳たち（邑諸紳）は、署知県の崔に対し、県城内の常平倉の貯蔵米を出して平糶するよう要請し、同県下農村部の穀物貯蔵の現状からそのことが必須であるとした。すなわち、五月の同県の米価騰貴の中で、県下では「郷間公私の倉穀皆空にして、将に〔米は〕市に絶えんとする勢い」であった。米価を引き下げ、市場に米を出回らさねばならないとの理由であった。崔は要請に対し、常平倉米は飢饉に備えるものであり、その前年の秋には平年並みの収穫があって本来一定の蓄積が可能であるこの年のような場合になぜなのかと反問した。郷紳たちは、従来から同県には、現金を県内に流入させるような、大資本を擁する商業活動がなく、衣、食の生活必需品や冠婚葬祭、及びさまざまな臨時支出をまかなうための現金は、もっぱら収穫した米穀を県外へ販売して獲得する以外に他の道はなかった。従って県内は米不足の様相を呈するのだと述べた。崔は、では大饑饉の際にはどうしていたのかと問うた。すると、「向《さ》きには六郷の社倉・義倉有り。相い輔けて行ない、事乃ち済《な》る。今は社倉皆虚耗にして名有るも実無く、義倉も亦た寥々たり」という状況である。従って事態の解決のためにこうした要請をせざるを得ない。郷紳たちの見解はこうであった。崔は、常平倉の発動は緊急である。しかし、「将来新穀既に登《みの》らば、社倉義倉の興、尤も宜しく亟《すみ》やかなるべし」という考えを述べた。郷紳はこの提案に賛成した。崔は、興国県の土地は肥沃ではないが、生産力水準と人口とはほぼ見あっており、本来米不足はないはずであるという認識に立っていた。崔は、さしあたり、当面の米価騰貴を、郷紳たちの要請どおり、常平倉米の平糶によって抑えるとともに、夏の末頃からの順調な雨量によってもたらされた同年秋の豊作を機に、贛州府知府と道台の認可を得て、義倉の設立を行なうに至る。この際崔が社倉、義倉の二つの名称の中から義倉を選択したのは、「興の民但だ義倉の利を知りて社倉の利を知らざること久し。誠に之を興すに義倉を以てするを便と為す」という判断に立っていたからである。

崔が発起し、郷紳・耆老たちが賛意を表して設立されることになった興国県の新しい義倉の構想は、次のようなものであった。(1)全県の一〇八の堡に一〇八の倉を設ける。(2)倉の穀物の寄付に際しては一〇〇石、数十石から数石数斗に至るまで多少を問わないが、一倉の貯蔵すべき標準量は二、三〇〇石とする。(3)倉の穀物の出納は、社倉についての従来の規定と同じく、各堡の董事に委ねて官は関与せず、年度末に点検して、その結果を上級機関に報告するだけとする。すなわち、一定の地域単位ごとに倉を設け、穀物の集積と出入の管理を一切その構成員に委ねるという伝統的な社倉についての原則に沿った構想であるが、単位としては堡が改めて選択された点に、この当初の構想の特徴があった。この堡は、かつて乾隆八年（一七四三）、湖北巡撫晏斯盛が、「推広社倉之意疏」において保甲の組織を基礎に社倉を設立することを提案し[68]、「十家一牌、十牌一甲、十甲一保の中、一倉を建立せん」と請うた際の堡、すなわち保甲制の単位としての保と同一のものと考えられる。乾隆一六年（一七五一）当時の信豊県で、賦役賦課の単位であると同時に社倉設置の単位とされた堡も[69]、保甲制の保と重なりあう存在であろう。この場合の堡は乾隆四五年

（一七八〇）刊『徳化県志』所載の保甲表の保に典型的に見られるように、数個の村荘から成り、人口に応ずる一定数の甲を従えた、清朝国家の人民支配の基礎単位であり、かつ地域単位であると一応みなしてよい。しかし、重要なことは、この場合の堡が保甲制に基礎を置きつつも、ごく近い過去の興国県においては、太平天国軍との戦闘における郷村「自衛」組織の基礎単位としての側面をはっきりと担わされたことであり、またそれを郷紳が指導していたことであった。崔国榜の下で『興国県志』の編纂にかかわった同県の読書人鍾音鴻の跋文には左のような一節がある。

咸豊三・五年、六・七年の間、粤匪猖獗し、三面の鄰邑、其の蹂躪を被むる。該匪疊次来りて県城を撲《う》ち、並びに東北西郷を擾《みだ》す。各境の郷民、団を聚め堡を聯ね、自ら貲糧を備え、各おの器械を置き、郷紳之が統率を為す。（中略）孤城郷堡、虞れ無きを保《ほ》し得たり。

太平天国軍から旧来の郷村秩序を防衛するための基礎単位となった堡が、戦闘の記憶も生まなましい同治期において、新たな義倉設立の事業を興す上でも有効な単位であるとみなされていたのである。又、崔は、義倉新設の構想を立てるについて「各郷の紳耆を集めて議させ」、構想の内容について「紳耆と約した」と自ら述べているが、この「紳耆」は、崔に常平倉米の放出を乞い、義倉の設立に賛同した「邑の諸紳」とほぼ同義であろう。彼らは、太平天国との戦闘で行なったと同様、郷民を指導し、義倉設立にも重要な役割を演じるものと期待されたと思われる。もとより、崔も指摘するごとく、義倉設立の事を議するに当たり、その困難を言う者や、形勢を観望して日和見る者も存在したことは見逃すことはできないが、清朝国家がそうであったと同様に、在地においても太平天国の既成秩序に与えた打撃を回復しようとする支配階級の志向は明らかに存在したと考えられる。自ら再三再四「郷に下って勧諭」し「各村踴躍し、随《つ》いで輸し随《つ》いで繳《おく》る」という状況を作り出したという崔の自賛は、客観的に見れば国家と郷紳の志向を結ぶ役割を知県が果たそうとしていたということにほかならない。

さて、興国県で一〇八の堡に一〇八の義倉を設立することが、知県崔国榜と各郷の「紳耆」との間で約されてから一年、同治一〇年（一八七一）に現出した状況は、崔自身にとって予想を越えたものであった。(72)「竊《ひそ》かに喜ぶに紳に義に仗《よ》る多く、民は皆信従す。百年の楽利を貽《のこ》し、一載を竟《お》えて告成《かんせい》するは、実に始念の此に及ばざる所の者なり。爰《ここ》に筆を挙げて其の実を紀すなり」と崔は『興国県志』巻一〇、倉儲の末尾の按語で書いている。一〇八の堡で、二〇〇石乃至三〇〇石ずつ、つまり二万一六〇〇石乃至三万二四〇〇石の穀物を寄付によって集積しようという当初の目標は、この按語によれば、わずか一年で「三万三千〔石〕有奇」とその最高の線で達成され、しかもなお増加しつつあった。そして、重要な問題は、崔はとくにその点が予想外であったとしているのではないが、倉の設置箇所が一〇八という堡の数をはるかに上回り、三〇〇カ所を越したことである。すなわち、いま一つの按語には、同治一〇年の時点での集約として、「総計するに穀を儲えること三万余石、計るに倉三百余所」云々と記され、さらに、続いて載せられた、県城内四隅及び県城外六郷の新設の倉の所在地名（乃至倉名等）、ならびにその各々の貯蔵穀数の巨大な一覧表では、筆者の独自な試算によれば、表3のように、県城外農村部のみで合計四〇五カ所、三万三〇六五石という数値が出るのである。ここには、乾隆三二年（一七六七）の同県の社倉二一カ所、七三九二石とは全く次元を異にする規模の大きさが見出される。なぜ当初の計画を上回る大量の倉が新設されたのか。それぞれの倉はどの性格をもっているのか。表3に加え、表4に抜粋した一覧表の記載内容自体を主たる手がかりとして若干の論点を提出しておきたい（なお、これら新設の倉の一般的呼称として、以下でも義倉の名を用いるが、『県志』では、必ずしも義倉に統一しているわけではない。崔国榜は設立の発起の段階では、社倉、義倉両者の中から、県民の親近性を念頭において義倉の名を選択し、設立の進行時においても「興国県改設義倉記」なる一文をものしている。しかし、実際に設立が一応完成した段階で、崔が確認していたはずの一覧表には、表4のように農村部の新倉のうち大足郷のそれのみが「新設義倉」と呼ばれ、他の五郷のそれはいずれも「新増社倉」とされている。またこの一覧表の前にあり、崔が執筆したとみなされる按語には、新設の倉の管理について、「民間経理し、官司稽察するは社倉の向《さ》きの章《ほう》と同じ」として、この面での社倉との共通性にあえて言及している。崔自身は社倉と義倉の性格に本質的な区別を認めなかったのであろう）。

第一は、義倉の設置された地域単位の存在形態に関する問題である。城外六郷の義倉の総数四〇五は、表3のように、『県志』巻四、街巷村荘に記載された六郷の村荘総数四二三にほぼ見あっている。質的な検討をぬきにして、この総量だけの対比でいえば、同治一〇年（一八七一）の村荘と義倉との関係は、一九三〇年の「興国調査」における「ほとんどの村にも一つの義倉がある」という状況と一定の類似性をもつ。少なくとも同治一一年の興国県では一九三〇年と同様に、広大な農村の全域にわたって義倉が密度高く設置されていたことはまず確認できよう。だが、こうした村と義倉との関係についての一定の類似性にもかかわらず、『県志』巻四の村荘名と、巻一〇の右の一覧表における地名相当の固有名とは必ずしも対応しない。両者が対応するのは一二〇例である。この点は一つには、衣錦郷を除けば、三一五の村荘に対し三八七カ所の義倉があることにも示されるように、義倉の設置が村荘によって不均等であり、複数以上の義倉をもつ村荘がある他方で、全く義倉のない村荘があったことにもよるであろう。又二つには、義倉が、『県志』の記載する村荘以下のより細分化された地域単位や、同族といった別の次元の単位と結びつく場合のあったことにもかかわりをもつであろう。総括的にいえば、四〇五カ所の義倉中、三一八カ所は地名相当の固有名をもっていることが確認

表3　同治9・10年（1870・71）新設の興国県義（社）倉数と貯蔵穀数

郷　　名	村落数	義(社)倉〔その中の公堂〕数	貯蔵穀数
大足郷	50	72カ所〔18カ所〕	4990石
宝城郷	55	88カ所〔15カ所〕	6115石
清徳郷	84	103カ所〔27カ所〕	7822石
儒林郷	70	49カ所〔20カ所〕	3752石
太平郷	56	65カ所〔 4カ所〕	6053石
衣錦郷	108	28カ所〔 1カ所〕	4333石
合　　計	423	405カ所〔85カ所〕	33065石
城内四隅		11カ所	2415石

○『同治興国県志』巻10、倉儲附による。○村落数は同県志、巻4、街巷村莊附による。○公堂とは同姓・同房の倉と見られるものをかりに比定したものである。

表4　同治9・10年（1870・71）新設義（社）倉の倉名・貯蔵穀数一覧表抜粋

大 足 郷 新 設 義 倉 71《ママ》所			
壩南鍾姓	390石	陳姓　露斯捐銭 800串、今存穀	310石
壩南劉姓	49石	街頭劉姓	110石
壩南羅姓	38石	壩南朱姓	55石
壩南王姓	56石	菜 園 村	50石
……… 中 略 ………			
※逕　口	20石	田　西	48石
悠　渓	53石	蕉　渓	22石
隘　前	75石	※黄 金 坪	59石
清 源 坊	28石	※荷　嶺	47石
太　山	63石	嶺　背	72石
※上 竜 村	32石	上　逕	110石
……… 以 下 略 ………			
宝 城 郷 新 設 社 倉 88所			
※石　峪	46石	石　宇	41石
蕭何二姓	24石	臘 樹 下	34石
花 橋 坊	6.5石	陳　姓	35石
石 下 坊	21石	※陽村歐陽	546石
……… 中 略 ………			
胡姓老倉	310石	胡恵元堂	105石
胡徴兆堂	20石	胡尊徳堂	5石
……… 以 下 略 ………			
清 徳 郷 新 増 社 倉〔103所〕			
……… 前 略 ………			
南 門 坪	21石	※車渓永豊倉	93石
※車渓李宝善	40余石	瑤塘君福倉	35石
牛斗墈元豊倉	17石	※集瑞壩余慶倉	30石
……… 中 略 ………			

壌　田	20石	塘石堡謝維称房	160石
謝煥文房	45石	謝時輔房	28石
謝時祥房	51石	謝時綱房	66石
………中		略………	
※上宅堡四坊	共穀 184石	※程 渡 堡	119石
※小春堡　韓進春捐穀500石 王躍竜捐穀100石	合衆共 907石	綺 岡 堡	100石
※殷富堡謝姓	120石	蕉　渓	19石
………中		略………	
竜下堡合竜	44石	団 練 倉	237石
竜下堡上洛	338石	上 藍 阬	21石
太寧坊　鐘子賓捐穀	100石	永 昌 坊	26石
共穀	270石		
………以	下	略………	
儒 林 郷	新 増	社 倉 49所	
………以	下	略………	
太 平 郷	新 増	社 倉 66《ママ》所	
………前		略………	
※宝石堡八甲　蔡旭珍　捐 蔡　元　捐	100石 100石	蔡旭光　捐 合	100石 1200石
………以	下	略………	
衣 錦 郷	新 増	社 倉 28所	
武渓合堡　蕭振網　捐 合　共	100石 300石	武渓曾姓	147石
小　阬	60石	江背洞八甲	24村　共2000石
※左別逕新墟	共 33石	※源 頭 堡	66石
洛　団	45石	※官 田 堡	172石
………以	下	略………	

○『同治興国県志』巻10、倉儲附による。○※印は、同県志、巻4、街巷村荘附に村荘名としても記されているもの。但し、上宅堡などの場合の村荘名は一宅である。

できるので、多くの義倉が村荘をはじめとするいくつかのレベルの地縁的な社会関係を基盤に設立されたことは明らかであろう。

第二は、当初の計画で義倉設立の単位とされた堡と実際に新設された義倉との関係である。表4の清徳郷の箇所に「小春堡、韓進春捐穀五百石、王躍竜捐穀一百石、合衆共九百零七石」とあるのが、当初の計画をそのままに実現した典型であるが、こうした例は、衣錦郷の「官田堡、一七二石」という、より簡潔な表現の場合も含めて一七例、清徳郷の「竜下堡合竜、四四石」のような場合をも含めて二八例であり、全体の七％程度である。一堡一倉という当初の構想そのものは実現されていない。かりに一〇八堡全部に設置されていたとしても、全体の四分の一強に達するにすぎないから、今回の新設が堡の下に包摂されていた村荘などの地縁的社会関係により多く依拠していたことは明らかである。なお、清徳郷にある団練倉は、郷村「自衛」軍事組織と義倉との直接的関連をうかがわせる存在として注目される。

第三は、表4の大足郷の壖南鍾姓、壖南劉姓、壖南羅姓、壖南王姓、清徳郷の塘石堡謝惟称房、謝煥文房、謝時輔房、謝時祥房、表外だが、澄塘堡同福劉姓倉、王姓倉など、特定の同族、家族の名で表現される義倉が四〇五カ所中の八五カ所、約二〇％にのぼることである。これらの義倉は、陳弘謀における同族の社倉、陶澍における同族と房の義倉を文字通り体現したものであり、一九三〇年の「興国調査」における公堂とも共通する側面をもつであろう。

第四は、表4の清徳郷の車渓永豊倉、瑤塘君福倉、集瑞壖余慶倉のように、縁起の良い抽象的な語句を冠した義倉が九例見出される点である。これらの倉名は、永豊倉、豊裕倉、永恵倉などの、新城県における一連の義倉名と共通するニュアンスをもっており、同治九年、崔らの設立勧奨を受ける以前に設立され、すでにそのような名で呼びならわされてきたものかもしれない。もちろん、単なるアナロジーによって論証に代えることは避けねばならないが、少なくとも、その名が一定の歴史のたしかな存在を示している宝城郷の「胡姓老倉」のように、以前から在地に根を張っ

表5　同治9・10年（1870・71）新設興国県義（社）倉の貯蔵穀数による度数分布（全郷通算）

貯蔵穀数	9石以下	10－19石	20－29	30－39	40－49	50－59	60－69	70－79	80－89	90－99	100－199	200－299	300－399	400－499	546石	907	1200	2000
倉数	7倉	50	77	51	44	29	21	18	12	7	60	9	12	4	1	1	1	1
百分比	一・七%	一二・三	一九・〇	一二・六	一〇・九	七・二	五・二	四・四	三・〇	一・七	一四・八	二・二	三	一	〇・二	〇・二	〇・二	〇・二

○『同治興国県志』巻10、倉儲附による。

ていた義倉が、四〇五倉の中に含まれていることは確実であろう。

第五は、四〇五の新設義倉の規模乃至貯蔵穀数をめぐる問題である。一覧表によれば、これら諸倉の一倉あたりの貯蔵穀数は最低五石から最高二千石に及ぶ多様な分布を示す。これを単純に算術平均すると八一・六石となるが、表5のように、九九石以下は一〇石きざみ、一〇〇石以上は一〇〇石きざみで度数分布をとると、計六〇倉、一四・八%を占める一〇〇－一九九石の部分と、七七倉、一九・〇%を占める二〇－二九石の部分という、上下二つのピークが見出される。上のピークの一〇〇－一九九石という規模は、たまたま「興国調査」で一村に一カ所置かれていたという、同県第十区の第一、二、三郷の義倉の一村平均所有穀数、二〇〇石（第一郷）、一〇〇石（第二郷）、六七石（第三郷）とも見あうものであり、この調査の行なわれた一九三〇年の尺度で計れば、義倉として恒常的機能を果たしうるだけの水準に達しているといえよう。他方、下のピークをなす二〇－二九石という規模は、一九三〇年のこの一村基準に照らすとかなり規模は小さい。ところが、実は、二〇－二九石の諸倉をはじめ、一〇－一九石、三〇－三九石、四〇－四九石という規模の小さい倉が、計二二二倉、五四・八%を占めている。義倉の貯蔵穀数には、在地の生産力水準、階級構成、社会的・政治的動向などのさまざまな要素がからみあって反映する。たとえば同じ村でも、宝城郷の眼村は二五石、清徳郷の文渓村は一六二石という不均等があり、姓を名乗る倉にも、太平郷高多〔村〕の鍾姓の一五四石、心田の鍾姓の五四石という格差がある。従ってどれだけの規模のものがどのような単位に比定できるかというような、機械的な分析は不可能である。しかし、右に示したような、層厚く分布する多くの小規模の義倉が、当初の構想で一倉の設置単位とされていた堡の下にある、多くの地縁集団ごとに、乃至は血縁集団ごとに作られていることは、第一、二、三の諸特徴とあわせ考える時、確実である。これらの小規模倉こそ、当時の農村社会を構成している基礎細胞の存在形態を率直に反映していると考えられる。

第六は、倉の目的、乃至その機能の具体的な内容の問題である。本稿で追求してきた端境期の糧食貸与を、これらの倉が目的としていたとする直接的言及は、『県志』所載の関係資料にはない。前述したこのたびの義倉設立発起に至る経過は、米価騰貴を抑えるための平糶米の蓄積がこの倉にまず託された目的であったことを示しており、崔の「邱能激捐贍義田記」にもそれを示唆する部分がある。しかし、先にもふれたように、崔が、少なくともこれら新設の義倉の管理運営については「社倉の向《さ》きの章に従《ほう》う」と明言し、また設立発起に至る過程での発言において、社・義両倉の間に本質的区別を認めていなかったことも確認できる。崔が、社倉固有の端境期の貸与機能を否定する発言を行なっていないこともまたたしかである。かつての新城県で在地から創設されていった諸義倉の中に、端境期の貸与と平糶とを兼ねるものが数例存在していたことも考慮に入れる時、同治九－一〇年の興国県下で新設された諸義倉が、端境期の貸借をもその目的としていく可能性は認められてよい。ただ、この可能性が現実性に転化し、一九三〇年の興国県義倉に継承されていく契機は、もはや必ずしも清朝国家の働きかけによるものではなく、在地の農村社会自身の動向にあったと予測されるのである。

さて、すでにふれたように、米穀の寄付による集積は、知県崔の目標を上回るものであったが、一堡一倉、一倉二、三〇〇石という当初の構想はかなりの変容を受けた。たとえば、この構想には、都図・里甲を倉設置の単位とした、陳弘謀の「社倉規条」と同種の考え方が流れていたのであるが、現実に出来上った義倉は、むしろ、戸数の多少を問わず、相互に連絡のある地縁的集団を村と規定し、この意味での村を単位に倉をつくらせようとした、陶澍の「勧設義倉章程」の考え方に近いものになっているといえよう。また、当初の構想にはなかったが、かつて陳・陶とも、附加的な仕方ながら、倉の設立単位とすることを指示していた同族集団の倉が一定の構成的比重を占めていることも注目される。この二点をも含め、以上数点にわたって言及してきた新設義倉の存在形態は、いずれも、当初の構想が、地縁、血縁集団などの、在地の現実の社会関係のあり方によって規制され、あるいは変容されたことを示している。陳、陶ら清朝国家の官僚の方針のリアリティのある部分はどこかが、たまたま検証されることになったともいえる。さらに、ここでは、当初の構想にかかわっていたのが崔だけではなかったことを、ふりかえっておかなければならない。かつて近い過去に堡や団を結集し、「郷民」を指揮して太平天国軍と戦闘した当地の郷紳が、堡単位の倉の設立というこの構想に関与していたのであった。この構想が右のように変容されたことは、かつて義倉の設立にかかわった新城県の陳氏の活動がそうであったように、当地の郷紳の諸活動が、在地の社会関係の基底部における支配・指導層の動向と相互媒介的なものとしてしかありえなかったことを示している。

むすびに代えて

ここに二つの資料がある。

Ａ　富農が貧農に米を貸し出す場合には、前の年の十一月、十二月に貸したものでも、その年の一月、二月、三月に貸したものでも、その年の七月のとり入れ時に返済する際には、みな同じように五割の利子を支払わなくてはならない。（中略）三月に借りて七月に返せばわずか四カ月間である。それなのに、なぜこのように重い利息（現金を借りた場合に比べて三割も重い）を支払わねばならないのか。そのわけはこうである。冬と春の二季には、米価が非常に高く、秋に比べると二倍にもなる。秋には一石につき一元半のものが、冬と春ではいつも三元もする。だから富農は、米価の格差によって失うだけのものを利息に加えようとするのである。富農が米を売ろうとはしても貸出そうとはしないのは、たとえ利息を五割に引き上げてみたところで、冬から春にかけて米を売ったほどにはもうからないからである。貧農が富農から米を借りるためには、相当強い縁故《コネ》がなければだめである。富農が百石の米をもっているとすれば売りに出すものが九十石、貸し出すものは十石にも及ばない。

B　富農の行なう米質では（中略）その年の正月一日に一石を貸し出し、十二月三十日に請《う》け出した場合にも三割の利息、五月一日に一石を貸し出し、六月一日に請《う》け出した場合にも三割の利息をとることになる。そのわけはこうである。米質で米を貸し出す時は端境期であり、米価は非常に高いが、請け出されるのは必ず秋の収穫後であり、米価は非常に安い。だから貸し出した時には二両以上の価値のあったものが、返済してきた時には一両にもならない。たとえ、三割の利息をとっても、貧民はなお事実上、富戸の資本に欠損を与えているわけである。もし期間の長短を見こんで利息の額を調整したならば、富戸はどうして事を喜ぼうか。

Aは、一九三一年一月二六日付の序のある毛沢東の「興国調査」、Bは嘉慶九年（一八〇四）に書かれた江西巡撫秦承恩の「勧民間質穀論」(73)である。両者のよって立つ階級的立場は全く異なるが、Aにおける富農と貧農の関係と、Bにおける富戸と貧戸の関係とは、A、B二つの資料が、百二十数年余を隔て、近代と前近代との異なった規定を受けているにもかかわらず、ほとんど同じである。江西省の農村で、富農乃至富戸が、貧農乃至貧戸に対して行なう現物米穀の貸与が、期間の長短にかかわらず、富農乃至富戸の側の米価の価格差を口実とする高利率（Aの方が二割高いという差異はある）で行なわれている。毛沢東は、Aで、この高利率でも富農が米を貸し出すのに消極的であることを指摘しているが、秦承恩も、同じ資料の全体を通じて、県城に本拠を有する典鋪の金貸しに比べて、農村の富戸の米貸しの不利を縷々述べながら、富戸が進んで米を貸し出すようになるために彼らを保護すべきであることを力説し、結局、毛沢東と同様の認識を示している。

土地所有の不均等と高率の地代搾取、そこから生まれる糧食の不足が二つの資料の共通の前提として存在する。米穀の商品化の進展故に顕著となる米価の季節的価格差にもとづくところの富農乃至富戸の貸し出しへの消極性と高利率。その中で一九三〇年の興国県における義倉と、一八世紀以来の江西省各地における社倉・義倉の存在が必然化される。こうした基礎構造の中で、地代を中心とする私的個別的な諸搾取継続の条件として、直接生産者農民の再生産維持をはかるための機構を、在地の非郷紳的な支配・指導層、あるいは富農、在地にその土地所有の基礎を置く郷紳層、あるいは地主——すなわち農村における支配階級の構成者たちは、共同して設定し続けなければならなかったのである。しかし、こうした必然性はあくまで客観的な過程の中に存在するものである。この種の共同の事業として、一九三〇年の興国県における一村一所の義倉体制が形成されていく、もっとも直接的な契機は、太平天国軍の闘争が彼らに与えた衝撃の中に求めることができないであろうか。

註

（1）『東洋文化』四、一九五〇年。のち『中国村落と共同体理論』岩波書店、一九七三年に収録。

（2）小山正明「アジアの封建制－中国封建制の問題－」（歴史学研究会編『現代歴史学の成果と課題』二、青木書店、一九七四年。のち『明清社会経済史研究』東京大学出版会、一九九二年に収録）。

（3）北望社『毛沢東集』第二巻・井岡山期（一九七〇年）所収。以下本稿ではこのテキストによるが、一九四七年版『毛沢東選集』第一巻、解放社版『農村調査』にも収められている。

（4）国立北京師範大学刊物之一『師大学刊』第一集、一九四二年。のち『中国史の位相』勁草書房、一九九五年に

収録。最近では、守本順一郎「朱子の生産論」(『東洋政治思想史研究』第三章、未来社、一九六七年)、柳田節子「郷村制の展開」(『岩波講座世界歴史』九・中世三、岩波書店、一九七〇年。のち『宋元郷村制の研究』創文社、一九八六年に収録)、間野潜龍『朱子と王陽明』(清水書院、一九七四年)などに南宋の社倉についての言及がある。

(5) 以上の叙述は、繆楚黄編著『中国共産党簡要歴史(初稿)』中国青年出版社、一九六二年に主としてより、何幹之『中国現代革命史』高等教育出版社、一九五四年、毛沢東「小さな火花も広野を焼きつくす」(『選集』第一巻)によって補った。

(6) この調査会についての叙述は、「興国調査」の前文にあたる部分によった。

(7) 「興国調査」については、一九五二年三一書房版の『毛沢東選集』第一巻の中に、一九四九年の解放社版『農村調査』(華中版)による「興国県の調査」と題した翻訳が収められている。本稿での口語訳にあたっては、毛沢東選集刊行会によるこの訳文に主としてよっているが、筆者の理解や表現によって改めた箇所もあり、誤読があるとすれば筆者の責任である。

(8) 同書第三章政治、七「積穀」の項による。

(9) 天野元之助『支那農業経済論』中、改造社、一九四二年、第七章農村金融による。なお、天野は一九四二年当時の彼の見解として「此の比較的低率の借糧も、僅かに局部に於いて存在するのみ」という評価を示している。

(10) 『清国行政法』第四巻前掲の部分。

(11) 一八世紀段階の社倉・義倉は基本的には農村の倉として機能していたが、一七世紀以来、清朝支配下の中国で、県城などの都市部で、貧民に生活の資を補給するために、これらの名をもつ倉が置かれていたことは認識しておかねばならない。

(12) 『清国行政法』の前掲の部分。

(13) 『光緒大清会典事例』巻一九三、戸部、積儲。

(14) 『康熙新建県志』巻六、社倉には、「条約」とその前文がもっとも詳細に記録されている。

(15) 陳弘謀の文集『培遠堂偶存稿』文檄の諸巻によると、乾隆六年(一七四一)江西巡撫に就任して以来、乾隆二四年(一七五九)江蘇巡撫の第三年目を迎えるまで、その巡撫としての任にあった、江西・陝西・湖北・福建・湖南・江蘇の六省で合計一六篇にわたる社倉に関する規定乃至指示を出している。

(16)『培遠堂偶存稿』文檄巻一三。なお、本檄では、古典文、現代文の原資料を原則として引用していない。また書き下し文や忠実な逐語訳を用いていない場合も多い。筆者の構成の拙さから原典の省略を強いられたのが主たる原因であるが、あえて試みた点もないではない。御批判を仰ぎたい。
(17)陳が、のち、乾隆一八年（一七五三）四月、福建巡撫の任にあった時に出した「社倉条規」（『培遠堂偶存稿』文檄巻三三）に、「社穀分貯各郷、或按里甲、按都図、択適中之地、建立社倉」とあることにもとづく。
(18)『培遠堂偶存稿』文檄巻一四。
(19)『培遠堂偶存稿』文檄巻一六「再飭清査社穀檄」（乾隆八年一二月）。
(20)「通行社倉事宜檄」。前掲註（18）に同じ。
(21)前掲註（19）に同じ。
(22)前掲註（20）に同じ。
(23)『光緒大清会典事例』巻二九三、戸部、積儲。
(24)地方志にもとづく府下各県ごとの検討結果を提示すべきであるが、ここでは代表的なもののみに留めた。
(25)巻四、食貨、儲備。
(26)『乾隆贛州府志』巻一八、賦役志、倉儲。
(27)『道光興国県志』巻一〇、倉儲附。
(28)前掲註（26）に同じ。
(29)前掲註（27）に同じ。道光県志所載の総倉名・倉の規模・貯穀数を附した年次不詳のリストには、全県で二〇倉、乾隆府志の興国県についての記載では二一倉となっているが、同系統の数値と理解される。
(30)前掲註（26）に同じ。
(31)『同治分宜県志』巻三、食貨、倉儲。
(32)『乾隆南昌府志』巻一三、民賦、倉儲。
(33)森正夫「一六－一八世紀における荒政と地主佃戸関係」（『東洋史研究』二七－四、一九六九年。本論集本巻第九章）。
(34)前掲註（15）の陳弘謀の手になる各省の社倉に関する規定や指示。
(35)前掲註（32）に同じ。
(36)巻七、倉儲。
(37)道光六年（一八二六）、道光二九年（一八四九）間の『南昌県志』の中、前者については、日本に現存しないが、両者における社倉数と貯蔵穀数については、同治九年（一八七〇）刊の『南昌県志』巻二、建置志、倉儲の記載によった。

（38）『同治南昌府志』。
（39）前掲註（37）に引用した同治九年刊『南昌県志』の当該箇所による。
（40）『同治贛州府志』巻八、官廨の信豊県の項。
（41）『道光泰和県志』巻一一、食貨志、儲備。
（42）『光緒泰和県志』巻六、政典、儲備。
（43）泰和県についてのここまでの叙述は、前掲註（41）の道光志にもとづき、以下は前掲註（42）の光緒志による。
（44）巻三、食貨、倉儲。
（45）『皇朝経世文編』巻四〇、戸政、倉儲。
（46）『光緒大清会典事例』巻一九三、戸部、積儲。
（47）前掲註（46）に同じ。この『事例』巻一九三、戸部、積儲では、実際は、社倉積儲の項、義倉積儲の項をそれぞれ独立させて扱っている。
（48）清朝国家の社倉政策において米穀貸与の対象とされたのは、前掲註（15）の諸規定や指示によれば、原理的には、自らの経営をもって直接耕作労働に従事し、生産と生活に困難を来している農民であり、自作・小作の別にはかかわりない。
（49）『同治新城県志』巻一〇、人物志、理学。
（50）同右、人物志、孝友。
（51）その具体的な存在形態は不詳であるが、『同治新城県志』巻三、倉儲の「大済倉・永済倉・妙済倉」について の蔣士銓なる人物の「記」に、「磬読約堂陳君所為各郷義倉記」云々とある。
（52）『同治新城県志』巻三、倉儲所載の各篇の文章、同県志巻一〇、人物志の理学、宦業、孝友にある一族の伝にもとづく。
（53）以下、本章では特に註記しない限り、同県志、巻三、倉儲によって論述する。
（54）同県志、巻一〇、人物志、儒林。
（55）同県志、巻一、地理志、郷都には、五〇数都の各々について、その領域内にある「村」の固有名があげられている。
（56）鍾賢社倉、桃渓許市街義積倉、和済倉はいずれも端境期の糧食貸与を目的としている。
（57）『同治興国県志』巻末の邑人鍾音鴻の跋。
（58）『同治安遠県志』巻三―三、倉儲。
（59）『同治会昌県志』巻八、公署。
（60）『同治興国県志』巻一〇、倉儲附。
（61）『同治贛州府志』巻九、官廨。
（62）『光緒長寧県志』巻八、田賦志、積儲。

（63）前掲註（61）に同じ。

（64）前掲註（61）に同じ。

（65）『清国行政法』第四巻、第一章救恤、第二項「救恤営造物」。

（66）前掲註（62）に同じ。

（67）『同治興国県志』巻一〇、倉儲附のうち、同治一〇年（一八七一）に書かれたと判断できる部分の「按ずるに」云々とある二つの文章は、その内容からすると崔国榜自身の執筆になり、新しい義倉設立が一応の完成を見た後に書かれている。また、巻四一、芸文所収の崔の二つの文章「興国県改設義倉記」、「邱能澂捐贍義田記」は設立の進行中に執筆されている。以下しばらくは後二者による。

（68）『皇朝経世文編』巻四〇、戸政、倉儲下、晏斯盛「推広社倉之意疏」（乾隆八年）。

（69）第二節第一項、参照。

（70）『乾隆徳化県志』巻二、地理「徳化県保甲表」。

（71）前掲註（57）に同じ。

（72）以下は、前掲註（67）に示した崔執筆の文章中の前二者、及びこの二者にはさまれて記載され、表4にその一部を示した、新設義倉の一覧表によって論述する。

（73）『皇朝経世文編』巻四〇、戸政、倉儲下。

『東洋史研究』第三三巻第四号　一九七五年

【補記】

本章の内容については、本論集本巻第七章「一五世紀江南デルタの済農倉をめぐる資料について」の【補記】（三〇六・七頁）および本論集本巻第九章「一六－一八世紀における荒政と地主佃戸関係」の【補記】（三九六・七頁）を参照。

14　いわゆる「郷紳的土地所有」論をめぐって
——大会予備報告に代えて——

中国革命における土地革命——土地改革の対象となり、それによって揚棄された旧来の土地所有の歴史的起点を、一六・七世紀、明末清初期に求め、この時期に「郷紳的大土地所有」と称すべき新たな土地所有関係が成立した、という問題提起が、一九七二年、田中正俊によって行なわれた。(1) かつて一九五七年に、明末清初期において中国史上はじめて封建的土地所有が成立したという見解を提示していた小山正明も、(2) 一九六七年、一〇世紀、宋代以降の「中国社会の変容とその展開」について概説を試み、五七年の見解を「郷紳による土地所有」の成立として、政治過程をも視野に入れながら論じ、(3) さらに一九六八年には、一六・七世紀における賦役制度改革の再検討を続ける中で、一連の賦・役改革を導きだした基本的要因が、「この時期における郷紳的土地所有の確立にある」と指摘した。(4)

これに先立って、すでに、一九五七年佐伯有一は「明清時代の大土地所有」が、「官紳的（特権的）土地所有」として実現されたと述べており、(5) 一九六一年には、安野省三も明末の大土地所有の担い手としての城居地主を「郷紳地主」と呼んだ。(6) この六一年には、田中正俊も、明末清初の里甲制解体とともに成立する「寄生的な封建支配」の担い手を「郷紳層」に求める発言を行なっている。(7)

こうした一連の発言を前提として、一九六九年、濱島敦俊は、「明末における土地所有構造の変化に対応する共同体的諸関係の変化の解明を意図」して、「明代から清初にかけての江南デルタ地帯の水利」を考察し、(8) 一九七〇年には、「明末清初の社会構成とその変化の特質の集中的表現としての均田均役法」の分析を行ない、(9) この二つの作業を通して国家権力と合一しつつ、「郷紳地主」がその支配を成立させていった過程を見出しうるとした。この頃から、水利、均田均役、丈量など、広義の賦役制度史の分野で、濱島[10]、川勝守[11]、西村元照[12]などが、「郷紳的土地所有」の形成を問題関心にすえつつ、膨大な実証的成果を続々と生みだしつつある。

他方、一九七一年、重田徳は、「郷紳的土地所有」関係、すなわち郷紳＝佃戸の階級関係の成立を基軸的認識にすえつつも、「郷紳的土地所有」、「郷紳地主」などという「単なる地主支配の枠」を越えた、「当該社会構造をトータルに把握する体制的概念」として、「郷紳支配」という範疇を設定する必要性を提言した[13]。重田の提言は、「資本主義の起点としての小商品生産[14]」の形成を追究した、五〇年までの明清時代史研究には顕著に見出されながら、六〇年代には中絶していた、社会構成に対する継起的・非可逆的な歴史的規定の賦与を、明末清初期に即して行なうこと、および六〇年代以降、精力的にとりくまれてきた賦役制度史研究の蓄積をもとに、清朝支配確立期における中国社会の構造的特質を明らかにすることをねらいとしていた。なお、重田のこうした企図は、「郷紳的土地所有」論と不可分の結びつきを持つものではあるが、中国の旧社会において「最後まで存続し」つづけた、いわゆる自作農と、この自作農の存在の対極としての専制国家の存在を排除することなく、明末清初以来の中国社会の新たな特質を把握しようという関心に支えられていたことを見逃してはならない。

かくして、いわゆる「郷紳的土地所有」という概念は、中国近・現代の直接の前提をなす時期として、戦後新たに切り拓かれてきた明清時代史研究の分野で、かつて追究された「資本主義の起点としての小商品生産」に代わる、新たな導きの糸としての期待をこめ、日本の多くの研究者の問題関心の中核となりつつあるようにみなされる。

しかしながら、「郷紳的土地所有」なるものは、あえて言うならば、時として問題提起の意図を内包しつつも、まだ、共通の理解には達しないままで一般に流通するようになってしまった一用語の域を、必ずしも抜け出ていない。「郷紳的土地所有」自体の具体的な存在形態についての認識はまだ部分的なままであり、存在形態を明確にする前提としての考え方の大枠についても、田中、小山、重田らの見解がそれぞれ孤立的に提示されているのみである。「郷紳的土地所有」を中国固有の土地所有関係の展開の中で位置づけ、その歴史的規定を与えるに足る集約的基礎的な作業は、ほとんど試みられていないのではないだろうか。したがって、たとえば、一〇世紀、宋代における地主的土地所有の形成の中に、中国史上の封建制の成立を求め、封建制の大枠の中での構造的変化として「郷紳的土地所有」をとらえる田中正俊の見解と、一七世紀明末清初における「郷紳的土地所有」の形成の中に、封建的土地所有の成立を認める小山正明の見解の分岐を検討するための具体的な手がかりはまだ見出されてはいない。もちろん、田中、小山のごとき見解の分岐そのものの発生自体への疑問の存在する余地も少なくないのである。

ところで、一九七一年、岩見宏は、明末清初における「社会的変化を反映する上部構造として、郷紳支配体制なるものを考えよう」とする見解と、明清交替期をはさんで連続する集権的官僚制とがどのような関係にあるかという疑問を提出した。[15]最近、一九七五年四月、柳田節子は明末清初の社会矛盾の激発を克服して成立した清朝権力の専制支配について、「清朝専制支配を中央集権的封建国家と規定するにしても、郷紳的土地所有概念のみからは権力の集中化の必然性は必ずしも説明し得ない。国家の自作農支配が正当に位置づけられることなしには、郷紳的土地所有の封建的性格の特殊具体的意味も理解し得ないのではないか」と述べ、明末清初以降においても、「専制支配が、地主・佃戸関係の上部構造としてだけ存在するのではなく、一方に多数の自耕農をその支配の基盤としてもっていた」事実に改めて着目する必要を提起した。[16]また、一九七五年六月、高橋孝助は、柳田の問題提起を受けとめつつ、「郷紳的土地所有」を基盤とする郷紳地主が、直接的な土地所有関係を越え、いわば「地主をこえた地主」として自作農を中心とする他の諸階層に対しても支配を及ぼした、という重田の郷紳支配論を批判した。[17]高橋は、郷紳—佃戸という関係とはっきり区別される国家—「小土地所有者」（＝「自作農」、中小地主…高橋）の直接的な関係が、清朝になっても厳存したことを、清初の江南における「重賦」の問題を手がかりにして具体的に指摘し、この国家—「小土地所有者」

の「関係」の存在とその維持こそが、清朝の専制支配を支え、清朝が「特定の階級＝郷紳の支配の道具として」機能するようにさせた、と述べた。高橋のこの指摘と同様の見解は、一九七二年度の歴科協大会の田中正俊報告をめぐる討論の中で、すでに芝原拓自によっても示されている。(18)岩見、柳田の意見と高橋の作業は、「郷紳的土地所有」論、「郷紳支配」論を中国固有の専制国家の存在、その一環としての清朝支配の形成という角度から検討することを要請している。この三者は、重田が専制国家と自作農との関連に留意したことをふまえつつ、より立ち入ったとりくみを求めているのである。一九七三年、小林一美は、従来の抗租・抗糧を中心とする明清期の農民闘争研究が、直接生産者農民の経済的私的利害にもとづく闘争に関心を集中し、彼らを支配する共同幻想としての専制国家そのものを打倒する闘争との関連を視野の外に置いてきたことをきびしく批判した。(19)いわゆる「郷紳的土地所有」が成立し発展したとされる明末清初以来の農民闘争の把握の仕方に対するこの批判は、岩見・柳田の意見や高橋の作業ともあいまって、従来の明清時代研究の主流を占めてきた社会経済史的視角からする作業の中で形成されてきた「郷紳的土地所有」論の検討に際しても必ずふまえられねばならないであろう。「資本主義の起点」の形成にかかわる歴史発展のあらたなあり方が「郷紳的土地所有」の成立という方向のみでなく、農民闘争の質的量的展開という方向においても追求されるようになっていたからである。一九七四年末、安野省三は、「地主の実態と地主制研究の間」と題する学界展望(20)を執筆し、安野自身がその中にあった、社会経済史的視角からする明清時代史研究の一環としての明清地主制研究の中心的傾向――「発展段階論や構造論」を「道具立て」とする「抽象としての地主制」論の展開――に対する根本的批判を行なった。「マルクスの社会発展段階説を中国へ直〔か〕に適用することの是非は暫くおくとして、われわれが個別の事例研究の形で地主をほとんど解明していない以上、いいかえれば、足をもたない幽霊のごとき明清地主制研究は、段階規定に則した用語を持ち込める水準には到達していないのではなかろうか」という安野の見解は、右の学界展望の重要な論点の一つである。「郷紳的土地所有」論が、ともすれば性急に普遍的な規定の賦与へと走りがちであった五〇年代迄の地主制研究に対する反省として登場したことは見のがされるべきではないが、この安野の見解は、「郷紳的土地所有」論の現状を検討するに際しても、留意されねばならないであろう。

報告者は、「郷紳的土地所有」論、「郷紳支配」論を唱道したことこそないが、「郷紳」や「郷紳・士大夫」という言葉を不用意のままに用いたことも少なくなく、この論がその中からでてきた社会経済史的視角からする戦後の明清時代史研究に関与してきた責任を回避するつもりはない。大会報告では、以上に言及してきた諸氏の見解を主とする敗戦後、とくに六〇年代以降の所論をあらためてたどりつつ、いわゆる「郷紳的土地所有」論と、それを生みだした社会経済史的視角からする明清時代史研究の問題点を、いささかなりとも提示できれば、と考えている。報告者は、一九七三年、田中正俊の「中国の変革と封建制研究の課題（一）」における「郷紳的土地所有」概念と「自作農」に関する見解とについての発言を一九七二年度の歴科協大会レジュメをも考慮に入れつつ行なった。[21] この際、「郷紳的土地所有」については、田中をはじめとする人々により、一六・七世紀、明末清初期におけるその形成の決定的要因として強調されているところの、官僚のもつ徭役免除（明代では雑役の優免）の特権が、はたしてその形成の固有の契機たりうるかどうか、官僚制自体は必ずしも特殊一六・七世紀的なものではないのではないか、という趣旨の指摘をした。「自作農」については、まず、一四世紀後半までに基本的生産関係としての地主＝佃戸関係は成立しており、「自作農」はこの基本的な階級矛盾によって規定され、この矛盾を一時的に統一しつつも、究極的にはこの矛盾の外縁に位置する副次的存在だとする田中の見解にふれた。報告者は、田中のこの見解が「自作農」の存在を回避することなく自己の論理に包摂しようとする姿勢にもとづくものであることを評価しながらも、あたかも中国革命の「土地改革」の階級区分における中農のように、一つの論理をもって構成される階級関係の中での固有な位置付けをアヘン戦争以前の段階の「自作農」に対して行なうことが全く不可能であろうか、という疑問を提出した。さらに、「自作農」は、地主と同様に、税・役（古島和雄のいわゆる「公租」）を国家から課せられるが、一見租税＝地代的様相を呈するこの税・役の性格の検討が、「自作農」の理解と密接な関連をもち、われわれがそれをなしえないことにも言及した。これらの諸点はいずれも土地所有関係における国家権力の位置づけの問題であり、時間的には、一〇世紀宋代にまで、引いては宋代以前にもさかのぼる長期的な性質の問題である。

　また、報告者は、一九七一年、自らが同年に一四―一九世紀の中国の土地所有関係を概観しようとした時[22]、地主＝佃戸関係のみを無限定に抽出してその間の展開過程を論じたことを反省し、「奴僕」、「傭工」、「佃戸」、「自作農」などのさまざまな存在形態をとる直接生産者農民が結んでいるこの時期の複線的な生産関係の相互関連をとらえ、その総括的理解を行なうことの必要について言及した[23]。この点は、これらのさまざまな生産関係が存立する場としての共同体のあり方の問題でもある。

　本来行なうべき解決の方途の提示をもしえないままにあげつらったこれらの困難な論点を、再度とりあげることには躊躇なきをえないが、従来の研究の観点・方法が小林一美の批判を受けているところの直接生産者農民の階級闘争と、旧中国の土地所有関係との関連という重要な問題ともあわせて、いまいちど考えてみたい[24]。なお、田中正俊は、一九七二年の大会報告レジュメ、及び『歴史評論』所載論文において[25]、「中国封建制史の特質性を追求するための指標として、㈠共同体、㈡国家権力、㈢農民闘争の三つの問題がとくに念頭におかれる」べきことを指摘している。報告者は、一応この指摘に賛成であるが、問題への接近の仕方は、それぞれの特殊具体的な側面に傾斜したものとなるであろう。ちなみに一応という限定をせざるをえないのは、日本の研究の現状に即して、中国社会に「封建制」という範疇規定で時期を画することの容易ではないことを感じるからでもある。小山正明は、すでに一九六一年、「郷紳の在地における権力」が、革命前の近・現代中国における農村社会把握の要請から生まれたことを指摘しているが[26]、一九七二年、古島和雄は、一九六七年以来の所見を整理し、土地革命・土地改革以来の農村革命の展開の前提条件を明らかにするという立場から、この革命の時点までの農村社会の権力構造を論じ、地主制と官僚支配との構造的結びつきを重視し、この結びつきを「縉紳・豪紳の支配体制」と呼んでいる。(27)「郷紳的土地所有」やそれを基盤とする「郷紳支配」の歴史的規定性如何の問題は、一つには、近・現代のいわゆる半植民地・半封建的社会における「郷紳」「縉紳、豪紳」の性格の評価にも関連するが、いま一つには、かかる結びつきを、それが生みだされてきた歴史そのものの展開にそくしてどのように内在的に、息長くとらえるかにかかっているといえよう。

草卒のうちに、主題についてごく表面的な印象を記したにとどまるが、もし御批判、ご意見をお寄せ下されば幸いである。

註

(——この註は、不完全なものながら、編集部より要請された参考文献リストをも兼ねるものである。)

(1) 田中正俊「一九七二年度歴科協大会報告レジュメ」。同「中国の変革と封建制研究の課題(一)」(『歴史評論』二七一、一九七三年。のち『田中正俊歴史論集』汲古書院、二〇〇四年に収録)。

(2) 小山正明「明末清初の大土地所有—とくに江南デルタ地帯を中心にして—(一・二)」『史学雑誌』六六—一二・六七—一、一九五七・五八年。のち『明清社会経済史研究』東京大学出版会、一九九二年に収録)。

(3) 小山正明「中国社会の変容とその展開」(西嶋定生編『東洋史入門』有斐閣)。

(4) 小山正明「明代の十段法について(二・完)」(『千葉大学文理学部文化科学紀要』一〇。のち前掲小山著書に収録)。

(5) 佐伯有一「明末の董氏の変—所謂「奴変」の性格に関連して—」(『東洋史研究』一六—一)。

(6) 安野省三「明末清初、揚子江中流域の大土地所有に関する一考察—湖北漢川県蕭尭宋の場合を中心として」(『東洋学報』四四—三)。

(7) 座談会「中国の近代化」『世界の歴史』第一一巻、筑摩書房。

(8) 濱島敦俊「明代江南の水利の一考察」(『東洋文化研究所紀要』四七。のち『明代江南農村社会の研究』東京大学出版会、一九八二年に収録)。
(9)　濱島敦俊「明末浙江の嘉湖両府における均田均役法」(『東洋文化研究所紀要』五二。のち前掲濱島著書に収録)。
(10)　濱島敦俊「明末清初、江南デルタの水利慣行の再編について―湖州府を中心に―」(『社会経済史学』四〇―二、一九七四年。のち前掲濱島著書に収録)等の諸論文。
(11)　川勝守「明末清初、江南の圩長について―蘇州府における水利関係を中心にして」(『東洋学報』五五―四、一九七三年。のち『中国封建国家の支配構造』東京大学出版会、一九八〇年に収録)等の諸論文。
(12)　西村元照「清初の土地丈量について―土地台帳と隠田をめぐる国家と郷紳の対抗関係を基軸として」(『東洋史研究』三三―三、一九七四年)等の諸論文。
(13)　重田徳「郷紳支配の成立と構造」(『岩波講座世界歴史』一二・中世六、岩波書店。のち『清代社会経済史研究』岩波書店、一九七五年に収録)。なお、重田には、戦前以来の中国及び中国史研究における郷紳観の展開を国家論的視角をふまえて的確に整理した論文、「郷紳の歴史的性格をめぐって―郷紳観の系譜―」(『人文研究（大阪市立大文学部)』二二―一、一九七一年。のち前掲重田著書に収録）がある。そこでは本稿ではごく浅く触れた戦後の明清時代史研究における「郷紳的土地所有」論の内容についての分析と批判が一九七〇年までの段階についてすでになされている。
(14)　佐伯有一「日本の明清時代研究における商品生産評価をめぐって」(鈴木俊・西嶋定生編『中国史の時代区分』東京大学出版会、一九五七年)。
(15)　岩見宏「清朝の中国征服」(『岩波講座世界歴史』一二・中世六、岩波書店)。
(16)　柳田節子「中国前近代社会における専制支配と農民運動」(『歴史評論』三〇〇)。
(17)　高橋孝助「清朝専制支配の成立と『小土地所有者』―清初の江南における『重賦』問題を素材にした場合―」(『歴史学研究』四二一)。
(18)　「青木・田中報告に関する討論要旨」(『歴史評論』二七一、一九七二年)。
(19)　小林一美「抗租・抗糧闘争の彼方―下層生活者の想いと政治的・宗教的自立の途―」(『思想』五八四)。
(20)　安野省三「地主の実態と地主制研究の間」(『東洋史研究』三三―三)。
(21)　森正夫「一九七二年の歴史学界―回顧と展望―東アジア」中国、明・清（『史学雑誌』八二―五、本論集第三巻第一四章）。

（22）森正夫「明清時代の土地制度」（『岩波講座世界歴史』一二・中世六、岩波書店。本論集本巻第一〇章）。

（23）森正夫「明末清初の奴僕の地位に関する覚書－小山正明の所論の一検討－」（『海南史学』九、本論集本巻第一一章）。最近の小山正明「明代の大土地所有と奴僕」（『東洋文化研究所紀要』六二、一九七四年。のち前掲小山著書に収録）も、この点について「これら同時に存在した直接生産者としての奴僕・雇工・佃戸・小農の在り方を相互関連的に把え、またこうした各種の土地所有を、明代国家支配の基軸たる里甲制の中に具体的に措定することが今後の課題だと考えている」と述べている。

（24）なお、小林は「中国前近代史像形成のための方法論的覚書」（青年中国研究者会議編『中国民衆反乱の世界』汲古書院、一九七四年）の中で、一〇世紀以降の「地主階級を支配階級とする中国封建社会」論を展開し、郷紳についても言及している。

（25）前掲註（1）に同じ。

（26）前掲註（7）に同じ。

（27）古島和雄「旧中国における土地所有とその性格」（山本秀夫・野間清編『中国農村革命の展開』アジア経済研究所、一九七二年）。

『歴史評論』第三〇四号　一九七五年

【補記】

本章は、同名で、一九七五年八月開催の「現代の世界史的認識をめざして」をテーマとする歴史科学協議会第八回大会の予備報告論文として『歴史評論』三〇四（一九七五年八月）に掲載された。これに先立ち、一九七二年八月開催の「アジアにおける封建制と民主主義革命」をテーマとする歴史科学協議会第四回大会において田中正俊は「中国の変革と封建制研究の課題（一）」と題する報告を行ない、その内容が同名で『歴史評論』二七一（一九七二年一二月）に掲載された。当該論文「はじめに」で田中は「中国における『近代』的変革――近代世界史のなかで遂行された中国の『近代』的変革が、西欧的近代化への追随、再現ではありえず、むしろ、その克服をも内容とせざるをえないことは、いうまでもない――の対極としての封建制の問題を、『郷紳的大土地所有』の問題として提起したいと考える」と述べている。筆者はたまたま深谷克己と連名でこの田中報告の「討論要旨」を当該論文の末尾に発表した。なお、田中の当該論文の表題中の「（一）」という部分は、最近、『田中正俊歴史論集』（汲古書院、二〇〇四年）に収録されるに際して削除された。

上述のように、同じく歴史科学協議会大会の予備報告として田中報告の三年後に執筆された本論文は、田中の当該論文を重要な前提の一つとして執筆された。

次章「日本の明清時代史研究における郷紳論について」は、本予備報告を受けて行なわれた筆者の上記一九七五年大会報告に基づいて執筆されたものである。

15　日本の明清時代史研究における郷紳論について

はじめに

かつて田中正俊は、一九七二年の歴史科学協議会大会報告の報告要旨において、「中国の封建制研究の課題は、中国における封建制変革の問題のなかに求められる。それは、現実には、半封建的な半植民地社会の変革という、ひとつの具体的な歴史変革における『封建制の変革』の側面の問題である。この変革の特質性を規定する条件として、この変革と連関する限りで、変革以前の封建制研究そのもののうちにも課題が成立しうる」と述べて、封建制研究の課題を厳密に限定した。田中は、さらに、大会報告にもとづいた論文、「中国の変革と封建制研究の課題㈠[1]」の中で、「中国における『封建制の変革』の問題は、一方で帝国主義に規定された問題、反帝国主義闘争の実践に規定された問題であるとともに、他方、この問題はまた、『封建制』の側面に即していえば、中国のトータルな変革を条件づけ、規定するものとしての中国の封建制の歴史的特質の問題、そこでの階級闘争の特質的な歴史的成果の問題」として存在することを指摘した。田中は以上の前提に立ち、「郷紳的大土地所有」を、封建制及び封建制の下における階級闘争の歴史的特質に関する問題の一つとして、「中国におけるいわゆる『近代』的変革の対極としての封建制の問題」として提起した。

田中のこの分析的かつ慎重な問題設定は、明清時代を含む中国前近代の封建制研究は、「現実に変革の対象となった中国の封建制」が「帝国主義と結びついた封建制として」のみ存在した、という事実をふまえて行なわれなければならないとする彼の認識にもとづく。

こうした田中の問題設定については、それ自体として異論をさしはさむ余地はないのであるが、ではなぜわれわれが「中国の封建制」を研究しなければならないのか、という原初的な問いに、われわれ自身が確信をもって答えることができないかぎり、この田中の設定を真に生かすことはできないであろう。そしてこの問いに答えることが実は至難なのである。

本報告は、この問いに真正面からとりくんだものではなく、報告者はそのことを恥ずかしく思っているが、かかる問いに答えるための一つの迂遠な方途として、敗戦後、いわゆる社会経済史的視角に力点を置いて進められてきた日本の明清時代史研究の現状を、その主流を形成する諸論稿について確認し、その特徴をさぐることを目的としてなされる。すでに予備報告に代えて発表した小文「いわゆる『郷紳的土地所有』論をめぐって」(2)において示したように、研究の現状をもっとも集約的に示すのが、郷紳と呼称される一六・七世紀以降の社会的存在をたえず意識して行なわれた六〇年代以来の諸研究であり、本報告はこれらを直接的に対象とする。ただ報告者の力量に規定されて、右の小文でふれた限りの郷紳に関する研究をすべて網羅することはできなかった。今年、柳田節子、高橋孝助らにより、とくに「郷紳的土地所有」論をめぐってなされている批判――七二年の田中報告以来の懸案である自作農の位置づけをめぐる――についても、右の小文における簡単な言及以上に進むことができなかった。

Ⅰ　六〇年代以降における問題意識の特徴

請暇・待機中の者をも含む現役の官僚、及び退職した官僚の、主として本籍地、すなわち出身州県における呼称としての郷紳という語は、いわゆる明末清初期の始まりとみなされる一六世紀以来の中国でしばしば用いられるようになったといわれる。科挙の省段階における試験合格者に対して与えられる終身資格としての挙人という称号をもつものや、科挙の第一段階の合格者とみなされるに至った府・州・県学の在学生、すなわち生員の称号で呼ばれるものたち、これらの時として士人とも総称される階層をも含め、ひろく科挙官僚体系の中に位置を占めて本籍地に影響力をもち、あるいはそこで活動する特権者を、郷紳という当時の用語の下に一括し[3]、この用語を軸として新しい歴史的範疇を造出しようという試みが開始されたのは、六〇年代になってからであった。一九六一年、安野省三は、この郷紳と、明末清初において城居・不在化の傾向を顕著に示すようになった大土地所有者とが同一の社会的存在である、という認識の下に、これを、「郷紳地主」と呼んだ[4]。一九六七年以降、「郷紳による土地所有」が新たに形成されつつあった、という見解を示していた小山正明は、一九六八年、一条鞭法の直接の前提をなす賦役改革としての十段法について本格的な検討を行なった論文、「明代の十段法について（一・二）[5]」（本稿Ⅱ参照）の結論部分で、「郷紳的土地所有」という新しい範疇をはじめて用いた。この時点においては、戦前以来の伝統と蓄積をもつ明代賦役制度史研究が、清代へも視野を広げつつ、新たな高まりを迎えていた[6]。右の小山の論文も、こうした状況の中で生みだされたものであった。七〇年代の前半にかけて、水利事業の編成、国家の収取の対象としての土地の測量やその所有者の登録を意味する丈量など、広義の賦役制度史の分野における研究はますます発展するが、「郷紳的土地所有」という範疇は、この賦役制度史研究の中で、盛んに用いられるようになったのである[7]。

敗戦後の明清時代史研究における六〇年代の賦役制度史研究の位置は、それが、五〇年代までの研究の共通の主題であったところのアヘン戦争以前の中国社会における資本主義形成の可能性の探求に代わる新たな主題を提示したことにある。そして、この主題は、多くの論者の場合、明末清初期の中国社会の変動の歴史的性格を明らかにしようとする意図と結びついていたにもかかわらず、あえて比喩的にいうならば、普遍よりも〝特殊〟への、発展よりも〝構造〟への関心を基底においているように見える。——ここでいう〝特殊〟とは、すでに前提とされたところのある普遍的なものに対する特殊というよりは、民族的固有性乃至民族的特質ともいうべきものであり、〝構造〟とは、発展の契機を否定するものではなく、発展の段階をより明確にするための構造的理解のことである——。

たとえば、かつて一九五七年に「『資本主義の起点としての小商品生産』の発生と発展を追究すること——これがわれわれの課題である」[8]と述べていた佐伯有一は、一九六四年、「その時代における国家の〔農民〕支配体制の表現」として明代の賦役制度をとらえるという視角をはじめて意識的に強調して書かれた小山の論文「明代華北賦・役制度改革史研究の一検討」に特に付記を寄せ、[9]「外国史としての中国史」研究における「明清時代の土地問題」の研究のありかたについて、次のような発言をしている。

「およそ、現在までの明清時代の土地問題に関する研究は、あるいは、農村の研究は、法制史的・経営形態的・租税徭役的・農村手工業的・農民運動的側面からなされている。そして、そこでのもっとも大きな空白は、それぞれの側面で残された空白が未だ非常に大きいということ以上に、それらの諸側面が関連的にとらえられ分析構成されていないという点にあろう。（中略）このことが、およそ、歴史の変革の運動を端的かつ集中的に示す農民叛乱の展開をば、歴史の主役たる農民が能動的選択の過程において獲得実現する厳しい法則性を、その底において分析叙述することの困難さの一つの大きな理由となっている。〔次に、佐伯は、この困難が中国史の資料のありかたによるところも非常に大きいが、と述べ〕日本の前近代研究における研究の伝統をもつわれわれとしては、やはり常に可能な限り、諸側面の連関について新しい方向を切拓く努力を行うことが、外国史としての中国史を研究するものとして重要であろう。（中略）今日のわれわれにとって、アジアの一国としての中国は、全く新しい国家であり全く新しい世界をつくり出しつつある。日本もまた、その意味で同じ道を歩むアジアの国家の一つであるとすれば、そのような日本にとって何よりも必要なことは、新しい中国像、新しい意味付与をつくり出しつつある中国の長い歴史像を構築することに他ならない」。

佐伯は、事物の相互連関の全面的把握が欠如していたという角度から、六四年当時までの日本の明清時代史研究を批判し、諸側面の連関についての新しい方向を切拓く努力によって、新しい中国像、中国の長い歴史像の構築という課題を追究すべきことを提案している。この発言は、「小商品生産の発生と発展」というような普遍法則の貫徹を示す発展段階論的追究の放棄を決して意味するものではないが、事物の諸側面の相互〝関連的把握と分析構成〟によって、「長い歴史像」の一段階としての明清時代の中国社会の構造を追究する必要性を示唆したものである。かかる佐伯にとって、当時、とくに顕著な進展をとげつつある「十六・七世紀の租税徭役制度の変革に関する研究」の到達点をふまえた小山の作業[10]は、「そのような課題に答えるため」の「接近の仕方」の一つとして位置づけられる。

佐伯と同様の関心は、佐伯とともに資本主義の生成・発展を主題とする五〇年代の研究に関与し、現在もなお、それを単なる生産組織の形態の問題としてでなく、事実上の賃労働の形成の問題として執拗に追究し続けている田中正俊の一九六一年における発言にも、すでに示されていた。歴史学研究会古代・封建合同部会における報告「中世中国における国家権力と土地所有関係」における田中の見解は次のようである。

秦漢帝国を中心として、「古代史研究においては、基本的な関係を専制君主の人民に対する個別人身的支配として設定し、国家権力を基本的な生産関係の固有な構成的要素として捉えようとしているに対し、中世史研究にあっては、その基本的な関係として、地主―佃戸の直接的な生産関係が設定され、国家権力は、この生産関係のなかに何らかの媒介を経て連関せしめられることなく、分離され、捨象される傾向にあった」。中世史研究の当面の課題は、「当該歴史段階の国家権力を、具体的な、〝中世〟中国に固有な、特定の媒介を経て、いわゆる地主―佃戸関係に如何に連関せしめるか」である。

この田中の見解は、賦役制度の根幹たる里甲制（本稿Ⅱ参照）の再検討を通じて、〝直接生産者農民の現実に農村内部においてとり結んでいる階級関係が、国家権力の支配体制の中にどのような形でくみこまれているか〟（〝　〟は森が付した）という問題についての具体的な分析を果した鶴見尚弘の画期的な論文「明代の畸零戸について」[11]の冒頭部分で、はじめて全国に紹介された。

この田中の見解の中に、いうところの「中世」段階における中国固有の社会構造への関心を看取することはゆるされるであろう。鶴見が田中の提起した課題に答える一つの方法として、「地道な制度史的研究を積み重ね、制度相互の連関性を絶えず問題とする中で、やがてそれらを綜合せんとする努力」の必要を強調していることは、佐伯発言と共通する発想が鶴見の内部にも抱かれていたことを示す。

田中正俊は、一九六一年、『世界の歴史』第一一巻「ゆらぐ中華帝国」（筑摩書房）所載の座談会「中国の近代化」の中で、明末清初における土地所有関係の変化を「郷紳層」の出現と結びつけようとする先駆的な発言をしているが、この田中が、同じ座談会の席上、資本主義萌芽論（商品生産論）を、明末清初の時代に歴史的規定性を付与する機運を作ったものとして評価する見解を述べたのに対し、参加者の一人であった小山正明が行なった批判は、六〇年代の研究の方向を示唆するものであった。小山は「よそから借りてきた概念をそのまま使うよりも、中国史自体の具体的な変化のあり方をつかまえて、中国史自体に即した変化のあり方を、あすこ（＝明末清初期）で設定するという作業を、これからしたほうが生産的じゃないかと思う」と述べ、そうした「変化」と「近代だとか、資本主義だとかいうもの」との関連を見失うべきでないとする田中の見解との対立を示した。小山自身は、後述のように、最近、農奴制概念の厳正な適用に立ち返る必要性を提唱しているのであるが[12]、この座談会の右の発言では、近代化への普遍的な道程を、商品生産の発展を対象としつつ第一義的に追究した五〇年代までの研究のありかたを批判し、〝特殊〟に着目すべきことを強調している。

今日の「郷紳的土地所有」論、「郷紳支配」論などの郷紳論は、以上のように、〝特殊〟と〝構造〟とを求め、その観点から賦役制度を重要な研究対象として選択しようとした、六〇年代初頭以来の明清時代史研究の中から生まれてきたのであるが、こうした方向は、鶴見尚弘の紹介した先の田中の見解にもうかがわれるように、いわゆる上部構造への関心と結びつくものであった。「郷紳的土地所有」論に触発されて「郷紳支配」論を提起した重田徳の問題意識も、この点にあった。

一九六九年、重田は、谷川道雄の「中国史研究の新しい課題——封建制の再評価問題にふれて——」[13]、河地重造「旧中国における農村経済体制と村落——中国封建制研究への一つの視角」[14]などの所説を「六朝封建制説」と呼び、「封建制の問題として明清社会を究明する」という「自明の前提」に対して疑問を投じたこれらの所説を批判しつつ、明清の中国社会を封建制の側から研究する上での課題を追究した。[15] 重田は、「このような議論が提起されるについては、それなりに今迄の封建制研究の側に欠陥があったことを率直に認めなければならない」とし、その欠陥が、「封建体制としての全構造的な（つまり、当然国家体制を含む）措定が不十分だったという点にあり、したがって、これからの封建制研究の一つの緊急な課題は、基礎的階級関係としての地主＝佃戸制の分析に止まらず、国家体制をその射程の中におさめる論理を獲得し、封建支配の全構造としての国家論、すなわち封建国家論をめざすことにある」と述べた。重田は、さらに、五〇年代初頭までになされた「封建的諸関係の成長のもとにおける中央集権的官僚国家への転化」についての石母田正の問題提起[16]が一応受けとめられた宋代史研究の場合とは異なり、明清時代史研究においては、この時期が封建制の解体期ととらえられてきたことと関連し、国家論を殆ど欠いてきたと既成の傾向を批判した。重田は鶴見の紹介した先の田中の見解についても、その意義を認めつつ、石母田の問題提起と同様に、「国家形態そのものの分析から封建的特質を検出しようとする方向はみとめがたい」とこれを批判した。重田は、こうした批判をふまえ、「中央集権的＝専制的国家体制そのものの中に封建国家としての特質を見分けてゆくという課題は、おそらく、封建国家論一般の中で中国史の担う固有の問題領域」であると述べ、封建国家論の追究すべき課題を具体化した。重田は「賦役制度史研究の新しい意義」を、この分野の研究がかかる課題を解決する方途としての性格をもつ点に認め、「明末清初以降の封建的階級支配の特有の実現形態と目される郷紳支配の問題」も、右の課題の一環として意味をもちうると指摘しており、六〇年代になって選択された賦役制度改革、郷紳という共通の主題を、封建国家論の中に組みこもうとした。七一年における重田による「郷紳支配」範疇の創出と体系化への試み(17)も、こうした封建国家論への関心から生まれたものであった。――なお重田は、この時点での封建国家論追究の意義にふれ「中国封建国家の理論的措定」は、「中国封建制が最終的に成立を保証される鍵鑰的な課題」であり、「世界史」の法則的発展の認識の環の完結、「近代化」論よりする封建制再評価論批判にも有効である、と述べている。

こうした重田の上部構造――封建国家への関心は小山正明の場合にも認められるが、小山は一貫して、重田も試みている下部構造との統一的把握をより意識的に目ざし、言葉の真の意味での構造論的な立場をとろうとしている。先にふれた一九六一年の座談会で、「従来の社会経済史の研究では、明末清初を中心とする経済史の問題を、同じ時期におこる賦役制度の変化、国家の支配体制の変化と相互関連的に把えて、全体としての国家体制の変質を全構造的に把握しようとする点では非常に弱点がある」とし、「郷紳の問題は、まさにそうした全構造的理解のかなめともいえる」と述べている。この見解は、その後の小山自身の個別研究を経てより具体化された。小山は明末以来の一連の賦役制度改革の本質的性格について、七一年「新たな支配身分として成立しつつあった郷紳による土地所有を、如何にして国家の賦・役収取の内に把握しなおすかがこれらの改革を貫く基調であった(18)」と述べ、七四年には、かかる賦役改革の「帰結として成立してくる〔ところの〕地丁銀制に象徴される国家支配の階級的特質の問題が郷紳論である(19)」としている。それでは、いうところの「国家支配の階級的特質」がなにゆえに封建的なのか。小山は、国家形態そのものの中に封建的特質の摘出を求めた重田と異なり、この問題を、「郷紳による土地所有」が、農奴制の中国的形態であるところの「封建的地主的土地所有」として、明末清初期に成立することの論証を通じて解決しようとしている。すなわち、小山は、七四年、中国の封建制の最終的変革が、農民的土地所有を確立した戦後の土地改革によって行なわれたという認識に立ち、「封建制の問題は、さしあたりまず何よりも、農民的土地所有の獲得を現実の闘争課題として提起しうる農民層の成立、名目的な封建的土地所有に対抗的な勤労的土地所有＝保有権を確保し、家族労働で基本的に再生産しうるような農民層（封建的自営農民）の形成、すなわち農奴制の中国的諸条件の問題を中心にすべきであ」ると主張した[20]。

以上、状況を具体的に把握するため、あえて煩をいとわず見てきたように、賦役制度を中心として展開してきた六〇年代以来の明清時代史研究には、〝特殊〟と〝構造〟の認識をめざす方向が顕著に表われ、その中で国家への関心が高まり、国家権力を総体としての社会構造の中でどのように位置づけるかという問題意識が生まれるようになった。六〇年代末以来、「郷紳的土地所有」や政治過程における郷紳の役割について次々と新しい論点を提出している濱島敦俊の研究にも、こうした問題意識を継承し、発展させようという姿勢が認められる。

一九六九年、報告者のそれも含めて、国家の農民支配に関する従来の研究の中に、国家の共同体的再生産過程への関与の観点が欠落していると批判を加えた濱島は、「明清の社会構造を総体として把握しようとするならば、国家権力が個別的な生産関係に対してどのような必然的な位置を占めるのかということが考察されねばならない」と主張し、そのことを共同体の検討を通して行なおうとした[21]。濱島は、里甲制下の「里」を村落共同体と仮定した安野省三の提言や、「農村の再生産機構が国家権力によって物的に補完されることをも前提として、農民層に対する地主層の支配が成立していた」という田中正俊の指摘、里甲制が戸数単位の編成原則をもちながらも、現実の村落の共同体的機能を前提として成立していた点についての鶴見尚弘の作業をふまえ[22]、「明末における土地所有構造の変化に対応する共同体的諸関係の変化の解明」を意図して、一六世紀初頭以来の国家権力による水利慣行の再編成についての検討を、長江下流・太湖周辺地帯について行なった。共同体的関係自体のこの具体的な検討の開始は、〝構造〟への関心をもっとも集約的に示すものであった。同時に、その共同体的関係が、一六世紀初頭までは、国家の編成した里甲組織を媒介として維持され、一六世紀におけるこの組織の解体以後の再編成期にあっても、国家の地方官の関与する事業を通じて支えられたとする濱島の検討結果は、中央集権的専制国家の特質についての新しい理解を示すものであった。この年には、小山も、一四世紀半ばに創始された明朝の前半期において、濱島の検討した地域に設置され、里甲組織を統括する役割を担った糧長《りょうちょう》の存在を通じて、農村における「共同体機能」のありかたを具体的に示している。(23)濱島は、さらに、右の里甲組織の解体が、「明末における土地所有構造の変化」によってもたらされたことを重視し、この変化が、国家から徭役免除の身分的特権を付与された郷紳による土地集積の顕著な進行にもとづくものだという認識から、この時期における「郷紳的土地所有」の成立を積極的に提唱するに至ったのであった。

「郷紳的土地所有」や「郷紳支配」という範疇ないし概念は、いまや日本の明清時代史研究の中で支配的な地位を占めるに至っている。こうした状況が形成されてくる過程を、研究者の意識に即して以上のようにたどってみると、そこには、一六・七世紀、明末清初の社会変動の意味を明らかにするという敗戦直後以来の課題のみならず、それとともにこの変動のありかたをも大きく規定するところの、中国社会という対象のもつ固有の性格を、私たちの歴史認識に資する形で、どのように把握するかという課題への関心が見出される。

以下、小山・濱島の賦役制度史研究における「郷紳的土地所有」論、重田徳の「郷紳支配」論、小山の包括的な性格をもつ郷紳論の三つをとりあげ、六〇年代以降の明清時代史研究を特徴づけるこれらの具体的な仕事が、新たに創られた範疇や概念によって、右の二つの課題、すなわち明末清初期の社会変動と中国社会の固有な性格を、どのような仕方でとらえようとしたか、そこにどのような前進が見られ、どのような問題が残されたかを検討したい。率直にいって報告者の関心は、より強く私たちが後者の課題にどうたちむかうかに置かれる。

Ⅱ　賦役制度史研究における「郷紳的土地所有」論

「郷紳的土地所有」の成立をそれ自体として具体的に検討した個別研究は、目下のところなく、広い意味での賦役制度史の個別研究がそれに触れてきた。上述したように、小山正明の「明代の十段法について（一・二）」はその最初のものである。賦役とは税糧を意味する「賦」と徭役を意味する「役」との総称であるが、本節でとりあげる諸研究は、とくにそのうちの徭役を対象としており、その理解のためには、明代里甲制下の徭役に対する一定の認識を必要とする。

1　里甲制下の徭役

山根幸夫、小山正明などによる従来の明清時代の賦役制度に関する総括的研究[24]によれば、そもそも明代の徭役は、里甲制を通じて、国家から、主として農民家族に割当てられる。里甲制の基礎単位は一一戸（一里長戸・一〇甲首戸）からなる甲であり、この甲一〇箇で一里（一〇里長戸・一〇〇甲首戸）が編成され、毎年一甲ずつ輪番で徭役に当たり、一〇年で一巡することになっている。里甲を構成する甲首戸以上の農民家族は、いずれも一定規模（長江下流・太湖周辺地帯では約一〇畝＝五反八畝。鶴見尚弘の見解[25]によれば、「自作農」としての再生産可能耕地面積である）以上の土地を所有しており、正管戸と呼ばれる。鶴見尚弘によれば[26]、里甲には、この他、その固有の構成要素として、一定規模以下の零細な土地を所有するか、あるいは全く所有しない農民家族が畸零戸（正管戸に対して帯管戸ともいわれる）の名の下に附属している（いわゆる佃戸は里甲制の下ではこの畸零戸の範囲に含まれるものが多かったであろう）。甲首戸以上の農民家族は、人丁数と田土その他の動産・不動産を総合的に評価した上で、三等九則という九段階の戸則（戸等）に格付けされ、徭役はその軽重に応じて戸則を勘案して割当てられた。税糧もまた戸則によって実質負担に差等が付けられたという可能性を小山は指摘している。なお、小山は、こうした戸数原則にもとづいて里甲が編成されている以上、里内各甲相互間の徭役負担能力の均等性を維持するためには、土地が特定の甲の特定の戸に過度に集中する事態を避けねばならないので、土地集中の顕著な家に対しては、強制的に戸籍を分割して複数の戸を立てさせる「析戸《せきこ》」が行なわれたとする（なお、「析戸」を里甲制本来の規定とする小山の理解に対して、最近川勝守は、それが一五世紀半ばの景泰年間に始まるという点などから批判を加えている）[27]。

徭役の内容は、本来的には、里甲正役と雑役（雑泛《ざつぱん》差役《さえき》）とに二大別される。里甲正役には、二つの系列がある（ここではⅠ、Ⅱとする）。Ⅰは、⑴里内の税糧の督促・徴収・指定倉庫への輸送、⑵里内の治安維持、⑶賦役割当てのための戸籍台帳としての賦役黄冊の作成、⑷水利事業、を含み、一五世紀前半に開始される銀納化がなかなか進まなかった部分である。Ⅱは⑴国都の宮廷及び諸官庁が必要とする物品の、各地の特産に応じた提供、⑵地方官庁での行政上必要な物品の提供や費用の醵出、⑶駅伝の設置されていない街道での馬・船・人夫の提供、などからなり、銀納化が比較的容易に進行した部分である。雑役とは、⑴中央・地方の諸官庁における各種の行政・治安上の労働力の提供、⑵官用の交通・運輸、公文書の送達に対する労働力の提供などからなり、これも銀納化が比較的すみやかに行なわれた部分である。

里甲正役を中心的に担い、雑役をも含むすべての徭役遂行の責任を負わされていたのは里長であったが、長江下流・太湖周辺地帯では、国家の最末端地方行政機関としての州・県と里甲との間に糧長が置かれ、その下にいくつかの里を包括する「区」と名づけられた一種の準行政区を単位として、税糧の徴収と輸送の役務の担当をはじめ、里甲正役Ⅰの範囲に属する徭役遂行の最高責任を負った。

多大の生《なま》の労働と経費の支出を必要とする徭役には、その割当てを免除する特権（優免）が法によって規定されていた。近来いうところの郷紳、すなわち現役・退職の官僚、及び科挙試における挙人、生員の資格取得者等の家に対しては、本来、雑役の割当てを免除する特権が与えられていた。里甲正役については、これらの家もその割当てを免除されることはなかった。一五世紀の後半から、徭役割当ての基準として、田土が、以前にも増して重視されはじめ、ほぼそれと併行して雑役を主対象として進んだ銀納化の展開にともない、里甲正役の一部（上述IIの部分）をも含めて、徭役の銀納化部分の田土への直接割当て（毎畝銀若干という仕方でなされる）が始まると、徭役免除の範囲は、自動的に里甲正役へと拡大した。同時に徭役免除の特権を与えられた郷紳への土地の寄託（投献、詭寄などとよばれる）が、徭役の割当てを忌避しようとする土地所有者によって盛んに行なわれるようになった。こうした事態に対応して、国家は、嘉靖二四年（一五四五）に、官品に応じて徭役の免除額を制限するに至った。しかし、郷紳による徭役免除特権の濫用と特権の保持者たる郷紳への土地の寄託は明末にかけていっそう進んだ。徭役免除の額は無制限となり、長江下流・太湖周辺地帯の五府では、里甲正役も〔銀納化された部分のみならず全面的に〕免除されていた、とする一資料が、濱島敦俊によって紹介されている(28)。

2　十段法の施行

一六世紀、嘉靖年間（一五二二―六六）に華中・南で実施された十段法、及び全国的に実施された一条鞭法を経て地丁銀の成立に至る一連の賦役改革を対象とする諸研究は里甲制にもとづく徭役賦課の本来的なありかた、及び徭役免除特権の行使についての、以上のような認識を前提としている。――なお、本来は郷紳というよりも官僚に付与されていた徭役免除特権自体についての専論はまだなく、その本質的意義についての考察もほとんどなされていない。この特権の存在を重視する近来の諸研究の今後の展開にとっての必要な課題であると思われる。

さて、小山正明は、十段法の施行について、以下のような検討結果を提示している(29)。

①嘉靖年間には、徭役免除特権をもつ郷紳による土地集中が顕著となり、徭役割当ての基礎単位としての甲に属する丁（壮丁の人数）・田（所有田土面積）の額に非常な不均等が生ずる。この際、一一戸で編成される各甲の田土額に一定の均等性を保たせるべく、郷紳の家に析戸の規定が適用され、郷紳の家の戸籍の分割が行なわれて新しい今一つの郷紳の家が生まれると、皮肉にもそのことが徭役免除特権をもつ戸の数を増加させ、各甲の徭役負担能力はいっそう不均等になる、という結果が生じる。

②各甲の間で生じたこうした不均等を是正する方法として十段法が実施される。十段法においては、里内一〇甲の一つ一つの甲の丁・田額がまったく均等になるように、各甲相互間の丁・田額を融通しあうという帳簿上の操作（表現は森）が行なわれる。かくして均等化された丁・田をもつ各甲には、里甲正役の銀納化された部分と、この時点までにほぼ全面的に銀納化されていた雑役とが、それぞれ一〇年に一度ずつ割当てられる。[30] 具体的には割当てられた年次に、一丁当たり銀若干、一畝当たり銀若干という仕方で、丁・田への直接一律賦課が行なわれるようになったのである。各州県下の人丁・田土は、第一年目に銀納化徭役の割当てを受けるものから、第一〇年目に割当てを受けるものまでの〝十段〟に一〇等分されることになる。

③十段法というこの改革においては、いぜんとして、甲を単位とする戸数編成をもつ里甲組織それ自体は厳存し、一〇年に一度の輪番制も維持され、里甲正役の中の上記Ⅰの部分に属する徭役は、この改革の対象外としてもとのままで残される。しかし銀納化された部分の徭役の割当てについてみれば、実際には、一一戸一甲という戸数原則にこだわることなく、均等額の丁・田を基準とする帳簿上の賦課単位としての新たな意味をもつ甲が、従前の甲とは必ずしも一致しない形で設定されている。一一戸一甲という戸数原則の下での各甲の徭役負担能力を均等化する必要から生みだされた析戸の規定は、もはや不用となり、この規定が結果として郷紳の徭役免除特権の無制限な分散・拡大に利用されるという事態は回避され、徭役免除額を法の規定通りに適用することが可能となる。徭役免除特権の濫用は実

質的に制限される。戸数原則にそった里甲編成は、本来的な姿においては維持できなくなり、解体しはじめることになる。

小山は、これらの検討結果が「明代後半期以降、郷紳の社会的地位が漸次確立されてくるにつれて、析戸を通じて逆に郷紳の優免規定が拡大適用されるようになり、郷紳による土地所有と里甲制を通じての国家の徭役収取とが直接矛盾関係に立」ったことを示しているとする。小山は、すでに一九六四年、「明代里甲制の弛緩・変質、賦・役改革の基因も、単なるこの〔土地所有の…森〕不均等性の抽象的非歴史的拡大をもってしては説明し得」ないという見解を示していた(31)。小山は十段法の検討を通してこの見解を一歩具体化し、「十段法およびこれに続く明末清初の一連の賦・役改革を導きだした基本的要因は、この時期における郷紳的土地所有の確立にある」とした。すなわち、小山によれば、国家は、十段法を通して、大土地所有一般というよりも、特殊一六世紀以降的な固有性をもつ郷紳的土地所有の発展という現実に対応するため、この新たな土地所有を容認しつつ、そこからの徭役徴収を確保する方法をあみださねばならなかった。国家は、徭役免除特権行使の機会を拡大していたところの強制的析戸の必要性をとり除くために、析戸を不可避にしていた里甲制の戸数編成原則を一定程度修正し、徭役の丁・田への直接賦課を制度化する十段法を実施したのである。

3　均田均役法の施行

明末一六世紀後半から試行され、清初一七世紀後半にかけて長江下流・太湖周辺地帯で実施された均田均役法は、華中・南における賦役制度改革の展開過程の上で、十段法、及びその方向をより徹底化した一条鞭法が、なお解決しえなかった徭役賦課の上での問題点に対処する、という性質をもつ(32)。

十段法で示された一六世紀前半期の徭役賦課方法の改革の方向は、同じ時期に税糧（賦）の面で、一五六〇年代にかけて徭役（役）の面で進行した一条鞭法によっていっそう推進されていた。一般的に言えば、すでに基本的に銀納化されていた税糧の多様な種目が一本化（＝一条化）され、徭役においても同様の一本化が行なわれ、各州県下の農民家族は、毎年税糧の場合には畝当たり銀若干、徭役の場合には丁当たり銀若干・畝当たり銀若干という仕方で、田と丁とを対象とする直接一律割当てを受けるようになった。そして、さらに、銀納化された税糧（糧銀）と徭役（丁銀）とを合併し、一括して丁・田に割当てる方向が生まれつつあった。

一条鞭法を通じて、徭役の銀納化部分については、戸数によって編成される甲を単位とし、一〇年に一度輪番で割当てを行なうという里甲制本来の原則が、名実ともに廃棄された。しかしながら、税糧の督促・徴収と倉庫への輸送、水利事業、治安維持その他全般の雑務など、里甲正役Ｉの部分に属する徭役は銀納化されない生の労務として、里甲制自体とともに、なお残存し、明末における「役困」――徭役の苦しみ――をもたらしていた（なお、全面的な銀納化が比較的容易であった税糧の場合にも、長江下流・太湖周辺地帯については、長江を越えて国家指定の倉庫へ直接納入すべき良質米穀の現物形態での割当て（白糧）が残っており、田土毎畝当たり銀若干・米若干という形の賦課が行なわれていた）。

濱島敦俊の均田均役法についての研究[33]は、右に述べた里甲正役の残存部分の割当て方式の是正を目的とするこの改革を制度史的な意味ではじめて全面的に検討したものであるが、注目すべきは、彼がこの均田均役法を、「明末清初の社会構成とその変化の特質の集中的表現」として評価する点である。この評価は、濱島が均田均役法を「郷紳による特権的な土地集積」、「〔徭役〕優免という身分的特権をもつ〝郷紳による大土地所有の展開〟として現象する明末清初の江南における土地所有構造の変化」に対応して行なわれた改革としてとらえていることにもとづく[34]。濱島の検討結果は、およそ以下のように理解される。

①税糧の督促・徴収・輸送など、生の労務の提供を要請される里甲正役に属する徭役は、本来、一〇年に一度の当番に当たる一一戸編成の甲（現年里甲）、とくに里長戸が包括的に担当していたが、均田均役法実施前夜においては、そ

れぞれ別箇の役目《えきもく》として分化・独立するようになっていた（かつて里長を統括する地位にあった糧長も里長戸の担当する一役目となっていた）。里長戸とされた家は、一〇年間に三～四回の割合でこれらの徭役を割当てられた。これらの徭役は、単に生の労務の提供にとどまらず、在役中に金銭上の出費を官僚、胥吏から強要された。(35) しかしもっとも深刻、かつ明末に固有な問題は、こうした徭役に当たること（当役）自体の困難にあるというよりも、徭役を割当てられる家の階層の低下が、その負担を相対的に過重なものとしている点にあった。すなわち徭役免除の特権を与えられた郷紳による「身分的土地所有の展開」が、徭役割当て（たとえば里長戸への指定）の基準となる田土の不足をもたらし、その結果として、右の階層の低下が生じたのである。身分的特権をもたない中小地主、「非身分制地主」の困窮は顕著となり、誰に役を割当てるか（審役）がもっとも重要な問題となった。

②一六世紀半ば過ぎから、嘉興府海塩県で先駆的に企図され、万暦九年（一五八一）における同県での実施以来、県を単位として各地で実施されていった均田均役法は、こうした事態に対処せんとするものであったが、その内容は次のように集約される。

a－一里一一〇戸、一甲一一戸という里甲制本来の戸数原則による里甲編成を廃止し、畝数（＝所有田土面積）によって里甲を編成する。具体的には、県内各地区に散在する各戸の所有田土を戸ごとに一括して、一定の畝数（嘉興府海塩県の場合は三二〇畝＝一八町六反）について一里長を出させる。これがいわゆる「均田」であり、「照田派役」、田に照らして（比例して）役を派するという原則の確立であった。

b－徭役免除（優免）の対象となる田土を制限する。具体的には、まず郷紳のそれぞれの地位に見あった免除額を公定し、各郷紳の家の徭役免除額をその範囲に限定する（海塩県の場合には科挙試における取得資格に応じて、たとえば進士出身は三〇〇〇畝、生員は四〇畝とする）。同時に、この公定額を基準に算出された県全体の徭役免除対象田土総額を固定化し、以後郷紳の数が増加しても、この総額は動かさない。個別郷紳の家についても、一県規模においても、この免除額をこえる田土はすべて徭役割当ての対象となる。これがいわゆる「均役」であり、「優免限制」（徭役免除特権の制限）という原則の確立であった。

c－生《なま》の労役の提供を必要とする里甲正役の残存部分をなくし、銀納に切りかえる（里甲正役の解体）。その代替として、たとえば、官（＝国家）による税糧の徴収・輸送（官収官解）、銀納化された税糧・徭役（糧銀・役銀）の自己自身による納付（自封投櫃《じふうとうき》あるいは自衡投櫃《じこうとうき》）を行なう。

③均田均役法の実施に至る過程は、徭役免除の身分的特権に裏づけられた「郷紳的土地所有」と、かかる特権をもたない中小地主層、あるいは自作農層の矛盾を具現している。嘉興府海塩県の場合には、すでに嘉靖四〇年（一五六一）において、特権をもたぬ中小地主層から、「照田派役」、「優免限制」の原則にそった改革が提案され、中央政府－省レベルでの批准を経たにもかかわらず、郷紳の妨害によってその実施は阻止され、万暦九年（一五八一）の県知事の改革断行の際にも、陽明学左派の一郷紳のみがそれを支持した。天啓四年（一六二四）の段階になって、恣意的な民衆への負担の転嫁が、かえって「王朝地主支配」の危機を招くことを自覚せざるをえなかった郷紳は、自ら優免額を三分の二に削減することを提唱して、時の知県による改革に協力するようになる。

4　水利慣行の再編成

濱島による均田均役法の研究は、明末における「郷紳的土地所有」の展開を、この改革における「照田派役」及び「優免限制」の原則の確立、里甲制本来の戸数原則にもとづく徭役労働編成の解体、という三点を通して見出そうとするものであった。これらの点は、小山が十段法について摘出した特徴と一致している。濱島は、他方で、共同体への関心から行なわれた、一六世紀二〇年代以来の長江下流・太湖周辺地帯における国家権力による水利慣行の再編成についての前掲の研究(36)においても、すでにこれらの点を明らかにしていた。濱島のこの研究は、里甲制にもとづく徭役として行なわれた明代の当該地域の水利事業について、はじめて総括的、体系的な展望を拓いたものであるが、それはまた、同じ主題について地域を湖州府に限定して行なわれたその後の論稿(37)とともに、均田均役の研究と軌を一にした、賦役制度史を媒介する「郷紳的土地所有」論でもあったのである。多岐にわたる濱島の検討の結果は、一応次のように集約されよう(38)。

①四方をクリークに囲まれ、クリークとの境を堤防で区切って造成された当地方固有の圩田地帯では、富裕な在地地主が、圩田内部のクリークに直接接する部分＝田頭（濱島の命名による）を所有し、水の配分、河泥・水草の利用などについて、優先的な水利権を保持していた。彼らこそ共同体用益の掌握者であった。彼らのこの水利権は、里甲組織を通して徭役として課せられる水利事業を、その所有する田頭の長さに応じて負担することを代償として獲得されたものであった。

②「郷紳的土地所有」の発展にともない、里甲制にもとづくこうした水利慣行は維持しえなくなり、水利は荒廃した。すなわち、郷紳の大部分は都市に居住し、自らは再生産のどこにも位置せず、ただ収奪のみをこととし、収奪の基盤としての佃戸の再生産を保証できなくなっていた。そのうえ、身分的特権にもとづいて徭役労働を免除されていたというその存在自体が、再生産を保証する共同体的機能をもっていた里甲制を崩壊させ、里甲制の徭役労働として行なわれる水利事業の遂行に困難をもたらしたのである。

③一六世紀の二〇年代、正徳末・嘉靖初以来、国家の地方官として直接〝人民〟と接触する知県、知州、及びそれらの一級上の地方官としての知府などの「下級地方官」が、この水利の荒廃に対応して、「支河」と呼ばれる小規模の河川＝クリークをもきめこまかく対象とする水利事業を、国家権力の強制力を背景に行ない、水利慣行を再編成していく。この再編成をもっとも典型的に示すのは、万暦二二－二三年（一五九四－九五）に行なわれた蘇州府常熟《じょうじゅく》県知県耿橘《こうきつ》の改革であり、次のような内容をもつ。

a―労働力の提供は、クリークに直接接する田頭の長さによってではなく、圩田内に所有する田土面積に比例して割当てられる――「照田派役」。

b―郷紳の優免＝徭役免除の特権はいっさい認めない――「優免限制」。

c―地主の多くが城居地主であり、具体的な労働力を出しにくいため、地主に工食米を出させ、佃戸に力役（生の労働）を負担させる。――「業戸出本、佃戸出力」（なお、貧しい自作農には、国家が工食米を出す。――「自佃窮民、官為出本」…報告者の付加である）。

d―里甲制的徭役労働組織は、水利の面でも解体しており、地縁的結合である圩が水利の単位とされ、在地地主が圩長として統括にあたる。

なお、濱島は、この時期に行なわれた国家権力による水利慣行の再編成について、次の諸論点をも提出している。

イ―明末の水利慣行の再編成は、身分的特権をもたない在地の地主（在地手作地主）層＝「非身分制地主」の請願に始まり、この請願を受けとめた地方官の指示により、地方官を督率者として遂行されることが多い。この背後には、郷紳の徭役免除特権の否定による在地の地主の負担軽減という経済的利害とならんで、在地における地主層と佃戸層との緊張関係が存在する。

ロ―国家権力の強制による「照田派役」、「優免限制」の二原則は郷紳の利益と衝突し、彼らの妨害を受けるが、彼らも自己の収奪基盤の維持のために不可欠な水利を維持するためには、この二原則を容認せざるをえなかった。

ハ―これらの再編成の事例を通じて見る限り、明末清初段階の水利の機能は、小山正明のいうように(39)、自立性を高めた佃戸の強固な地縁的共同体によって保障されていたものではなく、在地手作地主層を媒介として遂行された、強力な国家権力の介入による共同体的関係の再編成によってはじめて可能となったもの(40)であり、全地主階級の支配に対応するものであった。

均田均役と水利慣行の再編成に関する濱島の以上の検討は、里甲制にもとづく国家の徭役労働賦課の本来の体制の崩壊の過程と、この崩壊に対応する改革との分析を通して、一六世紀以降における身分的特権的土地所有としての「郷紳的土地所有」の発展をあとづけた。濱島の見解は、均田均役の場合と同様、小山が十段法の検討を通じてうちたてた見とおしと、基本的には共通する方向をもつ。濱島の作業について、さらに筆者が注目しておきたいのは、これらの改革にともなう政治過程に対する着目や、水利における共同体的関係の分析にもとづいて、身分的特権をもたない、「在地手作地主」を傅衣凌の用語をかりて「非身分制地主」と表現し、かかる「非身分制地主」による土地所有が、一六世紀以降の「郷紳的土地所有」の発展期にも、いぜんとして存続しつづける事実への注意を、改めて喚起していることである。濱島が自ら表明しているわけではないが、このことから演繹すれば、一六世紀以降の地主的土地所有の存在形態は「郷紳的土地所有」に一元化してとらえられるのではなく、いわば「郷紳的土地所有」と「非郷紳的土地所有」とによって構成される二重構造をもったものとしてとらえられており、この構造が特権の有無にもとづく鋭い矛盾を内包しながらも、国家権力の強い関与によって維持されていく、という見とおしが立てられることになる。

5　「郷紳的土地所有」論の問題点

六〇年代以降、賦役制度史を通して「郷紳的土地所有」の成立を追求したものは、小山、濱島にとどまらない。その全貌を紹介するゆとりはないが、川勝守及び西村元照の丈量《じょうりょう》（国家による税糧・徭役賦課対象田土の測量と登録）の研究、[41]川勝の水利、税制、戸籍など広範囲にわたる作業も、[42]「郷紳的土地所有」の成立を立論の中核にすえた個別研究である。これら四者の間には、たとえば里甲制のもつ共同体的再生産機能の本質的な担い手についての小山、濱島、川勝のとらえかたの相違など、いくつかの見解の分岐はあるが、少なくとも次の点においては共通した結論的認識が見られる。すなわち、一六・七世紀、明末清初期の国家権力（明・清両王朝）は、「郷紳的土地所有」の展開に起因する里甲制の解体、すなわち一四世紀後半明初に創設され保持されてきた税糧・徭役徴収と共同体的再生産維持のための機構の崩壊に対応して、この展開に一定の制限を加え、この機構を新たな形で再編成しつつ、究極的には「郷紳的土地所有」を容認する。国家は、この段階で、郷紳の利害を体現する権力機構となる、という点である。

これらの諸研究は、いずれも戦前戦後を通じてたえることなく蓄積されてきた明代を中心とする賦役制度史の蓄積をふまえつつ、なお残されていた未開拓の複雑・困難な領域についてなされた新たな実証的成果であったが、その典型として右に紹介してきた小山、濱島の研究に即して、「郷紳的土地所有」の成立が意識的に追求された契機をさぐると、次の三点がうかび上ってくる。

①従来の賦役制度改革研究における無限定な大土地所有一般の展開論に対する批判（小山）。②従来の土地所有関係研究における経済外的契機軽視の傾向の批判（濱島）。③一部を除いて、従来の明清時代史研究一般における、里甲制の共同体的再生産機構としての側面の軽視への批判と、共同体的再生産機構の解体・再編の特質の追究（濱島）。こうした問題点を解決するために新たに創出されたのが、身分的特権的大土地所有としての特質をもつ「郷紳的土地所有」という範疇であり、この範疇こそ、一六・七世紀、明末清初の中国社会に固有な大土地所有の構造とその歴史的性格を規定することを可能にするものであるとされたのである。

もちろん、たとえば濱島が、「その成立の契機として徭役の免除という身分的・法的特権のみを考えることは誤りであり、商品経済の発達による手作地主～自作農の分解が主要な契機となっていたのであるが、前近代社会における土地所有（しかも封建的と規定されている）が、経済的契機によってのみ成立したとは考えられない[43]」と述べているように、論者らは、「郷紳的土地所有」成立の契機を、身分的特権のみに求めているのでは決してない。しかし、賦役制度史の個別研究の分野で生みだされた「郷紳的土地所有」というこの範疇においては、既往の研究に対する上述の批判と、直接の研究対象が賦役制度であるという点とに規定されて、徭役免除の身分的特権の保持者たる郷紳による土地所有としての側面が、とくに摘出されているといえよう。そして、この側面の摘出の中にこそ、六〇年代以降の日本の明清時代史研究の特徴が集約的に示されているのである。従って、「郷紳的土地所有」についての検討は、その身分的特権的土地所有としての側面に焦点をあててなされる必要があろう。

「郷紳的土地所有」の身分的特権的土地所有としての側面、すなわち、この土地所有の身分的特権的性格を重視する見解に対して私たちが抱くところの初歩的な疑問でもあり、かつ、この見解が投げかける最大の問題でもあるのは、身分的特権自体のもつ、非特殊明末清初的な性格、あえていうならば、中国史における一種の超時代的な性格をどう把握するかであろう。徭役免除（優免）の特権は、官僚、及び官僚となるための予備試験合格資格取得者に与えられるが、官僚制自体は、それによって運用される中央集権的専制国家とともに、中国においては長期にわたる歴史をもつ。濱島も、明末の徭役労働従事者に対する「官僚あるいは胥吏の誅求」にふれ、かかる誅求が「それ自体としてはこの時期に固有なものではなく、中国において中央集権的官僚制の歴史とともに存在した」と指摘している[44]が、この指摘は官僚に対する徭役免除の特権にもそのままあてはまる。官僚制は、宋代に確立した科挙制度にもとづくそれに限定したとしても、明末清初に至るまでに七〇〇年に近い歴史をもっている。官僚に対する徭役免除にもとづく身分的特権的土地所有自体も、すでに宋代に見出される。

周藤吉之の論文「宋代官僚制と大土地所有[45]」は、宋代の官僚による身分的特権的大土地所有の形成を論じた労作であり、そこにあげられた具体的な事例は数多い。たとえば、南宋紹興一七年（一一四七）の官僚の上言には、「政和の令格にては、品官《ほんかん》の家は、〔その〕郷村の田産は差科《さか》を免ずるを得《う》る。一品一百頃《けい》、二品九十頃、下りては八品二十頃、九品十頃に至る。其の格外の数は悉く編戸と同じ[46]」とあり、官品に応じて官僚の徭役免除を許容する所有田土面積が示され、その範囲を越えた所有田土は、一般の家と同様に、徭役賦課の対象とすることが、国家によって定めれていたことが示される。この規定をつらぬく原理自体は、明の嘉靖二四年（一五四五）に制定された官僚（生員等を含む）の傜役免除制限規定とまったく共通している。傜役免除特権をもつ官僚に対して、特権をもたない地主から土地の寄託が行なわれたことについても、周藤の紹介する北宋崇寧年間（一一〇二―一一〇六）の広東転運使李謨《ぼ》の上奏に同質の事態が指摘されている。そこには豪民は率《おおむ》ね田園を以て官蔭の家（周藤によれば官戸、すなわち官僚の家を指すという）に分寄し、〔逆に〕貧民下戸の一畝の富、数口の聚も役を受け、力勝えざれば逃げ去る」(47)とある。明末における郷紳の家への激しい詭寄とそれのもたらす傜役賦課の不均等を想起させる叙述である。

「郷紳的土地所有」の進展による水利の荒廃を示す証左とされる事例についても、同様の現象が宋代に見出される。万暦三四年（一六〇六）、かの常熟県知県耿橘《こうきつ》が、水利慣行の再編成に際して述べた現状認識は、濱島が指摘するように、宋代の水学者郟亶《こうたん》の文言をふまえている。(48)周藤が引用する郟亶の上奏文「治《ムルノ》レ田《ヲ》利害」「論《ズ》三後世廃《スルヲ》二低田・高田之法《ヲ》一」(49)の中で指摘されているところの「或いは田主只《た》だ租課《こさくりょう》を収めて堤岸を修めず」という状況は、明末常熟県知県耿橘《こうきつ》の「大興《イニスノ》二水利《ヲ》一申」における、「即《た》とえ大戸といえども、亦た徘徊四顧して修めず」とか、「業者《じぬし》、第《た》だ其の租を取るのみ」という状況に対応する。濱島は、明代前半には、この種の文言が関連文献に全く見られないと指摘しており、たしかにこうした〝断絶〟は軽視することのできない重要な意味をもつものであるが、地主的土地所有者の再生産過程からの遊離現象もまた長い歴史をもっていることは否定できない。ちなみに宋代の形勢戸《けいせいこ》は、身分的特権を保持する官僚の家としての官戸（品官《ほんかん》の家）を包含する呼称であるとされるが、(50)この形勢戸を一般の「郷村の豪強・富室」と対比しつつ論じた一資料(51)には、「然れども、田間の利害は、形勢の家、本《も》とより従《よ》りて知るを得る無し」とあり、形勢戸が、その名義上所有する田土の経営と遊離していた状況もみられたことが指摘されている。

「郷紳的土地所有」の展開にもとづく水利の荒廃に直面して国家権力があみだした、「業戸《じぬし》本《もと》を出し、佃戸力を出す」という方式についても、すでに川勝守が周藤の論文「宋代浙西地方の囲田の発展補論」(52)を引いて、その宋代における存在を指摘している。周藤がこの「補論」に先立って発表した論文「宋代浙西地方の囲田の発展」[53]には、『宋会要輯稿』食貨八、水利下の記事〔南宋乾道六年（一一七〇）〕が紹介されているが、そこでは、皇帝の諮問を受けた胡堅常なる官僚が、「民間の田を有する家をして、各おの自《みずか》ら郷原《きょうげん》の体例に依り、銭米を出備して租佃の人に与え、更もごも相《あ》い勧《すす》めて監督し、田岸を修築せしめよ」という見解を述べて裁可されている。筆者もかつて言及した『正徳松江府志』巻三、水下、治績所載の記事には、至大年間（一三〇八―一一）の江浙行省における圩田の堤防やクリークの整備に際して、元朝の行都《こうと》水監《すいかん》の長官李某が、「田主に糧を出させ、佃戸に力を出させる」という措置をとったことが見えているが、こうした方式は、宋元の記録に少なからず見出されるのである。

ここに紹介した一二世紀初頭から一四世紀初頭にかけての宋・元の諸例は、引用部分を含む資料全体を仔細に分析すれば、そのそれぞれについて、「郷紳的土地所有」の成立が論じられる一六・七世紀、明末清初期段階との差異を見出すことも容易である。たとえば徭役免除特権が適用される田土面積は、一二世紀、北宋政和年間の場合では一品一〇〇頃、九品一〇頃なのに対し、一六世紀、明の嘉靖年間の場合には一品一〇頃、九品二頃と、規定の上においては十分の一乃至五分の一に減少している。また、国家が田主と佃戸との間における共同体的水利慣行のありかたに介入している政策についても、一二世紀、南宋乾道年間における右の「田を有するの家」は、一七世紀明の万暦年間における城居の郷紳地主を多く含んでいたとみなされる「田主」の場合のように、必ずしも在地から遊離した存在として想定されていないようにみられる（なお、徭役免除特権をもつ家自体も、「郷紳」ではなく、「官戸」とか「品官の家」、「形勢戸」などと呼ばれている）。

従って、これらの諸例に即して、身分的特権として付与される徭役免除に裏づけられた大土地所有のありかたや、その共同体的再生産過程へのかかわり自体についての、宋代と明末との機械的同一性を見出すことは必ずしも正しくないし、筆者の意図するところでもない。

これらの諸例に即して考慮しなければならない問題は、徭役免除の身分的特権が、中央集権的専制国家、それを支える官僚制、科挙制など、長期にわたって中国固有の上部構造を構成する諸要素に規定されたものとして、宋代においても、明末においてもともに存在していることである。

明清時代史研究についていえば、明代里甲制下の中国社会における土地所有関係の構造的変化にとって、郷紳に付与される徭役免除の身分的特権が不可欠の契機をなしていたという発見は、一つの前進である。もはや徭役免除の身分的特権やそれを規定している右の上部構造に属する諸要素を、土地所有関係の変化から切りはなして捨象したり、軽視したりすることは不可能になり、一六・七世紀、明末清初期における〝郷紳的土地所有現象〟は共通の認識となりつつある。しかし、この〝郷紳的土地所有現象〟をもとに範疇として設定された「郷紳的土地所有」の歴史的規定性を、われわれはどの点に見出すべきであるのか。「郷紳的土地所有」が特殊明末清初的な性格をもつものと規定しようとするとき、近来の賦役制度史研究を通じて重視されてきた徭役免除特権、それを規定している中央集権的専制国家、官僚制、科挙制自体の非特殊明末清初的様相をどのように理解すべきであるのか。

右にあげた上部構造に属する諸要素の中で、官僚制、科挙制は中央集権的専制国家の存在に規定されるものであるが、明末清初期を間にはさむ明清時代の中央集権的専制国家の歴史的性格についての既成の理解は次の三つに分けられよう。

①それは、一〇世紀、宋代以後、近代に至るまでの基本的には同一性をもつ生産関係＝下部構造にもとづく上部構造である。生産関係を異にする紀元前三世紀の秦漢帝国以来、隋唐に至るまでの中央集権的専制国家とは、形態を同じくしつつも歴史的性格は根本的に異なる。また、商品生産の発展、すなわち中国の学界のいうところの資本主義の萌芽を基軸とする一六・七世紀、明末清初の社会変動も、この生産関係と上部構造を根本的に変更させるものではない。――いわゆる宋代以後中世封建制説と対応する。宋代以後の生産関係を封建的と規定するものではないが、内藤湖南

以来の宋代以後近世説とも対応点をもつ。
②それは、秦漢帝国成立以来、近代に至るまでの基本的に同一性をもつ生産関係の上に立つ上部構造である。均田制の崩壊や科挙制の確立に集約される唐宋間の社会変動も、明末清初期のそれも、この生産関係と上部構造を変更させるものではない。――中国における紀元前五世紀後半、春秋戦国交替期以来の長期にわたる封建社会の設定と対応する。(54)
③小山正明が宋代以後の科挙制の中に、同一性のみでなく差異性を認め、この差異性に重要な意義を付与し、とくに明代以後における科挙制の「社会的機能」の変化に着目し（後述の本稿Ⅳ参照）、あるいは重田徳が、地丁銀制成立以後の清朝権力にはじめて完全な封建的性格を見出し、宋―明の権力の中に、古代から中世に至る過渡的な性質を認めようとしている（後述の本稿Ⅲ参照）ように、明清時代の上部構造としての中央集権国家は、表面的には共通の形姿をとりつつも、その本質的性格は明末清初期を境に変化しているとする。その前提として、明末清初期に生産関係の性格が根本的に変わるという認識がある。――小山、重田の明末清初封建制成立説と対応する。

すなわち私たちが、既成の理解に従って、徭役免除の身分的特権を派生させたところの、いわゆる上部構造の歴史的性格を明らかにしようとすれば、右のような時代区分論の分岐に直面する。論者らは、郷紳に与えられた徭役免除の身分的特権を重視しつつ「郷紳的土地所有」という新たな範疇を設定したのであるが、それが真に歴史的範疇として成立するか否かを検討する一つの方途は、私たち自身が既成の時代区分論のいずれかを選択することにある。

いま一つの方途は、上部構造の固有の特質を視野に入れた、社会構成体としての中国社会の認識を深めることによって、新たに私たち自身の時代区分論をうちたてることにある。

「郷紳的土地所有」の歴史的性格を、究極的には、濱島が、「主要な契機」とするところの、「商品経済」の発達にもとづく農民層（手作地主～自作農…濱島）分解の中に見出すにしても、その「商品経済」や農民層分解自体の意義を明らかにするためには、それらを生みだし、それらによって動かされる中国社会自体についての上部構造をもくみこんだ時代規定が必要であろう。「郷紳的土地所有」論は、上部構造に属する徭役免除特権ととりくむことによって、既成の理解にもとづくにしろ、新しい理解をつくりだすにしろ、あらためて私たちに、中国社会固有のありかたをふまえた中国史の時代区分認識を、さらには、この認識をふまえた、一六・七世紀、明末清初期の、及びその前提としての一四世紀後半、明初の里甲制成立期の歴史的規定を要請しているのである。

報告者自身、時代区分論の一貫性ある選択やそれへの正面からのとりくみを長年怠たり、歴史的規定性の問題をめぐっては、当面する実証的研究の対象にその都度規定された便宜的な概念を用い続けてきた。たとえば、一四－一九世紀の地主＝佃戸関係を論ずるにあたって、地主が小経営の主体としての佃戸から搾取する「租《そ》」を封建地代と規定し、かかる地主的土地所有を名目的封建的土地所有とする理解を表明したが、それは必ずしも「租」的現象についての長期にわたる展望をもってなされたのでもなく、上部構造をも含めた中国社会固有のありかたの認識に立ったものでもなかった(55)。現時点においても確たる見とおしをもつわけではないが、徭役免除特権の根源としての中国固有の上部構造のもつ長期的連続的特質を検討するためには、こうした特質と見事な対応を示す上述の②の立場、すなわち中国の学界が最近に至るまで一貫して持している立場から示唆される点は少なくないと考えている。すなわち中国の人々が封建的という規定の下に長期にわたり連続し、基本的に同一の性格をもつ社会構成を設定している点である。直接生産者農民の示す現象形態、国家の関与をともなう再生産過程のほか、大きな規模でくりかえされる農民闘争、国内国外の「民族」問題など、中央集権的国家の広い意味での物質的基礎を形成する諸事象も、右の長期的設定の各時期に共通して見出される。中国においては、その固有の上部構造のみが長期的連続的特質をもっているのではない。

徭役免除特権をめぐる問題は、次節以下の検討にもひきつがれる。

Ⅲ　重田徳の「郷紳支配」論

1　「政治社会的範疇」としての郷紳

重田徳は「郷紳的土地所有」論を、「郷紳支配論」として批判的に継承しようとする。以下、基本的には、重田の論文「郷紳支配の成立と構造」を通じて、重田の「郷紳支配」論を検討する(56)。

重田が明清時代史研究における封建国家論の欠如を批判し、国家形態そのものに即して国家の封建的特質を検証すべきであるとする彼の提言の実現の方途として、賦役制度史研究に注目していたことは、先述した。明代中期以降の賦役制度改革の到達点とされる地丁銀制成立の意義を再検討した彼の論稿もこうした関心に沿ったものであった(57)。地丁銀制成立に対する重田の独自の評価は、後述のように、その「郷紳支配」論の重要な柱となっており、この論が、封建国家論への彼の関心とわかちがたく結びついていることはたしかである。しかしながら「郷紳支配」論の直接の前提として彼が強く意識していたのは「郷紳的土地所有」論であった。

重田は六〇年代以降、安野省三、小山正明らが「郷紳」概念を「地主制の新しい段階を示す歴史的範疇」の創出のために用いることを提言し、この提言を契機に『郷紳的土地所有』という成語」が次第に「定着しようとしている」という認識に立ち、彼らのこの「問題提起の積極的意義を継承」しようとした。「継承」は、しかし、「郷紳的土地所有」論において、「郷紳」概念が、一六・七世紀、明末清初における一つの新しい特徴をもった地主的土地所有の存在形態と直接的に結びつけられているという点についての批判的検討を行なうことから開始される。

検討は、第一に、「郷紳」の概念と地主制の概念との結合、第二に地主制の概念自体について行なわれる。重田は、まず、郷紳自体は、本来、すぐれて「位置＝特権」の概念であり、「地主的実体にとっては、外から賦与された枠（わく）である」ことを指摘する。すなわち、「郷紳的契機」――郷紳という地位にあるということ――が、いうところの「郷紳地主」や「郷紳的土地所有」を規定し、固有の仕方でかかる「地主」や「土地所有」を成立させたのではなく、「社会的実体として歴史を貫流していたのは地主制」であり、郷紳としての特徴である官僚体系との接触による権力の分与＝特権の獲得は、地主としての郷紳の「消長の過程」で、「本来地主制に内在する運動法則をいわば増幅する契機として」の意義をもつものであることを、重田は強調するのである。

重田は、地主制の概念については、地主＝佃戸関係が、「中国封建社会の基底をなす生産関係＝階級関係として措定されてきた」こと自体への反省を求める。重田は、地主＝佃戸関係が「明中期以降ほぼ全面展開」したにもかかわらず、ついに「封建的社会構成の遍在的基礎」となることなく、「地主に直接隷属しない自営的小農民、いわゆる自作農」が「不断の分解と再生産をつづけつつ、最後まで存続」したこと、また、「この自作農の存在の対極に、分権化を最後まで拒んだ王朝の専制的支配体制が照応する」ことについての再認識を要請する。

「郷紳的土地所有」論に対する以上二点にわたる批判的検討の上に立ち、重田は、「郷紳」概念は、むしろ「郷紳支配」という枠組を設定し、その中に組みこむことによって、はじめて有効な歴史的範疇たりうると主張する。「郷紳」は本来的には、「いわば政治社会的範疇」である、というのが重田の基礎認識である。彼は、この認識にもとづいて、二つの角度から「郷紳支配」範疇設定の意義を説く。

一、「『郷紳支配』は単なる地主支配の枠をこえた範疇であり、経済的・経済外的関係を通じ、とりわけ国家権力との不即不離の関係を媒介として、単に佃戸に対する支配のみに止まらず、自作農を中心とする他の諸階層に対しても、いわば『土地所有に基づかぬ支配』を完結する当該社会の基礎単位であった」。すなわち、「郷紳支配」は、「地主＝佃戸関係を機軸としつつも」、「本来的に、いわば地主＝自作農関係を内包する範疇であり、そのことによって地主＝佃戸関係と専制国家の支配関係とを統一しつつ、当該社会構成をトータルに把握する体制的概念たりうる」。「郷紳支配」こそ、当該社会を全構造的にとらえることを可能にする範疇である。

二、「中国前近代史を同一趣向の構図のたえざる再生産というイメージから解放し、社会構成の非可逆的な展開としてとらえなお」すためには、「支配の正当性を独占する皇帝と、それによって、理念的に、斉一に支配される人民」との間にあり、「歴史的性格を見分けうる明白な変化」を示す「中間的支配層」——「漢代の豪族、六朝隋唐における貴族、宋代の形勢戸、明清時代の郷紳」——に注目する必要がある。「すぐれて明末以降的な存在として知られている郷紳とその支配のあり方」は、「王朝支配＝官僚支配一般」とも、「それ以前の中間層」の支配のあり方とも異なる側面をもっており、「その段階における歴史性を刻印した」歴史的範疇として鍛えていくことができる。

以上の前提をふまえた重田の「郷紳支配」論は、「社会層としての郷紳そのものの実態よりも、そこに凝縮された政治的・社会経済的諸関係の総体」の解明をねらいとしながら、究極のところ、二つの部分から構成されている。一つは「郷紳支配」の形成の論理であり、いま一つは「郷紳支配」の体制化の論理である（重田の「郷紳支配の成立と構造」の篇別構成とは必ずしも一致しない）。

2　個別的「郷紳支配」の形成

「郷紳支配」は、まず「私的」・「分権的」・「封建的」支配として形成される。それは、いわば〝一時の「横」〟としての支配の形成でもある。

①郷紳自体、基本的には大土地所有者そのものであるが、他方では、郷紳と、社会の基底における不断の「封建化＝封建的分解の主体（この主体というのは推進者というごとき意味をもつとみられる…森）」であり、かつ里甲制下の徭役を主として割当てられて没落の危機にさらされている「在郷中小地主」、すなわち徭役免除の特権をもたない「素《す》の地主」

との関係が、個別的「郷紳支配」の形成の特徴的な契機となっている。「素の地主」、つまり、一般の非郷紳地主である「富民＝素封《そほう》」は、自己の所有する土地が徭役賦課の基準乃至対象となることを回避しようとして、徭役免除の特権をもつ郷紳に対して投献・詭寄などと称される土地の寄託を行なう。郷紳は、特権をもたないこうした、「在郷中小地主」の投献・詭寄を受け入れ、その土地所有を私的に保護することによって自己の支配下に系列化し、「土地所有における一種の重層関係」を作りだす。個別的な「郷紳支配」は、かくして、徭役免除特権をテコとしつつ、「在郷中小地主」の支配をその中に包含し、「いわば私的に安堵」することによって形成される。「地主をこえた地主」、「特権地主」としての郷紳が、特権をもたない一般の地主との間にこうした「庇護＝支配関係」を結ぶことによって、個別的な「郷紳支配」が形成されるのである。この形成の過程はいわば「下からの封建化」である。

②郷紳はその「固有の特権的地位」を媒介として、自己の大土地所有を実現するための労働力としての佃戸、すなわち自己と地主＝佃戸関係を結んだ直接生産者農民のみならず、その埒外にある直接生産者農民、主として一般の「自作農」＝「自営小農」にも支配を及ぼす。

重田は、ここに示した「固有の特権的地位」という言葉の外、「国家から賦与された特権」あるいは「公共的外被＝特権部分」という言葉をも用いて、郷紳のもつ特権の存在を指摘しているが、この特権が具体的には何を指すのかについては十分に論及していない。「郷紳のもつ特権＝徭役の優免」という箇所が唯一の具体的な表現であり、事実、重田のいう特権は、多くの場合、徭役免除特権を意味している。ただ、重田が、郷紳は「個別的」に「種々の特権」を与えられ、それを行使するだけではなく、地方行政において「百姓の望」、「民の師表」としての立場から官僚を補佐し、官僚の代理をつとめるという役割を担っていたこと、すなわち、「地方政治のいわば要員」として位置づけられていたこと、それにともなう「一定の権限」を容認され、委譲されていたことをも指摘していることは、留意されなければならない。特権が「公共的外被」とも表現されているのは、重田が、郷紳のもつ特権を、こうした地方政治におけるその公的な活動とも結びつけて考えていたことを示していると思われる。郷紳の出身地の地方政治におけるこの〝公〟は、究極的には、出身地外で彼が官僚として活動する際の〝公〟とともに、重田にとっては、「支配の正当性を独占する皇帝」とその国家への忠誠としての「公」であったであろう。しかし、重田の行論の展開の中では郷紳の地方政治における公的な活動自体は抽象的に設定されるのみで、その全貌については具体的言及がほとんどなく、むしろ、後に紹介するように公的活動にともなう権限自体が、「私的」な志向を実現する道具として非常に重視されているように思われる。こうした権限は、徭役免除を中心とする郷紳各人に付与された特権とともに、個別的な「郷紳支配」の形成にとって決定的に重要であるとみなされているようである。

具体的には、自由な売買によらざる土地集積、高利貸、市場の独占支配、子弟・僮僕などの直接的暴力に依拠する郷村支配、官府との結託による私的諸要求の追求、事実上の裁判権＝刑罰権の行使、これらの行為と表裏関係をもつところの、水利などの再生産条件の整備、慈善・救済・調停などの諸事業、等々が、自己の佃戸以外の直接生産者農民に対する支配の手だてとなる。

③②の僮僕による暴力支配は、「郷紳支配の中核をなす階級関係」としての地主＝佃戸関係の変化にもとづいて実現する。地主の「不在化」と「再生産過程からの脱離」にともなってその「農民支配の現実的基礎を解体せしめ」る中で、「頑佃抗租の一般化によって象徴される地主＝佃戸の新しい緊張関係」が生まれる。僮僕は、こうした状況の下で「新たに要請された支配の機構とそのための強力」として地主たる郷紳の下に蓄養される。

3　体制化された「郷紳支配」
――真に範疇的意義をもった「郷紳支配」――

個別的に形成された「郷紳支配」は、その「私的」・「分権的」・「封建的」志向を抑制し、揚棄することによって体制化され、真に範疇的意義をもった「郷紳支配」がここに成立する。この体制化の過程は、国家による個々の郷紳の「私的」・「分権的」・「封建的」志向の収斂、郷紳の個別支配の体制的止揚の過程でもある。

①一八世紀初頭における清朝国家による地丁銀制の施行は、体制としての「郷紳支配」の成立を具現したものである。「地主制の極限的展開」は、里甲制の解体という問題をひきおこす。この問題に対処するべく、国家は明中期以来の一連の賦役改革を行なう。地丁銀制は、賦役改革の一環として問題の「最終的解決」を目ざして施行される。そこでは、「中国古来の税制の二本の柱であった賦（土地税）、役（人丁税）のうち、役が、それに体現されていた一君の万民支配という理念と共に最終的に消滅し」、役は賦に吸収される。国家は、役に体現された「土地なき佃戸層」への「直接支配」を放棄し、彼らを「地主層」の公然たる支配に委ねる。同時に、新たに役を吸収したこの賦（土地税）は、「『賦は租（地代）より出づ』という通念の成立に示されるように（中略）いわば地代の一分肢たる性格を深める」。地丁銀制を施行した清朝は、「歴代の集権国家の中で最も地主政権としての実を具えたもの」となり、事実上、「地主政権化」する。「郷紳支配」とは、「このような国家の人民支配の原理的変化＝階級的性格の変化に照応した地主支配の形式」であり、「個別的な郷紳支配」は、ここにおいて「範疇的に止揚された」。「郷紳支配」は、国家の容認する当該社会の支配体制となる。

これを他面から見れば、地主制による「公的な権力機構」の獲得は「佃戸の階級的成長」に主として制約されて、全く新しい独自の形態をとって実現されることなく、「伝統的な集権体制」の「枠内の変化」としてのみ実現される。

従って、地主支配は、「集権国家からの規定を受け」つつ、「特殊郷紳的な支配」としてはじめて体制化されることが可能になるのである。

体制としての「郷紳支配」範疇を歴史的に規定する一つの要素は、佃戸支配＝地代実現のための地主側の新たな要請を受けた国家による、地主制の体制的容認としての、右の地丁銀制の施行である。いま一つの要素は、地丁銀制の施行を地主に要請せしめた地主制の構造的変化――貨幣経済・商品生産の展開を契機とする地主の在地制の喪失、それにもとづく地主＝佃戸間の「空間的・人間的疎隔」、佃戸経営の自立、地主の商業資本的機能の肥大等々――である。

②「郷紳支配」の体制的成立、範疇としての「郷紳支配」の成立する過程は、個別的な「郷紳支配」に本来的に内在する「私的＝封建的契機の展開」、「私的支配の方向」が、〝政治形態の上において〟（〝〟内は森の限定）「抑制」され、「揚棄」されて集権権力に「収斂」されていく過程であった。しかし、他方、この過程は、〝個別的郷紳の「私的利益」それ自体が「抑制」され、「揚棄」されることによって推進されたのではなく〟（〝〟内は森の限定）「私的利益」を「公に仮りて」実現しようとする個別的郷紳の志向の展開によって推進されたものであった。すなわち、この過程において、集権国家は、国家の機構を個別的郷紳の志向の実現に適合的なものに変質させたのである。換言すれば、国家は郷紳の「公共的外被＝特権部分」、つまりその公的に享受しうる特権の「拡延」を行なったのであった。

個別的郷紳が「公に仮りて」行なう「私的利益」の実現は、具体的には、郷紳の地方行政に対してもつ「一定の権限」を基盤にして行なわれるものとされる。郷紳は公に認められ、かつ要請されている地方行政機構＝「官府」との接触を利用して、これに対して影響力を行使し、その「私的利益」を貫徹していくのである。――「官府の把持」・「官府との結托」。

「下からの封建化」としての性格をもつ個別的な「郷紳支配」のエネルギーは、地丁銀制の成立を媒介として、「伝統的な王朝国家体制」の「専制的性格」を変えつつ、この「王朝国家体制」に吸収される。体制としての、範疇としての「郷紳支配」成立期の「王朝支配」は、個別的「郷紳支配」における「私的利益」の実現を〝集約的に代行するための〟（〝　〟内は森の表現）「支配の枠組、権力機構」として性格を強め、「強制の体系＝暴力機構としての純度を高め」ていく。

4　重田徳の「郷紳支配」論の問題点

重田の論文「郷紳支配の成立と構造」の論理構成は、およそ以上のような骨子をもっていると理解される。重田は、総括的に、「郷紳支配」を「中国における封建支配を完結したもの」として評価し、「郷紳支配」の成立の中に「近代中国が対決した封建制の最終的構築」を認めている。重田のいま一つの郷紳についての専論、すなわち戦前以来の中国乃至中国史研究における郷紳観の展開を国家論的視角をふまえて的確に整理した「郷紳の歴史的性格をめぐって——郷紳観の検討——(58)」の結論部分にある次の一文は、「中国における封建支配」と重田のみなすところの「郷紳支配」についての、もっとも集約的な規定である。

「いわば領主化しえなかった封建的支配者が、集権制の傘の下で、事実上の関係として極限的に展開した支配、それが郷紳とその支配であったといえよう」。

中央集権的専制国家の枠組みの中で極限的に展開された領主的支配こそ、「郷紳支配」なのであった。

重田の「郷紳支配」論の最大の特徴は、「郷紳」を経済的範疇としてではなく、「政治社会的範疇」として用いた点にある。重田の指摘するように、従来の「郷紳的土地所有」論において、「郷紳」概念は、「地主制の新しい段階を示す歴史的範疇」として、経済的範疇として用いられていた。重田はそれに対して、「政治社会的範疇」としての「郷紳支配」という用語を創出した。土地所有に基づき、佃戸を対象として行なわれる地主支配とは異なり、「郷紳支配」

は必ずしも土地所有のみに基づいて行なわれるものではなく、「経済外的関係」、とくに国家権力との不即不離の関係を媒介として、自作農を中心とする他の諸階層をも対象として行なわれるものとされる。重田によるこの「郷紳支配」範疇の設定は、すでに明示的な形で公表された限りでの「郷紳的土地所有」論、及び従来、報告書をも含む多くの研究者が意識的・無意識的に依拠してきた「基本的生産関係としての地主＝佃戸制」論がもつ一面性や狭隘性に対する率直、大胆な批判として、かつその克服の一方途を示したものとして積極的な意義をもっている。すなわち、従来のこれらの見解は、必ずしも同時併存的に存在する多様な生産関係を綜合的に把握するまでには至っていなかったし、また政治的支配関係との連関を必ずしも明確にしてこなかったからである。

＊

しかしながら、「郷紳支配」が「政治社会的範疇」として設定されたという、まさにそのこと自体の中に、それが一箇の歴史的範疇であることをあいまいにする契機が存在しているように思われる。「郷紳支配」論の第一の問題点もここにある。上述のように、重田の「郷紳支配」論は、その形成の論理とその体制化の論理という二つの部分から構成されていた。その後者、個別的に形成された「郷紳支配」が真に範疇的な意義をもつ「郷紳支配」として体制化されるという論理は、必ずしも「政治社会的範疇」としての「郷紳支配」を包みこんだ論理にはなっていない。「郷紳支配」体制化の論理は、もっぱら〝土地所有に基づく〟地主の佃戸支配に即して展開されており、「土地所有に基づかぬ支配」としての地主の自作農支配をも包摂する形では組みたてられてはいない点が注意されねばならない。すなわち、「郷紳支配」の体制化の具体的な示標とされている地丁銀制の施行は、まさに、地主の佃戸支配の国家権力による容認として把握されており、地丁銀制における自作農の位置づけはなされていない。

体制としての「郷紳支配」を歴史的範疇たらしめる二つの契機の一つとして、地丁銀制の施行とならんで挙げられている地主的大土地所有の構造的変化も、自作農の存在を含みこんだ変化としては述べられていない。

換言すれば、重田のように、地丁銀制施行の画期的意義を認める立場をとるにしても、「自作農を中心とする他の諸階層」に対する「土地所有に基づかぬ支配」が、〝土地所有に基づく地主の佃戸支配〟とどのように連関するかという点が明らかにされないかぎり、いうところの「政治社会的範疇」としての「郷紳支配」の体制的成立という論理は完結しない。また、「土地所有に基づかぬ支配」をも包摂せんとする、「郷紳支配」というこの独自な範疇に、歴史的規定を与えることも困難になるのである。

＊

第二の問題点は、「郷紳支配」論のいま一つの柱である個別的「郷紳支配」形成の論理に関連するものである。体制化された「郷紳支配」が、「中国における封建支配の完結」であり、「集権制の傘の下における」事実上の封建領主化であるならば、その前提となる個別的な「郷紳支配」の形成の過程において、なんらかの封建的性格の成長が見出されねばならない。形成過程における「郷紳支配」の「私的」・「分権的」・「封建的」志向を重田が摘出しているのは、こうした要請にもとづくものである。

ところで、この「私的」・「分権的」・「封建的」志向は、重田によれば、つねに、国家から郷紳に賦与された「固有の特権的地位」――官僚制の中に位置するが故に与えられた徭役免除特権や地方行政においてもつ「一定の権限」等を契機にして実現される。しかし、こうした「特権的地位」自体は、すでに徭役免除特権に即して本報告Ⅱでみてきたように、とくに個別的「郷紳支配」の形成期とみなされる一六・七世紀、明末清初期に出現したものではない。それは中央集権的専制国家の官僚制とともに非常に長期にわたって、科挙制の確立する宋代以後に限定するにしてもすでに七〇〇年以上にわたって持続的に存在しつづけている。郷紳に「特権的地位」を賦与する主体としての中央集権的専制国家は、重田によって、「王朝」、「国家」、「国家権力」、「集権国家」などとさまざまに呼ばれている。たしかに本来、本報告Ⅰでふれたように、中央集権専制国家の存在形態そのものに即して、その性格規定をすることは、重田が日本の明清時代史研究に提起した課題であった。本節で検討してきた論考の中で、重田は地丁銀制を施行した清朝が、「歴代の集権国家の中で最も地主政権としての実を具え」ていることを指摘しており、また本報告Ⅱでも言及したように、彼は、かねてより、均田制の崩壊から地丁銀の成立に至る国家を、古代から中世への過渡的な性格をもつものとみなしているように思われる(59)。しかしながら、重田による国家の性格規定は、「歴代の集権国家」の存在形態の重要な側面としての官僚制や官僚に対する徭役免除特権に具体的に即し、これらをも含みこんだ仕方では、まだなされていない。重田は、官僚としての郷紳に国家が与えるところの「固有の特権的地位」自体の歴史的性格を必ずしも厳密に規定していないことになる。だが、この「固有の特権的地位」が個別的「郷紳支配」の形成における「私的」・「分権的」・「封建的」志向の実現を媒介するものである以上、その歴史的性格についての検討はさけられないであろう。

なお、個々の郷紳の「私的」・「分権的」・「封建的」志向自体を刺戟し、発動させるものとして、重田が、「社会の基底における不断の封建化＝封建的分解の主体」であるところの非郷紳地主の動向を重視していることについては、すでにふれた。個別的「郷紳支配」の形成過程における封建的性格の成長の根源を、重田は、この「不断の封建化」の中に認めようとしたものと思われる。しかしながら、徭役免除等の特権をもたないこうした非郷紳的地主、「富民」、「素《す》の地主」の土地集積への動きが、なにゆえに「封建化」なのか。残念ながら、重田の筆は、まだここに及んでいない。その土地所有の実現がいかなる生産関係を通して、いかなる形態の労働力によってなされるかについては、おそらく地主＝佃戸制と佃戸の労働力を想定していると推察されるものの、まだ限定的な形で明言されてはいないのである。

＊

「郷紳支配」論の第三の問題点は、個別的に形成された「郷紳支配」が、体制としての郷紳支配に移行する過程をめぐる重田の論理についてのものである。すなわち、「私的」・「分権的」・「封建的」な志向をもつ個別的「郷紳支配」が、これらの志向を「抑制」し、「揚棄」することによって、はじめて体制的に成立した、と説かれるとき、この「抑制」なり「揚棄」なりは何を意味しているか、という問題である。すでに指摘したように、重田の行論においては、個々の郷紳の「私的」な志向は、国家の賦与する特権を媒介として、つねに実質的に貫徹され、実現されていくのであり、そこに一般的にいうところの抑制や揚棄を見出すことはむずかしい。抑制や揚棄にあたるものを強いて求めるとすれば、「私的」・「分権的」・「封建的」志向の個別的実現から、国家の手によるその集約的実現への移行であろうが、この場合とても、志向それ自体の抑制や揚棄は見られず、志向の実現の仕方の変化が存するのみである。たとえば、個々の郷紳の私的な暴力装置として明末まで存在した「僮僕の蓄養」が、清朝権力の確立期には減少し、清朝の手によって佃戸の抗租に対する処罰と郷紳の私刑に対する禁止の法制化が行なわれるに至るという重田の分析は、右の移行を説明して鋭い。しかし、この場合にも、地代収奪の確保のための佃戸の反抗の抑圧、という個別的「郷紳支配」における「私的」な志向自体はそのまま生かされ、より有効な形において貫徹されているのである。

　すでに述べたように、個別的「郷紳支配に内在する私的＝分権的志向」の「地丁銀体制の成立」による「抑制」、「揚棄」、「止揚」とは、究極のところ、政治権力の形態におけるそれであろう。個別的「郷紳支配」における「私的支配の方向」、「私的＝封建的契機の展開」が、「最終的に貫徹すること」によって、「郷紳支配」が体制的に成立したとすれば、それは、個別郷紳が領主的に割拠し、独立した一個の封建的政治権力として併存するという形態をとるであろう。しかし、一六・七世紀、明末清初に形成される個別的「郷紳支配」は、その「私的＝分権的志向」、「私的支配の方向」、「私的＝封建的契機の展開」を「最終的に貫徹することで体制的に成立したのではなく、むしろそれを揚棄することで体制的に容認されたもの」であった。こうした「志向」、「方向」、「展開」は「抑制」され、個別的に形成された「郷紳支配」は皇帝の掌握する「集権権力への癒着を早めた」のであった。地丁銀制を成立せしめ、「集権権力の地主政権化」をなしとげるという形で、かかる本来的な「志向」、「方向」、「展開」は自己の「抑制」、「揚棄」を行ない、そのことによって、かかる本来的な「志向」、「方向」、「展開」の実質的な内容を獲得していく。

しかし、ここには二つの問題があるように思われる。

一つは、「中間的支配層」が、政治権力の形態における自己の「私的＝分権的志向」を「抑制」・「揚棄」して体制化をはかるという過程自体は、一八世紀初頭における範疇として、体制としての「郷紳支配」の成立を待つまでもなく、中央集権的専制国家の成立以来反復されてきたのではないか、ということである。

いま一つは、一八世紀初頭に至って、その政治形態における「抑制」・「揚棄」がなしとげられるに先立ち、すでに、個別的「郷紳支配」自体の内部で、社会経済的側面については、「私的」な「志向」の追求と同時に、こうした「志向」の一種の「抑制」・「揚棄」が行なわれていたことである。

前述のように、重田によれば、個別的な「郷紳支配」においては、多様な私的利益の追求とならび、それと表裏の関係をもちつつ、水利等の再生産条件の整備をはじめとするところの共同利害にかかわる諸事業が行なわれていた、とされる。重田は、これらの事業が「良質の郷紳のことさらな善行」ではないという。すなわち、個別的「郷紳支配」の一般的属性として共同利害にかかわる諸事業が、一定の「抑制」・「揚棄」の下に実施され、かかる支配の存立の基盤を形づくっているのである。共同利害の実現をふまえた個別的「郷紳支配」が存立しているとすれば、そのこと自体、すでに一つの〝体制〟の成立を意味する。そして、こうした〝体制〟は、重田のいう形成期の郷紳の場合のみならず、在来からの「中間的支配層」の下で、すでに見出されるものではないだろうか。

そもそも、重田における、範疇として、体制としての「郷紳支配」に対する基本規定は、それが土地所有にもとづく支配と土地所有にもとづかぬ支配とを包括する当該社会の基礎単位である、という点にあった。こうした基本規定は、一六・七世紀における土地所有構造の変化や、一八世紀における地丁銀の成立をまつまでもなく、歴史的諸事情による曲折を経ながらも、すでに少なくとも宋代から、あるいはそれにはるか先立って、重田のいう漢代以降のすべての、「中間的支配層」の支配にも該当するのではないだろうか。

総じて、範疇としての「郷紳支配」を設定しようとする重田の構想そのものが、彼の示す論理的な枠組みによる限り、彼の意図と相反して、一六・七－八世紀的な限定を越えたものとなるのではないか。このことの中に重田の鋭利な方法をもはねかえす中国社会という対象の重みを感ぜざるをえない。

なお、事実認識をめぐる問題を一つだけ付言しておきたい。一八世紀前半の地丁銀制成立期における『賦は租（地代）より出づ』という通念の成立」は、租税が「地代の一分肢たる性格を深め」た例証の一つとして、重田が年来重視している事実であった。しかし、同様の認識は、すでに南宋、一三世紀前半に見られる。端平三年（一二三六）の華亭《かてい》県知県《ちけん》楊瑾《きん》の「経界始末序」には、「田有らば租有り、租有らば賦有り、此れ天下至公の法なり(60)」と記され、淳祐元年（一二四一）の顕謨《けんぼ》閣待制《かくたいせい》王遂の「修復経界本末記」にも、「抑もそも田には必ず租有り、租有らば必ず税あり、昔自りして皆然り(61)」と述べられている。官僚の認識の中に租税が「地代の一分肢たる性格」が明瞭に示されているのは、地丁銀成立期をはるかにさかのぼり、少なくとも宋代以来の長い歴史をもった事実なのである。重田が体制としての「郷紳支配」成立の指標として重視する地丁銀制成立の評価についても、なお検討の余地が残るといわねばならない。

Ⅳ　小山正明の郷紳論

1　郷紳の登場と中国封建制の体制的確立

「郷紳支配」を体制としてとらえる際の論理構成、「郷紳支配」範疇の歴史的規定性など、重田の郷紳支配論のもつ問題点の解決に関わるところの、郷紳をめぐる包括的な見解を提示しているのが小山正明である。小山の郷紳についての見解がどのような基礎的問題関心を背景としているかについては、本報告Ⅰですでにふれた。小山は、自身の賦役制度史研究の中で創出した「郷紳的土地所有」の経済的規定を、その年来の地主制研究の成果をもふまえて明確にしつつあるのみならず、郷紳の存在形態の政治的、社会的特徴をも多面的に摘出している。すなわち、小山は、彼が明末清初期において新たに登場した支配階級であるとみなしている郷紳を、全面的・綜合的に分析し、その歴史的性格を把握しようとしている。この意味で、小山の見解は、自身の「郷紳的土地所有」論に基礎づけられているとはいえ、広く郷紳論とよぶのがふさわしい。

ところで、小山は、最近、宋―明中期の中国の社会構成を基本的に規定するのは、小農経営のあり方であり、またこの時期の国家の農民支配のあり方は小農経営のそれと不可分の関係にあるとし、小農経営と国家の農民支配についての自己の理解を、学説史的整理を行ないつつ示している(62)。小山は、宋―明中期についてのこの理解を前提として、明末清初期における小農経営の変化と、それにもとづく国家の農民支配のあり方の変化について述べている。すなわち、宋―明中期においては、家族労働を主体とする小農経営はきわめて不安定であり、恒常的再生産の基礎が弱く、何らかの形で地主への依拠を余儀なくされている。従って、大土地所有の搾取基盤も不安定である。国家の農民支配は、こうした条件に対応して、地主から小経営の直接生産者に至るまでの農村の諸家族を、国家自体が各戸ごとに個別的に把握するという仕方で行なわれる。明末清初期においては、小農経営が確立、安定し、このことを基盤にして、封建的土地所有とこれに対抗する農民の勤労的土地所有＝保有とが形成される。このような封建的生産関係の成立に対応して、国家の農民支配も画期的な変化を遂げる。国家による各戸の個別的把握の体制は解体する。あらかた、こうした見とおしにもとづいて、小山は、「明末清初期」を、「中国封建制の体制的確立期」として設定している。小山の郷紳論が、この設定と固く結びついていることはいうまでもない。

以下、一九五七年以来の小山の諸論稿(63)をふまえて、その郷紳論を構成する柱を、項目的に列挙してみよう。

2　小山の郷紳論の構成

①小農経営の自立、安定。宋―明中期の小農経営は、端境期を中心とする、地主からの恒常的な糧食貸与が見られること、奴婢、雇工、佃戸、さらには「自作農」など、直接生産者が多様な存在形態をとり、かつそれら相互間の実体的界限が不分明であって、互いに転移をくりかえしていること、などにみられるように、きわめて不安定なものであった。明末清初期に至り、小農経営は、単純商品生産としての家内手工業の発展にもとづいて、飯米補給手段を獲得する。小農経営は、基本的には佃戸という存在形態をとり、自立、安定する。

②村落共同体の成立。宋―明中期において、小農経営の再生産を媒介していたのは、賦＝税糧・役＝徭役の収奪とその条件整備のために、国家が上から強力によって編成・組織した郷村支配機構としての里甲制であり、村落共同体は存在しなかった。明末清初期には経営を自立安定させた小農の地縁的結合を基礎とし、小農自身を担い手としてその自立再生産を媒介する村落共同体が成立する。

③小農の階級闘争の質的発展と日常化。明末清初期になって、はじめて、村落を基盤として結集した、階級としての佃戸の階級としての地主に対する抗租運動が行なわれるようになる。

　抗租自体は、地主＝佃戸制成立以来の長期にわたる歴史をもち、その本源的性格は、租＝地代支払い拒否を内容とする農民闘争である。

この時期には、永佃権の獲得を要求し、田面権を武器とするような、農民の勤労的土地所有＝保有権の形成を示す運動が出現する。

永佃権は永小作権ともいうべき耕作権を意味する。田面権も、本来的には佃戸のもつ耕作権であるが、独立の物権としての側面をも具有するようになった段階の耕作権を指す場合がある。小山は、この場合、永佃権と田面権の異なった面に焦点をあてているようである。なお、田面権は、購買等の過程を経る中で、それ自体収租権化する場合がある。

④郷紳の社会的地位の確立。明代の科挙制度においては、宋代以来、進士受験のための一回限りの受験資格にすぎなかった挙人が、終身資格とされるようになった。また南北両京の国子監のみにとどまらず、全国各地にくまなく府学・州学・県学が設けられ、その学生＝生員となることが、科挙試験の第一段階の合格をも意味するようになり、生員も挙人と同様の終身資格とされた。これら挙人・生員は、現に職に在るもの、請暇・待機中のもの、退職したものをすべて含んだところの、いわゆる官僚とあわせて、徭役免除の特権を与えられ、明末、一六世紀以降になると、地方政治に対する発言を強化しながら、他の庶民とは区別された支配身分としてその社会的地位を確立してきた。彼らはこの頃から郷紳と呼ばれるようになる。(64)

郷紳とは、あくまで、官僚、乃至挙人・生員の資格取得者の、郷里＝本籍地（事実上出身の州県を意味する）における呼称である。なお、小山は、明代には、その資格のままでも直接任官しうる途をもつようになった挙人が、官僚に準ずるものとして取扱われ、郷紳層の内部で、生員と、挙人以上との間に明白な一線が劃されていたと指摘している。

⑤「郷紳的土地所有」の成立。⑧で示すように、地方政治の実力者として活動する上層郷紳は、同時に都市（＝城内）に居住する城居地主であり、商業高利貸資本との癒着を強め、分散的に存在する零細な地片を集積し、佃戸から租米を搾取してその土地所有を実現する。他方生員層を中心とする下層郷紳は、村落に居住してその指導者となったが、彼らは郷居地主として、その土地を佃戸の経営に委ねて租をとるほか、年期契約の傭工の労働に依拠する自家経

営地をもっていた。一般に郷紳地主が土地を集積し、維持していく上で、郷紳に与えられた徭役免除特権は重要な役割を果たした。

明末清初期の「郷紳的土地所有」の主体、すなわち城居地主としての上層郷紳と郷居地主としての下層郷紳は、宋－明中期において、最も隷属度の強い奴僕の労働と、奴僕にも準ずる隷属度の高い佃戸の労働に依拠してその土地所有を実現し、このことを基盤にして社会の支配層の地位にあった形勢戸（宋）・糧長（明初・中期）に代わる、新しい支配層であった。

⑥新しい身分関係の定着。小農経営の確立と「郷紳的土地所有」の成立に対応して、明末清初期の中国社会には、二つの単純な、従って対抗的性質の明白な身分関係が定着する。一つは官僚機構をも含む科挙体系内に位置する郷紳であり、いま一つは、その外におかれたところの、農民を中核とする庶民である。宋－明中期の身分関係の特徴を示す一つの典型は、明初に創設された里甲制下の賦役徴収機構の体現している重層的身分序列である。里甲制下で、賦・役割当ての「基準」[65]となる戸は、国家により、土地所有と労働力の有無多少に応じて正管戸と帯管戸（畸零戸）に、さらに正管戸の場合には、三等九則という九つのランクの戸等（戸則）[66]に段階づけられている。これらの賦・役割当ての上での格差自体がすでに社会の身分的階層的構成を反映しているのであるが、これらの格差と密接に関連しながら、その中でも、とくに、徭役を負担する能力の差異にもとづいて、糧長戸－里長戸－甲首戸－畸零戸という区分が設定されていたことが注目される。この区分に具現された重層的階層差は、ほぼ当該社会の身分序列に対応しているのである。明代の正管戸と帯管戸（畸零戸）に照応するところの宋代の税（賦）・役制度における主戸－客戸の設定や、五つのランクの戸等にもとづく主戸内部の区分も、同様な重層的身分序列の存在と無関係ではない。

宋－明中期にはまた、この種の身分序列と別次元の身分差別も存在していた。すなわち、直接生産者の中の佃戸、雇工は、地主との関係において、主家と奴僕（奴婢）との関係に準ずる主僕の分という身分的規制を受けており、そのほか、さまざまな存在形態の賤民身分も存在していた。

明末清初期以降、賦役制度の改革、清朝権力の下での地主・佃戸間の主僕の分の明確な否定、雇工に対する奴僕とは次元を異にした取扱い、賤民の解放など、国家の身分規制に一連の変化が現われる。このような変化は、被支配者たる農民を単一の身分層として直接把握しようとする国家の意図を明示するものであり、巨視的にみるならば、清朝支配下の中国社会においては郷紳－庶民という二つの単純な対抗的身分関係が定着した。

⑦賦役制度の改革。宋－明中期における賦役制度は、国家による各戸の個別的把握に基礎を置くものであった。賦（税）・役の割当ては、前述のように、五等（宋）、九等（明）に区分された戸を基準として行なわれ、かかる戸等（戸則）に照応する主戸－客戸（宋）、正管戸－帯管戸（明）の区分、糧長戸－里長戸－甲首戸－畸零戸（明）の区分の設定も、本来的には賦（税）役割当ての必要から生まれたものであった。賦（税）役徴収の基礎単位も、明初に創設された里甲制に示されるように、国家が上から、個々の戸を人為的に組みあわせることによって編成されたものであった。

発展しつつある「郷紳的土地所有」をどのようにして国家の賦役徴収体系の中に把握しなおすかという課題を基調として進行した明末清初期の賦役改革は、国家による各戸の個別的把握に基礎を置く従来の制度を解体・廃棄し、里甲制は消滅した。賦（税）役の割当て基準は戸から田土へと移行し、地丁銀制にもっとも集約的に示されるように、銀納化され、単一化された賦（税）役が直接一律に一畝を単位として割当てられるようになった。戸等（戸則）やそれに照応する上述の戸の階層的区分も消滅した。清朝支配下の中国社会においては、国家の賦（税）役徴収の基礎単位は、村落（歴史的社会的村落…田中正俊の規定による）へ移行した。荘に順《した》がって里を編むという順荘編里の法が施行されるようになったのである。

⑧郷紳の地方行政における政治力の行使。郷紳は、清代に入ると、徴税機構への影響力を重要な基礎として地方行

政においてて政治力を行使した。銀納化された賦（税）、役（糧銀・役銀）の自己自身による官設の納付所への納入としての自封投櫃《き》は、明末以来提唱されるようになった方法であるが、これは郷紳のみに認められた一種の特権であったとみなされる。また、賦（税）・役の徴収は、一般的に官＝国家からその事務を請負う胥吏の手によって行なわれるようになったが、郷紳が自己の奴僕ないし密接な関係をもつものを胥吏に充当する場合も少なくなかった。「この郷紳・胥吏のブロックが清朝支配を支える実体的支柱であり、また郷紳による農民支配、その土地所有実現の槓杆ともなった」。

⑨「専制国家的特質」をもつ中国封建制の成立。

A　張居正の丈量を通じて、国家が佃戸を直接的に国家の土地台帳に登録することにより、国家の公的税糧徴収と地主の私的収租とを不可分なものとして一体化する体制が確立された。また、明末清初期を経て清代に入ると、佃戸への災害救済は、個別地主を主体とする従来の方法によってではなく、国家の公的事業に移行する。「こうした地主＝佃戸関係を前提としたうえでの国家収奪の搾出源としての佃戸のとらえ方、またその再生産への国家の直接的関心は、封建的支配が個別地主的な関係としてよりも国家的に集約・編成されたものとしてあらわれてくる事態を示す」。

B「いわゆる『自作農』層をも含む全農民にたいする支配身分としての郷紳が、全国統一的な科挙制度を基礎に形成される」。

以上の二点が、「中国封建制の専制国家的特質」を示唆している。

⑩政治過程とイデオロギー形成における郷紳の役割。明末の政治過程を特徴づける東林派の反宦官運動、儒学内の新しい潮流としての陽明学の形成、黄宗羲《ぎ》の『明夷待訪録』における皇帝の権威の絶対性の否定などは、いずれも新たな支配階級としての郷紳の登場を反映するものである。

3　小山の郷紳論の問題点

小山の郷紳論は、以上のように、明末清初の中国社会についての一つの体系的な認識を示している。本稿Ⅱでとりあげた賦役制度史研究における「郷紳的土地所有」論は、実は、小山の場合には、賦役制度の研究から帰納的に導きだされた孤立した問題提起ではなく、そこでの「郷紳的土地所有」とは、中国における農奴制成立期の土地所有形態としての意義を担うものであった。小山の「郷紳的土地所有」論は、彼が「中国封建制の体制的確立」期とみなす明末清初期以降の中国社会における、「国家支配の階級的特質の問題」としての《郷紳論》を基礎づけるものであったのである（ここでの《郷紳論》というのは郷紳をめぐる論議についての小山自身の最近の意義づけであり、規定である）[67]。

農奴制から《郷紳論》に至るまで、「中国封建制の体制的確立」について小山が提出した個々の論点は、宋－明末清初期を対象とする諸研究の整理・吸収をふまえたものであることはいうまでもないが、そのほとんどが、小山自身の二〇年近くにわたって続けられてきた、明初から明末清初期を主たる対象とする多くの個別研究における実証的検討をふまえており、いずれも一定の根拠をもっていることを私たちは確認しておかねばならない。

すでに本節の冒頭でふれたことであるが、ごく最近では、小山の実証的検討は、宋代にまでさかのぼってなされている。すなわち小山は、「地主・佃戸関係に示される宋代以降の大土地所有の中国に固有の特質についての理解、また、この特質と結びついていると思われる国家の専制的形態の意味の把握については、依然として大きな弱点を残している[68]」と思われる、という見解を示し、この二つの弱点を克服するための検討を試行している。前者については、宋代の「地主の下における耕作者の主要部分」としての「客戸層」、「それとさして径庭のない下等主戸層」による小農経営の未定着性と存立基盤の不安定性、明初へ、そして明末清初へかけての、かれらの「定着した小経営農民への漸進的転化」についての資料にもとづく具体的分析が始められている。後者については、宋代の主戸・客戸制、明代の里甲制を通じてみられる宋―明中期の国家の農民支配の特質を、宋代と明代との連続面、非連続面にも注意をはらいつつ摘出しようとして、すでに先人の用いた関係資料の再構成をも含んだ、史実にもとづく分析が、やはり始められている。

従って、小山の包括的な「郷紳論」について考察する際には厳密にいえば、一つ一つの個別研究やその中で用いられた資料についての検討が必要なのであるが、ここでは、それを一応捨象し、小山の「郷紳論」の骨格にかかわると思われるいくつかの問題点を提出しておきたい。

＊

第一は、「郷紳的土地所有」に最初の封建的土地所有としての歴史的規定性を付与する根拠についてである。すなわち、宋―明中期までは不安定で非自立的であった小農の経営が、明末清初期に安定し、自立するという考え方の当否である。

(1)従来の研究においては、一般的に、佃戸は、宋代以降の華中・華南の直接生産者農民の主要な部分を構成するとみなされるとともに、地主に対して自らの責任において佃租を支払っている存在であることが認められてきた。また、この佃租を封建地代に比定する認識も、孤立したものではない。この佃租の性格を私たちはどのようにとらえるべきであろうか。この際、Ⅲの末尾で紹介したところの、「田有らば租あり、租有らば賦有り」という、南宋、一三世紀前半期の官僚の発言のように、国家が地主に賦課する「賦」＝租税と、佃戸が地主に支払う「租」とが安定的に対応するという認識が、宋代から存在しているということを、私たちは想起しなければならない。すなわち、右の官僚の発言は、佃租を毎年恒常的に支払いうる小農経営の存在を前提としてなされているものではないかと考えられるからである。不安定で自立しえない小農経営を前提にして、このような発言がなされうるであろうか。

(2)報告者自身も、かつて行なった個別研究の中で、一五世紀頃までの、個々の佃戸に対する地主の強い支配権を裏づける地主の物質的関与の例証としてとりあげたところの、端境期の佃戸経営に対する地主の恒常的な糧食貸与[69]を、どのように評価すべきであろうか。地主の佃戸経営に対するこのような物質的関与は、たしかに宋－明中期の地主佃戸制にみられる特徴であるが、注目すべきことは、かかる関与が、糧食の給付ではなく、貸与という形をとって行なわれる点であろう。そこには、佃戸経営の完全な非独立性よりも、まず佃戸経営の地主からの相対的自立の側面がより強く見出されるのではないか。貸与にともなう利息の収奪は、まさにこの相対的自立性を媒介して行なわれており、そのことがかえって再び地主への隷属度を強めるという逆説的関係を生むことを、報告者はかつて論じておいた。

一六・七世紀以降、個々の地主の個々の佃戸に対する物質的干与は減少していき、個別的な佃戸経営は個々の地主から「自立」していく。しかし、小農としての佃戸経営の再生産過程においては、自然災害時には、旧来の地主に代わって国家から糧食乃至貨幣の補給が行なわれる[70]ほか、毎年の春耕の頃を中心とする端境期には、佃戸を含む貧窮の直接生産者農民に対し、社倉、義倉などと呼ばれる公共的施設から糧食の貸与が行なわれる[71]（社倉、義倉などは、国家の政策として、国家の働きかけによって設置されていく場合が資料には多く残るが、その設置は基本的には在地に依存しており、自生的な在地の共同組織によって設置される場合も少なくない）。また、私的な高利率による貸借関係がすでに構造的にこれらの農民経営に入りこんでいることと、右の社倉、義倉の存在とは無関係ではない。一六・七世紀以降も、小農としての佃戸経営の相対的自立性は、たしかにその自立度の層次（次元）を高めたとはいえ、清末、ひいては土地改革前夜まで持続するのである。一六・七世紀以降も、純粋な形での小農経営の自立は、必ずしも認められないのではないか。

一六・七世紀、明末清初期における小農経営の自立をめぐる問題については、一〇世紀、宋代以降、層次を高めつつ土地改革の前まで見られる小農としての佃戸経営の相対的自立性についての評価が改めて要請されるのではないであろうか[72]。

＊

第二は、明初に創設された里甲制に関する問題である。里甲制が基本的には明朝国家の農民支配のための機構であり、①賦役の徴収、②再生産維持のための共同体、③治安維持・イデオロギー統制といった諸機能を備えている、というのは、戦前の松本善海、戦後の古島和雄、小山正明、鶴見尚弘、濱島敦俊、川勝守などの研究を通じて次第に形成されてきた理解である（小山は、さらに、上述のように、里甲制は「重層的身分体系を表現・規制するものであった」としている）。小山の里甲制理解の特徴は、こうした共通の認識、とくに右の①、②を、宋―明中期の小農経営の未確立性・不安定性と結びつけようとすることにある。

⑴②の点、すなわち、里甲制が国家による賦・役の徴収＝収奪を保障するものとして、小農経営の再生産維持のための共同体的機能をもっていることは、古島によって先駆的に指摘され、最近小山ら、右にあげた戦後の研究者によってより具体化されてきた。このような共同体機能が、小山のいうように、国家によって、初発から強力を媒介とし、全く人為的に作りだされたものであるか、手作＝経営地主層を中心的担い手としてすでに在地の農村社会に存在していた慣行が国家によって整備されたものであるかは、小山自身も指摘しているように、一つの重要な争点なのである。ともに資料的根拠をもつところの、国家の関与と、在地の共同体的慣行との関連をどのように評価するかは未解決の問題である。たとえば、本報告Ⅱ－5で指摘したように、すでに一二世紀後半、南宋期において、国家による圩岸の修築のための労働力の徴発・編成は、「民間の田を有する家をして、各おの自ら郷原の体例に依り、銭米を出備して租佃の人に与え、更もごも相い勧めて監督し、田岸を修築せしめよ」というごとく、在地の共同体的慣行をモデルとし、在地の生産関係に依拠して行なわれていた。また、本報告Ⅱ－4でみたように、明初から一六世紀初頭にかけての間、水利事業が国家から課せられる里甲制下の徭役として行なわれたことを説く濱島も、在地の共同体用益を掌握した手作地主こそ、この徭役の担い手であったと述べている。不安定・未確定の小農経営、及びかかる小農経営の特

質に規定された地主の搾取基盤の狭隘さが、明末清初に至るまで、在地における自主的な共同体関係の形成を拒みつづけた、という小山の見解は、近代以前の中国社会の構造の固有性を理解する上で、示唆的ではあるが、同時に一面性をもつと考えられる。ただ、報告者自身も、これ以上の検討を行なう力を欠く(74)。

⑵小山の里甲制理解の最も大きな問題点と思われるのは、先の①に関するものである。すなわち賦・役の徴収に際して国家が行なう戸等（戸則）の設定を、小農経営の不安定・未確立、それにともなう地主の搾取基盤の狭隘さに規定された、国家の、いわば戸別的国家支配の反映とみることであろう。たしかに、多様な存在形態をもつ直接生産者と地主とは、家族ごとに、つまり戸ごとに国家に把握され、戸籍に登録されている。しかしながら、宋−明中期における、これらの戸は、小山の示すごとく、宋代では一等から五等まで五段階にわたる主戸、及び客戸、明代では三等九則という九段階の正管戸、及び帯管戸（畸零戸）に区分されている。すなわち、これらの戸は、国家によって、決して一様の存在形態をもつ等質の家族として把握されているのではない。小山の表現によれば、「経済的内容において不均等な戸」として把握されているのである。明代里甲制下の場合についていえば、これらの戸は、戸内の労働力（人丁数）の多少と土地所有をはじめとする不動産・動産との多少によって、賦役割当ての単位である一里ごとにランクづけられている。その上で、原理的には役＝徭役については、ランクの高いものには重い・多量の役が、低いものには軽い・少量の役が割当てられ、賦＝税糧については、不均等な所有面積に比例して徴収が行なわれるほか、さらに小山によれば、ランクによる実質負担に差等をつけることになっていた。戸等（戸則）の設定にもとづく、いわゆる戸等制的農民支配は、このように農民家族の存在形態の不均等性の承認と、それを前提とし、それに即応した賦役割当てを原理としてもっている。かかる原理は、単に現実の農民家族の「経済的内容」を中心とする存在形態の不均等性に対応した徴税・徴役上の技術的要請のみにもとづくものであろうか。報告者は、たとえば、経済的力量の多少と賦役負担の重軽とを正比例させていくという、明朝の戸等制農民支配にみられる割当ての原理は、前代の制度と不

可分の関係をもつとはいえ、この王朝の創設に先立って展開された元末明初の農民闘争とも何らかの対応関係をもっているのではないかと予測している。宋代に設定された主戸　客戸制、戸等制も、単に生産力上の契機、農村社会の分解のあり方のみを反映するものではなく、唐末以来の農民闘争とも関連させて、その意義を明らかにする必要があるのではないか、と考えられるのである。

なお、Ⅲで述べてきたように、近来の研究においては、明代における徭役免除特権は、里甲制的徭役賦課体系と密接に関連するものとして論じられてきたが、その関連のしかたについては、いま述べてきたことをふまえて、再認識しておかねばならない点があるのではないか。官僚乃至準官僚に与えられる徭役免除特権は、本来的には、里甲制下の戸等（則）にもとづく徭役割当ての体系とは異質なものであり、加えて、相反する原理に立っている。徭役免除についての規定では、官位の高いものは、徭役がより多く免除され、低いものはより少なく免除され、官僚体系とかかわりのないものには、一切免除が認められない。この原理は、戸等（則）の高いものにはより重い役を、低いものにはより少ないそれをという、里甲制下の戸等にもとづく割当ての原理と、真向から相反する。この矛盾こそが、里甲制的徭役賦課体系の解体の重要な契機の一つになるのである。

＊

さて、以上に言及してきた宋―明中期の戸等制的農民支配、より直接的には、明朝の里甲制にもとづく農民支配は、一八世紀前半期の地丁銀制の成立によって最終的に解体したとみなされている。それでは、里甲制を解体させる決定的契機とされる郷紳の徭役免除特権そのものは、地丁銀制の成立時点でどのように処理されたのか。第三の問題点は、ここにある。小山をはじめとする近年の明清賦役制度史研究の論理的展開をたどれば、里甲制的徭役賦課体系と固く結びついていた郷紳の徭役免除特権は、里甲制の解体にともない、完全に消滅されるはずである。とすれば、地丁銀制の成立以後、郷紳的土地所有は、郷紳のもついかなる特権によって維持されていくのか。小山は、細井昌治などの先駆的な業績を掘り起こし、郷紳が徴税機構への影響力を基盤としつつ、清代地方行政における政治力を行使したことを重視している。郷紳的土地所有は、かくして、郷紳が地方行政の権限を事実上掌握することによって維持されることになる。すなわち、小山は、徭役免除をはるかに上回る新たな特権を郷紳が獲得し、行使したという見とおしをもつもののごとく推察される。しかし、ここには、二つの検討すべき点が残されているように思う。

一つは、明末以降の一連の賦役制度改革の特質とされるところの、徭役免除特権の否定という方向は、地丁銀制の成立以後、清朝国家によって貫かれるのか廃棄されるのか、あるいは第三の仕方で処理されるのか、という点である。この際、濱島の注視している、特権を行使する郷紳に対する、特権をもたない中小地主、自作農、佃農などの階級闘争が、地丁銀制にはどのように反映されるのかという観点を導入して、検討を加える必要はないであろうか。その際、重田の地丁銀制評価の際に斥けられた、地丁銀制施行の「社会政策的動機」を重視する評価、「農民保護政策」的側面を重視する見方[75]についても、一応の再検討を試みておくべきではないか。

いま一つは、郷紳の清代地方行政における影響力行使のもつ歴史的性格についてである。重田のいう歴代の「中間的支配層」、すなわち秦・漢の豪族、六朝・隋唐の貴族、宋代の形勢戸等も、それぞれの仕方で、王朝国家の地方行政に関与したことは、容易に想定されるのであるが、明末清初以降の郷紳の関与が、それまでの「中間的支配層」のそれとどのように連続し、どのように異なっているのか、という点である。すなわち、郷紳の地方政治への関与のもつ、明末清初に固有の歴史的・社会的特質をどこに見出すべきか、という点がより明確にされねばならない、と考えられる。

＊

第四は、科挙制度の問題である。すでにふれたように、明初の制度改革によって、科挙の社会的機能が変化したことを小山は重視している。しかし、科挙制度、科挙によって選抜された官僚群によって維持・運営される官僚制、官僚制を施く集権国家などの歴史的性格自体については、まだ小山自身の統一的理解は示されていない。先の小山の見解の要約④ではふれていないが、小山は、宋代については、不安定な小農経営→大土地所有の搾取基盤・在地支配の狭隘さ→大土地所有の独自の〔個別的〕権力機構創設の不可能→大土地所有者の集権的権力への依存→集権的権力の下への科挙制度を通じての階級的結集、という論理を示している。[76]他方、すでに紹介したように、小農経営が確立・安定したとされる明末清初以後についても、支配身分としての郷紳が、全国統一的な科挙制度を基礎にして形成されることを重視し、かかる郷紳の形成の中に、中国封建制の「専制国家的特質」が見出されるとしている。小山は、一六・七世紀、明末清初の時点における小農経営の確立・安定にもとづく社会構成の画期的変化を説き、そこに「中国封建制の体制的確立期」を比定するのであるが、この画期的変化にもかかわらず、科挙制度、官僚制、専制国家が存続するという事態については、まだ必ずしも積極的見解を示していない。まさに、この点について、一九七一年に岩見宏が提出した疑問[77]は、未解決のまま存在しているといえよう。

＊

ところで、不安定な、非自立的な経営の担い手である、宋―明中期の小農は、そもそもどのようにして形成されてきたのであろうか。宋―明中期の小農の評価が小山の包括的「郷紳論」の最も中核をなすものであるだけに、このことを第五の問題点としてあげておきたい。

一九七五年五月の歴研大会東洋前近代史部会の自身の口頭報告を成文化した前掲の文章で、小山は、「唐末・五代以来の戦乱のためというよりは、古代帝国の瓦解にともない、その下で規制・維持されていた農民の再生産機構の解体の結果」として、「宋代、とくに北宋期においては、古代史の主要舞台であった華北を中心に広範な荒廃地と流亡民の発生がみられ」、その結果として、「当時の地主の下における耕作者の主要部分は、『去来定まらず』と言われるような客戸層であった」という事態がもたらされたのではないか、と述べた。

小山は「土地に定着した小農経営」、安定した、自立の条件をもった小農経営が北宋期には見出せないという歴史的条件を、最近、このように具体的な、注目すべき形で提示している。報告者はこの新見解を念頭に置いているが、異なった角度から以下に若干の発言をしてみたい。

小山は、中国の小農の形成について、かつて極めて興味深い想定を行なっている。[78] 小山は、「律令制という相似た支配体制」をとっていた隋唐期の日中両国を対比しつつ、「日本よりもはるかに早くしかも独自に国家的統一をつくりあげた中国では、日本に比べて前代の氏族制的社会関係はより徹底的に破砕されていたものと考えられ、均田制下に給田の対象となった農民も、ほぼ夫妻を中心とする単婚小家族であったと思われる」と述べ、中国における小農が、すでに秦・漢帝国の時代以前にもさかのぼる歴史をもっていたことを認めている。小山は、さらに、この早熟的に形成された小農の経営に大きな影響を与えた唐・宋変革期の事情について、「唐より宋に至る中国は、同時代の日本とは比較にならぬ規模で貨幣経済・商業資本の発展をともなっていた」とする。小山は、早期における単婚小家族の析出と、唐宋の変革期における貨幣経済・商業資本の大きな発展という「この二つの条件」が、小農経営の自立性と安定度を著しく弱めることになったであろうと述べ、ここに、宋―明中期の小農経営の未自立性、不安定性を認めようとするのである。この想定の当否を検討することは容易ではないが、一つの問題は、中国において、前代の氏族制的社会関係を徹底的に破砕し、単婚小家族による農業経営を生みだした社会発展の契機を、私たちはどこに見出していくのかということである。そのことは、同時に、こうした早熟的に前進をとげた社会の歴史的性格をどのように規定すべきか、という問題でもあろう。

いま一つの問題は、貨幣経済・商業資本の発展が、小農経営に及ぼす影響如何である。小山は、唐宋変革期の貨幣経済・商業資本の発展は、小農経営の自立性と安定性を著しく弱めたとするが、他方、明末清初期については全く正反対の評価をしている。すなわち、小山は、明末清初期の「貨幣経済の農村への浸透と農村家内副業の商品生産化も、その再生産の環を客商としての商業資本の手に握られていたため、苛酷な高利貸資本の収奪と相まって生産者の手もとに利潤を蓄積させる条件を欠き、単純再生産の繰返しにとどまって、商品生産の担い手たる小農経営の富農化、資本制生産の発生という方向へは展開しえなかった」としながらも、「この農村家内副業の商品生産化は、小農経営の安定と自立化を強化する上で重要な意味をもっていた」とし、[79]農村家内副業の商品生産化と不可分の関係にある貨幣経済・商業資本の発展にも一定の肯定的な評価を与えるのである。

小農経営の早熟的成立、唐宋変革期と明末清初期の貨幣経済・商業資本がこの小農経営の自立に与えた影響、この二点の評価をどのようにするかは、小農経営の自立を基礎とする小山の郷紳論にとって重要な問題である。小山も、最近、改めて「中国封建制を具体化するため」の「多くの問題」の中の重要な一つとして、「宋代以降早期に展開した商業資本・商品生産と小農経営との関連」を指摘し、より具体化した課題をあわせてあげている。[80]中国の小農経営と貨幣経済・商業資本について、唐宋変革期はもとより、あえていえば、戦国期にまでさかのぼる長期的視野に立つ検討を行なうこと、それは行なうに難い作業ではあるが、ここまで指摘してきたところの、小山の郷紳論が私たちに提起している問題点を解決するためには、必要なことの一つだと思われる。

むすびにかえて

本報告Ⅱ・賦役制度史研究における「郷紳的土地所有」論、Ⅲ・重田徳の「郷紳支配」論、Ⅳ・小山正明の郷紳論のうち、主としてⅢ・Ⅳについての残された問題を提示することによって、全体のむすびに代えたい。[81]

すでにⅠで述べたように、いまや日本の明清時代史研究の中で支配的な地位を占めるにいたった、郷紳なる存在の概念化、範疇化は、一六・七世紀明末清初期の社会変動の歴史的位置づけを行なうという、敗戦以来の課題の解決を目ざして行なわれたものであったが、この変動のあり方を規定する中国社会の固有の性格を摘出したいという、六〇年代以来の研究史の要請を自覚して行なわれたところにその特徴があった。重田、小山の作業が、郷紳についての数多くの仕事の中で、その概念化、範疇化を、右の課題と要請を自らのものとしつつ、もっとも意識的に試みた労作であることについては、異論がないと思われる。

　重田が「郷紳支配」という範疇の創出によって追求した中心的な主題は、中国における封建的政治権力はいかなる存在形態をとったかということであったと考えられる。中国に固有の存在形態を、史実の新しい掘り起こしや再認識をふまえて求めつつも、彼の方法の中には、本質的に、従来の史的唯物論の想定する封建領主による分権的支配を典型とし、これに比較の基準を求める傾向が看取される。この典型にもっとも近接する領域支配と重層的階統制をもった支配が、一六世紀以降の郷紳の支配の中にも存在すると、彼は判断した。彼が、論文「郷紳支配の成立と構造」の最後の註に、今後の研究の目標として、郷紳による「〔個別的な〕地主＝佃戸関係をこえた間接的・領域的支配」を明らかにすることをあげ、「政治的支配＝裁判・調停・治安維持・救恤等、文化的支配＝教育・教化・世論指導等、経済的支配＝市場支配等々」を、この「間接的・領域的支配」を構成する三つの要素として予測していたのは、もちろん彼の閲読していた郷紳関係の諸資料にもとづく帰納的作業の結果をふまえているとはいえ、本来の典型的な封建領主の存在形態を、彼が深く念頭に刻みこんでいたからではなかったろうか。すでに紹介したように、「集権制の傘の下で」「極限的に展開した」「事実上の」「領主化」を「郷紳支配」とする重田の見解が、そのことを端的に示している。重田は、この封建領主型支配を確定しておき、専制＝集権権力との関係や、下部構造との関連を、そこから演繹していったのではないかと考えられるのである。

　小山が、その賦役制度史研究を通して創出した「郷紳的大土地所有」という範疇を土台にして、「中国封建制の体制的確立」を全面的に論証していこうとする際、その作業を究極的に支えていくものは何であろうか。それは、「郷紳的土地所有」が、彼が先駆的に提示したように身分的、特権的な性質をもつということでは必ずしもなく、この土地所有が、中国史における小農経営確立期にして出現しえた、直接生産者農民の全剰余労働搾取のための最初の封建的土地所有形態である、という確信であると思われる。小山は、「中国の封建制は戦後の土地改革によって最終的に変革され、またそれが農民的土地所有の確立を軸とし、それを必要な経過点として達成された」ことから出発するが(82)、従来の史的唯物論の農奴の存在形態を典型とし、それにもっとも近接するあり方をもつ小農として、一六・七世紀以降の佃戸を比定するのである。直接生産者としての佃戸の経営が自己の保有地においてそれ自体として確立し、自己の計算において必要労働の確保と剰余労働の提供を果たしうるようになる時（この際、地代形態においては典型との対比は捨象されているように思える）、すなわち中国の小農がもっとも典型的な農奴となる時、封建的土地所有が確立する、というのが彼の構想である。「封建制の問題」は、「農奴制の中国的諸条件の問題を中心にすべきであり、中国封建制論の混乱の克服は、この農奴制論を基軸に果たさねばならぬ(83)」、という彼自身のことばは、この構想の基底にある問題意識を示している。

小山は、この封建的土地所有の、一六・七世紀、明末清初期における成立を確定しておき、他方、広い目くばりの下にとらえた下部から上部に及ぶこの時期の社会の全構造に見られる変動と結びつけ、この変動の意義をトータルに明らかにせんとするのである。

極めて明確なように、重田、小山の両者の郷紳論の魅力は、六〇年代の明清時代史研究の特徴である〝特殊〟と〝構造〟への関心に支えられ、一六・七世紀、明末清初期の中国社会の変動の性格を、当時の中国に固有な事象を通して規定しようとするその努力自体にあるだけではない。両者の郷紳論は、史的唯物論の正統的な立場をつらぬきつつ、中国史における封建制の成立を全構造的に立証しようとする意欲につらぬかれていることにおいて、その独自の迫力を有しているのである。あえて極端な表現をすれば、重田の「郷紳支配」論は、中国における封建制の形成を、領主制の成立の論証を通じて追究し、小山の包括的な郷紳論は、農奴制の成立の論証を通じて明らかにしようとしている。

もし、領主制、農奴制を分析の武器として用いることを肯定する立場に立つとき、私たちの前にはどのような課題があるだろうか。

領主制の場合には、まさに重田自身が、その中にこそ各おの独自の「歴史的イメージ」が結ばれているとした歴代の「中間的支配層」たる豪族、貴族、形勢戸などが、いずれも郷紳を「事実上の領主」と比定する場合と全く共通する論理で、「事実上の領主」に比定できることではないだろうか。

農奴制の場合には、単婚家族労働による小農経営が、小山も認めているように、中国史上、極めて早い時期から析出されているという事実をどう考えるかという問題があろう。小山のいう宋―明中期の非自立、明末清初期の自立の適否を論ずると同時に、戦国期あたりから析出されつづけてくる小農経営の性格をどのように把握し、それと関連づけるか、という問題があるのではなかろうか。

報告者は、領主制なり、農奴制なりの普遍的な範疇を放棄することを提唱しているのでは決してない。農奴制については、自分自身、現在もそれに依拠して考察を進めている。しかし、たとえば、農奴制については、資本なり賃労働なりと緊密な関連をもったこの既知の普遍的範疇の直接的適用によって捕捉しようとしてもしきれない固有性をもった対象、この範疇の内容規定の深まりを要請している対象を、私たちは、一〇世紀、唐宋の変革期をさかのぼるはるか以前の時期にも見出すことができるのではないか。こうした問題をあえて提出したいのである。

報告者は、世界史の普遍的発展段階を否定して、世界史の発展をそれぞれの地域の特殊な類型的進化の併立に置きかえるつもりはない。むしろ、史的唯物論の立場に立ちつつ、民族の固有性、民族という範疇そのものの意義を、現在の時点で再検討する必要があることを、郷紳論にことよせて、発言しておきたい。

報告者は、年来、右の立場に立つことを希求しながら、いわゆる明清時代史についての若干の実証的作業を行ない、その一部は、重田、小山の論稿の素材ともなっている。しかし、他方、報告者は、この一〇年ほどの間、まま見られる一つの考え方に疑問を抱きつづけてきた。それは、一方に、高度に発達した資本主義国として日本を規定し、他方に、かつて半植民地化され、おくれた農業国であったところの社会主義国として中国を規定し、この両者を対比して、今日の日本、中国、日中関係を検討する考え方である。右のような日本と中国との規定と対比について、自分自身のもつ一般的な社会科学的認識からすれば、一応反論する余地はないにもかかわらず、かかる規定と対比とをつらぬく思考が見落しているものがあるように考えられる。そのことが、いわゆる民族の問題とも深くかかわっているように思う。

本稿の「はじめに」で、田中正俊の中国封建制研究の課題設定にふれ、「ではなぜわれわれが『中国の封建制』を研究しなければならないのか、という原初的な問いに、われわれ自身が確信をもって答える」必要を述べたのは、自分自身もその一端を担ってきた日本の明清時代史研究の、もっとも尖端的な成果を検討する途次にも、自分の内面にしみついており、自分をとらえていた、以上のような疑問と感想にもとづいている。自分はまだこの問いに答えていない。

註

（1）『歴史評論』二七一。のち『田中正俊歴史論集』汲古書院、二〇〇四年に収録。以下しばらくの田中の見解は、本論文にもとづく。

（2）『歴史評論』三〇四、一九七五年。本論集本巻第一四章。なお、この小文は、きわめて不備なメモにとどまるとはいえ、関連の文献をも含めて、本稿の前提となっており、参照していただければ幸いである。

（3）このような概括を最初に意識的に試みたのは小山正明

「中国社会の変容とその展開」（西嶋定生編『東洋史入門』有斐閣、一九六七年）である。なお、郷紳の具体的な存在形態を認識する上で、川勝守「浙江嘉興府の嵌田問題―明末郷紳支配の成立に関する一考察―」（『史学雑誌』八二―四、一九七三年。のち『中国封建国家の支配構造』東京大学出版会、一九八〇年に収録）はすこぶる有用である。

（4）安野省三「明末清初、揚子江中流域の大土地所有に関する一考察―湖北漢川県蕭堯寀の場合を中心として」（『東洋学報』四四―三）。

（5）小山正明「明代の十段法について（一・二）」（『前近代アジアの法と社会』仁井田陞博士追悼論文集第一巻、勁草書房、一九六七年、『千葉大学文理学部文化科学紀要』一〇、一九六八年。ともにのち『明清社会経済史研究』東京大学出版会、一九九二年に収録）。

（6）小山正明「明代華北賦・役制度改革史研究の一検討」（のち前掲小山著書に収録）、およびこの小山論文に対する佐伯有一の「付記」（『東洋文化』三七、一九六四年）は、この新たな気運を象徴する作業であった。

（7）前掲註（2）森論文、参照。

（8）佐伯有一「日本の明清時代研究における商品生産評価をめぐって」（鈴木俊・西嶋定生編『中国史の時代区分』東京大学出版会）。

（9）前掲註（6）参照。

（10）前掲註（6）の小山論文は、小山の「明代における税糧の科徴と戸則との関係」（『千葉大学文理学部文化科学紀要』七、一九六五年。のち前掲小山著書に収録）との一連の作業である。

（11）『東洋学報』四七―三、一九六四年。

（12）小山正明「アジアの封建制―中国封建制の問題―」（歴史学研究会編『現代歴史学の成果と課題』二、青木書店、一九七四年。のち前掲小山著書に収録）。

（13）『日本史研究』九四、一九六七年。のち『中国中世社会と共同体』国書刊行会、一九七六年に収録。

（14）『田村博士頌寿東洋史論叢』田村博士退官記念事業会、一九六八年。

（15）「封建制の視点と明清社会」（『東洋史研究』二七―四。のち『清代社会経済史研究』岩波書店、一九七五年に収録）。

（16）重田は明言していないが、たとえば「封建国家に関する理論的諸問題」（歴史学研究会編『国家権力の諸段階』岩波書店、一九五〇年。のち『石母田正著作集』第八巻、岩波書店、一九八九年に収録）における石母田のこうした発言を指していることはたしかである。

（17）「郷紳支配の成立と構造」（『岩波講座世界歴史』一二・中世六、岩波書店。のち前掲重田著書に収録）。

（18）「賦・役制度の変革」（『岩波講座世界歴史』一二・中世六、岩波書店。のち前掲小山著書に収録）。

（19）前掲註（12）の小山論文。

（20）前掲註（12）の小山論文。

（21）濱島敦俊「明代江南の水利の一考察」（『東洋文化研究所紀要』四七。のち『明代江南農村社会の研究』東京大学出版会、一九八二年に収録）。

（22）濱島は、前掲註（4）の安野論文、前掲註（1）の田中論文、前掲註（11）の鶴見論文によっている。

（23）「明代の糧長について―とくに前半期の江南デルタ地帯を中心にして―」（『東洋史研究』二七―四。のち前掲小山著書に収録）。

（24）以下、里甲制を通じて割当てられる徭役についての最低限の一般的認識を得るために行なった叙述は、とくに断わらないかぎり、すべて、山根幸夫『明代徭役制度の展開』（東京女子大学学会、一九六六年）及び前掲註（18）の小山論文、とくに後者に依拠している。ただ、叙上の目的にそったきわめて粗いまとめかたをしており、かつ報告者の解釈を加えた部分もないわけではないので、誤りがあるとすれば、一切の責任は筆者にある。なお、里甲制は、単なる税役徴収機構ではなく、現実の農村における階級関係、再生産維持のための共同体的関係をふまえた国家の支配機構である。こうした綜合的理解を示しているものとしては、鶴見尚弘「明代における郷村支配」（『岩波講座世界歴史』一二・中世六、岩波書店、一九七一年）がすぐれている。

（25）前掲註（11）の鶴見論文。

（26）前掲註（11）の鶴見論文。

（27）川勝守「明代里甲制の変質過程―小山正明氏の「析戸の意義」論の批判―」（『史淵』一一二、一九七五年。のち前掲川勝著書に収録）。

（28）濱島敦俊「明末浙江の嘉湖両府における均田均役法」（『東洋文化研究所紀要』五二、一九七〇年。のち前掲濱島著書に収録）一五二頁。

（29）十段法については、前掲註（5）及び前掲註（18）の小山の二つの論文によった。

（30）厳密にいえば、均等化された丁・田をもつ甲には、たとえば第一年目には銀納化された里甲正役が、そして第五年目には銀納化された雑役がというように、一〇年に二度の割当てが行なわれる。
(31) 前掲註(6)の小山論文。
(32) 以下、均田均役法出現に至るまでの徭役賦課をめぐる状況については、前掲註(28)の濱島論文のほか、前掲註(18)の小山論文によるところが多い。
(33) 以下、濱島の均田均役法の検討については、前掲註(28)の濱島論文のほか、同人の「均田均役の実施をめぐって」(『東洋史研究』三三―三、一九七四年。のち前掲濱島著書に収録)による。
(34) 徭役制度の改革にかかわる問題として均田均役法をとらえ、郷紳による大土地所有の展開との関連を指摘した六〇年代における先駆的研究として、濱島は、清初期のそれを対象とした藤岡次郎「清代の徭役」(『歴史教育』一二―九、一九六四年)を評価している。
(35) ①のここまでの部分の叙述については、前掲註(18)の小山論文にもよった。
(36) 前掲註(21)の濱島論文、参照。
(37) 濱島敦俊「明末清初、江南デルタの水利慣行の再編について―湖州府を中心に―」(『社会経済史学』四〇―二、一九七四年。のち前掲濱島著書に収録)。
(38) この場合の水利とは、資料のほとんどない〝灌漑〟ではなく、圩岸の修築などの〝普請〟についてのものである。
(39) 小山正明「明末清初の大土地所有―とくに江南デルタ地帯を中心にして―(二)」(『史学雑誌』六七―一、一九五八年。のち前掲小山著書に収録)。
(40) ただし、この点については、川勝守「明末、揚子江デルタ地帯における水利慣行の変質」(『史淵』一一一、一九七四年。のち前掲川勝著書に収録)が批判を提出している。
(41) 川勝守「張居正丈量策の展開(一)(二)」(『史学雑誌』八〇―三、四、一九七一年。のち前掲川勝著書に収録)。西村元照「明後期の丈量に就いて」(『史林』五四―五、一九七一年)。同「清初の土地丈量について―土地台帳と隠田をめぐる国家と郷紳の対抗関係を基軸として―」(『東洋史研究』三三―三、一九七一年)。
(42) 川勝守「明末清初、江南の圩長について―蘇州府における水利関係を中心にして―」(『東洋学報』五五―四、一九七三年。のち前掲川勝著書に収録)。前掲註(40)の川勝論文。前掲註(3)の川勝論文。「明代の寄荘戸について」(『東洋史研究』三三―三、一九七三年。のち前掲川勝著書に収録)。前掲註(27)の川勝論文。

(43) 前掲註(21)の濱島論文。

(44) 前掲註(28)の濱島論文。

(45)『社会構成史体系』第八回、日本評論社、一九五〇年。

(46)『宋会要輯稿』食貨六、限田雑録、高宗・紹興一七年正月一五日。

(47) 孫覿『鴻慶居士文集』巻三五「宋故左中大夫直宝文閣致仕李公墓誌銘」。

(48) 前掲註(21)濱島論文。

(49) 周藤吉之「宋代浙西地方の囲田の発展—土地所有制との関係—」(『東洋文化研究所紀要』三九、一九六五年。のちに『宋代史研究』東洋文庫、一九六九年に収録)。郟亶の上奏文は『歴代名臣奏議』巻二五〇、水利にある。

(50) 前掲註(45)の周藤論文。

(51) 前掲註(49)の周藤論文の引用する『呉中水利書』巻一三、衛涇「上東南水利奏」(開禧二年〔一二〇六〕)。

(52) 前掲註(49)の周藤論文の補論として、前掲『宋代史研究』に収録されている。

(53) 前掲註(49)参照。

(54) 最近の中国における封建制認識を示すものとして、史星『封建社会』上海人民出版社、一九七三年、という小冊子がある。一九六七年に『歴史評論』一九七に再録された菊池英夫「中国における封建制理論覚え書き」(『中国近代史研究会報』三、一九六六年に所載)は、中国の人々の封建制理解の特徴についての示唆に富む。

(55) 森正夫「明清時代の土地制度」(『岩波講座世界歴史』一二・中世六、岩波書店、一九七一年、本論集本巻第一〇章)。

(56) 重田には、他にいま一つ、森「いわゆる『郷紳的土地所有』論をめぐって」(『歴史評論』三〇四、一九七五年八月。本論集本巻第一四章)前掲註(13)で紹介した「郷紳の歴史的性格をめぐって—郷紳観の系譜—」(『人文研究(大阪市立大文学部)』二二、一九七一年)という郷紳についての専論がある。この論文は、その「あとがき」で重田が述べる所によると、本報告で以下に検討するところの「郷紳支配の成立と構造」に対して、「いわば導論的役割を担うべく構想された」ものである。それは、また、本報告を口頭で行なった第九回歴科協大会終了後の一九七五年一〇月に出版された重田の遺稿集、『清代社会経済史研究』(岩波書店)第三章「郷紳支配の成立と構造」の第一節に、原形のまま収録されている。

本報告では、右の、論文「郷紳の歴史的性格をめぐって」の結論部分にあたる「三」に展開された重田の見解をも、彼の「郷紳支配」論に含めて検討を加える。「郷紳支配の成立と構造」よりもむしろ、重田の見解が鮮明に表現されている部分を含むからである。

なお、以下の行論においては、とくに必要のない限り、当該の重田の論文が重田のこれらの論文のどの箇所にもとづくかについては特に註記しなかった。重田の構想の骨格の認識とその問題点の摘出に主眼を置いたためである。

(57) 地丁銀成立の歴史的意義についての重田の見解の内容については、行論の中で触れるが、それをもっとも集約的に示した研究は、「清朝農民支配の歴史的特質－地丁銀成立のいみするもの－」（仁井田陞博士追悼論文集『前近代アジアの法と社会』第一巻、勁草書房、一九六七年）である。

なお、前掲註（56）でふれた『清代社会経済史研究』第二章「国家権力と農民」は、その第一節に右論文を収め、他に、関連した主題をもつ二篇を収録する。なお、重田のこれら一連の論文については、伊原弘介「中国における封建権力成立のとらえ方について」（『歴史評論』三〇四、一九七五年）を参照されたい。

(58) 前掲註（56）参照。

(59) 重田は、前掲註（57）の重田論文の中で「地主＝佃戸制の広汎な展開をみたとされる宋代以後」、清代、一八世紀前半の地丁銀成立までの「国家体制」の性格について論じ、まず、中央集権的政治形態そのものが古代的であるという立場に批判を加えつつ、次のような仕方で、この時期の過渡的（森）性格について述べる。

「個別人身的支配そのものは、決して、均田体制におけると同様な形では、その後、維持・再生産されているわけではない。そして、まさにその限りにおいて、古代的な支配の体制は解体過程にあったといわなければならないであろう。ただ、そのことは、それに替る封建的体制の出現を、ただちに意味しはしないのである。逆に、解体し、変質しつつあったとはいえ、このような古代的志向が、均田体制の崩壊後においてもなお永く維持されえたことの中に、むしろ社会構成的側面における、封建的諸関係の未成熟さが集約されているとみうるであろう。すなわち、窮極的に、封建的土地所有はなお体制を包摂するにいたっていなかったと考えられるのである」。

(60) 『崇禎松江府志』巻一〇、田賦三、前代賦額。

(61) 前掲註（60）に同じ。

（62）前掲註（12）の小山論文。
（63）本報告では、「明末清初の大土地所有—とくに江南デルタ地帯を中心にして—（一・二）」（『史学雑誌』六六—一二・六七—一、一九五七・五八年。のち前掲小山著書に収録）以来、「明代の大土地所有と奴僕」（『東洋文化研究所紀要』六二、一九七四年。のち前掲小山著書に収録）に至るまで、明末清初を中国封建制の体制的確立期とする観点から、一貫した体系的思考の下に展開されてきた小山の論考を念頭においている。しかし、とくに、一定の時点までの学界の研究の成果を集約し、次の段階への展望を切り拓くために書かれ、大胆な仮設的提言をも含む次の三つの概括的論考に、多くを依拠している。
①前掲註（3）の「中国社会の変容とその展開」。
②前掲註（18）の「賦・役制度の変革」。
③前掲註（12）の「アジアの封建制—中国封建制の問題—」。
なお、小山は、一九七五年五月に開かれた、同年度歴史学研究会大会の「中国における専制権力と農民組織」というテーマでもたれた東洋前近代史部会において、「宋代以後の国家の農民支配」と題する報告を行なった。筆者は、この年八月の第九回歴科協大会の報告の準備中にこの小山の口頭発表を傍聴し、配布されたレジュメとあわせて、小山の最新の見解を知りえた。その後、第九回歴科協大会終了後、本報告の骨子ができあがった時点で、筆者は右の歴史学研究会大会の報告集『歴史における民族の形成』（『歴史学研究別冊特集』青木書店、一九七五年）を手にし、成文化された小山の見解に接したが、本報告の成稿に際し、小山の用いた原資料の細部にわたる検証を含むこの最新の見解の十分な検討までは行なうゆとりをもたなかった。小山氏及び読者の御海容を乞う次第である。

また、以下の行論の中では、特別の場合を除き、小山の提起した論点の一つ一つの出所を必ずしも明示していない。小山の構想の大きな骨組を認識し、問題点を摘出することに本報告の目的があるからである。
（64）小山自身も、前掲註（1）の論考において、今後明確にさるべき課題であると認めているように、「科挙制度の機能、とくに宋代におけるそれと明末清初以降におけるそれとの関連と差異」についての私たち自身の認識は決して十分なものではない。現在のところ、私たちの科挙についての知識は、宮崎市定『科挙』（秋田屋、一九四六年。のち『宮崎市定全集』第一五巻、岩波書店、一九九三年に収録）、荒木敏一『宋代科挙制度研究』（東洋研究会、一九六九年）、宮崎の業績をふまえこれに明末の知見を付与し、戦後の日本における郷紳研究の先駆的な仕事の一つともなった酒井忠夫「明末の社会と善書」『中国善書の研究』（弘文堂、一九六〇年）、一九六三年に宮崎が新たに書き下した中公新書版の『科挙』（のち『宮崎市定全集』第一五巻、岩波書店、一九九三年に収録）などにもとづいている。

（65）　戸を賦・役割り当ての「基準」と見るのは、小山の理解による。なお、本報告では、小山をはじめとする諸氏の立論をできるだけ正確に読者に伝えることを志しているが、報告者の読解力や表現力の欠如から誤った伝え方をしていることも少なくないであろう。文章上の責任はすべて報告者が負っている。

（66）　山根幸夫は、前掲註（63）に記した一九七五年度歴史学研究会大会の東洋前近代史部会における小山報告をめぐる討論で、明代では、国家により賦役割当てに際して定められた戸のランクを「戸等」とはいわず、「戸則」と呼んでいた、と発言した。

（67）　前掲註（12）の小山論文。

（68）　前掲註（63）の小山論文。

（69）　森正夫「一六―一八世紀における荒政と地主佃戸関係」（『東洋史研究』二七―四、一九六九年。本論集本巻第九章）。前掲註（55）の森論文。

（70）　前掲註（69）の森論文。

（71）　森正夫「一八―二〇世紀の江西省農村における社倉・義倉についての一検討」（『東洋史研究』三三―四、一九七五年。本論集本巻第一三章）。

（72）　小農経営については、ほかに、小山自身が、最近、宋―明中期の小農経営が未確立であるとする場合、均田制崩壊期から明末清初に至る「過渡段階の生産力をになう標準経営」を何に、どのように比定すべきであるか、という問題を提起している（前掲註（12）の小山論文）。この問題は、小山が一九五七年以来、明末に至るまでの基底的な生産関係をその中に見出してきたところの、「奴婢もしくは雇工を用いた」手作地主の「直接経営」を、「標準経営」と見なすべきかどうかという問題でもある。報告者は、手作地主の経営に関する小山の評価に関連して、かつて一、二の発言を試みたが、まだ本格的にとりくめておらず、本報告では、小山の設問に答えることができない。ただ奴婢・雇工や佃戸については、とくに、それぞれについて記した資料固有の、現実からの抽象の仕方に留意しなければならないと考えている。

（73）前掲註（12）の小山論文。
（74）報告者は、一三世紀後半・一四世紀前半期の江南デルタ地帯を対象とした「元代浙西地方の官田の貧難佃戸に関する一検討」（『名古屋大学文学部研究論集』五六、一九七二年。のち『明代江南土地制度の研究』同朋舎出版、一九八八年に収録）の中で、在地における「富裕な層の主戸」が担っている再生産機構の具体的な存在形態について言及し、前掲註（71）にあげた論文でも、一八－二〇世紀の江西省を対象として、端境期の糧食貸与をめぐる在地の自生的共同組織の存在にふれた。しかし、ここでの争点の解決に資するに足るものではない。
（75）前掲註（57）重田論文の「一」、及びそこに引用された北村敬直「清代における租税改革（地丁併徴）」（『社会経済史学』一五－三・四、一九四九年。のち『清代社会経済史研究』増補版、朋友書店、一九七八年に収録）参照。
（76）前掲註（3）の小山論文。
（77）「清朝の中国征服」（『岩波講座世界歴史』一二・中世六、岩波書店、一九七一年）。
（78）前掲註（3）の小山論文。
（79）前掲註（78）に同じ。
（80）前掲註（12）の小山論文。
（81）なお、賦役制度史研究における「郷紳的土地所有」論は論者によって個性的な展開を示しているが、小山の場合を除き、本稿で主としてとりあげた濱島敦俊の作業についていえば、その理論的核心は、国家権力によって物的に媒介された共同体的再生産過程の摘出にあるであろう。水利を中心とした共同体的再生産構造は、中国史の各段階の社会構成をつらぬく固有の特質にかかわるものであり、本稿でもしばしば口にしてきた長期的展望に立つ検討をさけてとおれない対象である。しかし報告者の力量は、こうした一般的感想を述べる以上のものではない。
（82）前掲註（12）の小山論文。
（83）前掲註（82）に同じ。
補記　大会報告は本稿の構成で行ない、予告題目「日本の明清時代史研究における『郷紳的土地所有』論」の枠を越えた。こうした事情をふまえ、表記の標題にした。

『歴史評論』第三〇八号　一九七五年

同　誌　第三一二号　一九七六年
同　誌　第三一四号　一九七六年

【補記】

拙稿「日本の明清時代史研究における郷紳論について」執筆に至る経緯については、前章の【補記】に記すところがあった。本章は、「郷紳的土地所有」という「概念」に着目し、「郷紳」の存在に関心を集中しつつあった一九六〇年代以降の賦役制度史研究及び筆者が「郷紳支配論」とした重田徳及び「郷紳論」とした小山正明の一連の研究を取り上げ、一九七〇年代半ばに至る戦後日本の明清時代史研究の特徴とこれに対する所見を述べている。その後、この分野については一九九〇年代初頭にかけて幾多の著書・論文が公表され、これにともなって新たにいくつかの研究史総括・展望もなされた。一九七〇年代半ば以後のこうした動向はすでに学界共通の認識となっており、筆者自身も本書第三巻第二部に収録したいくつかの研究史整理の中で言及している。従って、拙稿「日本の明清時代史研究における郷紳論について」を取り上げた文献を紹介することは今日の時点では意味をもたない。以下では、広く郷紳という主題自体をめぐるその後の文献を提示することとする。たとえば、1－④⑤⑥⑨、2－①②、3－①②③④、4－①②、5－①は特に拙稿について言及したものではない。また、これらの文献は決して網羅的に整理したものではなく、筆者の当面の関心に基づいて選択したに過ぎないことを付記しておきたい。

拙稿は、前章の【補記】で述べたように、歴史科学協議会第八回大会報告の内容に基づいて執筆され、（一）が『歴史評論』三〇八号（一九七五年一二月）、（二）が同三一二号（一九七六年四月）（三）が同三一四号（一九七六年六月）に分載された。1－①には、筆者の大会報告当日の討論の中で出され、いずれも本章の論点と関わるところの多くの質問・意見が紹介されている。

1

原載論文全体及び「はじめに」「Ⅰ　六〇年代以降における問題意識の特徴」

①田中正俊「『日本の明清時代史研究における『郷紳的土地所有』について』討論要旨」（『歴史評論』三〇八、一九七五年）

②呉金成「日本における中国明清時代紳士層研究について」（『明代史研究』七、一九七九年。原掲『東亜文化』七、一九七九年）

③濱島敦俊「中国の郷紳」（『歴史研究の新しい波――日本における歴史学の発達と現状――』山川出版社、一九八九年）

④濱島敦俊「明末江南郷紳の具体像――南潯荘氏について――」（岩見宏・谷口規矩雄編『明末清初期の研究』京都大学人文科学研究所、一九八九年）

⑤川勝守「徐乾学三兄弟とその時代――江南郷紳の地域支配の一具体像――」（『東洋史研究』四〇―三、一九八一年。のち川勝守『中国城郭社会史研究』汲古書院、二〇〇四年に所収）

⑥岸本美緒「明清時代の郷紳」（シリーズ世界史への問い七『権威と権力』岩波書店、一九九〇年。のち『明清交替と江南社会――十七世紀中国の秩序問題』東京大学出版会、一九九九年に所収）

⑦檀上寛「明清郷紳論」（谷川道雄編著『戦後日本の中国史論争』河合文化教育研究所、一九九三年。のち檀上寛『明代専制支配の史的構造』汲古書院、一九九五年に附論として所収）。

⑧呉金成「明・清王朝之交替与紳士――紳士研究半個世紀之回顧」（中国史学会編・第一回中国史学国際会議研究報告集『中国の歴史世界――統合のシステムと多元的発展――』東京都立大学出版会、二〇〇二年）

⑨濱島敦俊「〝民望〟から〝郷紳〟へ――十六・七世紀の江南士大夫――」（『大阪大学大学院文学研究科紀要』四一、二〇〇一年）

⑩筆者の一九七〇年代半ば以降における郷紳に関する見解は、すでに本論集本巻第一二章に言及され、本論集第二巻第一部で提示され、本論集第三巻第一部の各章はいわばすべてがそれを主要な内容としているが、ここではとくに本巻第一二章、第三巻第一部四・五章の標題と原載刊行物を記す。

［一］「張履祥『授田額』の理解に関する覚書――再び小山正明の所論によせて――」（『名古屋大学東洋史研究報告』三、一九七五年）

［二］「明代の郷紳――士大夫と地域社会との関連についての覚書」（『名古屋大学文学部研究論集』七七、一九八〇年）

［三］「宋代以後の士大夫と地域社会――問題点の模索――」（谷川道雄編『中国士大夫階級と地域社会との関連についての総合的研究』昭和五七年度科学研究費補助金総合研究〔A〕研究成果報告書、一九八三年）

2

「Ⅱ　賦役制度史研究における『郷紳的土地所有』論」

①呉金成著・渡昌弘訳『明代社会経済史研究――紳士層の形成とその社会経済的役割』（汲古書院、一九九〇年）

②谷口規矩雄『明代徭役制度史研究』（同朋舎出版、一九九八年）

③岩井茂樹『中国近世財政史の研究』（京都大学学術出版会、二〇〇四年）

3

「Ⅲ　重田徳の『郷紳支配』論」

①呉金成著、山根幸夫・稲田英子訳「明代紳士層の形成過程について（上）（下）」（『明代史研究』八・九、一九八〇・一九八一年）

②和田正廣「明末清初以降の紳士身分に関する一考察」（『明代史研究』九、一九八一年）

③高橋芳郎「宋代の士人身分について」（『史林』六九―三、一九八六年。のち高橋芳郎『宋―清身分法の研究』

北海道大学図書刊行会、二〇〇一年に所収）

④秦宝琦・張研『一八世紀的中国与世界・社会巻』第七章「一八世紀的社会〝精英〟：領導基層社会運行的階層」（戴逸主編、遼海出版社、一九九九年）

⑤高橋芳郎「宋代の抗租と公権力」（宋代史研究会研究報告第一集『宋代の社会と文化』汲古書院、一九八三年。のち高橋芳郎『宋代中国の法制と社会』汲古書院、二〇〇二年に所収）

⑤はその第三節「抗租の社会的位置」（一）「税と租の関係認識から」において、本章四「重田徳の『郷紳支配論の問題点』の末尾で行なった南宋の二資料をめぐる筆者の解釈に対して批判を行なった。高橋は『正徳松江府志』（筆者は不適切にも後年の『崇禎松江府志』を使用していた）巻六、田賦所引の二資料、すなわち、端平三年（一二三六）、華亭知県楊瑾「経界始末序」中にある「有田則有租、有租則有賦」の句における「租」、及び同書同巻所引の淳祐元年（一二四一）、顕謨閣待制王遂「修復経界本末記」にある「抑田必有租、租必有税、自昔皆莫不然」の句における「租」の語をめぐる筆者の解釈に対して疑義を提出したのである。すなわち、筆者は、「租」を「当時の一般的用法であるところの佃租＝地代を意味する」（高橋）と理解していた。これに対し、高橋は、当該の二資料について筆者の使用した箇所を含む関連部分全体を改めて提示し、第一に全体的な文脈と論理構成から、ここでの「租」は佃戸の地主に納める地代としての「租」を意味するものではなく、第二にここでの「租」の語が「契約書、地籍、税籍」など、「所有権の所在を保証し、明示する根元的文書」と理解されることから、結論として、ここでの「租」に対する筆者の解釈は誤りだとした。

筆者は、第一の点については高橋の見解が正しく、従ってここでの「租」に対する筆者の理解は誤りであると考え、高橋の批判を受け入れたい。「租」に「所有権の所在を保証し、明示する根元的文書」という用法があるという高橋の第二の指摘にも教えられるところ大きいが、これについては、自分自身で更に宋代の用法についての資料的確認を行ないたい。また明代の『正徳松江府志』や『崇禎松江府志』の編者たちが宋代の一資料をどのような意味で掲載したかについても自己確認が必要だと考えている。ただ、これらを長年果たし得ていないのは筆者の怠慢である。

4　「Ⅳ小山正明の郷紳論」

①小山正明『明清社会経済史研究』（東京大学出版会、一九九二年）

②岩見宏『明代徭役制度の研究』（同朋舎出版、一九八六年）

③渡昌弘「明代生員の徭役免除特権をめぐって」（『東方学』九七、一九九九年）

④渡昌弘「明代附学生の郷試受験と歳貢に関する一検討」（『歴史研究』四九、二〇〇三年）

5　「むすびにかえて」

①中国史研究会編『中国史像の再構成――国家と農民――』（文理閣、一九八三年）

16　一九三〇・四〇年代の上海平原農村における宅地所有について

はじめに

名古屋大学文学部東洋史学・地理学両研究室及び教養部人文・社会両教室では、去る一九八八・八九年の二年にわたり、中国江南デルタの市鎮を対象とする調査を実施した(1)。その一環として一九八九年一一月二日―六日の間、上海市青浦県朱家角鎮・朱家角郷の調査が行なわれた。この間、一一月五日、津田芳郎、林上、稲田清一と森の四名によって、朱家角郷の農民三氏から、解放前の当地方農村の諸問題について聞き取りが行なわれ(2)、その後、一九九一年一月初旬、単独で補充調査のため同鎮・同郷を訪問した森によって、同月九日、この四名のうちの二名を含む農民四氏から、関連する問題の聞き取りが行なわれた(3)。

ちなみに、八九年に参加した農民は、馬家汏村の馬法林、果園村の馮福良、薛間村の羅順明の三氏であり、九一年に参加したのは、馬法林・馮福良両氏に加えて、淀峰村の湯在雲、張家圩の何恵清両氏の計四名である。一九四九年の中国革命にいたるまで、馬法林氏及び馮福良氏は長工、湯在雲氏及び何恵清氏は佃農であった。

九一年の補充調査で農民から聞き取りを行なった問題は三つあった。第一は、貧農・雇農の土地所有、第二は、村の共同体的機能、第三は、村と鎮との関係である。本稿では、このうち第一の土地所有についての問答の一部分、具体的には宅地の所有に関する部分を取り上げ、若干の検討を加える。

Ⅰ　青浦県朱家角郷における中国革命以前の宅基地

貧農・雇農の土地所有について質問をするきっかけとなったのは、一九九〇年四月に刊行された上海市青浦県県志編纂委員会編の『青浦県志』（上海人民出版社。以下新『青浦県志』と略称）の中で、土地改革前段階における同県の階層別土地所有状況に関する統計が、ここに翻訳・提示した一枚の表——表Ⅰの形で紹介されたことにあった（第八篇・農業・【農業生産関係変革】の項）。階層別土地所有状況の基本的傾向について、【農業生産関係変革】の項の総論では、以下のように述べている。

「解放前、本県の農村は封建的土地所有制度という条件のもとにあったため、土地の所有状況はきわめて不合理であった。少数の地主が多くの土地を所有している一方、耕作に従事するものは土地をもっていなかった。土地改革の前、全県の地主は二、一三九戸、総戸数の四％（実際は三・九％）、一〇、六三三人、総人口の四・六％であったが、三三二、〇六九畝の耕地を所有していた。耕地の総面積の五一％に当たり、一戸当たりの平均は一五五畝、一人当たり三一畝になる。貧農・雇農は二八、九三三戸、総戸数の五三％、一〇九、四六〇人、総人口の四七・三％を占めていたが、わずかに四五、九四九畝の耕地を所有していただけであった。耕地の総面積の七％、一戸当たり一・六畝、一人当たり〇・四畝（実際は〇　四二畝）である。地主は主として地代（小作料）の徴収を通じて農民を搾取していた。地代は一般に一畝当たり玄米一・二石であった。これは平年作の畝当たり収穫高の五割に当たる。」（「耕地」は原文の用語である。）

戸数にして四％の地主が五一％の「耕地」を所有し、戸数の四七・三％を占める貧農・雇農が七％の「耕地」しか

表Ⅰ　土地改革直前の青浦県における各階層の土地所有状況表（上海市青浦県県志編纂委員会編『青浦県志』199頁、表８－１「土地改革前各階層土地占有状況表」を翻訳・転載。ただし％は補正）

項目／階層	戸　数	総戸数に対する比率（％）	人　数	総人数に対する比率（％）	土地所有面積（畝）	総面積に対する比率（％）	１戸当たり所有面積（畝）	１人当たり所有面積（畝）
合　計	54,719	100	231,395	100	650,634	100	11.89	2.81
貧雇農	28,933	52.9	109,460	47.3	45,949	7.1	1.59	0.42
中　農	19,731	36.1	93,803	40.5	134,663	20.7	6.82	1.35
富　農	1,455	2.7	7,978	3.4	34,875	5.4	23.97	4.37
地　主	2,139	3.9	10,663	4.6	332,069	51.0	155.24	31.14
その他の労働者	2,461	4.5	9,491	4.1	103,078	15.8	41.88	10.86

もたないというこの現実が「きわめて不合理」であることは、この分析の示す通りであり、異論をさしはさむ余地はない。にもかかわらず注目すべきであると思われることは、地主以外の階層、いわば農民の全階層が何らかの形で自己の土地を所有していることである。

この統計には、「その他の労働者」という範疇で、地主とは認定されなかった土地所有者についての数字が計上されているので、地主が所有する五一・〇％以外の約半数の土地のすべてではないが、それでも三三％の土地が農民によって所有されているのである。富農、中農、貧・雇農と表記されている四階層を農民と一括するのは、直接的な生産労働にたずさわる機会と時間をほとんどもたなかったとしても、農業経営への従事という点で富農を含めることができ、自己の農業経営をほとんどもたなかったとしても、直接的な生産労働に従事していたという点で当然のことながら雇農を含めることができるからである。もとより、一九五〇年に行なわれたこの青浦県の土地改革の前段階で、農民自身が一定規模の土地を所有しているという事態の背景については、それ自体に関する研究が必要であろう。背景を、すべての人民に土地を所有する権利が認められていたという近代以前の、とりわけ宋代以後の中国における伝統、すなわちその非封建的特質一般に求めることは一応可能であっても、これは、中国社会における土地所有の特質の一側面であり、それだけでは回答にならない。他のいくつかの側面からの検討が必要である。しかしながら、青浦県内での地域差を無視した全県の平均的統計数値であるとはいえ、たとえば、貧農・雇農が総面積の七・一%、一戸当たり一・五九畝、一人当たり〇・四二畝の土地を所有しているという事実には、改めて関心をそそられるものがあった。すなわち、貧農・雇農の土地所有とはどのような存在形態をもち、どのようにして可能であり、どのような意味をもつのかという疑問が強く湧いたからである。一九九一年一月九日、朱家角郷の四人の農民に一九五〇年に行なわれたこの県における土地改革以前の貧農・雇農の土地所有について質問したのは、このような理由からであった。以下に、この点について、筆者と農民とのあいだで行なわれた問答を記す。

森：

　前回訪問したときのみなさんのお話ですと、貧農は自分の土地を所有していなかったということでしたが、この青浦県の階層別土地所有状況に関する表を見ますと、当時の青浦県の貧・雇農は一戸平均一・五九畝、一人平均〇・四二畝の土地をもっています。すなわちこの表の上から見ますと、貧・雇農も僅かながら土地をもっております。この土地についてはどのように考えればいいのでしょうか。雇農はまったく土地をもっていないとすると、この土地というのはすべて貧農のものなのでしょうか。貧農の生活は非常に困難なのですが、にもかかわらず若干の土地をもっていたことになります。あるいは、雇農は他人の家で雇われているのですが、自分でも僅かの土地をもっていたのでしょうか。

朱家角郷農民A：

　雇農の土地は、田底は地主の所有です。雇農は田底をもっていません。この土地は地主から借りたものです。借りた土地には田面があり、田面は雇農のものです。つまり雇農の土地というのは、田面田であって、田底田ではありません。田底と田面とは別のものです。

朱家角郷農民Ｂ：
　貧・雇農のことだとすると、田底はもっていないことはたしかです。田面をもっているのです。
朱家角郷農民Ｃ：
　田底はもっていません。田面をもっています。
森：
　それでは雇農は田面をもっていると考えてよいですか。
朱家角郷農民Ｃ：
　雇農が田面をもっているということも多くはありません。ごく少数のものがもっているのです。
朱家角郷農民Ａ：
　というのは雇農は非常に貧しく、〔他人の家で〕長工として働くことだけで生計を立てています。雇農は労働力を売ることによって生活しているのです。
森：
　雇農が長工として働いているとき、一般的には自分の家には土地がないということですが、家族が多い場合に、子供の一人が長工に出ていき、ほかの一人が自分の家で耕作をするといった状況はありませんか。
朱家角郷農民Ａ：
　ありません。
森：
　雇農はほんの僅かの土地ももっていないのでしょうか。
朱家角郷農民Ａ：

もっているとしても、二－三畝の質の良くない田面です。つまり宅基地です。

朱家角郷農民Ｂ：

宅基地は家を建てるために用います。

朱家角郷農民Ｃ：

家を建てるためだけに用いるのではなく、たとえば家を建てるためには、一畝の宅基地のうちの四分の一を当て、残った土地でいくばくかの耕作をします。宅基地はしばしば祖先から代々伝えられてきたものです。

森：

土地改革の際、もし〔ある土地について〕単に田面のみをもっていて、田底はもっていないとすれば、この田は誰の所有とみなされますか。

朱家角郷農民Ｃ：

土地改革においては、田面が〔自分の所有している〕田とみなされることはありません。田面の使用者には、その田が分配される場合が多くありました。

森：

この表（表Ⅰとして訳出した「土地改革前各階層土地占有状況表」）では、富農がいくら、中農がいくら、貧・雇農がいくらというように、土地改革の前の青浦県について、一戸平均・一人平均の土地所有面積が階層ごとに記されています。それでは、貧・雇農の一戸平均一・五九畝、一人平均〇・四二畝という数値の中に、宅基地の面積は含まれているのでしょうか。

朱家角郷農民Ｃ：

宅基地もこの統計の中に入っています。

新『青浦県志』で貧・雇農一人平均〇・四二畝と記されているのはこういうことだと思います。すなわち、一人の雇農が、その祖父も長工であり、父も長工であるというように、二代にわたってつとめてきた人で（本人を入れると三代になる）、人柄もまじめであったとします。解放に際して、〔彼の雇い主である〕地主がものの見える人でしたら、土地改革が行なわれることを知ると、その土地を雇農に贈ります。このようにすると〔土地改革の際〕彼は地主であると査定されなくなります。雇農に、この土地は誰のものかと尋ねると、雇農は、これは自分のものであり、自分が買ったのだと言います。このような土地が表の中の数字の一部分に当たります。

なお、地主の贈与した土地についての以上の発言は、他の部分と同じく、録音テープを忠実に再生したものであるが、上海語で農民たちと筆者とのやりとりを通訳した復旦大学歴史系沈中琦氏は、筆者に次のような解説を行なった。〝この雇農は地主からもらった土地を自分の妻に耕作させて、自分は依然として地主の土地を耕す。土地改革の際には、自分は地主の土地を耕作しているから、雇農という階級区分に属する。その家には妻の耕作している土地があることになる〟。

森：　いまお話いただいた宅基地の存在は大変興味深く、重要であると思いましたが、当時の農村でもっとも貧しかった人びとは、たとえば長工をしているような場合でもすべて宅基地をもっていたのでしょうか。あるいはそうではなかったのでしょうか。

朱家角郷農民Ａ：　一人一人がみなもっていたわけではありません。特に雇農の場合、宅基地を持っていない場合があるのです。宅基地そのものが地主のものです。

朱家角郷農民Ｃ：

宅基地は二つの部分からなっています。一つは宅基であり、一つは宅基地です。たとえばここに一畝の土地があり、本来地主が所有していたものだったとします。そのうち一分（一分は一畝の一〇分の一）の土地を用いて家屋を建てると、これは借りた土地に家屋を建てたので、この一分についての地代を支払ってから家屋を建てるのです。残りの九分がすなわち宅基地となります。

森：

それでは自分で家屋を建てたその一分の土地の地代もやはり納めねばならないのですね。

朱家角郷農民C：

そうです。納めねばなりません。

森：

実際はただ九分を耕作するだけですが、地代はやはり一畝分納めなければならないのでしょうか。

朱家角郷農民B：

必ずしもそうではありません。宅基は税を払いますが、地代は納めません。

朱家角郷農民A：

借りた土地に家を建てるとき、すでに借料を払っています。宅基についても地代は必要なのです。

朱家角郷農民B：

各地の状況は異なっています。

ここでの問答には、その対象となっているいくつかの次元が錯綜している。また、宅基地を地主から借りている場合、ここで宅基と呼ばれている家屋を建てる部分の土地の地代を支払う必要があったかどうかについても意見が分かれている。地域による相違も農民自身から指摘されている。こうした次元の錯綜や認識の矛盾を完全に整理しきるためには、さらなるきめこまかな聞き取りが必要である。にもかかわらず、貧・雇農と彼らが何らかの形で権利をもっている土地との関係について、いくつかの事実が明らかにされていることもまた確かであり、以下に整理してみた。

1、雇農は一般に土地を所有していない。

2、雇農は、したがって、田底権のある土地を所有していない。地主の土地を借用している場合にその田面権をもつ。この事情は貧農についても同様である。

3、雇農が田面権をもつ場合も多くはない。

4、土地改革の直前、雇農が、長年雇用されていた地主側の事情で、地主から土地を贈与された場合はある。

5、雇農は、宅基地をもつ。

6、宅基地は、しばしば祖先伝来のものであるが、すべての雇農が宅基地をもっていたわけではなく、宅基地そのものが地主から借りた土地である場合がある。この場合、宅基地の所有とは田面の所有となる。

7、宅基地は、宅基と宅基地（狭義）との二つの部分がある。宅基は家屋を建てる部分で、宅基地（狭義）は耕地として用いることの可能な部分である。

8、宅基地を地主から借りた際、その負担には二つの場合がある。第一は、宅基についても、宅基地（狭義）についても地主に地代を支払うものである。第二は宅基については税を公権力に納入し、宅基地（狭義）についてのみ地主に地代を支払うものである。

9、ここで農民たちのいう雇農とは、主として他人の経営に入り労働力を売って生計を立てるもので、長工と呼ばれているが、中には田面をもっているもの、すなわち地主に土地を借りて自らここで経営しており、佃農としての側面をもつものも含まれる。ただし、後者の場合にも、その土地は標準的な耕地ではなく、上記の宅基地（狭義）、すなわち家屋に隣接した地味の悪い土地であるようである。

以上のまとめのように、この聞き取りを通じ、貧・雇農が何らかの形で権利をもつ土地として、とくに集中的に語られているのは、宅基地である。宅基地のもっとも本源的なありかたは「祖先伝来」である。従って、宅基地とは、およそ農村に住み、農業労働に従事して生計を立てている家族に固有の土地である。宅基地は、しばしばその所有権が売却されるところの耕地一般とは異なり、貧・雇農の場合にも、いわば農民家族の生活の基地として、自らも周囲からも慎重に維持されてきた、とみなされる。もとより、上述の新『青浦県志』の表（本稿の表I）のように、地主による土地集中進行という状況の下では、しばしば宅基地すら手離され、地主の所有に帰し、地主から借用するという形態をとる。だが、興味深いのは、その際にも、家屋を建てる部分、宅基と呼ばれる部分については、地主に地代を納入する場合の外、地代は納入せず、あたかも所有者のように公税を納入するという場合のあることである。

青浦県朱家角郷の農民の回想の中にある宅基地には、耕地一般とは異なる、一種の生活・生存の基地、この意味でいわば聖域としての性格が見出されるのであるが、こうした点を、一九四九年の中国革命以前における上海平原の他の地域について、検証してみたい。

II　満鉄調査における松江県の宅地

宅基地という名称をもつものではないが、青浦県に隣接する松江県には、農民の生活にとって同じ機能をもつ土地についての調査結果が残されている。一九四〇年に満鉄上海事務所調査室が行なった松江県華陽鎮西裡行浜・許歩山橋・薛家埭及び何家埭の四聚落六三戸に対する周知の調査である。同年一二月、上海満鉄調査研究資料第四八編として刊行された『江蘇省松江県農村実態調査報告書』第四章、土地関係、第一節、土地所有によれば、調査農家六三戸の所有する土地は、同調査において設定された「地目」に従って以下のように整理されている。

耕地八一・七一畝（七一・七％）、宅地一八・七八畝（一六・五％）、墓地一〇・八三畝（九・五％）、竹林二・六二畝（二・三％）。

耕地の総所有面積八一・七一畝のうち、八畝は「出典地」、四畝は「貸付地」なので、実際の経営に使用された面積は六九・七一畝であるが、それは耕地の総経営面積五四八・五九畝の約一二・七％を占めるに過ぎず、借入地が四七八・八八畝で実に八七・三％に達している。すなわち、調査対象となった聚落の耕地の大半は小作地である。

ところで同調査では、自作地一畝以上の農家を自作農とし、また所有地・借入地を問わず自ら経営する耕地を全くもたない農家を「雇農」としており、この基準によって自小作別に六三戸の調査農家を分類すると、以下のようになる。補註

自作農一戸（一・六％）、自小作九戸（一四・三％）、小作農五一戸（八一％）、「雇農」二戸（三・二％）。

すなわち、耕地の状況の反映として当然のことではあるが、小作農が圧倒的多数を占めている。しかしながら、はなはだ興味深いのは、宅地が、総計でわずか一八・七八畝ではあるが、ほとんどの農家によって所有されていることである。

表Ⅱは、『江蘇省松江県農村実態調査報告書』前掲の附録・統計表・第五・土地関係表から、筆者が所有地面積と借入地〔面積〕の部分を抜粋して再録したものである。合計六三戸の農家には、原表のままの農家番号が付してあるが、このうち、二九番が、唯一の自作農であり、その他が自小作、小作農、「雇農」にあたる。

この表では、耕地を全く所有していない農家は、農家番号で七、九、一一、一七、一八、二〇、二三、二四、二五、二六、二七、二八、三〇、三一、三二、三三、三五、三六、四〇、四一、四二、四五、四六、四七、五五、五六、五七、五八、六一、六二、六三と、合計三一戸ある。だが、この三一戸のうち宅地を所有していない農家は、三三、三

六、三八、三九、四〇、四一、四五、四六の八戸で、六三戸に対する比率は一二・七％のみである。ちなみに、この八戸のうち、三三、三六、四〇、四一の四戸は宅地を借りているから、宅地を所有もせず、借用もせず、全く使用していないものは、三八、三九、四五、四六の四戸にすぎない。実態調査担当者によって小作農として位置付けられた農家が八一％に達する中で、八七・三％の農家が宅地を自家で所有しているということは、六三戸の置かれた場所が農村であり、住民が農家であるということを考慮しても、ある意味では驚異である。すなわち、土地売買が伝統的に自由で、それ故にこそ、上述のように、経営総耕地の八七％が借入地＝小作地であり、「村外の地主（主として華陽鎮及び県城に住む地主及び米行その他）に所有されている」（『江蘇省松江県農村実態調査報告書』前掲）中でのことであるからである。さらに、宅地の所有の周辺の事情として留意しておきたいのは、表Ⅱに明らかなように、六三戸の中、四九・二％にあたる三一戸が何らかの形で耕地を所有しており、宅地・墓地・竹林をあわせれば、実に六〇戸、九五・二％が何らかの形で土地を所有していることである。

松江県華陽鎮の四村落における耕地及び宅地等の所有状況について、『江蘇省松江県農村実態調査報告書』前掲自体は、次のような総括的分析を行なっている。その際、農業のみを行なう「専農」、農業と共に他の労働にも従事して生活している「兼農」、農業を経営せずその他の仕事を行なっている「農業外」という「職業別戸数」にも触れている。

「自小作別に見たる一戸当り平均所有耕地は、自小作農が七・九畝で最大であり、次に自作農三・五畝、小作農〇・一四畝の順である。宅地は一戸当り平均〇・三五畝にして、自小作農は〇・四七畝、小作農〇・二七畝、自作農〇・〇五畝、雇農〇・二五畝である。雇農二戸は耕地は所有していないが、宅地・墓地及び竹林は、夫々僅少乍ら所有している。職業別の戸数は専農二九戸（約四六％）、兼農三一戸（約五一％）、農業外二戸（約三％）である。一戸当り平均所有耕地は、専農二・七四畝、兼農〇・〇七畝にして、専農の耕地所有が圧倒的に多い。

表Ⅱ　松江県華陽鎮４聚落農家の所有地と借入地（満鉄上海事務所調査室編『江蘇省松江県農村実態調査報告書』南満州鉄道株式会社刊、1940年、附録・統計表・第５・土地関係表より抜粋）

調査村名	農家番号	所有地面積									借入地		
		耕地				その他				合計			
		水田	菜園	畑地	計	宅地	墓地	竹林	計		耕地	宅地	計
	総計	75.00	2.41	4.30	81.71	18.78	10.83	2.62	32.23	113.94	465.63	2.35	467.98
西裡行浜	1	18.00	—	0.30	18.30	0.50	1.50	—	2.00	20.30	10.00	—	10.00
	2	10.00	0.05	1.00	11.05	0.50	—	—	0.50	11.55	6.00	—	6.00
	3	—	0.10	—	0.10	0.10	0.20	0.10	0.40	0.50	16.50	—	16.50
	4	—	0.20	—	0.20	0.25	—	—	0.25	0.45	16.00	—	16.00
	5	6.00	—	—	6.00	0.50	1.00	—	1.50	7.50	10.00	—	10.00
	6	5.00	—	—	5.00	0.30	—	—	0.30	5.30	11.00	—	11.00
	7	—	—	—	—	0.80	0.20	—	1.00	1.00	16.00	—	16.00
	8	—	—	0.20	0.20	0.10	0.20	—	0.30	0.50	15.00	—	15.00
	9	—	—	—	—	0.50	0.40	—	0.90	0.90	15.00	—	15.00
	10	—	—	0.50	0.50	0.55	0.10	—	0.65	1.15	14.30	—	14.30
	11	—	—	—	—	0.30	0.20	—	0.50	0.50	5.00	—	5.00
	12	—	—	1.50	1.50	0.20	0.25	—	0.45	1.95	11.00	—	11.00
	13	—	0.10	—	0.10	0.40	—	—	0.40	0.50	12.00	—	12.00
	14	1.50	—	0.05	1.55	0.20	—	—	0.20	1.75	10.00	—	10.00
	15	1.50	0.10	—	1.60	0.20	—	—	0.20	1.80	9.00	—	9.00
	16	—	0.05	—	0.05	0.20	0.30	0.05	0.55	0.60	10.00	—	10.00
	17	—	—	—	—	0.50	—	—	0.50	0.50	10.00	—	10.00
	18	—	—	—	—	0.50	0.20	—	0.70	0.70	10.00	—	10.00
	19	4.00	—	—	4.00	0.20	0.25	0.10	0.55	4.55	8.00	—	8.00
	20	—	—	—	—	0.30	—	—	0.30	0.30	7.50	—	7.50
	21	—	0.20	—	0.20	0.10	—	—	0.10	0.30	6.00	—	6.00
	22	—	0.20	—	0.20	0.20	0.05	0.10	0.35	0.55	6.00	—	6.00
	23	—	—	—	—	0.30	0.05	—	0.35	0.35	6.00	—	6.00
	24	—	—	—	—	0.05	0.10	—	0.15	0.15	4.60	0.15	4.75
	25	—	—	—	—	0.50	—	—	0.50	0.50	4.00	—	4.00
	26	—	—	—	—	0.20	—	—	0.20	0.20	4.00	—	4.00
	27	—	—	—	—	0.40	—	—	0.40	0.40	4.00	—	4.00
	28	—	—	—	—	0.40	—	—	0.40	0.40	4.00	—	4.00
	29	3.00	—	0.50	3.50	0.05	—	0.15	0.20	3.70	—	—	—
	30	—	—	—	—	0.30	0.20	—	0.50	0.50	3.00	—	3.00
	31	—	—	—	—	0.33	0.10	—	0.43	0.43	3.00	—	3.00
	32	—	—	—	—	0.10	—	0.20	0.30	0.30	—	—	—
許歩山橋	33	—	—	—	—	—	0.40	0.50	0.90	0.90	14.30	0.70	15.00
	34	—	0.10	—	0.10	0.50	0.18	0.22	0.90	1.00	11.00	—	11.00
	35	—	—	—	—	0.80	0.10	0.20	1.10	1.10	10.00	—	10.00
	36	—	—	—	—	—	0.40	—	0.40	0.40	2.20	0.30	2.50
	37	—	0.10	—	0.10	0.40	0.30	—	0.70	0.80	8.00	—	8.00
	38	—	—	0.25	0.25	—	0.30	—	0.30	0.55	7.00	—	7.00
	39	—	0.10	—	0.10	—	—	—	—	0.10	5.80	墓0.20	6.00
	40	—	—	—	—	—	0.40	—	0.40	0.40	5.80	0.20	6.00
	41	—	—	—	—	—	0.20	—	0.20	0.20	5.80	0.20	6.00
	42	—	—	—	—	0.40	0.50	0.40	1.30	1.30	4.00	—	4.00
	43	—	0.10	—	0.10	1.00	0.30	0.40	1.70	1.80	3.00	—	3.00
	44	—	0.01	—	0.01	—	0.25	—	0.25	0.26	3.00	—	3.00
	45	—	—	—	—	—	—	—	—	—	3.00	—	3.00
	46	—	—	—	—	—	—	—	—	—	3.00	—	3.00
	47	—	—	—	—	0.40	—	—	0.40	0.40	3.00	—	3.00
薛家埭	48	12.00	—	—	12.00	1.50	0.50	—	2.00	14.00	22.50	—	22.50
	49	14.00	0.10	—	14.10	0.30	0.30	—	0.60	14.70	7.70	—	7.70
	50	—	0.10	—	0.10	0.50	—	—	0.50	0.60	14.00	—	14.00
	51	—	0.10	—	0.10	0.30	0.15	—	0.45	0.55	8.00	—	8.00
	52	—	0.10	—	0.10	0.15	0.10	—	0.25	0.35	8.00	—	8.00
	53	—	0.10	—	0.10	0.15	0.10	—	0.25	0.35	7.00	—	7.00
	54	—	0.10	—	0.10	0.30	0.15	—	0.45	0.55	5.00	—	5.00
	55	—	—	—	—	0.15	0.20	—	0.35	0.35	3.00	—	3.00
	56	—	—	—	—	0.20	—	—	0.20	0.20	2.00	—	2.00
許家埭	57	—	—	—	—	0.15	—	—	0.15	8.80	8.80	墓0.20	9.00
	58	—	—	—	—	0.15	0.30	—	0.45	0.45	7.23	—	7.23
	59	—	0.20	—	0.20	0.30	—	0.20	0.50	0.70	5.60	墓0.40	6.00
	60	—	0.20	—	0.20	0.20	—	—	0.20	0.40	4.00	—	4.00
	61	—	—	—	—	0.25	0.30	—	0.55	0.55	4.00	—	4.00
	62	—	—	—	—	0.25	—	—	0.25	0.25	3.00	—	3.00
	63	—	—	—	—	0.40	0.10	—	0.50	0.50	—	—	—

表Ⅲ　松江県華陽鎮４聚落農家の建物（満鉄上海事務所調査室編『江蘇省松江県農村実態調査報告書』南満州鉄道株式会社刊、1940年、附録・統計表・第５・土地関係表より抜粋）

調査村名	農家番号	経営面積	家族数	建物		
				住居房子数	農舎房子数	備考
	総計	548.59	285			
西裡行浜	1	20.30	3	3	1	
	2	17.05	6	5	1	
	3	16.60	4	3	2	
	4	16.20	5	2.5	1	
	5	16.00	5	4	1	
	6	16.00	5	5	1	
	7	16.00	4	3	1	
	8	15.20	4	2	1	
	9	15.00	5	5	2	うち、母昨年（1944）10月死亡
	10	14.80	6	6	2	房子２間、畜舎２間
	11	13.00	4	3	1	
	12	12.50	4	5	1	
	13	12.10	4	5	—	
	14	11.55	6	4	1	房子は15番の弟と共同
	15	10.60	3	4	3	房子は14番と共同
	16	10.05	4	3	1	
	17	10.00	5	1.5	1	畜舎は雑物置
	18	10.00	5	6	1	房子２間は30番と共有
	19	8.00	3	—	—	
	20	7.50	3	3	1	
	21	6.20	3	1	1	
	22	6.20	4	3	1	
	23	6.00	5	5	1	房子２間・畜舎は共用
	24	4.60	4	3	1	房子２間・畜舎は借用
	25	4.00	4	1.5	1	
	26	4.00	3	2	—	
	27	4.00	5	3	1	
	28	4.00	5	3	0.5	
	29	3.50	1	3	—	
	30	3.00	5	4	1	ただし、住居房子２間は18番と共有
	31	2.40	4	1	—	
	32	—	4	—	—	
許歩山橋	33	14.30	7	1.5	—	
	34	11.10	7	2	1	
	35	10.00	5	3	1	
	36	8.20	7	2	1	外に燃料入草房１間を有す
	37	8.10	3	3	1	
	38	7.25	4	5	2	うち、住居房子２間は共同
	39	5.90	3	5	2	うち、住居２間は４人共同
	40	5.80	3	1.5	1	全部借用
	41	5.65	3	3	—	借用
	42	4.00	4	2.5	—	
	43	3.10	5	3	1	
	44	3.01	5	3	—	
	45	3.00	6	3	—	うち、２間は４人共同
	46	3.00	3	3	—	うち、２間は４人共同
	47	3.00	3	1	—	
薛家埭	48	34.50	15	9	3	
	49	21.80	4	3	2	
	50	14.10	6	3	1	
	51	8.10	5	3	1	うち、房子１間は共同
	52	8.10	5	3	2	53番と共有
	53	7.10	3	3	2	兄の52番と共有
	54	5.10	4	3	1	うち、住居房子１間（畜舎）共有
	55	3.00	2	2	—	
	56	2.00	8	2	—	
許家埭	57	8.80	4	3	1	うち、住居房子１間は叔父58番と共有
	58	7.23	5	3	1	うち、住居房子１間は57番と共有
	59	5.80	5	2	1	畜舎は１間共有
	60	4.20	4	3	1	うち、住居房子１間・畜舎１間は共有
	61	4.00	4	3	1	うち、房子１間（畜舎）は共有
	62	3.00	2	3	1	うち、房子１間（畜舎）は共同
	63	—	4	1	1	

尚、宅地・墓地及び竹林の所有状況には、大した差異を示していない。」いわば耕地所有とは異なった次元で宅地乃至宅地・墓地・竹林の所有の存在することが確認されているのである。

さて、この宅地の上には住宅が建てられている。それについて、『江蘇省松江県農村実態調査報告書』前掲には、「江南水稲地帯の農家住宅が、北支・満州農村の如く貧弱な土造と異なって、堅牢な木造の瓦葺であることにはいつも乍ら驚かされて了う。調査部落に於ける農家の建物も、既に古びてはいるが前記の標準に適合しており」云々とある。すなわち、調査対象となった農家の宅地上には、こうした堅固な木造瓦葺の住宅がみな建っているのである。表Ⅲは、『江蘇省松江県農村実態調査報告書』前掲・附録・統計表・第七・建物及農具表（其の一）から抜粋したものであり、六三戸の農家番号別にその経営面積、家族数及び建物の状況を示したものである。そのうち、「住居房子」と表記されたものは、住宅として建てられた建物の部屋数を示したものである。また備考は、一部文意を変えない形で表現を修正した外はすべて原文のままである。六三戸のうち、小作農である19、二戸の「雇農」のうちの一戸である32以外は、すべてが自己の住宅としての建物、すなわち自分の家屋をもっている。

ちなみに、「松江は代表的粳米生産地帯として知られ」ており（『江蘇省松江県農村実態調査報告書』前掲・序）、隣接する青浦県朱家角地域も青角薄稲で知られる産米地帯である。(4)

Ⅲ　上海周辺地区における宅地あるいは屋場

松江県について見た宅地に関する以上のような状況は、大都市としての上海市街地により近接していた農村についても認められる。それを示す一つは、満鉄上海事務所が、松江県調査の前年、一九三九年に行なった嘉定県澄塘橋及び丁家村の二聚落の調査である。嘉定県は、この年から上海特別市に編入されたため、この調査は、上海満鉄調査資料第三三編『上海特別市嘉定県農村実態調査報告書』として、満鉄上海事務所調査室から一九三九年一一月に刊行されている。『上海特別市嘉定県農村実態調査報告書』第三章・土地制度・第一節・土地配分関係の記すところによれば、この二聚落全八九戸のうち、調査表による戸別調査が行なわれた五〇戸の合計三四二・四畝の所有地の概況は、以下のように把握されている。なお、嘉定県は表作が米・棉花相半ばしており(5)、上海市街地に近いこととあわせて、朱家角・松江とは地域的特色を異にする。

「四・九畝以下の土地所有者が一八戸の五六%を占めているにも拘らず、之と対蹠的に二〇畝以上を占める農戸《ママ》は四戸の八%を示しているにすぎない」。「即ち両者の各々平均を対照してみれば、前者が一・八畝であり、後者は二九・〇畝であって、五六%を占める零細農は勢い小作形態をとって農耕に従事するか、或は農業以外の兼業的副業に従うかによって生活の維持を計らねばならないのである。」

『上海特別市嘉定県農村実態調査報告書』前掲では、この三四二・四畝の所有地を、耕地・宅地・墓地・その他の四項目について、以下のように整理している。「その他」とは、その全部が「竹藪地」である。この地域では「竹藪」が宅地内に包含されているため、両者を明確に区別できない農家も少なくなく、区別できた農家の「竹藪地」だけが「その他」の欄に入れられた。

	耕地	宅地	墓地	その他	合計
面積	三〇四・六畝	二〇・四	一〇・六	六・八	三四二・四
百分比	八九・〇%	六・〇	三・一	一・九	一〇〇

表Ⅳは、松江県の場合と同様に、『上海特別市嘉定県農村実態調査報告書』前掲・「附録」の統計表の第三表「土地

関係表」から抜粋したものであるが、各欄の表記については、『江蘇省松江県農村実態調査報告書』に基づく表Ⅱに合わせた。ここでも、五〇戸の調査農家のうち、農家番号17、23、34、43、46を除く四五戸、すなわち九〇％の農家が自己の所有地としての宅地を所有している。

満鉄の嘉定県における調査を遡ること六年前、一九三三年の上海市行政区内の農村については、民国二二年（一九三三）初版の馮和法編『中国農村経済資料』（黎明書局刊）所載の調査結果がある。この調査は、表Ⅴに見られるように、一五の区ごとに、自作農（自耕農）、半自作農（半自耕農）、小作農（佃耕）の三階層の農家を、ほとんどの場合一階層三戸ずつ抽出したもので、あるまとまった地域全体の農家を対象とした満鉄上海調査室の農村実態調査に比べて、対象の設定における一定の人為性を免れない。しかしながら、調査対象が、広い地域にわたっていること自体の中に、独自の客観性を認めることができる。表Ⅵは、原著第一九表「百四十農家の土地所有類別表」を転写したものである。ここでは、土地が、田地、園圃、草地、林地、池塘からなる生産地と、屋場、雑地とに二大別されている。屋場とは石山福次編著の『最新支那語大辞典』（第一書房、一九三五年）によれば、「建物ノ敷地」、すなわち宅地の意味である。屋場は全調査対象農家を通じて九六・七畝あるとされており、従って一四〇農家の単純平均では、〇・六九畝となる。自作農四九戸の場合は合計五一・九畝、毎戸一・〇六畝、半自作農四七戸の場合は合計三〇・六畝、毎戸平均〇・六五畝、小作農四四戸の場合は合計一四・二畝、毎戸平均〇・三二畝となる。

この『中国農村経済資料』においては、満鉄上海調査室の実態調査のように、個別農家ごとの詳細なデータが提示されていないが、表Ⅶ、すなわち原著第一七表の「屋場を有する家の数及び畝数の表」によれば、やや立ち入った事情を知ることができる。この表Ⅶで特徴的なのは、四九戸の自作農、四七戸の半自作農のすべてが屋場を自ら所有している一方で、四四戸の小作農の場合は、そのうちの一七戸、三八・六三％が屋場を所有し、そのうちの一五戸、三四・〇九％が借入れていることである。ただし、この表の場合にも、家屋自体を借りているケースは省かれているの

表Ⅳ　上海特別市嘉定県澄塘橋及び丁家村50農家の所有地と借入地（満鉄上海事務所調査室編『上海特別市嘉定県農村実態調査報告書』南満州鉄道株式会社刊、1939年、附録・諸統計表・第3・土地関係表より抜粋）

農家番号	所有地面積						借入地		
	耕地	その他				合計			
		宅地	墓地	その他	計		耕地	宅地	計
総計	304.6畝	20.4	10.6	6.8	37.8	342.4	140.2	—	140.2
1	34.0	0.7	0.3	—	1.0	35.0	5.0	—	5.0
2	28.0	1.0	2.0	—	3.0	31.0	5.0	—	5.0
3	20.0	0.5	0.1	1.5	2.1	22.1	—	—	—
4	25.3	2.2	0.2	—	2.4	27.7	3.0	—	3.0
5	12.3	0.4	—	—	0.4	12.7	8.0	—	8.0
6	13.5	0.5	0.5	—	1.0	14.5	—	—	—
7	16.0	0.4	—	—	0.4	16.4	—	—	—
8	15.0	0.1	0.1	—	0.2	15.2	1.0	—	1.0
9	15.0	0.5	0.1	0.2	0.8	15.8	—	—	—
10	7.0	0.4	0.5	0.6	1.5	8.5	8.0	—	8.0
11	8.0	0.4	0.2	0.4	1.0	9.0	7.0	—	7.0
12	11.9	0.1	0.1	—	0.2	12.1	1.0	—	1.0
13	6.8	0.2	0.2	—	0.4	7.2	8.0	—	8.0
14	0.4	0.3	0.1	—	0.4	0.8	—	—	—
15	1.3	0.3	0.3	0.1	0.7	2.0	5.0	—	5.0
16	7.8	0.1	0.1	—	0.2	8.0	—	—	—
17	3.5	—	—	—	—	3.5	5.0	—	5.0
18	—	0.3	—	—	0.3	0.3	9.0	—	9.0
19	9.0	0.6	—	—	0.6	9.6	—	—	—
20	8.5	0.2	0.5	—	0.7	9.2	—	—	—
21	4.4	0.5	0.1	—	0.6	5.0	—	—	—
22	0.8	1.0	0.2	1.0	2.2	3.0	7.5	—	7.5
23	8.0	—	—	—	—	8.0	—	—	—
24	—	0.5	0.3	0.5	1.3	1.3	8.0	—	8.0
25	6.0	0.2	0.5	—	0.7	6.7	2.0	—	2.0
28	1.8	0.5	0.2	—	0.7	2.5	6.0	—	6.0
29	6.0	0.3	0.1	0.2	0.6	6.6	1.0	—	1.0
30	—	0.2	—	—	0.2	0.2	6.5	—	6.5
31	—	0.5	0.1	0.5	1.1	1.1	3.5	—	3.5
32	—	0.2	—	—	0.2	0.2	6.0	—	6.0
33	6.0	0.3	—	—	0.3	6.3	—	—	—
34	5.5	—	—	—	—	5.5	0.5	—	0.5
35	—	0.8	—	0.3	1.1	1.1	6.0	—	6.0
36	—	0.4	0.2	—	0.6	0.6	—	—	—
37	0.5	0.3	0.2	0.3	0.8	1.3	5.0	—	5.0
38	3.0	0.2	—	0.2	0.4	3.4	2.0	—	2.0
39	—	1.0	0.3	0.5	1.8	1.8	—	—	—
40	1.0	0.1	0.5	—	0.6	1.6	4.0	—	4.0
41	2.0	0.4	0.2	—	0.6	2.6	—	—	—
42	3.8	0.2	0.2	—	0.4	4.2	1.0	—	1.0
43	2.5	—	—	—	—	2.5	2.0	—	2.0
45	4.0	0.3	0.1	—	0.4	4.4	—	—	—
46	2.0	—	—	—	—	2.0	2.0	—	2.0
47	1.0	0.5	—	0.5	1.0	2.0	3.0	—	3.0
48	—	0.8	0.2	—	1.0	1.0	2.0	—	2.0
51	2.3	0.4	0.3	—	0.7	3.0	1.5	—	1.5
57	0.7	0.4	0.3	—	0.7	1.4	2.0	—	2.0
59	—	0.3	—	—	0.3	0.3	2.0	—	2.0
72	—	0.2	1.0	—	1.2	1.2	1.7	—	1.7
83	—	0.7	0.3	—	1.0	1.0	—	—	—

で、そこに一四〇調査農家の家屋をめぐるすべての状況が示されるのではない。こうした点をも含め、原著は、屋場について次のように分析している（原著では、この表とは別に、小作農が家屋自体を借りている場合に言及している。根拠は原著二六四―二六五頁の「佃耕農住屋之特況」「第二六表　佃耕農二八家自有房屋之比較」と第二七表「佃耕農一六家租入房屋之比較」である）。

「屋場は単に家屋の基地に限定されるものではなく、家屋の周囲の空き地であって農耕に用いない部分をも算入することが多い。上海における農家の住宅の状況は大変複雑である。地主は小作農（佃戸）に対して土地を提供するだけであり、家屋には及ばない。小作農（佃戸）の住んでいる家屋は大多数が自分で建てたものである。四四戸の小作農のうち、自己の家屋と基地とをもつものは一七戸で、面積の合計は六・四五畝、毎戸平均〇・三八畝である。土地を借りて家屋を建てるものは一五戸で、面積は合計七・七畝である。この部分の土地は生産には役に立たないが、地主に対しては毎年借用料を納入しなければならない。その他の一二戸は、家屋を借りて住んでおり、屋場をまったく所有していない。半自作農四七戸の屋場はいずれも自己の所有で三〇・六一畝を占め、毎戸平均〇・六五畝である。自作農四九戸の屋場は五一・九畝、毎戸平均一・〇六畝である。以上三者（小作農・半自作農・自作農）について合計で屋場を所有しているもの一二八戸、面積九六・六七畝、毎戸平均〇・七八畝である。一四〇戸で平均すれば〇・六九畝となる。」

本稿の関心に即して、この分析に示された数値をさらに活用すると、一四〇戸のうち、その九一・四二%にあたる一二八戸、半自作農・小作農の合計九一戸のうち、七〇・三三%にあたる六四戸、小作農四四戸のうち、三八・六三%にあたる一七戸が屋場を所有している。原著では自作・半自作・小作を区分する基準が明示されていないので、これを満鉄上海事務所調査室の松江県農村実態調査と対比することは困難であるが、ここで屋場とよばれる宅地を全体の約九割の農家が保持しており、小作農とされる部分についてもその約四割が宅地を所有し、その約七割（七二・七

表Ⅴ　上海市15地区140農家抽出調査の地区別・階層別抽出数（民国22年－1933－初版『中国農村経済資料』所収）。「各区の農家数」という訳語を除き、原表の構成・表記をそのまま転載。「高行」地区の「佃耕」及び「総計」欄の数値に問題あり。

農家別	各区の農家数																
	漕涇	法華	蒲淞	彭蒲	江湾	呉淞	真如	引翔	殷行	楊思	塘橋	洋涇	陸行	高橋	高行	合計	百分比
自耕	3	3	3	3	3	3	4	3	3	3	3	3	6	3	3	49	35.0
半自耕	3	3	3	3	3	3	5	3	3	3	3	3	2	3	3	47	33.6
佃耕	3	3	3	3	3	3	4	3	3	3	3	3	3	4	1	44	31.4
総計	9	9	9	9	9	9	13	9	9	9	9	9	11	10	8	140	100

表Ⅵ　上海市15地区140農家抽出調査統計に基づく土地所有類別表（馮和法編『中国農村経済資料』前掲による）。原表の構成・表記をそのまま転載。「佃耕」の毎家平均の数値に問題あり。

農家別	土地畝数																
	生産地								不生産地					生産地加不生産地	百分比	平均	
	田地	園圃	草地	林地	池塘	合計	平均		屋場	雑地	合計	平均				毎家	毎人
							毎家	毎人				毎家	毎人				
自耕	908.0	45.4	0.3	3.2	4.8	961.7	19.6	2.3	51.9	6.2	58.1	1.2	0.14	1,019.8	51.5	20.3	2.4
半自耕	585.5	49.2	3.0	1.8	1.9	640.9	13.6	1.9	30.6	1.2	31.8	0.7	0.09	672.7	33.4	14.3	2.0
佃耕	271.1	15.3	－	－	－	286.4	6.5	1.4	14.2	－	14.2	0.3	0.06	300.6	15.1	6.8	1.4
総計	1,784.1	109.9	3.3	5.0	6.7	1,889.0	13.5	1.8	96.7	7.4	104.1	0.7	0.10	1,993.1	100.0	14.2	2.1

表Ⅶ　上海市15地区140農家抽出調査統計に基づく屋場を有する家の数及び畝数の表（馮和法編『中国農村経済資料』前掲による）。原表の構成・表記をそのまま転載。

農家別	戸数		畝数				
	所有	租入	所有	租入	合計	百分比	毎家平均
自耕	49	－	51.9	－	51.9	53.9	1.0
半自耕	47	－	30.6	－	30.6	30.4	0.6
佃耕	17	15	6.5	7.7	14.2	15.7	0.5
総計	113	15	89.0	7.7	96.7	100.0	0.8

二％）が家屋を所有しているなどの諸点は注目に値する。ただ、小作農が八割を越える六三戸の農家の中で、九割を上回る農家が宅地を保有している松江県の場合と異なり、この抽出調査における小作農の宅地所有率四割は、より低い。

結びに代えて

以上、本稿では、一九九一年一月の上海市青浦県朱家角郷での聞き取り調査において、一九五〇年の土地改革以前、すなわち一九四〇年代までの段階で宅基地という呼称をもつ土地が存在していたという回想がなされたことを紹介し、その性格について推測を交えた若干の分析を行ない、さらに、一九三〇年代の上海平原の農村においてこの宅基地に相当する土地が普遍的に存在していたことを、満鉄上海事務所調査室の農村実態調査における宅地、馮和法編『中国農村経済資料』における屋場などに即して確認した。この種の土地を仮に宅地という用語で総称し、その性格についての見通しを述べるとすれば、宅地とは、本稿Ⅰの宅基地についてのまとめの部分に付言したように、およそ農村に住み、農業労働に従事して生計を立てている家族に固有の土地である。それは、しばしばその所有権が売却されるところの耕地一般とは異なり、貧・雇農の場合にも、いわば農民家族の生活の基地として維持されてきた土地である。この土地には、耕地一般とは異なる、一種の生活・生存の基地、その意味でいわば不動の聖域としての性格が見出されるように思われる。「宅基地はしばしば祖先から代々伝えられてきたものです」という朱家角郷の農民のことばにも、この種の土地が本来的にもつこうした性格が示唆されている。

しかしながら、宅地にこうした性格を認められるかどうかについては、一九三〇–四〇年代の宅地自体について、より多くの資料からその存在を実証し、またより緻密な検討がその役割についてなされねばならない。本稿はあくまでも事柄の初歩的な提示に留まる。また仮に宅地に上記の性格が認められるにしても、この種の土地が農民によってどのような仕方で自分のものとして保持されてきたのかという問題が残る。『江蘇省松江県農村実態調査報告書』前掲は、宅地について短い言及をした一節（四五頁）の末尾で、「尚お宅地及び墓地は、同族間に共有されているものが比較的多い」とする。このコメントが正確であるならば、調査表上では宅地は各農家が個別的に所有しているが、その基底には、所有にともなう租税の納入とは別に、同族の最終所有権があるということになるのであろうか。あるいは、租税の納入も、個別農家とは異なった単位でなされているのであろうか。また階層差を越えて宅地を個別農家に所有させているものは同族的結合ということになるのであろうか。とすれば、宅地が個別農家の生活・生存の基地としての性格をもっていたとしても、この性格は同族の存立と相互に支持しあう形で生まれたことになる。これらの点についてもさらなる検討が必要である。

筆者は、同族間での宅地の共有という場合にも、事柄は一〇世紀、宋代以後、新たな意味での同族的結合結成の基盤ともなったところの個別的農家の土地所有権と生存権のありかたに立ち返って考察することが必要であると考えている。そのための歴史的検討も今後の課題である。その際には、各時代における各階層の農民と宅地との関係についての事実を検索しなければならない。宅地を欠く農民の存在が一般的に予測されている資料もまた存在するからである。たとえば、清代の乾隆二〇年（一七五五）、浙江省各地で幕友を勤めた姚碧撰『荒政輯要』巻一「災賑章程」によれば、災害時の救済対象となる極貧戸・次貧戸に関する二つの査定基準のうち、より複雑な事例を想定した方には、次の二カ条が含まれている。(6)

又、如《た》とえば、災戸竝びに己が田無く、亦己が屋無く、佃田災を成すこと過半にして、家口繁多なる者、并びに外郷より新たに遷り、耕種せしところ全荒にして力の傭工する無き者は、亦応に定めて極貧と為すべし。

己が田無きと雖も、尚房屋・牲畜有り、佃田全荒なる者、己が田・己が屋無きと雖も佃田半収にして家口多きこと無き者は、（中略）倶に応に列して次貧と作《な》すべし。

ここでは、「己が田無きと雖も、尚房屋・牲畜有り」というように、本稿で注目してきたケースが見られるとともに、「己が田無く、亦己が屋無き」家も想定されている。

歴史的検討は、遡れば均田制の時代に、さらにそれ以前にも及ぶであろうが、さしあたっては、近現代の農村調査との相互検証が意味をもつ一〇世紀、宋代以後に限定されることになろう。

ところで土地改革に際して宅地はどのように扱われたであろうか。また、集団化の進展の中でも、個別農家に分配され、その使用権が認められたかの自留地は、かつて宅地がもっていた特徴を継承しているであろうか。宅基地が土地改革前段階における土地所有面積に含まれていたという一農民の発言は、それもやがて集団化の対象になったことを示唆するようにも思われるが、そうであったとしても、上記の一連の疑問を直接的に解決するものではなく、さらなる調査・研究が必要である。

以上のように、解決しなければならない課題はあまりにも多いが、宅基地、屋場、そして満鉄の調査用語で宅地とされる一群の土地についての考察は、旧中国における小経営農民と土地所有、農村地域における社会関係、経済的のみならず社会的・政治的な意味をも含む広い意味での再生産構造のありかたを認識する上で一つの糸口になるものと考えられる。

註

（1）本調査は文部省科学研究費（国際学術研究）大学間（名古屋大学・南京大学）協力研究「江南デルタの中小都市－市鎮－の社会経済構造に関する歴史学的地理学的研究」の一環として行なったものである。その内容と問題点については、森「一九八八年夏江南デルタ小城鎮紀行－文部省科学研究費（国際学術研究）大学間（名古屋大学・南京大学）協力研究『江南デルタの中小都市－市鎮－の社会経済構造に関する歴史学的地理学的研究』第一年度調査の記録」（『名古屋大学文学部研究論集』一〇七、一九九〇年。本論集第二巻第一四章）に記した。なお、諸般の事情により、この両年度の調査に際しては、復旦大学歴史系とその教授樊樹志氏のひとかたならぬ協力を得た。また、一九八八年春に実施した予備調査に際しては、樊樹志氏のほか、浙江社会科学院歴史研究所の陳学文氏の御協力を得た。

（2）一九八九年一一月の朱家角鎮の調査については、上記科学研究費の共同研究に参加した名古屋大学側メンバーの共同執筆により、一九九二年刊行の森正夫編『江南デルタの市鎮研究－歴史学と地理学からの接近－』（名古屋大学出版会）の序章、及び森執筆の「朱家角鎮略史」（本論集第三巻第一〇章）を参照。

（3）一九九一年一月の森による補充調査に際しては、復旦大学歴史地理研究所教授の王文楚氏の御協力を得たほか、同大学国際交流辦公室副主任の孟祥生氏、青浦県人民政府外事辦公室主任李訓義氏・蔡東蔭氏、及び同人民政府、当時の朱家角鎮人民政府・朱家角郷人民政府のお世話になった。なお、九一年一月の聞き取りに際しては、行論でも触れるように、復旦大学歴史系博士課程在学の沈中琦氏に通訳をお願いしたが、この際、すべて上海語を用いていただいた。

（4）新『青浦県志』前掲第六篇、物産【糧食】、その他前掲註（2）に記した森「朱家角鎮略史」を参照。

（5）『上海特別市嘉定区農村実態調査報告書』前掲・第五章、嘉定区農耕事情による。なお仝右箇所によれば、「棉・稲輪作農耕方式」が「当地方の農家として、農家経済の基礎に基づいて最も安全な方法として古くから行われて来た」という。

（6）本資料は、森「一六－一八世紀における荒政と地主佃戸関係」（『東洋史研究』二七－四、一九六九年。本論集本巻第九章）においてすでに引用し、その全体についての分析を行なっている。

補註

『江蘇省松江県農村実態調査報告書』の中で、農家を自作・小作・自小作・雇農などに区分する基準について言及しているのは、第四章、土地関係、第一節、土地所有、四五－四六頁の「自小作別土地所有面積」表の備考である。しかしながら、この備考の説明は必ずしも十全でなく、ここに示した範囲に止まっており、本稿に表Ⅱとしてその一部を抜粋したところの、同書附録・統計表・第五・土地関係表の関係諸項目を総合することによって、上記の基準がはじめて明らかになる。

付記

一九九一年一月九日、朱家角郷の農民から「宅基地」という言葉を聞いたとき、思わず筆者の脳裏をよぎったのは、大塚久雄が『共同体の基礎理論』で言及した「ヘレディウム」here-dium の語であった。同書（『大塚久雄著作集』第七巻・共同体の基礎理論、岩波書店、一九六一年版による）三二頁には、「新たに成立しつつある『家父長制的家族共同態』にとって基地ともいうべき『宅地』Hof とその周囲の『庭畑地』Wurt, Gartenland が、垣根やその他の形で囲い込まれ、父系制的に相続されて、その「家族」の永続的な私的占取にゆだねられるようになる（私的土地所有の端初的成立！）」とある。また、同書で、大塚が読者に閲読を勧めているフュステル・ドゥ・クーランジュ『古代都市』第六章（田辺貞之助訳。白水社、一九六一年）の一節には（一一〇頁）、「古代の所有権は（中略）、これとはまったく別の原則からでた現代社会の所有権より、はるかに完全で絶対的な効力をもっていたことも、容易にうなずけるであろう。所有権と宗教とは分離できない関係にたち、家族はそのどちらもすてることができなかった。家と畑とは家族と一体をなし、家族はそれをうしなうことも手ばなすこともゆるされなかった」という。

ヨーロッパの原始・古代に即して述べられたこれらの見解には、一〇世紀以降の中国社会と同時代のヨーロッパ社会における土地所有の存在形態の差異を越えて、本稿でとりあげた旧中国における宅地の起源と性格を考察する際、大きな示唆が内包されているように思われる。今の筆者にとって本稿でとりあげた課題とこれらの見解との関連を正面から論じることは不可能であるが、本稿を草率にしたためた由来の一つがヨーロッパ史への連想にもあったことをあえて記し、ドイツ史を専攻される木谷教授の学恩への謝辞としたい。

『名古屋大学文学部研究論集』第一一三号 史学三八 一九九三年

【補記】

本章の出発点となった青浦県朱家角鎮の農民とのインタビューについては、たまたま同じ農民とのより詳細なインタビューが濱島敦俊・片山剛・高橋正三氏から構成された大阪大学の調査チームによって行なわれ、一九九四年その記録を含む次の調査報告が刊行されている。

濱島敦俊・片山剛・高橋正『華中・南農村実態調査報告書』（『大阪大学文学部紀要』三四、一九九四年）

コラム　２

土地・科挙社会・封建社会

一〇世紀以後、宋代から清代にいたる中国社会が、それ以前と大きく性格を異にすることは、あまり知られていない。なぜなら、皇帝を頂点とする王朝国家は、紀元前三世紀の始皇帝の秦から一九一一年の辛亥《しんがい》革命まで、二〇〇〇年以上も続いたため、その間の大きな変化は感じとれないからだ。高等学校で、ヨーロッパの議会政治の発展と対比させつつ教えられる同時代のアジアの専制帝国、一四世紀以後の明・清両代の社会についても、皇帝の専制の成熟という以外のイメージはなかなか持ちにくい。

しかし宋代以後の中国社会は、同時代のヨーロッパや日本ときわだって異なった特徴をもつ。個別化、流動化、土地所有の自由、の三つである。

経済活動の自由の諸相

もっとも重要な生産手段としての土地の所有は、すべての私人に解放されていた。ヨーロッパのように、領主だけが荘園という形で土地を所有することはなかったのである。民田と呼ばれるこうした土地に対して、国家に所有権が帰属する官田という土地もあったが、それは今日の日本の国有地と同じく、民間の私的土地所有の存在を前提にして、その間に設けられたものであった。また、官田の使用権も、売買、譲渡は自由であった。

誰もが土地を所有し、売買できる反面、誰もが王朝の編成する隣保組織の一員として租税を納入し、地方行政維持のための労役に従事せねばならなかった。だが、誰もが官僚となり、また商業を営むことができた。職業選択と居住の自由の窓が存在した。

農村では、大小の地主、地主兼自作農、自作農、自小作農、小作農（佃戸《でんこ》）、下男（奴僕《ぬぼく》）、作男（傭工《ようこう》）がいた。社会的に賤視を受けていた奴僕を除くこれらの人びとの間には、地主を中心に、地方・中央の国立大学への入学、最終試験参加資格の取得、官僚資格の保持など、科挙試験のいくつかの階梯《かいてい》を経て、官僚になるものが増加した。

逆に官僚がその収入をもとに地主としての道を行くことも一般的であった。商人、金融業者はしばしばその利潤を土地へ投資して地主となった。官僚や商人、金融業者、手工業者などの都市居住者も増加した。農村や都市で営業する商人や手工業者の下には、長期・短期の雇用労働者がいた。農村の土地所有者の家族はまた、将兵の供給源でもあった。

土地所有、職業選択、経済活動における個別化は、社会的地位の流動化と結びついていた。科挙を通じて官僚となることは、古くから民と区別して士と称されてきたところの社会層、すなわち国家の行政活動に従事する身分の獲得を意味した。生粋《きっすい》の地主や自作・自小作の農民、あるいは商人などが官僚となっていった。注意が必要なのは、官僚の子弟も高位への道を目指そうとすれば、必ず科挙の洗礼を受けなければならなかったことである。このようにして、科挙は世代間・世代内にわたる、そして上昇・下降を含む大きな社会移動の媒体となった。

社会移動と共同体結合

社会移動には、経済活動のさまざまな契機が作用しているが、中国では大小規模の移住が繰り返されたことが、一種の社会移動としての意味をもっていた。土着民と移住民、漢族と非漢族との対立や融合は、この独自の社会移動の所産であった。華僑として知られる国外への移住もまた、このような社会移動の表われである。

土地の私的所有が自由であり、経済活動の個別化が進み、社会的地位の流動化が顕著な社会において、それでは人びとは何らの共同的結合をもたず、国家の行政に依拠する以外は、まったく個別的に生きていたのであろうか。ヨーロッパや日本では、村落共同体が封建領主の土地所有を支え、彼らに貢租を提供する担い手となってきた。またヨーロッパ思想の中では、アジア的専制主義の基礎をなすものとしての村落共同体のイメージが育《はぐく》まれてきた。しかしこうした共同体を、宋代以後の中国に見出すことはできない。

それでも、まさに個別化し流動化する社会であったが故に、人びとは唐代以前よりもはるかに意識的に、父系の血縁集団である宗族《そうぞく》を結成し、それに依拠した。宗族を超えた地域社会では、儒教の根底にある仁の思想を体得した読書人たちの中に、共同事業に奉仕する者が出た。近年の研究によれば、江南では、農村在住の地主、自作農たちが水利を共同して支え、市場町の城＝廟が民衆の信仰、娯楽、反乱の中核となっていた。都市には慈善のための任意団体も生まれた。こうした共同結合は、多くの場合、ボランティアによって支えられてきた。

週刊朝日百科『世界の歴史』四七　一九八九年

あとがき

二〇〇四年八月の初旬、山形で開催された明清史夏合宿で、私は一九八一年の中津川における中国史シンポジウム「地域社会の視点――地域社会とリーダー」の基調報告担当者として、現在の時点でこの視点について考えるところを話す機会を与えられた。その折、自分がこれまで発表してきた学問的見解に対する責任を改めて自覚し、それらを何らかの形でまとめておく必要を痛感した。ただ、序文に記したように私は次々といくつかの課題に取り組み、それぞれの総括も十分とは言えないため、自身の主要な見解をまとめる仕方自体にいくつかの選択肢があった。これらの選択肢を脳裡に浮かべながら、この年八月下旬のある日、東京での所用の合間を縫って汲古書院に坂本健彦氏をお訪ねした。一冊の本という形で、選択肢のどれか一つの課題に関連する論文集を出版していただくことが可能であるかどうか、もし可能であるとしても出版をめぐる厳しい事情の中でどのような条件を整えなければならないかをご相談するためであった。坂本氏のお答えは思いもかけないものであった。すなわち、過去の作品をすべて収録する書物を出すことにしてはどうかと提案されたのである。私は即答することができず、しばらく時間をいただいたものの、なお躊躇を禁じ得なかった。すでに著書として出版されたものを除くとしても、なお紙幅は膨大となり、書店にご迷惑をおかけすることは明らかであった。また自分の過去のすべてをまとまった形で世に出すこと自体のもつ意味への疑問もあった。私があえて過去の大半の文章を出版することを決意したきっかけは、この際既往のすべてを外に出し、その上で新たに出発してはどうかという坂本氏の一言であった。私はご厚意をお受けする旨お返事し、全三巻をめどに構想を立てることとした。

二〇〇四年九月二八日には、主題を第一巻は土地所有、第二巻は研究史、第三巻は地域社会の視点とする最初の構想を打ち出した。その後、全体として本数も多く、かつ一篇一篇が長いことから、各巻にそれぞれ二つの部を置くこととし、またそれぞれの内容・紙幅を幾度か検討し直し、翌二〇〇五年一月末、第一巻第一部税糧徴収制度・第二部土地所有関係、第二巻第一部明末清初、華中・華南における民衆反乱・第二部中国歴史学界との交流、第三巻第一部地域社会の視点・第二部明清時代史研究の歩みに寄せて、という基本的枠組がまとまった。その後、各部の表題をいずれも四字句に短縮し、最終的な形とすることに落ちついた。全三巻、合計六部からなる本論集の構成は、序文で記した私の八段階からなる研究の歩みとは、必ずしも一致するものではないが、大雑把に言えば時間軸に沿い、ゆるやかに対応している。すなわち、本書の構成は私の研究における主要な課題の変遷をほぼ体現していると言えるであろう。ここに至るまで、編集・出版上のあらゆる問題についてアドバイスと支援を惜しまれなかった坂本健彦氏に対し心より感謝を捧げるものである。

この間、本論集の出版を現実のものとしたいまひとつの思いがけない出来事があった。二〇〇四年末、この企画が進行していることを聞きつけた有志の方々から校正を担当したいというお申し出があったのである。かつて名古屋大学大学院に在学した七人の人びとであり、いずれも現在大学教員として活動している。今日、日本の大学における教員は例外なく多様な業務を担い繁忙を極めている。それ故、これらの方々にご負担をおかけすることには懸念があった。ただ、私は自分が校正を不得手とすることを十分に自覚しており、学問的正確さを期すため、結局これらの方々にお願いすることとした。しかしながら、本論集の校正作業は、初校が始まってみると予測をはるかに超える厳しいものであった。その要因は二つある。一つは、本来論文として公表した際の資料、文献及び刊記などの転記が往々にして正確さを欠き、資料の読みにも誤りが少なくなかったことである。二つは、にもかかわらず、こうした状況についての見通しが甘かったことである。書店の内校は非常にしっかりと出来ていたものの、各巻を二乃至三人で受け持っていただいた校正担当者の方々は、初校の段階で、さまざまな種類の多数の誤りと立ち向かわねばならず、どの巻の場合にも膨大な作業量をこなしていただくことになった。再校、三校ともにご苦労は続いた。以上の事情から、書店には通常に倍する負担をしていただき、校正担当者の方々には非常なご迷惑をおかけした。また、七人の方々には校正のほか、索引項目の選定をお願いした。さらに、校正、索引、レイアウト、目次及び英文・中文目次など、さまざまな面における方針策定についても、汲古書院と協力して十全を期していただいた。汲古書院及び校正を担当してくださった七人の方々に深くお詫びを申し上げ、かつ厚くお礼申し上げたい。

原載論文及び引用資料を読み直して原典対校を行なった私もしばしば自身の資料本体及びそのノート・コピー管理の不備に直面し、その都度名古屋大学附属図書館、同大学文学部東洋史学研究室をはじめ、地元及び東京の諸図書館を訪問して資料に当り直し、また知友に依頼して各地の文献を取り寄せねばならなかった。補記執筆に際しては幾人かの方々にご教示を煩わせた。関係された皆様に深く感謝を捧げたい。

ただ、校正の過程で七人の方々と頻繁にメールを交換し、ファックス及びゲラ刷のコピーを授受し、あるいは電話で、あるいは直接同席して率直に意見を述べ合ったことは、これらの人々が大学院時代の演習、研究会または日常の座談の際に私と忌憚のない討論をたたかわせたことを如実に想起させた。私が今回の校正作業を通じて教師あるいは学徒ならではの熱い感懐を抱いたことをもあえて記しておきたい。

大学入学にまで遡るとすでに半世紀を越える五一年間が経過しており、この間、学習・研究の過程でご指導、ご支援を受けた内外の師友は文字通り数限りない。何らかの形で特定の方々のお名前を挙げることはかえって非礼を冒すことになることを恐れ、それを避けた。序文に続き、ここでも改めてこれらすべての方々に心からの感謝を捧げるものである。

この歳月、東アジアでは多くの人びとが平和を維持するための努力を重ね、私はその中ではじめて研究を継続することができた。本論集の刊行を機に、気持ちを新たにして研究の道を進むとしても、このことは必ず念頭に置かねばならないと考えている。

二〇〇五年一二月二九日

森　正　夫記

森　正夫（もり　まさお）
1935年12月　京都市に生まれる
1958年３月　京都大学文学部史学科卒業
1963年３月　京都大学大学院文学研究科東洋史学専攻博士課程
単位取得退学

名古屋大学名誉教授
愛知県立大学名誉教授

森正夫明清史論集　第一巻
―税糧制度・土地所有―

二〇〇六年四月　発行

著　者　森　正　夫
発行者　石　坂　叡　志
整版印刷　富士リプロ

発行所　汲　古　書　院
〒102-0072 東京都千代田区飯田橋二-五-四
電　話　〇三（三二六五）九七六四
FAX　〇三（三二二二）一八四五

ISBN4-7629-2764-3 C3322

Essay in Ming and Qing History by Mori Masao

Volume I　The Land Tax System and Landholding

《森正夫明清史论集》　第1卷　税粮制度　土地所有

第一巻索引

事項索引

あ行

か行

さ行

た行

な行

は行

ま行

地　名　索　引

研究者名索引

あ行

か行

さ行

た行

な行